中央大学政策文化総合研究所研究叢書　6

戦間期の東アジア国際政治

服部龍二
土田哲夫　編著
後藤春美

中央大学出版部

まえがき

本書は、中央大学政策文化総合研究所の研究班「戦間期の東アジア国際政治」による共同研究の成果である。共同研究の構成員には、主査を服部龍二として、学内外から研究員と客員研究員を四名ずつ加えて組織した。研究は二〇〇四年四月に着手され、二〇〇七年三月まで三年間にわたった。数名のゲスト・スピーカーを含めて、プロジェクトの主要な業績をとりまとめたのがこの論文集にほかならない。本書の編集は、主査のほかに土田哲夫と後藤春美が担当した。一二本に及ぶ各論文の概要を述べるに先立ち、まずは各論文の内容を踏まえながら、戦間期における東アジア国際政治の全体像を通観しておきたい。戦間期とはいかなる時代であり、日本や中国、そして欧米は、そこに何をみたのであろうか。

一九二〇年代の東アジア国際政治

空前の総力戦となった第一次世界大戦が一九一八年年一一月に終結したとき、主戦場となったヨーロッパは極度に疲弊していた。ロシアでは革命が起こり、日米英仏の介入を受けていた。戦勝国となったはずの中国でも、参戦問題を一つの契機として国内の分裂と対立が深まっており、主として日英に対する排外的気運が高揚し始めていた。第一次大戦の大勢を左右したアメリカは、戦後秩序の形成に無視し得ない存在となりつつあった。

このため、第一次大戦後の政権を担った原敬内閣は、日露協約と日英同盟を両輪とする伝統的外交路線を過去のものとして、対外関係の改善と権益の拡充を両立できるような戦後外交の原型を模索した。第一次大戦は、ヨーロッパの戦争であったにもかかわらず、日本にも対外路線の再考を促したのである。他方、植民地下の朝鮮では、一九一九年三月一日から民族独立運動がソウルなどの各地で高揚した。この三・一運動は鎮圧されたが、原内閣は朝鮮官制改革を行い、新たに着任した斎藤実朝鮮総督は「文化政治」を標榜した。

パリ講和会議では、連合国とドイツの間でヴェルサイユ条約が締結された。だが、山東問題や東アジアの秩序形成などのように、講和会議後に残された課題も少なくなかった。そうした課題の多くは、一九二一年から翌年に開催されたワシントン会議に持ち込まれた。ワシントン会議を経て形成された一九二〇年代の国際秩序は、一般にワシントン体制と称される。すなわち、ワシントン体制とは日米英三国による協調外交の体系であり、そのもとでは中国が従属的な地位にとどめられており、ソヴィエトは体制から排除されていた。そのようなワシントン体制の起点となるのが、ワシントン会議にほかならない。ワシントン会議では中国をめぐる九カ国条約、海軍軍縮についての五カ国条約、太平洋に関する四カ国条約などが調印された。会議を経て成立したワシントン体制が、満州事変に至るまでの国際秩序となった。

ワシントン会議が閉幕すると、東アジアをめぐる国際政治は久々に平穏を回復しつつあった。だが、その間にも中国やソ連では、新たなる動向が徐々に進行していた。まずはソ連が中国との国交樹立交渉を進展させ、中国への影響力を増大することで国際政治に登場し始めた。ワシントン体制下で従属的地位に置かれた中国でも、国権回収運動や国民革命が実践され始めた。孫文はコミンテルンから顧問を迎え入れ、国民党の改組と連ソ容共策を実施した。北京政府の「修約外交」と国民政府の「革命外交」は、日米英各国の政策的乖離を顕在化させた。幣原喜重郎外相や田中義一首相兼外相が直面した国際環境とは、まさにこのようなものであった。一方のアメリカ連邦議会では、一九二四年に排日移民法が制定され、日本人の移民は事実上禁止された。

その間に中国の北京政府は、パリ講和会議でこそヴェルサイユ条約への調印を拒否したものの、対オーストリア講和のサン・ジェルマン条約には調印していた。これによって中国は国際連盟に加盟し、さらにアジア枠を利用することで、国際連盟の非常任理事国に当選した。北京政府は、ドイツやソ連と対等な条約を締結してもいた。他方、ワシントン会議では、中国に関する九カ国条約が結ばれた。ワシントン体制下では、中国やソ連、さらには日本軍部の動向が不安定要因となっていた。それでも、北京関税特別会議や北伐、さらには中ソ紛争や中国革命外交などへの対応が試金石となりながら、ワシントン体制は一九三一年の満州事変まで存続したといえよう。

このころ国際政治の方式やルールは、緩やかに変化しつつあった。すなわち、国際会議を舞台とする多国間外交、国際機構の誕生、海軍軍縮、戦争の違法化などの潮流である。それらのことは、パリ講和会議やワシントン会議、国際連盟の成立と対中協力、不戦条約、ロンドン海軍軍縮会議などにおいて表面化していった。もっとも、国際連盟は中国に対する技術協力を行おうとするが、日本はこれに否定的であり、連盟を支える立場のイギリスも日本には配慮していた。

総じていうなら、第一次大戦後という時代は、現代国際政治の幕開けともいうべき様相を示していた。アメリカの大国化、西欧諸国の疲弊、共産主義国ソヴィエトの登場、中国の積極外交と急進的ナショナリズム、国際機構の設立、朝鮮内外における独立運動など、その後の国際政治を規定するような諸要因が、まさにこの時期に表出したのである。のみならず、そこでは従来の常識を越えた新方式による対外政策が繰り広げられていた。すなわち、アメリカの理念外交、ソヴィエトのイデオロギー外交、中国の革命外交である。

理念に依拠しつつ多国間外交を大胆に追究したアメリカに対して、日本は門戸開放を主義としては受容しつつも、ワシントン体制下の協調外交に満蒙留保を確保することで、まずはアメリカの外交的攻勢を切り抜けた。次いでソヴィエトが国際政治に登場すると、これへの拒否反応としての反共イデオロギーは、日本外交の決定要因として重要になり始めた。また、中国側からの新外交は、国民政府の革命外交によってもたらされた。この中国革命外交は、ソヴィエトの隠然たるイデオロギー外交と対照的に、国権回収運動の支援を得て実力行使も視野に収めながら公然と国権回収を行おうとするものであった。このように中ソ両国の新外交は、通常の外交交渉では対処し得ないような新次元を東アジアに切り開いていった。

一九三〇年代の東アジア国際政治

このような新外交が錯綜するなかで、大正デモクラシー状況下の日本は懸命に対応を試みていた。だが満州事変は、そのような流れを一転させてしまった。この満州事変こそは戦間期の東アジアで最大級の衝撃であり、これを契機に日本は現状維持から現状打破へと政策を転換し、ワシントン体制に幕を下ろした。満州事変に際して、国際連盟の理事会は、リットン調査団の現地派遣を決定した。日本軍が一九三二年一月に錦州を占領すると、アメリカのスティムソン国務長官は不承認の立場を日中に伝えた。このスティムソン・ドクトリンは、九カ国条約や不戦条約に反する行為を承認しないというものであり、不承認の方針はローズヴェルト政権にも継承された。しかし、上海事変後に日本は、日満議定書を締結して満州国を承認した。リットン調査団の報告書をめぐっては、松岡洋右と顧維鈞が国際連盟で激論を交わした末に、日本は一九三三年に連盟を脱退した。

それでも、満州事変の余波が日本の国際連盟脱退や塘沽協定締結に帰結すると、東アジア情勢は落ち着きを取り戻し始めた。幣制改革を進める中国では、従来からの安内攘外を基本的には継承しており、日本に対しては宥和策がとられたという。もっとも、東アジアの平穏は、それほど長く続かなかった。一九三五年から、日本陸軍による華北分離工作が進展したのである。九カ国条約と並ぶワシントン体制の支柱は、五カ国条約に象徴される海軍軍縮であり、一九三〇年には第一次ロンドン海軍軍縮会議で補助艦なども制限された。だが日本海軍では、「艦隊派」がロンドン会議を契機に「条約派」よりも優位に立ち、一九三六年には第二次ロンドン海軍軍縮会議に脱退を通告した。

一九三七年には、ついに日中戦争が勃発した。戦争が長期化していくなかで、日本はアメリカに対する宣伝政策に努め、自らを正当化しようとした。しかし、アメリカ国務省のホーンベック政治顧問らは、むしろ対日強硬策に転換して、日米通商航海条約の廃棄を提言した。ヨーロッパでも、すでに一九三〇年代半ばから国際平和運動が展開されており、日中戦争下では中国を積極的に支援する運動へと発展した。日中戦争は泥沼化していたが、日本はアメリカ中立法の発動や英米による経済制裁を回避するため、あえて宣戦布告をしなかった。それゆえに、日本は中国での占領地軍政に支障をきたし、現地の日本軍と陸軍中央の間にあつれきを生じたという。

日本が外交的に孤立を深めるなか、日本軍は一九三八年一〇月下旬に広州と武漢三鎮を占領したものの、新たなる展望が開けずに戦線は膠着した。日中戦争は持久戦の様相を呈するようになり、汪兆銘を重慶から引き出す工作が進められた。このころ日本の外相には有田八郎が就任し、同年一一月には「東亜新秩序」声明を発した。すなわち、日本が中国に望むのは「東亜新秩序建設ノ任務ヲ分担」することであり、国民政府が従来の方針を転換して「新秩序」に参入するのを拒まないというのである。

第二次世界大戦でドイツがヨーロッパを席巻すると、日本は一九四〇年九月に日独伊三国軍事同盟を締結し、さらに南進にも踏み切った。日本は一九四一年の七月下旬、仏印と呼ばれるフランス領インドシナの南部に進駐を断行したのである。これに対してアメリカのローズヴェルト政権は、石油の全面禁輸で応酬した。最後の日米交渉も行き詰まると、東条英機内閣は開戦を決定した。こうして太平洋戦争が勃発すると、中国には正規のアメリカ軍が派遣された。在華アメリカ軍人は、終戦時に四万八〇〇〇名余りにも達していたのである。

以上で、第一次世界大戦から太平洋戦争に至る東アジア国際政治を概観してきた。本論文集では、戦間期の東アジア国際政治を三期に区分し、時系列的に「第一部　第一次世界大戦後」、「第二部　柳条湖事件から盧溝橋事件へ」、「第三部　日中全面戦争」の三部構成としたい。各論文の概要は次のとおりである。

第一部　第一次世界大戦後

本書の第一部は、田嶋信雄「孫文の『中独ソ三国連合』構想と日本　一九一七―一九二四年――『連ソ』路線および『大アジア主義』再考」、李焱娘「原内閣期における朝鮮の官制改革論」、簑原俊洋「排日運動と脱欧入亜の契機――移民問題をめぐる日米関係」、後藤春美「国際連盟の対中技術協力とイギリス　一九二八―一九三五年――ライヒマン衛生部長の活動と資金問題を中心に」という四本の論文から成る。

田嶋信雄「孫文の『中独ソ三国連合』構想と日本　一九一七―一九二四年」は、従来の中国現代史研究・国際政治史研究でほとんど注目されてこなかった孫文とドイツの関係をテーマとして取り上げ、主として冷戦体制崩壊後にアクセス可能となったドイツ・中国・ロシアの史料を用いながらその史的展開を分析したものである。孫文は、ドイツの学術・産業・組織力・軍事技術を高く評価し、一九一七年の対独宣戦布告前後より一九二五年の死に至るまで、首尾一貫してドイツへの接近工作を行った。それは「中独ソ三国連合」構想として表現されたが、ドイツとの協力の準備は相対的に遅れ、三国連合構想は一九二四年に「連ソ」路線として差し当たりドイツが抜け落ちた形で実現した。

一九二四年一一月のいわゆる「大アジア主義演説」の中でもドイツは隠れたアクターとして措定されており、ヴェルサイユ＝ワシントン体制に対抗する「被抑圧国の連合」構想の一翼を担うはずであった。孫文の「大アジア主義」は、この意味で、ユーラシア的次元を有していたとされる。

李熒娘「原内閣期における朝鮮の官制改革論」は、一九一九年八月二〇日に実施された朝鮮官制改革の推進過程を、三・一運動の前後に分けて考察した。原内閣の成立直後、つまり三・一運動が勃発する前の朝鮮官制改革の動きは、第一次山本内閣期の官制改革論と同じく、日本帝国内部における政治勢力間の対立を背景にしたものであり、日本帝国主義と被支配民族との矛盾への対応ではなく、日本帝国主義内部の矛盾を解消しようという動きであった。しかし、三・一運動が起こると、官制改革は三・一運動の「善後策」の核として位置づけられるようになり、推進されていく。三・一運動期における日本内外の武断統治に対する批判的な世論は、官制改革を促進する要素になっていった。

簑原俊洋「排日運動と脱欧入亜の契機」の主関心は、戦前の日米関係において大きな摩擦となり、サンフランシスコ体制が発足する一九五二年まで解消されることのなかった移民問題である。本章では、カリフォルニア州を中心とするミクロな地方レベルでの排日運動に焦点を当てながら、同問題がエスカレートしていく中で戦間期の日米関係に与えた影響を考察する。より具体的には、第一次大戦直前に日米危機を招いた第一次排日土地法、およびその延長線上にあるパリ講和会議直後の第二次排日土地法を考察し、排日移民法成立へと至る過程を検証する。このように、本章の出発点はミクロであるが、日米関係をライトモチーフをとしている以上、そのインプリケーションは必然的にマクロなものとなり、本章もそれを踏まえ、両国が移民問題をいかにして捉え、対処しようとしたかについても論じる。近代化に成功し、パリ講和会議を経てようやく五大国の一員となった日本は、列強の中で唯一の非白色人種の国家であるという事実から打ち破ることのできない人種差別という壁に直面した。これは排日運動の形となって表出するが、こうしたアメリカからの拒絶は、日本を従来の「脱亜入欧」の意識からアジアの盟主としての「脱欧入亜」の意識へと傾倒させる契機をつくった。近代日本の出発が不平等条約を原体験としているが故に、日本は差別に対しては反射的にきわめて敏感であり、そのため日米関係を多面的・重層的に理解する上で人種差別を根底とする移民問題の考察は不可欠となる。

後藤春美「国際連盟の対中技術協力とイギリス 一九二八—一九三五年」は、一九二八年の連盟非常任理事国改選を契機に開始された対中技術協力問題を取り扱う。この改選で中国が非常任理事国に再選されなかったため、中国の連盟脱退を危惧したドラモンド事務総長は、アヴノル副事務総長を中国に派遣してなだめようとした。この派遣が対中技術協力に発展したのである。本章では、イギリス外務省文書を用いながら、連盟事務局衛生部長で対中技術協力を積極的に推進したライヒマン博士の活動に焦点を当ててこの問題を検討する。イギリスは国際連盟を支える国であったが、その主張は連盟の方針と同一ではなかった。本章は、イギリスおよび日本が、連盟やライヒマンの活動をどのように考えていたのかを明らかにする。また、中国が連盟の派遣した専門家のアドバイスに基づき種々の施策を採用するためには資金が必要であった。満州事変後、ライヒマンと宋子文国民政府財政部長は日本を除外した資金導入の可能性を追求した。技術協力は、資金調達問題と絡み合うことで当該期東アジア国際政治の争点となっていったのである。

第二部　柳条湖事件から盧溝橋事件へ

第二部には、服部龍二「満州事変後の日中宣伝外交とアメリカ——『田中上奏文』を中心として」、樋口秀実「一九三五年中国幣制改革の政治史的意義」、土田哲夫「国際平和運動と日中戦争——『世界平和連合』（RUP/IPC）とその中国支援運動」、高光佳絵「ホーンベック国務省政治顧問の対日強硬化とアメリカの日中戦争観　一九三七―一九三八年」という四本の論文を収めた。

服部龍二「満州事変後の日中宣伝外交とアメリカ」は、宣伝外交の実態と宣伝文書の流通について、「田中上奏文」を軸に分析する。「田中上奏文」は中国側の主要な宣伝材料として用いられており、日本外務省はそれを批判しただけでなく、中国の「革命外交」によって日本は条約的根拠のある権利を蹂躙されているという宣伝を繰り返した。松岡洋右と顧維鈞は、この「田中上奏文」についても国際連盟で論争しており、「田中上奏文」はアメリカや東南アジア、ヨーロッパに広まっていった。「田中上奏文」は、ソ連および国際共産主義運動の反日宣伝でも利用された。日中戦争が長期化すると、「田中上奏文」は蔣介石の講話や重慶のアメリカ向けラジオ放送でも用いられるようになり、これを指揮したのが国民党中央宣伝部国際宣伝処であった。のみならず、アメリカの新聞が果たした役割も大きく、太平洋戦争中には、アメリカのラジオ放送にも「田中上奏文」が用いられた。アメリカ政府内では、陸軍省がプロパガンダ映画に「田中上奏文」を利用したのに対して、国務省は概して慎重であった。

樋口秀実「一九三五年の中国幣制改革の政治史的意義」は、従来、日中戦争の原因の一つとされてきた中国幣制改革を、開戦原因論から離れ、かつ中国内政の動きも考慮にいれながら再検討したものである。それによると、対日抗戦に備え、英米両国の後援をえて行なわれたとされる幣制改革は、中国国民政府が改革前から提唱する安内攘外路線にそうものであり、むしろ国民政府は改革の成功にむけて外交的には対日宥和に努めた。幣制改革は対日抗戦の準備の一環として行なわれたものではないのである。また、従来は幣制改革を通じて法幣が中国全土に流通したとされてきたが、剿共戦遂行のため蔣介石によって設立された中国農民銀行の紙幣がその遂行の過程で全土に流通し、法幣の流通区域は限定的となった。それゆえ、改革の目的の一つである幣制統一への貢献度からいえば、農民銀行の果たした役割が幣制改革よりも大きい。しかし、蒋の「機関銀行」ともいえる農民銀行の紙幣は軍票化する危険性をはらみ、改革を通じて中国財政の安定化が達成されたわけではないのであった。

土田哲夫「国際平和運動と日中戦争」は、一九三〇年代後半にヨーロッパを中心に国際的平和運動を展開した民間団体である「世界平和連合」(Rassemblement Universel pour la paix, International Peace Campaign) の創立、組織と指導者、そして日中戦争期の中国援助活動について検討する。世界平和連合は第一次世界大戦後の理想主義的平和主義の流れを受け継ぐとともに、一九三〇年代のファシズムと戦争の危機に対する人民戦線型の反戦・反ファシズム運動の流れをも受け継いだ、国際的な平和統一戦線の試みであった。当時それは「世界で最も重要な国際平和世論団体」といわれ、ヨーロッパの問題のみならず、日中戦争にも多大の関心を寄せ、各国支部及び傘下諸団体を動員し、国際的な日貨ボイコット、対日軍需品禁輸、中国支援を訴える運動を積極的に展開した。このような活動は、当時困難な対日抗戦を行っていた中国にとって世界世論による支持を明らかにし、その抗戦意志を激励するものとして貴重なものであった、と土田は位置づけている。

高光佳絵「ホーンベック国務省政治顧問の対日強硬化とアメリカの日中戦争観　一九三七―一九三八年」は、アメリカ国務省文書を中心として、日中戦争初期のアメリカ東アジア政策を再検討する。一九三七年一〇月以降、アメリカ国務省において日中戦争解決の道として模索された「建設的」和平構想は、当初、経済制裁による実現も視野に入っていたことを除けば、明らかに盧溝橋事件前と政策的に連続するものであり、対日宥和的な色彩を帯びていた。しかし、日中開戦から一年間ほど慎重に東アジア情勢を観察していたホーンベックは、一九三八年七月に日米通商航海条約の廃棄を提言し、対日強硬策へと大きく舵を切った。日本が南京陥落の圧力による和平に失敗するなかで、ソ連に支援された中国が持久戦に耐え得るものと、米英は判断し始めたのである。高光論文は、アメリカが対日強硬策に転じたのは、中国は長期戦を克服できるという日中戦争観がアメリカ国務省に定着したためであり、日本の対中政策そのものに強く反発したことは二次的な理由であったと結論づけている。

第三部　日中全面戦争

第三部は、高橋勝浩「日中開戦後の日本の対米宣伝政策――『正義日本』の宣明から文化事業へ」、加藤陽子「興亜院設置問題の再検討――その予備的考察」、服部聡「有田八郎外相と『東亜新秩序』」、深町英夫「贅沢な用心棒？――抗戦期在華米国軍人の日常生活」という四本の論文で構成される。

高橋勝浩「日中開戦後の日本の対米宣伝政策」は、従来等閑視されてきた、日中開戦後の日本の対米宣伝政策に焦点を絞り、その一面を考察したものである。戦争の長期化と国際世論の悪化に直面した日本は、中国による反日宣伝への対抗と米国の戦争介入防止を目的に、「国民使節」という非公式な特使を派遣するとともに、プレス・アタッシエ（press attaché）という情報啓発担当官と日本文化会館（Japan Institute, Inc.）をそれぞれニューヨークに設置して、米国に対する宣伝を開始した。高橋論文はこの三つの政策の創出過程と実施の状況について検証し、対米関係の改善を目的とした日本の宣伝の論理が、「正義日本」の宣明、中国に対する防共的提携、華北占領地と満州国における経済的協力の三点から、さらに日本と日本文化に関する客観的情報や資料の継続的提供へと広がりを見せていった点を解明した。加えてこの政策が挫折したのは、日米両国の緊張関係や中国の積極的な反日宣伝という外的要因のほかに、政策それ自体にもセクショナリズムなどの問題点が内在したためであると指摘している。

加藤陽子「興亜院設置問題の再検討」は、一九三八年一二月一六日に設立された興亜院をテーマとして取り上げる。アメリカ中立法の発動や英米からの経済制裁を恐れた日本は、日中開戦後も中国に宣戦布告を行わなかった。宣戦布告がないとなると、現地に派遣された日本軍は、正規の戦争の場合に認められている海上封鎖などをはじめとする占領地行政＝軍政を実行できないことになる。このような新しい形態の戦争下に対華中央機関として設置された興亜院は、いかなる性格を付与されて設置されることになるのか。著者は興亜院設置の背景に、占領地行政を行えない現実にいかに対処するのかをめぐる、現地軍と陸軍中央の半年にわたる深刻な対立の内容を検討し、対中外交の権限を外務省から陸軍が奪おうとしたとの旧来の評価ではなく、政治と統帥の混淆という内外からの批判に苦慮した陸軍が不可避的に外政機構を必要とする過程として描いた。

服部聡「有田八郎外相と『東亜新秩序』」は、広田内閣、第一次近衛内閣、平沼内閣、米内内閣と、四内閣にわたって外相を務めた有田八郎における「東亜新秩序」構想の位置づけを論じた。一九三〇年代の後半に世界経済のブロック化が進展するなかで、日本は華北分離工作を展開した末に、日中戦争が勃発した。日中戦争の発端は偶発的なものであったが、やがて日本は戦争目的として「東亜新秩序」の建設を掲げるようになる。そのような日本の対外政策は、中国のみならず米英との政治的関係を悪化させた半面で、日中戦争の拡大と長期化によって米英に対する経済的依存度を高めるという矛盾に陥った。本章では、そのような矛盾のなかで有田が「東亜新秩序」構想をどのように描き、中国、そして米英との関係をいかに打開しようとしたのかを論じた。つまり有田外相は、「東亜新秩序」建設を進めながらも中国や米英との関係悪化は阻止するという、相反した政策目標を追求しようとしたのである。このような有田八郎の外交運営を通じて、当時の日本外交の構造とジレンマを明らかにし、その後の松岡外交や日米開戦についても展望を試みた。

深町英夫「贅沢な用心棒?」は、クレア・シェノールト、ジョーゼフ・スティルウェル、アルバート・ウェデマイヤーらが指揮する在華米軍と、これに宿舎・食事・娯楽といった生活上の便宜を提供すべく、蔣介石の意を受けて黄仁霖が組織した軍事委員会戦地服務団との関係を軸に、抗戦期間中に米国軍人が生活習慣も生活水準も全く異なる中国（しかも内陸部）において、どのような日常生活を送っていたのかをきわめて具体的に検討する。在華米軍は、戦地服務団の提供する宿舎・食事が非常に厳しい衛生・栄養基準を満たすことを要求し、さらには余暇の娯楽までをも監視・管理下に置くことによって、可能な限り将兵各個人の身体の健康を維持し、軍隊としての戦闘能力を最大化させようとした。だが、このような国民総動員による総力戦に備える近代的身体観・社会観は、有り余る人的資源を擁する中国側には理解されず、在華米国軍人は単なる「贅沢な用心棒」と見なされた。中国側は、物資補給の困難な状況下であるにもかかわらず、寛大な接待を行なうホストとしての面子を保つことに腐心したのである。

このように本論文集では、時系列的に戦間期の東アジア国際政治を「第一次世界大戦後」、「柳条湖事件から盧溝橋事件へ」、「日中全面戦争」という三期に区分した。そこでの三期は、そのまま本書の三部構成となっている。もっとも、その三期区分に各論文が厳密に当てはまるというわけでもない。したがって、本書は戦間期と題されているものの、部分的には第一次世界大戦期と太平洋戦争期が含まれることをお断りしておきたい。もとより本書は、研究班として初めての成果となるだけに、行き届かないところがあるかもしれない。関係各位からの御叱正を乞う次第である。

服部龍二

目次

第二部　柳条湖事件から盧溝橋事件へ

第七章　国際平和運動と日中戦争
――「世界平和連合」(RUP/IPC) とその中国支援運動――

土田哲夫　327

第三部　日中全面戦争

第一二章　贅沢な用心棒？
――抗戦期在華米国軍人の日常生活――

第一部

第一次世界大戦後

第一章　孫文の「中独ソ三国連合」構想と日本　一九一七―一九二四年

―「連ソ」路線および「大アジア主義」再考―

田嶋信雄

はじめに

一九一三年二月から三月にかけて孫文は日本に滞在し、桂太郎前首相らに自らの革命観を語った。通訳にあたっていた戴季陶によれば、二回にわたる会談の中で桂と孫文は、袁世凱・北洋軍閥政権およびそれを支持するイギリスに対抗するため、日英同盟を解消し、代わりに日独中三国（さらにオーストリアおよびトルコ）の同盟を形成する構想について意気投合したといわれている。(1)

この日本での発言は、孫文の反イギリス政策の文脈で考察されることが多かったし、またそれは正当であろう。他方、いままでの研究では、孫文がここで日中提携にドイツを含めて考えたことについては、あまり注視されてこなかった。しかしながら、孫文があえてドイツとの提携を、しかも日本の政治家と協議したことは、意外に重要な意味を持っていたものと思われる。孫文の対外関係は多岐にわたる錯綜したものであったが、その中でドイツはどのような位置を占めていたのであろうか。本章の課題は、このような観点から、孫文とドイツの関係の歴史を具体的に分析し、「連ソ」路線や「大アジア主義」演説をも含めた孫文の対外観を、中独関係の視角から再検討することにある。また、それに必要な限りで日中、日独、日ソ、中ソ、独ソ関係史の若干の側面にも言及することとしたい。

ところで、孫文とドイツの関係が現実的な意味を持つようになるのは、第一次世界大戦の勃発を待たなければならなかった。第一次世界大戦の中で孫文は対独態度を明確にしなければならなかったし、また、対独宣戦布告問題は中国の内政的分裂を促進し、南北両政府の二重権力状況を発生せしめる重要な契機の一つをなしていたからである。さらにまた、第一次世界大戦後の時期に孫文は、単なる革命家としてではなく、広東政府の権力者として具体的にドイツ問題に対処しなければならなかった。したがって、その分析によってこそ「対外宣伝」にとどまらぬ孫文のドイツ認識の現実的な意味が明らかになると考えられる。本章では、以上のような観点から、第一次世界大戦勃発以降、中国国民党第一次全国代表大会（一九二四年一月）での「連ソ」路線の形成を経て同年一一月の「大アジア主義」演説に至るまでの孫文の対独態度を考察の対象とすることとしたい。

次に孫文と中独（ソ）関係に関する研究史と史料状況について簡単に触れておきたい。当該テーマに対する内外学界の注目度は、いくつかの理由で、極めて低かったといって良い。第一に、日本の学界では、そもそも中独関係史に対する関心は、中国史研究者の間でもドイツ史研究者の間でも、甚だ低調であった。(2) 国民党の「連ソ」路線に対してはもちろん相応の関心が払われてきたが、それはもっぱら中ソ二国間関係の枠組ないし国共合作史の枠組の中でのみ検討されてきた。第二に、ドイツ連邦共和国では、第二次世界大戦前史研究との関連で、一九三〇年代の在華ドイツ軍事顧問団の活動や中独条約（一九三六年四月八日調印）の成立過程に一定の関心が注がれてきたが、(3) 一九二〇年代の中独関係については、ヴェルサイユ条約の結果極東でのドイツのプレゼンスが失われていたこともあり、ほとんど研究が行われてこなかった[4]。第三に、大陸中国の研究においては、中独関係史に対する関心の一般的な低さに加え、毛沢東の『新民主主義論』に示された理解、すなわち孫文・国民党の「連ソ路線」をもって「正しい」国際的統一戦線路線として把握するという以上の観点はほとんど存在しなかった。その上、「大アジア主義」については、改革開放政策の開始に至るまで、研究上もタブー視されてきたといわれている[5]。第四に、中独関係史にそれなりの関心が注がれてきた台湾の学界でも[6]、一九二〇年代の中独関係史は相対的に関心の低いテーマであった。それに加えて当該テーマは、大陸とは別の文脈ではあるが、「国父」孫文のタブーに一定程度触れる内容を含むものとして忌避される傾向が一部に醸し出された[7]。第五に、欧米の中独関係史研究はカービー（William C. Kirby）の傑出した著作（一九八四年）を[8]産み出し、そのなかで一九二〇年代の中独関係にも一定のスペースが割かれたが、管見の限り、冷戦体制崩壊後の欧米においてその水準を引き継ぐ研究は今日に至るまでほとんど存在していない。第六に、ロシアの研究においては、一九二〇年代中ソ関係に対する関心は依然として継続しているが、そこにおいても中独関係・独ソ関係の影響という視点はほとんど存在していない[9]。

こうした中、旧東欧圏において、当該テーマに関し、目立たない形ではあるが、先駆的な研究論文が発表されてきたことに注目されなければならない。一九六〇年前後に発表されたメーナー（Karl Mehner）[10]およびファス（Josef Fass）[11]の論文は、いずれも中華人民共和国から東ドイツのポツダム中央文書館に返還された旧中国駐在ドイツ大使館の膨大な文書の一部を利用しつつ、一九二〇年代の中独関係、とりわけ孫文＝ドイツ関係を実証的かつ地道に分析したものであった。先に挙げたカービーの著作も、また孫文の対外政策に関するウィルバー（C. Martin Wilbur）の研究も[12]、当該テーマについては、こうした旧東欧圏での研究成果に多くを依拠していたのである。

しかしながら、東ドイツでは、明らかに政治的な理由から、この旧中国駐在ドイツ大使館文書へのアクセスがその後著しく制限されたようである。管見の限り、一九七〇年代以降、この中独関係史研究の宝庫を用いた研究は途絶えてしまい[13]、ふたたびまともな研究が登場するのは東ドイツの崩壊前夜を待たなければならなかった[14]。本章のテーマとの関係では、わけてもフェルバー（Roland Felber）の論文が注目されなければならない[15]。とはいえ、以上に見た東ドイツでの散発的だが重要な研究は、その後の東ドイツの崩壊および東ドイツ近・現代史学の解体により、ほとんど顧みられることなく忘れ去られてしまった感がある。

一方、中国における改革開放政策の進展と国際関係における冷戦体制の終焉は、中独（ソ）関係史研究の史料状況をも劇的に改善し、いままで用いられてこなかった多くの史料へのアクセスが可能となった。先に述べた旧中国駐在ドイツ大使館文書のようなアルヒーフ史料が閲覧可能になるとともに[16]、ドイツ、大陸中国、台湾、ロシアなどで基本的な史料集の刊行が相次いでいる。中独関係史では、フォルクスワーゲン財団の資金協力を得たドイツの『中独関係』史料集シリーズ[17]、大陸中国における『中徳外交密档　一九二七―一九四七』[18]、ドイツのアルヒーフ史料を中国語訳した台湾の『徳国外交档案　一九二八―一九三八年之中徳関係』[19]などが重要であろう。しかしながら、こうした刊行史料集では、蔣介石による「北伐」および中国統一達成後の中独関係に編集上の重点が置かれており、第一次世界大戦前後の中独関係史研究は、残念ながら、いまだにアルヒーフ史料に多くを頼らざるを得ないのが現状である[20]。

また、中国とソヴィエト・ロシアおよびコミンテルンの関係については、『中蘇国家関係史資料匯編　一九一七―一九二四』[21]、ロシアで編集され、中国、ドイツなどでも翻訳が出版されているコミンテルンの中国関係史料集[22]、サイチ（Tony Saich）編集のマーリング史料集[23]などが重要であろう。

以上を踏まえ、本章では、一九六〇年代に東欧で発表されていた地道な先行研究に学びつつ、冷戦体制崩壊後に新たにアクセス可能となったドイツのアルヒーフ史料および中独露の刊行史料を考察に加え、かつ日中関係史研究から

の若干の論点を交えて、一九一〇年代後半―一九二〇年代前半における中独（ソ）関係史の一端を考察することとしたい。(24)

一　第一次世界大戦下の孫文とドイツ

一九一四年夏に第一次世界大戦が勃発すると、日本は八月二三日、日英同盟に藉口してドイツに対し宣戦布告を行い、一一月七日、青島を陥落させた。これによりアジアでの日独戦争の主要な戦闘はひとまず終息したが、ヨーロッパでの戦争は、短期戦との当初の予想を覆し、長期戦へと発展していった。こうした中、中国駐在ドイツ公使ヒンツェ提督（Paul von Hintze, のちドイツ帝国外務大臣）は、一九一五年五月、北京駐在日本公使日置益と秘密の接触を試み始め、(25)さらに同年一一月から一二月にかけて、「中国を犠牲にして日本に和解を申し出るのに都合の良い時期がきた」として、日置との間での交渉開始を許可するよう繰り返しドイツ外務省に求めたのである。(26)ヒンツェと日置の交渉は一五年末から一六年五月まで断続的に行われたが、しかし不調に終わり、一六年六月、ヒンツェは「日本への接近は見込み薄」と判断して北京での日独交渉を見限った。(27)

一九一七年一月三一日、ドイツがアメリカ合衆国に対し無制限潜水艦戦を通告すると、アメリカは二月三日、ドイツとの国交を断絶し、中国にも同様の措置をとるように迫った。これを受け、二月九日、外交総長伍廷芳はヒンツェと会談し、無制限潜水艦戦に対する抗議文書を手渡した。同時に伍廷芳は「もし抗議が聞き入れられない場合は、中国政府は残念ながらドイツと国交を断絶せざるを得ない」との威嚇を付け加えたのである。(28)

こうした中独関係の危機を受け、ヒンツェは中国の各方面に対し国交断絶回避のための働きかけを開始した。のちの報告によれば、一九一七年二月におけるヒンツェの政治工作は以下のようなものであった。

反ドイツ的な政策に対して抗議を行わせるように督軍達への働きかけを継続し、成果を得た。ほとんどすべての督軍は抗議の通電を行った。内閣の反独化傾向を攪乱するため、康有為（君主主義者）、孫文（国民党急進派）、唐紹儀（国民党右派）との秘密の連絡が継続された。私の秘密のエージェントが張勲（四川）、倪嗣冲将軍（安徽）を絶え間なく訪問した。(29)

一九一七年三月一日晩、ヒンツェはとうとう国務総理段祺瑞その人に対し直接的に働きかけを行い、国交断絶を延期すれば一〇〇〇万ドルを提供しようと申し出た。それに対し段は「もっと高値が付いている」と笑い飛ばしたのである。(30)すでにこの時段祺瑞には日本から反独政策の見返りとして大量の借款供与が約束されていたのであった。こうした流れの中で段祺瑞政権は、一九一七年三月一四日に対独国交断絶を宣言したのである。ヒンツェはこれに抗議して北京を後にし、上海、ハワイ経由でドイツへの帰国の途についた。(31)その後の中国では、次のステップとして、対独宣戦布告も予想される状況となったのである。

帰国途上の上海においてヒンツェは、上海駐在ドイツ総領事クニッピング（Hubert Knipping, のちドイツ外務省東亜局長）に対し、中国各方面への働きかけをいっそう強化し、中国の対独参戦を回避するために全力をあげるよう指示した。クニッピングによれば、当時ドイツは贈賄などの手段をも含めた様々な工作を行い、「親独派のリーダー」と目されていた康有為、「北京の直隷派に対し非常に影響力のある」孫洪伊、「孫文の友人」唐紹儀などを「わが国の目的のために獲得した」という。(32)

さらにクニッピングは、ヒンツェから孫文への働きかけをも命じられていた。

ドイツ公使ヒンツェ閣下は中国を後にするに際し、三月末に上海で私に指示を与えた。南方の急進派である国民党の指導者孫逸仙博士と直接連絡をとり、国務総理段祺瑞およびその内閣の打倒を働きかけ、その目的のため孫博士に二〇〇万ドルを限度とする資金援助を与えるようにとのことであった(33)。

この目的のためクニッピングは、「孫の親しい友人」であり「南方派におけるドイツの信頼しうる情報提供者」でもあった曹亜伯を急遽北京から呼び寄せ、孫文との会合を設定させたのである。一九一七年四月、クニッピングの命令を受け、ドイツ総領事館のシルマー（Hans Schirmer）通訳官が極秘裏に上海で孫文と会談した。この席でドイツ側は中国の対独宣戦布告を阻止するため、孫文に段祺瑞政権の打倒を要請したのである。クニッピングは孫文との接触を以下のように記している。

曹亜伯が上海に到着後、ただちにシルマー通訳官と孫逸仙博士との秘密会談がセットされた。会談は、政治的な諸目的に関して合意をもたらした。逸仙は、段祺瑞を打倒するつもりであり、しかもそれは可能であると宣言した。さらに彼は陸海軍への工作のため二〇〇万ドルを要求した(34)。

しかも孫文は、このドイツ側の提案を、日本をも含めた枠組で受けとめた。孫文は以前より、北京政府を打倒し、英仏露の勢力を中国から駆逐するための日独中連合を構想していたが(35)、いまここで「日独中」構想にドイツ側からのアプローチがなされたわけである。これを受けて孫文は、会談の中でシルマーに対し、段祺瑞政権打倒計画の実行に際し、日本の親独派にも働きかける意志を明らかにしたのである。孫文は、それまでの日本との関係を以下のようにシルマーに述べている。

孫は会談の中で、日本の影響力ある政治家の一部に対する良好な関係を強調した。孫によれば、日本ではドイツに対する意見は割れている。外務省は反独的だが陸海軍の大部分はドイツへの賞賛に満ちている。孫は自ら日本を訪問し、中国情勢に関し感触を探りたいと考えていたが、自分の旅行は大変目立つので、周りから中止するよう勧告されたという。しかし日本側は、孫文の意見を子細に聴取するため、高級将校である田中〔義一・参謀次長〕を非公式に中国に派遣することを約束したという。[36]

こうして段祺瑞政権打倒を目指す「日独中」構想の枠組の中で、孫文＝シルマー会談に続き、孫文＝田中義一会談がもたれたのである。しかしながら、田中に対するアプローチは、必ずしも孫文の思惑通りには進まなかった。一九一七年五月二五日、孫文は非公式に中国を訪問して各方面と意見を交換していた田中義一と上海で会談し、「まったくあけすけに」、自分の計画を明らかにした。「私は段を打倒するつもりである」。田中はこれに対し「日本政府は中国内政問題に介入するつもりはない」と述べたとされている。[37] 孫文はこの田中の発言を前にして、段祺瑞政権打倒計画への協力の約束を日本から得るのは困難と考えざるを得なかったであろう。その時孫文は次のように述べたとされている。

〔田中〕次長が言う処の国家を結合して自国の力を養うことの専一なるは尤もであり、自分ももとより一日も早く之が達成を切望している故に、此の際自分の計画を中止し、大総統〔段祺瑞〕が真に誠意以て国事に当たるべく招致するのであれば、自分も北京に行くであろうと言明した。[38]

一九一七年四月末から五月末にかけ、孫文の対独政策および対日政策はこのように曲折を経ていたが、他方この時期孫文は、朱執信に意を伝えて「中国存亡問題」の作成にあたらせたといわれている。この長文論文の中で朱執信＝

孫文は、ドイツに対する宣戦布告が中国にとっていかに益のないものであるかを諄々と説き、今時の大戦において中国が中立を維持すべきことを強く主張していたのである。朱執信＝孫文があげている対独宣戦布告反対の理由は多岐にわたるが、その根底に、以下のようなドイツ認識が存在していたことは確かであろう。

ドイツに対しては平素、事ごとに連絡して、ドイツの御機嫌を買ってきた。わが国の軍隊、教育、学術を論じるなら、すべてドイツのお陰を蒙ってきた。にもかかわらず、いったん勢力を失ったからといって、井戸につき落とし、石を投げこむような謀り事をするのは、是非を知らないばかりでなく、利害と損害、恩愛と憎悪をわきまえていないということになる。(39)

朱執信＝孫文は、最後に「中国存亡問題」を次のように結んでいた。「私は何百回、何千回でも次のことを繰り返し述べることを厭いはしない。不撓不屈の独立精神により、厳正なる中立を堅持せよ！と」(40)。

この時期（一九一七年四月―五月）の孫文を通じた中国政局に対する政治工作について、クニッピングは以下のように評価していた。

孫文の工作の成果はすぐにはっきりと現れた。北京政府に対する不満は全国で顕著となり、段祺瑞の立場は動揺し始めた。段祺瑞政権の大臣達は国民党によって企てられた収賄疑惑に巻き込まれた。段祺瑞と黎元洪の間でほぼ毎日繰り返されるトラブルがそこに加わった。(41)北京の大総統府および高級将校の中にいるわが国の友人達が黎元洪に働きかけたため、彼は段祺瑞に対する否定的な態度を強めた。

このような段祺瑞政権への批判は、周知のように、張勲による清朝復辟の試みにより頂点に達するが(42)、それが失敗したのち、権力基盤を強化した段祺瑞は、八月一四日、とうとうドイツに対する宣戦布告に踏み切ったのである。

この対独宣戦布告は中国の分裂を加速する一因となった。八月二七日、反段祺瑞派の国会議員一三〇余名は広東で非常国会を開催し、九月一〇日には孫文を大元帥とする広東軍政府が組織されたのである。これ以降中国で続くことになる二重権力状況は、こうして、第一次世界大戦参戦問題＝対ドイツ宣戦布告問題を一つの契機として始まったのである。ただし、三日後の九月一三日、孫文と広東政府は、国際情勢および段祺瑞政権からの圧力が強まる中でドイツに対し形式上の宣戦布告を行わざるを得なかった。(43)

しかしながら孫文は宣戦布告後も「ドイツ・カード」を手放すことはなかった。すなわち孫文は秘密裏に曹亜伯をアメリカ合衆国経由でヨーロッパへ派遣し、ドイツとの交渉の機会を伺わせていたのである。

一九一七年一一月、ロシアでレーニン（Владимир И.Ленин）の率いるボリシェヴィキ革命が成功し、国際情勢は根本的に変動することとなった。翌一八年三月三日にはブレスト＝リトフスクで独露講和条約が締結され、ドイツとソヴィエト・ロシアの間での講和が成立するとともに、ヨーロッパの東部地域はほぼドイツの支配下に置かれることとなった。反イギリス・親ドイツ戦略をとる孫文にとっては絶好の機会が到来したのである。

一九一八年一一月七日、曹亜伯はノルウェー駐在ドイツ大使館を訪問し、孫文の命を受けてドイツ政府との交渉を行うため入独したいとの希望を伝えた。一一月末、曹亜伯はベルリンに到着し、ホテル・アドロンでドイツ政府の派遣した旧知のヒンツェ（約二か月前までドイツ帝国外相）らの訪問を受けた。さらに彼は一二月一日にドイツ外務省を訪れ、自らホテルの便箋に英語で記した「孫文の建議」を提出したのである。(44)

その覚書は二つの部分から構成されていた。第一部では南方政府が中国の合法政府であり、しかも広東、広西、福建、江西、湖南、雲南、貴州などに強大な軍事力を保持していると主張していた。このような中で中独が手を握ることにより、日英その他協商国の在中勢力を駆逐すべきだとされたのである。

第二部で曹亜伯は、中国（広東政府）、ドイツおよびソヴィエト・ロシア三国の同盟関係の形成を提案した。その内容は以下の如くであった。まずソヴィエト赤軍の協力の下、在ロシア華僑からなる一万二〇〇〇人の中国人部隊を設立し、それに一万人のドイツ兵を加えて軍隊を編成する。この中独ソ混成軍は、一方で西北より北京政府を攻撃するとともに、他方で食糧および各種物資を中国で調達し、それをシベリア鉄道経由でドイツに輸送する。北京政府打倒後にドイツは中国財政を援助し、関税自主権の回復を実現する。さらにドイツは中国の教育および工業技術の発展を援助し、中国は逆に様々な物資をロシア経由で輸送し、ドイツを支援する、というのであった。[45]ここには、のちに見る孫文の「西北計画」、すなわちソ連ないしモンゴルに国民革命軍の根拠地を建設し、そこから北京政府打倒の軍事行動を起こすという地政学的な考え方の原型ともいうべき発想が示されており興味深い。

このような曹亜伯＝孫文の提案をドイツ側がどの程度真剣に受け取ったかは必ずしも明らかではない。しかしながら、この奇矯な案が、当時の国際政治情勢から見てまったく現実性を欠いたものであったことは容易に見て取れるであろう。いずれにせよこの間、一九一八年一一月九日にはドイツでも革命が起こり、同月一一日にドイツは連合国との間で休戦協定を締結するのやむなきに至っていた。ソヴィエト・ロシアを通じたドイツ軍の「東漸」と中独ソ三国の連合形成にかけた孫文の期待は、ここにひとたび潰え去ったのである。

二　第一次世界大戦後の孫文とドイツ

一九一九年六月、対独講和条約であるヴェルサイユ条約が調印された。周知のように中国北京政府は山東半島権益の日本への譲渡に憤激する五四運動にも影響され、ヴェルサイユ条約の調印を拒否せざるを得なかった。[46] したがって、中国とドイツの間では、法的に見れば、戦争状態が継続したことになる。一九一九年一〇月、北京政府は大総統宣布という形で、また広東政府は国会での決議という形で戦争状態の終結を宣言したが、[47] 北京政府とドイツは、こうした状態に条約の形で終止符を打つため、一九二一年五月二〇日、中独条約を締結したのである。[48]

北京政府は、条約交渉中も、中国では「外交政策の分野において今まで〔北京政府と広東政府の間での〕統一戦線が破壊されたことはない」との立場から、ドイツに対し、「広東政府も中独条約の諸規定を承認するだろう」との楽観的な見通しを述べていた。[49] しかしながら広東政府は、「非合法政権」＝北京政府が締結した中独条約を「ほとんど暴力的な言葉」で非難しており、[50] ドイツはむしろ「護法」政府＝広東政府と正式に条約を締結すべきだとの立場に固執していた。広東における領事館再開の可能性を探るため北京のドイツ公使館から広州に派遣されていた一ドイツ人官吏は、広東政府の外交部筋から次のような立場を聞かされていたのである。

もしドイツが中国との外交関係を再開しようと思うなら、わずかな軍人のお情けによって職を得ている一部の役人〔北京政府〕ではなく、中国国民を代表している政府〔広東政府〕と交渉すべきだ。南方諸省におけるドイツ資産はドイツ人に返還しない。今のところドイツ領事館は再開できない。ドイツ人は去年までと同様のやり方で活動を継続して結構だ。[51] だがもしドイツ人が北京政府との条約で認められた特権に訴えるとすれば、本政府はそのような条約には関知しないというほかはない。

こうした広東政府の立場のため、以後ドイツと広東政府との交渉は、まったく非公式な形で行われざるを得なかった。ドイツは一九二一年夏、ヴァーグナー副領事（Wilhelm Wagner）を広州に派遣し、領事代表部を事実上開設したが、広東政府は彼を領事としては承認しないという姿勢を崩さなかった。[52] 当時広東政府とドイツの間には、戦時に没収されたドイツ資産の返還問題などに関する外交上の懸案が存在した。しかし、そうした交渉は、第一次世界大戦以来ドイツの利益を代表していたオランダの在広州領事館を通じて行わざるを得なかったのである(53)。

こうした状況にもかかわらずヴァーグナー副領事は、孫文個人と非公式な接触をはかることが可能でありまた望ましいと判断し、仲介者を通じ、一九二一年九月二五日、非公式に孫文を訪問したのである。その時孫文はヴァーグナーに対し、以下のようにドイツの支援を求めた。

> 私たち中国の愛国者すべてが望むような形で中国の無限の富を開発することが大切だ。ドイツ民族はそのような援助を私たちの政府に与えることができる唯一の民族である。アメリカは自国に広大な活動領域を有しているので、中国に援助を与えることはできない。これに対し私は行政と経済生活におけるすべての領域でドイツの広範な援助を期待する。ドイツの知性と、すでに多くの点で証明されている巨大な組織力をあてにしている。財政、行政、経済、教育および軍事をドイツの手に委ねる用意がある。私は改革案の一部を International Development of China に記しておいた。私はその本をすべての国に寄贈したが、念頭にあったのはドイツの先取の精神と偉大な意志であった。

このようにドイツの援助への期待を縷々開陳したあと、孫文は以下のような言葉で会談を締めくくったのである。「中国にはドイツが失った植民地の代替物がある。中国に来て、私の事業を援助して欲しい。自国の一部を統治するのと同じように中国を組織していただきたい(54)」。

孫文のこの発言を単なる外交辞令と見なすことはできない。なぜなら孫文は、ヴァーグナーと会見する前に、一九二一年夏、こうした計画の実現可能性に関して「現地での状況を調査する」ため、腹心の朱和中をドイツに派遣していたからである(55)。

朱和中は一九二一年九月末にベルリンに到着したあと[56]、二二年七月まで約一〇か月間ドイツに滞在し、フーゴ・シュティンネス（Hugo Stinnes）のような大企業家との間で様々な契約を結ぶとともに、鉱工業、経済、行政、鉄道、軍事などの分野におけるドイツ人専門家を広東政府の顧問として招聘する計画を進めることになる。

ただしドイツ外務省は、こうした朱和中＝孫文の専門家招聘計画に対し、広東政府が不安定であること、さらにドイツが承認している北京政府の不興を買いかねないことを理由に、公的な支援を差し控える姿勢を示した。さらにまた、私的な契約自体に異議を唱える筋合いではないとしつつも、関係するドイツ人専門家に対しては、広東政府の存続に不安材料があること、経済的な困難が予想されることなどを指摘し、その上で、契約を締結する場合には孫文の広東軍政府ではなく地方政府である広東省政府を相手とすることが望ましい、との態度を示したのである[57]。

しかしこうしたドイツ人顧問招聘計画よりもさらに重要であるのは、朱和中が、前中国駐在公使・前外務大臣パウル・ヒンツェ提督との協議を進め、「中独ソ三国同盟」を実現するための方策を検討していたという事実である。一九二二年一月一日、朱和中は孫文に以下のような報告を送っていた。

前中国駐在ドイツ公使ヒンツェは中国の状況を熟知している。しかも以前に海軍特使としてロシアで八年間勤務していたので、ロシアで多くの良好な人間関係を形成している。英語、ロシア語およびフランス語は完璧である。その上発想が新しく、積極的で如才ない。彼の諸計画は最近の民主主義的意見に適合している。彼はドイツでは極めて稀な人物である。

私がベルリンに着任する前、すでにヒンツェは中国、ドイツ、ロシア三国の間での同盟締結を主張していたが、それは閣下〔孫文〕の秘密の目的に適合する。交渉を開始して以来、ヒンツェはその他の政治課題をひとまず措き、この問題に専心することに決した。この同盟を実現する目的で、我々との協力のもと、事務所を開設することが決定された[58]。

さらに朱和中はヒンツェを広州に招待し、こうした「大政策（独露中）」を推進するための協議を行うよう孫文に具申していたのである[59]。この提案を受けた孫文は一九二二年三月八日、廖仲愷・曹亜伯宛に手紙を送り、ヒンツェを香港に迎え、極秘裏に広州へ案内する準備を整えるよう指示していた。その手紙の末尾に孫文は次のように記していたのである。「この手紙は読んだら焼却すること[60]」。

一九二二年五月一七日、朱和中はドイツ外務省のベートケ参事官（Max Bethcke）をベルリンの自宅に招待したが、その時朱和中は、「ヒンツェ閣下の支援のもと」、ドレスデン工科大学教授シュヴィニング（Wilhelm Schwinning）を文部科学顧問に、前青島総督シュラーマイアー提督（Wilhelm Schrameirer）を行政改革顧問に、前山東鉄道監督官ヒルデブラント（Heinrich Hildebrand）を鉄道顧問に招聘する契約を締結したと語った。さらに軍事顧問としては、元参謀将校の招聘も計画され、そのために朱和中はドイツ陸軍総司令官ゼークト（Hans von Seeckt）とも協議していたようである[61]。

その間孫文は一九二二年五月八日に「北伐」を発動したが、六月一六日、これに反対する陳炯明の反乱に遭遇し、重大な危機に陥ったのである。陳炯明派の攻撃の直前にからくも総統府を脱出した孫文は、珠江の「永豊」艦上で一か月半にわたる熾烈な攻防戦の指揮をとった。

しかしながら八月九日、ついに万策尽き、孫文は上海への撤退を決せざるを得なかったのである。このような権力喪失の逆境にもかかわらず孫文は、香港へ向かうイギリス艦上で、蒋介石らの幕僚を鼓舞するかのように、今後の中国外交が目指すべき方向について語った。その中で彼は以下のようにソヴィエト・ロシアとドイツの重要性を強調していたのである。

今日の中国の外交についていえば、ソヴィエト・ロシアほど国土が隣接し、関係が密接な国はない。国際的な地位についていえば、ソヴィエトとわが国の利害は一致しており、いささかも侵略を危惧する必要はない。さらに、中国およびソヴィエトと提携し、相互に進んで利益を計ることができるのがドイツである。〔中略〕今後のわが国の外交は、海軍国についてはもとより注視しなければならないが、しかし欧亜大陸のロシアおよびドイツの二国については、いっそう特別な留意を払わなければならない。(62)

陳炯明の反乱にともない、ヒンツェは訪中計画を一時断念せざるを得なかった。これが孫文の外交上の計画にとって痛手であったことはいうまでもない。しかし孫文の対独工作にとってさらに大きな打撃となったのは、朱和中とヒンツェの「中独ソ三国同盟構想」が、九月二二日、『ホンコン・テレグラフ（Hongkong Telegraph）』紙にリークしてしまったことである。同紙には、陳炯明の反乱に際し総統府の金庫に残されたとされる朱和中の私信（一九二二年一月一日付）の写真までが暴露された。紙面トップには「三国ボリシェヴィキ同盟の提案　ヒンツェ提督訪中予定」との見出しが踊り、次のような記事が掲載されたのである。

孫文がボリシェビキ理念を抱いているという批判が長い間なされてきたが、いままで具体的な証拠に欠けていた。本日本紙は、孫文がボリシェビキ理念に基礎を置く中国、ドイツ、ロシア三国の間での同盟を実現しようと陰謀を働いていたことを示す証拠を発表する。本紙は、これが否定し得ない証拠であると確信する。(63)

これにより中国政界および国際社会には大きなセンセーションが巻き起こされる結果となった。北京の外交団は、北京政府外交部に「孫文は本当にそのような意図を有しているのか、それとも孫文の信用を傷つけるための陳炯明の捏造なのか」と問いただし、北京政府も「自らの立場と利益がこの問題に密接に関わっているがゆえに」外交団の要求に耳を傾ける姿勢を示した。(64)曹錕と呉佩孚はわざわざ「孫文とは無関係」との声明を出さざるを得なかった。またドイツ政府も、ヒンツェ自身も、打ち消しの声明を公表せざるを得なかったのである。[65]

こうした事態に対し孫文は、九月二九日、「ロシアおよびドイツとの協力に関し香港で公表された秘密書簡は、陳炯明が捏造したものである」[66]との声明を発表したが、しかし『ホンコン・テレグラフ』紙に掲載された手紙の署名は明らかに孫文のものであり、「私は手紙の原本を〔英語に〕翻訳していずれ発表する」との彼の約束は、結局うやむやに終わるのである。[67]これにより孫文＝朱和中＝ヒンツェの「中独ソ三国同盟」工作は失敗し、ヒンツェの訪中計画も頓挫した。

三　「陳炯明の反乱」後の孫文とドイツ

陳炯明の反乱により上海に逃れた孫文は、その後半年近く上海での蟄居を強いられるが、その間にも孫文の対独工作は休むことなく続いていた。すなわち上海の孫文は、帰国予定の朱和中に代えて、今度は、ドイツ留学を予定していた鄧家彦にドイツ各界との交渉を指示したのである。

翌一九二三年二月、孫文派はふたたび広州を奪回することに成功し、二月二一日には孫文を大元帥とする大本営（第三次広東政府）が組織された。孫文の権力復帰を受けて鄧家彦は、ドイツ人将校を中国で雇用する計画を孫文に提案したが、それに対し孫文は、一九二三年六月一九日、ドイツ滞在中の鄧家彦に次のような指示を送ったのである。

> 我々はドイツ人将校数人を雇用する計画を立てたが、それを段階的に進めてもわずかな効果しか得られないと思われる。ドイツ人を中国での生産に従事させるという大計画を遂行するには、物資の面でも、また中独両国の有能な人材を活用する面でも、大きな視野から考えなければならない。なぜなら中国は現在学習が足りず、ドイツは生産物が極めて不足しているからである。

両国のこうした困難を克服するには、相互の援助が不可欠である。もし提案された計画が実現されれば、数年のうちに中国とドイツの状況は改善されると私は確信する。(68)

しかも孫文は、この時期、広東での支配を固めたあと、モスクワとベルリンを訪問し、こうした諸計画を自らの手で推進したいという希望を懐いていた。鄧家彦に指示を送った同じ六月一九日、コミンテルンのマーリング（Maring, 本名 Hendricus Sneevliet）と会談した孫文は、活動の場を上海に移して運動の指揮をとるよう慫慂するマーリングに対し、以下のように述べたのである。

孫文は一、二か月後にロシアを訪問し、さらにモスクワからベルリンに行くつもりだ、と語った。「ソヴィエト・ロシアの（ボリシェヴィキ的）諸原則とドイツの技術」が彼の大きな希望である。この方法により孫文は「五年のうちに」新生中国を建設するつもりだ、と述べた。シュティンネスとレーニンを結びつける可能性に対し私が疑義を差し挟むと、孫文は、シュティンネス以外のドイツ人もいるし、「日本は再生に五〇年かかったが、我々は五年以内にそれを実現する」と述べた。(69)

これを聞いて驚倒したマーリングは、孫文に対し、ロシア・ドイツ訪問をやめて中国に留まるよう説得し、代わりに廖仲愷か汪精衛をモスクワに派遣するよう提案した。これに対し孫文は、「三週間後に汪精衛とマーリングをモスクワに派遣する」(70)と譲歩したが、「私自身も二か月後、あとに続く」と述べ、あくまで自身が訪ソ・訪独する計画に固執したのである。ただし、結局この孫文の訪ソ・訪独計画は実現せず、蒋介石が「孫逸仙博士代表団」の団長としてソ連を訪問することになる。蒋介石訪ソの裏には、中独ソ三国同盟実現に対する孫文の強い期待が存在していた訳である。

約二カ月後の八月一八日、孫文は鄧家彦にさらに以下のような書簡を送り、ドイツ政府およびシュティンネスなどドイツ有力企業との間で中独協力の交渉を行うよう指示したのである。

> シュティンネスのようなドイツの資本実業家や政府と交渉し、一大建設計画を立てるべきである。中国は物資と人力をもって、ドイツは機器と科学をもって共同事業を行い、中国の豊かな資源を開発し、中国の行政を改革し、中国の軍備を整える。これを要するに、ドイツの人材と学問の力を借り、最も短い時間で中国を富強に導く。これが達成されたら中国全国の力をもってドイツがヴェルサイユ条約の束縛を脱するための援助を行う。〔中略〕ドイツ政府および実業家達に説いて回り、もしドイツの有力者がこの意見に賛成であれば、中独の提携を促進する。その功績はビスマルク〔Otto von Bismarck〕に比較してもなお大であろう。[71]

鄧家彦は八月二三日、孫文書簡（六月一九日付）を持ってドイツ外務省を訪れ、東亜局のハンス・トラウト（Hans Traut）に対し、孫文の計画を説明した。鄧家彦によれば、「とりわけ重要なのは工業・軍事分野における協力」であり、「多くのプロジェクトが進行中で、その中にはヒンツェ提督の招聘計画も含まれている」というのであった。[72]

ドイツ外務省では、事の重大さゆえに、責任者である東亜局長が直々に対応することとし、四日後の八月二七日、鄧家彦とクニッピングの会談がセットされた。この時鄧家彦は、孫文の計画に関するドイツ政府の責任ある見解を求めたのである。これに対しクニッピングは、「我が国はヴェルサイユ条約により軍事面では活動を禁止されている」と一般的に述べたあと、「軍事的な面において私的な方法で計画を進めるか否か、また進めることが可能か否かはあなた次第だ」としてバトンを鄧家彦に返し、軍事面での外務省の関与を否定した。しかしながら、「経済領域」については、「わが国は、孫博士によって表明された『協力』の考えに対し大いに好意的に対応」するつもりであり、しかも孫文の計画の内容次第では「この面でわが国の公的な援助を与える用意がある」とまで述べたのである。ただしドイツ外務省は、計画の実現は「主要には私的な基礎」に基づかなければならず、しかも「ドイツ側での資本参加のような形態は期待すべきではない」と釘を刺すのを忘れなかった。広東政府とドイツ私企業との経済提携には支持を与えるが、軍事面での公的な援助は不可能であるとのドイツ外務省の立場がここに示されたといえよう。(73)

しかしながら孫文は、軍事領域を含めた中独協力の夢を捨て去ることはなかった。一九二三年一一月二六日、孫文はベルリン滞在中の鄧家彦に私信を送り、中独協力の驚くべきヴィジョンを明らかにしていたのである。

〔ドイツが〕ヴェルサイユ条約のくびきを除去するためには、偉大で強力な中国軍を中国に建設するための援助を行うよりまさるものはない。その後、中国をしてドイツを支持せしめればよい。ドイツは東アジアに一種の目に見えぬ軍隊をあらかじめ準備すべきであろう。必要な場合、その軍隊をドイツ支援のために用いればよい。(74)

一九二四年二月一四日、鄧家彦はふたたびドイツ外務省のクニッピング東亜局長を訪問し、軍事面での案の提出は控えつつ、差し当たり経済面での具体的な中独協力プランを提出した。それは、㈠広西省富川・賀県での炭坑事業をはじめとする鉱業開発、㈡広西省での農業開発のためのドイツ人農業エキスパートの派遣、㈢紙幣発行、輸出入の国家統制などの通商管理、㈣ドイツをモデルとした近代工業建設、の四分野での中独協力を推進しようというのであった。加えて、鉄道、道路、運河、航空路の開発など、交通運輸機関の建設に関する大規模な中独協力が提案されたのである。

これに対しクニッピングは、鉱業開発と交通運輸機関建設に関しては「詳しく立ち入る」姿勢を示した。すなわちクニッピングは、この鄧家彦との会談ののち、ドイツ工業全国連盟（Reichsverband der Deutschen Industrie）と連絡をとり、鉱業開発と交通運輸機関建設に関する孫文＝鄧家彦の提案の内容を伝えたのである。これに対しドイツ工業全国連盟は、鄧家彦と連絡をとるとの返答を行った。

しかしながらクニッピングは、今回の鄧家彦との会談でも、「政治的な内容を含む提案に対しては言質を与えず、当たり障りのない回答をする」という態度を維持したのである。当時ヴェルサイユ条約のくびきの下に置かれていたドイツ外務省としては、中国の内政に直接関与し、列強の重大な反発を惹起せざるを得ないような政治・軍事分野での中独提携構想に軽々しく乗るわけにはいかなかったのだといえよう。(75)

四　「連ソ」路線および「大アジア主義」演説と中独関係

陳炯明の反乱ののち、ドイツと並んで孫文が接近の対象としていた重要な国家は、もちろんソヴィエト・ロシア（一九二二年一二月三〇日よりソ連）であった。「連ソ」構想の一端が表明されたのは、周知のように、一九二三年一月二六日の上海における「孫文＝ヨッフェ宣言」であるが、その後二月二一日には孫文の権力掌握により第三次広東政府が組織され、六月には広州で中国共産党第三回全国代表大会が開かれて国民党との合作が決定された。さらに一〇月以降、ボリシェヴィズムの組織原則に基づく国民党の改組が共産党員を含めて展開されていく。「連ソ容共」路線は次第に実質化されつつあったのである。

しかしながら孫文・国民党は、対独接近と対ソ接近を別個に推進していたのではなく、曹亜伯や朱和中やヒンツェや鄧家彦の構想にあるように、それを中独ソ三国連合構想として一体的に推進していた。この面で注目されるのは、一九二三年秋に「孫逸仙博士代表団」を率いてソ連を訪問していた蔣介石の言動であろう。たとえば一九二三年一一月二六日、蔣介石はコミンテルン執行委員会（EKKI）で発言し、次のように彼の構想を述べていたのである。

ワシントン会議で英米仏日の四大資本主義国は東アジアを搾取する意図を明確に示した。資本主義列強は中国の軍閥を道具として用い、中国における地位を強固にし、有効な搾取を行おうとしている。国民党はロシア、ドイツ（もちろん革命成功後のドイツ）および中国（革命成功後の中国）の同盟を提案する。国民党は、全世界で資本主義の影響力と闘うため、この偉大な三国の同盟を提案する。ドイツ人民の学問的知識、中国の革命的成果、ロシアの同志の革命精神とロシアの農業生産をもってすれば、我々は容易に世界革命を成功に導くことができる。我々は全世界で資本主義体制を廃絶することができる。コミンテルンの同志はドイツ革命を支援して可及的速やかに勝利に導くべきである、と我々は考える。同時に我々は、コミンテルンが、東アジア、とりわけ中国革命に特別の関心を寄せるよう期待する。[76]

さらに二日後の一一月二八日、蔣介石はトロツキー（Лев Д. Троцкий）と会談し、中国革命の諸問題について議論を行った。会談自体は、「西北計画」[77]、すなわちソヴィエト赤軍の軍事的援助を得たモンゴルからの進軍を強く示唆する蔣介石と、孫文および蔣介石の軍事優先主義を批判し、「広範な人民大衆を長期にわたって粘り強く政治的に準備することが必要だ」と主張するトロツキーとの間でほとんど平行線をたどったが、極めて興味深いのは、約一時間にわたったトロツキーとの会談の最後に蔣介石が次のように述べていることである。「解放中国はロシアとドイツからなる社会主義ソヴィエト共和国のメンバーとなるだろう」[78]。すなわちここで蔣介石は、単に中国・ドイツ・ロシア三国を同盟させるに留まらず、この三国を主要な構成要素とする単一の「ソヴィエト社会主義共和国連邦」の結成を主張していたのだといえよう。

しかもこうした蒋介石の考えは、もちろん彼の独断ではあり得ず、孫文のものでもあった。蒋介石がコミンテルン執行委員会で発言したちょうど同日（一九二三年一一月二六日）、孫文は犬養毅宛に書簡を認め、次のように述べていたのである。

　さて、ふたたび起こるであろう世界戦争について、論者の多くは黄色人種と白色人種との戦争にかならずなるであろうとか、あるいはヨーロッパとアジアとの戦争になるであろうといっておりますが、私はそれは間違いであるとあえて断言するものであります。それはかならず正義の論理と覇権の論理との戦いになるでありましょう。覇権を排除しようとする者は、もとよりアジアの抑圧された人民が多いのでありますが、ヨーロッパの抑圧された人民もまた少なくありません。この故に、抑圧された人民はまさに抑圧された人民と連合して、横暴なるものを排除すべきであります。このようになれば、ヨーロッパにおいては、ただロシアとドイツが被抑圧者の中核となり、イギリスとフランスが横暴者の中核となり、アジアにおいては、インドと中国が被抑圧者の中核となり、横暴者の中枢は同じくイギリスとフランスであります。ところで、アメリカはあるいは横暴者の仲間となるか、あるいは中立を守るかのいずれかでありますが、被抑圧者の友人には決してならないことだけは断言できるのであります。ただ日本だけが未知数であります。被抑圧者の友となるか、それとも被抑圧者の敵となるかについては、私は、先生の志が山本〔権兵衛〕内閣において実行されうるか否かによって、判断致します。(79)

ここにはのちの「大アジア主義」演説に連なる構想が示されている点で注目されるが、本章の観点から見てさらに興味深いのは、ヨーロッパにおける「被抑圧者」としてロシアとドイツの二国が挙げられており、将来ヨーロッパとアジアの「被抑圧者」の連合すなわち中独ソ（印）の連携の可能性が示唆されていたこと、しかも日本がそれに加入する余地が残されていたことであった。すなわちここでは「連ソ」「連独」の論理と「大アジア主義」の論理が架橋されていたのだといえよう。

しかしながら、すでに見てきたように、孫文の対外構想の中では「連独」工作よりも「連ソ」工作の方が先に進んでおり、孫文はひとまず「連ソ」単独での実現を優先せざるを得なかった。とはいえ、この時期に至っても孫文には「連独」構想への思いが強く残っていた。一九二四年一月一六日、着任挨拶のため大本営を非公式に訪れた広州駐在の新任ドイツ領事レミー（Erwin Remy）に対し、孫文は「ドイツから直接的ないし間接的に武器を購入することはできないだろうか」という「彼にとって最も関心のある問題」を語り始めたのである。孫文は、ヴェルサイユ条約の制約を意識した上で、「もしそれが不可能だとしても、ドイツの大規模武器工場は、ドイツの外で、例えば中国で、その技術を発揮できないだろうか」と執拗にドイツ軍需産業への関心を語ったのである。さらに孫文は続けて次のような「ファンタジー」（レミーの表現）を開陳していたのである。

あなた方ドイツは武装解除された。だからあなた方は中国を武装しなければならない。これがあなた方の唯一の救済策であることはほとんど明白である……

もし中国が圧倒的な人口を組織して武装することに成功するならば、そしてそれは三年以内に実現可能であろうが、そうなればドイツを拘束している諸条約を覆すことができるし、さらに、例えば安南におけるフランスを、またアジアにおけるイギリスを攻撃することができるであろう。(80)

この会談から四日後の一九二四年一月二〇日、広州で中国国民党第一回全国代表大会（一全大会）が開催されるのである。大会期間中の一月二七日、「三民主義講演・民族主義第一講」の中で孫文は、ロシア革命後のソヴィエト政権について「世界侵略の野心を持たないばかりか、強きをくじき弱きをたすけ、正義を主張している」と非常に高く評価したうえで、ドイツをも含めた国際情勢について以下のような分析を試みていたのである。

こんにちドイツは、ヨーロッパでの被圧迫国であり、アジアでは、日本をのぞいたすべての弱小民族が、強暴な圧政の下でさまざまな苦しみをなめている。かれらはたがいに同病相憐れみ、将来、かならず連合して強暴な国家に抵抗するだろう。これら被圧迫国の国家連合は、かならず強暴な国家に対して命がけで戦うにちがいない。そして、全世界はというと、将来かならず、公理を主張する白人と公理を主張する黄色人種とが連合し、強権を主張する白人と強権を主張する黄色人種もまた連合することになるだろう。この二大連合が成ったときには、どうしても一大戦争は避けられない。これこそ世界における将来の戦争の趨勢である。(81)

こうして孫文の国際情勢分析は、いわば「アジア・ヨーロッパをまたがる抑圧民族と被抑圧民族の闘争」という認識の中に集大成されたが、そのなかでドイツは、中国、ロシアと並び、被抑圧民族の中核としての位置を与えられたのである。このように見てくると、中国国民党の「連ソ」路線とは、中独ソ三国連合構想からドイツが一歩引いたところで成立した二国間提携路線であったということができよう。

しかし孫文は、一全大会における「連ソ」路線の確定後も「連独」路線を放棄する気配をいささかも見せなかった。一九二四年二月末にレミー領事が知り得た情報によれば、鄧家彦の帰国後、朱和中がふたたびドイツを訪問する計画を懐いていたといわれ、しかも朱和中は、ドイツ外務省が中独の軍事提携に及び腰であるのを見越し、今回は「民族主義的、極右的な志向」を持つグループに接近するつもりである、とされたのである。その際朱和中の重要な任務の一つは、「大規模な工場を広州に建設し、大小様々の携帯火器および弾薬を製造するだけでなく、手榴弾、榴弾、航空機搭載用爆弾、また火炎放射器、さらに毒ガスの製造をも可能にするため、ドイツ人専門家を確保すること」にあった。(82)

さらに一か月後の一九二四年三月末にレミー領事が知り得た情報によれば、孫文や広東政府の幹部達は、ドイツ人からなる以下のような陣容の「顧問団本部」の設立を計画していたという。「政治顧問―ヒンツェ提督〔元外相〕、経済顧問―シュラーマイアー枢密海軍顧問〔前青島総督〕、金融財政顧問―コルデス（Cordes）頭取、軍事顧問―某退役将校、航空顧問—ある有名なドイツ戦闘機部隊長、などなど」[83]。

実際、この時期、こうした孫文の計画に基づき、一連のドイツ人専門家が広州入りを果たしていた。一九二四年五月一〇日、ドイツの外務当局が得た情報によれば、孫文がジーメンス社上海支社長のグスタフ・アーマン（Gustav Amann）を通じてシャルロッテンブルク陸軍大尉（Walter Charlotenburg）およびその他三人の航空将校を雇用し、のちに歩兵科将校一〇人が広州で活動を開始するというのであった。しかも爆撃機一機も搬入される予定とされた[84]。さらに、この間、前青島総督シュラーマイアー提督が広州に到着し、北京からはパウル・ミューラー陸軍少佐（Paul Muller）が警察顧問として着任した。さらに孫文らは化学者シェーペ（Schoepe）およびブース（Buhs）を広州兵器廠のため火薬技師として雇用し、ハース（Haas）という名の元飛行士をマカオから招聘した。さらにマッティル（Mattil）という名の元軍曹（専門不詳）を試験雇用しているというのであった[85]。

加えて「孫文とのつきあいが長く、その信用を得ている広州の会社社長」（おそらくグスタフ・アーマンであろう）によれば、孫文は面会の時に、「国際共同中国実業発展計画書」の中で展開した種々の計画について述べたあと、「特に気にかけている問題、すなわち中国でドイツ人に武器工場を設立させる問題」について語っていたのである[86]。

広州駐在ドイツ領事レミーは、中国における英米仏の立場、さらに北京政府の立場を考慮し、「こうしたドイツ人の雇用は中国におけるドイツの地位にとって極めて有害」との警告を発せざるを得なかった。しかしながらこうして広東にやってきたドイツ人顧問たちは、のちに「北伐」を果たした蔣介石政権において、初代ドイツ軍事顧問団長マックス・バウアー（Max Bauer, 一九二八年一一月任命）のもと、在華ドイツ軍事顧問団の一翼を担うこととなるのである[87]。

一九二四年一一月二八日、孫文は北上の途中、神戸でいわゆる「大アジア主義」演説を行った。そこで孫文は、アジア民族の大連合には王道を主張するソヴィエト・ロシアも参加しうると主張し、「連ソ」路線に忠実な発言を行った。さらに、明らかにドイツを念頭に置きつつ、「圧迫を受けている民族はアジアにだけあるのではなく、ヨーロッパの中にもあるのです」と述べ、一年前の犬養毅宛書簡とまったく同様の論理で「被圧迫民族」の連合の中にドイツが加わり得ることを示唆したのである。こうしてドイツは、孫文の「大アジア主義」演説の中に、いわば語られざるアクターとして措定されていたといえよう。さらに、これもまた犬養宛書簡とまったく同様の論理で、その最後に以下のような日本への呼びかけがなされたとされている。「〔日本が〕西方覇道の手先となるのか、それとも東方王道の干城となるのか、それはあなたがた日本国民が慎重にお選びになればよいことであります」(88)。

孫文の日本訪問に同行し、神戸での「大アジア主義」演説の通訳を務めた戴季陶は、帰国後『改造』に一文を寄稿し、「今日アメリカとイギリスの対東洋政策は単に日本に対する威圧であるのみならず、若し彼らの政策が果たして効果を挙げ成功を博した日は、東洋は全滅である」と英米の脅威を強調したのち、孫文の意図と重なる形で、以下のように日本の対外政策への注文を行ったのである。

ロシアと速に無条件にて国交を恢復し、独逸に対しては列強共同の独逸人民の経済的自由を剝奪し独逸の国家的復興を阻害する政策より独立して、日露間および日独間の自由なる合意的条約を結び、以って日露独の親善の機運を促進せしめ、日本の国家的孤立状態を除去す(89)。

これはまさしく日本に対し、英米アングロサクソン両大国による国際秩序すなわち「ヴェルサイユ＝ワシントン体制」から「独立」し、中独ソ三国を中核とする被抑圧民族の反帝国主義的な国際的統一戦線に加わるよう訴えかけるものであったといえよう。

五　ソ連およびドイツ各界の「独ソ(中)連合」路線と日本

以上孫文が追求した「中独ソ三国連合」路線の足跡を追ってきたが、しかしこのような中独ソ三国連合論を唱道するグループは決して中国政治の中で突然変異的に出現したというわけではなく、当のコミンテルン、ソヴィエト・ロシアやドイツにおいても重要な政治潮流として存在しており、さらには日本の一部にも「日中独ソ提携」路線という形で存在していた。

まずコミンテルンにおいては、中独ソ三国提携路線は、当初、ドイツ革命と、中国の反帝国主義的な民族運動への強い期待という形で現れた。もちろんドイツ革命および中国革命へのこうした期待は、レーニン、トロツキーらロシア革命の指導者達にあっては、一般論としていえば、世界革命の一環としての各国革命への期待として存在していた。しかしながら両国の革命への期待は、一国革命の枠に留まらぬ重要性を有していた。ヨーロッパにおいてドイツ革命は、ソヴィエト・ロシアにとっては、自国の革命の運命をも左右するものと認識され、他のどの国の革命よりも死活的な意味を持つものであった。レーニンは、一九一八年五月、そのことを次のように表現している。

ドイツでプロレタリア革命が勝利したならば、それは、帝国主義のあらゆる殻を、一挙に、きわめてたやすくぶち割るであろうし、なんの困難もなく、あるいはわずかの困難で、世界社会主義の勝利をきっと実現するであろう。(90)

また、第二回大会（一九二〇年七月―八月）および極東諸民族大会（一九二二年一月―二月）でコミンテルンが圧倒的に注目したのは、日本革命や朝鮮革命ではなく、なによりも中国革命であった。(91)それは、帝国主義列強の世界支配の一角をなす東アジアにおいて、英米仏などによる「半植民地的従属」に果敢に挑戦する若々しい民族解放運動と考えられたのである。[92]

次に、国家としてのソヴィエト・ロシアにおいては、中国への期待は、いうまでもなく主として北京政府へのアピールを念頭に置いた（第一次）カラハン宣言（一九一九年七月二五日）の中に表現されていた。[93] それは旧ロシア帝国の権益を無条件に放棄すると宣言したものであり、五四運動を背景にヴェルサイユ条約の調印を拒否した北京政府を反帝国主義の方向で支援・激励しようとするものであったといえよう。

さらにドイツの革命運動が一九一九年一月闘争での敗北、二一年三月の中部ドイツにおけるゼネストの失敗、二三年一〇月のハンブルク蜂起の鎮圧などによって衰退していくにしたがい、ソヴィエト政府においては、ドイツへの期待は、ヴェルサイユ体制から疎外された国家としてのヴァイマール・ドイツに向けられることとなった。一九二二年一月二五日、「ロシア・ソヴィエト政府代表」の肩書きでドイツ外務省を訪問し、シュティンネス、ラーテナウ（Walther Rathenau）らドイツの大企業家と会談したラーデク（Karl Radek）は、次のように述べていた。

わが国が対独関係を形成するにあたっては、戦勝国と敗戦国が存在するという観点から出発する。世界大戦の敗者としてわれわれはドイツと運命共同体の関係にある。こうしたことは、ドイツの対ロシア政策においても表現されなければならない。[94]

こうして独ソ両国の国際政治上の利害一致を強調したあと、ラーデクは「躊躇することなくロシアに来て仕事をしてほしい」と述べて独ソ協力推進への意欲を示したのである。[95] このようなソヴィエト政府の意欲は、いうまでもなく、ラパロ条約（一九二二年四月一六日）にその条約的な表現を見出していた。

しかもソヴィエト側におけるこうした独ソ提携路線の中には、中国での独ソ協力の期待が込められていた。たとえば一九二六年一月五日、ドイツ外務次官シューベルト（Carl Th. C. Schubert）は、東京駐在ドイツ大使ゾルフ（Wilhelm Solf）宛の書簡において、ドイツの「九か国条約」加盟問題の文脈の中で「中国における〔独ソ〕協力に関しロシアから提案がなされている」と述べていたのである。[96] ソ連はヴェルサイユ＝ワシントン体制に対抗する中独ソ三国の協調の可能性を模索していたといえよう。

さらに注目すべきは、当時のソ連においては、ドイツや中国との同盟論に加え、日本との提携論が存在したことであろう。たとえば日ソ国交回復（一九二五年一月二〇日）後、外務人民委員チチェーリン（Георгий В. Чичерин）は佐藤尚武駐ソ臨時代理大使に対し日中ソ三国同盟の可能性を打診し、さらに鈴木貞一（当時北京公使館付武官補佐官）の回想によれば、当時ソ連側から「日本とドイツとロシアとこの三国で支那で革命運動を展開してアングロサクソンの勢力を駆逐する運動を一つやらないか」と提案されたという。[97] ソ連側にはヴェルサイユ＝ワシントン体制に対抗する勢力として中独ソ三国の他に日本をも巻き込もうという発想があり、時と場所に応じてそれが様々な形で提案されていたといえよう。

次に、ドイツ内部でも、こうしたソ連の独ソ提携路線ないし中独ソ提携路線に共鳴する勢力が存在していた。まずドイツ外務省では、シュトレーゼマン（Gustav Stresemann）ら英米仏との協調を模索する「西方派」に対し、ロシアとの提携を目指す「東方派」とも称すべき傾向が存在していた。マルツァーン外務次官（Adolf G. O. Maltzan）、ブロックドルフ＝ランツァウ駐ソ大使（Ulrich Graf von Brockdorff-Rantzau）などがその代表としてあげられよう。たとえばブロックドルフ＝ランツァウは、一九二四年一二月二九日、以下のように述べていた。

> 私はソヴィエト政府を支持し、同政府と誠実に協力しようと努力するのがドイツの利益であるとの立場をとっている。なぜなら、ロシアにおいては〔ソヴィエト政府以外の〕いかなる政府であっても協商国側に依存するであろうからだ。(98)

ただし、ブロックドルフ＝ランツァウの主眼はあくまで独ソ提携にあって、そこに中国を組み込むという発想には乏しかった。彼にとって、ヴェルサイユ条約の制約から見てもドイツが中国の内政に関与するような行動をなすべきではなかったのである。しかしながらドイツ外務省東方派には、マルツァーン外務次官（前中国駐在公使）、クニッピング東亜局長（元上海総領事）など「チャイナ・スクール」とも呼ぶべき人脈が重なっていた。しかも前中国駐在公使・前外務大臣ヒンツェは、この時期、外務省の委託を受けて、「ハルトヴィヒ男爵（Frhr. von Hartwig）」の偽名の下、独ソ関係調整のため密かに活動していたのである。(99) そして彼の独ソ提携工作の延長には、朱和中との交渉に示されるように、中独ソ三国の連合を目指す活動が存在していたのであった。

しかし大戦後のドイツで独ソ提携を現実の政策として推し進めた重要な政治主体は、なによりもドイツ国防軍、とりわけその戦後の再建を担ったゼークト将軍であった。周知のように彼は、ヴェルサイユ条約により一〇万人に縮減されたドイツ陸軍を将来の拡大国防軍の中核とする建軍路線を推進し、のちに「ドイツ国防軍の父」と称されたのである。一方彼は「われわれはロシアと絶えず接触し、可能な限りそれと諒解をつけておくことを余儀なくされている」との認識のもと、(100) 対外的にはソヴィエト・ロシアとの秘密の軍事協力関係を推進したのである。さらに一九三三年一月三〇日にナチスが権力を握り、独ソ関係が悪化すると、ゼークトは新しい軍事的提携のパートナーとして中国に可能性を見出し、蒋介石政権のもとで一九三四年にドイツ軍事顧問団長に就任することになる。まさしくゼークトこそはドイツにおける中独ソ提携路線の象徴であった。

民間では、とりわけ「革命的国粋主義」と呼ばれる極右勢力を中心に独ソ提携論が存在していた。その中で東アジアとの関係において特に興味深いのはマックス・バウアー大佐（Max Bauer）であろう。第一次世界大戦中にルーデンドルフ（Erich F. W. Ludendorff）独裁体制のもとで政治的将校として活動したバウアーは、戦後はカップ一揆（一九二〇年三月）などで暗躍し、さらにミュンヒェンやブダペストでヴァイマール共和制に反対する活動を展開した。その後バウアーはトロツキーの招きでソ連を訪問（一九二三年一二月—二四年二月）するが、その見聞に基づき彼はボリシェヴィズムをナショナリズムの一変種と見なし、ソヴィエト社会主義に一定のシンパシーを懐くのである。また彼は国際路線としてはヴェルサイユ体制打倒のためロシアと緊密な関係を結ぶことを提案し、さらにトルコから中国に至る地域の被抑圧民族をも含んだ反帝国主義ブロックの形成を構想するに至る。その後バウアーはスペイン軍およびアルゼンチン軍の軍事顧問を経て、すでに触れたように、一九二八年一一月、南京で中国国民政府の初代ドイツ軍事顧問団長に迎えられることになるのである[101]。

極右陣営では、さらに、北ドイツのシュトラッサー兄弟（Gregor u. Otto Strasser）を中心とするいわゆる「ナチ左派」およびそれと近い立場にあったヨーゼフ・ゲッベルス（Josef Goebbels）の独ソ提携論が注目されよう。たとえばグレーゴア・シュトラッサーは一九二五年一〇月二二日、ナチ党機関紙『フェルキッシャー・ベオーバハター（Völkischer Beobachter）』で次のように主張していた。ドイツの外交上の敵は英仏であり、したがって「さしあたっては〔独ソ〕両国の利害およびすべての抑圧された国家の利害は一致している」。ロシアはドイツの自然の盟邦であり、「外交上では両国の利害は共存関係にある。ドイツの解放運動の戦線はロシアと提携して西方に向けられる」べきである、と[102]。ここでは、この独ソ提携論が「すべての抑圧された国家」、たとえばトルコやインドや中国をも含みうる点に注目しておく必要があろう。

次にゲッベルスはロシアを「西欧の悪魔的誘惑や堕落に抗すべく天界よりわれらに授けられた盟友」であると誉め称え、ロシアとの関係を次のように説いていた。

ロシアに必要なことはわれわれにも必要となる。逆もまた真なり！　故に、ロシアが共同の運命の担い手としてわれわれに結びついているのが感じられるのだ。ロシアの自由はわれらの自由となる。逆もまた真なり！　故にわれわれは、この自由の闘争において等価の相手としてロシアの側に与するのである。(103)

その後ゲッベルスは一九二六年二月にナチ党バンベルク大会でヒトラー（Adolf Hitler）と出会い、その「人格」に魅入られて転向し、以後ソ連の政治的・軍事的・イデオロギー的打倒を目指すヒトラーの路線に無批判に追従することになるが、それまでのゲッベルスは、独ソを先頭とする被抑圧民族の連帯論を主張していたのである。

最後に、日本においても、後藤新平が中独ソ三国連携構想に親和的な外交構想を維持していた。第一次世界大戦前、アメリカ合衆国が国際政治のファクターとして強大化する趨勢を前にして、後藤が「新旧大陸対峙論」のもとに日露中三国の提携を構想していたことはよく知られている。(104)こうした後藤の考え方は戦後も日ソ提携論ないし日中ソ提携論として継続していた。一九二三年一月の上海における「孫文＝ヨッフェ宣言」ののち、後藤がヨッフェ（Адольф А. Иоффе）を日本に招き、日ソ国交樹立のために会談を行ったことはよく知られている。そこには次のような認識が存在していた。

帝国刻下の要務は労農政府を利導して、露領における我が経済的発展の好機を掌握し、彼我共栄の途を開くこと第一なり。米国の対露政策を以て暗中飛躍するに先駆して、将来の禍根を未前《ママ》に芟除すること第二なり。露支の接近に先んじて、支那の妄動を制し、東洋平和の鍵鑰《けんやく》を我が手に緊握すること第三なり。是帝国外交の一転機たり。国際場裡に於ける一新境の打開たり。(105)

一方後藤は、こうした日ソ（中）提携論に加え、ドイツとの良好な関係を維持することにも努力していた。とりわけ一九二七年六月には、社交を旨とした旧来の「日独協会」に代えて、積極的な文化交流をめざす「日独文化協会」を設立し、初代会長に就任していたのである。

外交政策分野における後藤の最後の重要な活動は、一九二八年一月のソ連訪問であった。同年一月七日、後藤はスターリン（Иосиф В. Сталин）と会談し、「可能なれば支那を含め三国協商して東洋平和の確立を計るべき」であり、「暫く露日両国協商し隔意無き諒解の下に支那問題を解決したし」として、日中ソ三国協力の展望を示していたのである。(106)

さらに三日後の一月一〇日、モスクワで注目すべき会談が行われた。後藤新平と、ドイツ外務省東方派の重鎮ブロックドルフ＝ランツァウ駐ソ大使との会談がそれである。その席で後藤は次のように述べていたのである。

> 後藤は、解決不能の中国問題を、せめてある種の安定的な状態に持っていくことが自分の課題だと考えている。まさにそれゆえに後藤は、強力に日ソ合意を達成するために、またドイツの側からの協力を獲得するために、活動している、と。この日独ソの結合の中に後藤は問題解決の方途を見出している。(107)

まさしくここには、日中独ソ四国の連携に対する後藤の強い意欲が示されていたのである。しかし、とはいえ、ブロックドルフ＝ランツァウは「日独ソ結合の理念は過去のものとなった」と述べて後藤の話を途中で遮った。ドイツ外務省東方派の関心は独ソ（中）提携の枠内に留まっており、この時点で日本と特別な関係に入ることにまでには及ん

でいなかったのだといえよう。(108)

おわりに

以上本章では、孫文の「中独ソ三国連合」構想とそれに基づく中独ソ関係の史的展開を分析してきた。ここでは、最後に、以上述べてきたことがらをいくつかのテーゼに要約しておきたい。

一、孫文は、第一次世界大戦への参戦問題以来、首尾一貫して対独接近政策を追求した。しばしば指摘されているように、孫文の発言は状況的で、対外政策にしても、イギリスやフランスやアメリカや日本に対し、時と所に応じて、中国革命を支援するよう要請していた。(109)しかしながら、孫文のドイツに対する態度は、一九一七年以来二五年の死に至るまで一貫しており、ドイツの工業・軍事・科学技術・学問などへの高い評価に基づく援助を期待していた。この意味で孫文の親独政策は、戦術的というよりも、戦略的であった。

二、孫文の親独政策は親ソ政策と結びつき、「中独ソ三国連合」構想として展開された。

曹亜伯や朱和中やヒンツェや蔣介石の考えに明らかなように、孫文は親独政策と親ソ政策を別個に推進していたのではなく、いわんや独ソの間で「以夷制夷」的に行動したのでもなかった。孫文の親独政策と親ソ政策は、一体的に推進されたのである。しかもそこには、曹亜伯の構想や「西北計画」に見られるように、独ソの支援を受け、ソヴィエト領ないしモンゴルを起点とした「北伐」を実行するという地政学的な考慮も働いていた。

三、孫文の「連ソ」路線は、未完の「中独ソ三国連合」の一部として実現された。

ドイツ外務省は、経済領域での私的な中独提携には援助を差し出す用意があったが、ヴェルサイユ条約に明白に違反する軍事面での公的な対中援助に踏み込むわけにはいかなかったし、ヒンツェの計画も、広東情勢の不安定により中断せざるを得なかった。しかしながら、国民党一全大会で連ソ路線が確定したあとも、ドイツからは、小規模ながら顧問の派遣による援助が継続的に広東に送られ、それはのちに在華軍事顧問団として結実する。

四、孫文の「大アジア主義」は、中独ソ三国を中核とする被抑圧民族の連帯を目指した。

孫文は、ドイツをヴェルサイユ体制により抑圧された国家と認識し、中国やソ連とともに、「ヴェルサイユ＝ワシントン体制」に反対する被抑圧民族の連帯構想の中に重要なファクターとして位置づけた。この意味で、孫文の「大アジア主義」は、単に東アジアに留まらぬユーラシア的な次元を有していたといえよう。孫文は日本にこの反帝国主義的な被抑圧民族連帯構想への参加を求めたが、日本は結果としてこれを拒否したのである。

五、中独ソの連合構想は、中国にも、ソ連にも、ドイツにも、日本にも存在した。

ユーラシアの被抑圧民族、とりわけ中独ソ三国が連携することにより、第一次世界大戦後の国際秩序である「ヴェルサイユ＝ワシントン体制」、とりわけ英米アングロサクソン二大国に対抗していこうとする国際構想は、戦間期のユーラシアに普遍的に存在していた。しかもそれは革命的左翼（ボリシェヴィキ、コミンテルン、ドイツ共産党など）から後藤新平のような日本の政治家、戴季陶ら国民党右派、ドイツ国防軍、さらにはドイツの極右勢力に至るまでの幅広い政治的スペクトラムの中に無視し得ぬ地位を占めていたのである。

ところで、本章で述べた様々な事実は、いままで研究上もほとんど明らかにされてこなかった。その理由として、いくつかの事情を指摘することができよう。第一に、孫文および広東政府はドイツとの正式な国交を結んでいなかったため、孫文のドイツとの接触は、曹亜伯、朱和中、ヒンツェ、鄧家彦といったエージェントにより極めて非公式な形で行わざるを得なかった。そのため当時も、また第二次世界大戦後においても、この交渉の認知度は極めて低かったといえよう。第二に、孫文の「連独」路線は、国民党一全大会により確定した「連ソ」路線とその国際的な反響の大きさのため、陰に隠れてしまった観がある。しかしながら、「連ソ」路線でさえ二三年後半には一時期その実現を危ぶまれ、挫折する可能性も大いに存在した[110]。また、「連独」路線も、孫文死後、しかも「連ソ」路線の破綻後ではあったが、ブリュッヘル（Василий К. Блюхер）らロシア人顧問に代わり、在華ドイツ軍事顧問団の招聘という形で実現を見るのである。一九二四年段階での「連ソ」実現という結果から遡及的に「連独」路線の意味を軽視するのでは、歴史の多様性に対するアプローチとしては不適切であろう。第三に、こうした事情に加え、冷戦体制により史料が閉鎖され、研究上の困難をもたらした。中国駐在ドイツ大使館文書にアクセスできた研究者は限られており、しかもそのアクセスも政治的な理由から一九六〇年代末には閉ざされてしまったのである。しかしながら、冷戦体制の崩壊と中国における改革開放政策の進展により中国、台湾、ドイツ、ロシアで史料へのアクセスが飛躍的に改善された今、かつての史料レヴェル・研究レヴェルに留まることはもはや許されないであろう。

最後に、中独（ソ）関係史研究の射程について触れておきたい。今日までも、部分的にではあれ孫文の国際観におけるドイツの位置に触れた研究は存在したが、結局「連独」路線は「実現しなかったもの」とされ、中独関係の立ち入った考察はなされてこなかった[111]。しかしながら、以後の中華民国外交史を振り返ると、親独政策がいわば戦間期・日中戦争期・第二次世界大戦期を通じた通奏低音として常に存在していたことがわかる。

一九二七年の「四・一二クーデター」ののち、蒋介石によってソ連軍事顧問団に代わり招聘されたドイツ軍事顧問団は、日中戦争の勃発を経て一九三八年六月まで中国で活動し続けた。経済面では、一九三六年四月の中独協定が中華民国とドイツの蜜月を象徴した[112]。

さらにまた、日中戦争勃発（一九三七年七月）、「トラウトマン工作」の実施（一九三七年末）、独ソ不可侵条約の締結（一九三九年八月）、ヨーロッパにおける第二次世界大戦の勃発（一九三九年九月）、ドイツの対仏戦勝利（一九四〇年六月）といった国際政治史の節目において、中国側からドイツ側に、中独（ソ）連携への強い要望がしばしば発せられることとなる[113]。

しかもこのような中独（ソ）提携構想は、ドイツやソ連にも共鳴板を見出し、さらには、たとえばドイツ外務大臣リッベントロップ（Joachim von Ribbentrop）や日本の外務大臣松岡洋右などが推進したいわゆる「ユーラシア大陸ブロック構想」とも強い相関をもって展開されていくことになる[114]。

こうして中独（ソ）関係史研究は、中華民国外交史研究および戦間期東アジア国際政治史研究に対し、単に新たな二国間関係史を加えるにとどまらず、その総体的な見直しを迫る可能性を有しているといえよう。

（1）　戴季陶（市川宏訳・竹内好解説）『日本論』東京：社会思想社、一九七二年、九四―一〇一頁。兪辛焞『孫文の革命運動と日本』東京：六興出版一九八九年、二〇一―二二五頁。

（2）　たとえば深町英夫氏は「革命運動と外国勢力の関係を〈孫文革命〉の場合に即して明らかにする」試みを行っているが、対独関係についてはまったく言及されていない。深町英夫「中国革命と外国勢力―孫文の対外宣伝」上下、中央大学『人文研紀要』第三一号、一九九八年、一―二四頁、および第三四号、一九九九年、一三―三九頁。

（3）　Martin, B. (Hrsg.) (1981), *Die deutsche Beraterschaft in China. Miliär - Wirtschaft - Außenpolitik*, Düsseldorf : Deoste が典型である。

（4） Ratenhof, U. (1987), *Die Chinapolitik des Deutschen Reiches 1871 bis 1945. Wirtschaft - Rüstung - Militär*, Boppard/Rh.: Harald Boldt Verlag の当該部分はその例外をなすが、七五年にわたる中独関係の通史の一部に過ぎず、しかも使われている史料はドイツ語史料のみである。

（5） 趙軍『大アジア主義と中国』東京：亜紀書房、一九九七年、三七八頁。

（6） 周恵民『徳国対華政策研究』台北：三民書局、一九九五年、が比較的新しい専著である。

（7） 一九七四年三月一三日に台湾の中華民国史料研究中心（新店）で行われた李国祁の研究報告および質疑応答では、孫文解釈をめぐり、参加者の間に重苦しい雰囲気が流れた。李国祁「徳国档案中有関中国参加第一次世界大戦的幾項記載」中華民国史料研究中心（編）『中国現代史専題研究報告』四（一九七四年）、三一七―三四二頁、とくに三三五―三四三頁の「自由発言」の部分を参照のこと。なお、この論文の内容は、李国祁『中山先生与徳国』、台北：台湾書店、二〇〇二年、第四章「孫中山先生的聯徳活動」、一九七―二六三頁にいかされている。

（8） Kirby, W. C. (1984), *Germany and Republican China*, Stanford: Stanford University Press.

（9） Мамаева, М. Л. (1999), *Коминтерн и Гоминьдан 1919–1929*, Москва : Издательство «Российская Политическая Энциклопедия».

（10） Mehner, K. (1958 – 59), „Weimar–Kanton. Ein Beitrag zur Geschichite der deutsch–chinesischen Beziehungen in den Jahren 1921 – 1924", in: *Wissenschaftliche Zeitschrift der Karl–Marx Universität Leipzig* 8, Gesellschafts- und Sprachwissenschaftliche Reihe, Heft 1, S. 23 – 43.

（11） Fass, J. (1967), "Sun Yat- sen and Gernamy in 1921 – 1924", *Archiv Orientalni* 35, pp. 135 – 148; ders. (1968), "Sun Yat–sen and the World War One", *Archiv Orientalni* , 36, pp. 111 – 120. *Archiv Orientalni* 誌はプラハで発行されているアジア・アフリカ学の国際的学術誌である。

（12） Wilbur, C. M. (1976), *Sun Yat–sen. Frustrated Patriot*, New York: Columbia University Press.

（13） 旧東ドイツにおける中独関係史研究は、一九六〇年代前半に発表されたメーナー、ペック、ドレクスラーの研究以降、ほとんど途絶えてしまった感がある。Mehner, K.(1961), Die Rolle deutscher Militärberater als Interessenvertreter des deutschen Militarismus und Imperialismus in China 1928－1936. Unveröffentlichte Dissertation, Universität Leipzig 1961; Peck, J.(1961), *Kolonialismus ohne Kolonien. Der deutsche Imperialismus und China 1937*, Berlin(Ost) : Akademie Verlag; Drechsler, K.(1964), *Deutschland–China–Japan 1933–1939. Das Dilemma der deutschen Fernostpolitik*, Berlin (Ost) : Akademie–Verlag. 筆者自身、一九八〇年代半ばにかつての東ドイツ国家中央文書館に宛てて、紹介状を添えて、旧中国駐在ドイツ大使館文書を含むドイツ東アジア政策関係史料の閲覧を申請したが、けんもほろろに断られてしまった。Miniserrat der Deutschen Demokratischen Republik, Ministerium des Inneren, Staatliche Archivverwaltung, an Nobuo Tajima vom 30. April 1984.

(14)　たとえば、*Wissenschaftliche Zeitschrift der Humbordt–Univerisität zu Berlin*, Reihe Gesellschaftswissenschaften 37 (1988) 2 における特集 Zur Geschichte der deutsch–chinesischen Beziehungen(1900－1949) に収められた諸論文が典型である。この特集の前書きの中でローラント・フェルバーは、「中独関係史研究は様々な理由から七〇年代に途絶えてしまったが、八〇年代半ばにフンボルト大学の中国研究者グループがこの研究テーマを改めて取り上げた」と述べ、その際ホーネッカーの中国訪問（一九八六年一〇月）と趙紫陽の東独訪問（一九八七年六月）が研究上も「新たな強い誘因を与えた」と示唆している。Felber, R., "Vorwort", ebenda, S. 107. 中独関係史研究は政治に翻弄され続けた訳である。

(15)　Felber, R.(1988), „Sun Yatsen und Deutschland(I). Zum Platz Deutschlands im gesellschaftspolitischen Denken Sun Yastens", ebenda, S. 121－135; ders.(1988), „Sun Yatsen und Deutschland(II). Zur Rolle Deutschlands in den politischen Plänen Sun Yatsens nach dem ersten Weltkrieg", ebenda, S. 136－147. 約一〇年後、フェルバーは、後者の論文にその後アクセス可能となった若干の史料を加え、短縮した形の論文を発表した。フェルベール（宗田昌人訳）「孫中山とソ連、ドイツ関係の再検討—新たに開放された文書資料を中心として」日本孫文研究会・神戸華僑華人研究会(編)『孫文と華僑』東京：汲古書院、一九九九年、八一—九四頁。

(16)　このアルヒーフ史料の一部を紹介したものとして、浅田進史「ベルリンのドイツ連邦文書館所蔵の中国関係史料」『近現代東北アジア地域史研究会ニューズレター』第一七号（二〇〇五年）、一九―三三頁がある。

（17）　Leutner, M.（Hrsg.）（1997－）, *Quellen zur Geschichite der deutsch–chinesischen Beziehungen 1897 bis 1995*, Berlin: Akademie Verlag.

（18）　中国第二歴史档案館（編）『中徳外交密档 一九二七―一九四七』桂林：広西師範大学出版社、一九九四年。

（19）　中央研究院近代史研究所史料叢刊（一一）『徳国外交档案 一九二八―一九三八年之中徳関係』台北：中央研究院近代史研究所、一九九一年。

（20）　前記のフォルクスワーゲン・プロジェクトでも一九二〇年代前半の中独関係については空白のままである。

（21）　薛銜天等（編）『中蘇国家関係史資料匯編一九一七―一九二四』北京：中国社会科学出版社、一九九三年。

（22）　Российский центр хранения и изучения документов новейшей истории, Институт Дальнего Востока Российской Академии Наук, Восточноазиатский семинар Свободного университета Берлина（1994）, *ВКП (б), Коминтерн и национально – революционное Движение в Китае. Документы.* Т. 1, 1920–1925, Москва : АО «Буклет»,（以下 ВКП (б) と略記）。翻訳は中共中央党史研究室第一研究部（訳）『聯共（布）、共産国際与中国国民革命運動』北京：北京図書館出版社、一九九七年；Russisches Zentrum für die Archivierung und Erforschung von Dokumenten zur Neuesten Geschichte, Ostasiatisches Seminar der Freien Universität Berlin, Institut für den Fernen Osten der Russischen Akademie der Wissenschaften (1996), *RKP(B), Komontern und die national–revolutionäre Bewegung in China. Dokumente*, Band 1: 1920－1925, Paderborn: Ferdinand Schöningh.

（23）　Saich, T.（1991）, *The Origins of the First United Front in China. The Role of Sneevliet*（*Alias Maring*）, 2. Vols., Leiden: E. J. Brill. 本史料集の中国語版を利用した研究として、横山宏章「国共合作の立役者・マーリンの再検討―新しい資料集の出版を契機に」『アジア研究』第三七巻第二号（一九九一年）、一〇一―一三二頁を参照のこと。

（24）　以下「ソ」と略記する場合は、一九二二年一二月二九日までは「ソヴィエト・ロシア」を、それ以後は「ソ連」を示す。

（25） Hintze an das AA vom 15. Mai 1915, in: Hürter, J.（Hrsg.）（1998）, *Paul von Hintze. Marineoffizier, Diplomat, Staatssekräter*, München: Oldenbourg, Dok. Nr. 91, S. 368－369.

（26） Hintze an das AA vom 26. November 1915; Hintze an das AA von Anfang Dezember 1915, ebenda, Dok. Nr. 94, S. 372－273; Dok. Nr. 95, S. 373.

（27） Hintze an das AA（o.D., ca. Anfang Juni 1916）, ebenda, Dok. Nr. 99, S. 376－377.

（28） Hintze an das AA vom 9. Februar 1917, ebenda, Dok. Nr. 103, S. 380－381.

（29） Hintze an das AA vom 3. Juli 1917, ebenda, Dok. Nr. 107, S. 385－391.　引用文中のカッコ内は原文。以下同様。

（30） Ebenda.

（31） Aufzeichnung Knippings vom 20. Dezember 1917, in: Bundesarchiv Lichterfelde（以下 BA-Lと略記）, R9208, Deutsche Botschaft China, Kanton Regierung, Bd. 1, Bl. 115－120.

（32） Ebenda.

（33） Ebenda.

（34） Ebenda.

（35） 横山宏章『孫中山の革命と政治指導』東京：研文出版、一九八三年、三一三―三一四頁。

（36） Aufzeichnung Knippings vom 20. Dezember 1917, a.a.O.　引用文中のキッコー内は引用者による。以下同様。

（37） Ebenda.

（38） 田中義一伝編纂所（編）『田中義一伝』（復刻版）上、東京：原書房、一九八一年、六六〇頁。引用文中の傍点は引用者による。以下同様。

（39） 「中国存亡問題」『孫文選集』東京：社会思想社、一九八九年、九七―二一六頁、引用は二一二―二一三頁。原文は「中国存亡問題」、中国社会科学院近代史研究所中華民国史研究室・中山大学歴史系孫中山研究室・広東省社会科学院歴史研究室（編）『孫中山全集』北京：中華書局、一九八二―一九八四年、第四巻、三九―九九頁、引用は九七頁。

（40）『孫文選集』二二六頁（但し、文体上若干の変更を加えた）。原文は『孫中山全集』第四巻、九九頁。

（41）Aufzeichnung Knippings vom 20. Dezember 1917, a.a.O.

（42）クニッピングによれば、ドイツは孫文のほか、張勲ら旧清朝勢力にも政治的な保険をかけていた。「彼〔張勲〕は私〔クニッピング〕に秘密の使者を寄こして対独友好政策をとると保障」し、彼のもとでの対独宣戦布告はないと示唆していた。Aufzeichnung Knippings vom 20. Dezember 1917, in: BA-L, Kanton Regierung, Bd. 1, Bl. 115－120. クニッピングは、段祺瑞の対独宣戦布告後、次のように自分の工作への満足の意を示した。「戦争終結後、北京にどのような政府ができようと、中国の二つの大きな政治グループ、すなわち帝政主義者と急進的共和主義者は常にドイツに対し友好的であり続けるだろう」。

（43）広東政府が対ドイツ宣戦布告に踏み切った際の国内・国際状況について、参照、川島真『中国近代外交の形成』名古屋：名古屋大学出版会、二〇〇四年、三三三―三三五頁。

（44）曹亜伯の著とされる郷家人『欧戦中世界旅行記』（出版地不詳、出版年不詳、上海市中央図書館蔵を利用）では、四三―七〇頁にドイツ滞在に関する記述があるが、外務省訪問および「中独ソ連合」構想についてはまったく触れられていない。

（45）一九一八年一二月一日付曹亜伯の建議書（李国祁、前掲論文、三二七―三二九頁から要約）。戦争中ロシアに送り込まれた中国人労働者は一九一六年だけで約五万人にのぼるといわれている。参照、伊藤秀一「十月革命後の数年間におけるソヴェト・中国・朝鮮勤労者の国際主義的連帯について㈠」『歴史評論』一六二号（一九六四年二月）、四〇―五三頁。ソ連科学アカデミー国際労働運動研究所編・国際関係研究所訳『コミンテルンと東方』、東京：協同産業ＫＫ出版部、一九七一年、四二一―四八頁。

（46）講和交渉に関する全権団および国務院の対応と五四運動の関係について、川島前掲書、二五一―二五九頁、参照。

（47）川島前掲書、三四四頁。

（48）Generalkonsul von Borch an das AA vom 22. Mai 1921, in: *Akten zur Deutschen Auswärtigen Politik 1918－1945*（以下

ADAP と略記), Serie A, Bd. V, Dok. Nr. 25, S. 46 – 48.

(49) Deutsche Gesandtshaft Peking an das AA vom 3. August 1921, in: BA–L, Kanton Regierung, Bd. 1, Bl. 348 – 349.

(50) Greiser an den Generalkonsul von Borch vom 19. Juli 1921, in: BA–L, Kanton Regierung, Bd. 1, Bl. 350 – 351.

(51) Ebenda.

(52) Übersetzung aus der Ta Lu Pao vom 6. Oktober 1921, in: BA–L, Kanton Regierung, Bd. 1, Bl. 333.

(53) Der Konsulat der Niederlande in Kanton an den deutschen Geschäftsträger in Peking Dr. Borch vom 7. September 1921, in: BA–L, Kanton Regierung, Bd. 1, Bl. 334. 広州にはオランダをはじめ各国の領事館が存在し、通常の領事業務を行っていた。広東政府外交部によれば、それは中国が以前に各国と結んだ諸条約に基づいており、正統な後継政府である広東政府がそれらの条約を継承するのは当然であるが、ドイツに対しては中国の宣戦布告により旧条約が破棄されており、新たな条約を締結する必要があるというのであった。Wagner an den deutschen Geschäftsträger Dr. von Borch vom 25. Oktober 1921, ebenda 298 – 302.

(54) Vizekonsul Wagner(Kanton)an das AA vom 26. September 1921, in: *ADAP*, Serie A, Bd. V, Dok. Nr. 143, S. 297 – 300. なお、ここで孫文が述べている International Development of China は *Far Eastern Rview* 誌に一九一九年三月から一九一九年八月に連載されたものである。その後同論文の主旨は『建国方略』「第二章 物質建設（実業計画）」（第一節は「総論」として「国際共同中国実業発展計画書」との副題がある）としていかされた。外務省調査部（編）『孫文全集』上、東京：原書房、一九六七年、六五〇―八六〇頁。中国語版の「孫文自序」には「民国一〇年〔一九二一年〕一〇月一〇日孫文序於粤京〔広州〕」とある。

(55) 一九二二年一月一日付の朱和中の孫文宛書簡によれば、二一年七月二六日に朱和中は孫文からドイツ旅行への支度金六二〇〇ドルを得ている。朱和中到孫文函（一九二二年一月一日）、“The Hongkong Telegraph” vom 22. September 1922, in: BA–L, Kanton Regierung, Bd. 1, Bl. 156. 出発はそれ以降ということになる。

(56) Siehe Anmerkung der Herausgeber (2), *ADAP*, Serie A, Bd. VI, S. 216 – 217.

（57） Aufzeichnung Bethckes vom 1. Oktober 1921, ebenda.
（58） 朱和中到孫文函（一九二二年一月一日）、“The Hongkong Telegraph” vom 22. September 1922, in: BA–L, Kanton Regierung, Bd.1, Bl. 156.
（59） Ebebda.
（60） 孫文到廖仲愷曹亜伯函（一九二二年三月八日）、“The Hongkong Telegraph” vom 22. September 1922, in: BA–L, Kanton Regierung, Bd. 1, Bl. 156.
（61） Aufzeichnung des Legationsrats Bethke vom 18. Mai 1922, in: *ADAP*, Serie A, Bd. VI, Dok. Nr. 103, S. 216－218.
（62） 「在摩軒号艦対幕僚的談話（一九二二年八月九日）」『孫中山全集』第六巻、五一七頁。
（63） “The Hongkong Telegraph” vom 22. September 1922, in: BA–L, Kanton Regierung, Bd. 1, Bl. 156.
（64） Übersetzung aus der Pei ching ji pao vom 1. Oktober 1922, ebenda, Bl. 151－152.
（65） Der deutsche Konsul Büsing an die deutsche Gesandtschaft Peking vom 7. Oktober 1922, ebenda, Bl. 148.
（66） 『孫中山全集』の編者は手紙を本物と判断し、全集に収録している。致廖仲愷曹亜伯函（一九二二年三月八日）、『孫中山全集』第六巻、九一一九二頁。
（67） Übersetzung aus der J shih pao vom 2. Oktober 1922, BA–L, Kanton Regierung, Bd. 1, Bl. 151－152.
（68） “Translation of a part of Generalissimo Dr. Sun’s letter”, dated June 19, 1923, dispatched from his Headquarters at Canton, in: *ADAP*, Serie A, Bd. 8, Anmerkung der Herausgeber (4), S. 298.
（69） Maring an Joffe u. Davtian vom 20. Juni 1923, in: Saich, T.（1991）, *The Origins of the First United Front in China : The Role of Sneevliet*（*alias Maring*）, Leiden: E. J. Brill, S. 631－635.
（70） Ebenda.
（71） 到鄧家彦函（一九二三年八月一八日）『孫中山全集』第八巻、一三七一一三八頁。
（72） Aufzeichnung Trauts vom 23. August 1923, in: *ADAP*, Serie A, Bd. VIII, Anmerkung der Herausgeber（3）, S. 298.

(73) Aufzeichnung Knippings vom 27. August 1923, in: *ADAP*, Serie A, Bd. VIII, Dok. Nr. 119, S. 298 – 299.

(74) "Dr. Sun Yat-sen's Proposals", in: BA-L, Kanton Regierung, Bd. 1, Bl. 31 – 32.

(75) Aufzeichnung Knippings vom 14. Februar 1924, in: BA-L, Kanton Regierung, Bd. 1, Bl. 30 und Rückseite. なお鄧家彦は、一九六〇年冬―六一年春における口述の中で、在独中に孫文の命で行った中独連携交渉について、「私がドイツに到着したあと、総理から何度か手紙をもらい、たとえば中独合作を促進し、中国の富強を実現せよと指示された」と述べているが、詳細は語っていない。中央研究院近代史研究所口述歴史叢書二〇『鄧家彦先生訪問紀録』台北：中央研究院近代史研究所、一九九〇年、一六―一八頁、九一―九二頁。一方、中国国民党党史委員会（編）『鄧家彦先生文集』台北：中央文物供応社、一九八七年、には訪独についてほとんど記述がない。

(76) Стенографический Отчет о заседантии исполкома Коминтерна с участием делегации Партии Гоминьдан, 26. Ноября 1923 г., *ВКП (б)*, Т. 1, Док. №. 96, С. 297–305. 蔣介石はのちにコミンテルンでの挨拶の一部を『蔣介石秘録』で再現しているが、この「中独ソ三国同盟構想」にはもちろん一言も触れていない。『蔣介石秘録』第六巻、「共産党の台頭」東京：サンケイ新聞社、一九七五年、五八頁。なお蔣介石はこの会合の開催日を「一一月二五日」としている。

(77) 孫文の「西北計画」について、さしあたり、王永祥（土田哲夫訳）「一九二〇年代前半期ソ連・コミンテルンの対中国政策」中央大学人文科学研究所（編）『民国前期中国と東アジアの変動』東京：中央大学出版部、一九九九年、一五一―一七一頁、とりわけ一五八―一六〇頁、参照。

(78) Докладная Записка М. И. Барановского о посещении делегацией Партии Гоминьдан Л. Д. Троцкого. 27. Ноября 1923 г., *ВКП (б)*, Т. 1, Док. №. 97, С. 306–308. トロツキーとの会見について、前掲『蔣介石秘録』第六巻、六一―六二頁をも参照のこと。

(79) 孫文の犬養毅宛書簡（一九二三年一一月一六日）『孫文選集』第三巻、東京：社会思想社、一九八九年、三二三―三二四頁。原文は致犬養毅書（一九二三年一一月一六日）『孫中山全集』第八巻、四〇一―四〇六頁。

（80）Der Generalkonsul in Kanton Remy an das AA vom 19. Januar 1924, in: *ADAP*, Serie A, Bd. Ⅸ, Dok. Nr. 105, S. 269－272.

（81）「民族主義」第一講、『孫文選集』第一巻、東京：社会思想社、一九八五年、三二頁（ただし、文体上の若干の変更を加えた）。原文は『孫中山全集』第九巻、一九三頁。

（82）Remy an das AA vom 27. Februar 1924, in: *ADAP*, Serie A, Bd. Ⅸ, Dok. Nr. 172, S. 460－464.

（83）Remy an das AA vom 27. März 1924, in: *ADAP*, Serie A, Bd. Ⅸ, S. 461, Anmerkung der Herausgeber (3).

（84）Boyé an das AA vom 10. Mai 1924, in: *ADAP*, Serie A, Bd. Ⅸ, S. 462, Anmerkung der Herausgeber (5).

（85）Remy an das AA vom 27. Februar 1924, in: *ADAP*, Serie A, Bd. Ⅸ, Dok. Nr. 172, S. 460－464.

（86）Boyé an das AA vom 10. Mai 1924, in: *ADAP*, Serie A, Bd. Ⅸ, S. 462, Anmerkung der Herausgeber (5).

（87）在華ドイツ軍事顧問団の活動の詳細については、Mehner, K. (1961), Die Rolle deutscher Militärberater als Interessenvertreter des deutschen Militarismus und Imperialismus in China 1928－1936. Unveröffentlichte Dissertation, Universität Leipzig; Martin, B. (Hrsg.) (1981), *Die deutsche Beraterschaft in China. Miliär–Wirtschaft–Außenpolitik*, Düsseldorf: Droste などを参照のこと。「連ソ」路線に基づくソ連の国民革命支援の実態については、富田武「中国国民革命とモスクワ　一九二四—二七年」『成蹊法学』第四九号（一九九九年三月）、三五七—四〇一頁を参照のこと。

（88）「在神戸各団体歓迎宴会的演説」（一九二四年一一月二八日）『孫中山全集』第一一巻、四〇一—四一六頁。兪辛焞前掲書、二〇一—二二五頁。陳徳仁・安井三吉（編）『孫文・講演「大アジア主義」資料集』東京：法律文化社、一九八九年、五五—六五頁（『民国日報』版）、とくに六五頁。孫文の「大アジア主義」演説については、この最後の引用が実際に述べられたか否か、という問題や、演説の趣旨、孫文の意図などをめぐって、高綱博文氏と安井三吉氏、藤井昇三氏らとの間で論争がある。参照、高綱博文「孫文の『大アジア主義』講演をめぐって」、安井三吉「孫文・講演『大アジア主義』の研究を深めるために」、藤井昇三「孫文の民族主義再論—アジア主義を中心に」、それぞれ『歴史評論』第四九四号（一九九一年六月）、六五—八〇頁、第四九八号（一九九一年一〇月）、七七—九〇頁、および第五四九号（一九九六年一月）、一六—二七頁。嵯峨隆「孫文のアジア主義と日本—『大アジア主義』講演との関連で」慶応大学『法学研究』第七九巻第四号（二〇〇六年四月）、二七―五九頁、をも参照のこと。孫文の対独態度の分析を課題とする本章ではこの論争に深く立ち入るつもりはないが、「抑圧民族対被抑圧民族闘争観」ともいうべき孫文の国際観を指摘する藤井昇三氏の説は、本章の論旨からも首肯し得るところである。

(89)　戴天仇「日本の東洋政策について」陳徳仁・安井三吉前掲書、二一八―二二五頁。

(90)　レーニン「《左翼的な》児戯と小ブルジョア性とについて」、（一九一八年五月九、一〇、一一日に『プラウダ』に発表）『レーニン全集』第二七巻、東京：大月書店、一九五八年、三二七―三五八頁、引用は三四三頁。

(91)　ソ連科学アカデミー国際労働運動研究所（編）・国際関係研究所（訳）『コミンテルンと東方』東京：協同産業ＫＫ出版部、一九七一年は、ほとんどが中国革命とコミンテルンの問題を扱っているが、それはコミンテルン自体の中国革命重視を反映するものであった。

(92)　コミンテルンにおけるドイツ革命の責任者とされたカール・ラーデクが、のちにモスクワ中山大学の学長に就任し、留学してきた中国人学生を革命家として養成することに心血を注いだのも、コミンテルンにおける中独ソ連帯の一つの表現であったといえよう。土田哲夫「中国人のソ連留学とその遺産―モスクワ孫文大学（一九二五―三〇年）を中心に」中央大学人文科学研究所編『民国前期中国と東アジアの変動』東京：中央大学出版部、一九九九年、一七三―二一九頁参照。

(93)　カラハン宣言などに示されるソヴィエト対中政策の「欺瞞性」を強調するものとして、Bruce A. Elleman (1997), *Diplomacy and Deception. The Secret History of Sino–Soviet Diplomatic Relations, 1917–1927*, New York: M. E. Sharpe がある。

(94)　Aufzeichnung Hauschilds vom 27. Januar 1922, *ADAP*, Serie A, Bd. V, Dok. Nr. 256, S. 529–534.

(95)　Ebenda.

(96)　Schubert an Solf vom 5. Januar 1926, in: *ADAP*, Serie B, Bd. II, S. 81, Anm. 1.

(97)　酒井哲哉『大正デモクラシー体制の崩壊』東京：東京大学出版会、一九九二年、一五二頁。

(98) Brockdorff-Ranzau an Stresemann vom 29. Dezember 1924, in : *ADAP*, Serie A, Bd. XI, Dok. Nr. 261, S. 646－650; 富永幸生『独ソ関係の史的分析　一九一七—一九二五』東京：岩波書店、一九七九年、二四〇頁。

(99) Hürter, J.(Hrsg.)(1998), *Paul von Hintze. Marineoffizier, Diplomat, Staatssekräter*, München: Oldenbourg, bes. S. 107－118.

(100) Seeckt, H.(1931), *Wege der deutschten Außenpolitik*, Leipzig: Verlag von Quelle & Meyer, S. 14-16; 富永前掲書、二六二—二六三頁。

(101) Vogt, A.(1974), *Oberst Max Bauer. Generalstabsoffizier im Zwielicht 1869－1929*, Osnabrück: Biblio Verlag, S. 417-473; ders.(1981), „Oberst Max Bauer", Martin, B.(Hrsg.)(1981), *Die deutsche Beraterschaft in China. Militär–Wirtschaft–Außenpolitik*, Düsseldorf: Droste, S. 95－105.

(102) 富永前掲書、二二五—二二六頁。ただし、文体上若干の変更を加えた。

(103) 富永前掲書、二二六頁。

(104) 北岡伸一『後藤新平—外交とヴィジョン』東京：中央公論社、一九八八年、一〇四頁。

(105) 鶴見祐輔『後藤新平』東京：勁草書房、一九六七年、第四巻、四二六頁。

(106) 鶴見前掲書第四巻、八六四—八六五頁。

(107) Калахан–Сталину (без даты), Архив внешней политики Российской Федерации, Фонд 1046, опись 11, порядок 341, папка 67, Лист 38. カラハンはこの文書の性格について以下のように述べている。「この文書はランツァウが参考のために『内密に』私に提供したものである。彼の話によると、これは後藤との会談に関するベルリン宛て報告書の写しとのことであるが、私はそれを非常に疑わしいと思っている」。ブロックドルフ＝ランツァウが後藤との会談の内容をカラハンにリークした理由は明らかではない。

富田武・成蹊大学教授は、この貴重な史料の筆写メモをわざわざタイプして筆者に提供してくださった。心より謝意を表したい。後藤新平とブロックドルフ＝ランツァウ駐ソ大使の会談が開催されたという事実およびその内容は、この史料によって初めて明らかになった。ドイツ外務省外交史料館でドイツ側の談話記録を発掘する課題は筆者に残されている。

（108）　北岡伸一氏は「ワシントン体制からの離脱を呼びかけた」孫文の大アジア主義演説と、後藤の日中ソ三国提携構想とは「対応しうるもの」であったと、重要な指摘を行っている。本章の観点からすれば、「ヴェルサイユ＝ワシントン体制からの離脱を呼びかけた孫文の大アジア主義演説と、後藤の日中独ソ四国提携構想は対応しうるものであった」と言い換えることができよう。北岡前掲書、二〇〇―二〇七頁。

（109）　孫文外交のこうした側面については、Wilbur, C. M. (1976), *Sun Yat-sen. Frustrated Patriot*, New York: Columbia University Press が参考になる。

（110）　フェルベール（宗田昌人訳）「孫中山とソ連、ドイツ関係の再検討―新たに開放された文書資料を中心として」日本孫文研究会・神戸華僑華人研究会（編）『孫文と華僑』東京：汲古書院、一九九九年、八一―九四頁、とりわけ八六―八七頁。

（111）　山田辰雄氏はドイツと孫文の関係に若干の注意を払っているが、孫文のソ連への期待は「ドイツからの援助への期待とは質的に異なっていた」し、「ドイツとの提携は事実上実現しなかった」との評価に留まっている。山田辰雄「第一次国共合作形成過程における孫文思想の変化と展開――一九一九年―一九二五年」慶應義塾大学『法学研究』第五〇巻第八号、一九七七年八月、一―七三頁、引用は四七頁。

（112）　以上のことについて、筆者は簡単なスケッチを試みたことがある。田嶋信雄「一九三〇年代のドイツ外交と中国」石田勇治（編集・翻訳）『資料　ドイツ外交官の見た南京事件』東京：大月書店、二〇〇一年、三〇九―三二四頁。

（113）　以上のことについて、筆者は簡単なスケッチを試みたことがある。田嶋信雄「日独関係・独中関係の展開」五百旗頭真・北岡伸一（編）『開戦と終戦―太平洋戦争の国際関係』東京：星雲社、一九九八年、六四―七四頁。

（114）　以上のことについて、田嶋信雄「東アジア国際関係の中の日独関係」工藤章・田嶋信雄（編）『日独関係史　一八九〇―一九四五』、東京：東京大学出版会、二〇〇七年刊行予定、で試論的な分析を行っているので参照されたい。

第二章　原敬内閣期における朝鮮の官制改革論

李　熒　娘

はじめに

本章は原内閣期における朝鮮の官制改革をめぐる政治過程を、三・一運動の前後に時期を分けて考察するものである。

日本が韓国を併合した一九一〇年当初に、植民地朝鮮に武官専任制の官制が制定されるに至った背景には、一つは、朝鮮を義兵運動の鎮圧（「暴徒討伐」）の過程で生まれた憲兵警察制度と、もう一つは、朝鮮を根拠地とする日露戦後の日本の大陸政策があった。

その後武官専任制を改める官制改革が一九一二年の憲政擁護運動の過程で「軍閥打破」というスローガンの具体的課題として掲げられ、第一次山本内閣期に政治課題として浮上し、一九一四年一月に成案されたものの、枢密院に送付される段階で、倒閣によって実施されなかった(1)。

この時期の朝鮮官制改革の動きは、日本帝国主義内部の矛盾の表出という性格が強かったが(2)、その前提には朝鮮の治安は安定したという認識があった。朝鮮の治安問題が重要なファクターなのだから、朝鮮の治安状況が不安定な状態であるという認識のもとで改正への動きが推し進められるはずもない。

一九一八年の原内閣期の成立直後、官制改革の動きは、後述するように基本的に第一次山本内閣期と同じく、朝鮮の治安は「安定」しているという認識の下で現われたものであった。しかし、そこに三・一運動が起こると、官制改革は三・一運動の「善後策」つまり、朝鮮民族運動の対策としての性格を帯びることになった。政治懸案に変わっていく。日本政府の三・一運動に対する対応及び日本国外の世論に対する対応を検討することによって官制改革に対する三・一運動の歴史的意義を明らかにする。

一　三・一運動以前における朝鮮官制改革の動き

一九一〇年八月、日本帝国主義は大韓帝国を「併合」し、その統治のために総督府を設置した。その総督府の長たる総督は、天皇に直隷する現役大将であり、また総督府はほかの行政機構とは分離して設置された憲兵警察制度を有する武断的統治機構であった。

朝鮮の統治体制、とりわけ総督武官専任制に対して、日本国内において、政友・国民両党をはじめ、ジャーナリストが中心となって批判が出され、文武官併用制が要求された。こうした動きは、非特権・新興ブルジョアジー勢力の藩閥勢力への対抗と植民地での自由な活動の欲求に基づくものであった。

武官専任制の廃止は、一九一二年一二月に第二次西園寺内閣が倒された直後の憲政擁護運動の過程において、「軍閥打破」というスローガンの具体的課題として、国民的基盤をもつことになっていった。桂内閣が、この運動によって倒された後、薩閥・海軍閥の山本権兵衛と政友会との提携によって山本内閣が成立した。しかし、この政友会と山本との野合は、「軍閥打破」をスローガンにしていた世論にとって頗る不満であった。それ故に山本内閣は、世論の手前からも憲政擁護運動が掲げたものを実行せざるを得なかった。政府が作成した朝鮮総督府官制の改正案は総督武官専任制を文武官併用制に改めることと、総督府の施政を内務大臣が監督することを骨子としたものであった。枢密院に送付される直前、シーメンス事件が明るみとなり、それを機に長閥・陸軍の巻き返しが、再び憲政擁護運動を利用して図られ、山本内閣は倒れた。次いで元老との妥協と連合によって、大隈内閣が成立したが、朝鮮官制改革は、内閣成立時に山本有朋が中止を条件としたことにより、中止されるに至った(3)。

まもなく第一次大戦が勃発し、朝鮮統治をめぐる問題は大隈・寺内内閣期においては顕在化しなかった。再び政府次元で官制改革の動きが出たのは米騒動を契機に成立した原敬内閣期に入ってからである。

すなわち原内閣が成立して半月余り経った一九一八年一〇月一二日、朝鮮総督長谷川の辞意を察した朝鮮総督府政務総監山県伊三郎が、原敬を訪ね「朝鮮目下の状況はもはや武人を以て総督となすの時期は過ぎたり、長谷川は不遠内に去りたき意思の様なり、但彼は留任せよと云われれば留任もなす事と信ずるも、全く彼ら武人を要するの必要なし、自分には寺内が総督たりし当時、如何にも不愉快の時代を辛抱し来れり、長谷川去る機会として総督となる人事を望むも非望にもあらざる事と思ふに付何とか不相成哉(4)」と口火を切った。

官制制定当初から政務総監として勤めていた山県伊三郎は、武官専任制の官制制定当初のような不安定な治安状況ではないという状況認識の下で、このように次期総督の希望を申し出たのである。このような認識は政治案件に上って官制改革を推進していった第一次山本内閣期の朝鮮の治安に対する認識と共通するものであった。

この打診について、原敬は「余は台湾占領後総督政治を定めんとするに当たり川上操六独り武官を以て充つることを主張、伊藤公も困難せし現行制度を不本意ながら施行するに至り、朝鮮は其例に倣ひたるものなれば制度の上にも君自身の為にも賛成なりと但し此事は提議せば例の通軍人共反対すべきに因り、此話は此場限り秘し置き好機会を見て余之を提議すべし、其時の故障を避けんが為に今日より山県公（山県有朋―引用者）を始め其の節々に十分に其の理由及事情を内話し置かれよ」(5)と応じた。

ここで原敬が官制改革を推進する意思を示したのはそれなりの条件が整えられていたからである。原自身が政権のトップの座についており、元老たちも高齢化してその影響力は全体的に以前より弱くなっていた。特に朝鮮は陸軍の牙城といわれるほど軍部勢力の動向と大きくかかわっていたが、いまや軍部は中堅層が中心勢力になりはじめており、そのうえ「軍閥に非ず」といわれた田中義一が陸軍大臣であるだけに、原にとっては動き始めるのに十分な条件が備えられていたのである。それに山県伊三郎を新総督として推挙することは、山県が政務総監として朝鮮統治の経験があるからというだけではなく、これによって山県有朋との交渉もうまくできるというメリットもあった。また原と山県伊三郎は、第一次西園寺内閣期の時、原は内務大臣、山県は逓信大臣として同時に入閣したことがあるなど、親密な関係にあり、原は山県を信頼していたといわれる(6)。

一九一〇年五月に寺内統監と同時に副統監として就任し、総督府設置以来政務総監として朝鮮総督府で八年余りをつとめてきていた山県伊三郎は、山県有朋の養子で藩閥出身であった。それだけに彼は「老公（有朋：筆者）の思想に共鳴し、君主立憲政治の主張者にして、民主立憲政治に反対し、内に対しては偏せず、一意政党の外に超然たりしと雖も、外に対しては、帝国主義の主張者」(7)であったが、軍人が専横する統治機構に対しては批判的であった。

原と山県伊三郎のあいだに内談があってから一ヵ月過ぎた一一月下旬、長谷川の総督辞任の意が陸軍大臣田中義一に伝わった。田中はさっそくまず山県有朋に相談する。山県有朋は長谷川が「辞任するならば辞させせよ」(8)と述べ、田中自身も「直ちに宜しと云いかねるも実は辞したる方宜し」[9]と、長谷川の辞任を希望した。これを田中は原に伝え、それを聞いた原は「今日の事態に於いては朝鮮何時までも武人に限るは不可なり、寧ろ軍政と分離し国防の指揮は陸軍直轄し総督は武官にても文官にても可なる事に改正する方宜し、又現任山県伊三郎も数年間政務総監の職に在り、之を総督となす事当然なり、故に官制改革の時期なりと思ふに付篤と其辺に付考慮せよ」[10]と官制改革推進の意思を示し、官制改革後の総督として山県伊三郎を考えていることを打ち明けて田中の同意をもとめた。

田中は、「時勢のおもむくところ官制改革の避けえないこと」[11]と考え、原の意向にしたがって官制改革を決行することにした。朝鮮総督府は陸軍の牙城であり、官制改正の推進において陸軍勢力がもっとも大きい障害であったが、まず陸相田中が同意したことは大きな意味をもつことであった。軍部内部にも第一次大戦の経験を通じて田中をはじめとするいわゆる「近代的」軍人官僚層が形成されていた。彼らは寺内のような旧軍人型から脱し、国民の思想動向、社会運動の状況に対する関心も高く、国際情勢にも敏感であった[12]。このような軍部内の変化は、官制改革の推進の大きな動因として作用するようになる。特に田中は政党の勢力をリアルに評価し、それとの提携によって陸軍や自己自身の意図を実現しようとしたのである[13]。

原内閣は、政党内閣といわれても、官制改革を進めるにあたり藩閥の中核たる山県有朋の同意はやはり必要であった。特に大隈内閣成立時、山県有朋の反対が直接の契機となって官制改正が挫折しただけに[14]、山県の説得は避けられないものであった。そこで山県に働きかけたのは養子の伊三郎、そして原内閣期の「御意見番」ともいうべき三浦梧楼であった。三浦の原敬への報告によると、「山県最初は不同意なりしも朝鮮のみに非らず台湾にも此制度を及ぼす事、而して山県伊三郎九年間彼地に政務総監なれば登用して可ならんとの趣旨に対し山県遂に同意を表」[15]した。山県も第一次世界大戦を経験するなかで、国際情勢の理解への努力、そして米騒動が与えた衝撃を契機に社会情勢に対処しようとしており、その政治的態度に動揺があった[16]。

翌年一月中旬、原と田中との間で朝鮮の官制改革の推進の方針が具体化していった。田中は、武官専任制の官制を改正するにあたって、「自身の発意の形式で決行に持ち込みたい。たとえ閣僚中からでも、陸軍以外から提案されるようなことがあるとかえって部内を紛糾さすことになるからこれを差し止められたい。改革を関東州、台湾に同時におよぼさず、まず朝鮮だけに決行するように取り計らわれたい[17]」と、原に提案し同意をとりつけた。

田中は「不遠発案し得るに至るべし[18]」としたが、原は「文官任用令の改正は今少しく時日を要するに因り多少の時日を置きても妨げなし部内の打合は無論に都合よき様になして可なり[19]」と、時期は文官任用令の改正の後で、行うことにした。

しかし、そこに三・一運動が起こった。

二　三・一運動と官制改革の実施

日本帝国主義と朝鮮民衆との民族的矛盾の噴出である三・一運動が起きると、それに対処していく過程で官制改正は三・一運動の「善後策」として位置づけられていった。すなわち、日本政府は、三・一運動を強力な武力で「鎮圧」しつつ、同時に国内外の批判に対する対応策として、新しい統治政策のカードとして打ち出すようになる。

ここで、まず日本政府側の態度に注視しつつ、三・一運動に対する鎮圧策及び国外の反応を考察する。

三・一運動に対する「鎮圧策」

三・一運動は約一年間にわたって展開されたが、ここでは運動がはじまった一九一九年三月から強力な武力が投入され表面的に運動が小康状態になった同年五月までの時期における「鎮圧」の過程を、官制改革の直接推進勢力たる日本政府と朝鮮総督府との関係を留意しながら考察する。

一九一九年三月一日、学生代表が、パゴダ公園に集まった大衆の前で「民族代表」に代わって独立宣言文を読み上げて三・一運動は始まった。運動がソウルだけではなく、平壌、宣川などの地域で同時に起こったことからもわかるように、三・一運動は長期（一月末〜三月）にわたって計画、準備されたものであった。しかし、朝鮮総督府はそれを全く予知できなかった。三月一日、「民族代表」の事前連絡や無抵抗のまま逮捕されたことなどから、「甚シク不穏ノ形勢無シ」[20]一時的な示威行進で収まる「軽微な」騒擾であると受け止めていた。

初期段階の弾圧策は、主に各地域の憲兵警察機関によって行われた。一部運動が活発化した地域についてのみ「警察総長の請求」「道長官ニヨリ」在郷軍人会、駐屯軍隊の出兵が行われたが、大部分は単に「示威ノ目的ヲ以テ」[21]派遣されたのである。「鎮圧策」の原則として軍隊の使用は将来の朝鮮に悪影響を及ぼさないように、なるべく騒擾区域に止める方針であった。

では「騒擾」を日本政府はどのように認識していたのか。三月八日、帝国議会で政府は、「今回ノ騒擾ハ所謂民族自決ノ標語ヲ掲ケ一部ノ者之カ示威運動ヲ為シタルニ因ルモノニシテ一般人民ハ之ニ関与セルモノニアラス」[22]と述べ、総督府の報告と同様の認識を示していた。

しかし、何日経ってもデモは静まらず、拡大される気配を見せるや原敬は「総督府に於いて今少しく着手せば大事に至らざりしに警察上遺憾なり」[23]と、朝鮮総督府の対策に不満を持つようになっていた。原は従来から「民衆運動は小数の扇動者によって起こる」[24]と思っていったので、扇動者を取り締れば「騒動」は「鎮圧」できるはずであると考えていたのである。

初期段階の運動は大都市中心であったが、三月一〇日以降は農村部へ広がって[25]、三・一運動は本格的民衆運動の性格を帯びるようになる。こうした事態の「悪化」に対し、原は閣議を開き、みずから次のような訓令を朝鮮総督に下した。

今回ノ騒擾事件ハ内外ニ対シテ表面上ニハ極メテ軽微ナル問題ト見ナスヲ必要トス、然レトモ裏面ニ於テハ厳重ナル処置ヲ採リ将来再発ナキ様期セラレ度但シ其ノ処置ニ就テハ外国人ノ最モ注目スル問題ナルニ依リ苟モ残酷苛察ノ批評ヲ招カサルコトニ十分ノ注意相成リ度[26]

原の朝鮮「騒擾」への武力使用にみられる強硬な立場は「韓国併合」以前から一貫したものである[27]。彼は植民地における「暴動」「事件」に対しては軍人以上に武断的方法を主張していた。断固たる弾圧の措置をとる事を要求し、一方では事態が国際世論に知られないことを願っていた。当時第一次世界大戦の戦後処理をめぐるパリ講和会議が開催されていたので、他国、特にアメリカへの配慮が必要であったのである。

原の訓令を受けると、朝鮮総督府は翌三月一二日、「漸次北韓及南鮮地方ニ蔓延ノ徴アリ今ヤ軍隊ノ使用ヲ積極的ニ騒擾区域外ニモ及ホシ之ヲ未然ニ防圧スルコト必要ナルノ状況ニ達シタルヲ認メ本日軍司令官ニ之ニ関スル所要ノ指示ヲ与ヘリ[28]」とし、新たな弾圧体制がとられた。発生地域に限定して弾圧すれば「騒擾」が止まるであろうとの予想に反して、運動が拡大・深化していくと、軍隊を全国に拡散・配置する方針に変わっていったのである。ただ、軍司令官宇都宮太郎は属下の部隊に「武器ノ使用ハ万止ヲ得サル最後ノ時期マテ差控エルコト、万止ヲ得スシテ使用スルモ其ノ使用ハ必要ノ最小限度ニ制限スルニ努ムルコト」(29)を命じ、この段階まではまだ武器の使用を制限していた。弾圧を受けながらも運動はさらに拡大し、間島をはじめ琿春及び沿海州など朝鮮半島を越えて、朝鮮人が居住しているあらゆる地域に波及していった。三月末になると、すでに運動は「元来武装若ハ限定セル結社団体ノ企図ニアラスシテ住民全部ノ反抗ナルヲ以テ」「事実上国民大部ノ政治運動(30)」になっていた。

朝鮮司令官は新たに次のような指示を下して武器の使用の制限を解除し、積極的に使うようにする。

此際軍隊ノ行動慎重ニ過クルトキハ彼等暴民ヲシテ却テ増長セシムルヤノ虞アリ故ニ彼等ニシテ暴行ヲ為ス場合ハ勿論或ハ頑冥我カ命ニ抗シ或ハ騒擾ヲ反復スル等ノ如キ場合ニ在テハ軍隊ハ断然所要ノ強圧手段ヲ用ヒ彼等ヲシテ畏服屏息セシムルト同時ニ一般民衆ヲシテ相戒セシムル所アラシメ以テ速カニ鎮圧平定ノ功ヲ挙ケンコト肝要ナリ(31)

三月二九日山県伊三郎政務総監は日本政府に朝鮮の状況を報告し、「鎮圧」方針を打ち合わせるために東京におもむいた。まず、原に会い、状況を報告したが、それを聞いた原はその日の日記に「原因は兎に角此事件の勃発を全く気付かさりし事は総督の失体なりと云ふの外なし(32)」と三・一「暴動」を未然に防止することができなかった長谷川総督の失策を指摘している。

また閣議で山県から朝鮮の状況について報告された時、原と田中は軍隊派遣によるもっと強力な「鎮圧」方針を打ち出した。閣僚の中には「武力を用ひて鎮撫するは禍根を将来胎する虞あると一面に列国に対しても面白からざる批評を受くる懸念あり(33)」との理由で「最初総督府の執りたる温和的手段を以て終始すべし」との意見を述べる者もあったが、原の決心により高圧的手段を以ってのぞむこととし、閣議で軍隊派遣を決定した(34)。

朝鮮への軍隊派遣は朝鮮総督から申し出がないと出来ないことであった。そこで東京に滞在していた山県伊三郎を通じて長谷川総督の方から日本政府へ出兵要請を行うように促した[35]。日本政府は「必要なれば満州更代の兵を暫く朝鮮各地に駐屯せしむるも又は憲兵等を増派するも差支なき」という意向を伝えられたが、総督の返事は「格別の意見なく単に増兵及び憲兵増派を望む[36]」というものであった。こうした返事を受けた原は「如何にも無策の様なる[37]」と総督に対する不満を一層深め、軍隊の具体的派遣方針は日本政府が独断的に決定することにした。

四月四日、閣議で田中義一陸相が「本件に付政府の処置としては断乎たる処置を要す。夫れには帰還兵を駐留せしむるなど緩慢なる手段によらず、内地より別に送付する[38]」方針を提案し、歩兵六大隊、補助憲兵三〇〇人を送ることになった。国内外の世論に敏感な原は「更に此事は海外に対して如何にも重大視するの感を与えるべきに因り、可成秘密にすべし[39]」と、四月五日から報道管制を行った。しかし、編成作業が終わった四月八日、田中義一は軍隊増派時日の公表を提案し、閣議の同意をもとめ発表することになった。

予め田中が準備した増派の趣旨文案は「討罰」を意味するものであったが、原が「一部不逞の徒暴行して良民其堵に安んずるを得ざるに付、良民保護の為[40]」と改めて、「朝鮮兵力増加事情[41]」を日本国内に発表した。四月四日の閣議では海外の世論に及ぼす影響に配慮して発表しないことにしたが、それより日本国内の世論と、また朝鮮内の「鎮圧」を第一線で担当していた朝鮮軍、憲兵、警察、居留民を激励し、朝鮮人に「恐怖」を与える効果をねらって公表することにしたのであろう。

新しい「鎮圧策」は世論に大いに安堵感をあたえた。彼らは政府が徹底した弾圧を行い、禍根を絶滅させることを願っていたのである[42]。原は、「今回の事件一段落を告げたる上は対朝鮮政策に付一考せざるべからず、今日までの成往にては極めて不可なり[43]」と決心した。つまり、軍隊増派は、三・一運動に対する「応急策」であり、「永久的政策」は騒擾鎮定後に考究をなす事を決意した[44]。

原は山県政務総監から現地の状況を聞き、「鎮圧」後の善後策の基本は「文官本位の制度に改むる事、教育は彼我同一方針を取る事、憲兵制度を改め警察制度となす事[45]」であった。特に憲兵警察制度は、「這回の如き暴動勃発したる場合は容易に之を鎮圧し得ざる憾み[46]」あるということで、制度の廃止が「暴動」への対処として早急に着手すべきものとして浮上したのである。

軍隊増派と時期を同じくして、朝鮮総督府は制令第七号「政治ニ関スル犯罪処罰ノ件[47]」を公表したのをはじめ、運動示威に関連する諸般事項の取締、つまり「旅行取締令」、市場の閉鎖、道路の遮断などを行い、「未然防遏策」を実施する。

軍隊派遣によって、軍、憲兵、警察が各々分担して「鎮圧」することになった。軍隊配置は五〇〇余箇所に広がり、「軍ノ全兵力ヲ以テ能フ限リノ威圧ヲ加フルト共ニ警務機関ヲシテ捜索及検挙ニ活動ノ自由ヲ得セシメ以テ禍根ヲ一掃シ同時ニ地方官憲及地方有力者ヲシテ慰撫ノ途ヲ講シ[48]」た結果、騒擾も表面上は一先鎮静状態になっていた。

しかし、「武装せぬ此種の騒擾程厄介の敵は無之、良民即ち敵兵、敵兵即ち良民と申す如き有様にて厄介至極[49]」というように、「裏面の人心は尚甚険悪にして」、日本官憲は「一寸の油断を許さず[50]」という状態であった。朝鮮総督は「表面上一時鎮定ヲ見ルモ威圧ノ弛ムニ従ヒ騒擾ノ再発スルコトナキヲ足セス、故ニ軍隊ノ分散配置ハ政務ノ運用ト相俟ツテ十分ニ治安ヲ維持スルニ至ルマテ之ヲ保持スル必要アリ[51]」と看做して、軍隊の分散配置をそのまま維持した。

「鎮圧」を直接指揮した朝鮮軍司令官宇都宮太郎は、「軍隊の威圧一方にて根治を得んことは素より不可能につき、小康を得たるを機として、根治の方向に一歩進めたるは如何との感これあり申候。要は此朝鮮を将来如何に統治すべきやが根本問題[52]」だと日本政府及び陸軍に「善後策」を早く実施することを進言していた。彼は朝鮮人の独立への熱望が、いかなる武力をもってもおさえつけられないほど根強いものであることを「暴動鎮圧」の中で認識したのである。

三・一運動に対する海外の反応ーアメリカー

第一次世界大戦は連合国の勝利に終わり、一九一九年一月一八日からパリで講和会議が開かれた。日本は赤道以北の旧ドイツ領南洋諸島の割譲、国際連盟規約に関連する人種差別撤廃、それに中国の山東省の旧ドイツ権益の取得などの要求をもって参加した。

こうした状況下に植民地朝鮮で三・一運動が起き、日本の残酷な鎮圧の状況が各外国新聞、宣教師、在外独立運動者を通じて諸外国に知られた。対米協調主義を掲げていた原内閣はアメリカの反響に神経を尖らせていた。

アメリカの中でも発行部数が最も多く、排日論調が強いハースト（William Randolf Hearst）系新聞雑誌は先頭に立って日本の武断的な朝鮮統治を非難し「残虐」な鎮圧状況を掲載した。一九一九年三月から一九二〇年九月までアメリカの各新聞は朝鮮問題を九千回以上も記事にしたという。[53]

特に朝鮮総督府は「暴挙」の裏面に宣教師の教唆・煽動があり、またミッション学校のデモに参加した学生が宣教師の家に隠れていたとして、宣教師の家宅捜査を行うことなど宣教師に対する弾圧の報があいついで伝わると、米国長老教会東洋委員会および米国連合宣教会がそれぞれ真相調査団を結成し、朝鮮に派遣した。

一方、米国上院議会で、六月六日出席議員六〇名中五九名の賛成で講和会議においてアイルランドの独立に関する陳述を聴取すべきと求めることが決議された。これが伝わってくると、日本政府は「同決議は朝鮮独立運動に大関係を有するを以て」米国上院の形勢に注意を払った。[54]

すでにアメリカ議会では日本の朝鮮支配政策や独立運動の弾圧が議題にのせられていた。特に上院の外交委員長ロッヂは「朝鮮独立運動に関し相当努力しつゝある旨[55]」を公言し、また上院議員スペンサーは一八八二年の韓米修好通商条約の条文実行について追及した。ノリスーはアメリカ長老教会作成の報告をもとに日本の朝鮮人に対する残虐行為を暴露する文書を作り、八万部以上を配布した[56]。日本政府はアメリカ上院議員の一連の行動を内政干渉であると批判しながらも、「今日より充分の注意を加へ尚適当の措置を講ずることとすべし[57]」との態度を取った。

日本の朝鮮植民地化とその支配は、桂・タフト条約により、アメリカのフィリピン植民地化とその支配と引きかえに相互黙認が約束されていた。それ以来アメリカ政府は一貫して朝鮮問題は日本の内政問題と述べていた。上院議会でのアイルランド問題の処理をみて、アメリカ国務省国務長官代理は日本に対する世論の悪化をみかねて、出淵アメリカ大使代理を呼んで下記のように助言していた。

朝鮮ガ日本ノ領土タルニ顧ミ自分彼是申スヘキ筋合ニアラサルコト勿論ナルモ個人間ノ談話トシテ腹蔵ナク述フレハ此際日本側ニ於テ世人ヲシテ今少シ明瞭ニ朝鮮ノ現状乃至日本現政府ノ公正ナル方針ヲ知ラシムル様適当ノ措置ニ出テラル、方得策ナルヘク其ノ方法トシテハ責任アル政府当局ヨリ公表書ヲ発シ連合通信ヲ信用シ広ク米人ニ伝ヘシムルガ如キ最モ有効ナルヘシ[58]

出淵は、朝鮮問題及び山東問題などで日本に対する「誤解尚幡マリ居ル折柄」、今後議会の問題になることを懸念して、アメリカ国務長官代理の「予防的措置」を講ずるようなアドバイスを聞き入れ、「総理又ハ閣下ヨリ然ルベク公表アランコト[59]」を希望し、その公表文は、「抽象的弁明」ではアメリカに納得させることができないので「具体的言明」をするように提言する[60]。

アメリカ現地で把握した日本の朝鮮統治に対する批判の声を、出淵は次のようにまとめていた。

（一）日本ハ朝鮮ヲ統治スルニ武力ヲ以テ人心ノ帰向ヲモ無視シテ高圧手段ニ訴フルコト、（二）基督教ニ対シ偏頗心ヲ有シ従テ外国宣教師ヲ迫害スルコト、（三）朝鮮人ニ対スル教育ヲ制限シ且ツ其歴史ヲ無視スルコト、（四）鮮人ヲシテ何等政治ニ参与セシメザルコト[61]

一方、米国基督教東洋委員会は石井駐米大使に、「軍閥ヲ廃シ文明ノ治績ヲ表明スルニ非ラサレハ独リ米国ノミナラス世界ノ公憤ヲ買フニ至ルベシ」と、植民地朝鮮統治の改革を助言した。また、連合通信社ストン氏も「日本今日ノ急務ハ支那問題ニハアラズシテ朝鮮統治上寛大政策ヲ断行スルコト之ナレリ、支那問題ハ一部政客ノ話題ニ上ルモ真相漸ク世人ニ知悉セラレ支那ノ新聞政策終ニ奏功ヲ見ル能ハサルヘシ独リ朝鮮問題ハ人道上痛ク日本ヲ攻撃スル唯一ノ武器ニシテ時期ヲ誤ルニ於テハ恐ルヘキ結果ヲ日本ニ及ホスヘシ」[62]とし、一日もはやく統治改革を行うように提言した。

首相原は、アメリカに向けてつぎのような声明を発表した。

朝鮮ニ於ケル我諸官憲ノ非行ニ関スル報道ニ付テハ予ハ深甚ノ注意ヲ加ヘ適宜ノ処置ヲ執リツツアリ予ハ公明以テ事実ノ真相ニ対セムコトヲ期スルモノナリ朝鮮ニ於ケル事態ノ実質的改善ヲ行フヘキ自己ノ責任ヲ回避セムトスルモノニ非ス此目的ヲ以テ広汎ナル改革案ハ既ニ審議中ニ在リ之カ確実ニ必要ナル法律上ノ手続完了ヲ竢チテ其ノ実施ヲ見ルニ至ルヘシ該案ノ内容ハ差当リ発表スルコトヲ得サルモ予ノ官僚並予カ我朝鮮同胞ノ為其ノ永遠ノ福祉ヲ増進セムコトヲ期スル確乎タル決心ハ何等誤解ヲ受ケサルヘキヲ信ス[63]

この効果は直ちに現われ、ニューヨーク基督教連合会報告書は、その序文に原が送った電信全文を掲げ、原内閣に同情をよせた[64]。つづいて、上の連合会報告書及び原首相電信全文がワシントン、ニューヨークの諸新聞に掲載された。

世論緩和上若干の効果があろうと出淵代理大使は報告していた(65)。

このように朝鮮統治に対してこれまで何ら批判もなかったアメリカで三・一運動を契機にして急速に批判が高まると、対米協調主義に立っていた日本政府は、それへの対応として、非難の的である「武断政治」の廃止の大本になる「官制改革」をいち早く打ち出さねばならなかったのである。枢密院会議での原の発言がそのことをよく示している。

此ノ騒擾ヨリ引続キ列国ノ注意ヲ喚起スルコト甚シク自然種々ノ論議ヲ惹起シタルカ就中最モ警クヘキハ日本カ朝鮮ニ於テ如何ニモ残酷非道ナル処置ヲ執リタルカ如ク批評アル……列国ノ誤解ヲ招キ惹テ外交上重大ナル影響ヲ及ホスノ虞少カラス仍テ今回提案シタル朝鮮ノ改革ハ成ルヘク速ニ断行スル考ナリ(66)

八月二〇日朝鮮官制改革の発表とともに在外日本大使・領事館は、詔勅および原首相の声明書をアメリカをはじめ各国の諸新聞に「武断政治」の「終息」と官制改革および一連の統治政策の変化を予告する記事をのせ、にぎやかに宣伝することになった。

三　官制改革の推進過程

日本政府は、三・一「暴動」「鎮圧」のために積極的に「新鋭」の軍隊を派遣し(67)、「騒擾」が一段落されると、三・一「暴動」の「善後策」として「朝鮮ニ於ケル各般ノ施措ヲ内地ノ制ニ接近セシメルコトヲ期スルヲ以テ統治ノ要諦ト為ス」(68)つまり、新しい統治策の根幹になる官制改革を推し進めることになる。

制度改正の推進と新総督人事問題が同時に推し進められるようになっていく。

三・一運動以前、原と田中の間で総督武官専任制の廃止、軍事統率権の廃止を根幹とする官制改革の実施、また新総督として山県伊三郎の内定が合意され、文官任用令改正作業を終えた後に行うことになっていた。

原は、三・一「暴動」の「鎮圧」のために軍隊派遣が決定された四月九日頃、「暴動」が収拾されると、「暴動」に対する「永久策」つまり官制改革を講ずることと、山県伊三郎を登用することを、山県伊三郎と再確認していた。(69) 山県伊三郎は一九一八年原との内談以降、新統治方針を自ら実施する準備を行っていた。(70)

「暴動」の鎮圧がある程度収まってきた五月下旬、原と田中が官制改革の実施に向けて作業を本格的に着手しようとした時、難関にぶつかった。三・一運動以前、官制改革と山県伊三郎総督登用に対して同意した山県有朋が「文官案に反対にて且つ山県伊三郎を採用する事にも不同意」(71)の旨を表明したのである。彼のこの強い反対は山県伊三郎の登用に向けられたものであった。山県有朋は山県伊三郎が三・一「暴動」の責任をもって長谷川総督より先に辞任すべきであるはずで、新総督になってはいけないと考えたのである。

この事態をうけて田中義一はまず陸軍部内で人物を探したが(72)、「陸軍中ニ好適ノ人ヲ見出コトノ困難」であり、「海軍ニ譲ルヲ得策ト心得」(73)て、海軍予備役であった斉藤実をあげて、まず原敬に同意を求めた。田中は「陸軍部内に反対もありて意の如くにもならざるに因り制度は文武官何れにても可なる事に改め、事実は海軍大将斉藤実を挙ぐる事となしたし」(74)として原の諒解を求めたのである。

これに対して原は、「十分の案とも思わざれば篤と勘考すべし」といったが、四日後「陸軍部内に於ける事情は此位の事上でも随分面倒なるべく、而して山県、寺内等は是れにても不同意らしきに因り余は可成は此際文武官何れにても差支なき事に改め、而して直に文官を登用しがたき」(75)と、原は官制改革の制度改革を優先させることで同意した。つづいて田中は、山県有朋に同意を求めたが、彼は「大体同意」(76)という答えを得た。

こうして官制改革の件と斉藤実を新総督にする件が原―田中―山県の線で一応話がまとまり、官制改革の具体的な立案作業が横田法制局長官によって始められた。

しかし、陸軍内の寺内系は、次のような理由をあげて朝鮮官制改革への反対姿勢を強めていた。「第一に、朝鮮暴動の結果直ちに文武併用主義をとるのは朝鮮統治上鮮人をして一種軽侮の念を養はじむる事、第二、文武採用制は当然一般政務と陸軍軍政の対立を意味するものなるを以て非常事変の場合、朝鮮の防備及用兵上種々の支障を来す事[77]」。

ここで注目されることは、山県有朋と寺内との態度の相違である。

寺内は「到底同意せざるべし」と強く文武併用制に反対したが、山県有朋は原の朝鮮官制改革案に同意した後、それを「寺内に相談せずしても可なり[78]」と語ったように、寺内の主張は山県からみても時代遅れの感があったのである。すでに朝鮮「暴動」を契機にして、国内外の批判は武断政治の「失政」「虐政」に集中していた。特に報道統制を行うことができなかった外国の新聞では、武断政治あるいは三・一「暴動」に対する「鎮圧」の残虐さがそのまま報道されていた。二で考察したように、六月には日本政府は、特にアメリカの世論を注視せざるを得なかった。寺内の主張は「大勢」に逆流するものであった。つまり、山県有朋と寺内の間に三・一運動に対する受け止め方の差があったのである。また、寺内が首班についた時、諸般の施策について山県に全然相談しなかったので、両者の関係は疎遠になっていた。そのうえ、寺内内閣倒閣以降、寺内勢力は陸軍部内でも弱くなっていたことが背景にあったのであろう。

こうしたなかで結局、「寺内不同意なるも無論に断行[79]」することとなり、その改正案は六月二四日閣議を通過し、翌日枢密院に諮問を求めるため送られることになった。

官制改正の内閣案[80]の骨子は次のようである[81]。

第一に、総督の任用資格、地位及び職権の変更である。すなわち、①(総督の資格)総督の任用資格の制限を撤廃し、文武官併用制にする。②(総督の地位)施政の責任の帰属を「明晰ナラシム」ために総督は内閣総理大臣の監督を受けて政務を統括する。つまり総督の施政に対して内閣総理が其処分を中止又は取消すことができる。③(総督の職権)総督が文官である場合は安寧秩序の保持の為、必要がある時は朝鮮における陸海軍の司令官に兵力の使用を請求することができる。しかし、武官である場合は委任の範囲内における陸海軍を統率し朝鮮防備の事を掌る。

第二に、憲兵警察制度の廃止である。従来の憲兵警察制度は総督府から独立し、総督の直属機関として「虐政」を保障してきたものである。「最近ノ情況ニ顧ミ時弊ヲ矯心スルニ於テ須要ノ釐革ナル」という理由で撤廃することにした。すでに三・一「暴動」の最中に日本政府は「這回の如き暴動勃発したる場合は容易に之を鎮圧し得ざる憾みあり故に此点に向っても将来何等か面目を一新する必要」を感じていた。一九〇九年当時治安対策のために設けられた憲兵警察制度が一九一九年の三・一運動には「鎮圧」するに間に合わなくなった。つまり治安対策のために廃止せざるをえなかったのである。

第三に、部局及び官名の変更である。従来の官制には部の下に局を置いていたが、行政の合理化をはかり、部を廃止し、局を設置する、というものであった。

すなわち内務、財務、殖産、法務、学務、警務の六局を置くことである。従来内務部の下に属した学務局を独立させ、また憲兵警察制度の廃止によって、警務局を設置した。特記すべきことは、憲兵警察制度の廃止にしたがって、当初日本政府は日本国内制度と同じく、内務局の中の一つの課として警察課を設けようとしたが、朝鮮総督府官僚の宇佐美勝夫、国友尚謙の「内務の一部とするが如きことは、組織上治安の維持は出来ない」(82)という進言により一つの局として設けるようになったことである。

また、学務局の新設は、教育を通じて朝鮮人を「帝国臣民化」し、「彼此同一方針を取る」ため、教育に重点をおくことであった。また、三・一「暴動」の煽動者を「天道教、キリスト教系信者」「在鮮宣教師」と考えていた日本は彼らに対する調査、懐柔のために宗教課を設置する。

さて、枢密院に送られた内閣の改正案は伊東己代治を委員長にする特別委員会(83)が設けられ、八回（一九一九年七月一四日～八月八日）にわたって審議が行われた。

審議過程において問題になったのは第一に、総督の地位（第二条　総督ハ新任トス内閣総理大臣ノ監督ヲ承ケ諸般ノ政務ヲ統里ス(84)）、第二には総督の職権に関する件で武官総督である場合に軍隊統率権を付与することであった（第三条ノ二総督陸海軍武官ナルトキハ委任ノ範囲内ニ於テ陸海軍ヲ統率シ及朝鮮防備ノ事ヲ掌ル）。

まず、総督の地位問題つまり内閣総理大臣の監督権が枢密院の審査過程で「穏当ノ制ナリト謂フヘカラス(85)」と問題化された。台湾は一八九七年官制制定時から内閣総理大臣の監督権が明記されていたが、朝鮮は台湾と異なって、「我帝国ノ版図ニ属シタル歴史的経路ニ於テ将又民衆ノ感情ニ於テ素ヨリ其ノ軌ヲ一ニスルモノニ非ズ随テ両者総督ノ地位ニ自ラ差別ヲ設クヘキ(86)」で、一万五千方里の面積と千数百万の人民を統治するには「総督ノ内外ニ対スル威望ヲシテ完カラシタム為自ラ其ノ体面ヲ保タシメムコトヲ期シタル(87)」べきだとされ、委員会では字句修正を行い、「先以て勅裁を仰がざるを得ざる」という規定を設ける案をもって清浦圭吾副議長が原に交渉することになった。

原は、字句修正は総理対各大臣の規定以上に総理の権限を縮小するものであり、原案通りにいかないとすれば「折合上不得己此一項削除する(88)」ように主張し、「内閣総理大臣ノ監督ヲ承け諸般ノ政務ヲ総理ス」という字句を削除することとした。結局朝鮮総督は従来どおり内閣の外に独立することになったのである。

そして、総督の職権、すなわち武官総督である場合に軍隊統率権を付与する原案に関して枢密院は、「総督ヲ武官ニ限ルノ現制ヲ維持セムトスルニ同シ」(89)で、総督の出身如何によって職権の一部を異にし恰も総督に二つの種別を設けるようなことであるから認められないとした。

現役ヲ退キタル武官ニシテ其ノ材器行政ニ適スルモノアルモ軍事ニ適セサル場合アリトセムカ之ヲ総督ニ任シテ軍事ヲ託スヘカラサルカ為ニ之ヲ任用スルコト能ハスシテ徒ラニ適材ヲ逸スルモ亦其ノ可ナル所以ニ非ス如上ノ理由ニ依リ総督ヲ武官ニ限ルノ制ヲ改ムルト同時ニ其ノ武官ナルトキト雖当然之ニ軍ノ統率権ヲ与フルコトナキコトトセハ汎ク適材ヲ挙クルヲ得ヲ本案ノ趣旨ニ合フニ於テ完璧タルニ庶幾カラム乎(90)

政府は、文武官総督の相違によって軍隊統率権の有無を設けた内閣案に反対する枢密院の意に従うことにした。が、これはすでに原は内閣案の作成の時、枢密院で削除することになる事態を想定し、武官である場合は、統率権の付与が「軍令を以て出来得る」(91)という次善策を考え、そのため枢密院の意にしたがったのである。このようにして、政府が軍部を配慮して文武不平等の原案を提出し、枢密院がかえってこれに反対し、文武官何れの場合にも平等なる権限を与えることに修正したのである。一般的に枢密院は保守的であったが、ここでは政府の方が妥協的であった。

八月八日枢密院で改正案が通過するや、閣議を開き、総督と政務総監の氏名を内示し、斉藤実の現役復帰させることを求めたが、閣僚の多数が不賛成で(92)、「暫く見合」(93)することになった。ところが二日後、原と田中は「朝鮮人民並に在官者等の不安すくなからざる次第にて甚だ不得策と思ふに付現行官制に依りて総督並に政務総監の任命をなすの外なし」(94)という名目で、現行官制の下で就任させることにした。つまり斉藤実を現役に復帰させることであった。閣僚多数が不賛成であったが、「首相が既に決定したる後のことなれば強て反対意見を述べざれしなり」(95)と高橋蔵相がいうように、八月一二日、斉藤を現役に復帰させて、新総督、政務総監の就任を新官制改正の公布（八月二〇日）の八日前に行ったのである。就任直後の八月一三日の新聞では「新総督、新統監にして、殊更に準備の必要あらば之に内命を下し非公式に準備を為さしむるも可なる非すや」[96]と、「制度あり人あるのは当然」であり、政府の素行は「冠履鎮倒」で、「新官制の趣旨を没却」[97]する行為だと批判が強かった。

しかし、現役に復帰させて就任させた裏面には統率権を付与しようとする意図[98]があった。これは予備役であった斉藤実を総督に内定した当初から計画されていたが、枢密院の審議過程で内閣案に明記されていた武官総督の陸海軍統率権の項目が削除されることになると、「寺内の熱望」[99]によって政府は軍令を発して統率権を与える計画を立てていたのである[100]。

軍令を以て統率権を付与しようとする原と田中の内幕を知らなかった新政務総監水野錬太郎は軍令の発布関係で総督府出張所に訪れた陸軍少佐から聞いて事実を知り、まず枢密院の官制改正案の特別委員長であった伊東巳代治を訪れ軍部統率権の付与問題の審議過程の様子を伺った。そこで、「政府が軍令を以て斯かる規定を為すならば、枢密院は大に論難せざる可からず、是れ実に政治上の大問題なり、幸に君の抗議によりて政府が反省するならば君は実に現政府の大功労者」[101]であることを確認し、「若し首相に於て余の言を容れず之を決行せんとするに於ては、今に於て職を辞する」[102]決心をし、下記のような理由を持って原首相に軍令の発布に対して反対した。一つ目は、法律上の問題である。枢密院の議を経て発布する官制を、軍令を以て変更することは、法律上不可で、もし実際総督にこの権限を与える必要があれば、枢密院の議を経た勅令を以て変更せざるを得ず、帷幄上奏による軍令を以て変更することは違法である。二つ目は、政治上の問題で、政府がこれを敢行すると、官制改正の主旨を没却しその結果枢密院の論議を惹起し、世間ですでに現役復帰に対して批判しているのに、さらに軍令を以て統率権を付与すると一層批判が強くなる。

三つ目は、朝鮮統治上の問題で、総督の幕僚か武官が行政上容喙し文官との間に衝突を来たすなど、統治上に種々の支障がある。(103)こうした水野に対して、内閣では、はじめは、「水野等の指名の者を海陸の幕僚となさば何とか纏まる」(104)と思って、それを以って水野を説得しようとしたが、彼は「昂奮極りたる態度にて幕僚も副官も不必要なり」(105)と、強硬な姿勢であった。

水野の辞職をおそれ、統率権の付与、幕僚・副官の設置をやめることになり、(106)斉藤は現役復帰を辞するといったが、「本人の意に任すべし問題となすに足らず」(107)として受け入れられなかった。

軍令の問題は、発布されることになっていたら「枢密院は屹度羊頭狗肉で欺いたと言って、上奏手段に出るに相違なく、内閣の運命も直に危殆に瀕する」(108)という政治状況を醸し出すものであった。

八月二〇日、新官制が公布され、官制改革の実施自体は「原内閣の一事功」(109)で、また、斉藤実と水野の登用については「按排宜しきを得たり」(110)と評価している。

民本主義者吉野作造は、斉藤と水野の登用について「理想的とは云はないが、ほぼ統治の改革に関する前途の光明を期待せしむるに足るべき人選たる事を疑はない」「現内閣の勇断に感謝を表するを至当と認む」(111)と評価した。

当時の世論は「一視同仁」の詔勅の精神に立脚して「鮮人」を統治することにより、再び三・一「暴動」のような騒擾がないように、それを斉藤・水野に期待したのである。

おわりに

原内閣が成立した直後、朝鮮官制改正に向けて動きが再びスタートした。その動きの背景には官制制定当初の治安状況の不安定さは解消されているという認識と、原敬及び政友会の力が藩閥とりわけ長州閥に比して大きなものになっていたこと、さらに「近代的」軍人である田中義一が陸相であったことなどがあった。

原と田中は、官制改正の実施と、新総督として文官山県伊三郎を登用することとし、山県の同意を得ていた。時期としては、文官任用令問題が一段落する後に本格的に推し進めることにしていた。

ところが三・一運動という日本帝国主義と朝鮮民衆との民族的矛盾の爆発が起こり、日本政府は積極的に軍隊を派遣し、強力な武力によって「鎮圧」することに全力を注がざるを得なくなり、その過程で三・一運動に対する「善後策」＝「永久策」を考究しないわけにはいかなかった。

三・一運動は内外に衝撃をもたらしたが、日本国内においては、「暴動」のすみやかな「鎮圧」を前提としつつ、朝鮮統治の前途を国策として論じるようになり、「総督政治の虐政」に「暴動」発生の主な原因をみとめ、ここに批判が集中した。そして新統治政策の前提は、失政の大本である武官専任制の廃止であることが論議の焦点となっていた。また海外、とりわけ米国で明るみになった日本官憲の残虐な行為を通じて対日批判が高まる中で、日本政府としてはその鎮静に腐心せざるを得なかった。

三・一運動を経過しながら官制改正は必至のものとなっていったのである。

こうした中で、五月下旬以降、統治政策転換の基礎たる官制の改革と、新総督人事の構想が模索されていく。三・一運動以前に構想されていた文官山県伊三郎総督案が山県有朋の強力な反対によって消える。結局、田中陸相によって海軍から予備役となっていた斉藤実が候補者としてあげられ、原と山県有朋によって同意された。こうして官制改正に強力に反対する陸軍内の寺内系を除き、官制改革の体制は整えられ、総督文武官併用、内閣総理大臣の総督の監督権付与、武官総督の場合は軍隊統率権付与、憲兵警察制廃止を骨子とした改正案が作成され、枢密院に送付された。

この斉藤実案には、官制改革中武官の場合は軍隊統率権を与える条項によって、陸軍内の反発を押さえようという思惑があった。しかし枢密院はこの条項の削除を求め、原らも承諾したが、その裏には、軍令によって統率権を付与し得るという「次善策」があったのである。軍令発布は、政務総監水野錬太郎の反対によって中止され、斉藤・水野という新統治政策を遂行する人事が「過渡期」（原敬）にふさわしく成立するのである。

以上みてきた朝鮮官制改革をめぐる経過は何を意味するのであろうか。

朝鮮総督府官制は「陸軍の牙城」を制度的に保障していた武官専任制であった。

その官制が原内閣が樹立した直後、政府の課題としてあがってきたのは、日本帝国内の政治勢力間の力関係の変更が生じたことによる。

そこで起きた日本帝国主義と朝鮮民族との矛盾たる三・一運動が、一〇年間続けられた「武断政治」を破綻に追い込ませた。三・一運動を契機に官制改革が三・一運動の「善後策＝永久策」として位置づけられ、推し進められることになる。

しかし、今や帝国内の矛盾をかかえた日本帝国主義には挙国一致が必要であり、そのためには軍の分裂は避けなければならなかった。斉藤の就任はまさにそのことを示している。かくして斉藤実総督、水野錬太郎政務総監によって朝鮮官制改革がおしすすめられることになり、ここに一九二〇年代のいわゆる「文化政治」の性格を規定する制度的基礎が確立をみたのである。

（１）　拙稿「第一次憲政擁護運動と朝鮮の官制改革論」『日本植民地研究』第三号、一九九〇年、参照。

(2) 同右、八二頁。
(3) 同右、五七―八三頁。
(4) 原圭一郎編『原敬日記』(福村出版、一九八一年)一九一八年一〇月一三日。
(5) 同右。
(6) 山県公爵伝記編纂会『素空山県公伝』一九二九年、七一四―七一五頁。
(7) 同右、七一三頁。
(8) 『原敬日記』一九一八年一一月二三日。
(9) 同右。
(10) 同右。
(11) 田中義一伝記刊行会編『田中義一伝記』下、一九六〇年、一六一頁。
(12) 吉田裕「第一次世界大戦と軍部」『歴史学研究』第四六〇号、一九七八年九月、参照。
(13) 三谷太一朗『日本政党政治の形成』東京大学出版会、一九六七年。
(14) 拙稿参照。
(15) 『原敬日記』一九一八年一二月一七日。
(16) 岡義武『山県有朋』岩波新書、一九五八年、一六四―一八四頁。
(17) 『原敬日記』一九一九年一月一五日。
(18) 同右。
(19) 同右。
(20) 朝鮮憲兵隊司令官発大臣宛通牒、一九一九年三月一日午後六時、『現代史資料、朝鮮一』第二五巻、一九六七年、八八頁。
(21) 同右、八八―九〇頁。

(22)『第四一回帝国議会議事録』一九一九年三月八日。
(23)『原敬日記』一九一九年三月六日。
(24) 服部之総「明治の指導者」二『服部之総全集』第一八巻，六二―七二頁。
(25) 姜徳相「三・一運動における『民族代表』と朝鮮人民」『思想』第五三七号、一九六九年、参照。
(26) 原内閣総理大臣発長谷川朝鮮総督宛訓令、一九一九年三月一一日。
(27) 唐沢たける「防穀令事件」『朝鮮史研究会論文集』第六集、一九六九年、参照。
(28) 朝鮮総督発大臣宛通牒、一九一九年三月一一日『現代史資料』第二五巻、一〇六頁。
(29) 金正明「解題」朝鮮憲兵隊司令官『朝鮮三・一独立騒擾事件』（一九六九年復刻）二―三頁。
(30) 朝鮮憲兵隊司令官発陸軍次官宛通牒、一九一九年四月五日『現代史資料』二五、一七〇頁。
(31) 一九一九年四月一日朝鮮軍司令官「希望事件要旨」前掲資料、三頁。
(32)『原敬日記』一九一九年三月二九日。
(33)『大阪朝日新聞』一九一九年四月一三日。
(34) 同右。
(35)『原敬日記』一九一九年四月二日。
(36)『原敬日記』一九一九年四月四日。
(37) 同右。
(38) 同右。
(39) 同右。
(40)『原敬日記』一九一九年四月八日。
(41) 前掲資料、二六〇頁。
(42)『東京日日新聞』一九一九年四月一〇日。

(43)『原敬日記』一九一九年四月二日。
(44)『原敬日記』一九一九年四月四日。
(45)『原敬日記』一九一九年四月九日。
(46)『東京日日新聞』一九一九年四月一〇日。
(47)富田晶子「三・一運動と日本帝国主義」『近代日本の統合と抵抗』三、日本評論社、一九八二年、一三二―一三七頁、参照。
(48)朝鮮総督発陸軍大臣宛通牒、一九一九年四月一四日、前掲資料、二〇一頁。
(49)上原勇作宛宇都宮太郎書簡、一九一九年五月二一日(『上原勇作関係文書』東大出版会、一九七六年)、一〇九頁。
(50)同右。
(51)朝鮮総督発陸軍大臣宛通牒、一九一九年四月一四日、前掲資料、二〇一頁。
(52)同右
(53)「上海臨時政府法律顧問アメリカ人トルボーの報告」(朴殷植著、姜徳相訳注『朝鮮独立運動の血史』二、一九七二年、二二四頁)。
(54)『東京日日新聞』一九一九年六月一三日。
(55)同右。
(56)朴殷植著、前掲書、二二四頁。
(57)『東京日日新聞』一九一九年六月一三日。
(58)出淵代理大使発内田外相宛、一九一九年六月二五日、「韓国ニ於ケル統監政治及同国併合後帝国ノ統治策ニ対スル論評関係雑纂」第単巻、MT1. 5. 3. 14、外務省外交史料館所蔵。
(59)出淵代理大使発内田外務大臣宛、一九一九年六月二六日、前掲資料。
(60)同右。

(61)　同右。
(62)　石井大使発内田外相宛、一九一九年六月一〇日、前掲資料。
(63)　同右。
(64)　同右。
(65)　出淵代理大使発内田外相宛、一九一九年七月一六日、前掲資料。
(66)　出淵発内田宛、一九一九年七月一七日、前掲資料。
(67)　『田中義一伝記』一五八頁。
(68)　「朝鮮総督府官制中改正ノ件」「枢密院会議筆記」綴、国立公文書館所蔵。
(69)　『原敬日記』一九一九年四月九日。
(70)　『大阪朝日新聞』一九一九年四月一三日。
(71)　『原敬日記』一九一九年五月二三日。
(72)　当時、陸軍部内では明石元二郎、本郷房太郎、大島健一、一戸兵衛、上原勇作らが浮かび上がっていたし、文官では牧野伸顕、後藤新平、とくにデモクラットの間に評判がよかった野田卯太郎などの人物があがっていた『大阪朝日新聞』一九一九年六月一二日。
(73)　山県宛田中義一書簡、一九一九年月日不明、『山県有朋文書』、国立国会図書館憲政資料室所蔵
(74)　『原敬日記』一九一九年五月二三日。
(75)　『原敬日記』一九一九年五月二七日。
(76)　『原敬日記』一九一九年六月一〇日。
(77)　『東京日日新聞』一九一九年六月一一日。朝鮮人の李址鎔、韓相龍、李完用らも文官総督制反対、武官総督制持続を日本政界へ陳情した（『大阪朝日新聞』一九一九年六月一三日）。
(78)　『原敬日記』一九一九年六月一〇日。

（79）同右。
（80）「朝鮮総督府官制中改正ノ件」「御下附案」綴。
内閣の改正案は下記のようである。
第二条　総督ハ親任トス内閣総理大臣ノ監督ヲ承ケ諸般ノ政務ヲ統理ス
第三条　総督ハ安寧秩序ノ保持ノ為必要アルトキハ朝鮮ニ於ケル陸海軍ノ司令官ニ兵力ノ使用ヲ請求スルコトヲ得
第三条ノ二　総督陸海軍武官ナルトキハ委任ノ範囲内ニ於テ陸海軍ヲ統率シ及朝鮮防備ノ事ヲ掌ル
第四条　総督ハ其ノ職権又ハ特別ノ委任ニ依リ総督府令ヲ発スルコトヲ得
第九条　総督府ニ総督官房及左ノ五局ヲ置ク
内務局
財務局
殖産局
法務局
学務局
第十条　総督官房ニ庶務部、土木部及鉄道部ヲ置ク
総督官房各局及各部ノ事務ノ分掌ハ総督之ヲ定ム
第十一条　総督府ニ左ノ職員ヲ置ク
局長　勅任
部長　勅任
参事官　奏任
秘書官　奏任
事務官　奏任

視学官奏任
編修官　奏任
技師　奏任
通訳官　奏任
属　判任
視学　判任
編修書記　判任
技手　判任
通訳生　判任

前項職員ノ定員　参事事務官及技師ノ内勅任ト為すコトヲ得ルモノノ員数ハ別ニ之ヲ定ム
第十二条中「長官」ヲ「局長」ニ、「各部」ヲ「各局」ニ、「部務」ヲ「局務」ニ改ム
第十三条中「局長」ヲ「部長」に、「局務」ヲ「部務」ニ改ム
第二十条ノ二中「内務部」ヲ「内務局」ニ改ム
第二十条ノ五中「農商工部」ヲ「殖産局」ニ改ム
第二十一条第一項ヲ左ノ如ク改ム
総督陸海軍武官ナルトキハ総督府ニ総督附武官二人及専属副官一人ヲ置ク

（81）「朝鮮総督府官制中改正ノ件外七件」「審査報告」綴、一九一九年八月四日。
（82）山県公爵伝記編纂会『素空山県公伝』一九二九年、三四六頁。
（83）委員会の構成は審査委員長　伊東巳代治顧問官、審査委員は末松謙澄、浜尾新、穂積陳重、安広伴一郎、一木喜徳郎、久保田譲、富井政章、井上勝之助の顧問官、そして二上兵治書記官長、清水、入江、村上書記官

(84)「朝鮮総督府官制中改正ノ件」「御下附案」綴。
(85)「朝鮮総督府管制中改正ノ件外七件」「審査報告」綴。
(86)同右。
(87)同右。
(88)『原敬日記』一九一九年七月三一日。
(89)前掲資料「審査報告」綴。
(90)同右。
(91)『原敬日記』一九一九年七月三一日。
(92)尚友倶楽部・西尾林太郎編『水野錬太郎回想録・関係文書』山川出版社、一九九九年、一二六頁。
(93)『原敬日記』一九一九年八月八日。
(94)『原敬日記』一九一九年八月一〇日。
(95)尚友倶楽部、前掲書、一二六頁。
(96)『東京朝日新聞』一九一九年八月一三日。
(97)同右。
(98)『原敬日記』一九一九年八月八日。
(99)『原敬日記』一九一九年八月一七日。
(100)「朝鮮総督府官制改正関係資料」『斎藤実文書』二（高麗君林、一九九〇年）。
(101)尚友倶楽部、前掲書、一二五頁。
(102)同右。
(103)前掲書、一二六―一二七頁。
(104)『原敬日記』一九一九年八月一七日。

(105) 同右。
(106) 『原敬日記』一九一九年八月一八日。
(107) 同右。
(108) 三浦梧楼、前掲書、四八七頁。
(109) 『原敬日記』一九一九年八月一七日。
(110) 社説「総督と現役大将」『東京朝日新聞』一九一九年八月一三日。
(111) 社説「総督新官制公布」『東京朝日新聞』一九一九年八月二一日。

第三章　排日運動と脱欧入亜への契機
——移民問題をめぐる日米関係——

簑原俊洋

はじめに

政治外交史のメソッドを基礎とする研究は、伝統的に「パワー（力）」と「インタレスト（国益）」を底流に置きながら国際関係を考察する。ところが、日本とアメリカの間に存在した、いわゆる「移民問題（immigration problem）」は、「パワー」のみならず「インタレスト」とも無縁である。すなわち、日本人移民が差別的な待遇を受けたからといって、日本の国家安全保障が脅かされるわけでもなく、国益が損なわれるわけでもないのである。

にもかかわらず、戦間期の日米関係において移民問題は重大な懸案事項として常在し、とりわけ一九二四年の排日移民法成立後は、両国関係に大きな禍根を残すことになった。この事実こそに、排日問題の本質が見え隠れする。つまり、実質的な利害関係を伴わない問題でも、国家を構成するのが「人」であり、また指導者・政策決定者も「人」であることを考慮すると、差別的に扱われることに対する感情的反発と、その反作用から生じる国際関係への影響は決して看過できないのである。

とりわけ、日本の場合は、近代化の出発点が不平等条約という差別的体験から始まっているだけに、不公平な待遇に対しては本能的に拒絶反応を示す体質ができあがっていたといえよう。「富国強兵」を当面の国家目標とした明治日本は、目を見張る勢いで近代化を成し遂げ、経済的・軍事的にも列強との格差を縮めることができた。そして、その実力のほどは、一九〇四―一九〇五年の日露戦争での勝利によってついに世界に示されたのである。それから一五年足らずで日本は五大国の一員となったものの、第一次大戦終了後のパリ講和会議にて、人種差別という大きな壁に打ち当たることになる。これが本章にて言及する人種平等案問題であるが、日本はこの時の原体験から白色人種の国家を中心とした世界秩序の中で生きていくことの難しさを改めて痛切に感じるようになった。

人種差別はその性質上、近代化によって解消されるわけでもなく、ましてや経済的・軍事的に強国となり、列強の一員として認められたからといって忽然となくなるものでもない。折しも、カリフォルニア州の排日運動によって代表されるアメリカからの差別的な扱いは、日本と日本人を大いに傷つけ、欧米中心の世界に対して幻滅させる淵源となった。このことが、従来の「脱亜入欧」の意識からアジアの盟主としての「脱欧入亜」の意識へと傾倒する契機をつくることになったのである。

負の遺産としての戦間期の日米関係は、一般に中国問題を中心に論じられることが多いが、移民問題もまた看過できない。換言すると、多面的・重層的である日米関係を正確に把握、理解するためには、人種差別という厄介な人間的感情が根底にあった移民問題の考察は欠かせない。それは、なぜか。逆説的ではあるが、もしアメリカが日本人移民に対して他の白人系移民と同様な態度で接していたなら、全く異なった日米関係が展開された可能性は十分にあったからである。少なくとも、日本のリベラリストや国際協調主義者らは、モラル・リーダーシップを喪失することとなく、国民に対してより説得力をもって軍国主義に対する警鐘を鳴らすことができたであろう。こうした事実は、移民問題の重要性を端的に示していよう。

以上が、本章の主関心である移民問題を考察する意義である。次いで、もう少し移民問題の性質について補足しておく必要があろう。ここで扱う「移民問題」とは、米国に居住する日本人移民の処遇をめぐる問題である。そのため、移民問題の核心には、日本人移民だけを特定して差別的な待遇をする排日運動(anti-Japanese movement)がある。そして、主にカリフォルニア州での排日土地法という形で表出する戦間期の排日運動は、地元自治体という最小の行政単位を発生源としながら、やがて州議会の問題へと発展し、そこで審議される段階となって日米間における外交問題として顕在化し、摩擦の原因となるのである。くわえて、次の三つの要因によって移民問題の解決はより複雑、かつ困難となるのである。

まず、第一に、移民問題が州レベルの問題であるため、日本政府は外交交渉などの手段をもって直接対処する術がない。その結果、連邦政府を介する形で日本政府は間接的にしか問題に対応できない。だが、ここに第二の問題が生じる。すなわち、「州権の尊重」という米国における一つの国内政治の伝統である。その州権は、特に当時の民主党にとっては、干犯してはならない重要な伝統であった。そのため、民主党下での連邦政府は、当然、州の問題には積極的に介入しようとはせず、カリフォルニア州の排日立法はさしたる抵抗を受けることなく成立に至った。そして、第三は、排日運動の根源にある人種差別の存在である。当時の優生学的な一般常識として、黄色人種が白色人種よりも劣等であることは科学的事実であるとされていた。そのため、まず国民レベルでこうした認識・理解に変化が起こらないかぎり、移民問題の解決は困難であった。

以上を踏まえ、本章の主題は、ウィルソン(Woodrow Wilson)政権期を中心に、戦前の日本とアメリカの関係において大きな摩擦となり、サンフランシスコ体制が発足する一九五二年まで最終的に解消されることのなかった日米移民問題に、正確な歴史認識と歴史的意義を示すことにある。そこで、本章は、まずカリフォルニア州を中心とするミクロな地方レベルでの排日運動に焦点を当てながら、一九一三年の第一次排日土地法、そして一九二〇年の第二次排日土地法の成立に至る過程を検証する。次に、排日運動がエスカレートしていくなかで、日米両政府が移民問題をどのように把握し、また問題の処理・解決にいかに尽力したかについて考察する。最後に、排日運動が排日移民法の成立という頂点へと向かう過程において、移民問題が日米関係に与えた影響を検討しつつ、戦間期の日米関係における位置づけを行う。このように、本章の出発点はミクロであるが、日米関係がそのライトモチーフであるがゆえに、その視点は必然的にマクロなものとなる。

一　第一次世界大戦前夜の移民問題

カリフォルニア州議会と排日法案

日米移民問題を検証する際、一つの重要な局面となるのが、第一次大戦の直前に成立した一九一三年の外国人土地法（以下、第一次排日土地法）である。第一次排日土地法が成立した理由には、次の三つの要因があった。

第一は、一九一二年の大統領選挙でウィルソン（Woodrow Wilson）が共和党のタフト（William H. Taft）を破り、一六年振りに民主党が政権に返り咲いたことである。ウィルソン新大統領は、カリフォルニア州での選挙キャンペーン中、共和党の党是とは一線を画し、州権の尊重、および日本人移民の排斥を公約として掲げた[1]。第二は、当時のカリフォルニア州の政治を牛耳っていたのが、ジョンソン（Hiram Johnson）知事を中心とする革新派系（Progressives）の共和党勢力であったということである。これにより、かつて存在した連邦政府と州政府間の協調体制は成立し得なくなった。そして、第三は、一九一二年の大統領選挙において、ジョンソンは第三党である革新派のブル・ムース党（Bull Moose Party）の副大統領候補（大統領候補は、ローズヴェルト（Theodore Roosevelt））として出馬したため、知事と現大統領が政敵関係となったことである。このため、カリフォルニア州に対するウィルソンの影響力は限定され、連邦政府の意向を無視しようとする州政府の傾向がさらに強まった。くわえて、同州における日本人移民の数が顕著に増えたことによって、州議会は何らかの行動を余儀なくされつつあったという背景もあった。

こうした状況から、一九一三年の州議会にて多数の排日法案が提出されることになった。(2) むろん、その動機として、州権を尊重する民主党の大統領が政権に就いたことで、民主党の州議員たちがここぞとばかりに排日法案を提出したという理由もあった。これらの排日法案は、日本人移民による企業所有を禁止するものや、日本人移民を隔離するものなど、多岐に及んだ。そして、その一つが、日本人移民の土地所有を制限する排日土地法案であった。

法案が提出されると、州議会は休会し、排日法案をめぐる審議の再開は、後期議会が開会した三月六日からとなった。同日ワシントンでは、牧野伸顕新外相の訓令に基づき、珍田捨巳駐米大使はウィルソン大統領と面会を行った。(3) その中で珍田は、排日法案が可決されれば、日米関係へ与える影響は「重大ナルヘキヲ思ヒ深ク憂慮ナキ能ハス」と伝え、「新行政部モ従来ノ行政部ト同ジク両国ノ親交ニ顧ミ適当ノ手段ヲ尽シテ排日法案ノ防止ニ努力セラレンコトヲ切望スル」と述べて、排日法案の成立を阻止するために大統領の協力を要望した。(4) これに対して、ウィルソンは、「当国々体上中央政府ハ各州ノ憲法上ノ権利ニ干渉スルコトヲ得サルモ米国政府ニ於テハ及フ限リノ勢力ヲ用テ本使ノ期待スル目的ノ為メニ斡旋スル」と返答し、連邦政府による干渉には限界はあるものの、日本政府の意向を最大限に尊重することを約束した。(5) さらに、三月一三日の珍田大使とブライアン新国務長官との会見の中でも、同様の米政府の見解が繰り返された[6]。

ウィルソン大統領の対応

日本政府の懸念を踏まえ、ウィルソンは、「『カリフォルニア』州方面ニ於ケル『デモクラット』党ノ有力者ニ対シ内密ニ右法案防止ニ尽力方依頼」することにした[7]。共和党政権時の先例のように、大統領自らが直接知事に協力を求めるという従来の方法を回避した理由は二つあった。

第一に、民主党は伝統的に州権論の尊重を標榜しており[8]、一九一二年の大統領選挙では民主党候補のウィルソンを中心に、共和党政権による過去のカリフォルニア州への介入を激しく非難したという経緯があった。くわえて、民主党は「排日」を重要な選挙戦のイシューとして掲げ、排日運動を支持する立場を取っていた。ウィルソン自身も、排日運動を擁護する発言を度々行っていたし、彼が州権論の強い信者であることも周知の事実であった。

第二に、ウィルソンは、カリフォルニア州における移民問題の歴史については無知であり、その重要性すら認識していなかった。前大統領のタフト（William H. Taft）は、一月の時点でカリフォルニア州議会にて排日土地法案が提出されたことを知りつつも、政敵のウィルソンにその事実を敢えて伝えようとはしなかった。そのため、ウィルソンは、珍田大使との会見によって移民問題が日米関係をも巻き込む重大なマターであることという事実に初めて気づかされたのである。

当初は排日運動のよき理解者であったウィルソンも、この問題が厄介な性質のものであることをようやく悟ると、従来の強硬な姿勢を崩して日本政府の要望にも耳を傾けることが肝要であると考えるようになった。とはいえ、ウィルソンはジョンソン知事に直接的に協力を求めるのは得策ではないと判断し、より間接的な手段をもって問題解決を企図した。そこで、大統領は旧知の仲で民主党のカリフォルニア州上院議員であったキャミネティー（Anthony Caminetti）にまず協力を求めることにし、排日土地法案の再検討を知事に働きかけるように要請した。[9] こうした間接的なアプローチに対して、ウィルソンよりも政治家として経験がはるかに豊かであったブライアン国務長官は強く反対した。彼からすれば、「ローズヴェルト派系共和党（Roosevelt Republican）」の中核にいるような知事が、現民主党政権の要望を容易く受け入れるとは到底思えず、またジョンソンの性格から考えても、ウィルソンが頭を下げて直接的に協力を依頼する方が幾分かは効果的であるように思われた。[10] しかし、ウィルソンはこうした国務長官の進言を退け、キャミネティー州上院議員に協力を要請することにしたのである。

この事態に困ったのは、キャミネティーであった。彼は、かねてから排日運動の中心にいる政治家であり、一九一二年の選挙でも、排日法案を革新派系共和党に対する政治的武器として利用したという背景があった。そのため、従来の立場の転換を事実上意味する大統領からの依頼は、彼を大いに悩ませた。[11] しかし、最終的にキャミネティーは協力の見返に、連邦政府の職を大統領から与えられることを条件としながらも偽善者となる道を選んだ。

こうしたウィルソンの対応を見た日本政府は、取り敢えず「中央政府ノ干渉」を静観することにした。しかし、ブライアンの懸念は的中し、ウィルソンの対議会工作は、逆効果にしかならなかった。キャミネティーからの依頼を受けると、知事は、大統領がかつての言動と矛盾する行動が表沙汰とならないよう、間接的な手段をもって州への干渉を試みていると憤ったのである。そこで、三月一七日にジョンソンは、友人のラウエル（Chester H. Rcwell）知事補佐役に、キャミネティーからの書簡の内容を見せ、今後ウィルソンに対して「大いに満足できる興味深い事態（排日土地法案の成立―引用者注）」を招くように努力するとの決心を示した。[12]

キャミネティーの件でジョンソンが憤慨しているとも知らず、四月七日にウィルソンは、再度間接的な方法をもって州政府に協力を求めることにした[13]。カリフォルニア州選出のケント（William Kent）民主党連邦下院議員を介してジョンソンに「排日土地法案は、日本人移民の差別にあたらぬように制定されるべし」と伝えたのである。そして、追電にて「国の最高権威からの要望であり、従って前の電報は機密扱いにせよ」とケント議員経由でジョンソンに釘を打ったのである[14]。その内容をケント議員から知らされた知事は激怒し、早速ケント議員への返答として、「ウィルソンが私に何か伝えたいのであれば、前政権のように私に直接伝えるようにせよ」と書き送った[15]。

次いで、ジョンソンは「機密」に指定された電報をラウエルにも見せ、「臆病者ウィルソンが偽善的な行動を取っていることを公の場で認めさせてやる」と意気込んだ[16]。このように、連邦政府と州政府の間はおろか、個人レベルにおいても協力関係は崩壊したのである。他方、こうした事実を未だ的確に認識していなかったウィルソンは、相変わらず自分の「偽善的な行動」を認めようとはせず、ケント議員の後は次にブライアン国務長官を介して知事に対する間接的なアプローチに固執し続けた[17]。

第一次排日土地法の成立と日米危機

しかし、ついにウィルソンは従来の解決方法の再検討を余儀なくされることになった。その最大の契機となったのが、四月一七日の東京の国技館での抗議集会であった。群衆は、カリフォルニア州での排日法案の提出は「国家の名誉に関わる」と日本政府に軍艦外交を強く要求し、「日本艦隊をアメリカ西海岸に直ちに回航させよ」と騒ぎ立てたのである[18]。ウィルソンは、事件の詳報をベイリー＝ブランカード（A. Bailly–Blanchard）駐日代理大使から知らされると、排日運動が当初考えていたよりもはるかに由々しき事態を招きかねない問題であることを初めて痛感したのである[19]。

なお、この抗議集会の様相をハースト系の『ロサンゼルス・エギザミナー』（*Los Angeles Examiner*）』を初め、『ニューヨーク・タイムズ（*New York Times*）』までもが大々的に紹介したため[20]、米軍当局の関係者も動かされ、万一の日米開戦に備えて「対日戦争の可能性（Possibility of War with Japan）」と題した作戦計画の作成に直ちに取りかかったのである[21]。

状況がここまで深刻となっては、事態を収拾するために大統領自らが知事と連絡を取り、もはや直接的に協力を求めるしかないということは明らかであった。この事実を渋々認めたウィルソンは、ようやく重い腰を上げ、従来の態度を転換させて四月二二日に初めてジョンソン自身に働きかけたのである。彼への電信の中で、ウィルソンは「現在カリフォルニア州議会で審議中の排日土地法案は、日本人だけを差別せぬように改められるべきである」と要望し、さらに「排日土地法案は、日本との通商航海条約に抵触しているため、知事の拒否権発動を期待している」と協力を求めた[22]。そして、同日、ウィルソンは「排日土地法案の成立は支持できない」との声明をカリフォルニア州の上下両院に送り、この問題に対して自分の考えが変容したことを初めて公の場で認めたのである。

大統領の立場の豹変に衝撃を受けたのは、当然民主党州議員であった。連邦政府は排日法案の成立を黙認しているのだと確信していた彼らは窮地に陥り、大いに悩ましい状況に直面することになった[23]。なぜなら、彼らの多くが一方で排日土地法案を今議会中に成立させることを公約として掲げていたものの、他方、連邦政府への協力を拒むと確実に連邦政府職への任命が絶たれることになるからである。このように、現実的な利害問題が絡む状況に直面したわけであるが、悩んだ挙げ句、ほとんどの議員が飴を期待してウィルソンに協力する道を選ぶことにした。

これを追い風に、ウィルソンは次の一手として四月二四日にブライアンをカリフォルニア州に急派させた[24]。むろん、州権を尊重するウィルソンにとって、あからさまに州議会に介入する意図があったのではなく、国務長官を派遣した本当の目的は、日本の対米感情の悪化を緩和させることを狙った政治的な宥和政策にしかすぎなかった[25]。

そのブライアンは、二八日にサクラメント市に到着したが、その頃、州議会では民主党議員を中心としてウィルソンが懸念していた点を法案に反映させるための審議を行っていた。その結果、ウェブ（Ulysses S. Webb）州検事総長とヘニー（Francis J. Heney）州上院議員は、一九一一年の日米通商航海条約に抵触せず、かつ日本人を直接的に差別する字句を含まない新しい修正案を州議会に提出した。(26) この法案が、後の第一次排日土地法の前身となる「ヘニー・ウェブ法案（Heney–Webb Bill）」である。

同法案には、通商航海条約に抵触しないよう、「帰化資格のない外国人は、アメリカとの間に締結されている条約の規定に沿ってのみ土地の所有を認める」とする新たな条項が設けられ、さらに日本人移民を特定の人種として差別する表現は全て削除され、「帰化資格を有するは、市民同様に土地所有の権利を与えるものとする」と条文のニュアンスも微妙に変更された。(27)

五月二日に、このヘニー・ウェブ法案は再度修正され、「帰化資格を有する外国人は、あらゆる土地の所有権を持ち、帰化資格のない外国人は米国との条約に従い、居住、および商業目的に関する土地の所有権を持つが、農業目的の土地は三年以内の借地権に限って許与する」という表現に改められた。(28) これにより、法律的な見地から日米通商航海条約との齟齬は全て解消された。そして、上述した個人的な理由から、同法案の成立に躍起となっていた知事は、州憲法を停止してまで議会を延長して修正ヘニー・ウェブ法案の採択を強硬に迫り、その結果、同法案は四日間という異例の早さで両院によって可決された。(29)

大統領に対するこの政治的勝利に大いに満足したジョンソンは、五月一九日に、修正ヘニー・ウェブ法案に署名し、同法は第一次排日土地法として同年の八月一〇日より施行されることになった。(30) こうしてカリフォルニア州政府との調整は不本意な形で結着したが、次にウィルソンを待ち構えていたのは日本との関係の調整であった。

二　第一次排日土地法成立後の日米関係

日本の抗議と米軍当局の反応

五月九日に、ブライアン国務長官は「平和時の外交が許す限りの痛烈な語句を列ねた[31]」日本政府の第一回公式抗議書の草稿を珍田大使から見せてもらった[32]。同抗議書には、第一次排日土地法を「本質上不当且差別的ニシテ正義公道ノ大本ニ悖反スルノミナラス現行日米通商航海条約ノ規定ニ抵触シ且両国条約関係ノ基礎タル修好親善ノ精神及本義ト背馳スルモノ」であるとする日本政府の見解が記されていた[33]。ブライアンは、その結論はともかくとして、「徒ラニ加州人民ノ激昂ヲ招ク」恐れがあり、かつ「中央政府ニ対シテモ憲法上ノ不可能ヲ強ヒムトスル」語句が用いられているという観点から、珍田大使に抗議書の修正を要請した[34]。珍田大使は、その要望を聞き入れ、翌一〇日に修正された抗議書を日本政府による第一回公式抗議書として国務長官に手交した[35]。

ブライアンから修正抗議書を渡されたウィルソン大統領は、修正された語句には納得しつつも、抗議書の内容が余りにも強硬であったため、急いで一三日に閣僚会議を開き、その内容を閣僚たちに示しながら、今後の日本政府への対応策を討議した。その結果、抗議書の内容は不必要に痛烈であるが、日本人移民にも他の外国人と同様の権利を保障したいとする日本政府の切実な思いの反映だという穏健な解釈で会議はまとまり、米政府としてはこの問題をこれ以上拡大させないという方針が確認された[36]。

こうした見解に納得できなかったのが、軍当局である。海軍作戦部長（Aid for Operations）のフィスク（Bradley A. Fiske）は、「日本との戦争は、もはや回避不可能」と勝手に判断し、直ちに開戦に備えることをダニエルズ（Josephus Daniels）

海軍長官に進言した[37]。フィスクを憂慮させたのは、現時点で戦争が勃発すれば、日本軍は素早く行動し、フィリピン、グアム、そしてハワイを容易に占領できるという米軍の想定であった。この最悪の事態を回避するためにも、これら地域へ軍事物資を補給するのは一刻を争う重大事項であり、防衛的な措置として米本土からの艦隊の移動も焦眉の任務であった[38]。

その結果、五月一五日に、フィスク海軍作戦部長とウッド（Leonard Wood）陸軍参謀総長を中心とした陸海軍統合委員会〔以下、統合委員会と略記〕は、「揚子江水域に停泊中の軍艦三隻を、コレヒドール海軍基地の防衛、およびマニラ湾口に機雷を敷設するため、フィリピンに急派」する許可を政府に求めた[39]。しかし、ウィルソン大統領は、日米危機を回避するため、一切の軍艦の移動を禁じる決定を下し、統合委員会の要請を却下したのである[40]。

その理由は、ウィルソンが統合委員会の見解に誤りがあると考えたからではなく、むしろ、そうなったとしても、日本はその状況を長くは維持できないと判断したからである。つまり、戦争開始時において戦況は日本にとって確かに有利に進むかもしれないが、それは一時的でしかなく、長期戦になるにつれ、状況は必ずアメリカにとって好転すると考えたのである。くわえて、より現実的な問題として、極東における現在の米軍の貧弱な兵力と旧式の軍艦ではフィリピンの防衛はそもそも不可能であり、ならば軍艦の移動はむしろ有害無益な挑発行為でしかなかった。こうした情勢判断から、ウィルソンは統合委員会の要請を退けたのである。

しかし、この決定を不服とした統合委員会は、「軍艦の移動は国家安全保障の観点から必要不可欠である」という決議を一方的に採択し、その内容を各新聞社に漏洩したのである[41]。この越権行為を知ったウィルソンは激怒し、統合委員会の活動を爾後全て停止する厳しい措置を取った[42]。しかし、それでもウィルソンの怒りは治まらず、再びこうした事態が起きれば、統合委員会そのものを廃止するとまで言い放ったのである[43]。

次いで大統領は、報道によって誘致されかねない混乱を未然に防止するため、統合委員会の見解を打ち消す声明を行い、米国民に対して平静を呼びかけた。くわえて、ウィルソンは、対日戦の準備というのは全く根拠のないデマである旨をブライアンから珍田大使へと伝えさせ、さらに着任したばかりのガスリー（George W. Guthrie）駐日大使にも、日本政府に同様のメッセージを送るように厳命した。(44) こうしたウィルソンの行動によって、アメリカを一時席巻した日米開戦説は、わずか一〇日足らずで立ち消えることになった。

珍田・ブライアン会談と第一次大戦中の排日運動

その後、第一次排日土地法の成立をめぐる日米両政府間の調整が試みられ、七月末に排日的立法措置を無効とする新条約締結を模索するため、珍田大使とブライアン国務長官との間で秘密交渉が開始された。(45) しかし、一九一四年四月一六日に第二次大隈内閣が誕生し、外相となった加藤高明による新方針の下、交渉は日本政府によって打ち切られた。加藤外相がその交渉に否定的であった最大の理由は、それが第一次排日土地法の成立を容認した上で行われていたという点にあった。

他方の米政府においても、第一次大戦が八月に勃発したことによって、この問題に対する関心も急速に失われていった。こうした中、珍田大使は、問題の風化を回避させるためにも大戦中の一九一五年一月二三日に州政府による今後の排日土地法の立法を禁止する新条約の締結をブライアンに提案した。(46) しかし、そのわずか五日前に日本政府によって提示された対華二一カ条要求に憤慨したウィルソンは、「中国に対する日本の真意を明白にする力が先である」とし、その提案を峻拒したのである。(47) こうした経緯から、第一次排日土地法の成立をめぐる移民問題は、最終的な解決を見ないまま有耶無耶にされることになった。これは、日米両政府の努力によって円満に解決できた第一次大戦以前の移民問題とは対照的であり、第一次排日土地法を契機として、移民問題は戦前の日米関係において重大な懸案事項として残ることになった。その結果、第一次大戦が終結すると、移民問題はより激しい勢いをもって復活することになる。

しかし、第一次大戦が勃発した直後は、第一次排日土地法が成立して間もなかったということもあり、カリフォルニア州における排日運動は小康状態にあった。また、一九一五年二月二〇日にサンフランシスコにて開幕したパナマ運河開通記念万国博覧会（Panama-Pacific International Exposition）での日本の展示が大きな関心を呼び、それが博覧会を成功へと導いたこともカリフォルニア州の排日感情を緩和させることに貢献した。(48)

とはいえ、それも束の間であった。中国に対する日本の帝国主義的外交政策の実態が明らかになると、無垢で哀れな中国に同情を寄せていたアメリカ人の対日イメージは失墜した。他方、カリフォルニア州では、第一次排日土地法の施行後も日本人移民の農地所有に歯止めは掛からず、わずか五年で実に一・五倍に増えたという事情もあった。(49)こうして、一時下火となっていたカリフォルニア州の排日運動は再燃することになったのである。

脱法手段を巧みに用いて農地を次々と入手していく日本人移民に対して危機感を抱いた白人農業労働者は、再度地元の政治家を動かし、ついに一九一五年五月にシャーテル法案（Shartel Bill）が州議会に提出された。(50)この法案の狙いは、第一次排日土地法の法的欠陥を全て修正し、日本人移民が同法を骨抜きにできないようにすることにあった。

しかし、この時、同州の知事はまだジョンソンであり、彼は政治的恩師であるローズヴェルト元大統領に対して第一次排日土地法の成立直後に「政治目的のために排日問題を二度と利用しない」と誓っていた。(51)そして、そのローズヴェルト自身からも、「ヨーロッパでの大戦が終結するまで、我々の最大の目標は日本との間で深刻な問題となりうる事態を極力避けて通ることにある」(52)と注意を喚起する書簡が届いていたこともあり、ジョンソンは、現行の排日土

地法を修正する必要はないという立場を取ってシャーテル法案を審議する特別州議会の開会を拒否した。(53)

わずか二年前と全く正反対の知事の行動によって、法案は審議の場を失い、自然消滅を余儀なくされた。こうしたジョンソンによる強引な手段に対して一部の州議員から強硬な反発が予想されたが、五月七日にルシタニア号がドイツの潜水艦によって撃沈される事件が起きたことにより、アメリカの参戦がより現実味を帯びるようになったため、この問題がさらに拡大することはなかった。(54)

三　第一次世界大戦終結後の移民問題

パリ講和会議と人種差別撤廃案

欧州での第一次世界大戦勃発後、長らく中立の立場を堅持し続けていたアメリカであったが、一九一七年四月六日に、ドイツに対する宣戦布告についに踏み切った。これに伴い、日本とアメリカは同盟国となって共通の敵と戦うことになり、これをもって全米における反日感情も次第に薄れ、その反射として日米友好の雰囲気が蔓延するようになった。

ウィルソン大統領も、東アジアに軍事力を割くことができなくなった現実を踏まえ、日本を宥めて東アジアのステータス・クオを維持し、くわえて、日本の対中国進出を抑制するためにも、日本との間で何らかの合意に達する必要性を感知するようになった。一一月二日の日米共同宣言によって締結された石井・ランシング協定は、こうした状況を背景にしながら誕生したのである。これはドイツ打倒という当面の目標を優先するために、アメリカが中国問題に関して行った日本に対する最大限の譲歩であった。(55)

全米各地と同様に、この間カリフォルニア州においても、排日運動は目立って緩和された。そうした状況から、州民感情の変化を敏感に捉えた排日支持派の州議員は、この時期における排日法案の審議は賢明ではないと考え、日本人移民に対する差別的な法案の提出を控えたのである。こうしたことから、一九一九年まで、同州の議会において排日法案が登場することは一度もなかった。

他方、未曾有の犠牲を出した第一次世界大戦が終結し、日本とアメリカが「ドイツ」という共通の敵を失った途端、日米関係も必然的に再調整を余儀なくされた。一九一九年一月一八日から開催されたパリ講和会議で、日本は三つの要求を提示した。第一は、山東におけるドイツ利権の獲得、第二は、赤道以北のドイツ領南洋群島の割譲、そして、第三は、国際連盟規約に人種差別撤廃の条項を明記することであった。他方、その他の直接利害関係のない問題に対しては、関与を控えるようにと厳命する訓令が本省から日本全権に送られ、その自国の利益のみを優先する態度は、他の列強から「サイレント・パートナー」として揶揄される原因となった(56)。こうした日本政府の自分勝手な行動は、アメリカの新聞と世論によって大いに批判される結果を招いた。

日本が提示したこれら三つの要求に対して、理想主義を礎とする「新外交」を目指していたウィルソン大統領は猛烈に反発し、講和会議の開始劈頭から日米は対立することになった。そして、その延長線として、カリフォルニア州における日本人移民のイメージもまた失墜することになったのである。

日本政府は、第一の要求であった山東問題を最優先することにし、旧ドイツ領南洋群島問題と人種差別撤廃条項問題の二つの要求については、アメリカとの妥協に応じる方針を確認した(57)。そのため、日本全権は、山東問題に関しては一歩も譲らないという強硬な構えを取り、万一日本の要求が通らないことがあれば国際連盟規約の調印を拒否する旨をウィルソンに通告したのである(58)。あからさまな脅迫であるこうした日本の姿勢に、アメリカ政府は妥協に応じることにし、日本の第一の要求は認められることになった。

第二の要求は、マーシャル・マリアナ・キャロラインの赤道以北の旧ドイツ領南洋群島を国際連盟下の「C級」日本委任統治領にするという形で最終的に合意に至り、それを助走に、最後の要求である人種差別撤廃条項の問題も容易に解決されることが期待された。追い風となったのは、山東問題をめぐって日本と火花を散らした中国政府が、この要求に関しては日本政府を強く支持していたことであった。

しかし、この要求がもし通るようなことがあれば、カリフォルニア州における現行の排日土地法も矯正を余儀なくされるため、日本の要求は州権を不当に犯すものだとしてカリフォルニア州民の猛反発を引き起こすことになった。さらに、連邦上院では、ロッジ（Henry Cabot Lodge）上院議員を筆頭に、「ある人種を排斥するか否かは『国内問題』(domestic question) である」[59]とした上で、「国内問題への介入は認められない」と日本全権による人種差別撤廃要求を痛烈に非難し、多くのアメリカ市民もこの見解に同調した。

その後の人種差別撤廃条項要求の行方であるが、最初は日本を支持していたイギリスがヒューズ（William M. Hughes）オーストラリア首相の強硬な反対に直面した途端、英連邦の結束を優先し、それまでの態度を翻して日本を見放すことにしたのである。しかしながら、参加国の投票の結果、賛成一一・反対五の賛成多数によって、日本の第三の要求は、実現されるかのように見えた。この期待を握りつぶしたのが、講和会議の議会委員長であったウィルソンであった。

彼は、本件のような重要案件に関しては、全会一致が鉄則であると主張し、その結果、日本の人種差別撤廃条項の連盟規約への挿入は認められないと宣言したのである。その結果、日本全権は最終的にこの要求を断念せざるを得なかった。こうしたウィルソンの行動の背景には、カリフォルニア州民の反発への配慮と人種問題差別撤廃条項の要求が認められれば、連邦議会がそれをまず批准しないであろうという現実的な計算があった。

さらに、講和会議閉会直後の一九一九年五月に、シベリア撤兵問題が新たな日米間の対立要因として浮上した。このように、戦後新体制の形成期において、かつての友好関係は消え失せ、その代わりに日米対立の構図がより鮮明化することになった。日本とアメリカが相互の信頼関係を失い、それぞれを仮想敵国として見なすようになった結果、ウィルソンが描いた世界新秩序構想も脆くも崩れさったのである。

排日気運の高揚と州内政治

こうして日米関係が冷却化していくなか、排日気運を政治的に利用することを兼ねてから目論んでいた三人のカリフォルニア州の政治家たちによって、排日運動は再燃することになった。彼らの名は、元サンフランシスコ市長にして、現カリフォルニア州選出の民主党連邦上院議員フィーラン（James D. Phelan）、共和党の州上院議員インマン（J. M. Inman）、そして、共和党の州会計官チェインバーズ（John S. Chambers）である。

フィーランにとって一九一九年は、連邦上院議員としての任期が終わる年であった。そして、念願の再選を果たすため、どうしても一九二〇年の州選挙で勝利する必要があった。カリフォルニア州における民主党の影響力は、この時、すでにその陰りを見せ始めており、フィーランはこの趨勢を逆転させるためにも、集票効果が大いに望める排日問題を選挙戦の中心的イシューとして利用することにしたのである。

他方、インマン州上院議員とチェインバーズ州会計官にも、それぞれ現職の任期切れが迫っていた。そこで、一九二〇年の州選挙において、インマンは連邦下院議員の席を狙い、また、チェインバーズは知事になることを目指していた。[60]こうした政治的野心を果たすために、フィーランと同様、彼らも日本人移民の排斥を州民に訴えることが最も効果的な方法であることに気付いていた[61]。このため、一九二〇年の州選挙では、排日問題は超党派的な政治イシューへと変容したのである。

インマン法案と排日諸勢力

フィーランは、一九一九年一月のカリフォルニア州議会開会での演説[62]を皮切りに、あらゆる機会において排日の必要性を州民に大々的に訴え、「カリフォルニアを白く保とう（Keep California White !）」という過去の地元民主党員のスローガンを用いた選挙運動を展開した[63]。他方のインマンも負けじ魂をもって、自らの選挙活動において積極的に排日カードを利用した。そして、その一環として、インマンはチェインバーズと組んで一九一九年九月二九日にカリフォルニア州排日協会（Anti–Japanese Association of California）〔以下、排日協会と略記〕を結成した[64]。同日、インマンは、排日協会の会長として就任し、次の三点を直ちに実行することを誓った[65]。

①　最モ酷烈ナル排日〔土地―引用者注〕法案ノ起草
②　Initiative Petition ニ依リ州民ヨリ該法制定ヲ発議セシムコト
③　一千九百二十年ノ投票用紙々面ニ其ノ法案ヲ記入スベキ場所ヲ得ルコト

早速インマンは、上述の①を実行し、第二次排日土地法の前身であるインマン法案（Inman Bill）を自ら起草した。そして、法案を審議し得る十分な期間を確保するため、臨時州議会が閉会した直後に、インマンは第二次臨時州議会の開会を要求する決議案を議会に提出した[66]。この決議案が、州の上下両院を難なく通過したため、インマン法案の可決もただ時間の問題であるかのように思われた(67)。しかし、ここに至って思わぬ障害物が立ちはだかった。ジョンソン前知事の後任のスティーヴンズ（William D. Stephens）知事による強硬な反対である(68)。

むろん、知事は何も日本人移民の排斥に反対して第二次臨時州議会の開会を拒んだわけではない。スティーヴンズ知事の行動の背景には、次の四つの理由があった。

まず、第一に、知事は、インマンとフィーラン双方の政治的野心に加担するようなことは避けたかった(69)。仮に、第二次臨時州議会が開会されれば、インマン法案はほぼ間違いなく成立するであろうし、その場合、排日を訴えていた両者がその最大の政治的恩恵を得ることは間違いなかった。第二に、知事の考えでは、州内における日本人移民の土地所有に関する実態調査報告書が完成した後で現行の排日土地法に対する修正案を審議するのが最も相応しかった。第三に、日本人移民に関する問題は、国際問題にまで発展する可能性が十分にあり、そのことからも知事はまず連邦政府の意向を確認するのが先決であると考えた。そして、最も重要なのが、最後の事由であった。すなわち、欧州においてパリ講和会議が開催されている時に、もしカリフォルニア州議会がインマン法案を可決するようなことがあれば日米関係にも類が及び、講和会議自体を決裂させてしまう事態を招きかねないことであった。実際、スティーヴンズ知事は、ランシング（Robert Lansing）新国務長官より、「この時期に議会において排日法案を審議する行為だけでも、その結果は〔日本との交渉において—引用者注〕大惨事となりかねない」とする電報を一九一九年四月の時点で受理していたのである(70)。

結局、この連邦政府の意向を尊重したスティーヴンズ知事の行動によって、第二次臨時州議会は開会に至らず、インマン法案もついに審議の場を与えられないまま自然消滅したのであった。しかし、これで排日土地法を修正するための道が全て絶たれたわけではない。インマンは目標を達成するための第二の手段、すなわち、州民による直接投票によって排日土地法の修正案を成立させることを余儀なくされただけであった(71)。もっとも、この方法で法案が可決された場合は、知事すらそれを覆すことができないという制度上の利点もあった。こうして、排日運動の行方は、州民によって決定されることになったのである。

その州民を背後で動かす勢力として存在したのが、排日圧力団体であった。これらの圧力団体は、日本の帝国主義的外交政策に触発されて、日本と日本人移民を脅威として見なすようになり、排日運動の原動力となったのである。そして、その中でも代表的な団体が、カリフォルニア愛州者の集まりであった「輝かしき西部の息子たち（Native Sons of the Golden West）」、および、女性会員で組織された「輝かしき西部の娘たち（Native Daughters of the Golden West）」、退役軍人で構成されていた「アメリカ在郷軍人会（American Legion）」、労働者を母体として結成された「カリフォルニア州労働連合（California State Federation of Labor）」、そして、白人農業労働者によって組織されていた「カリフォルニア州農業連合（California State Grange）」などであった(72)。

これら四つの圧力団体の間には、「排日」という共通の目的が存在し、その利益を追求するために密接な協力関係が生れた。その協力体制の一環として結成されたのが、「カリフォルニア州排日連合会（Japanese Exclusion League of California）」（後に、「カリフォルニア共同移民委員会（California Joint Immigration Committee）」に改称）であった(73)。

そして、州内のほとんどの排日派政治家は、上述したいずれかの圧力団体に所属していたため、これらの圧力団体は必然的に大きな政治的影響力を持つようになった。こうしたことから、排日圧力団体は日本人移民の排斥を全国レベルの問題として拡大させる過程において重要な役割を果たすことになるのである(74)。

第二次排日土地法の成立

直接投票に付せられることになった一九二〇年排日土地法修正案は、一九一九年の州議会に提出が試みられたインマン法案に基づき、インマン州上院議員と『サクラメント・ビー（*Sacramento Bee*）』編集長ミクラッチー（Valentine S. McClatchy）が共同で起草したものであった。しかし、スティーヴンズ知事が、臨時州議会の開会を拒否したため、排日土地法を成立させる方策はもはや州民による直接投票しか残されていなかった。この実現には、州憲法の規定によって、五万五〇〇〇人ほどの署名を集める必要があった。このように、法案を直接投票に付すことは大変な作業であったが、他方、直接投票によって法案が成立した場合は、州議会による修正も許されず、くわえて、前述したように知事も拒否権を発動することはできないという特点もあった。[75]

そして、必要な署名数が集まった時点で、スティーヴンズ知事はカリフォルニア州憲法に従い、排日土地法修正案（後に、提案第一号（Proposition No.1）と改称）を直接投票に付すことを承認したのである。

なお、提案第一号は、全一四条から成り立っていたが、その主な内容は、次のとおりである。[76]

① 日本人移民が、農地購入資金を提供し、その土地を別個人の名義によって所有した場合、それは土地法を回避するための行動と見なされ、その農地は州が没収する（第九条ａ）。

② 今後、日本人移民による農地借地権を全て停止する（第八条）。

③ 日本人移民が五一％以上の所有権（vested interest）を持つ会社による農地の所有、および、貸借を禁止する（第三条）。

④ 日本人移民が、アメリカ国籍の子供の後見人となることを禁止し、また農地をそのような子供の名義で所有することを禁止する（第四条）。[77]

これらの規定によって、第一次排日土地法は格段に強化されることになり、日本人移民の生活はさらに厳しさを強いられることになった。[78]

提案第一号が、一九二〇年の選挙に付されることが告示されると、それまで署名運動を展開してきた排日団体は、その成立を確実なものとするための猛烈なキャンペーンを州全体に展開し、「ジャップからカリフォル.ニア州を救え、提案第一号には、『イエス』と投票しよう（Save California from the Japs, Vote "yes" for Proposition No.1）」というスローガンのもと、州民に支持を訴えた。

その効果は、カリフォルニア州における一〇〇余りの日刊紙と週刊誌の中で、提案第一号に反対する記事を掲載したのは、わずか五紙しかなかったことからも窺えよう。[79] その結果、一一月二日に提案第一号は、約三対一の多数をもって可決された。そして、一一月四日に、州副知事が投票結果の有効性を認め、これをもって第二次排日土地法は、一二月九日より施行されることになった。[80]

しかし、この立法行為とともに、カリフォルニア州議会は排日問題に対して、州として憲法上与えられている全ての権限を使い果たした。そのため、排日運動を推進する諸勢力は、最終勝利となる日本人移民の「完全な排斥」を達成するために、最終幕となる連邦議会へと舞台を移すことになる。[81]

四　移民問題解決への模索

日米両政府の対応

日本政府は、一九一九年一〇月の時点から排日土地法修正案を州民による直接投票に付そうとする動きを警戒していた。そして、翌年三月の時点で、運動の勢いが増しつつあると判断した内田康哉外務大臣は、事態がこれ以上深刻化するのを回避するため、三月一三日にモーリス（Roland S. Morris）駐日大使を外務省に呼び、カリフォルニア州での動きを放置すれば、両国間に深刻な問題が生じることになると警告した。[82]なお、米国政府が、カリフォルニア州での事態について初めて気づいたのは、内田外相との会見の内容をまとめたモーリス駐日大使の報告が届いてからであった。

ところで、このモーリスの報告書の中に、移民問題に対する興味深い記述がある。[83]

「移民問題は、日米関係における摩擦の根底に常在する問題である。そして、この問題に対する日本人の憤懣の感情は、誠であり、同時に深くもある。しかしながら、日本政府が、領土的要求や経済的問題などといった、より実質的な利害が絡む問題に危機的な状況が生じたときに、移民問題を必ず持ち出すのは、単なる偶然ではない。ゆえに、この度の内田外務大臣の抗議は、米国政府が現在行っている中国との借款交渉を妨害するためのものであるように思われる。そのため、私の方から、カリフォルニア州における問題について持ちかけないことにする。」

このモーリス大使による報告書の重要性は、移民問題と中国問題を結びつけ、相互に影響し合う問題であると捉えたことである。これに影響されてか、マクマレー（John V. A. MacMurray）極東部長も、この翌年に「通称、カリフォルニア州日本人移民問題（The So-Called California Japanese Problem）」と題する報告書を作成し、日本政府は、中国における利権を米国から守るためのカードとして移民問題を利用するのが常套手段であると指摘した。そして、このカードを奪うためにも、移民問題の早期解決は必要であり、これは米国の国益と合致すると結論づけたのである。[84]

日本政府が実際にこうした意識をもって移民問題を利用したかについては疑わしい。少なくとも、内田外相から幣原喜重郎駐米大使や各領事に送られた訓令には、そのような意図を仄めかす記述は一切存在しない。それどころか、日本人移民のためにも移民問題を解決したいという切実な気持ちと、事態をただ黙認しようとする米国政府に対する苛立ちの思いが、その文章の中から伝わるのである。このように、日米両政府の間で移民問題に対する問題意識に大きなずれがあったことは疑う余地はなく、この事実がまた移民問題の解決をより複雑にしたのである。

内田外相は、三月一七日に大田為吉在サンフランシスコ総領事から送られて来た報告によって、一般投票に付される法案の全容をようやく理解するや、「事態極メテ重大ナリ」と判断し、米国政府に抗議するよう、一〇日に幣原喜重郎駐米大使に以下の内容の訓令を送った。(85)

「今日ノ策トシテハ米国政府ノ手ニヨリ何等カ応急救済ノ道ヲ求ムルノ外ナシト認メラル就テハ〔中略〕至急国務長官ニ面会シ該立法運動ノ目的及其熾烈ナル経過ヲ説明シ今日ニ於テ右運動ヲ防止スルニ非ザレバ両国々交上実ニ恐ルヘキ事態ヲ惹起スルノ危険極メテ大ナル所以ヲ述ベ先方ヲシテ帝国政府ガ深甚ノ憂慮ヲ以テ本件ヲ重視セル次第ヲ徹底的ニ了解セシメ之カ対策ニ関シ米国政府ニ於テ最善ノ尽力ヲ与ヘラレン事ヲ懇嘱シ〔中略〕何分ノ義申進スヘシ」

一方、国務省では、二月一三日にランシング前国務長官がウィルソンによって突然更迭されたことによって混乱状態に陥っており、排日運動に注意を向ける余裕はどこにもなかった。この混乱に拍車を掛けたのが、連邦議会の行動であった。ウィルソンとの予てからの対立によって、連邦議会は大統領による次期国務長官候補の指名をなかなか承認しようとしなかったのである。(86)これにより、合衆国では国務長官不在という異例の事態が生じ、外交に関する国務が一時、完全に停止した。この状況は、連邦議会が二三日に新国務長官としてコルビー（Bainbridge Colby）をようやく承認するまで続くことになる。

同日、幣原大使は、ロング（Breckinridge Long）国務次官[87]と会見し、カリフォルニア州における事態を「放任スルニ於テハ日米ノ関係上極メテ不快且危険ナル情勢ヲ誘致」しかねないことを伝え、「日本政府ハ本件運動ニ関シ深甚ナル憂慮ヲ抱キ米国政府ノ切実ナル注意ヲ」喚起したいと、同問題に対する日本政府の覚書を提出した[88]。なお、コルビー新国務長官との面会が実現するのは、四月三日まで待たねばならなかった[89]。

当時、国務省における排日問題担当官（兼、極東問題担当官）を任せられていたのが、ロング国務次官であり、彼は長らく排日運動を追い続けていた、言わば国務省内の日米移民問題の専門家であった。ロングは四月上旬に、カリフォルニア州へ赴き、現地の状況を視察したりするなど、排日問題を解決する糸口を摑むために奔走していた。しかし、個人的な理由からロングはこのわずか二カ月後に突如辞任し、事情に最も精通していた専門官を失ったことで、排日運動阻止に奮闘する国務省の働きは再び後退を余儀なくされた[90]。

そのロングの後任として任命されたのが、先述したモーリス大使であった。モーリス大使は、ワシントンへの帰朝を命じられ、その帰路にカリフォルニア州に立ち寄って排日運動の現況を自ら確認した。そして、現場視察を終えたモーリスは、事態が当初考えていたよりもはるかに深刻であると認識するようになり、早速七月二二日の幣原大使との会見の中で、排日問題の解決策として第一次排日土地法の合法性を裁判で争うこと、および、日本政府による自主的移民規制の一九〇八年日米紳士協約の内容を再検討し、その強化を目的とした交渉を行うことの二点を提案した[91]。

この後者が、幣原・モーリス会談の出発点であり、排日問題の最終的な解決を模索するための最後の日米交渉となったのである。

幣原・モーリス会談の開始

幣原の回想録である『外交五十年』では、幣原・モーリス会談は、幣原自身によって提起されたものであるとされている。[92] しかし、記憶に頼った書物に細かい事項に関する誤りが存在することは致し方ない。幣原・モーリス会談に対する言及もその一つで、会談の提案者は、上述したように実はモーリス大使であった。

モーリスが提案した非公式協議への参加を容認する内田外相からの電報が幣原大使の手許に届いたのは九月六日であったが、その中で内田外相は、次の二点をとりわけ強調した。[93] 第一に、非公式協議の結果は、両政府を拘束しないものの、協議者はなるべくその実現を見るよう、自国政府に対して最善の努力を試みること、[94] そして、第二に、協議の目的は、現在、および将来の排日立法を撤廃防止する方法を案出し、また米国への新たな日本人移民の流入を防ぐために、日米紳士協約の修正方法を講じること、[95] である。

他方、内田外相は、日米紳士協約の改定案を条約の形式とすることには難色を示し、新たな移民の規制はあくまでも日本政府の自発的措置であることに固執した。つまり、内田外相にとって、「国家ノ面目ト国民ノ自尊心」を保つことが何よりも重要であった。[96]

なお、内田外相は、一九一三年の珍田・ブライアン会談の先例を意識したのか、協議の成果には最初からさして期待を寄せていなかった。しかし、米国政府が積極的にこうした提議を行う以上は、「虚心坦懐協和的精神」をもって応じることは「日米国交ノ大局上」必要不可欠であると考えたのである。[97] つまり、内田外相の狙いは、協議を実施することによって将来における解決の糸口を残し、さらには、日本が終始米国の事態に同情的態度をもって移民問題の合理的解決を切望していることを示すことにあった。そのため、内田外相は、移民問題をめぐって「日米間ニ不愉快ナル事態ヲ招致シ将来両国々交上重大ナル禍根」を残すことを何よりも危惧したのである。[98]

幣原大使は、九月一一日にコルビー国務長官と会見し、モーリス大使との会談を承諾する内田外相からの訓令を手交した[99]。これにより、幣原・モーリス会談は、ようやく実現することになった。この時点では、内田外相と幣原大使との間に改定された後の日米紳士協約を条約の形式にするか否かで意見の不一致があり、――あくまでも紳士協約が自主的措置であり続けることに拘泥する内田外相に対し、幣原大使は、より譲歩的で柔軟な態度が肝要であるとした――協議における日本政府の方針はまだ固まっていなかった。

最終的に、幣原大使と内田外相は、協議の主要な目的が将来米国における排日運動を阻止し、かつ現行法の第一次排日土地法、および第二次排日土地法案に規定されている一切の差別的待遇を撤廃することであると合意ながらも、その交換条件である紳士協約の改定に関しては、意見の齟齬が調整されないまま協議が開始された。

幣原大使は、会談の性質が非公式であるのみならず、その合意内容が日米双方を拘束するものではないという理由から、いちいち内田外相からの訓令を待って行動する必要はないと理解していた。そして、このような形で会談に臨む以上、両当事者が譲歩しつつ、相互に合意できる解決策を編み出すのが最も重要であり、そのため敢えて柔軟な姿勢で協議に参加することに意義があると考えたのである。このことから、会談での日本側の主導権は、内田外相ではなく、もっぱら幣原大使が握ることになる。

幣原とモーリスの両大使は、本会談の開始に先立って、九月一五日にまず予備会談をもった。その中で、モーリス大使は、一一月に行われる次期大統領選挙の結果を問わず、非公式協議によって移民問題の有効な解決法を見出す必要性を説き、同時に、それによって導き出された成果を最終的に採用するか否かは、次の政権の判断に委ねるほかないことも指摘した[100]。後述するが、この年の大統領選挙で民主党が大敗北を喫し、モーリス大使の政治的影響力が及ばない共和党政権が誕生したことによって、こうした大使の懸念は的中することになる。

この予備会談を経て、幣原・モーリス会談は開始し、一九二一年一月二四日の最終会議まで、両者は実に二三回にもおよぶ会議をもった。[101]この間、第二次排日土地法は可決され、モーリス大使と幣原大使は、排日問題の深刻さを一層痛感するとともに、排日運動の根本的な解決策を模索することに全勢力を注ぐことにした。

幣原大使は、日本人移民に帰化権を与えることが最も完全な解決策であると主張したが、他方のモーリス大使は、そのような権限は、連邦議会にのみ属するとして、その意見に首肯しようとはしなかった。むろん、モーリス大使は、日本人移民に帰化権を与えることが排日問題を解決する最も完全かつ有効な手段であることを十分に認識していたが、それが現実性に乏しいという理由から、実現見込みのある解決策のみを追求したかったのである。[102]

だが、最終的に両者は歩み寄り、現行の一九一一年日米通商航海条約に附属条項を設け、農地の所有に関しても最恵国待遇を適用することで最終的に合意した。[103]これと引き替えに、日米紳士協定も一段と強化されることになり、日本政府は、労働者階級の親族、妻、そして子女にも旅券を発行しないことを協定に新たに盛り込むことを約束した。

ここに至って、最後に残されたハードルは、いかにして両政府にこの条約案を承認させるかにあった。当初、会談の成果になんら期待していなかった内田外相であったが、幣原とモーリスによる条約案が完成すると、それを「合理的且実際的」な解決策であると高く評価し、その早期批准に積極的となった。[104]そのため、内田外相は、現ウィルソン政権の交代がすでに決まっていたにもかかわらず、米国政府がもし退陣前にこの条約を締結する意志を有しているのであれば日本政府もそれに応える用意があると幣原大使に訓令し、その意欲を示した。[105]

しかしながら、日本とは対照的に、米国政府の態度は消極的であった。コルビー国務長官は、二月に入っても未だウィルソン大統領に幣原・モーリス会談に関する最終報告を行っていなかった。その最大の原因は、民主党内におけるウィルソンの影響力の喪失があった。このわずか数週間前に、陸軍常備兵数縮小法案への大統領の拒否権を上院が覆すという事態が起きていた。もはや、民主党の議員さえも掌握できないウィルソンが、この段階で新条約を連邦議会に承認させるのは不可能であった。

モーリス大使もこうした国内の政治情勢に鑑み、現政権の退陣を目前に行動するのは「双方ノ為メ有害無益」であると考え、幣原・モーリス条約案をレーム・ダック化した連邦議会に示すことには極めて消極的であった。[106]そのため、幣原・モーリス会談の成果が結実する期待は、新政権に持ち越されることになった。

ハーディング新政権と移民問題の顚末

一九二一年三月四日に、共和党のハーディング（Warren G. Harding）新政権が発足した。そのハーディング大統領は、国際関係には全く関心を示さず、戦後不況下での農作物の価格の暴落と失業率の増加という国内問題の解決にもっぱら身を投じ、外交はヒューズ（Charles Evans Hughes）国務長官の独壇場となった。

折しも、内田外相が、幣原・モーリス条約案を米国政府に検討してもらうようにと幣原大使に訓電したのは、政権交代の混乱がようやく治まりつつあった六月一五日のことである。その中で、内田外相は、「此時機ニ於テ本件ヲ解決シ将来ノ禍根ヲ一掃シ置ク事両国ノ為メ望マシキ」と述べ、米国政府による早急な対応を切望した。[107]しかしながら、当時、幣原大使はヤップ島問題の処理で忙殺され、内田外相の要請に直ちに応えられるような状況にはなかった。

他方のヒューズ国務長官は、日米関係を改善するためには、条約改正などによって移民問題のみを解決するのではなく、ワシントン会議というより大きな枠組みの中で日米間に存在する様々な懸案事項を包括的、かつ一気に解決する方がより合理的であると考えた。くわえて、ヒューズは、幣原・モーリス会談を実施したこと自体が、移民問題で傷ついた日米関係を好転させる役割を十分に果たし、何も連邦議会と一戦を画してまで新条約の承認を得るのは賢明

ではないと判断した。(108)

そのヒューズが、海軍軍備制限と太平洋・極東問題を討議するためのワシントン会議の開催を日本政府に七月一一日に非公式に打診し、それから一カ月後に全参加予定国に正式な招待がなされた。それ以降、ヒューズは会議開催の準備に忙殺されることになり、移民問題に専念する余裕などなかった。そうしたことから、幣原大使とヒューズ国務長官の最初の会見が実現するのは九月一五日まで待たねばならなかった。

この会見の中で、ヒューズは幣原・モーリス会談の議事録を精読した結果、「本問題ハ来ル会議〔ワシントン会議―引用者注〕ノ終了ヲ待チテ交渉ニ着手スルコト双方ノ為メニ得策ナラズヤト思考ス」と述べるに止まったのである。(109)こうした消極的な態度を知らされた内田外相は、失望の念を隠しきれず、彼にしては珍しく感情の籠もった電報を幣原大使に打電している。(110)

「貴官〔幣原大使―引用者注〕ト『モリス』間ニ非公式協議ヲ遂ケ大体ノ成案得タルニ拘ラズ米国現政府ガ就任後已ニ半歳以上ヲ経過セル今日何等解決ノ端緒ヲモ示サザルハ一方帝国政府ガ輓近日米関係ノ諸案件ニ対シ交譲ノ精神ヲ以テ着々解決ニ努力セル事情ト対応シ帝国政府ニ於テハ寧ロ遺憾ノ意ヲ禁スル能ハス〔中略〕国務長官ノ意見ノ如ク華盛頓会議終了後徐々ニ交渉開始ノ時期ヲ考量スヘシトノ緩慢不確実ナル処置ニハ到底同意シ難キ〔中略〕帝国政府ハ幣原『モリス』案ヲ基礎トシテ交渉ヲ開始スル事ニ米国政府ノ同意セラレムコトヲ希望スルニ付米国政府ガ右同意ノ保証ヲ此際確実ニ与ヘラルルニ於テハ之ガ開始ノ時機ハ会議直後ニ譲ル」

このように、内田外相は幣原・モーリス会談での合意を踏まえた移民問題の解決を強く望んだのであるが、状況がそれを許さなかった。そして、一一月一二日にワシントン会議が開催されたことによって、日米両政府の関心も必然的にそちらへと移り、幣原とモーリスの努力は水泡に帰すことになる。

しかし、移民問題の根本的な解決に至らなかったという理由だけをもって、幣原・モーリス会談が全く無意味であったと理解するのは正しくない。なぜならば、第一次排日土地法の成立は日米危機を誘起したものの、第二次排日土地法の成立時には幣原・モーリス会談が行われていたことによって、両国の世論は平穏を保ち、日米関係も動揺するようなことはなかった(111)。こうしたことが、ワシントン会議が成功する土壌を築いたのである。

他方、ヒューズは、ワシントン体制という新たな日米協調の枠組みにおいて移民問題は最終的に解決されると信じたが、それは誤謬でしかなかった。確かに、ワシントン体制発足直後に排日運動は沈静化へと向かったが、それは一時的な現象であり、その後の歴史が示すとおり、移民問題の劇的なクライマックスは排日移民法成立という形をもってこのわずか二年後に訪れることになる。その結果、国務長官の辞任という個人的な災難に止まらず、ヒューズが何よりも大切にしたワシントン体制までもが損傷するという、大きな代償を払うことになったのである。

おわりに

排日移民法の成立は、二〇年以上にも及ぶ排日運動の総決算であり、第二次排日土地法が成立すると、移民問題が州レベルから連邦レベルへと次段階にエスカレートするのは自明の理であった(112)。こうしたことから、カリフォルニア州の排日運動の延長線上に一九二四年の排日運動の成立があったと結論づけることができよう。他方、州政府ならまだしも、連邦政府は常に国際関係に配慮・意識する必要があった。それゆえ、排日移民法の成立自体は、決して必然的であったとはいえないのである。ならば、排日移民法が最終的に成立した理由は何であったのか。

複合的な諸要因の中でまず重要なのが、共和党を中心とする当時の国内政治情勢である。一九二四年は大統領選挙の年であったが、その肝心な時期に、当時の共和党政権はティーポット・ドーム油田疑獄をめぐって大きく揺らいでいた。くわえて、共和党自体も保守派と革新派の間の確執が絶えず、分裂の危機に直面していた。こうした困難な状況を無事に乗り切って選挙に勝利するためには、排日を唱える西部諸州議員の協力も欠かせなくなった。そうした結果、政治的なダメージが最も少ない排日問題で譲歩することによって共和党の結束が図られ、排日移民法は日米関係が犠牲となる形で最終的に成立したのである。

公明正大な立場からデモクラシーを世界に説くアメリカのこうした理不尽な行動は、日本人のアメリカ人に対するイメージを大きく失墜させることになった。当時の多くの日本人にとって、ウィルソン主義のエピトミーとなるアメリカの「自由主義的民主主義的国際主義」[113]が、自らの利益のみを追求する上でのレトリックにしか映らず、米国の偽善的な態度に対する反発がアメリカの説得力とモラル・リーダーシップを喪失させることになった。くわえて、近代日本の多くの親米派知識人が、その信念の基礎を米国の理想主義に対する共感に全面的に置いていたからこそ、彼らの失望はとりわけ大きなものとなり、その反動からアメリカに対する嫌悪感はより一層増すことになったのである。

つまり、アメリカの唱える自由主義が白人のみの自由を謳っているのであり、また、同国が高々と掲げる理想主義もアジア民族の理想を代弁しているわけではないと理解されるようになった時、かつての親米主義者は観念論的な反米へと立場を転換させ、こうした反動的な感情が「憎きアメリカ」という内面的な敵愾心を長期に持続させる結果をもたらすことにもなった。

このように、排日運動とそのクライマックスであった排日移民法の衝撃は、エリートに限らず、当時一般の日本人の「対抗的な人種的敵対意識を刺激し、やがて太平洋戦争を導く日米関係の展開の情緒的脈絡を形成」[114]することになり、この時のアメリカに対する反発が、その後もずっと反米感情の底流をなすことになった(115)。そして、この鬱積した反米感情は癒されることなく、一九三〇年代においてその一部が日本外交の舵を取るようになると、日米関係も徐々に蝕まれるようになった。その結果、こうしたアメリカからの拒絶は、日本を従来の「脱亜入欧」の意識からアジアの盟主としての「脱欧入亜」の意識へと傾倒させる契機をつくったのである。

ならば、排日運動をめぐる移民問題は、満州をめぐる中国問題と並んで戦間期の日米関係において重要な問題であり、両国の関係をきちんと理解する上で、一見国益となんら関係ないように映る移民問題であっても、その考察は必要不可欠となる。

本章では、こうした問題意識に立脚しながらカリフォルニア州の排日運動を検証したが、日米関係が最終的に破綻する道程において、移民問題は決して座視できるものではないことを結論としたい。

（1）　ウィルソン大統領は、選挙運動中に「白色人種にとけ込めない人種を我が国に入れては、同質体系の社会を築くことはできない」と述べ、さらに「日本人苦力移民を排斥する国策を支持する」とまで発言している。カリフォルニア州の民主党議員が、ウィルソン大統領の勝利に沸き返った理由は、ここにもある。詳細は、Robert E. Hennings, "James D. Phelan and the Woodrow Wilson Anti-Oriental Statement of May 3, 1912," *California Historical Society Quarterly* 42 (1963), pp. 291–300を参照。

（2）　一九一三年一月二一日（公第二六号）、在桑港大山総領事代理より桂兼任外務大臣宛（二月一二日接受）、外務省編纂『日本外交文書―大正二年・第三冊』（大正期第三冊、一九六五年）、三―七頁。〔以下、『日本外交文書・大正二年』と略記。〕なお、カリフォルニア州議会は発足した一八五〇年から一九六五年まで、隔年に開催されており、その間の年は、予算のみが審議された。

（3）　一九一三年三月六日（電報・第二五号）、牧野外務大臣より在米国珍田大使宛、『日本外交文書・大正二年』、一五頁。

（4）　一九一三年三月六日（電報・第二九号）、在米国珍田大使より牧野外務大臣宛、『日本外交文書・大正二年』、一五―一六頁。

（5）　同右、一六頁。

（6）　一九一三年三月一三日（電報・第三一号・附記）、在米国珍田大使より牧野外務大臣宛、『日本外交文書・大正二年』、一六頁。

（7）　一九一三年三月一六日（電報・第三二号）、在米国珍田大使より牧野外務大臣宛、『日本外交文書・大正二年』、二五頁。

（8）　Roger Daniels, "William Jennings Bryan and the Japanese," *Southern California Quarterly* 48(1966), pp. 231–232; Thomas A. Bailey, "California, Japan, and the Alien Land Legislation of 1913," *Pacific Historical Review* 1(1932), p. 39.

（9）　Roger Daniels, *Politics of Prejudice: The Anti-Japanese Movement in California and the Struggle for Exclusion* (UC Press: Berkeley and Los Angeles, 1962), p. 59.

（10）　Letter, William J. Bryan to Woodrow Wilson, March 24, 1913. In Arthur S. Link ed., *The Papers of Woodrow Wilson*, 1913, vol. 27 (Princeton UP: New Jersey, 1978), p. 220. [Hereafter cited as *Wilson Papers* with page number.]

（11）　Letter, Anthony Caminetti to William J. Bryan, April 8, 1913. In Papers of William Jennings Bryan, Manuscript Division, Library of Congress, Washington D.C. [Hereafter cited as Bryan Papers, LC.]

（12）　Letter, Hiram W. Johnson to Chester H. Rowell, March 17, 1913. Quoted from Daniels, *Politics of Prejudice*, p. 59.

（13）　See also letter, William Kent to William J. Bryan, April 7, 1913. In *Wilson Papers*, pp. 265–266.

（14）　Telegram, William Kent to Hiram W. Johnson, April 7, 1913. Quoted from Daniels, *Politics of Prejudice*, p. 60. See also *Wilson Papers*, p. 276, n. 1.

（15）　Telegram, Hiram W. Johnson to William Kent, April 8, 1913. In Papers of Hiram W. Johnson Papers, Bancroft Library,

University of California at Berkeley. [Hereafter cited as Johnson Papers, UCB.]

(16) Letter, Hiram W. Johnson to Chester H. Rowell, April 9, 1913. Ibid.

(17) Telegram, William J. Bryan to Hiram W. Johnson, April 10, 1913; idem., April 12, 1913; idem., April 18, 1913. Ibid.

(18) Arthur S. Link, *Wilson: The New Freedom* (Princeton UP, 1956), p. 293; Herbert P. Le Pore, "Prelude to Prejudice: Hiram Johnson, Woodrow Wilson, and the California Alien Land Controversy of 1913," in Charles McClain ed., *Japanese Immigrants and American Law: The Alien Land Laws and Other Issues* (Garland Publishing: New York, 1994), p. 271. See also *Japan Weekly Chronicle* and *Japan Times*, April 18, 1913.

なお、新聞報道によると、「会場は興奮した空気に包まれ、蜂の巣をつついたような騒ぎになった」という。『東京朝日新聞』、および『東京日日新聞』、四月一八日付。なお、二万人もの群衆が集まったことになっているが、実際は数千人程度であった。

(19) Paolo E. Coletta, "'The Most Thankless Task': Bryan and the California Alien Land Legislation," *Pacific Historical Review* 36 (1967), p. 166.

(20) *Los Angeles Examiner* and *New York Times*, April 18, 1913.

(21) E. David Cronon ed., *The Cabinet Diaries of Josephus Daniels, 1913–1921* (University of Nebraska Press: Lincoln, 1963), pp. 54–58. [Hereafter cited as Daniels Diaries.]

(22) Telegram, Woodrow Wilson to Hiram W. Johnson, April 22, 1913. In Johnson Papers, UCB.

(23) Jun Furuya, "Gentlemen's Disagreement: The Controversy between the United States and Japan Over the Alien Land Law of 1913," (Unpublished Ph. D. dissertation: Princeton University, 1989), p. 162.

(24) Telegram, Woodrow Wilson to Hiram W. Johnson, April 23, 1913. In Johnson Papers, UCB.

(25) 飯野正子「米国における排日運動と一九二四年移民法制定過程」『津田塾大学紀要』第一〇号（一九七八年）、一一頁。

(26) 一九一三年四月二五日（電報・第一一六号）、在桑港沼野総領事代理より牧野外務大臣宛、『日本外交文書・大正二年』、一二六頁。

(27) 法文は、一九一三年五月二日（電報・第一五一号）、在桑港沼野総領事代理より牧野外務大臣宛、『日本外交文書・大正二年』、一四九―一五一頁を参照。

(28) 一九一三年五月二日（電報・第一五二号）、在桑港沼野総領事代理より牧野外務大臣宛、『日本外交文書・大正二年』、一五二頁。

なお、幣原喜重郎と石射猪太郎の両外交官は、後にそれぞれの回顧録の中で第一次排日土地法は、「五年間の借地権を認めるものであった」と述べているが、これは誤認である。幣原喜重郎『外交五十年』（中央公論社、一九八七年）、四〇頁。石射猪太郎『外交官の一生』（中央公論社、一九八六年）、五四頁。

(29) 一九一三年五月三日（電報・第一五五号）、在桑港沼野総領事代理より牧野外務大臣宛、『日本外交文書・大正二年』、一五三頁、および、一九一三年五月四日（電報・第一六〇号）、在桑港沼野総領事代理より牧野外務大臣宛『日本外交文書・大正二年』、一六四頁。

(30) 一九一三年五月一九日（電報・第一九〇号）、在桑港沼野総領事代理より牧野外務大臣宛、『日本外交文書・大正二年』、二一六頁。

(31) Link, *New Freedom*, p. 296. See also Ray S. Baker, *Woodrow Wilson: Life and Letters, 1913–1914*, vol. 4 (William Heinemann: London, 1932), p. 80.

(32) 一九一三年五月九日（電報・一三七号）、在米国珍田大使より牧野外務大臣宛、『日本外交文書・大正二年』、一九一―一九二頁。

(33) 『日本外交文書・経過概要』、四三九頁、および、一九一三年五月九日（電報・一三八号）、在米国珍田大使より牧野外務大臣宛、『日本外交文書・大正二年』、一九三―一九六頁。

(34) 一九一三年五月九日（電報・一三七号）、在米国珍田大使より牧野外務大臣宛、『日本外交文書・大正二年』、一九二頁。

(35)　一九一三年五月一〇日（電報・一四二号）、在米国珍田大使より牧野外務大臣宛、『日本外交文書・大正二年』、一九八頁。
その際、国務長官は修正抗議書の冒頭に記されていた、urgent and explicit protestという字句が、「最後通牒ノ異議ヲ暗示スルカ如キ曲解ヲ試ムル者ナキヲ保シ難シ」と再度指摘した。珍田大使は、「強テ字句ノ末ニ拘泥スルノ必要」はないと、指摘された箇所の字句をearnest protestに改めた。

(36)　*Daniels Diaries*, May 13, 1913, p. 54.

(37)　Ibid., May 15, 1913, p. 59.

(38)　William R. Braisted, *The U.S. Navy in the Pacific, 1909–1922* (University of Texas Press: Austin, 1971), pp. 127–128.

(39)　*Daniels Diaries*, May 15, 1913, p. 59.

(40)　David F. Houston, *Eight years with Wilson's Cabinet, 1913 to 1920*, vol. 1 (Doubleday, Page: Garden City, 1926), p. 65.

(41)　*New York Times*, May 16, 1913.

(42)　Josephus Daniels, *The Wilson Era : Years of Peace, 1910–1917* (University of North Carolina Press: Chapel Hill, 1944), p. 167.

(43)　*Daniels Diaries*, May 17, 1913, p. 68.

(44)　Coletta, "Most Thankless Task," pp. 176–177.

(45)　珍田・ブライアン会談の詳細は、簑原俊洋『カリフォルニア州の排日運動と日米関係――移民問題をめぐる日米摩擦、一九〇六―一九二〇年』（有斐閣、二〇〇六年）を参照。

(46)　Letter, William J. Bryan to Woodrow Wilson, January 23, 1915, 811. 52/299a. In United States Department of State, *Papers Relating to the Foreign Relations of the United States: The Lansing Papers, 1914–1920*, vol. 2 (GPO: Washington D.C., 1940), pp. 399–400. [Hereafter cited as *Lansing Papers*.]

(47)　Letter, Woodrow Wilson to William J. Bryan, January 27, 1915, 811. 52/300. In *Lansing Papers*, p. 300.

(48) 外務省編纂『日本外交文書―対米移民問題経過概要』(大正期第二四冊、一九七二年)、五九九頁。〔以下、『日本外交文書・経過概要』と略記。〕

(49) 南加日系人商業会議所編『南加州日本人七十年史』(南加日系人商業会議所、一九六〇年)、四九一頁。

(50) Jean Pajus, *The Real Japanese California* (James J. Gillick: Berkeley, 1937), p. 71 ; Franklin Hichborn, *Story of the Session of the California Leagislature of 1915* (Press of James H. Barry: San Francisco, 1916), p. 231－232.

(51) Letter, Hiram W. Johnson to Theodore Roosevelt, June 21, 1913. In Johnson Papers, UCB.

(52) Letter, Theodore Roosevelt to Hiram W. Johnson, November 16, 1914. Ibid.

(53) 一九一五年一月二九日(公・第四三号)、在桑港沼野総領事代理より加藤外務大臣宛(二月一八日接受)、外務省編纂『日本外交文書―大正四年・第一冊』(大正期第七冊、一九六六年)、八〇―八一頁。

(54) Daniels, *Politics of Prejudice*, p. 81.

(55) 猪木正道『軍国日本の興亡―日清戦争から日中戦争へ』(中央公論社、一九九五年)、一二〇―一二一頁。

(56) 『外務省の百年(上)』、七〇一―七〇二頁。

(57) 当然ながら、この日本政府の方針転換は、戦争での勝利に沸いていた国民世論の熾烈な批判を買うことになった。平野優「反米英思想の史的道程」『政治経済史学』第二九三号(一九九〇年)、二三頁も参照。

(58) 一九一九年四月二一日、内田外務大臣より日本全権宛訓令。猪木、『軍国日本の興亡』、一二五頁。

(59) Henry C. Lodge, *The Senate and the League of Nations* (Macmillan: New York, 1925), pp. 118－119.

(60) 一九一九年一一月一一日(機密公・第四六号)、在桑港太田総領事より内田外務大臣宛(一二月九日接受)、外務省編纂『日本外交文書―大正八年・第一冊』(大正期第一九冊、一九七〇年)、四九頁。〔以下、『日本外交文書・大正八年』と略記。〕

(61) 一九一九年一一月一〇日(公・第二二二号)、在ロスアンゼルス大山領事より内田外務大臣宛、(一二月九日接受)、『日本外交文書・大正八年』、四七頁。

（62）『日本外交文書・経過概要』、五九九頁。

（63）Daniels, *Politics of Prejudice*, p. 82. 皮肉にも、フィーランは黒人やメキシコ人が多く居住する南カリフォルニアにおいては、選挙権を持つ彼らの反発を恐れ、この選挙スローガンを「カリフォルニアをアメリカ人のものに保とう（Keep California American）」と微妙に変えた。Robert E. Hennings, *James D. Phelan and the Wilson Progressives of California* (Garland: New York, 1985), p. 194.

（64）一九一九年一〇月五日（電報・第一四九号）、在桑港太田総領事より内田外務大臣宛、『日本外交文書・大正八年』、六七―六八頁。

これに刺激され、多数の反日団体が同時期に誕生した。その中でも、特に大きな組織としては、「ロサンゼルス・アジア人排斥協会（Los Angeles Anti-Asiatic Association）」、「アジア人規制同盟（Asian Regulation League）」、「アメリカ化同盟（Americanization League）」、「一四郡合同協会（Fourteen Counties Association）」などがあった。飯野、「米国における排日運動」、一二一―一二三頁。

（65）一九一九年一〇月五日（電報・第一四九号）、在桑港太田総領事より内田外務大臣宛、『日本外交文書・大正八年』、六八頁。

（66）一九一九年一〇月二九日（電報・第一七三号）、在桑港太田総領事より内田外務大臣宛、『日本外交文書・大正八年』、七二―七三頁。

（67）一九一九年一一月二日（電報・第一七八号）、在桑港太田総領事より内田外務大臣宛、『日本外交文書・大正八年』、四三頁。

（68）スティーヴンズ知事は、インマンによる臨時州会の開会を請願するための知事との面会の要請に対しても、「インマンノ来訪ハ無用ナリ」として、これを頑なに拒否した。一九二〇年一月二二日（電報・第一九号）、在桑港太田総領事ヨリ内田外務大臣宛（一月二三日接受）、外務省編纂『日本外交文書―大正九年・第一冊（上）』（大正期第二三冊ノ一、一九七一年）、六―七頁。〔以下、『日本外交文書・大正九年』と略記。〕

（69）一九二〇年一月一五日（電報・第一四号）、在桑港太田総領事より内田外務大臣宛（一月一六日接受）・『日本外交文書・大正九年』、三頁。

（70）Telegram, Robert Lansing to Joseph A. Beek [Secretary of the Senate of California], April 8, 1919. In State Department File, Records Group 59, National Archives II, College Park, Maryland: 811. 5294/30. [Hereafter cited as RG59/NA with file number.]

（71）一九二〇年一月二九日（機密公・第四号）、在桑港太田総領事より内田外務大臣宛（三月九日接受）、『日本外交文書・大正九年』、七―八頁。

（72）一九一九年一一月一〇日（公・第二二二号）、在羅府大山領事より内田外務大臣宛（一二月九日接受）、『日本外交文書・大正八年』、四七頁。

（73）若槻泰雄『排日の歴史―アメリカにおける日本人移民』（中央公論社、一九七二年）、一五九頁。吉田義法「二国の狭間に立つ受難者―一八八〇年代から一九二〇年代までのカリフォルニアの日本人〔英字〕」『京都産業大学論集』第一四巻・第四号（一九八五年）、三〇六―三〇七頁。

（74）なお、これら四つの圧力団体の詳細については、簑原『カリフォルニア州の排日運動と日米関係』、一一二―一一三頁を参照。

（75）一九二〇年二月一九日（電報・第三三号）、在桑港太田総領事より内田外務大臣宛（二月二〇日接受）、『日本外交文書・大正九年』、一二三頁。

（76）なお、法案の全文は、外務省編纂『日本外交文書―対米移民問題経過概要附属書』（大正期第二六冊、一九七三年）、五四四―五五二頁に掲載。〔以下、『日本外交文書・経過概要附属書』と略記。〕

（77）一九二二年五月一日の「テツブミ・ヤノの不動産に関する裁判（*In Re Estate of Tetsubumi Yano*）」（188 Cal. 645）の判決においてカリフォルニア州最高裁は、「合衆国憲法第一四修正条項によって、たとえ親が排日土地法の抜け道として自分の子供の後見人となって農地を子の名義で所有したとしても、その子がアメリカ生まれである以上、その子はアメリカ市民であり、土地の所有権を剝奪することはできない」とする違憲判決を通告した。

(78) 実際、日本人移民による農地所有面積は、一九二〇―一九二五年までのわずか五年の間に四四%も減少した。Eliot G. Mears, *Resident Orientals on the American Pacific Coast* (University of Chicago Press, 1928), p. 255.

(79) Daniels, *Politics of Prejudice*, p. 156.

(80) 一九二三年の修正によって、第二次排日土地法に「収穫分配契約は、農地所有にあたる」という条文が新たに追加され、脱法手段がさらに狭まった。その他にも、第二次排日土地法に抵触して入手された農地は、没収手続きが裁判所によって認められた期日からではなく、農地を手に入れた日に遡って没収することが可能になった。45 Cal. Stats 1020, June 20, 1923. 詳細は、M. Carrot Browning, "Prejudice Goes to Court: The Japanese and the Supreme Court in the 1920's," *California History* 62 (1983), p. 113を参照。

(81) 詳細は、簑原俊洋『排日移民法と日米関係―「埴原書簡」とその「重大なる結果」』(岩波書店、二〇〇二年)を参照。

(82) Telegram, Roland S. Morris to Breckinridge Long, March 16, 1920. In RG59/NA: 811. 5294/30.

(83) Ibid.

(84) Memorandum, "The So-Called California Japanese Problem," John V. A. MacMurray to Charles Evans Hughes, April 27, 1921. In RG59/NA: 811. 5294/354.

(85) 一九二〇年三月二〇日(電報・第一三八号・至急)、内田外務大臣より在米国幣原大使宛、『日本外交文書・大正九年』、二九頁。

(86) John Spargo, "Bainbridge Colby," in Samuel Flagg Bemis ed., *The American Secretaries of State and their Diplomacy*, vol. 5 (Cooper Square Publishers: New York, 1963), p. 197.

(87) 前国務長官のブライアンと同様、ウィルソン大統領との確執からランシング国務長官は、一九二〇年二月一二日にその職を辞した。なお、ランシングが辞任した後、ウィルソンとの対立から連邦議会は次の国務長官をすぐに承認しなかった。その間、ポーク(Frank L. Polk)が臨時国務長官に就任したが、米国憲法上、これは三〇日間しか許可されず、よってその後国務長官が不在となり、国務が一時停止するという異例の状態が生じた。

(88) 一九二〇年三月二四日（電報・第一四八号)、在米国幣原大使より内田外務大臣宛（三月二七日接受)、『日本外交文書・大正九年』、三〇頁、および、一九二〇年三月二四日（電報・第一四九号)、在米国幣原大使より内田外務大臣宛、『日本外交文書・大正九年』、三一頁。

(89) Memorandum, "Memorandum of Conversation with the Japanese Ambassador," n.d.[April 3, 1920]. In RG59/NA: 811. 5294/41.

(90) ロングの辞職の理由は定かではないが、彼はローズヴェルト第三次政権発足時の一九四〇年一月に、次官補として再び国務省に戻ることになる。ロングは後に、戦後計画委員会（PWC）のメンバーとして、日本の全政的機構の解体と完全な地方分権を主張し、天皇制の存続を求めるグルー、ボートンらと全面的に対立する。

(91) "Memorandum by the Ambassador in Japan (Morris), temporarily in the United States," July 22, 1920: 811. 5294/94. In United States Department of State, *Papers Relating to the Foreign Relations of the United States, 1920*, vol. 3 (GPO, 1936), pp. 13–14.

(92) 幣原、『外交五十年』、四七頁。

(93) 一九二〇年九月六日付電報、内田外務大臣より在米国幣原大使宛、『日本外交文書・大正九年』、二一〇—二一三頁。

(94) 同右、二一一頁。

(95) 同右。

(96) 一九二〇年九月六日付電報、内田外務大臣より在米国幣原大使宛、『日本外交文書・大正九年』、二一一頁。

(97) 同右、二一二頁。

(98) 同右。

(99) United States Department of State, *Report of the Honorable Roland S. Morris on Japanese Immigration and Alleged Discriminatory Legislation Against Japanese Residents in the United States* (GPO, 1921) [Reprinted by Arno Press, 1978],

pp. 28－29. [Hereafter cited as *Morris Report*.] なお、これは、外交資料館所蔵「米国ニ於ケル排日問題一件」「幣原モリス協議（第一～三巻）」三・八・二・二七四・一一と同じ文書である。

(100) 一九二〇年九月一七日付電報、在桑港太田総領事より内田外務大臣宛、『日本外交文書・大正九年』、二二〇頁。

(101) 会談の詳細については、簑原俊洋「移民問題解決への二つの日米交渉―一九一三年珍田・ブライアン会談と一九二〇年幣原・モーリス会談」『神戸法学雑誌』第五〇巻・一号（二〇〇〇年）、三九―九二頁、Tosh Minohara, "The Road to Exclusion: The 1920 California Alien Land Law and U.S.-Japan Relations," *Kobe University Law Review* 30 (1996), 39－73; Kell F. Mitchell, Jr., "Diplomacy and Prejudice: The Morris–Shidehara Negotiations, 1920－1921," *Pacific Historical Review* 39 (1970), pp. 85－104 を参照。

(102) *Morris Report*, p. 16.

(103) Ibid., p. 62.

(104) 一九二一年一月二八日付電報、内田外務大臣より在米国幣原大使宛。外務省編纂『日本外交文書―大正一〇年・第一冊上巻』（外務省、一九七四年）、二二一頁。〔以下、『日本外交文書・大正一〇年』と略記。〕

(105) 一九二一年二月七日付電報、内田外務大臣より在米国幣原大使宛、『日本外交文書・大正一〇年』、二二九頁。

(106) 一九二一年二月一〇日付電報、在米国幣原大使より内田外務大臣宛、『日本外交文書・大正一〇年』、二三〇頁。

(107) 一九二一年六月一五日付電報、内田外務大臣より在米国幣原大使宛、『日本外交文書・大正一〇年』、二三三頁。

(108) Mitchell, "Diplomacy and Prejudice," p. 104.

(109) 一九二一年九月一九日付電報、在米国幣原大使より内田外務大臣宛、『日本外交文書・大正一〇年』、二三五頁。

(110) 一九二一年一〇月一八日付電報、内田外務大臣より在米国幣原大使宛、『日本外交文書・大正一〇年』、二三七―二三八頁。

(111) 日本の世論が余りにも平穏であったため、「今や米国の排日は全般の公論となりて、我一五万の移住民はその生活の根拠を奪はれんとす。併も我国朝野の公論が、之に対して甚だ冷淡なるは、吾人の怪訝に堪へざる所なり」と嘆く雑誌論調も存在したぐらいである。著者不詳「対米問題と国民の冷淡」『東方時論』一〇月号（一九二〇年）、一六頁。

（112）排日移民法の成立過程については、簑原『排日移民法と日米関係』が詳しい。

（113）高原秀介『ウィルソン外交と日本―理想と現実の間、一九一三―一九二一』（創文社、二〇〇六年）、三一―四頁。

（114）有賀貞「日米外交史における移民問題」『NIRA研究報告書―日米関係におけるエスニシティーの研究』、第九四〇〇五二号（一九九五年）、六頁。

（115）有賀貞「宿命論的対立観を排す」『外交フォーラム』第四三号（一九九三年）、三八頁。Akira Iriye, *Across the Pacific: An Inner History of American-East Asian Relations* (Harcourt, Brace and World: New York, 1967), p. 153.

第四章　国際連盟の対中技術協力とイギリス　一九二八―一九三五年
――ライヒマン衛生部長の活動と資金問題を中心に――

後藤春美

はじめに

国際連盟は平和の維持を第一の目的として設立された機関であったが、その他にも諸国の保健衛生の向上、知的協力の推進、アヘンその他の麻薬や人身売買の取締りなど多くの任務を負っていた。そして、これらの任務は、平和維持という政治面での活動に比し技術的で着手しやすいものと考えられ、実際連盟は積極的にその遂行に当たった。また、連盟の活動終了後、その経済・社会面での活動も国際連合に引き継がれた。

本章で取り扱う国際連盟の対中国技術協力問題とは、内戦の混乱状態から脱し国の再建を成し遂げようとする中国国民政府の努力に、連盟が協力していこうとするものであった。この問題は、一九二八年九月の国際連盟非常任理事国改選で中国が再選されなかったことに端を発する。現在、国際連合において、中国は五常任理事国の一つとして常に理事会に席を占めている。しかし、国際連盟時代の中国には非常任理事国の地位すら保障されていなかった。西村成雄によれば、中国にとって国際連盟は「周辺的存在であった現状からの脱却をめざす脱『周辺』外交の舞台であった」という。(1) 一方、日本は一九三三年に連盟脱退を表明し、二年後の一九三五年三月、正式に非連盟国となるまで常任理事国であった。ある意味で現在と逆の状況にあったと言えよう。

一九二八年当時連盟の事務総長だったドラモンド（Sir Eric Drummond）は、非常任理事国に再選されなかった中国の連盟脱退を危惧し、副事務総長アヴノル（Joseph Avenol）を派遣して中国をなだめようとした。この派遣が、事務局衛生部長だったユダヤ系ポーランド人ライヒマン博士（Dr Ludwik Rajchman）を中心とした対中技術協力に発展したのである。協力は、保健衛生だけでなく交通通信、教育、農業、行政など幅広い分野にわたるものとなっていった。

本章は、イギリス外務省文書を用いながら、ライヒマンの活動に焦点を当てて国際連盟対中技術協力の展開を検討する。これは、第一に、連盟とイギリス外務省の連絡が密接だったため多くの資料が残っているからである。イギリスはフランスと共に国際連盟を支える中心的な立場にあった。ドラモンドも元来はイギリス外務省の出身で、一九三三年六月末に連盟事務総長を退任した後は駐伊イギリス大使となった。イギリス外務省文書が有用である理由の第二は、対中技術協力をめぐり連盟とイギリスの考えに相違のあったことがわかるからである。これに対し、当時の東アジアでは、連盟の活動をイギリスやフランスの新たな策謀と捕える向きもあった。本章は、一九世紀以来中国に多大な権益を持っていたイギリスが連盟やライヒマンの活動をどのように考えていたのかを明らかにする。

国際連盟に関する先行研究としては、まず海野芳郎の『国際連盟と日本』が必読である。ライヒマンに関しては、フランス外務省資料を用いた濱口學の論文やライヒマンの孫娘バリンスカ（Marta Balińska）による伝記がある。また、対中技術協力に関する専論として、英文ではオスターハンメル（Jürgen Osterhammel）論文、中国語では張力の著書があり、どちらも技術協力の経緯・内容を詳説している。(2) しかし、両者とも、技術協力実施に際して資金をいかに調達するかという問題をそれほど重視していない。本章では、その面にも注意していきたい。技術協力は、資金調達問題と絡み合うことで当該期東アジア国際関係の争点となったと考えられるからである。(3)

戦間期中国の北京政府も南京国民政府も財政基盤は弱かった。国内の混乱のため行政機構が未確立で、所得税は存在していなかった。歳入の半分が軍事費、三分の一が借款や賠償の支払いに当てられ、一般行政費は総歳入の一〇分の一程度であった。(4)南京国民政府は前政権が外債によって国権を喪失したと批判し、新たな外国借款起債には慎重であった。ただし、一九三〇年代前半に財政部長を務めた宋子文は海外からの資金導入を考えた。満州事変後の日中関係悪化という状況下、宋は日本を除外した資金導入を考えるが、これには日本も大いに神経をとがらせることとなった。また、イギリスなどとしても一九二〇年の新四国借款団規約の手前、日本を完全に除外した中国への借款供与に踏み切ることには躊躇した。

中国政府の財政基盤の弱さや資金調達問題と関連して、当時の中国が連盟分担金を滞納しがちだったという問題もあった。国際社会での地位向上を望んだ中国は、当初日本と同等の分担金を引き受けたが、それを完済することは困難であった。(5)連盟規約には分担金の不払いに対して罰則規定がなかったが、イギリスは中国の滞納だけを特別扱いすることには釈然としないものを感じていた。

以下、本章第一節から第五節では国際連盟の対中技術協力を、その発端から一九三四年にライヒマンが再任されなかった時点までたどる。さらに第六節では、対中技術協力によって連盟や国際社会との関係を強めた中国が臨時非常任理事国の地位を手に入れるまでを概観する。

一　対中技術協力の発端

一九二八年、中国の非常任理事国再選問題

一九二六年、中国は連盟総会で任期二年の非常任理事国に選ばれた。そして、一九二八年には再選されることを望み、各国に働きかけた。たとえば、同年八月一一日には、駐ベルギー中国公使がイギリス大使館のナッチブル＝ヒューゲッセン（Hughe Knatchbull-Hugessen）参事官に対し、イギリスの助力を依頼した。(6)

イギリスは、中国の再選に熱心というわけではなく、ジュネーヴの中国代表が南京国民政府を代表するのか確認する必要があるとすら考えていた。マウンジー（George Mounsey）外務省極東部長は、「自らの国内をコントロールできる政府もない国が連盟理事会に席を占めるというのはおかしな考えだ」という意見であった。しかし、彼は、日本を含め他の列強が中国再選を支持するなら、イギリスだけがシャムなどアジアの他の国に投票して孤立するわけにはいかないとも考えた。二年前の非常任理事国選挙でイギリスはペルシャに投票し、中国の激怒を買っていた。(7) 一九三四年のイギリス外務省の整理によると、非常任理事国議席には非公式な地域割当があった。すなわち、イギリス帝国のドミニオンから一、アジアから一、小協商国から一、スカンディナヴィアから一、南米から三、上記以外から一を選出するのであった。(8) 中国は、アジアの他の国ぐにと競争しなければならなかった。

非常任理事国に再選されなければ中国が連盟を脱退するという可能性も、イギリスにとって大きな問題ではなかった。しかし、中国が連盟に門戸を開けておくことに無関心でもなかった。当時イギリスは連盟に東・東南アジアのアヘン問題調査を提案していたからである。マウンジーは、「連盟アヘン調査委員会の成功は、調査が中国に及ぶか否

かにかかっている。アヘン問題一つだけでも、中国に連盟との関係を維持させる理由となる」との意見だった[9]。

一方、連盟が設立されて以来、事務総長を始め連盟で働く人々は独自の思惑を持って活動し、連盟ひいては自らの影響力の拡大、名声を求めるようになっていた。そして連盟事務局は、非常任理事国に再選されなければ中国が連盟から脱退するのではないかと危惧した。これは、二年前のブラジル脱退という先例があったからである。多くの国にとって、常任理事国や非常任理事国であるか否かは、国際社会における自国の地位の問題と密接に結びついていた。ドイツが一九二六年に連盟への加盟を認められ常任理事国となると、ブラジルは自らも常任理事国になることを望んだ。そして、その希望が入れられないと憤然と連盟を去ったのである。連盟には元来アメリカ合衆国やソヴィエト連邦が加盟しておらず、連盟事務局は、加盟国のさらなる減少を恐れ、中国の残留を強く望んだ。中国が分担金を滞納していることに対する批判はあったが、ドラモンド事務総長は「支那に於て、滞納金支払義務を成る可く速に履行すべしとの確なる誓約を為すに於ては、その再選を支持して可なりとの意見」であった[10]。

非常任理事国の任期が終了する国は、その後三回の選挙に際しては、被再選資格を総会での投票によって認められた後に本選挙に臨むという規則であった。九月四日、中国は互選資格付与の要求を正式に総会に提出した[11]。

連盟中国代表王景岐は、チェンバレン（Sir Austen Chamberlain）イギリス外相が病気療養中であったため、代理を務めていたランカスター公領相カッシェンダン男爵（1st Baron Cushendun）との面会を求めた。王は、自分が南京国民政府の代表で、国民政府はイギリスとの友好関係を望み、イギリスが中国に善意を示すことが重要だと強調した。カッシェンダンは、個人的には中国の再選を喜びとするが、実際の選挙まで最終判断を保留するというのが公式の回答だと述べた。イギリスは、王景岐の発言が王個人の考えにすぎず、南京国民政府の方針を反映していないのではないかと疑っていた[12]。

中国をなだめる

一九二八年九月一〇日、連盟総会で投票が行われた。中国の再選資格要求は二七票を得たが、総投票数五〇の三分の二に達せず失格となった[13]。

一二日および一三日、王景岐は安達峰一郎駐仏大使と話し合い、中国が「来年総会に常任理事国たらむ事の要求を為す積りなりとて好意的考慮を求め」、「独逸に与へたるものを支那に与へられざる理無し」と述べた[14]。中国は、ドイツが一九二六年に連盟への加盟を認められ常任理事国となった段階ですでに、当時の北京政府が、ドイツ加盟に伴い常任理事国議席が増加するならば中国も常任理事国を目指すというスタンスをとっていた[15]。

一九二八年九月二〇日、王景岐はドラモンドを訪ね、中国と連盟との関係につき熟考した結果、「常任理事国の席を要求すること」が不平等条約改定問題を持ち出すことなどより「比較的簡単」だと考える旨を述べた。これに対し、ドラモンドは難色を示し、中国が連盟から受ける利益を十分に説明するため、連盟事務局員を中国に派遣することを提言した[16]。

二八日、ドラモンドは連盟副事務総長アヴノルが中国を訪問するという電信を中国に送った。これに対し、中国の王正廷外交部長は、訪問を歓迎する旨返信した[17]。

この訪問の目的は、非常任理事国に再選されなかった中国をなだめることであったが、日本やイギリスの反応はアヴノル訪中に必ずしも好意的ではなかった。連盟事務次長兼政務部長の要職にありながら何ら相談を受けなかった杉村陽太郎は、一〇月三日、ドラモンドに不快の念を表明した。ドラモンドは、「総会中日本の対支政策に対する強き反感各方面に伏在せることは日本側が想像以上にて、若し此の協議に初めより日本側を加ふるときは万事打壊しとなる惧れありたるか為なりと弁解」した[18]。

一方、田中義一首相兼外相は佐藤尚武連盟帝国事務局長に対し、「『アブノル』が支那迄来り乍ら全然本邦に立寄らさるときは、或は連盟か特に支那贔屓なるかの如き印象を一般与論に与へ、連盟の為にも反つて面白からさる結果を招く惧あるに付、別に要談はなきも可成本邦に立寄る様希望す」と指示した。これを受け佐藤は、「連盟側を経て改めて正式に日本訪問のことに変更」し、「極東に於ける日本の地位を十分に諒解せしめ、好感を抱きて帰任する様御取計を得たく」と積極的に対応した。(19)

ランプソン（Sir Miles Lampson）駐華イギリス公使は、国際連盟という新しい勢力や、イギリス人以外の者が連盟を後ろ盾にして中国へ進出することに好意的ではなかった。彼は堀義貴臨時代理公使に対し「眉を顰めて、連盟が自己の useful なることを証明する為諸種の難問に手出しを為すは、其の動機は誠に結構なるが、一度支那問題に手出しをせば手を焼くの危険あるべし」と語った。(20)

フランス人のアヴノル連盟事務次長は、連盟全体に問題があるとは考えていなかった。しかし、オーストリア・ハンガリーの財政救済やギリシャ・ブルガリア公債問題などに成功した連盟経済財政部部長でイギリス人のソルター（Sir Arthur Salter）に対しては、アヴノルの批判的な意見が残されている。一二月四日杉村と会談した際、アヴノルは内々に、ソルター初め経済財政部員らは「此の際速に支那借款問題に手を付け、新たなる功名を立てむと焦る風あり」、「『ソルター』と面談し、先づ軽挙を戒め、次で支那新借款問題等の解決に付ては米国の協力を必要とするは勿論、従来支那借款団に於て働ける支那財政家の協力を仰くことを忘るべからさる旨を説得する考なり」と述べた。(21)

上海、南京のアヴノル

アヴノルは、一二月一三日ジュネーヴを出発し、マルセイユ、香港、広州を経て、翌一九二九年一月二五日、上海に到着した。二日後には、矢田七太郎上海総領事と会談し、南京政府に関する矢田の考えを聴取した。[22]

三〇日、アヴノルは南京に到着し新聞記者の質問に答えて、中国が「世界に向て貢献する処なかるべからざること、支那を理事会に加ふることは手続上困難なるのみならず、非常任理事国は理事国の増加を欲せざること、米国は事実上連盟に参加し居ること」などについて語った。二月二日午前には蔣介石に謁見し、四日午後、再び上海に戻った。[23]

二月一四日、アヴノルは中華国民拒毒会（National Anti-Opium Association of China）が開催した宴会に出席した。席上、拒毒会会長は以下のようなスピーチを行った。すなわち、「アジアに植民地を持つ列強の道徳的姿勢に自分は疑問を持っている。南京国民政府がアヘンの厳禁策をとったのだから、諸列強は治外法権を返上して南京政府を助力すべきである。拒毒会は連盟の極東調査に反対したが、その理由は、第一に中国人委員が選ばれていなかったこと、第二に極東だけを調査すべきではないと考えたこと、第三にモルヒネなど他の麻薬も調査対象に含めるべきだと考えたことだ」という内容であった。これに対しアヴノルは、連盟がアヘンを政治問題ではなく人道問題と考えていると述べ、中国が連盟アヘン諮問委員会に専門家を送って問題解決に貢献することを求めた。一九日、中華国民拒毒会は中国における麻薬問題の状況を述べ効果的な国際協力の必要を強調する声明書をアヴノルに渡した。この声明書はアヘン問題にはあまり触れず、他の麻薬問題を強調していた。[24]

ドラモンドへの手紙

同日、アヴノルは漢口に向かった。彼は上海出発によって「余が敬意を表すべく来りしところの支那政府との直接の関係は今や終りたれば」と、訪中の最重要部分は終わったと考えた。そして、ドラモンドにあて以下のような内容の手紙を書いた。[25]

まず全般的には、アヴノルらの訪中によって中国の連盟に対する理解は深まったと考えられる。到着当初受けた質問は中国が理事会に議席を得られなかった理由についてであったが、上海出発に際しては連盟への中国の貢献を最大とする方法や総会への中国代表団の構成について尋ねられるまでに変化した。中国が連盟や国際社会に関心を持たなければ、それらに対する自らの貢献を考えることはないであろう。中国の新聞がアヴノルの演説や会見等を逐一報道したことも活動遂行に役立ったという内容であった。[26]

さらにアヴノルは個別問題にも言及した。第一に、非常任理事国落選であるが、「余の会見せる要人等」は理事会の選挙規則や再選規定その他連盟全般に関して知識がなく、「昨年の落選を以て、皆は支那に対して加へられたる新なる侮辱と取れり」という状況にアヴノルは驚かされた。ただし、将来必ず理事会の一員となれるという点に重点を置いたので、理事会に関する説明はうまく行った。そこでアヴノルは第二段階として、分担金支払い中断のまま中国を非常任理事国に選ぶのは困難だとも説明した。これに関連して、アヴノルは手紙の中で国民政府財政基盤の弱さにも言及した。「(国民政府は—筆者注) 万事に手を付け、多数の計画を為すと雖も、実現は全然之に伴はず。又其然るを得ざるなり。即ち財源極めて制限され居れり」、「彼等は殆ど全部其収入を関税行政より得」というのが彼の観察であった。[27]

一方、国民政府についての明るい報告としては、二月一七日の王正廷との会見の模様があげられる。王は自らジュネーヴに赴く希望を述べたが、「頭脳明晰直截寡言にして、公私の会合に於て見事なる英語を使用する彼は、支那を知らざる者に対して新しき支那を知らしむるを得ん」とアヴノルは王正廷を高く評価した。[28]

アヴノルは、また、連盟と中国の衛生および学芸面での協力に関してライヒマンらがすでに研究しつつあると記している。一月三一日、中国政府はライヒマンなどの衛生部顧問への就任を申し入れていた。これに対しドラモンドは、

「頗る好きことと思ひ」内諾を与えていた。[29]

アヴノル、北京、東北から日本へ

アヴノルは、二月二六日北京へ赴き、翌日午後ランプソンを訪問した。王正廷のジュネーヴ訪問というアイデアを聞いたランプソンは、「いい考えではあるが、王はほとんどの中国人がそうであるように、口先のうまい（plausible）人物なので、ジュネーヴに行くと中国の実情をそれほど良く知らない外国人を丸め込むのに成功するかも知れない」と危惧した。ランプソンは、連盟が中国に財政面でアドバイスするのが良いのではないかと述べた。これは、前年一〇月の姿勢と異なる。連盟の経済財政部長がイギリス人のソルターだったためかも知れない。アヴノルは、情勢が依然あまりに流動的なので、まず中国が連盟の活動でより重要な役割を果たし、中国の支配層が連盟は列強の政治的道具でないと理解し信頼感を持つことが先決と考えた。全般にランプソンは、アヴノルが政治問題に巻き込まれるのは避けようと努力していると評価した。[30]

アヴノルは中国東北部を経由して、[31]三月一三日下関に到着し、約二週間日本に滞在した。三月一九日に田中首相と会見した際、アヴノルは、「列国より進で財力援助を提供し、以て（中国の――筆者注）建設的事業の遂行に資することを得るやを観るに、列国としては該借款に対しては確実なる担保を要求せざるべからす。而して今如何なる担保に確実性ありやを検討せんとせば、支那人はこれを以て更に支那の利権を漁るものとなし、不平等約定の再現なりとして排外熱を煽る為に之を逆用するに至るべし」と述べた。そこでアヴノルは、「支那より進て援助を求めしむること最も肝要」、「俄に進て大借款に応するが如きは慎むべき所なりと信す」との考えであった。田中もこの結論に賛意を表した。[32]

アヴノルの言葉に見られるように、この後連盟は「中国側の要請により協力する」という姿勢を貫いた。一方、日本では「連盟の対中援助」と表現していた。「協力」が連盟と中国を同列に置く言葉であるのに対し、「援助」では一段低い位置にある国を助けるという姿勢を示すことになろう。活動の実態は確かに援助であったかも知れない。しかし、連盟が中国の自尊心に配慮したのに対し、日本は中国と自らの力関係を明示しようとしたようにも思われる。

二二日、アヴノルは貴族院議員石井菊次郎と会談した。石井は、一九二〇年から二七年まで駐仏大使を務め、国際連盟理事会日本代表も兼ねた。会談の際アヴノルは、「（国民政府―筆者注）当路の人と雖も悉く若輩無経験にして……彼等の多くは米国留学生上りの由にて悉く米国に中毒せり」と若干の不信を表明した。また、「加ふるに在支米国人の動作も亦軽挙不謹慎驚くばかりなり」と、在中アメリカ人の姿勢にも批判的であった。この結果問題となるのは、「米国中毒」の国民政府要人が「金策は支那の申出次第調達易々たるものと真に思ひ込み居るが如し」と借款問題であると考えられた。(33)

二　ライヒマンの中国派遣

ライヒマン衛生部長

一九二九年九月、中国政府は連盟に対し、保健衛生部門の専門家を派遣し中国の海港衛生、検疫施設の調査に当たらせることを要請した。これを連盟は、理事会および総会で承認し、日本代表も支持した。一九二五年にも日本と中国を訪問していた衛生部長ライヒマンが、部員ブードロー（Frank G. Bourdreau）と共に派遣されることとなった。(34)

ライヒマンは、一八八一年一一月一日、ロシア帝国領だったワルシャワに生まれた。一九〇六年、クラクフ大学から医学の学位を得、ワルシャワの病院で働いたが、ポーランド社会党の活動に参加したため逮捕され、フランスへ赴いた。パスツール研究所で研究した後、一九一〇年一〇月には、社会主義的傾向のあるポーランド人が集結する場であったロンドンに移り、一九一三年にかけて王立公衆衛生研究所で細菌学を教えると共に研究に従事した。

第一次世界大戦中のライヒマンは、ロンドンでポーランドの独立に向けて活動した。彼はマクドナルド（James Ramsay MacDonald）を含むイギリス労働党の政治家と接触があり、後にポーランド外相となるザレスキ（August Zaleski）の活動に大いに助けとなった。

一九一八年一〇月、ライヒマンはワルシャワに戻った。大戦によってポーランド人の栄養状態は悪化し、前例のない人の移動によって伝染病も広がっていた。ライヒマンは、ポーランドだけでなくヨーロッパ規模でのチフス対策などに活躍した。その後一九二一年一〇月、連盟で社会問題に関する事務局の長を務めていたレイチェル・クラウディ（Dame Rachel Crowdy）の推薦によって連盟衛生部長となり、再びポーランドを離れた。以後は、国際協力の分野で熱心に活動することとなった。[35]

ライヒマンの医療、行政面での優秀さを疑う者はいなかった。しかし、彼の政治姿勢に関しては、当初から疑念を抱く者がいた。たとえば、イギリス保健省はライヒマンの連盟衛生部長任命に積極的ではなかったし、連盟保健委員会でイギリス代表を務めたブキャナン（Sir George Buchanan）は、すでに一九二六年の段階でライヒマンの中国に対する姿勢が中国の排外熱を煽るものなのではないかと感じていた。一九二五―二六年は、イギリスが多大な権益を持っていた上海において、租界警察が中国人デモ隊に発砲した五・三〇事件などにより、英中関係が非常に緊張していた時期である。[36]

ライヒマンの中国に関する報告

ライヒマンは一九二九年一〇月四日に出発し、カナダと日本を経由して、一一月九日、上海に到着した。一一日には南京に向かい、以後中国各地を調査した。(37)

一九三〇年一月三一日、ライヒマンは上海を後にした。二月一五日、ジュネーヴに帰還していた彼は、イギリスのセシル子爵（Viscount Cecil of Chelwood）と別件で面会した。セシルはイギリス政界で最も国際連盟に熱心な人物だった。セシルとの面会の際ライヒマンは、中国国民政府や、過去二―三年のイギリス対中外交の成功を高く評価した。そして、衛生問題に関する広範な計画を中国側と作成することに成功したと述べた。医者としてのライヒマンは、当時の中国の保健・衛生状態を前に大いにやりがいを感じたようである。(38)

イギリス外務省極東部顧問プラット（Sir John Pratt）の反応は冷ややかであった。プラットによれば、中国が西洋の医学や衛生技術を導入する上で連盟は中国に助力できるとライヒマンが考えるのは正しい。しかし、ライヒマンは計画と実行の間に大きな溝があることに気づいていない。最大の危険は、彼ら専門家が中国人の政治的道具として使われることである。専門家たちがこの罠に落ちたら、衛生問題における彼らの影響力は拡大するのではなく縮小してしまうだろう。そして、プラットはこのことをライヒマンに話したが成果は挙がらなかったというのが、プラットのコメントであった。(39)

この時期、イギリスでは第二次マクドナルド労働党内閣が政権についていた。すでに触れたように、イギリス労働党とライヒマンは第一次世界大戦中から接触があった。外務政務次官ドールトン（Hugh Dalton）は、イギリス外務省極東部とライヒマンの冷淡さが互いに知り合うにつれて薄らぐだろうと期待した。一方、セシルも、ライヒマンは非常に有能で客観的な人物だと言葉を添えた。(40)

検疫問題に関するライヒマンの提案

二月二二日、ブキャナンは、三月五日に予定される国際連盟保健委員会に向け、イギリスの方針をプラットに問い合わせた。ライヒマンが自らの訪中は非常な成功だったという報告書を用意しており、上海での検疫を中国の衛生部が引き継ぐべきだなどいくつかの提案をおこなうことが予定されていた。保健の観点だけからすれば、ブキャナンも報告書を承認するが、それで良いのかというのが問い合わせの内容であった(41)。

これを受け、二月二四日、プラットはメモランダムを著した。プラットは、ライヒマン報告書が最悪だという印象を抱いていた。プラットによれば、中国を知らない者にはもっともらしい報告書であろうが、ライヒマンは中国を使って有名になろうとしており、中国もライヒマンを使おうとしているというのであった。問題は、中国での検疫が海関によって、海関の収入を使って行われていたことにある。海関は財政部の管轄下にあり、衛生部の目的はこの検疫権の接収であった。海関が中国政府に雇われたイギリス人総税務司の監督下にあったため、衛生部は外国の特権に反対し中国のために戦っているのだと主張することができた。そうなれば誰もが衛生部を支持せざるを得なかった。プラットは、ライヒマン提案の政治的意味を考えずに連盟で決定がなされるのは危険だと考えた(42)。

この日、ライヒマンはイギリス外務省を訪れ、オード（Charles William Orde）極東部長、プラットらに面会した。ライヒマンは、中国における医学校設立や人材訓練の必要について熱心に語った。技術的側面に関しては、プラットも連盟の協力が中国にとって非常に有益だと考えた。しかし、プラットは、ライヒマンが中国側の発言を額面通りに受け取っており、その背後の政治的動機に気づいていないようだと感じた。イギリスは、この政治的側面についてライヒマンに警告したが、それ以上の介入はできなかった(43)。

ライヒマン提案のうち、イギリス外務省にとって重要な問題は、前述の検疫を中国財政部（すなわち海関）から衛生部に移すということのみであった。この移管によってイギリス船の取り扱いが悪くなる可能性はあった。しかし、海関は衛生部と同様に中国の組織であり、中国政府が検疫権を前者から後者に移そうとしたところで、イギリスとしてできることはなく、イギリスが騒げば治外法権など他の問題に悪影響が及ぶだけと考えられた(44)。

すでにグリーンウッド（Arthur Greenwood）保健相もライヒマンに会って、中国における保健事業の可能性について強い印象を受けていた。そこでドールトン政務次官は、ウェルズリー（Sir Victor Wellesley）筆頭事務次官補に、ライヒマンの計画がランプソン公使の活動の妨げになるとは考えられないので、それを支援するよう指示した。これを受け、オードから保健省への返答が送られた。連盟保健委員会では問題の政治的側面は議論されない方が望ましく、議論された場合にもイギリス代表は加わるべきではない。しかし、留保すべきでもない。というのは、それによって政治的意味合いが際だつからという内容であった(45)。

三月、連盟保健委員会が開かれた。五日から八日にかけて、ライヒマンの報告書および二月一三日に中国政府が送付した協力要請が検討された。

ブキャナンはライヒマン報告書についていくつか厳しい指摘を残している。第一に、国内にも感染症の存在する中国が外からの感染症輸入防止問題をまず取り上げることについては議論の余地があった。第二に、滞湾での船舶の衛生管理を国際的基盤に載せる国際衛生協定がすでに一九二六年に定められていた。これに中国は調印したが批准しておらず、その事実が保健委員会の小委員会で指摘された。さらに、中国が衛生状態改善のための費用をどこから捻出するのかも問題であった。船舶への特別税賦課が危惧された(46)。

右のような問題はあったが、保健委員会では中国の要請が連盟の技術関係組織の目的に適合すると判断し、理事会に計画の承認を勧告した。これを受けて、五月の連盟理事会でも計画は承認された。この際の理事会議長は、イギリス第二次マクドナルド労働党内閣のヘンダソン（Arthur Henderson）外相であり、ポーランド代表としてザレスキ外相が列席していた。どちらもライヒマンの考え方に好意的な人物であった。(47)

中国の連盟非常任理事国問題再燃

この時期、再び中国の非常任理事国問題が持ち上がっていた。四月一八日、杉村は、次のように内報した。前年連盟総会に代表として出席した駐米、駐仏両中国公使は、事務総長の内約に基づき、連盟総会においてカナダの後任として理事国に立候補し、成功しなければ常任理事国制度廃止を提議し、それも入れられなければ連盟より脱退すると南京政府に上申する趣という報告であった。この問題に関し、杉村の姿勢は好意的ではなかった。彼は、「連盟事務局側としては支那に好意を表する為」、「多大の分担金を支払ひ居る印度に比較し、支那に対し好意的待遇を与へ居る次第にて、支那は分担金を支払はずして右の如き特権（アヴノルやライヒマンの中国出張、アヘン部への中国人入局など――筆者注）を享有し居る次第なり」と記した。(48)ただし、アヘン部への入局は、責任を持たせることで中国の行動を監視するという意味だったので、必ずしも特権付与ではなかった。

五月二日、汪栄宝駐日中国公使が、九月の総会での非常任理事国改選に際し、中国を支持するよう要請した。浜口雄幸内閣の幣原喜重郎外相は従来もそのように努力してきたと述べ、佐藤尚武に対し「就ては右尽力方可然御取計ありたし」と指示した。(49)

九月一五日、ジュネーヴの日本代表団は、一七日の総会に予定されていた連盟理事国改選について幣原の指示を仰いだ。日本としては、まず、中国の立候補資格要求に賛成票を投じ、中国が資格を得た場合には非常任理事国として中国、アイルランド、ポルトガル、もし中国が資格を得なかった場合には、アイルランド、ポルトガル、ノルウェー

に投票することとしたいが、意見があれば回電を請うということであった。(50)

一七日午前の総会で、中国の資格要求は四八票中二七票を得た。しかし、三分の二に達せず否決された。(51)

三　広範な技術協力への発展

ソルター、アースの訪中

一九三〇年一二月、ライヒマンは国民政府主席蔣介石の招きで中国を再訪した。そして彼は、中国の経済的基盤確立のため、連盟経済財政部長ソルターの中国訪問を求め世界的不況が中国経済に及ぼす影響に関し意見を聞くこと、および連盟交通部のフランス人部長アース（Robert Haas）にも中国訪問の上、内水航路や埋め立て問題について話し合うよう求めることを提案した。(52)

宋子文財政部長は、これが連盟による中国内政への干渉につながるのではないかと危惧し、一九二九年以来財政部顧問を務めていたアメリカ人ヤング（Arthur Young）の意見を求めた。ヤングが連盟専門家のアドバイスは有用だと応えたことから、中国政府は連盟との広範囲な技術協力に踏み切ることとなった。(53)一九三一年一月七日、中国国民政府は蔣介石および宋子文の連名で、ソルター、アースの中国訪問を要請した。

連盟事務総長代理を務めていたアヴノルは、中国の要請につき杉村に相談した。杉村としては「正面より反対すべき筋合に非ずと思考」、ただし、三月で連盟を辞職するソルターにこのような重要な調査をさせるのはどうかと述べ、また、内水航行問題に関しては「特に日英の既得権及資本に重大なる関係を有し決して軽視すへからさる所以を説明」した。しかし、結局、連盟理事会はこの要請を受け入れ、一〇万スイスフランの支出を可決した。(54)連盟の中国における活動は広範囲なものとなり、列強の在華権益と抵触する可能性も増大したと言えよう。

中国行きを控えたアースに対し、佐藤尚武の後任となった沢田節蔵帝国連盟事務局長は、中国の内水航行、沿岸航行問題について説明した。これを受けアースは、中国問題が複雑困難であるため、この時の訪問ではなるべく単なる技術上の視察に止める意向であり、中国問題の処理に当たっては日本の協力がなければ何事もなしえない点は十分了解していると述べた。(55)

一九三一年二月二七日、アースはシベリア経由で南京へ、また、ソルターは三月二日上海、五日には南京に到着し、連盟の三部長が中国に会同した。(56)

三月七日、沢田は、杉村、芳沢謙吉駐仏大使との話し合いを受け、日本としてもソルターの意見を聞いた方が良いのではないかと意見具申した。というのは、杉村が渡英しイングランド銀行筋から聞いたところでは、対中借款問題に関しソルターの報告を極めて重視しているとのことだからであった。ソルターと親しい森賢吾貴族院議員から日本に立ち寄るよう勧め、二人の間で意見を交換させてはどうかというのが沢田らの提案であった。(57)

杉村は、三月一四日付けの青木節一連盟東京支局主任宛の手紙で、ソルターの訪中に強烈な不快感を吐露するとともに、連盟当事者が中国に赴くときは帰途に必ず日本に立ち寄らせるよう取りはからおうと述べた。杉村によれば、ソルターの訪中は「近来熱狂的に支那問題に趣味を有する」ライヒマンなどが計画して中国を動かしたものと考えられ、「是れ小生が極めて不快に感じたるところにて、此点に付ては将来彼等を反省せしめ」日本人を度外視しては計画が成功しないことを理解させようと書いていた。また、「支那人が欧米人に対し、毎々日本を悪様に言ふこと、及び、事務局内に盲目的親支論者あることは、連盟が支那に進出し事業を企つるに当り我に取り大なる障害」となるが、ドラモンドなどは極東に関しては日本の協力が必要ということを理解しているとも記した。(58)国際連盟が中国の経済再建にかかわろうとすることに対し、杉村の姿勢はかなり威圧的な拒否であった。
その後、アースは当初からの本人の希望によって、四月二日上海から長崎丸で日本に到着、一週間滞在した。ソルターも四月三〇日に来日、五月七日まで滞在した。[59]
日本滞在中、ソルターは、中国財政の立て直しについて森賢吾に次のように語った。すなわち、中国への巨額の借款供与はかえって同国の財政を弱めてしまうから、最初は極めて少額にすべきである。また、借款を供与できる時期が来たとして、監督方法、借款団との関係、担保の三点を考える必要がある。中国は外国の監督権を認めないであろうから間接的に監督する必要がある。借款団には中国側が強く反対するので、連盟の仲介で新たな発行団を組織する必要がある。担保として有望なのは関税のみだが、すでに二重三重に担保となっているので新規借款の担保順位を上げる等の措置がとれれば好都合であるという内容であった。[60]

対中技術協力の要請と日本の不快感

ソルターがまだ中国に滞在中であった四月二五日、中国国民政府は行政院副院長宋子文の名で再び連盟に連絡を取り、全国経済委員会を設立すると報告した。この委員会は行政院に直属し、経済発展を図り、人々の暮らしを改善し、財政に目を配る機関とされた。そして、国民政府は、連盟に協力を要請した。中国再建計画の樹立およびこのための諮問に応じられる人物の派遣、各種具体的計画実行についての専門家派遣、中国官吏の養成、教育制度改善や学芸協力のための顧問の派遣などに関してであった。さらに、「民国発展の障害を除去する為、国際協力又は数国の国策統制を必要とすべき問題に付、民国は随時連盟の活動を要望することもあるべし」とも記されていた。[61]
沢田、杉村、芳沢は、以後の動きの背後に政治的意味を感じ、非常な不快感、不信、疑念を覚えた。その理由としては、第一に、連盟の要職に就いていた杉村が状況を伝えられず、日本人を除外して計画を進めようとしていると疑われたこと、第二に、分担金を滞納していた中国を連盟が特別扱いするように考えられたこと、第三に、対中技術協力を具体的に進める上では資金計画が重要であるが、日本を除外して対中借款が行われるのではないかと危惧されたことなどがある。杉村らは、対中技術協力において日本を除外しないだけでなく、むしろ積極的に日本人顧問を採用するようドラモンドらに執拗なまでに働きかけることとなった。

五月一日、杉村は、ドラモンド、アヴノル、および中国から戻っていたライヒマンと個別に懇談した。ドラモンドは、当分の間中国との協力問題を、官吏の養成、教育制度の改正、衛生、交通および土地問題に限定するのが良いのではないかという意見であった。アヴノルによれば、ライヒマンは専門家の背後に大国が存在すると中国が感じるようではならないという意見を持ち、イギリスにも無関心の態度をとるよう要請したという(62)。これは中国国内に、連盟は英仏に牛耳られた機関で中国を経済的に侵略しようとしていると危惧する意見があったためであろう(63)。ライヒマンは、杉村にも日本人顧問の採用を申し出ないように依頼した。杉村はライヒマンが「飽迄日本人を排し他方英仏人主義にて進まんとする口吻を漏し居りたる趣」と感じ、小国人に限ろうとするのは良いが、ヨーロッパの大国からは採用するのに日本人のみ除外することには反対だと述べた。また、この件が連盟事務局内で計画されているのにもかかわらず、杉村が参与させられていない事実を指摘するとライヒマンは、「過去の仕打を謝し将来杉村と連絡を取ることに力むべし」と答えた(64)。

杉村は、翌二日午後にもライヒマンと会談した。杉村は日本の代表ではなく国際連盟の事務次長であり、日本では国際派の外交官で通っていたが、この時には完全に日本のナショナリストとして行動していたと言えよう。彼はライヒマンが「排日論者には非ざるも、殆ど盲目的に支那を愛するの極」、「日本側を疎んずるの風あり」と観察していた。

中国出発前にどうして自分に連絡しなかったのかと杉村が正面から「詰責」すると、ライヒマンは「一応大に陳謝」したが、日本の対中態度が、幣原外相は例外とし、一般に改まらない限り、連盟としては日本の協力につき迷わざるを得ないとも述べた。(65)

一方、五月一一日付けの幣原の訓令は、杉村らほど強硬ではなかった。連盟の対中進出は「大勢止むを得ざるもの」と考え、むしろ「之を善導するの得策なるを思ふ」と共に、「我対支方針にして公正なる限り、右連盟の進出も敢て介意するに足らずと思考し居れる次第なり」ということであった。しかし、問題は日本の対中政策が公正であると中国や連盟が考えるかどうかであった。また、幣原自身、対中技術協力からの日本除外を受け入れられないことでは杉村らと大差なかった。「連盟としては其の東洋に於ける発展上極めて不見識なる態度に出つるもの」、「連盟が此方面（中国—筆者注）に活動を開始するに当り、日本の長所を利用せざるは甚だ謂はれなきことなり」とし、連盟には常に日本と連絡を取り、顧問などにも日本人を入れさせるようにせよと指示した。(66)

五月一六日、芳沢は沢田を同道してドラモンドを訪問し、連盟が対中「援助」を行う場合、直接関係のある日本の知識経験を利用するよう要請した。芳沢は、「日支間直接の問題は無論日本丈にて処理すべし。唯仮に支那側より日本人以外の人物を要望し来れる場合に於ても、当該問題に付日本人に適任者ありたる時は連盟としては進んで該日本人を採用せしむる様仕向くること肝要なり」と述べた。(67)日中間の問題は日本だけで処理すると前置きしているところが、いっそう自己中心的に響いたと思われる。

沢田の発言は、やや脅迫的ですらある。日本人を活用しなければ「鮮からす日本の感触を害し……遂には日本の対連盟態度を極端に悪転せしむることあるへき」というのであった。また、彼は、フランスやイギリス外相の諒解を得る必要を考えた。しかし、フランス外相ブリアン（Aristide Briand）は近く政界を引退する予定であり、イギリス労働党内閣の外相ヘンダソンは、ライヒマンの計画に協力的で、「『ド』以上に当方の主張を支持するものとも思はれす」という状況であった。(68)

対中技術協力の決定

日本の強烈な反発により、ドラモンドは協力案をまず日本に見せ、修正の機会を与えてから問題を先に進めた。五月一八日、ドラモンドは、連盟の技術関係の組織に協力提案を提示、および技術機関部長の訪中を提案した。対中技術協力の費用に関しては、「幸ひ支那側に於て、連盟分担金の滞納……を今後支払ふ旨誓言し居るに付、之を右対支援助費用に振り向けたく」ということで、予算に四八万フラン計上したことを報告した。(69)

ただし、一九三四年にプラットがメモランダムに記すように、この資金計画は奇妙な取り決めであり、プラットも釈然としないものを感じていた。一九三一年の段階で、連盟に対する中国の未払い金は一〇年分の分担金に相当するほどの額に達していた。そこで、年々約四八万から四九万フランに分け二〇年かけて未払い金を支払うという取り決めがなされた。(70)そして、それとほぼ同額が対中技術協力のために連盟予算に組まれた。つまり、実質的には、中国は自分の資金を、連盟を通して外国人専門家や顧問に使っている状態となったのである。(71)言い換えれば、中国が支払った連盟分担金は中国にのみ使われ、連盟の運営や他の事業に対する中国の資金的貢献はほとんどなかったことになる。このことは対中協力に関しては大きな問題とならなかった。協力の実態が援助に近かったためであろう。しかし、後に見るように、中国が望んでいた国際社会における地位向上となると、イギリスの意見は未払いに厳しかったようである。

一九三一年五月一九日、連盟理事会は国民政府の要請とドラモンドの提案を受け入れ、これが、その後の連盟対中技術協力の基盤となった。理事会に出席していたイギリス外相ヘンダソンらは、連盟の対中技術協力を暖かく歓迎した。日本代表芳沢謙吉はこの状況を「英国理事は、今次計画に対し盲目的とも称すべき程の満腔の讃辞を呈して之に賛同」し、フランスやイタリアの理事も賛意を表したと報告した。芳沢も計画を支持したが、「絶対に政治的方面を避く」べきこと、「本件実行上、殊に顧問の人選に付、連盟が我方の経験を利用すべきことを信じて疑はざること」と付け加えた(72)。芳沢はまた、理事会に中国委員会を設けて技術協力問題を検討することを提案した。国民政府側の観察によれば、これは日本が技術協力を監視できるようにするためであった。委員会は理事会の下ではなく、事務局内に設置されることとなった(73)。

三〇日に開かれた交通委員会では、中国政府と連盟交通部との協力問題が上程され、専門家派遣が決議された。伊藤述史帝国連盟事務局次長も、この決議に基づき設置される委員会には日本人委員も加わるという理解の下で賛成した(74)。

六月二日、連盟事務局中国委員会が開かれ、アヴノル、事務次長デュフール（Albert Freiherr Dufour Feronce, ドイツ）、杉村、ライヒマン、アース、経済財政部のラブデイ（Alexander Loveday, イギリス）やストパニ（Pietro Stoppani, イタリア）が出席した。ライヒマン至急渡航の非公式要請が宋子文からあったことが話し合われた(75)。

杉村は、経済財政および交通問題が重要部分を占めるから、経済・財政・交通などの担当者、すなわちソルター、アース、ラブデイ、ストパニなどの渡航が適当と強調した。訪米中のソルターに再度の訪中を打診する案も出されたが、恐らくソルターは断ると考えられ、杉村も最終的にはライヒマンの訪中に落ち着くだろうとみていた(76)。

杉村もプラット同様に対中協力費用の捻出方法に不満で、「事務局内英仏系幹部の態度は、殆んど盲目的に支那に特恵的待遇を与へん」とするものと批判した。デュフールも反対していた。ただし、杉村は「デュフールと協力して英仏側に対抗するは結局面白からさる結果を招致すと思考せらるる」と判断した(77)。

三日、前日の議論が険悪となったのを受け、アヴノルは、その理由を尋ねた。杉村は、「『ライヒマン』の遣口に陰日向あり」、連盟の対中国援助は中国政府某要人と連盟事務局某幹部の個人的関係で行われるべきではないなどと述べた(78)。確かに、対中技術協力問題が宋子文とライヒマンの密接な協力によって推進されていたのは事実であった。ライヒマンは宋を西洋や西洋式の考えを受け入れる中国人の代表と見ていたという(79)。中国委員会での意見交換の後、まずライヒマン、ついで順次他の関係部長を派遣することと決められた。アヴノルは杉村の反対を考慮し、「或る個人又は或る国々にて」対中技術協力を独占することは避けようと述べた。六月二二日の中国委員会でライヒマン派遣が最終的に決定された(80)。

一九三一年九月、ライヒマンは中国に赴く途上で日本を訪れ、永井松三外務次官と対中技術協力問題を協議した。その後、中国には九月一〇日より一二月二六日まで滞在した。翌年一月には、交替でアースが連盟技術機関技術代表となり、華北の水利、上海築港などを視察し、約八ヶ月滞在した。ライヒマン、アースだけでなく、教育、農業、通信、行政などの分野で多国籍の専門家が中国に派遣された。また、中国の全国経済委員会は、公共事業、教育、土地改革、産業発展、財政政策、公衆衛生などをカバーする三年計画を作成した(81)。

四　一九三三年のライヒマン派遣問題

ドラモンド、再びライヒマン派遣を考える

満州事変、上海事変の勃発によって東アジアが危機的情況に陥っても、国際連盟が中国に派遣した専門家たちは、活動を続けた。その中でライヒマンの活動は特異であり、技術協力に限られなかった。彼は宋子文の政治顧問のよう

な活動をし、ドラモンドと頻繁に電報をやりとりした。このため日本側は、ライヒマンを「連盟衛生部長の職務を逸脱して頗る排日的活動を行った不穏分子」と考えるに至った(82)。

一九三三年二月二四日、国際連盟が対日勧告案を採択すると、松岡洋右らの日本代表団はジュネーヴの連盟総会を退席した。さらに、斎藤実内閣の内田康哉外相は三月二七日、連盟からの脱退を通告した。

この間にも、ドラモンドは対中技術協力の展開のため、帰欧していたライヒマンを再び中国に派遣することを考えていた。三月一七日、イギリスの連盟事務局長カダガン（Hon. Alexander M. G. Cadogan）からジュネーヴの領事を通して外務省に連絡が入った。ライヒマンには政治に関与せず、技術協力問題に活動を限定するよう指示される予定だが、イギリス政府は反対するかと尋ねる内容であった(83)。

プラットは、ライヒマンが日本の反感を買ったことを認めつつも、彼が中国で持つ影響力を考えると、イギリスは彼と良い関係を保つべきだと考えた。オード極東部長とウェルズリー筆頭事務次官補はよりはっきりと、「ライヒマンの政治的判断や分別を信頼していない」と記したが、ライヒマンの中国行きに反対する正当な理由はなかった。そして反対すれば「ライヒマンと、それ以上に中国人が聞きつけて我々を苦しめるであろう」と予測された。そこで、ジュネーヴには、何の反対意見もないとの連絡が送られた(84)。

一方、この話を聞いた各国の中国駐在公使らは、ランプソンを含め、なぜライヒマンなのかと人選に不満を感じた。ライヒマンはあまりに中国の主張と一体化しすぎていると考えられていた(85)。

イギリス外務省の懸念

三月二五日、プラットはライヒマンと面会した。ライヒマンの目的は、中国の政治情勢、中国指導者の意図、日中関係についての情報収集だと思われた。ライヒマンは、中国へ出発する前にロンドンを再訪し、アメリカ合衆国軍縮会議代表デイヴィス（Norman Davis）に会い、中国が合衆国から期待できる援助について確かめるつもりだと話した。合衆国から積極的な支援は期待しないが、それにしても合衆国が日本に対する抵抗という政策を認め、モラル・サポートを与えるだろうと発言した。(86)

そこでプラットは、中国政府から要請されたとしてどのようなアドバイスを中国に与えるかと尋ねた。ライヒマンは、可能な限りボイコットを強化し、華北で日本に抵抗することと答えた。また、中国の国内行政、国民の統合意識を強める必要も強調した。彼は日本に抵抗し統合を強めなければ中国が次第に分解してしまうだろうと考えていた。中国には、国民政府の路線か共産主義という二つの選択肢しかなく、後者が栄えれば中国は混沌と混乱の中分裂してしまう。列強も日本に対する闘争において中国を強化するよう、できるだけのことをしなければならないとライヒマンは述べた。(87)

この発言を知ったイギリス外務省は、ライヒマンの反共姿勢に感銘を受けるよりも、その反日姿勢に警戒心を抱くこととなった。イギリスはボイコットに関しても同情的ではなかった。(88)ヴァンシタート（Sir Robert Gilbert Vansittart）外務事務次官もオード極東部長も、ライヒマンは政治に巻き込まれるなという指示を守らないだろうと予測した。また、挙国一致内閣サイモン（Sir John Simon）外相の下で政務次官を務めていたイーデン（Robert Anthony Eden）も、ボイコットや華北における日本に対する抵抗強化をうったえるライヒマン発言に懸念を感じた。「ボイコットを促進したり、いや、支持したりすることすら連盟代表の役割ではない。……ライヒマンの中国行きを止めることはできないだろうが、この会見の模様をすぐドラモンドに連絡すべきである」というのが彼の判断だった。(89)ライヒマンに好意的だった労働党内閣は一九三一年夏に倒れ、その後に成立した挙国一致内閣は依然マクドナルドを首相に戴いてはいたが、実質的には保守党員によって支えられていた。国際連盟の対中協力問題に関し、外相や政務次官と外務省極東部官僚との意見の相違は縮小したようである。

ドラモンドからは、ライヒマンの中国派遣決定前に英仏両政府に個人的に相談したが、反対がなかったので中国行きを認めたという返事が送られてきた。ヴァンシタートは、この返信の上に鉛筆で次のように記した。

ドラモンドには、ライヒマンと話すように依頼すべきである。ライヒマンのプラットとの会話が示すように、ライヒマンには連盟の役人の限度、特に彼自身の限度という観念がない。ライヒマンには、政治から全く離れているようにはっきりと告げるべきである。(90)

そして、この書き込みと同内容の手紙が四月五日付でヴァンシタートからドラモンドに送られた(91)。六日、ドラモンドはヴァンシタートに返事をしたため、自分はヴァンシタートの電報を受け取る前にライヒマンの中国行きを認めてしまっており、決定を取り消すのは不可能だったと告げた。ただ、中国へ出発する前日のライヒマンに、彼の活動と状況のデリケートさについて強く警告したとも記した。さらにドラモンドは、ライヒマンによるプラットとの面会報告についても付け加えた。ライヒマンは、プラットがボイコットなどのライヒマンの考えに何ら反対せず、それに同意したと語っていたというのである(92)。この最後の部分は、プラット自身には六月七日まで伝わらなかった。

四月一〇日、連盟事務局情報部は対中技術協力に関して声明を出した。日本は「衛生部長 Reichmann 亦前回と同様の任務のため、渡支の途中にあり」といら立った。杉村は、日本の連盟脱退後の対中技術協力事業が日本に対抗して中国を援助する抗日的なものとなると考えていた(93)。

ただし、この時のライヒマンの中国滞在は、ごく短期間に終わった。ライヒマンの中国における活動は宋子文との密接な関係に多くを負っていたが、その宋が四月一八日、アメリカ経由でロンドンに向かっていたのである。六月一二日からロンドンで国際連盟主催の世界経済会議が開催される予定であった。

六月六日、プラットは、中国から戻ってきたライヒマンと面会した。プラットはライヒマンが、「南京の眼鏡を通してのみ物事を見、彼が語ったことの多くは我々がいろいろな源から得た情報と矛盾している」と考えたが、それでも「ライヒマンは中国人に完全に信頼されているので、彼の見解は注意に値する」と記した。また、「連盟の仕事が中国において拡大し実を結ぶためには、中国政府が汎アジア的政策に背を向け、アメリカ、イギリス、フランスに援助を求めるよう力づける必要がある」とも記した(94)。

この時プラットは、四月六日付のドラモンドの手紙を見ていなかった。すなわち、中国人にボイコットや武力抵抗を行うよう勇気づけることに関しプラットも反対していなかったとライヒマンがドラモンドに語ったことを知らなかった。ライヒマンのこの発言は、イギリス外務省官僚の不信感をかき立てた。オードは、南京国民政府政治家の考え方を知るのにライヒマンは役に立つが、不幸なのは彼が中国人の勘違いを強めてしまうことであると記した。イーデンも、「ライヒマンは中国に戻ることを許されるべきではなかった。彼は、中国にも我々にも何ら良い結果をもたらさない」と考えた(95)。

技術代表派遣要請

宋子文は中国の窮迫した財政経済の再建のために奔走していた。アメリカでは、まず五月一九日に、元国際連盟事務局次長のフランス人モネ（Jean Monnet）を中国政府の財政顧問とする契約を取り交わした。さらに、五月二九日、五〇〇〇万ドルの棉麦借款をまとめ、六月、ロンドンにやって来た。その後渡仏し、中国への財政援助をフランス当局に打診した。棉麦借款類似のクレジットを提議したのだが、フランス側は新四国借款団規約に関し中正な立場を保持しようと慎重であった(96)。

一方、六月二八日付で中国行政院副院長兼財政部長宋子文の名で中国政府から連盟理事会に書簡が送られた。その内容は、一九三一年五月一九日に理事会で承認された技術協力問題に関し連盟と中国の全国経済委員会との協力をいっそう確実にするため、技術代表を派遣して連盟と中国との連絡や諸技術事業の調整に当たらせることを要請するというものであった(97)。

この要請に基づき、七月三日の国際連盟臨時理事会で、技術協力に関し中国と連絡を取る特別委員会創設の検討が予定された。これに向け、六月三〇日、カダガンからイギリス外務省の見解を尋ねる連絡が入った。ライヒマンの中国派遣問題が出てくるかも知れないが、カダガン自身は望ましい任命ではないと考えるとも記してあった(98)。オード、ウェルズリーともライヒマン任命に反対であり、前回の派遣の際にフランスも疑念を持っていたので、任命を止めるのは可能かも知れないと考えた(99)。そして、この趣旨でカダガンに指示が送られた。

長く連盟事務総長を務めてきたドラモンドは六月三〇日付で退任し、後任には副事務総長を務めていたアヴノルが就任した。アヴノルは保守的な人物で、中国よりも日本と関係を維持することに意を用いた(100)。

七月三日に理事会が開かれると、アヴノルは技術代表問題に関し事務総長としては責任をとれないと述べた。そこで、特別委員会を作って検討することが決められた。委員は英仏伊独の四常任理事国に加え、中国、ノルウェー、チェコ、スペインであった。この場では、ライヒマンを技術代表とする件は提議されなかった。カダガンから事前に疑念が表明されていたし、ドイツ委員などからも反対があったのである(101)。七月七日、事務総長から委員会に、技術代表の任務が示された。連盟技術組織の活動に関する情報提供、中国政府からの要請に自らの意見をつけて事務総長に送ること、中国の全国経済委員会への助力、専門家の活動を中国政府がコーディネートするのを助けることの四点であった。(102)

日本の根回し

日本では、五月に外務次官に就任した重光葵以下外務省首脳部から、状況を傍観するのはいかにも無策であるし、なお法的には、連盟国、理事国であり、連盟費も支出している以上、日本を有利に導く策をとる必要があるとの意見が出された。当初その無用を力説していた斎藤実内閣の内田康哉外相も、連盟および中国方面での説得工作に同意した。(103)

内田外相は七月一一日、伊藤帝国連盟事務局長代理に訓令を送った。「宋子文一派は今尚ほ連盟乃至欧米列国の勢力を利用して抗日を事とせむとし居るものの如く」、「米国棉麦借款は右策動の為流用せらるへきやの相当信すへき情報あり」、連盟が「対支援助」にさらに深入りすれば、中国側は必ず之を「遠交近攻」策に当てはめ、抗日運動に利用するだろう。「従来『ラ』か支那に於て衛生部長としての本来の任務を逸脱し、我方に対し悪意ある種々の策動をなし、殊に満洲事変発生後、宋子文と密接に連絡して悪辣なる政治運動に狂奔したることは殆と公知の事実なり」。したがって適当な機会を捉えて、アヴノル辺りの注意を喚起するように、という内容であった。(104)

すでにこの前日、伊藤はアヴノルと話し合っていた。アヴノルは、中国情勢がデリケートなので、今後は対中技術協力を事務総長の責任ではなく理事会の責任で行う方が適当と信じ、委員会の設置を要求したと述べた。(105)アヴノルの希望により、両者は一一日にも再び会談した。アヴノルは、理事会の行動に口を出す権限はないが、事務総長に関する限り技術協力が日中関係悪化を招く方向に進ませない決心であると語った。そこで伊藤は、技術協力そのものというよりは、その実行にあたる「連盟書記局員」の行動に関し日本の新聞紙上に相当の攻撃が現れていると伝え、アヴノルの補足的説明を「幸いとする所」と述べた[106]。

内田からの訓令を受け、一三日、伊藤はまたアヴノルと会談した。アヴノルは、「主要理事国は日支関係の悪化を希望せず」、仮に伊藤の話のように、宋子文が抗日策を持っていたとしても、「如何なる政府も斯る政策を助長するか如き態度を示さざりしことは自分の聞知する処」と述べた。理事会が中国政府との協力は政治的性質を有するものを除外すると明瞭にしたのは、連盟として中国に政治的援助を与えることを考えていない証拠だということであった。ただし、別れ際には、この件はすでに理事会の決議を経ており、交渉の余地はないとの口吻をもらした[107]。

ライヒマン派遣への反対は不可能

フランス政府もライヒマン任命に関し不安を感じ、一二日、イギリスの動向を尋ねた[108]。

同日、ヴァンシタートは、「連盟の中国との『協力』」という長文のメモランダムをまとめ、ライヒマンの中国における活動を振り返った。そこには、「ライヒマンの行政能力は高いが、政治的判断は信用できない。日本の反対もあり、ライヒマンの中国派遣に反対する強力な根拠はあるが、これを主張することは難しいし危険ですらある」と書かれていた。宋子文ら中国側は、ライヒマンがソルターや財政顧問となったモネと一緒に中国に赴くことを望んでおり、この計画が妨害されれば憤慨するであろうと予測された[109]。

イーデンとヴァンシタートはアヴノルと話し合い、アヴノルが任命に積極的との感触を得た。そこで、任命を一年のみとし、出発前にアヴノルから十分な警告を与えるのが良いのではないかという考えが出された。しかし、ウェルズリーは、警告や条件付けも危険と考えた。イギリスがそのように動けば確実に宋の耳に届き、中国の憎悪を一身に集めることになるかも知れないからであった。ウェルズリーは、ヴァンシタートと話し合い、結局、警告を与えないこととした。連盟がライヒマンを任命しなければ、宋子文は彼を何か他のアドバイザーに任命し事態がいっそう悪くなる可能性すらあった。任命がなされたら何もしない方が良いと判断された[110]。

一方、長岡春一駐仏大使は、一八日、沢田廉三参事官にフランス外務省極東部長を訪問させ、日本政府の意向を伝えた。「一昨年日支紛争の当初に於て『ラ』か其権限を越えて政治的の活動を為し、日本の立場を如何に不利益に連盟に報告したるかは永く日本人の忘るる能はさる所」、「『ラ』の再ひ支那に渡来することは日本側に対しては最も不愉快なること」という内容であった。これに対しフランス極東部長は、日本側の感触については自分も知っており、「日本政府の意向は外務大臣にも伝へ、特に当省の国際連盟部の注意を促し置く」旨を答えた。この問題に関するフランス政府の姿勢は、宋子文が提起したクレジット問題に対するそれと同様に、慎重であった[111]。

ライヒマン派遣の決定

一八日に開かれた特別委員会には、アメリカもオブザーヴァーとしてマリナー（Theodore Mariner）大使館参事官を参加させた。中国からは宋子文および顧維鈞駐仏大使が出席した。アヴノル、フランスのマッシリ（René Massigli）、およびイタリアやドイツの代表は技術代表の機能を全く非政治的なものとする必要を強調したが、イギリスを代表して出席した在仏大使館のハーヴェイ（Oliver Harvey）一等書記官は訓令に従い、受け身の態度を維持した[112]。

委員会の暫定的結論は以下のような内容であった。技術代表の任命は純粋に技術的かつ完全に非政治的なもので俸給、旅費および手当ては中国政府が支払うこと、そしてその任務は、連盟技術機関の活動およびそれを利用しうる方法に関する情報提供、中国政府からの技術協力に関する要請を事務総長に送ること、専門家の選択に際し中国政府に援助を与えること、中国での連盟専門家の活動を中国の全国経済委員会がコーディネートするのを助けることとする。さらに、事業の進捗状況を連盟理事会に少なくとも三ヶ月ごとに詳細に報告すること、技術代表にはライヒマンを任命することが決められた(113)。当初の予想よりもいっそう技術協力への限定を強調する内容であった。九月二三日の連盟理事会で委員会の勧告は承認され、ライヒマンは理事会任命の技術代表として再び中国に赴くこととなった。

この中国行きに際し、バリンスカが記し、濱口學も引用している情報によれば、ライヒマンは中国における活動の補助者マックス（Alfred Max）に、中国での使命は政治的だと説明したという。蔣介石に日本との問題を優先して取り扱い共産主義者と協力するよう説得することによって、連盟は戦争を阻止できると示す必要があるというのであった(114)。ライヒマンが社会主義的傾向を持っていたことは明らかではあるが、そのソヴィエト連邦、共産主義に対する姿勢ははかりがたい。すでに触れたように、この年三月二五日のプラットとの面会では反共的意見を述べていた。ただし、これはイギリス外務省向けの発言であった可能性が高い。バリンスカも、共産主義に関するライヒマンの姿勢は「定義しがたい」と書いている(115)。

中国再建事業の資金をどう捻出するか

さて、これだけ大騒ぎをして派遣が決まったにもかかわらず、ライヒマンが一〇月三日に中国に到着して以降、イギリス外交文書には彼に関する記事はそれ程現れない。フランスでも同じ状況であった(116)。これは連盟の対中国技術協力問題が「宋子文・ライヒマン」ラインからはずれ、ライヒマンの活動に進捗がなかったためのようである。一〇月四日、行政院長の汪兆銘、立法院長の孫科および財政部長宋子文よりなる全国経済委員会常務委員会が設置された。一二月八日、全国経済委員会常務委員会に蔣介石二九日、宋子文は行政院副院長と財政部長の職を解かれた。また、一二月八日、全国経済委員会常務委員会に蔣介石と新財政部長孔祥熙も加わった[117]。

さらに、技術協力によって中国がいろいろな活動を行っていくとして、その資金をどこから捻出するかという大きな問題もあった。ライヒマンは、一九三四年一月には、「全国経済委員会の事業経費は米国の棉麦借款の手取金によって支弁する取決めが近く成立するものと期待されている」と連盟への報告書に記した[118]。しかし、イギリスは、棉麦借款自体が一九二〇年の新四国借款団規約に反するので、この考えは日本を刺激すると考えていた[119]。三月二二日、駐華公使となったカダガンが南京でライヒマンと昼食を共にした際、ライヒマンは、将来に関する自分の提案がモネらの金融機関（Finance Corporation）設立構想の実現にかかっていると述べた。この金融機関は中国建設銀公司という名称で、貿易や産業に対する長期借款供与を目的として計画されていた。日本はこれを外資導入機関であると警戒した。しかし、欧米の銀行家の多くは新四国借款団の関係者であり、未回収の厖大な対中債権を有していたため消極的だった。また、中国国内でも外資の導入には反対論の方が強かった。結局、中国建設銀公司は六月に一〇〇パーセント中国資本によって設立され、この時、ライヒマンはすでに中国を離れていた[120]。

五　ライヒマンを再任しないという決断

天羽声明

一九三四年四月一七日、天羽英二情報部長の対中国際援助問題に関する非公式談話、いわゆる天羽声明が発表された。天羽声明とは、日本が「東亜に於ける平和及秩序を維持すべき決意」を示したものであり、これが報道されると世界各地で反発を引き起こした[121]。

イギリス外務省は、天羽声明がイギリスの対中政策を批判したものとは考えなかった[122]。また、批判を向けられた案件もアメリカの棉麦借款、中国航空事業へのアメリカやドイツの進出、中国へのアメリカ、フランス、イタリアなどの武器輸出、ライヒマンやモネの活動など複数あると考えていた[123]。本章との関連では、国際連盟の対中技術協力もその一つと考えられていたことが注目される。声明に接した直後のリンドリー（Sir Francis Lindley）駐日大使は、声明がライヒマンとソルターの報告書に反応したものだとすら感じた[124]。ただし、イギリスでは、国際連盟とイギリスが一体とは考えられておらず、ライヒマンの活動が天羽声明の対象であっても、そこから日本の批判がイギリスに向けられるとは全く考えられていなかった。

そうであったにしても、イギリスは天羽声明の趣旨が中国における平等な権利を諸国に保障した九カ国条約に反するのではないかと疑った。四月二三日、サイモン外相はリンドリー大使に、内田康哉の後任である広田弘毅外相と話し合って日本の真意を確かめるようにと指示した。また、この件は、四月二五日の閣議でも検討された[125]。同じく二五日に、リンドリーは広田外相と会談した。リンドリーによれば、広田は、イギリスが九カ国条約を日本と同様に解釈していることを喜ばしいとし、日本も中国における門戸開放を常に重視してきたが、中国がこの門戸をやや狭めたと述べた。また、広田は、新四国借款団の精神が守られているか疑念を持っているとも述べた[126]。リンドリーは、この広田の発言を受け入れ、一件落着とすべきだと意見具申した。翌日、イギリス外務省では、天羽声明中の日本のみが列強の対中政策を調整するという言明に関して説明が得られていないという意見が出された。しかし、最終的には、広田が九カ国条約や門戸開放の精神を遵守すると述べており、批判もイギリスに向けられているのではない以上、イギリス議会での質疑は続いても外務省としては一件落着とするのが適切だという判断に落ち着いた[127]。アメリカ国務省極東部長ホーンベック（Stanley K. Hornbeck）は、天羽声明問題への対応を通じてイギリスの対日宥和性も明らかになったと考えていたという[128]。

同じく四月二六日、プラットは、秘密情報源（secret sources）など他所から得た情報をもとに天羽声明に関するメモランダムをまとめた。このメモランダムは、中国における対日宥和派の勝利を整理し、日本の外務省も恐らくこの事実を知っていたので、天羽はつい意気揚々として外務省の見解を話してしまったのだろうと、声明の出された背景をほぼ正確に分析していた。さらに声明の結果についても、天羽より的確に見通していた。すなわち、プラットによれば「日本人は人の心の動きを読むのがうまくない。声明は中国の世論に影響を与え、蔣介石が対日依存政策を推し進めるのは非常に難しくなるだろう」というのであった。ヴァンシタートはこのメモランダムを非常に面白いと考え、サイモン外相にも回した[129]。

プラットは、さらに五月八日、天羽声明を連盟の対中技術協力問題と結びつけて考察する長文のメモランダムを著わした。その内容は、次のようであった。

日本は、正式に連盟の中国再建計画に反対したことも、ライヒマンの活動に文句を言ったこともない。しかし、一般には、最近の中国における政策に関する声明はこの再建計画に関するものだと理解されている。日本の観点からすれば、連盟の対中「援助」は、九カ国条約の精神に反して日本を除外し、新四国借款団規約の精神に反した借款によってまかなわれる中国の経済再建計画である。連盟の対中技術協力のあり方に関しては確かに日本の不満にも一理ある。事業に日本人の専門家は含まれず、協力計画全体が政治的で、ある点においては反日的色彩を帯びた。政治的、反日的色彩は主としてライヒマンによる。中国で連盟との協力政策に主として責任を持っているのは宋子文だが、彼もまた日本への強力な抵抗政策を主張している。そして、現実に日中間の緊張が続く状態で事業に日本を含めていくのは困難だというのがメモランダムの内容であった。ここでは対中技術協力の資金をいかに賄うかという問題、すなわち中国に対する借款と、その際に日本を除外する可能性が、日本を刺激したと理解されていた[130]。

プラットのメモランダムはさらに続く。ソルターは依然連盟の職員であった一九三一年に最初に中国を訪問した。一九三三年秋にも中国政府の招きで私人として訪中した。モネは一九三一年秋に連盟を辞めた人物だが、彼も一九三三年秋に中国政府の招きで完全に私人として訪中し、財政問題についてアドバイスしている。モネの活動に政治色はないが、日本はソルターにもモネにも疑いを抱いているという分析であった[131]。実際、日本ではソルターやモネも連盟が派遣したととらえられる場合があった[132]。

以上のようなプラットのメモランダムにヴァンシタートは、「我々が予見したように、ライヒマンは災難（disastrous effect）をもたらした。また、アメリカの棉麦借款も日本の疑念を増した」と書き添えた[133]。

カダガンは、五月八日付で次のような報告を送ってきた。日本政府は明らかに連盟の中国再建計画と航空・財政分野におけるアメリカの活動を心配しており、四月一七日の声明によってそれを両方、あるいは片方だけでも押しとどめられるか試みる価値があると考えたと思われる。一七日の声明が抗議の嵐を引き起こすと、二〇日にはさらなる説明を発した。カダガンは、日本が自らを除外した中国再建計画に反対し続けるだろうと予測した[134]。

ライヒマンは四月末にアメリカ経由で中国から戻り、五月九日夕方、プラットに会いに来た。この日にはライヒマン報告書もイギリス外務省に到着した。

ライヒマン自身は非常に慎重に行動したつもりのようであった。日本の須磨弥吉郎南京総領事とも接触したが政治やビジネスについては決して話さなかったと語った。ただし、ライヒマンの親友でもあったモネが中国建設銀公司計画を進めており、モネは須磨にも連絡をとっていた。広田弘毅外相の下で対中政策を主導していたのは重光葵外務次官で、重光の方針を現地で進めていたのが須磨であった。ライヒマンらは、日本が計画から除外されれば抗議するという態度をとっており、参加するだけでなく最大の利益を得ることを望んでいると観察した[135]。

イギリスの決断

対中技術協力問題に関し理事会が任命した特別委員会は、五月一七日にジュネーヴで開催される予定であった。この委員会に向け、プラットはライヒマン報告書についてメモランダムを著した。その内容は次のようであった。

中国が中国の歳入を使って行う事業であれば中国の自由に決められるし、連盟も専門家の助力を提供できる。しかし、外国から資金を導入する場合はそうではない。日本の中国に対する感じ方というのは、もしヨーロッパのすべての国が統一されていた場合にイギリスが感じるようなものである。日本は中国が他の列強に頼ろうとする傾向には非常に疑い深く、神経質である。それによって中国が自らの足で立ち、日本に抵抗できるようになるからである。日本はこれをおおっぴらに言うことはできないから、中国に連盟からの助力を受けるよりも拒否する方が利益は大きいと納得させようとするであろう。近年のこの方向での試みが四月一八《ママ》日の外務省の声明であるが、これはうまく行かなかった。そしてプラットは、イギリスのとりうる方策としては、中国の要請は拒否できないが、中国が、友好的な精神を持って専門家の活動に参加したいという日本のもっともな要求には応えた方が良いとすることであろうと記した[136]。

駐伊イギリス大使館のマレー（John Murray）参事官は、本省極東部ランダル（Alec Walter George Randall）一等書記官への私信で駐伊イギリス大使となっていたドラモンドの感想を伝えた。ドラモンドはモネの中国行きに先立ち、モネの仕事の成功には日本を巻き込むことが絶対に必要だと話し、モネも同意しているように見えた。しかし、モネは宋子文らの説得に失敗したらしいとの観察であった[137]。

駐日大使館からは、ライヒマン報告書に関する日本の新聞報道が非常に敵対的で、ライヒマンは政治的活動に従事し反日的と非難されているとの報告が入ってきた。また、重光外務次官と駐日大使館のドッド（Charles Edward Schuter Dodd）参事官との会談についても報告が入ってきた。ライヒマンが日本に対する敵意に満ちた報告を中国政府の名で連盟に送っていた証拠があると重光は言明したと伝えられた。そしてドッドは、連盟がライヒマンを中国に戻さない何らかの口実を見つけられればよいのではないかと考えていた。日本がライヒマンに対し非妥協的で、彼の名前と結びつけられた計画は壊そうとするかも知れないからであった。(138)

このドッドの意見に、プラットも同意した。彼によれば、日本政府は公式には連盟の中国における活動に何ら抗議を表明していないが、報道を使ったプロパガンダという作戦に出ているのであった。プラットは、日本が疑っている一つの問題は連盟の活動が日本を除外したまま中国に外資を導入する道を開きつつあるのではないかということだろうと分析した。ライヒマン自身が一月の報告でアメリカの棉麦借款から経費を出すことに言及し、日本の疑いに真実味を与えていた。また、モネも中国建設銀公司計画につきアドバイスしていた。モネは完全に独立したアドバイザーであり、連盟はモネの事業に何らの責任がないが、ライヒマンはモネのプランに期待することを明らかにしてきた。したがって、プラットは、連盟の技術援助、アメリカの借款、中国建設銀公司、すべてが日本を除外した形で中国の経済的再建をめざすたくらみなのではないかと日本が疑うのも理解できると記した。(139)

また、プラットによれば、満州事変後の日中直接交渉を中国が拒否したのはライヒマンの策動によるものだと日本は認識しており、ライヒマンを許しも、再び信頼しもしないだろうと予想された。ライヒマン自身は政治から距離を置こうとしたかも知れないが、アメリカの借款やモネの計画と連盟の技術援助を結びつけることで、それがどういう政治的結果をもたらすのかを理解し損なったとプラットは評した。(140)

結論として、プラットもライヒマンは中国に戻らない方が望ましいと考えた。対中技術協力計画実施の資金面は政治的問題と考えられるので、連盟の専門家はこれにかかわらず、中国の歳入をどう使うかという問題のみに関与するべきなのであった。プラットは早期にアヴノルと内密に話すことが望ましいと判断した(141)。

中国人、アメリカ人、イギリスでも国際連盟協会などがライヒマンの再任は日本の弱点を突くと考え、それに固執する危険があった。そこで、マウンジー、ヴァンシタートもイギリスの不安をアヴノルに伝えるのが一番という考えに同意し、この方針で指示が送られた。ライヒマンの任期が切れる七月一〇日以前の決断が必要であった(142)。三谷太一郎が「国際金融資本とアジアの戦争」で書いていることとは異なり、一九三四年の段階ではイギリスも新四国借款団の枠組みを破ることには消極的であった(143)。

アヴノルの決断

六月一二日、ジュネーヴで国際連盟を担当していたストラング（William Strang）はアヴノルと会談し、ライヒマンの件を話し合った。アヴノルもイギリスと同意見ではあった。しかしライヒマンが、自分が再任されなければ日本の勝利と解釈されると語ったことを気にしていた。一方で、国際連盟事務局部長の職にある者が長期間部長職を離れていられるというのも行政的な観点から芳しい状況ではなかった。アヴノルは、ライヒマンが長期間衛生部にいないで済むのなら実は全くいないでも良いのかも知れないと発言した。この発言は、ライヒマンを事務局から辞任させることを考えているようにも響いた(144)。

六日後、アヴノルはライヒマンに会い、辞任したいのなら別であるが、ジュネーヴでの任務を遂行しなければならないと告げた。さらに、衛生部に戻るのなら、中国との協力に携わろうという考えは捨てなければならないとも告げ、これにライヒマンは同意した(145)。

この報告を受け、イギリス外務省はジュネーヴの代表団に、アヴノルに口頭で感謝を伝え、必要であれば助力を申し出て良いと指示した[146]。オスターハンメルによれば、この時期、中国も連盟との技術協力維持への関心を失ったようだという[147]。イギリスは、確かにそのように観察していた。オードが郭泰祺イギリス駐在中国公使と話した際ライヒマンの件が出たが、郭も問題を理解しているようであった。ただし郭は、ライヒマンを中国に戻さないという決定が日本に屈したためと思われないことが大事だと述べた。イギリス外務省は、ライヒマンがポーランド国籍であることから、事態の処理にポーランド政府の助力を得られないか、また、そもそもライヒマンを送ることに積極的でなかったフランス政府の助力はどうかと考えていた[148]。

九月二八日、技術協力問題に関する委員会の会合が開かれ、アメリカもオブザーヴァーとして参加した。郭泰祺は成果について報告し、中国政府がこの協力を感謝し、その着実な発展を望むと述べた。一方、ライヒマンに関しては、技術代表としての任期が切れた八月一日に事務局衛生部長としての仕事を再開したので、これ以上技術代表としての任務を継続することはできないことが報告された[149]。

しかし、対中技術協力自体が中断されたわけではなかった。技術代表の後任としてはアースが中国に赴いた。また、技術協力も、規模縮小の傾向ながら一九四一年まで継続した。

六　国際社会における地位

中国の非常任理事国再選問題再び

以上で、国際連盟の対中技術協力問題を、その開始からライヒマンの技術代表としての任務終了まで検討してきた。

日本の反発を受け、イギリスや国際連盟はライヒマンを再任しないことに決定した。しかし、この決定によってイギリス外務省や国際連盟事務局が日本に宥和的な姿勢をとったことにのみ注目するのも一面的であろう。本節では、技術協力を通じて中国が国際社会における地位を築いていったという面に目を向けてみよう。

技術協力の発端は、一九二八年に中国が非常任理事国に再選されなかったことであり、その後も中国は「周辺的状況からの脱却」をめざして活動を続けていた。ライヒマンの再任されないことが決まりつつあった一九三四年七月には、非常任理事国の地位維持をめざす。この年の連盟総会で中国は再選されないのだが、準常任理事国的議席を要求し始め、一九三六年には目標を一応達成する。準常任理事国とは、恒常的に選出される非常任理事国のことである。中国がこのような議席を確保していった背景には、もちろん、日本の侵略拡大があった。しかし、技術協力の経験も中国が連盟加盟国の支持を確保する上で役に立った。

一九三四年七月七日、郭泰祺駐英公使は、オード極東部長に、サイモン外相に会って非常任理事国への再選に向け、イギリス政府の支持を得たいと語った。[150] 中国は一九二六年に任期二年、一九三一年には任期三年で非常任理事国に選ばれた。一九三一年に非常任理事国となっていたことは、満州事変の処理をめぐって中国に有利な状況を作り出した。一九三四年にはこの任期が終了に近づいていたのである。イギリス外務省のアシュリー・クラーク(Henry Ashley Clarke)二等書記官は、日中間の紛争、中国と連盟との密接な技術協力計画、さらに、アヘン問題における中国の協力の重要性などの点から、中国はシャムよりも有力な候補だとの考えを記した。[151] すでに触れたように、非常任理事国議席には非公式な地域割当があり、中国はほかのアジアの国々と競争する状況にあった。

一九日、オードは、中国にシャムがとって代わったら、中国には二重の打撃になると考えた。というのは、シャムは前年二月二四日に日本非難決議が行われた際、棄権した唯一の国だったからである。また、オードは、アヘン問題を逆説的と評した。彼は中国の関心がアヘン問題の改革にはないと見ていたからである。彼によれば中国の関心は、改革している振りをし、禁止されていることになっている取引から歳入を得、連盟のアヘン機構を諸外国列強に反対する政治プロパガンダに使うことの三点であった。しかし、そうであったにしても、オードはアヘン問題が中国を理事会構成員とするためにはマイナス点ではないと考えた。中国が理事会に議席を占めれば、イギリスも圧力をかけ易くなるからであった。結論として、オードは中国の再選に賛成であった。イギリスや連盟が天羽声明に屈したと思われるべきではないという点も重要であった。二五日、事務次官補となり、サーの称号を得ていたマウンジーも中国を支持した方がイギリスにとって利益は大きいだろうと記し、ウェルズリーやヴァンシタートも同意した(152)。

連盟分担金未払い問題と落選

しかし、二日後、イギリス外務省の姿勢を大きく変化させる情報が大蔵省からもたらされた。それは、連盟の財政状況に関する最新の報告書であった。それによれば、同年六月三〇日現在で中国には、すでに繰り返し言及されてきた未払い金に加え、二二五万六〇〇〇金フランの連盟への未払い金があることが判明した。これは、中国が一九三一、三二、三三年度の分担金を全く支払っていないことと等しいように判断された。イギリス大蔵省の連絡には、もっと良い非常任理事国候補がないのを残念に思うと記されていた。大蔵省も中国の善意を求める必要は感じていたが、未払い金のある国に対しイギリスは通常強い態度で臨んでいた。中国のみを例外として扱って良いかが問題であった(153)。

この大蔵省からの連絡によって中国の多額の未払い金に驚いたヴァンシタートは、イギリスが中国ではなくトルコを非常任理事国として支持すべきだと決めた(154)。トルコはアジアの国と見なされることには抵抗を示していたが、中国を引き継いで非常任理事国に選出されることは希望していた(155)。

九月七日、中国は、非常任理事国再選資格を要求した。この日午後、連盟総会に中国代表として出席する郭泰祺はイギリス代表を務める玉璽尚書（Lord Privy Seal）のイーデンに面会を求め、中国再選への支持を求めた。郭は、日本の脱退表明以前から南米に比べアジアは連盟で十分に代表されてこなかったと述べた。また、トルコが数ヶ月前に自らヨーロッパのメンバーだと主張したことを援用して、トルコがアジアを代表するというイーデンの議論を受け付けなかった。さらに郭は、中国には連盟や西洋の列強と協力しようというグループ（欧米派）と、日本と折り合いをつけ汎アジア主義的政策をとろうというグループ（親日派）が存在しており、中国が再選されなければ後者が力を得るだろうし、イギリスが中国を支持すれば英中関係に非常によい効果をもたらすとも述べた[156]。イギリスが汎アジア主義を嫌うことを理解し、それを巧妙に利用した外交戦略であった。

九月一一日には、トルコ外相がイーデンを訪問した。彼は、中国が立候補したことを残念に思い、英仏がトルコを支持する中、誰が中国にそう勧めたのか当惑していた。外相は、ここ何年か中東は全く代表を送っていないし、南京政府が何を代表するのかも定かでない、また、ジュネーヴに到着して以来、中国の立候補が反日プロパガンダの機会となっていることに不安を感じさせられたと述べた。連盟はいずれかの国に反対するというには大きすぎる機関なのではないだろうかというのが彼の意見であった[157]。

連盟非常任理事国選挙は九月一七日に行われ、スペイン、チリ、トルコが選出された。中国は被再選資格を認められる必要があったが、投票数五二のうち確保できたのは二一票で、必要であった三五票を集められなかった[158]。

中国、常任理事国を望む

九月二六日、郭泰祺は連盟理事会議長を務めていたチェコスロヴァキアのベネシュ（Edovard Beneš）に次のような内容の手紙を送った。すなわち、連盟が中国との特別な関係とともにアジアにおける中国の枢要な地位を認識し、中国政府が連盟に対する現在の政策を維持することを可能にするよう望む。中国では西洋から離れて「アジア人のためのアジア」を唱える日本の計画を支持する者が増加した。極東の状況が危機的になる前に、理事会議長が中国のための特別な議席を設ける具体案を理事会に早期に提出するよう提案するという内容であった[159]。

一〇月一一日、イタリアのアロイジ男爵（Baron Pompeo Aloisi）は、日本の連盟脱退後の常任理事国についてイーデンに話した。イタリア政府は、中国が日本の保持する常任理事国の地位を望んでいると理解しており、これを支持するつもりだと告げた。また、ドラモンド駐伊イギリス大使もアロイジと話した内容をイーデンに手紙で書き送ってきた。アロイジによれば、中国は連盟を脱退すると「脅した」という。ドラモンドは、脅迫に屈するのは間違いだが、中国に準常任理事国的地位を与え、恒常的に理事会に出席させるのは良い考えだと書いていた。中国は非常に大きな国で、安定していれば常任理事国に値し、また非常任理事国を務めるトルコはアジアではなくヨーロッパの国だと考えられることを欲しているからであった[160]。

この段階では、日本が後に防共協定や三国同盟で結びついたイタリアよりも、イギリスやフランスの方が日本に妥協的、かつ中国に批判的であった。一〇月一六日、アヴノルはイギリスの連盟事務局長ストラングに、中国政府から理事会議長への要請を伝えたが、アヴノル自身は理事会から中国を外しておくことに利点があると考えていた。彼は、中国が三億もの人口を有する国であるのに、自ら何もしないと批判的であった。中国は日中間の紛争に関し一九三三年二月の連盟総会決議に頼り、責任を連盟に押しつけているというのであった[161]。

一八日には駐英フランス大使館が、日本が去った後の常任理事国議席に関してイギリスの意見を問い合わせてきた。そフランスは、イタリアが中国の好意を得ようとしているのは武器の注文を取ろうとしているためだと考えていた。そして、フランス政府としては、中国のように国内の混乱した国が理事会議席を占めることに賛成ではないし、日本の議席をすぐに埋め、日本が連盟に戻るドアを閉めたと見られるのは好ましくないと考えると伝えた。(162)

ストラングは、フランスもアヴノルも日本を不必要にいら立たせたくないようだと判断した。これは中国の要請を支持しない十分な理由であったが、イタリアに伝えれば中国に情報を漏らすことは目に見えていた。(163)

二二日、イーデンはストラングのもう一つの考え、すなわち、理事会がすでに大きすぎ、総会で非常任理事国への被再選資格なしと宣言された直後に中国を常任理事国とするのは困難だという考えに同意した。また彼は、トルコがアジアの国として理事会に議席を占めていることを忘れてはならないし、日本が連盟に戻るのを阻害するようなことは望ましくないと主張した。イーデンもイタリアが中国の好意を得ようとしているのは、武器輸出のためと考えていた。(164)

一一月二日、イギリス外務省はカダガンに連絡し、中国の提案に賛成ではないと告げた。日本が依然連盟の一員であるのに、日本脱退後の日本の議席について議論するのは望ましくないという判断であった。(165)ただし、政府とイギリス国際連盟協会の意見は異なり、後者は中国に理事会議席を与えるべきだと考えていた。(166)

この間、中国は各国に支持を求めた。(167)一一月一六日午後、郭公使はイーデンとの面会を求めた。イーデンに問われると、日本の議席の引き継ぎではなく、中国が準常任的に占める追加議席の創設を求めると答えた。イーデンが他国の反応について尋ねると、イタリアとチェコのベネシュ、南米諸国は賛成で、フランスのマッシリも反対しなかったが、政府の意見を聞くと述べたということであった。イーデンは、他の国も理事会の規模拡大に賛成でないことを知っていた。また、彼はアジアの代表が少ないとも考えなかった。日本は依然として連盟のメンバー、常任理事国であった。この直前の一九三四年九月に加盟したソヴィエトも常任理事国であり、イーデンは、アジアの大きな部分がソヴィエト領であると考えていた。彼の判断では、準常任的議席であっても再選が拒否された数週間後には無理な要求であった。[168]

なお、日本はこの動きに対し、「全然無関心の態度を持す」こととしていた。[169] フランスなどが日本の連盟復帰の可能性すら考えて行動していたことを考えると、硬直的な姿勢であったと思われる。

日本、非連盟国となる

一九三三年三月の連盟脱退通告から二年を経て、日本は非連盟国となった。一九三五年五月一六日、郭公使はサイモン外相と会談し、中国に特別の理事席を作るよう要求する草案を示した。これに対しサイモンは、二点を告げた。第一に、一九三三年一〇月二日の総会決議によれば、理事会の構成については一九三六年に総会で話し合われる予定となっていた。中国のみに関する提案を一九三五年に検討するということは、すでに認められている一般的提案に反すると理事会は考えるかも知れない、また第二に、イギリス政府の方針をあらかじめ約束することはできないということであった。ただし、提案すること自体は中国の権利であるとも伝えた。[170]

五月二五日、連盟理事会は秘密会を開いて二一日付の中国の要求を検討した。アヴノルは、郭から理事会議長を務めていたソヴィエト外相リトヴィノフ（Maxim Litvinov）に宛てた、理事会議席を要求する中国の手紙を読み上げたが回覧はしなかった。[171]

この際イーデンは、問題が翌一九三六年に再検討の予定であることを確認した。一方、イタリアのアロイジをはじめ、ポルトガル、トルコ、デンマーク代表は、中国の要請に好意的な発言をした。アルゼンチン代表も、常任理事国にするのでなければアロイジの意見に賛成ということであった。チリ代表および議長のリトヴィノフは、中国ということではないが理事会議席の増大に好意的であった。また、ポーランド代表は、この問題を考えることで理事会全体の問題解決も進むと発言した。当時、非常任理事国選出に非公式な地域割り当てがあったために、特定の地域グループに属さないヨーロッパの国は選出されにくいということも問題視されていた。これらの意見に対し、フランスのマッシリは、特定の国のために議席を増やすのは疑問だと述べた。基本的にイギリスとフランスが消極的な以外は、反対意見はほとんどなかったと言えよう。[172]

この状況を受け、リトヴィノフ議長は、事務総長が理事会選挙に関する現状をまとめ、中国の要求を実現する方法を検討するよう提案した。事務総長は、検討に関するメモを次回の理事会前に、私的に理事会メンバーに回すこととされた。それを受けて理事会は次回の通常会期の際に問題を議題に載せるかを検討することとした。[173]

臨時非常任理事国へ

八月二九日、「理事会の構成についての中国の要請」に関するアヴノル事務総長の検討内容がイギリスに届いた。常任理事国に任じたり、追加の非常任理事国議席を設けたりしない場合、中国が理事会に立候補できるのは早くて一九三七年であり、その場合にも選出されるとは限らないという整理であった。この検討案を見たストラングは、「今回、中国はジュネーヴで厄介物になるだろう。そして、多分最終的には目的を達するだろう」と記し、イギリスは、できる限り当たり障りのない態度を維持すべきだと考えた。同じ日、第三次ボールドウィン（Stanley Baldwin）内閣で国際連盟担当の無任所大臣（語義矛盾ではあるが）となっていたイーデンはストラングに同感とした。しかし、連盟事務局が中国の味方についている以上、イギリスが当たり障りのない態度を取り続けるのは難しいだろうとも記した。[174]

事務総長の覚書は、九月一三日の理事会秘密会に上程された。[175] ついで二三日に開かれた秘密会合でトルコ代表は、中国に議席を与えることに賛意を表した。一方、イギリス連邦のオーストラリアは、特別に議席を作るというのは危険な前例となるので、委員会を任命して検討すべきだと発言した。フランスのラヴァル（Pierre Laval）首相は既存の委員会での検討を提案した。リトヴィノフは、一九三三年以降日本とドイツの脱退、ソヴィエト連邦の加盟により理事会、総会ともメンバーが変わっていることを指摘し、委員会の構成を現状に合わせる必要があると述べた。これに対し、スペイン代表は、委員会に諮るのでは決定が一九三六年に先延ばしとなり、中国の提案を拒否するのと同じになると発言した。しかし、リトヴィノフの修正を加えたラヴァルの提案が認められた。[176]

九月二六日、理事会は、一九三三年一〇月二日の総会決議に基づき理事会の構成を検討し、関連して中国政府の提案も検討する委員会を任命することとした。構成メンバーには、英仏伊、アルゼンチン、オーストリア、ベルギー、カナダ、中国、ペルー、ポーランド、ルーマニア、スペイン、スウェーデン、ソヴィエトが挙げられた。ただし、ルーマニアは辞退しトルコが推薦された。自らをヨーロッパの国と認識するトルコは、中国以外にアジアの国が入っていないのでイランを入れるべきだと主張した。[177]

「理事会構成に関する委員会」第一回会合は、九月二八日に開かれた。中国の郭泰祺は、小委員会を設けて中国問題だけを検討することを提案した。しかし、フランス、ベルギーなどが他の問題も同時に検討すべきと反論し、イギリス、ポーランド、ソ連などもこれを支持した。連盟構成国には、何か意見があれば一一月一一日までに事務総長に連絡するよう要請することが決められた。また、次回の会合は一一月末までに開くこととされた。[178]

この直後、一〇月二日に、イタリアが連盟加盟国であるエチオピアに侵攻した。連盟はこの問題で忙殺され、理事国問題の検討は、結局当初の予定通り一九三六年に行われることとなった。一方、すでに日本陸軍は華北分離工作に着手しており、日本外務省も一九三五年一一月には、中国の幣制改革に反対を表明した。国際情勢に関する情報収集ルートを閉ざしていった日本は、この幣制改革に関しても正確な動向把握ができず、イギリスのリース＝ロス（Sir

Frederick Leith-Ross）使節団訪中と結びつけて理解していた。[179] さらに一九三六年には二・二六事件が起こり、連盟は日本に対する不信感と東アジア情勢に対する危機感を強めていった。

一九三六年四月から五月にかけて開催された「理事会構成に関する委員会」にイギリスからはセシル卿が報告者（rapporteur）として参加した。彼は、アジアを代表する国として中国を、イーデンなどよりはるかに強く後押しした。[180] この委員会の勧告に基づき、一〇月の連盟総会で、非常任理事国は三年の間一一カ国に増やされることが決められた。すでに、スペイン内戦も勃発し、国際連盟に対する信頼が完全に失墜する状況下ではあったが、中国は臨時非常任理事国の地位を獲得したのである。[181]

おわりに

本章は、国際連盟の対中技術協力を、その中心人物の一人ライヒマンの活動および資金問題を中心に、中国の理事会議席問題と絡めて検討してきた。この最後の点は、連盟が技術協力を開始した契機が、一九二八年に中国が非常任理事国に再選されなかったことにあったからである。連盟にはアメリカ合衆国やソヴィエト連邦が加盟しておらず、当時、連盟事務局は加盟国数の減少によって自らの存在意義が切り崩されていくことに非常に神経質であった。

イギリスはフランスとともに国際連盟を支えた国であったが、その考えが連盟事務局、あるいは理事会や総会で決定される方針と常に同一だったわけではない。対中協力問題に関してもイギリス外務省極東部は積極的ではなかった。一九世紀半ば以来中国に多大な権益を有していたイギリスにとって、たとえ連盟であっても新しい勢力の中国進出は、自らの既得権益と抵触する可能性があった。とくに連盟を代表して活動する者がイギリス人でない場合には、イギリス外務省としては疑念の方が先に立ったようである。

ただし、イギリスにも複数の意見があり、一九二九年から三一年にかけて政権にあった労働党は、外務省極東部とは異なっていた。マクドナルド首相をはじめ労働党には、ライヒマンと第一次世界大戦中から接触のあった者がいて、ライヒマンの有能さを評価していた。ライヒマンの二回目の中国派遣が決まった時期、連盟でイギリスを代表したのは労働党内閣のヘンダソン外相であった。一方、労働党内閣が一九三一年夏に倒れた後政権についた挙国一致内閣は、保守党員を主体とした。連盟の対中協力に関する彼らの考え方は外務省極東部と近かったようである。

日本はパリ講和会議の段階から国際連盟に熱心ではなかった。とくに、東アジアの問題が多国間協議の場に載せられることには反対であった。連盟の対中技術協力問題をめぐっても、それに反対し、できれば中国を日中の狭い枠組みに囲い込んでおこうとした日本の志向は顕著に窺える。この志向は、国際連盟事務次長兼政務部長として国際派の外交官と考えられていた杉村陽太郎にも共有されていた。ライヒマン派遣問題に際しての杉村の行動は、国際派としてよりも、日本の国益を第一に考えるナショナリストとしての彼の一面を浮かび上がらせている。

中国にとって日本に囲い込まれることは有益ではなかった。それは日本の侵略という理由からだけではなく、経済面、技術面で当時の日本が必ずしも一流ではなかったことにもよるであろう。イギリスやアメリカの金融機関は、日本よりはるかに借款供与能力があったし、武器の供給源としても、第一次世界大戦を経験したヨーロッパの国々の方がはるかに有用であった。

中国は国際社会における周辺的存在からの脱却を志向し、連盟はそのひとつの舞台であった。中国は、当初日本と同等の連盟分担金を支払うことすら主張した。ただし、これは結局未払い問題となって中国自身の足を引っ張ることとなった。

ライヒマンは熱心に中国を支援した。これは、保健衛生問題が技術協力の中心だった初期には、医者としての職業意識に基づくものであったろう。また、ポーランド出身の彼は抑圧される国に対する同情心も強く、この姿勢は一九三一年九月の満州事変勃発以降、いっそう強くなったことであろう。さらに、社会主義者としてのライヒマンも忘れてはならない。ただし、この政治信条が一九三〇年代中国における彼の活動をどのように規定していたのかは、今回検討できた史料では明らかにならなかった。

周知のように、満州事変の処理をめぐって連盟で中国の力となったのは「小国」とされた国々であった。これに対し、国際連盟を支える立場にあった英仏両国は常に日本の意向に配慮しつつ行動していた。対中技術協力問題においても同様で、一九三四年にライヒマンが技術代表の地位からはずされた最大の理由は日本の反発であった。

一九世紀以来のさまざまな条約、取り決めを守る立場にあったイギリスやフランスは、連盟の対中技術協力への日本の反発にも一理あると考えた。技術協力をその実施のための資金問題と切り離して考えることはできなかったからである。技術協力、アメリカの棉麦借款、モネの中国建設銀公司など、すべてが日本を除外した形で中国の経済的再建を目指す企てなのではないかという日本の疑念をイギリスは理解した。このような企ては、一九二〇年の新四国借款団規約に反する可能性があった。南京国民政府が税制を整備し財政基盤を固め中国自らの資金を使うか、あるいは借款問題に日本を巻き込んでいくのでなければ、技術協力の進展は望めない状態にあった。このようなイギリスの解釈は、一九三五年のリース＝ロスによる日本への働きかけにもつながったと考えられる。

一方、資金問題に関し、イギリスの中国に対する視線は厳しかった。連盟が分担金支払いなどに関し、「大きな国」中国を特別扱いしがちなことにイギリスは釈然としないものを感じていた。

一九三四年、ライヒマンは技術代表に再任されなかった。しかし、技術協力自体は継続し、中国が国際社会において自らの地位を築きあげていく上でも役立った。中国が理事会に準常任理事的な議席を求めた際、中国を支持する議論には、連盟との密接な技術協力の実績を挙げるものもあった。

日本は中国を準常任理事国としようとする動きに対し、硬直的な「全然無関心の態度を持す」しかなかった。連盟を脱退したことで日本は、それまで占めていた国際社会における地位を失ったばかりでなく、連盟という舞台において交換される情報のネットワークからも切り離された。確かに連盟自体は、その機能を終えようとしていた。しかし、一つの国際機構が終焉を迎えても、国際社会は存続する。小さな枠に閉じ込められたのは、結局中国ではなく日本だった。

（1） 西村成雄編『中国外交と国連の成立』法律文化社、二〇〇四年、九頁。

（2） 海野芳郎『国際連盟と日本』原書房、一九七二年、濱口學「『大陸』におけるライヒマンとモネ」『外交史料館報』第一二号、一九九八年、Marta A. Balińska, *For the Good of Humanity: Ludwik Rajchman, Medical Statesman*, Budapest: Central European University Press, English edition translated by Rebecca Howell, 1998; Jürgen Osterhammel, "'Technical Co-operation' Between the League of Nations and China", *Modern Asian Studies*, Vol. 13, No. 4, 1979, pp. 661–680. 張力『國際合作在中國』台北、中央研究院近代史研究所、一九九九年。

（3） 関連する先行研究として、三谷太一郎「国際金融資本とアジアの戦争—終末期における対中四国借款団」近代日本研究会編『年報・近代日本研究 二 近代日本と東アジア』山川出版社、一九八〇年がある。

（4） アーサー・ソールター著、太平洋問題調査会訳『太平洋問題資料 七 支那の経済問題とその将来』太平洋問題調査会、一九三四年、五二頁。

（5） 唐啓華『北京政府與國際聯盟』台北、東大圖書公司、一九九八年、川島真「中国外交における象徴としての国際的地位―ハーグ平和会議、国際連盟、そして国際連合へ」日本国際政治学会編『国際政治』第一四五号、二〇〇六年、三〇頁。

（6） National Archives, Kew, Foreign Office(hereafter, FO)papers, FO371/13395, W7608, Knatchbull-Hugessen(Brussels)to FO, no. 644A(96/28/28), 11 Aug. 1928.

（7） FO371/13198, F4643, Selby, British Delegation, Geneva, to Mounsey, 27 Aug. 1928; F4643, Outfile(Mounsey to Selby, 31 Aug. 1928).

（8） FO371/18550, W6540, minute by Ashley Clarke, 18 July 1934. この地域割り当てのため、何らかのグループに所属しない国は非常任理事国に選出されにくいという問題もあった。本章第六節参照。

（9） FO371/13198, F4643, Outfile(Mounsey to Selby, 31 Aug. 1928). 拙著『アヘンとイギリス帝国―国際規制の高まり　一九〇六―四三年』山川出版社、二〇〇五年、一二八―一三七頁参照。

（10）『日本外交文書』昭和期Ⅰ第二部第二巻（以下「一―二―二」と略）、二〇三文書（パリ佐藤尚武連盟事務局長より田中義一外相、一九二八年七月二四日）。同、二〇四文書（佐藤より田中、同年八月二四日）。同、付記（「ドラモンド」総長の支那問題に関する内話、同年八月二三日）。なお、読みやすさを考え、文中の漢字は新字体に、カタカナはひらがなに統一し、適宜句読点を補った。

（11） FO371/20484, W900, League of Nations, C.E.C.C.4(Rules dealing with the election of the non-permanent members of the Council, adopted by the Assembly on September 15th, 1926).『日本外交文書』一―二―二、二〇五文書（在ジュネーヴ連盟三全権より田中、一九二八年九月五日）。

（12） FO371/13198, F4886, Memorandum by Lord Cushendun, 6 Sept. 1928 and minute by Toller.

（13）『日本外交文書』一―二―二、二〇六文書（連盟三全権より田中、一九二八年九月一〇日）。

（14） 同、二〇七文書（連盟三全権より田中、一九二八年九月一三日）。

（15） *British Documents on Foreign Affairs*, Part 2, Series J, The League of Nations, 1918-1941, vol. 2(hereafter, *BDFA*), doc.35, W1346, Chamberlain to Macleay, 19 Feb. 1926. 川島、前掲論文、二九頁。

（16）『日本外交文書』一―二―二、二〇八文書、二〇九文書（連盟三全権より田中、一九二八年九月二五日、九月二七日）。

（17）FO371/13198, F5468, Drummond to Cadogan, assistant to the British Delegate to the League of Nations, unnumbered, 6 Oct. 1928.

（18）FO371/13950, F2247, Minute by Chamberlain, 5 Mar. 1929(Lampson to Mounsey, personal and confidential, 2 Mar. 1929).『日本外交文書』一―二―二、二一〇文書（佐藤より田中、一九二八年一〇月三日）。

（19）同、二一五文書（田中より佐藤、一九二八年一〇月二六日）、二一八文書（佐藤より田中、同年一一月一五日）。

（20）同、二一六文書（在中国堀義貴臨時代理公使より田中、一九二八年一〇月二七日）。

（21）同、二二〇文書（佐藤より田中、一九二八年一二月六日）。

（22）同、二二一文書（矢田七太郎上海総領事より田中、一九二九年一月二九日着）。

（23）同、二二二文書、二二三文書（岡本一策南京総領事より田中、一九二九年一月三一日着、二月三日）。

（24）FO371/13950, F2148, from Lampson, no. 413(4/68A), 16 Mar. 1929, enclosure 1, 3 and 4.

（25）『日本外交文書』一―二―二、二二九文書（佐藤より田中、一九二九年四月五日）、別紙。

（26）同前。

（27）同前。

（28）同前。

（29）『日本外交文書』一―二―二、二二六文書（佐藤より田中、一九二九年三月一日着）、張、前掲書、七六頁。

（30）FO371/13950, F2247, Lampson to Mounsey, personal and confidential, 2 Mar. 1929; F2213, Lampson to FO, no. 358(3/68A) Confidential, 7 Mar. 1929, enclosure(Minute by Lampson, 1 Mar. 1929).

（31）『日本外交文書』一―二―二、二二七文書（林久治郎奉天総領事より田中、一九二九年三月一一日着）。

（32）　同、二二八文書付記一（大臣会見録、一九二九年三月一九日）。

（33）　同、二二八文書付記二（石井「アヴノル」小談話摘要、一九二九年三月二二日）。

（34）　張、前掲書、七七頁、FO371/18090, F2683, FO Memorandum (Pratt), para. 2, 8 May 1934. これは、一九三四年五月までの経緯をまとめたメモランダムである。

（35）　ライヒマンの経歴に関しては、Balińska, *op. cit.*, pp. 1–61を参照した。

（36）　Osterhammel, *op. cit.*, p. 664. 拙著『上海をめぐる日英関係　一九二五―一九三二年―日英同盟後の協調と対抗』東京大学出版会、二〇〇六年、第二―三章参照。

（37）　FO371/14708, F169, Lampson to FO, no. 1660 (4/47/Q), 20 Nov. 1929.

（38）　FO371/14688, F1039, Memorandum by Lord Cecil, 15 Feb. 1930; Balińska, *op. cit.*, pp. 79–80.

（39）　FO371/14688, F1039, Minute by Pratt (Memorandum by Cecil, 15 Feb. 1930).

（40）　*Ibid.*, Minutes by Dalton and Cecil (Memorandum by Cecil, 15 Feb. 1930).

（41）　FO371/14708, F1117, a letter from Buchanan to Pratt, 22 Feb. 1930.

（42）　*Ibid.*, FO Minute (Pratt), 24 Feb. 1930.

（43）　FO371/14708, F1177, FO Minute (Pratt), 26 Feb. 1930.

（44）　*Ibid.*, Minutes by Orde and Wellesley (FO Minute), 26 Feb. 1930.

（45）　*Ibid.*, an instruction from Dalton to Wellesley, 26 Feb. 1930; F1130, from Ministry of Health, no. 111001/30 urgent, 26 Feb. 1930 and outfile, 28 Feb. 1930.

（46）　FO371/14709, F4398, from Buchanan, communicated, 13 Aug. 1930.

（47）　FO371/14709, F2831, from LN, extract from minutes of 3rd meeting of 59th Session of Council, 14 May 1930.

（48）　『日本外交文書』一―二―二、二三二文書（パリ伊藤述史連盟事務局長代理より幣原喜重郎外相、一九三〇年四月一八日）。

(49) 同、二三四文書（幣原より佐藤、一九三〇年五月二日）。

(50) 同、二三五文書（三全権より幣原、一九三〇年九月一五日）。

(51) 同、二三六文書（三全権より幣原、一九三〇年九月一七日）。

(52) FO371/14709, F6868, from Buchanan to Cadogan, unnumbered, 29 Nov. 1930; Balińska, *op. cit.*, p. 87.

(53) 張、前掲書、一三六、一七七―一八一頁。

(54) 『日本外交文書』一―二―二、二三八文書（佐藤より幣原、一九三一年一月一四日）、同、二三九文書（沢田節蔵連盟事務局長より幣原、一九三一年一月二〇日）、FO371/18090, F2683, FO Memorandum (Pratt), para. 5, 8 May 1934.

(55) 『日本外交文書』一―二―二、二四〇文書（沢田より幣原、一九三一年二月二日）。

(56) 同、二四二文書（上村伸一南京領事より幣原、一九三一年三月二一日）、濱口「『大陸』におけるライヒマンとモネ」八八頁。

(57) 『日本外交文書』一―二―二、二四一文書（沢田より幣原、一九三一年三月七日）。

(58) 同、二四一文書付記（杉村陽太郎国際連盟事務次長より青木節一連盟東京支局主任、一九三一年三月一四日）、海野、前掲書、一六三頁。

(59) 同、二四五文書、二五六文書（幣原より沢田、一九三一年四月一三日、五月一二日）。

(60) 同、二五七文書（幣原より沢田、一九三一年五月一六日）。

(61) 同、二四六文書（沢田より幣原、一九三一年四月三〇日）。

(62) 同、二四八文書（沢田より幣原、一九三一年五月四日）。

(63) 張、前掲書、一三七頁。

(64) 『日本外交文書』一―二―二、二四八文書（沢田より幣原、一九三一年五月四日）。

(65) 同、二六〇文書（幣原より在中国重光葵臨時代理公使、一九三一年五月一九日、杉村次長「ライヒマン」会談録等送付の件）。

(66) 同、二五四文書（幣原より沢田、一九三一年五月一一日）。
(67) 同、二五九文書（沢田より幣原、一九三一年五月一八日）、海野、前掲書、三二九頁の注、杉村陽太郎『国際外交録』（一九三三年、『日本外交史人物叢書』第八巻、ゆまに書房、二〇〇二年所収）一七三頁。
(68) 『日本外交文書』一―二―二、二五九文書（沢田より幣原、一九三一年五月一八日）。
(69) 同、二五九文書（沢田より幣原、一九三一年五月一八日）。
(70) 張、前掲書、一四二頁。
(71) FO371/18090, F2683, FO Memorandum (Pratt), para. 14, 8 May 1934.
(72) 同、二六一文書（沢田より幣原、一九三一年五月二〇日、芳沢より）、FO371/18090, F2683, FO Memorandum (Pratt), para. 6, 8 May 1934.
(73) 張、前掲書、一四一頁。
(74) 『日本外交文書』一―二―二、二六五文書（沢田より幣原、一九三一年六月三日）。
(75) 同、二六七文書（沢田より幣原、一九三一年六月二二日、別紙甲号）。
(76) 同前。
(77) 同前。
(78) 同、二六七文書（沢田より幣原、一九三一年六月二二日、別紙乙号）。
(79) Balińska, *op. cit.*, p. 88.
(80) 『日本外交文書』一―二―二、二六七文書（沢田より幣原、一九三一年六月二二日、別紙乙号）、海野、前掲書、一六八頁。
(81) ルトヴィク・ライヒマン著、国際連盟事務局東京支局訳『ライヒマン報告書――国際連盟の対支技術援助に関する報告書』日本国際協会、一九三四年、一三―一五頁、濱口「『大陸』におけるライヒマンとモネ」八九頁、FO371/16213, F1715, from Lampson, no. 57 (49/2V/1931), 12 Jan. 1932; FO371/18090, F2683, FO Memorandum (Pratt), para. 7, 8 May 1934.

（82）*Ibid.*, para. 10, 8 May 1934; Balińska, *op. cit.*, p. 91.　海野、前掲書、一六八頁。

（83）FO371/17127, F1842, from Consul Patteson, Geneva, no. 190(L/N), 17 Mar. 1933.

（84）*Ibid.*, Minutes by Pratt, Orde and Wellesley, and outfile(FO to the Consul, no. 192).

（85）FO371/17127, F2034, from Lampson, no. 260 confidential, 26 Mar. 1933.

（86）FO371/17127, F2117, FO Minute(Pratt), 27 Mar. 1933.

（87）*Ibid.*

（88）Osterhammel, *op. cit.*, p. 671.　拙著『上海をめぐる日英関係　一九二五―三二年』も参照されたい。

（89）FO371/17127, F2117, Minutes by Orde, Vansittart and Eden, and outfile(FO to Consul in Geneva, 31 Mar. 1933).

（90）FO371/17127, F2125, from Consul Patteson(Geneva), no. 6 immediate, 1 Apr. 1933.

（91）*Ibid.*, outfile, Vansittart to Drummond, unnumbered, 5 Apr. 1933.

（92）*Ibid.*, Drummond to Vansittart, 6 Apr. 1933.

（93）『日本外交文書』二―二―二、二一一文書（伊藤より内田康哉外相宛、一九三三年四月一三日）、杉村、前掲書、一七五頁、海野、前掲書、一六九頁。

（94）FO371/17127, F3879, from FO Minute(Pratt), 6 June 1933.

（95）*Ibid.*, Minutes by Pratt, Orde and Eden(FO Minute by Pratt, 6 June 1933).

（96）濱口學「ジャン・モネの中国建設銀公司構想」『外交史料館報』第一五号、二〇〇一年六月、六七、七〇頁。

（97）FO371/17127, F4559, from LN, C.405.M.204.1933.VII, Communication from the Chinese Government regarding technical cooperation between the League of Nations and China, 1 July 1933.『日本外交文書』二―二―二、二一一文書（伊藤より内田、一九三三年七月四日）。

（98）FO371/17127, F4354, from consul Patteson(Geneva), no. 310 and 311, L. N. important, 30 June 1933.

（99）*Ibid.*, Minutes by Orde and Wellesley.

（100）海野、前掲書、二九一頁、James Barros, *Betrayal from within: Joseph Avenol, Secretary-General of the League of Nations*（New Haven and London: Yale University Press, 1969), pp. 14, 16, 18, 40.

（101）FO371/17127, F4354, from consul in Geneva, 3 July 1933, no. 93 Saving.『日本外交文書』二―二―二、二一一文書（伊藤より内田、一九三三年七月四日）。張、前掲書、一四四頁によれば、ドイツは、ライヒマンがポーランドやユダヤ人の在華権益に便宜を図っていると反対であったという。

（102）FO371/17127, F4690, from LN, no. C/China/2, 7 July 1933.

（103）海野、前掲書、一七一頁、冨塚一彦「一九三三、四年における重光外務次官の対中国外交路線―『天羽声明』の考察を中心に」『外交史料館報』第一三号、一九九九年六月。

（104）『日本外交文書』二―二―二、二一六文書（内田より伊藤、一九三三年七月一一日）。

（105）同右、二一七文書（在英松平恒雄大使より内田、一九三三年七月一一日、伊藤より）。

（106）同右、二一八文書（松平より内田、一九三三年七月一二日着、伊藤より）。

（107）同右、二二〇文書（松平より内田、一九三三年七月一三日、伊藤より）。

（108）FO371/17128, F4803, M. Truelle (French Embassy) to Ashley Clarke, 12 July 1933.

（109）FO371/17128, F4808, from FO Minute (Vansittart), 12 July 1933.「論評『天羽情報部長の非公式談話問題』関係文書について」『外交史料館報』第一五号、二〇〇一年六月、三二頁、濱口「ジャン・モネの中国建設銀公司構想」六七頁。

（110）FO371/17128, F4808, a note by Vansittart, 12 July 1933, and minutes by Wellesley and Vansittart.

（111）『日本外交文書』二―二―二、二二四文書（長岡春一駐仏大使より内田、一九三三年七月二〇日）、濱口「ジャン・モネの中国建設銀公司構想」七二頁。

（112）FO371/17127, F4690, outfile from Vansittart to Tyrrell, no. 118; FO371/17128, F4778, from Harvey, no. 171 Saving, 18 July 1933. 青木節一編著『日本脱退の前後―国際連盟年鑑（最終版）』大阪、朝日新聞社、一九三四年、二〇四―五頁。

（113）『ライヒマン報告書』四―五頁、FO371/17128, F4816, from Harvey, no. 1040 (717/5/33), 19 July 1933.

(114) Balińska, *op. cit.*, pp. 96, 98.

(115) *Ibid.*, p. 104.

(116) 濱口「ジャン・モネの中国建設銀公司構想」七五頁。

(117) 『ライヒマン報告書』六頁、海野、前掲書、一七二頁、Balińska, *op. cit.*, p. 98.

(118) 『ライヒマン報告書』八頁。

(119) FO371/18090, F2683, FO Memorandum(Pratt), paras. 10 to 12, 8 May 1934.

(120) FO371/18090, F2901, from Cadogan(Nanking), no. 31 TS Confidential(4/87B/34), 25 Mar. 1934; Balińska, *op. cit.*, p. 100. ジャン・モネ著、黒木壽時編訳『ECメモワール―ジャン・モネの発想』共同通信社、一九八五年、三六頁、張、前掲書、一八一頁、三谷、前掲論文、一四二頁。

(121) 島田俊彦「華北工作と国交調整（一九三三年～一九三七年）」日本国際政治学会太平洋戦争原因研究部編『太平洋戦争への道　開戦外交史　新装版　三　日中戦争　上』朝日新聞社、一九八七年、海野、前掲書、一九二頁、井上寿一『危機のなかの協調外交―日中戦争に至る対外政策の形成と展開』（山川出版社、一九九四年）第三章、冨塚、前掲論文。

(122) FO371/18097, F2211, Minute by Orde dated 20 Apr. 1934(From Sir F. O. Lindley, no. 83(R), 20 Apr. 1934).

(123) イギリスの楽観に比し、ドイツは神経質であった。イギリス外務省には、東京のドイツ大使がドイツの軍事使節団派遣も批判されたと考えているとの情報がもたらされていた。National Archives, Kew, Cabinet papers, CAB23, Cabinet 17(34), 25 Apr. 1934.

(124) FO371/18096, F2193, from Lindley, no. 80 & 81(R & K), 19 Apr. 1934.

(125) CAB23, Cabinet 17(34), 25 Apr. 1934.

(126) FO371/18097, F2325, from Lindley, no. 86(R), 25 Apr. 1934 ; F2326, from Lindley, no. 87(R), 25 Apr. 1934.

(127) *Ibid.*, F2351, Minutes(From Lindley, no. 89(K) very confidential, 26 Apr. 1934).

(128) 高光佳絵「日米関係――アメリカの東アジア政策の文脈　一九三三―三七年」奥田晴樹編『日本近代史概説』弘文堂、

二〇〇三年、一四四頁。
(129) *Ibid.*, F2353, FO Memorandum(Pratt), 26 Apr. 1926.
(130) FO371/18090, F2683, FO Memorandum(Pratt), paras. 8, 10, and 12, 8 May 1934; Osterhammel, *op. cit.*, pp. 671－2, 678.
(131) FO371/18090, F2683, FO Memorandum(Pratt), para. 13, 8 May 1934.
(132) たとえば、ソールター『太平洋問題資料　七　支那の経済問題とその将来』はしがき、一頁、南満州鉄道株式会社総務部資料課『ライヒマンの帰欧と宋子文の銀公司設立計画(秘)』大連、一九三四年、一頁。
(133) FO371/18090, F2683, Minutes by Randall and Vansittart(FO Memorandum by Pratt), 9 May 1934.
(134) FO371/18097, F2696, from Cadogan, Peking, no. 296 K, 8 May 1934.
(135) FO371/18090, F2811, from FO Memorandum(Pratt), 9 May 1934; FO371/18097, F2378, from Cadogan, no. 279(K), 26 Apr. 1934. この時期の日本は、モネが連盟とも距離のある私人であったため情報収集がいっそう不十分になった。「論評『天羽情報部長の非公式談話問題』関係文書について」『外交史料館報』第一五号、二〇〇一年六月、三〇頁、濱口「ジャン・モネの中国建設銀公司構想」七四―五頁。
(136) FO371/18090, F2749, from FO Memorandum(Pratt), 10 May 1934.
(137) FO371/18097, F3011, from Murray(Rome) to Randall, unnumbered, 17 May 1934.
(138) FO371/18090, F2911, from Dodd(Tokyo), no. 114 R, 18 May 1934 ; F2912, from Dodd, no. 115, 18 May 1934. この時期の重光の硬直的な対中国外交路線に関しては、冨塚、前掲論文参照。
(139) FO371/18090, F2912, Minute by Pratt(From Dodd, no. 115, 18 May 1934), 25 May 1934.
(140) *Ibid.*
(141) *Ibid.*
(142) FO371/18090, F2912, Minute by Randall, Mounsey, Vansittart(From Dodd, no. 115, 18 May 1934), 25 May 1934 and outfile to William Strang, British Delegation, Geneva, 28 May 1934.

(143)　三谷、前掲論文、一四五頁。

(144)　FO371/18091, F3622, Strang to Randall, confidential, unnumbered, 12 June 1934.

(145)　FO371/18091, F3855, from Stevenson (UK Delegation) to Randall, very confidential, unnumbered, 19 June 1934.

(146)　*Ibid.*, outfile to Stevenson, Cadogan and Clive (Tokyo), 10 July 1934.

(147)　Ostrehammel, *op. cit.*, p. 679.　中国では、技術代表への手当てが高額なことに対する批判などが出ていた。

(148)　FO371/18091, F3855, outfile to Stevenson, Cadogan and Clive, 10 July 1034.

(149)　FO371/18091, F6019, from LN, no. C.450.1934, 4 Oct. 1934.『日本外交文書』二―二―三、四〇文書（在ジュネーヴ横山正幸国際会議事務局長代理兼総領事より広田弘毅外相、一九三四年九月二六日）。

(150)　FO371/18550, W6540, from Chinese Minister (conversation), unnumbered, 7 July 1934 ; *BDFA*, doc. 212, W7165, Simon to Cadogan, No. 535, 31 July 1934.

(151)　FO371/18550, W6540, minute by Ashley Clarke, 18 July 1934.

(152)　FO371/18550, W6540, Minutes by Orde, Mounsey, Wellesley and Vansittart (From Chinese Minister, unnumbered, 7 July 1934).　拙著『アヘンとイギリス帝国』一五八―一六六頁。

(153)　FO371/18550, W7071, Rowe-Dutton (Treasury) to Stevenson, no. F13081, 27 July 1934.

(154)　*Ibid.*, minutes by Ashley Clarke and Vansittart.　張、前掲書、一七二頁によれば、中国は一九三五年の連盟総会に先立ち、未払い金の分割払い減額交渉に成功した。

(155)　*BDFA*, doc. 213, W7166, Simon to Loraine (Angora), no. 320, 1 Aug. 1934.

(156)　FO371/18550, W8101, from LN, no. A24.1934, 7 Sept. 1934 ; W8120, from UK Delegation (Geneva), no. 111 (Note by Eden), 9 Sept. 1934.

(157)　FO371/18550, W8222, from UK Delegation (Geneva), no. 117 (Note by Eden), 12 Sept. 1934.

(158)　FO371/18550, W8366, from Consul Patteson, Geneva, no. 52 (Saving), 17 Sept. 1934.『日本外交文書』二―二―三、三五

文書、三七文書（横山より広田、それぞれ一九三四年九月一七日、二二日）。

（159）FO371/18550, W10089, from Chinese Minister (communicated).　内容は一九三四年九月二六日付の郭からベネシュへの手紙。

（160）FO371/18550, W9189, personal letter from Drummond to Eden, 10 Oct. 1934 and minute (Strang), 11 Oct. 1934.

（161）FO371/18193, F6215, from UK Delegation (Geneva), no. 177, Record of conversation between Strang and Avenol, 16 Oct. 1934.

（162）FO371/18550, W9242, Minute by Strang (from Cambon, French Embassy, conversation), 18 Oct. 1934.

（163）FO371/18550, W9189, Minutes by Strang (personal letter from Drummond to Eden, 10 Oct. 1934), 11 and 19 Oct. 1934.

（164）*Ibid.*, Minutes by Eden and Strang (personal letter from Drummond to Eden, 10 Oct. 1934).

（165）FO371/18550, W9659, Outfile from FO to Cadogan, 12 Nov. 1934.

（166）FO371/18550, W11153, from LN Union, 21 Dec. 1934.

（167）FO371/18550, W10510, Cadogan (Nanking) to Wellesley. No. 4/87A/1934, 31 Oct. 1934 ; W9919, from Gurney (Copenhagen), no. 328 (47/7/34), 8 Nov. 1934 ; W9878, from Polish Ambassador (conversation), 9 Nov. 1934.

（168）*BDFA*, doc. 227, W10088, Note by Eden, 16 Nov. 1934.

（169）『日本外交文書』二―二―四、二〇文書（広田より在中国有吉明公使、一九三五年五月二七日）。

（170）*BDFA*, doc. 228, W4408, Simon to Cadogan, 16 May 1935 ; doc. 229, W4790, from UK Delegation, Geneva, no. 67, 29 May 1935 ; doc. 230, Record of Meeting by Strang, 29 May 1935.

（171）FO371/19689, W4790, from UK Delegation, Geneva, no. 67, 29 May 1935.

（172）FO371/19689, W7602, from LN (communicated), 29 Aug. 1935 (*Exchange of Views Between the Members of the Council on 25 May 1935*).

（173）*Ibid.*『日本外交文書』二―二―四、三五文書別電（横山より広田、一九三五年五月二七日）によれば、イーデンは

「本件は解決至難なりと言ひ残し中座」したとのことである。

（174） FO371/19689, W7602, from LN(communicated), 29 Aug. 1935(*Composition of the Council: Request of the Chinese Government*), and minutes by Strang and Eden, 30 Aug. 1935.

（175）『日本外交文書』二―二―四、四五文書（横山より広田、一九三五年九月一九日）。

（176） FO371/19689, W8512, from UK Delegation(Geneva), no. 118, 27 Sept. 1935.

（177） FO371/19689, W8547, from LN(Extract, 89th session of the Council, 3rd meeting), 26 Sept. 1935.『日本外交文書』二―二―四、四七文書（横山より広田、一九三五年九月二六日）。

（178） FO371/19689, W8664, from UK Delegation(Geneva), no. 153, 2 Oct. 1935.

（179） 城山智子「一九三〇年代の中国と国際通貨システム―一九三五年幣制改革の対外的・国内的意義と影響に関する一考察」『国際政治』第一四六号、二〇〇六年、九二頁。

（180） FO371/29484, W523, Lord Cecil(conversation), 14 Jan. 1936 ; W3510, Lord Cecil(conversation), 22 Apr. 1936. 本書所収の土田哲夫論文も参照されたい。

（181） FO371/29485, W12898, from LN, no. A54.1936, 2 Oct. 1936. 西村、前掲書、八頁。

第二部　柳条湖事件から盧溝橋事件へ

第五章　満州事変後の日中宣伝外交とアメリカ

――「田中上奏文」を中心として――

服部龍二

はじめに

一九三一年九月一八日の深夜、満鉄の線路が瀋陽郊外の柳条湖で爆破された。事件の首謀者は、関東軍参謀の板垣征四郎大佐と石原莞爾中佐であった。この柳条湖事件を契機に関東軍は出動し、二一日には吉林まで兵を進めた。これに対して朝鮮軍は、林銑十郎司令官の独断によって満州に越境した。民政党の若槻礼次郎内閣は、翌二二日の閣議で朝鮮軍への経費支出を承認した。さらに関東軍は、一〇月八日に満鉄線から離れた錦州を爆撃し、中国東北での占領地を広げていった。この満州事変を調査するために、国際連盟理事会は一九三一年一二月に調査団の派遣を決定した。その団長がイギリスのリットン伯爵（2nd Earl of Lytton）であり、リットン調査団の委員は、フランス、ドイツ、イタリア、アメリカからも派遣された。

一九三二年三月に満州国が誕生すると、斎藤実内閣は同年九月に日満議定書を締結して満州国を承認した。この間にリットン調査団は一九三二年二月に訪日し、さらに上海、南京、北平、満州各地などでも調査を続けた。リットン調査団のまとめた報告書は、同年一〇月に日中両国と連盟へ交付された。リットン報告書は、関東軍の行動を容認してはいなかったものの、中国東北における地方自治政府の創設を提案するなど日本にも配慮されており、宥和的な内容となっていた。それでも日本は、リットン報告書を批判した。とりわけ、国際連盟における松岡洋右と顧維鈞の論争はよく知られている。結局のところ日本は、一九三三年三月に国際連盟を脱退した。

こうした経緯については研究の蓄積があり、本章もそれらに多くを負っている。[1]とはいえ従来の研究では、宣伝をめぐる経緯が抜け落ちてしまいがちであった。宣伝外交の研究は、緒に就いたばかりであろう。[2]このため、疑問点も残されている。そもそもリットン報告書は、なぜ日本に宥和的なのであろうか。このことを解明するには、どのように日中両国がリットン調査団に働きかけたのかを分析しなければならない。日本と中国は、宣伝文書を用いつつ相手国の不法性を訴えた。日中の宣伝は、連盟への働きかけであるのみならず、自国民の対外観を形成し、ひいては戦争に動員するものでもあった。また、連盟での日中対立についていうなら、中国側の政策過程を論じておく必要もあるだろう。それらのことに対して、本章では主として二つの視角から分析してみたい。

第一に、宣伝外交の一面として怪文書の「田中上奏文」に注目する。「田中上奏文」は中国側の主要な宣伝材料として用いられており、日本はそれを批判していたからである。松岡洋右と顧維鈞は、この「田中上奏文」についても国際連盟で論争していた。中国側の政策過程については、外交部や国民党およびその機関誌『中央日報』のみならず、地方政府、新聞社や出版社、中華国民拒毒会などの各種団体を含めて論ずべき課題であろう。一方の日本側は、「田中上奏文」を事実無根と批判していただけでなく、中国の「革命外交」によって日本は条約的根拠のある権利を蹂躙されているという宣伝を繰り返した。[3]やがて日中戦争が勃発すると、中国は再び「田中上奏文」を利用するようになり、「田中上奏文」は海外向けのラジオ放送にも使われた。蔣介石らの要人は「田中上奏文」をどのように見なし、あるいは活用したのであろうか。

第二に、「田中上奏文」を中心とする宣伝文書の流通過程である。「田中上奏文」は、アメリカなど第三国を巻き込んで流通していった。日中戦争が深まるなかで、『ニューヨーク・タイムズ』紙や『ワシントンポスト』紙に代表されるアメリカの新聞、さらには、ロシアから亡命していた革命家トロツキー（Leon Trotsky）が「田中上奏文」の流布に果たした役割も大きい。太平洋戦争中には、アメリカ政府も「田中上奏文」を宣伝に活用した。これについては、戦時下のラジオ放送やプロパガンダ映画を分析する。アメリカでは「田中上奏文」に対して、国務省と陸軍省が異なる反応を示したのである。

以下では、満州事変から太平洋戦争に至るまで、「田中上奏文」を軸に宣伝外交の実態と宣伝文書の流通を跡づける。その際には「田中上奏文」のみならず、「本庄上奏文」などの偽文書についても論及する。日本や中国、さらにアメリカは、いかに宣伝を繰り広げ、どのような相互認識のなかで戦争に向かっていったのであろうか。

一　満州事変

『チャイナ・クリティク』誌

瀋陽の北郊に位置する柳条湖において、満鉄線が一九三一年九月一八日に爆破された。この柳条湖事件は、関東軍参謀の板垣征四郎大佐や石原莞爾中佐による謀略であった。とりわけ石原は、すでに一九二九年七月の段階で「関東軍満蒙領有計画」を起案し、「最モ簡明ナル軍政ヲ布キ確実ニ治安ヲ維持スル以外努メテ干渉ヲ避ケ日鮮支三民族ノ自由競争ニヨル発達ヲ期ス」と記していた。すなわち、石原の満蒙領有論である。板垣や石原の率いる関東軍は、柳条湖事件を契機に出動して占領地を広げていった。それでも石原の満蒙領有論は、すぐに傀儡国家構想へと後退し、一九三二年三月には満州国が誕生した。(4)

柳条湖事件の直後から中国国民党の中央宣伝部は、「九月一八日は我が国の有史以来で最大の国辱記念日である」といった抗日宣伝の標語を作成し、各省各特別市の党部などに伝えた。(5) 中央宣伝部は、中央広播無線電台や中央通訊社にも宣伝工作を要請して抗日宣伝に動員した。(6)

柳条湖事件から約一週間には、注目すべき記事が上海の英語雑誌『チャイナ・クリティク（China Critic）』に発表された。一九三一年九月二四日の同誌に、「田中メモリアル（Tanaka Memorial）」が掲載されたのである。「田中メモリアル」とは、英語版の「田中上奏文」であった。(7) この「田中メモリアル」は、中国で小冊子などに転載されただけでなく、諸外国にも浸透していった。もっとも、「田中メモリアル」の出現はこれが最初ではなく、一九二九年秋に「田中メモリアル」はアメリカへ流入していた。(8)

それでも、『チャイナ・クリティク』誌の影響は大きかった。上海からアメリカ国務省極東部には、「田中メモリアル」を掲載した『チャイナ・クリティク』誌が郵送された。発送されたのは掲載の翌日、つまり九月二五日であった。送付された『チャイナ・クリティク』には、C. H. Kao という名義で書簡が付された。この人物については不詳だが、極東部あて書簡には“1027 Kiaochow Road, Shanghai, China”と住所が印字されていた。掲載のすぐ翌日に発送されていることも勘案するなら、同誌に関係した人物であろうか。その極東部あて書簡によると、「田中メモリアル」は「日本の侵略的な満蒙政策を露骨に公言したもの」であるという。(9)

英語版「田中メモリアル」は、『チャイナ・クリティク』誌から大量に複製されて世界中に流布していった。複製された小冊子の多くは四二頁から成るものであり、表紙に“*Tanaka Memorial*, published by the China Critic, Shanghai, China, 1931”と記されている。その頒布には、中華国民拒毒会（National Anti-Opium Association of China）も一役買っていた。この中華国民拒毒会は上海に置かれた団体であり、唐紹儀や施肇基、蔡元培、伍朝枢などの政府要人が名誉職に就いていた。YMCAなどとも関係する中華国民拒毒会は、日本の麻薬密輸を告発する書簡に「田中メモリアル」を同封していた。中華国民拒毒会の書簡は、「田中メモリアル」を「比類なき日本の帝国主義構想」と訴えた。中華国民拒毒会は、その書簡とともに「田中メモリアル」をアメリカなどの海外にも発送した。[10]

次に、英文小冊子『一一月一六日以前の満州（Manchuria Before November 16）』をみておきたい。この小冊子は二〇頁から成るものであり、ニューヨークに本部を置く中国学生クリスチャン協会（Chinese Student Christian Association）の機関誌を補うものとして、一九三一年一一月に発行された。この小冊子では、満州事変や対華二十一カ条要求についての記事が掲載された後に、『チャイナ・クリティク』誌の「田中メモリアル」が抜粋されていた。[11] このようにして「田中メモリアル」は、アメリカに流布されたのである。ただし、アメリカ国務省極東部長のホーンベック（Stanley K. Hornbeck）が覚書に記したように、国務省極東部は数年前から「田中メモリアル」を「巧妙に偽造された文書」と見なしていた。[12]

意外なところで、『チャイナ・クリティク』誌から複製された「田中メモリアル」に出くわすこともある。一例として、アメリカ人のE・T・ウィリアムズ（Edward Thomas Williams）を挙げておきたい。第一次大戦期にアメリカ国務省極東部長を務めたこともある外交官のウィリアムズは、一九一八年に国務省を離れてカリフォルニア大学バークレー校の教授となっていた。ウィリアムズは、パリ講和会議やワシントン会議でアメリカ側の顧問を務めており、その姿勢が中国寄りであったため、日本はウィリアムズを警戒していた。そのウィリアムズは一九二七年に大学を退職したものの、個人文書がカリフォルニア大学バークレー校に残された。ウィリアムズの個人文書には、英文小冊子「田中メモリアル」が収められた。やはり表紙には、"*Tanaka Memorial*, published by the China Critic, Shanghai, China, 1931" と記されており、『チャイナ・クリティク』誌からの複製であった。[13]

『チャイナ・クリティク』から複製された「田中メモリアル」は、アメリカだけでなく日本にも流入した。一例として、東京大学所蔵の「高木八尺文庫」をみておきたい。高木は、アメリカ研究の第一人者として知られる東大教授であった。東大の「高木八尺文庫」には、英語や中国語で刊行された「田中上奏文」が残されている。その一つに、"*Japan and the Next World War*" と題された英文小冊子がある。その内容は、『チャイナ・クリティク』誌から複製された「田中メモリアル」であった。表紙には、"Published by the China Critic, 50 Peking Road, Shanghai, China" と印字されており、中国語で「田中併合満蒙奏摺上海北京路五十号　中国評論週報社印行」とも記されていた。つまり、『チャイナ・クリティク』誌を刊行していた中国評論週報社が、自ら「田中メモリアル」を複製したことになる。表紙をめくると、"8th Edition 5,000 (23-11-31)" と書かれており、一九三一年一一月二三日に第八刷として五〇〇〇部ほど増刷されたのであろう。[14]

では、なぜ高木文庫に「田中メモリアル」が含まれているのだろうか。そのころの上海では一九三一年一〇月下旬から一一月上旬にかけて、第四回の太平洋問題調査会が開催されていた。この太平洋問題調査会は、IPR (Institute of Pacific Relations) と略称される民間の国際学術団体であり、高木は日本IPRの研究会幹事を務めた。IPRの上海会議は、関東軍が中国東北で占領地を拡大するなかで開催されたため、満州事変について日中間で激しい応酬が交わされた。そこで高木は、「田中メモリアル」やその中国語版パンフレット『日本田中内閣侵略満蒙之積極政策』を収集していたのである。この中国語版は、上海の新声通信社が刊行したものであった。[15]

その後も『チャイナ・クリティク』誌は、「田中メモリアル」を何度も報じており、同誌によって「田中メモリアル」が「世界中にセンセーションを起こした」と自賛した。また、同誌によると、「田中メモリアル」の真偽について質問も寄せられたが、日本人は「自らの行為によってこの文書に署名した」という。つまり、過去数年に及ぶ日本の侵略にかんがみて、「田中メモリアル」が本物であることは明らかだというのである。[16] 一九三二年七月までに一〇万部の「田中メモリアル」をパンフレットで発行したとも同誌はいう。[17] 同じく上海の英字誌である『チャイニーズ・ネーション』にも、「田中メモリアル」は引用された。[18]

中国国民党

ここまでは、「田中メモリアル」が英字誌『チャイナ・クリティク』から複製され、いかに流通したかを追ってきた。中国からアメリカなどに「田中上奏文」の英語版が発信されたことは、中国側宣伝の大きな特徴であろう。中国国内でも、上海の新聞『申報』などが「田中上奏文」に論及していた。すなわち、一九三一年九月二一日付け『申報』の時評「迫害世界之日軍暴行」は、「支那を征服せんと欲せば、先づ満蒙を征せざるべからず。世界を征服せんと欲せば、必ず先づ支那を征服せざるべからず」というくだりを「田中上奏文」から引用して警鐘を鳴らした。一一月八日付け『申報』の時評「田中奏摺的真実性」も、数年来の日本の行動に照らして「田中上奏文」が本物であることは明らかだと主張した。[19]

このような反日宣伝を注視していた団体の一つに、上海日本商工会議所があった。その機関誌「金曜会パンフレット」によると、「満州事変以来、抗日仇日を教育し宣伝するために出版播布せられた書籍は、殆ど挙げて数ふべからざるほど多い」のであり、「書店の店頭に仰々しい広告をもつて陳列されて居る」という。なかでも、中国語版「田中上奏文」の『日本田中内閣侵略満蒙積極政策』は、「反日仇日宣伝として最も辛辣で、而も理論的で、且つ効果的」と見なされた。「金曜会パンフレット」は、『日本田中内閣侵略満蒙積極政策』についてこう記した。

> 満州事変起るや、上海市党部では直ちに本書十万冊を印刷し、支那全土に頒布し、各団体亦数千数万を印刷して播布し、各書店ではこれを無料で配付して居る。加之本書は支那側の手で欧米各国に配付され、去る十月七日には倫敦モーニング、ポストにも掲げられた。……斯かる空々しい偽物も今日の時節柄支那上下を通して真物視せられ、もつとも有効な仇日教育の資料となつて居る。もつとも本書の刊行頒布については、わが外務省でも夙にその悪影響を憂慮し、已に昨昭和五年四月頃、その厳禁方を国民政府に抗議した趣であるが、抗議などは糟に釘で、いまや全国津々浦々に播布されて、国民的反感を煽つて居る。

つまり上海日本商工会議所は、中国国民党の上海市党部が『日本田中内閣侵略満蒙積極政策』の頒布に果たした役割を分析していたのである。上海日本商工会議所の機関誌「金曜会パンフレット」は、ほかにも反日宣伝文書として『日本帝国主義侵略中国史』を挙げ、「曾て各軍所属政府訓練部主任であり且つ総司令部の部宣伝処長であつた蔣堅忍著すところの本書は……国民政府教育部が全国学校に本書を課外読本として採用すへく通達して居る」と論じた。そのほか、やはり宣伝文書の『日本対華陰謀及暴行』は、「上海市第三区党部が反日宣伝のため編輯せるもの」であり、『抗日救国歌集』と『日本対支侵略簡明表』はそれぞれ「市党部の編纂せる歌集」と「南京市党部の出版せるもの」だと「金曜会パンフレット」はいう。さらに「金曜会パンフレット」によると、「本荘《ママ》中将の満蒙侵略建議書」が反日宣伝の実例として新聞などに掲載されたともいう。「本荘《ママ》中将の満蒙侵略建議書」とは、「本庄上奏文」と呼ばれる怪文書であり、関東軍司令官の本庄繁が全アジアとアメリカを侵略する計画について南次郎陸相に詳述したとされるものであった。[20]

山崎誠一郎駐満洲里領事が芳沢謙吉外相にあてた電文によると、一九三二年一月ごろから「本庄上奏文」は哈爾浜《ハルビン》や満洲里で配布されるようになっており、「出所ニ付テハ判明セサルモ右ハ支那新聞紙（新聞名不明）ニ折込ミ配布セラレタルモノナリトノコトニ付哈爾賓方面ヨリ出テタルモノニ非ラスヤト思料セラル」という。[21] 実際のところ、東北民衆救国会という団体が、「本庄上奏文」を上海や南京、北平、天津などにも送っていた。[22]

厦門などの中国南方では、「日本併呑満蒙秘密会議」という怪文書が広まっていた。この「日本併呑満蒙秘密会議」は、上海民新書店が出版した小冊子であり、各地の書店で販売されていた。その中身は、松田源治拓務大臣や仙石貢満鉄総裁、木村鋭市満鉄理事、「吉田永井二次官」らが一九三〇年一二月七日に拓務省で秘密会議を開催し、既得権益の擁護を口実として満蒙の浸食を図ったというものであった。そこに記された「吉田永井二次官」とは、吉田茂外務事務次官と永井柳太郎外務政務次官のことであろう。しかし吉田は、同年一二月六日に外務事務次官を退いており、幣原外相の人事によって永井松三がその後任となっていた。したがって、「日本併呑満蒙秘密会議」が開催されたという一二月七日の時点において、事務次官は永井であり吉田ではない。明らかに偽造文書である。[23]

それでも「田中上奏文」や「本庄上奏文」などの怪文書は流布していった。なかでも宣伝文書として最大のものは、やはり「田中上奏文」であった。なにしろ「田中上奏文」の筋書きは、満州事変の経緯に近かった。「支那を征服せんと欲せば、先づ満蒙を征せざるべからず。世界を征服せんと欲せば、必ず先づ支那を征服せざるべからず」という「田中上奏文」の一節は、あたかも満州事変を予告したかのようであった。とはいえ、満州事変と酷似しただけで「田中上奏文」が知れ渡るものでもない。ここで検討すべきは、国民党が「田中上奏文」をどのように利用したかであろう。

国民党の宣伝については、筒井潔の証言がある。外交官の筒井は、満州国において一九三三年から一九三七年まで、駐満州国大使館書記官、満州国外交部宣化司長兼通商司長、満州国外務局政務処長を務めた。筒井によると、満州事変の直後から「田中上奏文」は、「中国到る処で小冊子として売出され、文字の読める中国人は悉《ことごと》く読み、読めない者は他人に読んで貰《もら》った」という。また、「田中上奏文」の小冊子には、『田中内閣侵略満蒙之積極政策』『倭奴侵佔中国之毒計』『日本併呑満蒙毒計』『日本田中内閣密奏日皇謀呑中国之奏章』『日本田中内閣奏請施行対中国及満蒙積極政策之密摺』『対満蒙侵掠積極政策奏章』など数種類があったともいう。

さらに筒井によると、「私の同僚や部下の中国人から聞いた話によれば、当時幼児以外の中国人は、皆『田中密奏』を読んだり聞いたりして」いた。満州国成立後の中国東北でも、「田中上奏文」の影響力は根強く残っていたのである。「『田中奏章』は中国内のみならず、世界中の華僑在住地方にも氾濫した。これ等地方毎に設けられていた国民党支部や、商総会等々の諸団体は中国文や欧文の小冊子を印刷して所在地方にバラ撒《ま》き日貨不買、経済断行運動を益々盛大にした」とも筒井はいう。英語版については、「上海の中国人発行の英文雑誌『チャイナ・クリティク』に掲載されて初めて公然と世上に姿を現はし、これ亦忽ちハワイ、米本国、東南アジア諸国等で各地毎に印刷されてバラまかれた」とされる(24)。

このように筒井は、国民党支部などによる「バラ撒き」によって、「田中上奏文」が「中国内のみならず、世界中の華僑在住地方にも氾濫した」と指摘した。それでは筒井のいうように、国民党は実際に「田中上奏文」を宣伝材料としたのであろうか。まずは、柳条湖事件直後における中国側の対応をみておきたい。柳条湖事件が一九三一年九月一八日に勃発したとき、北平にいた張学良は、関東軍に不穏な動きがあることを多少なりとも察知していたが、詳細な計画までは知らずにいた(25)。南京の国民党中央宣伝部は、翌一九日に各省や特別市の党部、『民国日報』『華北日報』『武漢日報』『中央日報』に通電を発した。中央宣伝部によると、日本軍の行動については真相が不明であるため、過度に扇情的な論調を慎むべきだという。ここでの国民党は、まだ宣伝に抑制的であった。それでも国民党中央執行委員会は、九月二二日になると各省や特別市の党部に対して、各地の反日団体が一律に反日救国の名義を用いるように通達した。(26)

南京の中央党部では一〇月一日に、国民党第三届中央執行委員会の第一六二次常務会議が開催された。出席者は、第三届中央執行委員の葉楚傖、陳果夫、于右任、戴伝賢らであった。ここでは国民党中央宣伝部の発議によって、一〇万元を国際宣伝の活動費にすると決議された。中央宣伝部は、国内の各紙にも宣伝を要請した。(27)すると国民党の機関誌『中央日報』は、一一月七日に「英美蘇俄各報　発表田中奏摺」と題して「田中上奏文」を報じた。それによると、英米ソで「田中上奏文」が同時に発表されており、日本の当局は慌てて言い逃れをしているという。同日に上海の新聞『時報』も、「田中上奏文」について報じた。その内容は、『中央日報』と大差ないものであった。(28)

国民政府と地方の間で、「田中上奏文」はどう扱われたであろうか。そのことを網羅的に示す史料は見当たらないため、ここでは青島の例をみておきたい。一九三一年一二月一二日に国民党青島特別市執行委員会は、南京の国民党中央執行委員会に「田中上奏文」五〇〇部の頒布を要請した。これを受けた中央執行委員会は二一日、国民党中央宣伝部に五〇〇部を求めた。これに対して中央宣伝部出版科は二三日、青島特別市執行委員会に在庫切れと回答した。国民党によって、「田中上奏文」が組織的に頒布されていた様子をうかがえよう。(29)

「田中上奏文」は、教育の現場でも利用された。ここでは熱河省教育庁の文書をみておきたい。その文書からは、南京と各省のやりとりをかいま見れる。それによると熱河省には、『日本田中内閣侵略満蒙之積極政策』という小冊子が、少なからず国民政府から送られてきていたようである。これを受けた熱河省教育庁は一九三一年一一月五日に、日本の陰謀を知らしめるよう熱河省立師範学校に訓令した。その際には、『日本田中内閣侵略満蒙之積極政策』も配付された。おそらく同様のことは、ほかの省でも行われたのであろう。[30] なお、国民党に残された全八六頁の『日本田中内閣侵略満蒙積極政策奏章　附日本対満蒙権益擁護秘密会議紀録訳要』には、「陸海空軍総司令部第二剿匪宣伝処印発」と記されていた。[31]

第一次上海事変

上海の共同租界では一九三二年一月一八日に、数名の日本人僧侶が中国人に襲撃された。この襲撃は、上海駐在の田中隆吉陸軍少佐による謀略であった。これを契機として上海の日本海軍陸戦隊は、一月二八日に中国の一九路軍と衝突した。[32] そこで政友会の犬養毅内閣は二月、日本陸軍を上海に派遣した。すなわち、第一次上海事変である。上海事変の停戦会議は、三月下旬から上海のイギリス総領事館において行われ、停戦協定は五月五日に調印された。

この間の一九三二年二月中旬に、日本陸軍の第九師団が上海に踏み入ると、国民政府のスポークスマンは、「中国侵略に始まる日本の世界制覇計画は、すでに『田中上奏文』において暴露されている」と上海で発表した。そのことは、『ニューヨーク・タイムズ』紙でも報じられた。[33] 同じころのニューヨークでは、英字誌『チャイナ・レビュー』が創刊された。同誌は、在米中国人留学生による月刊誌であった。その創刊号は、顔恵慶駐米公使の寄稿で始まった。また、同誌の編集者は、駐米中国公使館の法律顧問ラインバーガー（Paul M. W. Linebarger）に連絡をとっていた。したがって、公的な性格の強い雑誌であろう。[34] 同誌でも「田中メモリアル」は、「満州における日本の野望」という論文に引用された。[35]

一方の日本側では、ワシントンにいた報知新聞記者の河上清が、日本を擁護する著作 *Japan Speaks on the Sino-Japanese Crisis* を一九三二年三月にニューヨークで刊行した。そこに序文を寄せたのが、犬養首相その人であった。

序文のなかで犬養は、「田中メモリアル」を明らかな偽書として批判した。犬養は、政友会総裁を田中義一から引き継いだ政治家であっただけに、「前任者の記憶が不当に冒とくされているため、道徳と名誉の精神が私を駆り立てるのであり、この件については抗弁せざるを得ない」という。同書では著者の河上も、形式と内容の両面から「田中メモリアル」の誤りを説いた。犬養首相が五・一五事件で暗殺される直前のことであった(36)。

それでも「田中メモリアル」は、アメリカの西海岸でも流布された。佐藤敏人駐ロサンゼルス領事や内山清駐シアトル領事からの情報によると、一九三二年二月中旬ごろ西海岸の新聞社に「田中メモリアル」が組織的に送付されたものの、各紙は偽造文書と見なしていたようである(37)。三月になってもシアトルでは、「田中メモリアル」などの宣伝文書を含む小冊子が無料で配布されており、「支那側ノ潜行的対米宣伝ハ益々盛ナラントスルヤノ傾向アリ」という状態であった(38)。そこでニューヨーク総領事の堀内謙介は、「田中メモリアル」が偽書であることをマス・メディアに訴えようとした。四月中旬に堀内は、『ニューヨーク・タイムズ』紙に次のような投書を載せている。

ある外国の機関を通じて『田中メモリアル』がアメリカに出回っているものの、これはまったくの偽物であり、明らかに偏見を世論に与えて反日へ導こうというものである。その偽文書は中国語と英語で用意されているが、日本語版は存在していない(39)。

だが、日本の政治家は、諸外国の厳しい視線に敏感ではなかったようである。一例として、衆議院議員の久原房之助をみておきたい。久原は、一九三二年四月号の『文藝春秋』に掲載された座談会で、「要するに満蒙の事はあの時即ち昭和三年に出来ておつてよい訳であつたのです。……日本としては東亜の大勢に向つては一種の使命がある訳で、丁度その使命を果たす経路の段階に過ぎんのだろう」と語った。つまり久原は、満州事変後の対中国政策が、田中内

閣期の延長線上にあるかのように論じたのであった。(40)

かつて田中義一内閣の逓信大臣であった久原は、政友会の幹部でもあり、『文藝春秋』の座談会はアメリカでも報じられた。このため、出淵勝次駐米大使や堀内駐ニューヨーク総領事が危惧したように、久原の談話は、堀内が「田中メモリアル」を否定した投書の効果を相殺しかねなかった。堀内によると久原の談話は、「所謂田中上奏文ナルモノノ存在ヲ裏書スルカ如キ印象ヲ与ヘ相当各方面ノ注意ヲ惹キ居レリ」という。(41)やむなく堀内は、「田中メモリアル」が偽書であるという意見を『ニューヨーク・タイムズ』紙に改めて表明せねばならなかった。(42)このとき堀内は、偽書であることを立証する材料を本省から取り寄せていた。(43)

「田中メモリアル」は、アメリカのみならず、東南アジアやヨーロッパにも広まった。東南アジアについては、駐バタヴィア日本総領事館が調査した。バタヴィアとはオランダ統治時代の名称であり、現在ではインドネシアの首都ジャカルタとなっている。駐バタヴィア総領事は三宅哲一郎であった。その調査によると、中国総領事館が「田中メモリアル」のパンフレットをバタヴィアとバンドンの市内や学校に広めており、パンフレットには中国総領事の書簡まで付されているという。おそらくは国民党支部や華僑も、「田中メモリアル」の流通に協力したであろう。このため日本総領事館は、反宣伝に努めるために覚書を作成して、アメリカの駐バタヴィア総領事館などに通知した。その覚書で日本総領事館は「田中メモリアル」の誤りを指摘し、「中国人は中国で行ったことをジャワでもやろうとしている」と批判した。そのことは、アメリカのスティムソン（Henry L. Stimson）国務長官やホーンベック国務省極東部長にも伝えられた。(44)

ヨーロッパに目を転じると、ベルギーでは二四〇〇名ほどの中国人留学生が、講演会や新聞への投書を通じて排日宣伝に努めていた。また、ベルギーの中国人協会は、対華二十一カ条要求と「田中上奏文」をフランス語に翻訳し、宣伝用に冊子で広く配布した。大久保利隆駐ベルギー臨時代理大使によると、「所謂田中上奏文ノ全然捏造ナルコトモ夙ニ新聞紙ヲ通シ周知方取計ヒ置キタル次第ナルモ支那側ノ宣伝頗ル執拗且ツ巧妙ニシテ今尚ホ当国一部ニハ所謂田中内閣上奏文ナルモノノ存在ヲ信シ居ルモノ少カラサル趣ナリ」という。日本の反宣伝にもかかわらず、「田中上奏文」はベルギーでも信じられつつあったのである。(45)

二　リットン調査団

日本外務省とリットン調査団

このように中国は、「田中上奏文」を利用していた。国民政府は軍事的に劣勢なだけに、内外への宣伝に努めたといえよう。もっとも、宣伝外交は中国に限られたことではなく、日本も宣伝文書を作成していた。日本外務省は、リットン調査団への働きかけを重視した。その調査団はイギリス人のリットン団長を筆頭に、フランスのクローデル(Paul Claudel)、ドイツのシュネー(Albert Heinrich von Schnee)、イタリアのアルドロバンディ(Luigi Aldorovandi-Marescotti)、アメリカのマッコイ(Frank Ross McCoy)という委員から成っていた。(46)このうちクローデルは、一九二〇年代に六年近く駐日大使を務めており、その姿勢は日本寄りであった。委員の多くが植民地行政を経験していたことも、日本に不利ではなかっただろう。

リットン調査団を補佐する参与としては、吉田伊三郎駐トルコ大使と顧維鈞前外交部長が任命された。リットン調査団が一九三二年二月二九日に訪日すると、すぐにリットンは芳沢謙吉外相と会談した。リットンに向かって芳沢は、「過去数ヶ年間国民政府カ所謂革命外交ナルモノヲ振廻シ暴力ニ依リ外国ニ当リ一方的行為ニ依リ条約ヲ変動スルカ如キ態度ニ出テタ」と語り、中国「革命外交」を批判した。上海事変についても芳沢は、「十九路軍ナルモノカ一月二十八日我軍ニ向テ発砲挑発シ日支兵ノ衝突トナリタル次第ナル」と説いた。[47]

のみならず日本外務省は、参与の吉田を介して各種パンフレットをリットン調査団に手交するなど、宣伝にも努めた。[48] その宣伝用パンフレットの一つに、重光葵駐華公使の編集した『中国革命外交（Revolutionary Foreign Policy of China）』がある。英文で一五一頁に及ぶ冊子『中国革命外交』の内容は、日本の正当な権益が中国の「革命外交」によって蹂躙されているというものであった。この『中国革命外交』も、リットン調査団に提出された。[49] 哈爾浜の日本総領事館も一九三二年三月に、英文で『中日関係――北満州における旧軍閥の不正と腐敗（Sino-Japanese Relations: Improbity and Corruption practiced by former Military Cliques in North Manchuria）』と題する宣伝用のパンフレットを作成した。哈爾浜日本総領事館のパンフレットは、中国を「世界で最も抜け目のない宣伝者（propagandist）」と位置づけて、中国における反日教育と反日教科書を批判していた。このパンフレットも、リットン調査団に伝えられた。[50]

こうした日本の宣伝文書を、帝国主義的なるものとして批判するのは容易であろう。たしかに重光編『中国革命外交』などのパンフレットは、一方的に満州事変の原因を中国側に帰しており、首肯できるものではない。その半面で外交官の責務とは、自らの置かれた状況下で国益を主張して擁護することにあり、それに努めないようでは外交官として不適格ともいえよう。このころ日本外務省は、朝日新聞社とも連携しながら、リットン調査団への抗弁を行っていた。すなわち、朝日新聞社は、満州についての記事を抜粋して英文の小冊子を作成した。小冊子は、『「今日の日本」――満州地区、一九三二年（The Manchurian Section of "Present-Day Japan" 1932）』として発行され、リットン調査団に送りつけられた。その小冊子は、村山龍平社長の巻頭言や、芳沢謙吉外相による所信の披瀝《ひれき》で始まっており、日本の行為を自衛のためと弁明していた。[51]

リットン調査団は一九三二年三月一四日、上海に降り立った。[52] このころの上海では、イギリスの仲介により、上海事変の停戦協議が進められようとしていた。上海のリットン調査団に対して、芳沢外相は松岡洋右を特派した。もともと外交官の松岡は、このとき政友会の衆議院議員であり、かつては満鉄副社長でもあった。松岡は、三月二二日にリットンを訪れた。「日本軍が撤退しても、満州国政府は維持されると思うのか」とただすリットンに向かって、松岡は得意の長舌を振るい始めた。

「張作霖ですら、日本の支援なしには統治を維持できなかった。日本の影響力によって、満州は内乱とならずに済んでいるのだ。日本が満州から撤退するなら、すぐにロシアが踏み込んでくるだろう。過去の数年間に中国は、日本を駆逐しようと何度も試みてきた。しかし、それが成功しても、ロシア側から新たに侵略を招くだけであり、第二の日露戦争となりかねない。中国は建設に向かっているのか、それとも崩壊に向かっているのか。私見では後者であり、前者を示すものはなにもない」

こう息巻く松岡に、「日本軍が撤退したらどうなるであろうか」とリットンが問い返すと、松岡は次のように断じた。

「まったくの無秩序となるだろう。日本は平和を維持する鍵である。日本が撤退したら、東アジア全体の混乱を誘発しかねない。実のところ多くの日本人は、国際連盟からの脱退もやむなしと考えており、東アジアにおいて日本単独による確固とした秩序を目指している。連盟が立場をわきまえて行動するように望みたい」

松岡は連盟からの脱退をほのめかし、リットンにくぎを刺したのである。そこでリットンが、「中国が秩序を維持してロシアの侵害を防ぐなら、日本の経済的利益は満たされるのか」と尋ねると、松岡は、「中国人が秩序を保ったことはない。満州は実質的に独立した国家であり、多少なりとも日本に助けられている」と反論した。

つまり松岡によるなら、満州の秩序は日本によってのみ保たれるのであり、日本が撤退するなら満州はロシアの影響下になるという。そのような松岡の論理にリットンが説得されたかは疑問である。それでも松岡は、連盟からの脱退までも示唆してリットンに不介入を求めた[53]。三月二五日にリットン調査団は顧維鈞とも会談して、とりわけ上海事変について聴取した。ここで顧維鈞は、「(一月―引用者注) 二八日夜に開始された (上海における日本の―引用者注) 攻撃は、それ以前に決められていたものであり、日本はその責任を負わねばならない」とリットンらに主張した。すなわち顧維鈞は、一月二八日の上海における日本の攻撃を計画的なものと見なし、上海事変の経緯を論じたのである[54]。

中国政府とリットン調査団

上海を離れたリットン調査団は、一九三二年三月二七日に首都の南京へ到着した。南京でリットン調査団は、三月二九日から四月一日まで中国要人と四日連続で会談を重ねた。第一回会談は三月二九日に南京の行政院長公邸で行われ、リットン調査団の全委員と国民政府首脳が一堂に会した。中国側の出席者は、汪兆銘行政院長、蔣介石軍事委員会主席、宋子文財政部長、陳公博実業部長、朱家驊教育部長、陳銘枢交通部長、羅文幹外交部長、顧維鈞参与らであった。会見ではリットンが質問して、主として汪兆銘がこれに答えた。会談で特に問題となったのは、満州に関して一九〇五年一二月に締結された日清条約の有効性であった。

日本の主張を踏まえたリットンは、「日本側によると、一九〇五年の条約 (Treaty) によって満鉄と並行ないし競合するような鉄道を中国は建設できないことになっているものの、中国はこれを遵守していないという」と切り出した。これに対して汪兆銘は、「言及された一九〇五年一二月二二日の議定書 (Protocol) とは、日本が主張するようなものではないのであり、中国政府は説得的な根拠を提出できる」と回答した。リットンが、「そのような条約は存在しないということか」と重ねて問いかけると、汪兆銘はこう力説した。

「並行線に関する日本の主張は議事録（minutes of conversation）のみに基づくものであり、条約には盛り込まれていない。また、一九一五年の諸条約は、日本が最後通牒によって中国に押しつけたものである。その効力について中国政府は、パリ会議やワシントン会議で一貫して異議を唱えてきた。新たな条約を調整するのが最善であろう」

リットンが「一九〇五年の条約」と発言したところを、汪兆銘は「議事録」と言い換えたのである。リットンのいう一九〇五年の条約とは、満州に関する日清条約のことであり、ポーツマス条約でロシアから日本に譲渡された租借地や鉄道の権益を中国に承認させたものであった。その付属協定は、中朝国境に位置する安東から奉天に至る鉄道の改築と経営を日本に認めており、鴨緑江右岸の森林伐採についても日清共同経営にすると規定していた。さらにその「付属取極」には、中国による満鉄並行線を禁止するという条項が明記されていた。このうち、汪兆銘が「議事録」にすぎないと述べたのは、「付属取極」の満鉄並行線禁止条項についてであった。のみならず汪兆銘は、一九一五年の二十一カ条要求に関連した諸条約についても効力を否認した。日本側からすれば、まさにそのような姿勢こそが条約無視ということになるのであろう。

行政院長公邸における議論は、中国の「反日教科書」や「反日団体」にまで及んでいった。リットンは、「日本側によると、外国人、とりわけ日本人に対する敵意をあおるような政策が、組織的になされているという。日本は学校の教科書や反日団体を問題視している」と発言した。これについて教育部長の朱家驊は、「日本の教科書にこそ反中国や排外の記述が多く含まれており、中国の教科書は中国の主権に対する歴史的な侵害のみに言及している」と切り返した。中国側は、むしろ日本の教科書を批判したのである。(55)

南京における第二回の会談は、翌三月三〇日に行われた。出席者は、第一回会談とほぼ同じであった。この第二回会談も、リットンと汪兆銘を中心に進められた。その二人は再び二十一カ条要求について意見を交わし、満州問題の核心に踏み込んでいった。まずはリットンが、「(二十一カ条要求によって締結された―引用者注) 一九一五年の諸条約に関連して質問したい。当時の中国憲法は、どのようなものであったのか」と発言した。これに対して汪兆銘は、「一九一五年の諸条約は、たしかに袁世凱によって署名されているものの、これは不法な統治下のことである。当時の状況については、法的側面よりも政治的側面に目を向けていただきたい」と強調した。汪兆銘によると、二十一カ条要求に関連した諸条約は、憲法の定める議会によって批准されていないので無効だというのである。

ついでリットンは、「日本側によると満州政権の非力ゆえに、その地域が無秩序となった場合には、ロシアの介入によって新たな日露戦争となりかねないという」と述べた。リットンが「新たな日露戦争」について問いかけたのは、松岡の発言を念頭に置いたものであろう。これに汪兆銘は、「日本が撤退するなら、統治を回復するために憲兵隊の特派によって民政を確立する。それについては、連盟から助言を得られないだろうか」とリットンに意見を求めた。

そこでリットンが、「一例としてスイスでは、中立が国際協定によって保障されている。中国政府は、満州の安全をこのような中立協定で確保するという可能性を検討されたであろうか」と口にした。汪兆銘は、「検討したことはないが、考慮に値するかもしれない」とリットンの意見を受け止めた。さらにリットンが、「国境警備については、多くの国を協定に参入させることによって保障されるであろう」と語ると、汪兆銘は、「中国政府は原則として反対しない」と答えた。(56) 中国側から会議を主導した汪兆銘は、満州をめぐる中立協定の可能性を含めて、連盟と協力する姿勢を示したのである。

リットン調査団は、翌三月三一日にも国民政府首脳と第三回の会談を行った。ここでも討論の中心となったのは、リットンと汪兆銘であった。リットンは、「主要な問題が十分に解決されたなら、軍事的にはもとより経済的にも、あらゆる形態の攻撃を行わないという条約の締結について、中国政府は検討するであろうか」と問うた。これに汪兆銘は、「原則として賛成であり、『不可侵』とは経済面での不可侵を含むものと理解している」と答えた。汪兆銘は、不可侵条約の締結に向けて踏み込んだのである。[57] 翌四月一日にも第四回の会談が開催され、リットン調査団は汪兆銘から対日ボイコットなどについて聴取した。[58]

南京を離れたリットン調査団は、漢口などを経て、四月九日に北平へたどり着いた。リットン調査団は翌一〇日に、吉田伊三郎と顧維鈞を同時に呼び寄せて質疑を行った。リットンが「一九〇五年の条約の問題」を提起すると、吉田と顧維鈞は激しく応酬した。

吉　田「第二条の南満州における将来の鉄道について、双方は議論したうえで、条約に挿入するのではなく、議定書（protocol）におけるその後の宣言で《ママ》……」
顧維鈞「中国語の原本に『議定書』という表記はない。中国語の文書では、『記録要旨』ないし『会談録』にすぎない」
吉　田「日本では常に『議定書』と訳されている」
顧維鈞「中国では常に要旨ないし摘要と訳されている」

すなわち、吉田が一九〇五年の日清条約第二条に関連した「議定書」について論じかけると、顧維鈞は吉田の言葉を遮り、「議定書」ではないと反論したのである。こうした談判にもかかわらず、「一九〇五年の条約の問題」について結論は出なかった。なお、リットン調査団委員のクローデルは、会談で何度か発言しているものの、フランス語でしか話せないため意思の疎通に支障をきたした。[59]

このとき同じく北平には、張学良が滞在していた。そこでリットン調査団は、四月一二日から一五日まで連続して四回にわたり張学良と会談した。会談には顧維鈞も同席しており、それ以前から張学良は、南京の羅文幹外交部長らと連絡をとっていた。[60] リットンは、日本の中国批判を念頭に置きつつ、満州における馬賊の活動や麻薬の密輸、地方税、鉄道、国民政府との関係、張作霖爆殺事件などについて張学良から情報を得ようとした。[61]

張学良の主張は、リットン調査団にあてた「日本の積極政策に関する経験についての声明（A Brief Statement of My Experiences with Japan's Positive Policy）」に集約されている。この声明書は一〇頁の英文であり、張作霖爆殺事件から満州事変に至る経緯が記されていた。「田中上奏文」への言及こそないが、日本による侵略の一貫性を強調するものといえよう。張学良の声明書で注目すべきは、日本が九カ国条約や国際連盟規約、不戦条約といった国際法に違反しているという論理である。従来こうした論法は、日本が中国の不当性を欧米に訴える際に用いられたものであった。さらに張学良は、リットン調査団歓迎会の演説で日本を批判しており、その演説は、国民政府の『外交部公報』に掲載された。満州を失った張学良は、連盟に頼らざるを得なくなっていたのである。[62]

同じころに民間団体の中国国際聯盟同志会は、『中日之衝突』という冊子を北平で刊行した。この冊子は、中国語で四一頁から成っていた。そのなかで中国国際聯盟同志会は、「田中上奏文」のほかにも「金谷参謀部長之国防計画」や「拓務省秘密会議録」などの怪文書を援用しながら日本を非難した。この冊子も、リットン調査団に送り届けられている。[63]

リットン調査団は四月二一日に奉天入りし、六月上旬まで長春や哈爾浜、大連などを視察した。これに同行した顧維鈞らの一行は、日本によって行動を牽制された。[64] 顧維鈞らの言動について満鉄刊行の『満洲日報』紙は、満州国の治安を乱そうとする策動だとして批判的に伝えた。[65] 同紙に反論の手紙を送った顧維鈞は、その手紙の写しをリットンにも寄せて日本側報道の不当性を訴えた。[65]

六月五日にリットン調査団は、北平に戻って報告書の作成に着手した。ここでも参与の顧維鈞は、対華二十一カ条要求などの関連資料をリットン調査団に提出した。(66) 六月一九日にリットン調査団は、顧維鈞のみならず汪兆銘行政院長、宋子文財政部長、羅文幹外交部長と再会した。その舞台は北平の旧外交部であり、しばらくぶりに再会したリットンや汪兆銘は議論を交わし始めた。

リットン「南京での会談をご記憶であろう。そのとき我々は、中日間の問題が解決した場合に、まったく新しい政権が満州に設置されねばならないと提案した。その政権とは、少なからず自立的な性格の民政であり、特殊な憲兵によって国の秩序を維持するというものであった」

汪兆銘「将来の東三省政権について中国政府は、最善を尽くしてある種の自治政府を形成するであろう。ただし、自治政府とは独立を意味するものではない」

リットン「それは四つの省について述べているのか」

顧維鈞「満州とは三つの省であり、四つの省であったことはない」

汪兆銘「熱河省は東三省とまったく異なる」

リットン「我々の印象では、相当な自立を求める感情が満州の中国人には根強いようである」

汪兆銘「中国政府は満州のみならず、ほかの省についても自治政府の可能性を真剣に研究してきた。国民党と国民政府の願いは、自治政府という手段が中国全体に講じられるべきだというものである」

文中に出てくる東三省とは、遼寧省、吉林省、黒竜江省のことである。北平を訪れた汪兆銘らは、東三省において自治政府を新たに設けることに賛同した。ただし、そこに熱河省が含まれることに、中国側は強く抵抗した。汪兆銘は、共産主義者を抑制するという蔣介石の意向についても伝えた。(67) 同様な会議は六月二〇日にも開催された。ここで汪兆銘は、満州の原状回復という一九三一年九月三〇日の連盟決議に論及しながら、日本軍を満鉄沿線に撤兵させることについて議題にしようとした。だが、リットンやマッコイは、それを現実的と見なさなかった(68)。

そこで顧維鈞は、一九三二年六月二八日に「満州問題解決の原則に関する概略の草案（A Draft Outline of the Principles for the Solution of the Manchurian Question）」をリットンに提出した。顧維鈞のリットンあて書簡によると、この「草案」は国民政府の作成したものであり、試案的な性格であるという。「草案」に盛り込まれた内容は、中国が国境警備のために軍隊を国境に駐屯させるか、もしくは東三省を国際管理のもとで中立化して、場合によっては中日ソ三国が不可侵条約を締結するというものであった。国民政府と東三省政権の関係について「草案」では、東三省政権の法律は国民政府によって定められ、国民政府が対外関係、国防、鉄道などを管轄して、東三省政権とは財政を共有するものの、条約的根拠のある日本の既得権益については認めると記されていた。国民政府は、東三省における潜在的主権の回復に目標を定めて、リットン調査団の意向を組み入れつつあったといえよう(69)。

他方で満州国の外交部も、リットン調査団に働きかけていた。満州国の謝介石外交部総長は一九三二年七月四日、リットンにあてて「満州国の概観（A General Outline of Manchoukuo）」などのパンフレットを送付した。満州国のパンフレットによると、「満州国は満州事変による偶然の結果ではなく」、満州国の誕生は必然的なものであり、固有の歴史と民族的誇りが満蒙にはあると強調された。当然そこには、大橋忠一満州国外交部次長などを通じて日本側の意向が反映されていたであろう(70)。

このような満州国と日本の宣伝活動に、顧維鈞は北平で反論した。顧維鈞は一九三二年八月一九日に、日本のパンフレットを批判する文書をリットン調査団に提出した。それによると、歴史的にも中国東北は常に中国の支配下にあり、地理的にも人種的にも孤立していないが、現在の満州は日本軍によって支配されているという(71)。また、宋子文財政部長が「中国財政の改善に関する報告（Report on Progress in Chinese Finances）」を作成したのを受けて、顧維鈞はこれをリットンに送った。[72] そのほかにも顧維鈞は、東北問題研究会編『日本の侵略政策（Japan's Aggressive Policy）』をリットン調査団に三〇部ほど届けた。小冊子『日本の侵略政策』は英文で二二頁から成っており、その巻末で「田中上奏文」が、「野心的な政策を実践するうえでの具体的かつ体系的な計画を含む」ものとして引用された。北平の東北問題研究会は、外交部と密接な関係にあった。[73]

リットン報告書

日本、中国、満州国が宣伝外交を続けるなかで、リットン調査団は、一九三二年九月四日に北平で報告書をまとめ上げた。すると斎藤内閣は、九月一五日に日満議定書を新京で締結し、満州国を正式に承認した。斎藤内閣が満州国を承認したのは、リットン調査団が報告書をジュネーブに運ぶさなかのことであった。つまり斎藤内閣は、リットン報告書が連盟に提出されることを予期しており、リットン報告書が公表される前に既成事実となるように満州国を承認したのである。日満議定書が調印された新京は、かつての長春であり満州国では首都とされていた。

やがてリットン報告書は、一〇月一日付けで日中両国のみならず連盟加盟国にも交付された。リットン報告書は、満州事変における日本軍の軍事行動を合法的な自衛措置とは認めていなかったし、満州の独立運動は日本軍によってのみ可能となったものであり、満州の政権は自発的な独立運動で出現したものではないと結論づけた。その半面でリットン報告書は、日本が満州に多数の権利を有しており、満州とは特殊な関係であることにも配慮しており、原状回復および満州国の存置をいずれも不適切と退けた。

リットン報告書に解決の原則として掲げられたのは、日中双方の利益の両立、満州における日本の利益の承認、日中間における新条約関係の設定、将来の紛争解決に有効な措置の検討、満州の自治、地方的憲兵隊と不可侵条約による安全保障、日中間における経済的接近の促進、中国の改革に関する国際協力などであった。具体的に報告書で提起されたのは、東三省に自治政府を設置して特別憲兵隊を外国人教官の協力下で組織し、自治政府には外国人顧問を任命することであった。さらに、居住権や鉄道など日本の利益にかかわる日中条約、調停や不可侵に関する日中条約、組織的なボイコットの禁止を含む日中通商条約の締結についても発案されていた。このようにリットン報告書は、日本側の利益についても考慮されており、日中の和解を求めたものといえよう。(74)

リットン報告書に込められた意図については、ブレークスリ（G. H. Blakeslee）の声にも耳を傾けておきたい。ブレークスリはクラーク大学の教授であり、リットン調査団でアメリカ側委員を務めたマッコイの顧問であった。リットン報告書の作成にも携わったブレークスリは、ワシントンの陸軍大学で次のように講演している。

> リットン報告書の動機と主旨は、日中が協力すべきだということにある。つまり、戦うよりも協力すべきなのである。中国では、強力な政府を確立するには大きな国内問題を抱えており、日本はこの点で中国を支えるべきだ。日本は、比較的に多い人口を養うという大きな経済的問題を背負っていて、すべての中国市場に参入を求めている。調査団が指摘するように、これらを両立するには曲がりなりにも協力と親善を要するものの、満州問題が公平に解決されなければ協力も親善もあり得ないだろう。

ブレークスリは、リットン報告書が日中の和解を求めた提案であったことを強調したのである。もちろんリットン調査団は、満州事変を日本による自衛権の行使と見なさなかったし、満州国が中国人によって自発的に建国されたとも認めなかった。それでも、解決策としてリットン報告書は、「現状維持でも満州国承認でもなく」中国主権のもとで「アメリカにおける州のような自治政府」を創設するように推奨したのであり、「中国の統一を維持しつつも、日本には満州事変前に主張していたものをすべて与える」ものであったとブレークスリはいう。

リットン報告書は日本に必ずしも不利な内容ではなく、調査団の一員としてブレークスリは、交流のあった日本人に好印象を示すところすらあった。そのことは、リットン報告書が日本に宥和的であったことと多少なりとも因果関係にあったであろう。だとすれば、日本側の宣伝外交がまったくの無駄ではなかったことになる。にもかかわらず、ブレークスリのいうように、「中国代表団はリットン報告書を交渉の基礎として受理する意向を示したものの、日本は報告書を非難している」のであった。[75]

三　国際連盟

松岡―顧維鈞論争

リットン報告書が日本に宥和的であるにもかかわらず、斎藤内閣はリットン報告書に不満であり、とりわけ満州事変と満州国について誤認が多いと結論づけた。そこで日本は一九三二年一一月一九日に、リットン報告書を批判する意見書を連盟に提出した。[76] 中国の側にも、リットン報告書に対する不満はあった。一例として、参謀次長の賀耀組による意見書をみておきたい。賀耀組によると、報告書では日中紛争の原因が誤解されており、「日本の朝野では、中国の分裂による漁夫の利を望まないものはなく、そのことは枚挙にいとまがないのであり、『田中上奏文』からも自明である」という。[77]

一一月二一日には、リットン報告書が国際連盟理事会において審議された。日本の首席代表は松岡洋右であった。中国は顔恵慶を首席代表として、顧維鈞と郭泰祺も代表を務めた。それ以前から顔恵慶は、ニューヨークで刊行され

た *China Speaks on the Conflict between China and Japan* という本の序文で、「歴史的にも感情的にも、数世紀にわたって満州は数百万もの中国人の故郷であった」とアメリカの世論に訴えていた[78]。もっとも、国際連盟で松岡と激論を戦わしたのは、かつて参与としてリットン調査団を補佐した顧維鈞であった。

一一月二一日の連盟でまず演説したのは松岡であり、松岡はリットン報告書の見解を批判した。松岡は満州事変を自衛権の行使だと主張し、満州国の建国は日本の手引きによるものではないものの、日本の政策が極東に安定をもたらしてきたのだと強調した。顧維鈞はこれに反論し、日本軍の行動は自衛権の行使として正当化できないと訴えた。さらに顧維鈞は、「東三省支配は世界征服の第一歩にすぎない」と論じて、「田中上奏文」の一節を次のように引用した。

In the future, if we want to control China, we must first crush the United States just as in the past we had to fight in the Russo-Japanese war. But, in order to conquer China, we must first conquer Manchuria and Mongolia. In order to conquer the world, we must first conquer China. If we succeed in conquering China, the rest of the Asiatic countries and the South Sea countries will fear us and surrender to us. Then the world will realize that Eastern Asia is ours and will not dare to violate our rights. This is the plan left to us by Emperor Meiji, the success of which is essential to our national existence.[79]

顧維鈞が読み上げたのは、「田中上奏文」のよく知られている部分であった。そこで松岡は、「田中上奏文」について一一月二三日の連盟理事会で顧維鈞に反駁した。

松　岡「そのような文書が、天皇に上奏されたことはない。一九三〇年四月、当時の王正廷南京国民政府外交部長は、偽造文書の流通によって生じる悪影響を防ぐために、しかるべき措置を講じると駐華日本公使に約束しているではないか」

顧維鈞「偽書であるかはともかく、『田中上奏文』に記された政策は、満蒙の支配や華北と東アジアにおける覇権の追求を説くものであり、数十年来に日本が進めてきた現実の政策そのものである」

松　岡「中国代表は、『田中上奏文』の信憑性を確信されているようである。中国代表が文書の存在を次の会議で立証されることに期待したい」(80)

「田中上奏文」をめぐる松岡と顧維鈞の論争は、一一月二四日の連盟理事会でも続けられた。まず発言したのは顧維鈞であった。

顧維鈞「この問題について最善の証明は、今日の満州における全局である。仮にこれが偽書であるとしても、日本人によって偽造されたものである。その点については松岡氏も、近著『動く満蒙』のなかで同意されている」

松　岡「中国代表は、証拠を提出せずに拙著に論及された。拙著は日本語で書かれたものだが、おおよそ正確に引用されたようである。したがって、『田中上奏文』を偽書と見なす拙著の記述に、中国代表は賛意を表したといわねばならない」(81)

このように顧維鈞は、「田中上奏文」の真偽を断言することなく、「最善の証明は今日の満州における全局である」と切り抜けた。これに対して松岡は、顧維鈞が事実上「田中上奏文」を偽書と認めたものと判断し、議論を打ち切った。「田中上奏文」の真偽論争としては顧維鈞に分が悪いものの、松岡がこの問題に固執したため、「田中上奏文」は国際世論にかえって印象づけられたであろう。

顧維鈞と外交部

それにしても顧維鈞は、松岡との論争を内心でどのように感じていたのだろうか。実のところ、「田中上奏文」をめぐって南京と中国代表団のやりとりは混乱していた。ジュネーブの中国代表団は一一月二三日、松岡の演説について南京の外交部にこう打電していた。

	21	11	23	21	50
Geneva	21	11	24	10	10

Waichiaopu Nanking.

Nov. 23rd. No. 476.- Regarding Tanaka Memorial Matsuoka referred to Dr. C. T. Wang's Note of 19th April, 1930, promising prevent its circulation and called for evidence prove authenticity. Please telegraph at once text of Wang's Note and evidence of authenticity if any.

つまりジュネーブの中国代表団は、松岡が一九三〇年四月一九日付けの王正廷「覚書」に論及して「覚書」では「田中上奏文」の流通を防止すると約束されていると主張したことについて、南京に照会したのである。言い換えるなら、ジュネーブの顧維鈞らは王正廷「覚書」について情報を得ておらず、「田中上奏文」が本物であることの証拠を慌てて南京に求めた。(82) これに対して南京の外交部は亜洲司、つまりアジア局の調査に基づいて、外交部が「田中上奏文」を偽造と認めたことはないと中国代表団に打電した。(83) さらに外交部は、松岡の主張する王正廷「覚書」についてこのように回答した。

Sinodelegate　　Geneva

Date and number　　Nov. 24th　774

Note referred to can not be found if file (stop)《ママ》 Only found Memorandum from Japanese Legation dated April 7th 1930 saying document was forgery and requesting of prohibition circulation and investigation of source (stop)《ママ》 It is doubtful whether

Dr. Wang did not give assurance verbally o t《ママ》 by letter (stop)《ママ》 Wang arriving here tomorrow will ask him (stop)《ママ》 Unable to provide evidence of authenticity.

この電文で南京の外交部は、三つのことをジュネーブに伝えている。第一に、松岡の主張する王正廷「覚書」は見当たらず、一九三〇年四月七日に日本公使館から送られた抗議文のみが存在した。第二に、王正廷が口頭ないし文書で「田中上奏文」の取り締まりを約束しなかったかは疑わしいため、王正廷に確かめる。第三に、「田中上奏文」が本物であるという証拠は提出できない。外交部からの電文には、そのように記されていた。(84)

そこで外交部は、「田中上奏文」について王正廷に南京で問いただした。これを受けた王正廷は、松岡のいうような「覚書」を発していないと強調した。それでも外交部は、王正廷の言葉をうのみにしなかった。ジュネーブの中国代表団にあてた外交部の電報によると、おそらく「覚書」とは、王正廷によって指示された一九三〇年四月一二日付けの『中央日報』記事を意味するという。(85)その記事は「田中上奏文の真偽問題」と題されており、四月七日に日本が抗議文を寄せたのに応じて、「田中上奏文」に誤りが含まれることを公表したものであった。このようにジュネーブの中国代表団は、「田中上奏文」が真正だとは証明できないことなどを知らされた。したがって顧維鈞らは、「田中上奏文」を偽書だと再認識せざるを得なかったはずである。

「田中上奏文」について顧維鈞は、張学良とも電報を交わしていた。ジュネーブの中国代表団が一一月二三日に外交部へ照会したのとほぼ同時に、顧維鈞は北平の張学良にも「田中上奏文」について問い合わせたのである。張学良にあてて顧維鈞は、連盟での議論についてこう記した。

日本の大陸政策を批判して「田中上奏文」を援用したところ、日本の代表団はこれを否認し証拠の提出を要求してきた。[86] そちらでは、証明の方法や本件の経緯を把握しているであろうか。すぐに打電されたい。明日の会議で回答しなければならない。

つまり顧維鈞は、張学良から反論の材料を慌てて取り寄せようとした。顧維鈞は、「田中上奏文」について松岡が詰め寄ってくるとは十分に予期していなかったのであろう。準備不足の感は否めない。顧維鈞が「田中上奏文」を立証する方法を求めたの対して、張学良は簡潔にこう回答した。

「田中上奏文」とは、日本に滞在する某中国人が、田中に反対する日本人から秘密裏に獲得したものである。その上奏文が発覚してから、日本人が中国で実践している侵略政策は上奏文の計画とほぼ一致している。[87]

張学良から顧維鈞に送られたこの電報は、わずか四行にすぎなかった。顧維鈞は張学良からの来電に目を走らせ、そして大いに落胆したに違いない。張学良の電報は、松岡に反撃する論拠としてはまったく不十分だからである。少なくとも「田中上奏文」に関する限り、ジュネーブの中国代表団と南京の外交部、北平の張学良の間では齟齬《そご》をきたしていた。

このような状況下では、中国代表団が浮き足だってもおかしくなかった。にもかかわらず、中国代表団が松岡と互角の論戦を演じたのは、顧維鈞の個人的な判断と力量によるところが大きかったと思われる。南京からの電報によって「田中上奏文」が偽書だと再確認されるなかで、顧維鈞は、松岡との真偽論争を巧みにすり抜け、諸外国に対するアピールへと戦術を切り替えたともいえよう。他方で内田康哉外相は、ジュネーブの沢田節蔵連盟事務局長に、かつて王正廷が重光葵駐華臨時代理公使との会談で「田中上奏文」の取り締まりを約束したと伝えていた。[88]

報　道

「田中上奏文」の真偽論争に限っていうなら、連盟の討議は、松岡よりも顧維鈞に旗色が悪い。もともとが偽書なのだから、そのことは当然ともいえよう。だが、これを対外宣伝としてみるなら、評価はおのずと異なってくる。宣伝としての効果は、アメリカの新聞に表れ始めた。アメリカの新聞は、松岡と顧維鈞の論争を両論併記で伝えていた。『ニューヨーク・タイムズ』紙によると、松岡が「田中メモリアル」を否認したのに対して、顧維鈞は「田中メモリアル」が実存するか否かはともかく、その発想はたしかに存在しており満蒙で実践されつつあると主張したという。松岡が「田中メモリアル」への批判に固執したため、顧維鈞には反論の機会が与えられ、かえって「田中メモリアル」は国際世論に印象づけられていた。日本の大陸進出が深まるにつれて、『ニューヨーク・タイムズ』や『ワシントン・ポスト』には、「田中メモリアル」を本物と解する記事が増えていった(89)。後の回想録でも顧維鈞は、日本の野心を象徴するものとして「田中上奏文」に何度も論及している(90)。

このように「田中上奏文」は、アメリカでも定着していった。その背景には、国民党による宣伝があったものと推定される。国民党の中央宣伝委員会は一九三二年一一月、連盟開会期間中の宣伝工作綱要において「日本が連盟と中国を侮辱している」といった宣伝内容を定めたうえで、宣伝の具体策を海外各総支部や海外各直属支部、海外各党報、駐欧美特種宣伝員に向けて個別に指示していた(91)。中央宣伝委員会は、国内の各省各特別市党部にも連盟開会期間中の宣伝工作綱要を伝えて、国内世論を「中国外交の後ろ盾」とするように努めた(92)。

中国国内において国民党は、松岡と顧維鈞の論争や王正廷の言動をどのように報じたであろうか。一九三二年一一月二六日の『中央日報』は、「王正廷堅決否認制止田中奏摺流行」という見出しの記事を掲載した。この見出しを直訳すると、「王正廷は断固として『田中上奏文』の流通を阻止などしていないと否認した」という意味である。その記事によれば、同紙の記者が二五日に元外交部長の王正廷を訪れて、次のような問答を行ったという。

記　者「国際連盟の会議では、日本代表の松岡が『田中上奏文』について事実をゆがめて偽造だと見なしており、王正廷が一九三〇年に有効な手段を用いてその流通を抑制するように講じていたとも松岡は発言したという。これは本当のことなのか」

王正廷「私は外交部長のころに『田中上奏文』を読んでおり、そのとき日本の重光公使が私と面会してこれを論じた。私は『田中上奏文』をみたことがあり、本物かどうかは日本にとって歴然としており私に問うまでもない。その頒布を私が阻止したことはなく、政府が出版物の流布を抑制するはずもない」

記　者「『田中上奏文』は、松岡のいうように偽造なのか」

王正廷「顧代表が松岡に答えたように、この文書が本物であることをなによりも示すのは、今日の満州情勢であろう。『田中上奏文』を現在の日本外交と照合すれば自明だというのが最善の回答である」

つまり、『中央日報』によると王正廷は、外交部長のころに「田中上奏文」の流通を防ごうとしたことはないと記者に語ったという。このような王正廷の談話は、先に述べたように、外交部が王正廷に南京で問いただした際の返答と一致している。したがって、『中央日報』の記者とは、実質的に外交部のことではなかろうか。このように外交部と王正廷、さらに『中央日報』は、「田中上奏文」の真偽について顧維鈞と論調を合わせて国内向けに宣伝した(93)。しかし現実には「田中上奏文」の誤りが、すでに一九三〇年四月一二日にやはり『中央日報』に公表されていた。王正廷が外交部長だったころの外交部は、満州事変まで「田中上奏文」の取り締まり要請に多少なりとも応じていたのである。だが王正廷は、一九三二年一一月に態度を翻して、「田中上奏文」を用いた外交部の宣伝に協力した。そのことが、一九三二年一一月二六日付けの『中央日報』となって表れたのである。この一一月二六日付け『中央日報』に

ついては、有吉明駐華公使が本省に伝えたものの、内田外相らは特段の反応を示さなかった。(94)

松岡と顧維鈞の論争は、一九三二年一二月以降の連盟でも尾を引いた。北平の『チャイナ・ウイークリー・クロニクル』紙によると、連盟では松岡の発した文書が回覧された。つまり松岡は、「捏造された『田中メモリアル』」を「中国代表団が公然と配付している」と文書で批判していたというのである。(95)これには顧維鈞も、文書によって反論した。顧維鈞は、元外交部長の王正廷も「田中メモリアル」が偽造であるという日本の主張を受け入れていないと訴えた。(96)

また、北平の雑誌『外交』には、「田中上奏文」を検証する論文が一九三三年二月と三月に掲載されている。論文は、「『田中密奏』真偽攷証大要」および「田中内閣時代之『満蒙積極政策秘密上奏文』考証」と題された。どちらも著者名は培棫であり、内容的には連盟における顧維鈞と松岡の論争を踏まえたものであった。これらの論文は、日本の書籍や雑誌を参照しつつ、日本の対中国政策が「田中上奏文」と一致することなどから偽書ではないと唱えた。松岡らの指摘した山県有朋の記述などに関する「田中上奏文」の間違いについても、流通過程における誤訳や改ざんによるものであり、本質的な問題ではないと力説されている。『外交』を刊行したのは、北平の外交月報社であった。(97)

実のところ、雑誌『外交』に掲載されたこれらの論文は、松岡―顧維鈞論争後のジュネーブで書かれたようである。顔恵慶、顧維鈞、郭泰祺の各代表には、上記の論文「『田中密奏』真偽攷証大要」とほぼ同じ内容の文書が、王芃生《おうほうせい》という人物から届けられていた。日本に留学したこともある王芃生は、日本通として知られていた。満州事変後に王芃生は、顧維鈞や徐謨、王家楨などの外交部幹部らとともに、東北外交研究委員会を北平で組織し、リットン調査団に働きかけるなどしていた。東北外交研究委員会は、張学良を委員長とするものであり、主任幹事の王卓然らを介して、南京の外交部と連携していた。

その王芃生は、北平の外交月報社において雑誌の編集にも携わっていた。さらに王芃生は、中国代表団の委員としてジュネーブに赴いた。ジュネーブで顧維鈞の秘書的な立場となった王芃生は、対日関係について助言した。顔恵慶や顧維鈞にあてられた王芃生の文書は、外交月報社の便せんに記された。したがって、培棫の名義で公表された論文の執筆と掲載について、実質的にこれを進めたのは王芃生ではなかろうか。[98] かつて外交部常務次長だった王家楨も、ジュネーブに渡って松岡―顧維鈞論争を支援した。[99]

北平の外交月報社は、『外交』や『外交週報』といった雑誌のほか、東北問題研究会の編集による冊子として『英文田中奏議 Tanaka's Secret Memorial To The Japanese Emperor』や『中文英文張作霖被炸案 The Tragic Death of Chang Tso-Lin』を販売した。かつてリットン調査団が張学良や顧維鈞と一九三二年四月に会談したときに、リットンは東北問題研究会編『中文英文張作霖被炸案 The Tragic Death of Chang Tso-Lin』などを中国側から手交されていた。これらのことを勘案するなら、外交部と外交月報社の関係はきわめて緊密といえよう。[100]「田中メモリアル」を引用した英文パンフレットはそれ以外にもあり、すでに述べたように、東北問題研究会編『日本の侵略政策』が顧維鈞によってリットン調査団に届けられていた。[101]

リットン報告書は日本に必ずしも不利ではなかったが、それでも日本は国際連盟を脱退した。脱退の契機は、一九三三年二月二四日の連盟総会であった。そこではリットン報告書を踏まえた一九人委員会の対日勧告案が、賛成四二、反対一、棄権一で可決された。反対したのは日本だけであり、シャムは棄権した。すると松岡は、これを不服として退場したのである。三月二七日には内田外相が、正式に脱退通告文を連盟に通達した。このころ日本軍は熱河作戦を進めており、五月末には塘沽停戦協定が日中間に締結された。これによって満州国の国境線が長城線にて確定し、長城以南には非武装中立地帯を設けることで合意されたのである。満州事変の余波が日本の国際連盟脱退や塘沽協定締結に帰結すると、ようやく東アジア情勢は落ち着きを取り戻し始めた。日中関係は、つかの間の小康状態を迎えたのである。

ドイツが軍縮問題を理由として一九三三年一〇月に国際連盟から脱退したころ、イギリスでは「田中メモリアル」を用いた日本論が話題となっていた。オ・コンロイ（T. O'Conroy）の著作『日本の脅威（The Menace of Japan）』がロンドンで刊行されたのである。著者のオ・コンロイは、慶應義塾大学などで英語教師として長らく雇われた経験を生かし、大衆向けの読み物として『日本の脅威』を刊行した。同書は、「田中メモリアル」を用いながら日本の侵略が計画的であることを論じた。日本人は神道を盲目的に信仰しており、その国民性は残忍で非道だとオ・コンロイはいう。その本は、当時のイギリスでセンセーショナルとなったようであり、松平恒雄駐英大使はその模様を調査した[102]。

オ・コンロイの『日本の脅威』について『東京朝日新聞』は、「ウソ八百を並べた『日本の脅威』出版　元慶大英語教師オ・コンロイ」という見出しで批判的に報じた。もっとも、イギリスの学界で「田中メモリアル」は明らかな偽書と判断されていた。松平駐英大使が伝えたように、イギリスの学界は、「田中覚書ハ偽造ノモノナルコト疑ナシト雖モ二十一ヶ条問題当時ニハ少ク共日本ノ一部人士カ支那征服ヲ目論ミ居タルコトハ事実ナルヘシ」と評していた[103]。

コミンテルンと中国共産党

「田中上奏文」の影響力は、一九三四年に入ってからも衰えなかった。その一例として、インドネシアの森田佐一郎駐バタヴィア総領事が広田弘毅外相にあてた電報をみておきたい。一月一六日付けの電文によると、「蘭人ハ一般ニ田中大将ノ上奏文ヲ信シ荒木陸相其他ノ亜細亜『モンロー』主義カ日本国民ヲ指導シツツアル原理ナリト信シ従ツテ日本ハ蘭領印度ニ対シテモ政治的野心アルモノト信シ居レリ」という。つまり、オランダ人は「田中上奏文」を信じているばかりか、荒木貞夫陸相らのアジア・モンロー主義的な言説と重なり合って、日本がオランダ領インドネシアに野心を有する根拠と見なされているというのである。ここでいうアジア・モンロー主義とは、アジア情勢に対して欧米の介入を排するという日本側の立場を指していた(104)。

「田中上奏文」の流布については、コミンテルンの果たした役割も大きかった。コミンテルンとは第三インターナショナルの別称であり、各国の共産党を指導した国際組織のことである。コミンテルンの雑誌『コミュニスト・インターナショナル』は、一九三一年一二月に「田中メモランダム」の全文を紹介し、「ソ連を擁護する全世界の労働者はこの文書を知るべきである」と論じた(105)。『コミュニスト・インターナショナル』は、英語、ロシア語、ドイツ語、フランス語、中国語で刊行されていた。この記事を和訳したのが、日本共産党であった。日本共産党中央委員会は一九三二年六月に、この記事を小冊子『赤旗パンフレット 第二五輯 一切の暴慢をさらけ出した赤裸の日本帝国主義』に訳して配付した(106)。

コミンテルンは、アメリカ共産党を通じて日本語の機関紙『労働新聞』をサンフランシスコで発行していた。一九三五年三月一日の『労働新聞』は、日本の対中国政策を「田中大将覚書の中にかゝれてゐる『プラン』と一致するものである」と断じた。そのことは、富井周駐サンフランシスコ総領事から広田外相に伝えられた(107)。

他方で中国共産党は、一九三一年一一月に中華ソビエト共和国臨時中央政府を瑞金《ずいきん》に樹立していた。江西省南部の瑞金が、革命の根拠地と位置づけられたのである。一九三四年一〇月になると中国共産党は、国民党軍によって瑞金を追われて長征を開始した。毛沢東の率いる紅軍第一方面軍は、一九三五年一〇月に陝西省北部に到着して長征を終えた。この間にコミンテルン駐在の中国共産党代表団は、一九三五年八月一日に「抗日救国のため全国同胞に告げる書」を発した。いわゆる八一宣言である。

八一宣言を起草したのは、コミンテルン駐在員としてモスクワに滞在していた王明らであった。八一宣言の冒頭では、「わが国に対する日本帝国主義の進攻は急テンポとなり、南京の売国政府は一歩一歩と投降し、わが北方の各省も東北四省に次いで、事実上滅亡してしまった」と論じられた。このくだりは、日本陸軍による華北分離工作を批判したものであろう。日本陸軍は、梅津・何応欽協定や土肥原・秦徳純協定を中国に押しつけ、河北省やチャハル省などの華北で国民政府の影響を排除し始めていた。さらに八一宣言は、「田中メモランダムによって予定された、完全にわが国を滅亡しようという悪辣な計画は、まさに着々と実行されつつある」と危機感をあおっていた。つまり「田中上奏文」は、中国滅亡計画として中国共産党に引用されたのである。(108) 中国共産党が抗日民族統一戦線を模索するなかで、やがて日中戦争は勃発してしまう。

四　日中戦争

盧溝橋事件

ここまで本章では「田中上奏文」を補助線として、満州事変から華北分離工作の前後に至る日中関係と宣伝外交をたどってきた。概していうなら、中国側は「田中上奏文」を宣伝材料として利用し、日本側はそれへの反宣伝に努めた。戦闘そのものが日本に有利であったとしても、宣伝では中国に圧迫されていると日本側には思えたであろう。

それにしても日本は、中国の宣伝を実態以上に誇大視してはいなかっただろうか。日本における対中認識の一端を示すものとして、日本陸軍省の小冊子「支那と宣伝」をみておきたい。二一頁から成るこの小冊子は、陸軍省調査班によって一九三二年三月に編集されたものであり、「支那国民が何故宣伝に巧みであるか」を探っていた。中国が宣伝に優れている一因としては、幼少時からの「排日教育」や「濃密なる宣伝網」などが挙げられた。そのなかで陸軍省調査班が中国側宣伝の背景として最重視したのは、中国人の国民性であった。その小冊子は、中国人の国民性を描写するのに半ばを費やし、六つの特徴にまとめた。

支那人は雷同性に富む
支那人は面子を重んずる為虚言を弄す
支那人は突拍子もないことを好む
支那人は語学に長ず
支那人は大言壮語する
支那人は自ら宣伝の役者となる

つまり日本陸軍の小冊子によると、こうした国民性のために中国人は最も宣伝に適しており、「宣伝は実に支那国民の習性となつて居る」というのである。中国の国民性に対してそのような観念があるために、中国側宣伝への警戒心は増幅されたであろう。このため日本は、中国の宣伝をいささか過大に評価しがちであったようにも思える。[109]

後手に回りがちな日本側の宣伝については、どのような議論がなされていたであろうか。日本で対外宣伝を担当したのは、外務省情報部であった。外務省の本省に情報部が正式に設置されたのは、一九二一年のことである。日本はパリ講和会議で旧ドイツ権益の継承に成功したにもかかわらず、宣伝では中国に引けをとったという意識が日本にはあり、一九二一年の情報部設置に至っていた。一九三〇年代に外務省で情報部長を長く務めたのが、中国経験に富む天羽英二であった。[110] ワシントン会議で随員となった天羽は、広州総領事、哈爾浜総領事、駐華公使館一等書記官、駐ソ大使館参事官などを経て、一九三三年から一九三七年まで情報部長の座にあった。

一九三六年に天羽情報部長は、「宣伝省設置問題ニ関スル意見」という内部文書を作成し、宣伝省を新設すべきかどうかについて論じた。ドイツやイタリアで宣伝省が設置されたこともあり、このころの日本では、情報機関を統一して宣伝省を新設すべきだとの論調が強まっていたからである。だが天羽は、ドイツやイタリアの宣伝省、さらにはコミンテルンの動向を模倣して宣伝省を新設することについて「有害無益ノ企図」と否定的であった。なぜなら宣伝省は、ドイツやイタリアのような「独裁専制ノ国」にこそ存在しているものの、「我国ノ如キ立憲国ニ在リテハ平時ニ於テハ原則トシテ言論ノ自由カ尊重セラルル」ためである。さらに天羽はこう続けた。

我国ノ対外啓発ハ英米仏ノ如キ言論ノ自由ヲ尊重スル国ヲ主タル相手方トナス必要アルカ此等諸国ニ於テハ宣伝省ト云フカ如キ独裁制ノ匂《におい》アル機関ヲ甚シク嫌忌スルカ故ニ我国ニ於テ宣伝省ヲ特設スルハ設置ノ事実ノミニテ既ニ対外宣伝ノ効果ヲ喪失セシムルノ結果ニ陥ルヘシ。

すなわち、欧米を宣伝対象とすべき「立憲国」日本にとって、「独裁制ノ匂」のある宣伝省を特設することは、かえって逆効果であると天羽は論じた。天羽は、「対外国策遂行ノ任ニ当ル外務省トシテハ情報並宣伝ヲ主管スル事無クシテ外交政策ヲ決定遂行シ外交工作ヲ為スカ如キハ絶対ニ不可能ナリ」とも書き記した。宣伝省が新設されるなら、情報宣伝機関を奪われることになるため、外務省としては賛成できないというのである。外務省情報部長という天羽の立場からすれば当然であろう。もっとも、外務省が十分に宣伝を行えているわけでもなく、「現在ノ外務省情報部カ小規模ニ過クルハ外交当局トシテモ充分之ヲ認メ居リ」と天羽はいう。外務省だけでは力不足を否めないが、だからといって宣伝省を新設するのは、ナチス・ドイツやファシスト・イタリアのような独裁国家を思わせるので望ましくない。ここに日本のジレンマがあったといえよう[111]。

日中間における情報戦は、なにも宣伝活動に限られたわけではない。南京総領事の須磨弥吉郎が広田外相に伝えたように、南京では中国の首都憲兵司令部や首都警察庁が、日本人の行動を監視するなどの目的で特務組を設置し、尾行や偵察、中国人使用人の買収、郵便電信の検閲、電話の盗聴などを行った。同様の活動は、上海日本総領事館などに対してもなされたようである。他方で、日本陸軍省の新聞班は、中国に対する宣伝方針について「無気味ナル沈黙ノ威圧ヲ加フルヲ主旨トシ威嚇的宣伝ハ統制ヲ執リ機宜ニ投ズベキコト」と定めていた[112]。こうしたなかで、日中戦争の発端となる事件が起きた。盧溝橋事件である。

一九三七年七月七日の深夜、日本の支那駐屯軍一個中隊が、北平郊外の盧溝橋で夜間演習を行っていた。このとき支那駐屯軍は実弾射撃を受けたため、集合してみると一兵士が行方不明と判明した。牟田口廉也連隊長は大隊に戦闘開始を命令し、宋哲元冀察政務委員会委員長の配下にあった第二九軍の部隊と衝突した。この盧溝橋事件の停戦協定は、七月一一日に現地で結ばれた。停戦交渉は宋哲元ら地方政権の主導によるものであり、国民政府はこれを追認した[113]。だが近衛文麿内閣は、内地三個師団の動員を決定した。日本軍は、七月末に北平と天津を占領し、上海でも日中両軍の交戦が八月一三日に始まった。この第二次上海事変は一一月まで続くこととなり、一二月には首都の南京が陥落した。日中間の紛争は、全面戦争へと発展したのである。

日中戦争が本格化すると、国民政府は対外宣伝を強めるようになった。まずは、王正廷駐米大使による一九三七年八月二三日の在米ラジオ演説をみておきたい。王正廷はこのラジオ演説で、「日本による中国侵略の特徴は、『事件』が意図的につくられることにある」と論じて、満州事変から華北分離工作を経て盧溝橋事件に至る過程を振り返った。王正廷によると、「華北を支配するという政策目標を達成するため、日本の軍国主義者は、意図的に七月七日に盧溝橋で『事件』を引き起こした」という。王正廷は、盧溝橋事件を日本の戦争計画に基づくものとアメリカの世論に訴えており、事件そのものについては偶発と見なす日本とは戦争観を異にしていた[114]。

王正廷は八月二五日のラジオ放送でも、日中戦争に適用できる国際法として、国際連盟規約や九カ国条約、不戦条約に注意を喚起した。このうちの九カ国条約とは、一九二二年にワシントン会議で締結された条約であり、中国の領土保全や門戸開放を規定していた。また、不戦条約とは、一九二八年にパリで締結されたものであり、国際間の戦争を違法とする条約であった[115]。さらに王正廷は、アメリカの商工会議所などでも演説を重ねた[116]。対外宣伝の一環として国民党は、抗日戦争の映画製作を強化してもいた[117]。

中国は日本と開戦してから、国内でもラジオ宣伝によって成果を得つつあった。これについては、日本のほかに満州国の中央宣撫小委員会も、「日支事変によつて今や支那は一大危機に逢着してゐるが、このさ中にあつて南京が如何にラヂオ宣伝に依る効果を挙げつゝあるか」に注視しており、「伝統的に以夷征夷外交に頼る支那にとつて、これ等欧米との直通無電が如何に重要な役割を果すかは満洲、上海両事変後の聯盟総会当時の眞茹無電台の活躍を思ひ起せば明瞭であらう」という。日中戦争が長期化するなかで、「日本側の宣伝は支那側に先手を打たれてゐることは否定できない」と満州国には思われた[118]。

とりわけ、蒋介石夫人の宋美齢による対米ラジオ放送は、絶大な効果を示した。アメリカで教育を受けた宋美齢は、巧みに英語を操った。「蒋介石夫人宋美齢は去る九月十一日夜南京より日支事変に関して対米放送を行ひ全米は勿論全世界に亙つて異常な宣伝効果を収めた」と日本の内閣情報部は観察した[119]。内閣情報部とは、内閣直属の情報宣伝機関であり、一九四〇年一二月には情報局に昇格した。

「田中上奏文」問題の再燃

日中戦争がもつれるなかで、中国の内外では「田中上奏文」が再び流通するようになった。とりわけ著名なのが、一九三七年一〇月に上海で刊行された国難資料編輯社編『国難資料叢刊之一　日本大陸政策的真面目』であった。一二九頁から成るその冊子には、怪文書の「田中上奏文」や「日本併呑満蒙秘密会議」に加えて、天羽声明や広田三原則という現実の文書が巧みに組み込まれていた。この天羽声明とは、外務省情報部長の天羽英二による一九三四年四月の記者会見を意味した。このとき天羽は、列国が中国に対して「共同動作」をとるなら、日本は反対すると述べていた。アメリカなど諸外国は、天羽声明をアジア・モンロー主義の表明と見なして反発した。また、広田三原則とは、広田弘毅外相が一九三五年一〇月に示した対中方針であり、排日の取り締まりと欧米依存からの脱却、満州国の黙認、防共を内容とした。天羽声明や広田三原則という本物の文書と並べられることで、「田中上奏文」は真実味を増したであろう[120]。

一九三七年一一月には、九カ国条約の調印国による国際会議が、ベルギーのブリュッセルにて開催された。九カ国条約の調印国とは、アメリカ、イギリス、フランス、日本、中国、イタリア、ベルギー、オランダ、ポルトガルであった。ただし日本は、ブリュッセル会議に参加せず、代わりにソ連が出席した。ブリュッセル会議の開催を主導したのは、アメリカのローズヴェルト（Franklin D. Roosevelt）政権であった。中国代表の顧維鈞は、ブリュッセル会議において九カ国条約や不戦条約を引き合いに出しつつ、日本への制裁を主張した。だがアメリカは、対日制裁に同調しなかった。このため会議は、さしたる成果もないままに終わった。それでも、ブリュッセルの中国代表団は、顧維鈞の演説や外交部の見解を小冊子にまとめて現地で頒布していた[121]。

同じころワシントンでは斎藤博駐米大使が、「日本は征服に駆り立てられているのではなく、中国の一部を分離ないし併合するつもりはない」という近衛内閣の声明を『ワールド・アフェアーズ』誌に訴えた[122]。アメリカ国務省の顧問となっていたホーンベックは、上院議員の要請に応じてブリュッセル会議の資料とともに「田中メモリアル」を提出した。このとき「田中メモリアル」についてホーンベックは、「本物かどうかを論じるつもりはない」としながらも、「多くの観察者はおそらく『偽造された』文書だろうと考えている」と伝えた。少なくともこの時点まで、アメリカ国務省は「田中メモリアル」を宣伝に利用するつもりはなかった[123]。だが「田中メモリアル」は、アメリカの新聞によって知れ渡った。

一九三七年一二月にはイタリアが、満州国を承認して国際連盟から脱退した。『ニューヨーク・タイムズ』紙の記事によると、イタリアは日本やドイツと足並みをそろえており、日本は「田中メモリアル」を実践しつつあるという[124]。一九三八年になると「田中メモリアル」は、『シカゴ・デイリー・トリビューン』紙でも日本の秘密計画として紹介された[125]。また、一九三九年五月に久原房之助が政友会総裁に就任すると、「久原の初入閣は田中義一男爵の指名によるものであり、田中の名前は悪名高い田中メモリアルを連想させる」と『ニューヨーク・タイムズ』は報じた[126]。同じころ同紙の投書欄では、「田中メモリアル」をめぐる真偽論争が起きていた。「田中メモリアル」を本物と主張する投書がある一方で、一九二九年の京都会議に出席したことのあるＩＰＲ関係者の投稿は、これに懐疑的であった[127]。だが、ＩＰＲ関係者のような冷静な議論は、日中戦争が泥沼化するなかでやがて失われていった。

この間の一九三八年一二月には、汪兆銘らが日本の呼びかけに応じて重慶を脱出した。日本は、かつて中国を代表してリットンと交渉した汪兆銘を重慶から引き出したのである。ベトナムのハノイにたどり着いた汪兆銘は、日本軍の撤退を条件としつつも、蔣介石に対日和平を求めた。しかし蔣介石は、これに応じなかった。それどころか、重慶の国民党中央執行委員会常務委員会は、一九三九年一月一日に汪兆銘の除名を決定した。

さらに国民党は、第五期中央執行委員第五次全体会議を一九三九年一月二一日から三〇日まで重慶において開催した。この第五期五中全会で注目されるのは、蔣介石が自ら「田中上奏文」に言及したことである。蔣介石は、第五期五中全会の初日に中国の必勝を講じた。このなかで蔣介石は、「ひそかに日本で定められた非公開の伝統的政策、および公開された田中上奏文にかんがみるなら、いわゆる大陸政策とはまず満蒙を占拠してから我が中国全部を侵略して、アジアに覇を唱えたうえで世界を征服しようとするものである」と熱弁をふるった。その後も蔣介石は、「田中上奏文」を引用しながら講話を施している(128)。

アメリカ上院海軍委員会では一九四〇年四月に、タウシッグ（J. K. Taussig）海軍少将が「田中メモリアル」を本物だと発言した。タウシッグは、「田中メモリアル」に論及しながら、日本の目的を世界制覇だと述べてアメリカ国内に警戒を呼びかけたのである。ただし、アメリカ海軍省は、タウシッグの発言を個人的見解と位置づけており、海軍省の政策を反映したものではないと発表した。タウシッグ発言について駐米日本大使館は、九カ国条約の調印時に山県有朋がすでに死去していたことなど六つの誤りを挙げて「田中メモリアル」が偽書であると反論した(129)。

このようなアメリカ国内の動向に対して、日本は多少なりとも反宣伝を行った。その一つにラルフ・タウンゼント（Ralph Townsend）による活動がある。もともと新聞記者であったタウンゼントは、外交官に転じて一九三二年の第一次上海事変を現地で目の当たりにし、その後はサンフランシスコで著述や公演、ラジオ演説を行うようになった。日中戦争下で日本外務省情報部は、タウンゼントを雇って対米宣伝に従事させた。一九三八年九月にタウンゼントは、『アジアにアメリカの敵はいない！（America Has No Enemies in Asia !）』という小冊子をサンフランシスコで刊行した。そのなかでタウンゼントは、やはり山県有朋がすでに他界していたことなどを論拠として、「田中メモリアル」を偽書と断じた。

タウンゼント著『アジアにアメリカの敵はいない！』の一節は、カナダのバンクーバーで一九三九年三月にラジオ放送された。その内容は、東アジアへの不介入を説くものであった。根道広吉駐バンクーバー領事が有田八郎外相にあてた電報に示されるように、このラジオ放送は、駐バンクーバー日本領事館の仕掛けたものであった。さらにタウンゼントは、一九四〇年五月に『外患を求めて（Seeking Foreign Trouble）』という本を刊行し、アメリカによるヨーロッパやアジアへの介入を批判して日本を擁護した。同書でタウンゼントは、コロンビア大学総長のバトラー（Nicholas Murray Butler）らが「田中メモリアル」を引用することで世論を扇動していると名指しで非難した。この本は、日本経済聯盟対外事務局によって『米禍』の書名で一九四一年に和訳された。[130]

トロツキー論文

「田中メモリアル」がアメリカで議論となると、メキシコに亡命していた革命家のトロツキーがこれに反応した。トロツキーは、一九四〇年五月の未定稿で「田中メモリアル」の信憑性を強く主張した。トロツキーの秘書を務めたハンセン（Joseph Hansen）によると、トロツキーの起稿はアメリカ議会の動向に触発されたものであったという。すでに述べたように、一九四〇年四月のアメリカ上院海軍委員会では、海軍軍人が「田中メモリアル」に言及しながら日本の野望について証言していたのである。[131]ハンセンは、『コミュニスト・インターナショナル』誌などから複製された「田中メモリアル」の小冊子を集めていた。[132]

トロツキーの未定稿によると、ソ連は諜報活動によって「田中メモリアル」を東京で写真撮影した。トロツキー自身もモスクワに送られてきた写しを閲覧しており、諜報を指揮したのはＧＰＵ、つまり国家政治保安部長官のジェルジンスキー（Felix E. Dzerzhinskiy）だという。しかし、「田中メモリアル」を一九二三年に入手したと主張するなど、トロツキーの未定稿には疑問点が多い[133]。

一九四〇年八月にトロツキーは、亡命先のメキシコで暗殺された。だが、トロツキーの論考は、『第四インターナショナル』誌に掲載された。『第四インターナショナル』は、アメリカの社会主義労働者党（Socialist Workers Party）の月刊誌であった。トロツキー論文によると、「田中メモリアル」は偽書ではなく、ソ連はこれを諜報活動によって日本の公文書館から入手したのであり、「田中メモリアル」は東京の海軍省で撮影されてモスクワに持ち込まれたという。その英訳とロシア語訳を初めて閲覧したのは、トロツキー自身だともいう。トロツキーの『第四インターナショナル』論文では、先の未定稿と異なり、ジェルジンスキーが「田中メモリアル」を入手したのは一九二五年の夏ないし秋だったと書かれている。不可解にも一九二七年七月に天皇へ上奏される前に、すでに「田中メモリアル」はモスクワへ送られていたとトロツキーは論じたのである。トロツキーは、さらに詳細を加筆するつもりでいたが、メキシコで暗殺された[134]。

このようなトロツキーの記述は真実味に乏しい。にもかかわらず、日中戦争の長期化につれて「田中メモリアル」は世界的に広まっており、トロツキーはその傾向を強めたといえよう。『第四インターナショナル』に掲載されたトロツキーの論考は、『シカゴ・デイリー・トリビューン』紙やジャーナリストの本で紹介された[135]。

日本では一九四〇年七月に、第二次の近衛文麿内閣が成立していた。外相は松岡洋右であった。日本軍は、九月にフランス領インドシナの北部に進駐した。この北部仏印進駐に対して、アメリカのローズヴェルト政権はくず鉄を禁輸にした。同じく九月に日本は、日独伊三国同盟に調印した。

このころ『ロサンゼルス・タイムズ』紙は、「田中メモリアル」を「日本の『我が闘争』」と報じて注意を喚起した。同紙によると「田中メモリアル」は、「一九二七年以来の日本における軍国主義者の行動と合致している」という。

同紙で「田中メモリアル」の記事が出てくるのは、近衛内閣が「全体主義的傾向を強めており……『八紘一宇』の実現という新方針を発表した」との文脈においてであり、「（日本による―引用者注）インドシナへの進駐によって、蔣介石はますます孤立無援となる」ともいう。[136] 同様に『ワシントン・ポスト』紙も、「田中メモリアル」を「日本の青写真」と報じた。[137] アメリカの主要紙は、「田中メモリアル」を日本の侵略計画として位置づけたのである。

さらに日本軍は、一九四一年七月にフランス領インドシナの南部へ進駐した。すると重慶政府では、行政院副院長と財政部長を兼任する孔祥熙が、アメリカ向けのラジオ放送において演説した。孔祥熙は抗日戦の勝利に自信を示し、「中国が太平洋防衛の最前線であることをアメリカは悟るようになった」とラジオで力説した。このとき孔祥熙は、アメリカと「共通の敵」に対峙していると語り、「田中上奏文」については「歴史がこれをあまねく証明している」と談じた。国民党の中央宣伝部国際宣伝処は、アメリカ向けの英語放送を強化していたのである。[138] これに呼応するかのようにローズヴェルト政権は、日本の南部仏印進駐に対抗して日本への石油輸出を全面的に停止した。なお、元ソ連内務人民委員部の諜報員パブロフ（Vitaliy Pavlov）は、ソ連が「田中上奏文」をアメリカなどに宣伝したと回想している。パブロフは後にKGB工作員となっており、その証言がどこまで信用できるのかは定かでない。[139]

五　太平洋戦争

アメリカの宣伝映画

一九四一年一二月の真珠湾攻撃によって、日本は太平洋戦争に突入した。そのころアメリカに帰国した者に、中国で取材を続けていたアメリカ人ジャーリストのスメドレー（Agnes Smedley）がいた。スメドレーはアメリカで、「『田中メモリアル』は日本による世界征服の青写真であり……その系統的な方針はドイツ人ではなく日本人によって発案された」と演説した。スメドレーの演説は、新聞でも報道されている。[140] 戦時下のアメリカでは「田中メモリアル」が、各紙の記事や投書欄で本物として論及されがちとなった。

とりわけ、ジャーナリストのクロウ（Carl Crow）は、『世界帝国という日本の野望――「田中メモリアル」（Japan's Dream of World Empire: The Tanaka Memorial）』という本を一九四二年にニューヨークの出版社から刊行し、「田中メモリアル」の全文を掲載した。これについてアメリカの各紙は、「日本の『我が闘争』」であり「日本の青写真」だとして紹介した。『ニューヨーク・タイムズ』紙の記事が論じたように、「田中メモリアル」は「真珠湾攻撃以降さらに広く信じられている」のであった。[141] ラジオでも「田中メモリアル」は放送されており、これにはラティモア（Owen Lattimore）が関与したようである。かつて蒋介石の政治顧問であったラティモアは、戦時情報局（Office of War Information）で太平洋方面を担当していた。[142]

日米開戦から一九四二年三月にかけて、アメリカ国務省ではホーンベック顧問らが、「田中メモリアル」の真偽を再検討した。その際には、『第四インターナショナル』のトロツキー論文なども精査された。その結果は、「田中メモリアル」の信憑性を疑問視するものであった。このため、「田中メモリアル」をプロパガンダに利用するのは不適切と判断されたのである。[143] 国務次官を辞した直後のウェルズ（Sumner Welles）も、一九四四年の著作で微妙な言い回しを用いた。ウェルズによると、「『田中メモリアル』は実際に日本の公的な政策の聖典ではなかったかもしれないが」、日本政府はあらゆる機会をとらえてこの計画を推し進めてきたという。[144]

にもかかわらず、アメリカでは「田中メモリアル」が戦時中のプロパガンダ映画に利用された。プロパガンダ映画をアメリカで推進したのは、国務省ではなく陸軍省であった。マーシャル（George C. Marshall）陸軍参謀総長が、ハリウッドの映画監督フランク・キャプラ（Frank Capra）に自ら宣伝映画の制作を依頼したのである。キャプラ監督は、『スミス都へ行く（Mr. Smith Goes to Washington）』などの映画で広く知られていた。キャプラによる一連の宣伝映画は、「なぜ戦うのか（Why We Fight）」というシリーズ名のもとに七本制作された。このシリーズは、数百万のアメリカ兵に見せられ、ローズヴェルト大統領の意向によって一般の劇場でも公開された。のみならず海外へも、フランス語、スペイン語、ポルトガル語、中国語の各国語版で配給された。シリーズの第一作は、一九四三年のプロパガンダ映画『戦争への序曲』であり、そこには「田中メモリアル」が何度も登場した(145)。

キャプラの宣伝映画「なぜ戦うのか」シリーズで注目すべきは、一九四四年の作品『バトル・オブ・チャイナ』であろう。『バトル・オブ・チャイナ』は、「なぜ戦うのか」シリーズの第四作であった。この映画は、第二次上海事変における無差別爆撃の映像に始まっており、ナレーションでは「中国の歴史に帝国主義的な侵略は一度もない」と語られた。映画のなかで中国は、アメリカの敵である日本と七年間戦い続けており、今やアメリカの同盟国になったと位置づけられた。すると「田中メモリアル」が「世界征服の青写真」として登場し、“In order to conquest the world, we must first conquer China”という一節が引用された。

プロパガンダ映画『バトル・オブ・チャイナ』によると、満州地下資源の獲得、中国の人的資源の征服、インドなど南方の制圧、東進によるアメリカの壊滅、という四段階の計画が「田中メモリアル」にはある。このような日本の野望には、後ろ盾としての中国が必要であり、満州事変によって「田中メモリアル」の第一段階は達成された。さらに日本は、世界制覇に向かおうとしたが、日中戦争における中国の抵抗によって、「田中メモリアル」の第二段階は成し遂げられなかった。「田中メモリアル」の第二段階が行き詰まったにもかかわらず、日本は第三段階と第四段階をこれ以上遅らせるべきでないと判断したという。ソ連やイギリスがヨーロッパ情勢にかかりっきりであり、アメリカの国力も整っていなかったからである。

その時期を見計らって、第二段階が完成していないにもかかわらず、日本は「田中メモリアル」の第三、四段階、すなわちインド諸国とアメリカの征服に踏み込んだと『バトル・オブ・チャイナ』は訴えた。これが真珠湾攻撃であり、中国はアメリカの同盟国となった。中国は苦境に耐え、アメリカも一九四四年には太平洋で攻勢に転じた。太平洋戦争は、「隷従に対する自由の戦い、暴虐に対する文明の戦い、悪に対する善の戦い（Struggle of freedom against slavery, civilization against barbarism, good against evil）」として語られ、映画は蔣介石夫人のアメリカ議会演説とマーシャル陸軍参謀総長の言葉で締めくくられた。このうちマーシャルの言葉とは、「ドイツと日本という戦争マシーンを完敗させることによってのみ民主主義の勝利は完結する（victory of the democracies can only be complete with the utter defeat of the war machines of Germany and Japan）」というものであった。

以上が、キャプラ監督の撮影した宣伝映画『バトル・オブ・チャイナ』の概要である。映画の最後に登場するマーシャル参謀総長こそは、キャプラに宣伝映画の制作を依頼した人物であった。この映画は、実録や証言のみならず、地図やアニメーションを多く採り入れて日中戦争を立体的に描いた。分かりやすい英語と明解な善悪の二分法が映画の骨子を支えており、戦争プロパガンダ映画の傑作といってもよいだろう。そのなかで「田中メモリアル」は、日本の侵略性を示す証拠として繰り返し登場した。(146)

一九四五年の『汝の敵を知れ――日本』も、プロパガンダ映画として著名である。やはり監督はキャプラであり、制作はアメリカ陸軍省であった。この映画では、日本人が天皇と軍隊に従順な民族として描かれた。とりわけ、太平洋戦争中に日本が掲げた八紘一宇という標語が強調されており、「田中メモリアル」も何度か映画に現れた。映画によると、「田中メモリアル」は「日本の『我が闘争』」であり、八紘一宇という目的のもとでアメリカが最終的な標的にされているという。満州事変のような大陸進出策も、「田中メモリアル」の計画に従ったものと位置づけられた。当然ながら、『汝の敵を知れ――日本』において、「田中メモリアル」は中国を支援する文脈において用いられている。(147)

終戦へ

「田中メモリアル」を用いた戦時中のアメリカ映画は、宣伝映画に限られない。一九四五年の娯楽映画『ブラッド・オン・ザ・サン』にも、「田中メモリアル」は用いられた。その内容は、アメリカ人新聞記者が東京で「田中メモリアル」を入手して、日本の野望を伝えようと奮闘するというものである。主役の記者にふんしたのは映画スターのジェームズ・キャグニー（James Cagney）であり、監督はフランク・ロイド（Frank Lloyd）であった。

以前の作品でキャグニーとロイドは、それぞれアカデミー主演男優賞とアカデミー監督賞を受賞しており、『ブラッド・オン・ザ・サン』の影響力は相当なものであったと推測される。冒頭のキャプションで、田中義一は「東洋のヒトラー」と紹介された。サスペンス風の娯楽映画ではあるが、プロパガンダ色の濃いものとなっている。これを観た当時のアメリカ人は、「田中メモリアル」を本物と見なしたであろう。各紙も『ブラッド・オン・ザ・サン』の紹介で、「田中メモリアル」を「世界征服計画」などと伝えていた。(148)

大戦末期のアメリカでは元海軍大将のヤーネル（Harry E. Yarnell）が、『ワシントン・ポスト』紙上で「田中メモリアル」に論及した。ヤーネルは、アジア艦隊司令長官を一九三六年から一九三九年まで務めて退役していた。同紙でヤーネルは、国際機構の設立を提案したダンバートン・オークス会議を受けて、戦後秩序のあり方について提言した。そこでは、「田中メモリアル」についても触れられており、ドイツや日本は『我が闘争』や「田中メモリアル」で野心を公言したとヤーネルは論じたのである。(149)

この間に日本の戦局は、悪化の一途をたどっていた。サイパン島が一九四四年七月に陥落すると、東条英機内閣は総辞職した。次の小磯国昭内閣が成立すると、外相には重光葵が留任した。このころ日本は、ソ連との関係に一縷《いちる》の望みをつないでいた。日本は、米英とソ連の矛盾を利用しながら日ソ中立条約を強化して、独ソ間の和平を斡旋しようとすらしたのである。重光外相は一一月二四日、「日蘇《そ》ノ諒解」を進めるために「我政策（特ニ東亜地域ニ対スル）ノ真髄ヲ充分ニ了解セシムルコト」と佐藤尚武駐ソ大使に伝えた。そのうえで重光はこう論じた。

> 蘇側カヤモスレハ持チ出ス所謂「田中大将覚書」ナルモノト今日ノ我政策トハ全然方向ヲ異ニスルモノナルコトヲ了解セシメ而シテ東亜民族ノ解放ト独立トヲ目的トスル我政策ハ蘇聯ノ民族政策ト一致スルモノナルコトヲ敷衍指摘スルニ於テハ先方ノ了解ヲ進ムルニ貢献スヘシ

すなわち、民族解放という日本の意図はソ連と一致するものであり、それを示すためにも「田中上奏文」に対する誤解を解くことから始めねばならないと重光はいうのである。[150] だが、ソ連の対日認識は重光の予想よりもはるかに厳しく、日本外務省政務局の調書によると次のようなものであった。

> 日本ハ所謂田中上奏文ニ基キ侵略政策ヲ実施シ、対蘇関係ニ於テ乾岔子、張鼓峯、「ノモンハン」等ノ諸事件ヲ見タルガ、蘇聯ノ軍備増大並ニ平和政策ニ依リ対蘇平和政策ヲ採ラザルヲ得ザリシ処、英仏ガ対独戦ニ忙殺セラレ米国ト共ニ其太平洋防備手薄トナリタルニ乗ジ、綿密ナル南方調査ト戦備ヲ整ヘ対英米戦ヲ開始セリ。

つまり外務省政務局の調書によると、ソ連の対日観は、「田中上奏文」に基づいて侵略政策を実施した日本がノモンハン事件などで対ソ政策に行き詰まり、南方に転じて対英米戦を開始したというものであった。政務局の調書は、日本に批判的なスターリンの演説にも論及していた。そのスターリン演説とは、「侵略国タル日本ハ平和政策ヲ遵守シタル英米ヨリモヨリ多ク戦争準備ヲ為シ居タリ」というものであった[151]。傅《ふ》秉常《へいじょう》駐ソ中国大使が重慶に伝えたように、「田中上奏文」を持ち出しがちなソ連に対して、重光の描くような好意的中立を期待できるはずもない[152]。一九四五年八月、原爆投下に続いてソ連が参戦すると、日本はポツダム宣言を受諾して降伏するしかなかった。

八月一五日の正午には、昭和天皇の肉声が初めてラジオで放送された。日本の国民が敗戦を知らされたという玉音放送である。昭和天皇は一四日の夜に終戦の詔書をレコード盤に録音しており、これを一五日に放送したのが玉音放送にほかならない。玉音放送と前後して、モスクワやハバロフスクのラジオ局は、降伏した日本に追い打ちをかけるような非難を浴びせた。ハバロフスクのラジオ放送には、次のような一節が含まれていた。

THE JAPANESE PRIME MINISTER GENRAL（ママ） TANAKA, ON A REPORT TO THE EMPEROR MADE IN NINETEEN TWENTY-SEVEN, STATED THAT THE MOST IMMEDIATE TASK OF JAPAN IN THE CONQUEST OF CHINA. "WITH CHINA'S RESOURCES IN OUR POSSESION（ママ）", WROTE THE GENERAL, "WE SHALL BE IN A POSITION TO LAUNCH ON THE CONQUEST OF . . . MALAYS, CENTRAL ASIA, AND EVEN EUROPE". THE JAPANESE SET OUT TO REALIZE THIS PLAN.

このハバロフスク放送によると、日本は「田中メモリアル」の世界征服計画を実践して太平洋戦争にまで至っており、ソ連の対日参戦は正当化されるという。ハバロフスクのラジオは、もともとロシア語で放送されており、ここに引用したのはその英訳である。ハバロフスク放送を今日の我々が英訳で知り得るのは、アメリカが西海岸のポートランドでこれを傍受し、英訳で記録したからであった[153]。

おわりに

本章では「田中上奏文」を中心として、満州事変後の日中宣伝外交やアメリカの対応などについて論じてきた。冒頭の分析視角と対応させせながらまとめてみたい。

第一の論点は宣伝であった。中国国内では、上海の新聞『申報』などが「田中上奏文」を取り上げていた。中国側宣伝の大きな特徴は、上海の英文雑誌『チャイナ・クリティク』から「田中メモリアル」が複製され、とりわけアメリカに英語版が発信されたことにあった。「田中メモリアル」を掲載した『チャイナ・クリティク』誌が上海からアメリカ国務省極東部に郵送されるなど、中国は対米宣伝を重視していたのである。アメリカにおける「田中メモリアル」の頒布については、中華国民拒毒会や中国学生クリスチャン協会など各種団体が役割を果たした。上海で『チャイナ・クリティク』誌を刊行した中国評論週報社も、「田中メモリアル」を自ら複製していた。その数は、一九三二年七月の時点で一〇万部に及んでいた。国民党の上海市党部も「田中上奏文」の印刷と頒布を行っており、そのような反日宣伝を上海日本商工会議所は注視していた。

国民党が青島などに「田中上奏文」を組織的に頒布したほか、国民政府は学校での教育用にも「田中上奏文」を熱河省などに送りつけていた。国民党の機関誌『中央日報』も、「田中上奏文」について報じた。第一次上海事変に際して国民政府のスポークスマンは、「田中上奏文」を引き合いに出して国際世論に訴えており、そのことは『ニューヨーク・タイムズ』紙でも報じられた。これにはニューヨーク総領事の堀内謙介が、『ニューヨーク・タイムズ』紙に投書して「田中メモリアル」批判した。それでも「田中上奏文」は、アメリカだけでなく東南アジアやヨーロッパにも広まっていった。

宣伝外交は中国に限られたことではなく、日本も宣伝文書を作成していた。日本外務省はリットン調査団への働きかけを重視した。リットンとの会談で芳沢外相は、中国「革命外交」を批判した。重光駐華公使の編集した『中国革命外交』も、リットン調査団に対する宣伝パンフレットとして用いられた。このような宣伝外交には朝日新聞社が協力しており、満州国外交部もリットン調査団にパンフレットを送付するなどしていたものの、日本側の主体は概して外務省であった。一方、中国政府とリットン調査団の会談では、汪兆銘行政院長が中心的な役割を担った。リットン調査団とのやりとりには、外交部や国民党および『中央日報』のみならず、張学良や外交月報社、新聞、中国国際聯盟同志会なども動員された。

「田中上奏文」をめぐる日中間の確執は、一九三二年一一月の国際連盟において最高潮に達した。松岡の批判に対して、顧維鈞は「田中上奏文」の真偽を断定することなく、「最善の証明は今日の満州における全局である」と主張した。そこで松岡は、顧維鈞が事実上「田中上奏文」を偽書と認めたものと見なして議論を打ち切った。「田中上奏文」の真偽論争としては顧維鈞に分が悪いものの、松岡がこの問題に固執したために顧維鈞には反論の機会が与えられ、「田中上奏文」は国際世論にかえって印象づけられた。したがって、この論争を宣伝外交としてみるなら、顧維鈞に軍配があがるであろう。

もっとも、中国側では連盟における「田中上奏文」の扱いをめぐって、ジュネーブと南京の間に混乱が生じていた。ジュネーブの顧維鈞らは、王正廷の「覚書」について情報を得ておらず、「田中上奏文」が本物であることの証拠を慌てて南京に求めていた。これに対して南京の外交部は、「田中上奏文」が本物であるという証拠を提出できないと返答した。顧維鈞は、張学良から反論の材料を急いで取り寄せようともしており、「田中上奏文」について松岡に詰め寄られるとは十分に予期していなかったのであろう。

このように「田中上奏文」に関する限り、ジュネーブの中国代表団と南京、張学良の間では齟齬をきたしていた。準備不足の感は否めない。こうした状況下では、中国代表団が浮き足だってもおかしくはなかった。にもかかわらず、中国代表団が松岡と互角の論戦を演じたのは、顧維鈞の個人的な判断と力量によるところが大きいように思われる。南京からの電文で「田中上奏文」が偽書だと再確認されるなかで、顧維鈞は松岡との真偽論争をかわしながら、諸外国に対するアピールへと戦術を切り替えたともいえよう。

王正廷が外交部長だったころの外交部は、満州事変に至るまで「田中上奏文」の取り締まり要請に応じていた。だが王正廷は、一九三一年一一月に態度を翻して「田中上奏文」を用いた外交部の宣伝に協力した。「田中上奏文」が海外で定着していった背景には、国民党中央宣伝委員会による宣伝工作も存在していた。さらに、『中央日報』や雑誌『外交』は、「田中上奏文」の真偽について顧維鈞と論調を合わせて国内向けに宣伝した。日中戦争が長期化すると、蔣介石は自ら「田中上奏文」を引用しながら、国民党第五期中央執行委員第五次全体会議などで講話を施した。重慶のアメリカ向けラジオ放送でも、「田中上奏文」が用いられていた。これを指揮したのが、国民党中央宣伝部国際宣伝処であり、日本でそれに相当する機関はなかった。

第二の論点は、「田中上奏文」が世界的に流通していく過程とメディアの役割であった。コミンテルンの雑誌『コミュニスト・インターナショナル』は、一九三一年一二月に「田中メモランダム」の全文を紹介した。『コミュニスト・インターナショナル』は、英語、ロシア語、ドイツ語、フランス語、中国語で刊行されていた。「田中メモランダム」の記事は、日本共産党によって和訳された。中国共産党の八一宣言は、「田中上奏文」を中国滅亡計画として引用した。

アメリカの新聞が果たした役割は、コミンテルン以上に大きなものであった。国際連盟の「田中上奏文」論争について、アメリカの新聞は松岡と顧維鈞の論争を両論併記で伝えていた。『ニューヨーク・タイムズ』紙によると、松岡が「田中メモリアル」を否認したのに対して、顧維鈞は「田中メモリアル」が実存するか否かはともかく、その発想はたしかに存在しており満蒙で実践されつつあると主張した。松岡と顧維鈞の「田中メモリアル」論争は、アメリカの新聞に採り上げられることで国際的に広まっていった。日本の大陸進出が深まるにつれて、『ニューヨーク・タイムズ』や『ワシントン・ポスト』には、「田中メモリアル」を本物と見なす記事が増えていった。アメリカの新聞は、次第に冷静さを失っていったのである。

日中戦争が勃発してからも、アメリカ国務省は「田中メモリアル」を宣伝に利用しなかった。それでも「田中メモリアル」は、『ニューヨーク・タイムズ』紙などアメリカの新聞によって知れ渡った。アメリカ上院海軍委員会では一九四〇年四月に、タウシッグ海軍少将が「田中メモリアル」を本物だと発言し、駐米日本大使館はこれに反論した。日独伊三国軍事同盟が一九四〇年九月に締結されるころから、『ロサンゼルス・タイムズ』紙や『ワシントン・ポスト』紙でも「田中メモリアル」の記事が増えていった。トロツキーも未定稿で「田中メモリアル」の信憑性を強く主張しており、その論考は『第四インターナショナル』誌に掲載された。『第四インターナショナル』に掲載されたトロツキーの論文は、『シカゴ・デイリー・トリビューン』紙や本などで紹介された。ソ連政府も表面的には「田中上奏文」を本物と位置づけていたようである。

太平洋戦争が勃発すると、アメリカではスメドレーが「田中メモリアル」を演説に用いたのをはじめ、「田中メモリアル」の全文がジャーナリストのクロウによって刊行された。ラティモアの関与によって、「田中メモリアル」はアメリカのラジオ放送にも用いられた。「田中メモリアル」を宣伝材料とするかどうかをめぐって、アメリカ政府内では陸軍省と国務省に温度差があった。すなわち、陸軍省がプロパガンダ映画に「田中上奏文」を利用したのに対して、国務省は概して慎重であった。「田中上奏文」は、アメリカの娯楽映画でも使用されていた。国務省などを除いて大戦中のアメリカでは、一般に「田中上奏文」が本物として定着したといえよう。「田中上奏文」を持ち出しがちなソ連から好意的中立を得られるはずもなく、日本は原爆投下とソ連の参戦によって降伏した。このため日本が占領下になると、「田中上奏文」をめぐる論争の舞台は東京裁判へと移された。「田中上奏文」の戦後については他日を期したい。

（1）　代表的なものとしては、Christopher Thorne, *The Limits of Foreign Policy: The West, the League and the Far Eastern Crisis of 1931–1933*, London: Hamish Hamilton Ltd., 1972; 易顕石・張徳良・陳崇橋・李鴻鈞『九・一八事変史』瀋陽：遼寧人民出版社、一九八二年、Ian Nish, *Japan's Struggle with Internationalism: Japan, China and the League of Nations, 1931–3*, London: Kegan Paul International, 1993; Youli Sun, *China and the Origins of the Pacific War, 1931–1941*, New York: St. Martin's Press, 1993; 井上寿一『危機の中の協調外交—日中戦争に至る対外政策の形成と展開』山川出版社、一九九四年、臼井勝美『満洲国と国際連盟』吉川弘文館、一九九五年、西村成雄『張学良—日中の覇権と「満洲」』岩波書店、一九九六年、八〇—一一七頁、鹿錫俊『中国国民政府の対日政策　一九三一—一九三三』東京大学出版会、二〇〇一年などがある。

（2）　先駆的な研究として、松村正義「満洲事変における中国のパブリック・ディプロマシー」『帝京国際文化』第六号、一九九三年、八九—一五二頁、王凌霄『中国国民党新聞政策之研究（一九二八—一九四五）』台北：国民党党史会、一九九六年、熱田見子「日中戦争初期における対外宣伝活動」『法学政治学論究』第四二号、一九九九年、一三三—一五六頁、土田哲夫「中国抗日戦略と対米『国民外交工作』」石島紀之・久保亨編『重慶国民政府史の研究』東京大学出版会、二〇〇四年、一二七—一四六頁がある。また、国民党の組織と機関誌『中央日報』については、土田哲夫「抗戦期

の国民党中央党部」中央大学人文科学研究所編『民国後期中国国民党政権の研究』中央大学出版部、二〇〇五年、一〇五―一五五頁、中村元哉「国民党政権と南京・重慶『中央日報』」同上、一五七―一八七頁が参考になる。

（3）拙編『満州事変と重光駐華公使報告書―外務省記録「支那ノ対外政策関係雑纂『革命外交』」に寄せて』日本図書センター、二〇〇二年。「田中上奏文」をめぐる先行研究については、拙稿「『田中上奏文』をめぐる論争―実存説と偽造説の間」劉傑・三谷博・楊大慶編『国境を越える歴史認識―日中対話の試み』東京大学出版会、二〇〇六年、八四―一一〇頁で論じており、ここでは再説しない。

（4）角田順編『石原莞爾資料 国防論策篇』原書房、一九九四年、四二、八五頁。

（5）中国国民党中央宣伝部から各省各特別市党部各軍隊各鉄路特別党部、一九三一年九月二二日、毌4/30, 中国国民党文化伝播委員会党史館所蔵。

（6）中国国民党中央宣伝部から中央通訊社ほか、一九三一年一〇月二七日、毌4/38, 中国国民党文化伝播委員会党史館所蔵。

（7）"Tanaka Memorial," *China Critic*, vol. 4, no. 39, September 24, 1931, pp. 923－934.

（8）Ballantine to Hornbeck, October 29, 1929, Stanley K. Hornbeck Papers, Box 251, Hoover Institution, Stanford University; reminiscences of Joseph W. Ballantine, 1961, Oral History Research Office, Columbia University. 拙稿「『田中上奏文』と日中関係」中央大学人文科学研究所編『民国後期中国国民党政権の研究』中央大学出版部、二〇〇五年、四五五―四九三頁も参照されたい。

（9）C. H. Kao to the Division of Far Eastern Affairs, Department of State, September 25, 1931, Hornbeck Papers, Box 406.

（10）Letter by Garfield Huang (general secretary), October 24, 1931, Hornbeck Papers, Box 251.

（11）*Manchuria Before November 16*, a supplement to the Chinese Christian Student, November 1931, Paul M. A. Linebarger Papers, Box 27, Hoover Institution, Stanford University. なお、Paul M. A. Linebarger は P. M. W. Linebarger の私設秘書であり、P. M. W. Linebarger は国民政府の法律顧問であった。そのほか、*Japan's Positive Policy in Manchuria*, Paul M. A. Linebarger Papers, Box 27, も内容的には「田中メモリアル」と変わらない。

（12）　Memorandum by Hornbeck, November 24, 1931, Hornbeck Papers, Box 406.

（13）　Tanaka Memorial, published by the China Critic, Shanghai, China, 1931, Edward Thomas Williams Papers, Carton 5, Bancroft Library, University of California at Berkeley; 拙著『幣原喜重郎と二〇世紀の日本—外交と民主主義』有斐閣、二〇〇六年、五三—五四頁。

（14）　*Japan and the Next World War*, November 23, 1931, 8th edition, published by the China Critic,「高木八尺文庫」三六—六、東京大学教養学部アメリカ太平洋地域研究センター所蔵。

（15）　『日本田中内閣侵略満蒙之積極政策』上海：新声通信社、一九三一年、「高木八尺文庫」三六—一、片桐庸夫『太平洋問題調査会の研究—戦間期日本ＩＰＲの活動を中心として』慶應義塾大学出版会、二〇〇三年、一六三頁。ただし、上海会議の出席者名簿に高木の名前は含まれていない。List of members and their families, the fourth biennial conference, IPR, Shanghai and Hangchow, October 21 - November 2, 1931,「高木八尺文庫」四八—一、を参照。

（16）　"Tanaka the Prophet," *China Critic*, vol. 4, no. 46, November 12, 1931, pp. 1098 – 1101.

（17）　"The Tanaka Memorial Again," *China Critic*, vol. 5, no. 27, July 7,6 1932, p. 673.

（18）　Chinter T. Chang, "Japan's China Policy: An Analysis of Her Double-phased Diplomacy," *Chinese Nation*, vol. 2, no. 23, November 18, 1931, pp. 785 – 789, 813.

（19）　『申報』一九三一年九月二一日、一一月八日。

（20）　金丸裕一編『抗日・排日関係史料—上海商工会議所「金曜会パンフレット」』第三巻、ゆまに書房、二〇〇五年、四六六—四六七、五七二—五七九、五八三—五八四、六〇七—六一六頁。

（21）　山崎から芳沢、一九三二年二月二七日、「満洲事変　排日、排貨関係」第二五巻、A.1.1.0.21 – 5, 外務省外交史料館所蔵。

（22）　東北民衆救国会から上海南京北平天津南京国民政府中央党部各部院北平張副指令各省政府各機関各報館、一九三一年一月二二日、中4/91, 中国国民党文化伝播委員会党史館所蔵。

（23）　三浦義秋駐厦門領事から幣原、一九三一年一一月二四日、「満洲事変　輿論並新聞論調　支那側ノ逆宣伝関係」第四巻、

A.1.1.0.21-4-4, 外務省外交史料館所蔵。山口一郎『近代中国対日観の研究』アジア経済研究所、一九七〇年、一二〇―一二一、一六三頁も参照。

(24) 筒井潔「いわゆる『田中上奏文』(その四)」『霞関会会報』第三〇二号、一九七一年、一二―一四頁。なお、筒井は「田中上奏文」の作者を陳立廷と論じている。満州国外交部については、中見立夫「満洲国の〝外務省〟―その組織と人事」江夏由樹・中見立夫・西村成雄・山本有造編『近代中国東北地域史研究の新視角』山川出版社、二〇〇五年、一二一―一五三頁がある。

(25) Chang Hsueh-liang Oral History Project, vol. 15, Oral History Research Office, Columbia University.

(26) 遼寧省档案館編『奉系軍閥档案史料彙編』第一二巻、南京：江蘇古籍出版社、一九九〇年、一九二、一二二頁。

(27) 中国第二歴史档案館編『中国国民党中央執行委員会常務委員会会議録』第一六巻、桂林：広西師範大学出版会、二〇〇〇年、三三四頁。

(28) 『中央日報』一九三一年一一月七日、『時報』一九三一年一一月七日。

(29) 「青島市執委会呈中執会文」一九三一年一二月、中4/98, 中国国民党文化伝播委員会党史館所蔵。

(30) 遼寧省档案館編『日本侵華罪行档案新輯』第七巻、桂林：広西師範大学出版社、一九九九年、五六二―五九七頁。

(31) 陸海空軍総司令部第二剿匪宣伝処印発『日本田中内閣侵略満蒙積極政策奏章 附日本対満蒙権益擁護秘密会議紀録訳要』、473/12, 中国国民党文化伝播委員会党史館所蔵。

(32) 田中隆吉「上海事変はこうして起こされた」『別冊知性 五 秘められた昭和史』一九五六年一二月号、一八二―一八三頁。

(33) *New York Times*, February 15, 1932.

(34) W. W. Yen, "The Crisis in Manchuria," *China Review*, vol. 1, no. 1, February 1932, p. 5; Wilson S. Wei (ecitor) to Paul M. W. Linebarger, February 26, 1932, Paul M. W. Linebarger Papers, Box 21, Hoover Institution, Stanford University.

(35) Ping Chia Kuo, "Japan's Ambition in Manchuria," *China Review*, vol. 1, no. 1, February 1932, pp. 7-8.

（36）Kiyoshi Karl Kawakami, *Japan Speaks on the Sino-Japanese Crisis*, New York: Macmillan Company, 1932, pp.xi－xii, 30, 145－146. このころの河上清については、高橋勝浩「外交再建策としての対米特使派遣構想―満州事変期を中心に」『國學院大学日本文化研究所紀要』第九一輯、二〇〇三年、一九〇―一九三頁が論じている。

（37）内山から芳沢、一九三二年二月一六日、「満洲事変　輿論並新聞論調　支那側ノ逆宣伝関係」第四巻、佐藤から芳沢、二月一七日、同上。

（38）内山から芳沢、一九三二年三月二三日、「満洲事変　輿論並新聞論調　支那側ノ逆宣伝関係」第二巻。

（39）*New York Times*, February 22, April 18, 1932.

（40）久原房之助・御手洗辰雄・佐々弘雄・菊池寛・菅忠雄談話「久原房之助氏に物を訊く座談会」『文藝春秋』一九三二年四月号、一八〇頁。

（41）出淵から芳沢、一九三二年四月六日、「満洲事変　輿論並新聞論調　支那側ノ逆宣伝関係」第四巻、堀内から芳沢、四月七日、同上。

（42）*New York Times*, May 15, 1932.

（43）堀内から芳沢、一九三二年五月六日、「満洲事変　輿論並新聞論調　支那側ノ逆宣伝関係」第四巻。

（44）John J. Macdonald (American vice consul at Batavia) to Stimson, March 7, 1932, Hornbeck Papers, Box 406.

（45）大久保から芳沢、一九三二年五月四日、「満洲事変　輿論並新聞論調　支那側ノ逆宣伝関係」第二巻。

（46）ポール・クローデル／奈良道子訳『孤独な帝国　日本の一九二〇年代』草思社、一九九九年。

（47）芳沢―リットン会談、一九三二年二月二九日、外務省編『日本外交文書　満州事変』第二巻第一冊、外務省、一九七九年、六九四―六九五頁。

（48）拙編『満州事変と重光駐華公使報告書』一―二三頁。

（49）*Revolutionary Foreign Policy of China: A Report Submitted to the Japanese Government by Mr. Mamoru Shigemitsu, Japanese minister to China*, December 1931, Vladimir D. Pastuhov Papers, Box 39, Hoover Institute, Stanford University.

この小冊子は、拙編『満州事変と重光駐華公使報告書』所収の外務省記録を英訳したものである。ただし、第八章は除かれている。なお、パスチュホフ（Vladimir D. Pastuhov）はリットン調査団の随員であり、連盟事務局政治部員のチェコスロバキア人であった。

（50） Consulate General of Japan, Harbin, *Sino-Japanese Relations: Improbity and Corruption practiced by former Military Cliques in North Manchuria*, March 1932, Pastuhov Papers, Box 26.

（51） *The Manchurian Section of "Present-Day Japan" 1932*, Pastuhov Papers, Box 27.

（52） 中国における調査概要に関する中国側記録として、「国際聯合会調査団招待国聯李頓調査団報告書」、外交部档案、0631.20/6077.12－02, 国史館所蔵。

（53） Second interview of Lytton and Matsuoka, March 22, 1932, Pastuhov Papers, Box 12. 引用は抄訳。重光から芳沢、一九三二年三月二三日、外務省編『日本外交文書 満州事変』第二巻第一冊、七〇四―七一〇頁も参照。

（54） Special meeting of the Commission of Inquiry, League of Nations, March 25, 1932, Wellington Koo Papers, Box 5, Rare Book and Manuscript Library, Columbia University.

（55） First round table conference between members of the Chinese government and the Commission of Inquiry of the League of Nations, March 29, 1932, Koo Papers, Box 5; 外務省編『日本外交年表竝主要文書』上巻、原書房、一九六五年、二二五三―二五七頁。前者の引用は抄訳。このころ在満日本人に使用されていた歴史教科書の一端として、一九三一年三版『満洲補充教科書 高等小学第二学年用 歴史・地理の部』には、「支那人の中には、大正四年の日支協約を誤解し、これを以て排日宣伝の資料とする者もある。しかし世界の形勢や日支の関係から見て、将来両国は益々共存共栄の精神を以て相提携し、東洋の平和と、世界文化の進歩の為に、大に貢献しなければならぬ。東洋先進国たる日本は、特にその実行に大なる責任を有してゐるのである」などと記されていた（磯田一雄・槻木瑞生・竹中憲一・金美花編『在満日本人用教科書集成 第四巻 満洲地理・歴史』柏書房、二〇〇〇年、八八頁）。「排日教科書」については、砂山幸雄「『支那排日教科書』批判の系譜」『中国研究月報』第五九巻第四号、二〇〇五年、一―一九頁も参照。

(56) Record of conversation with members of the Chinese government, March 30, 1932, Pastuhov Papers, Box 28; second round table conference between members of the Chinese government and the Commission of Inquiry of the League of Nations, March 30, 1932, Koo Papers, Box 5. 引用は抄訳。

(57) Record of conversation with members of the Chinese government, March 31, 1932, Pastuhov Papers, Box 28; third round table conference between members of the Chinese government and the Commission of Inquiry of the League of Nations, March 31, 1932, Koo Papers, Box 5. 引用は抄訳。

(58) Fourth round table conference between members of the Chinese government and the Commission of Inquiry of the League of Nations, April 1, 1932, Koo Papers, Box 5.

(59) First meeting of the Commission of Inquiry in Peiping, April 10, 1932, Koo Papers, Box 5.

(60) 張学良から外交部、一九三二年三月二五日、外交部档案、0631.20/6077.12－01、国史館所蔵。

(61) Meeting of the Commission of Inquiry with Marshal Chang Hsueh-Liang, April 12－15, 1932, Koo Papers, Box 5.

(62) Chang's statement to the Lytton Commission, April 1932, Chang Hsueh-liang Papers, Box 7, Rare Book and Manuscript Library, Columbia University;『外交部公報』第五巻第二号、一九三二年、一二一一四頁、畢万聞編『張学良文集』第一巻、北京：新華出版社、一九九二年、五八九－五九二頁、竇応泰編『張学良遺稿－幽禁期間自述、日記和信函』北京：作家出版社、二〇〇五年、八四－八五頁。

(63) 葉景莘『中日之衝突』北京：中国国際聯盟同志会、一九三二年四月、Koo Papers, Box 7.

(64)『満洲日報』一九三二年五月三日、一八日、一九日、二一日、二八日。

(65) V. K. Wellington Koo to Lytton, June 3, 1932, Pastuhov Papers, Box 26.

(66) 顧維鈞から外交部、一九三二年六月一七日、外交部档案、目録統一編号 172－1、案巻編号 1045、国史館所蔵。

(67) Meeting of members of the Chinese government and the Commission of Inquiry, June 19, 1932, Koo Papers, Box 5. 引用は抄訳。

（68）Meeting of members of the Chinese government and the Commission of Inquiry, June 20, 1932, Koo Papers, Box 5.

（69）Koo to Lytton, June 28, 1932, Pastuhov Papers, Box 29.

（70）Xie Jieshi to Lytton, July 4, 1932, Pastuhov Papers, Box 20.

（71）"Brief Comments on the Two Japanese Documents "A General Outline of Manchuria" and "Histoire de l'Independance du Manchukuo"," submitted by Koo, August 19, 1932, Pastuhov Papers, Box 12.

（72）Koo to Lytton, August 15, 1932, Pastuhov Papers, Box 12.

（73）The secretary general to the Chinese Assessor's Office to Robert Haas, secretary general to the Commission of Inquiry of the League of Nations, August 11, 1932, Koo Papers, Box 5; *Japan's Aggressive Policy: Carried on in the Name of the Mikado by the Military Party*, published by the North-Eastern Affairs Research Institute, August 1932　外交部档案、0631.20/6077.12－02、国史館所蔵、外交部から東北外交研究委員会、一九三二年九月一五日、外交部档案、目録統一編号 172-1, 案巻編号 1069－(5)、国史館所蔵。*Japan's Aggressive Policy: Carried on in the Name of the Mikado by the Military Party*, published by the North-Eastern Affairs Research Institute, August 1932, は、Koo Papers, Box 7, にも所収。中英文対訳の『参与国際聯合会調査委員会中国代表処説帖　Memoranda Submitted by the Chinese Assessor to the Commission of Enquiry of the League of Nations』April-August, 1932, 上海：上海商務印書館、一四頁も「田中上奏文」に論及しており、これについては中央研究院近代史研究所図書館所蔵版で閲覧した（328.2931 961）。そこから英文を削除した簡略版が、沈雲龍主編『近代中国史料叢刊続編　第四九輯　参与国際聯合会調査委員会中国代表処説帖』台北：文海出版社、一九七八年、として復刻されている。なお、東北問題研究会については、本章第三節で再説する。

（74）Report of the Commission of Enquiry, October 1, 1932, 外務省編『日本外交文書　満州事変』別巻、外務省、一九八一年、pp. 71, 97, 127-139. 国際聯盟事務局東京支局『国際聯盟理事会並に総会に於ける日支紛争の議事経過詳録（三）国際聯盟日支紛争調査委員会報告書梗概』国際聯盟事務局東京支局、一九三二年、も参照。

（75）"The Lytton Commission" by G. H. Blakeslee, lecture delivered at the Army War College, December 7 1932, Pastuhov

Papers, Box 18.

（76）Observations of the Japanese government on the Report of the Commission of Enquiry, November 19, 1932, 外務省編『日本外交文書 満州事変』別巻、pp. 149‐188.

（77）賀耀組意見、年月日不詳、外交部档案、0631.20/6077.12‐05、国史館所蔵。

（78）Chih Meng (associate director of the China Institute in America), with an introduction by W. W. Yen, *China Speaks on the Conflict between China and Japan*, New York: Macmillan, 1932, v. 国際連盟における顔恵慶の活動については、一例として、顔恵慶から外交部、一九三二年六月一七日、外交部档案、0631.20/6077.06‐01、国史館所蔵。

（79）*League of Nations Official Journal*, 13th year, no. 12 (part 1), December 1932, pp. 1870‐1890. 駐ジュネーヴ日本連盟代表から内田外相、一九三二年一一月二二日着、外務省編『日本外交文書 満州事変』第三巻、五六―七三頁、駐ジュネーヴ日本連盟代表から内田外相、一一月二二日着、同上、七四―七七頁も参照。

（80）*League of Nations Official Journal*, 13th year, no. 12 (part 1), December 1932, pp. 1891‐1901. 引用は抄訳。駐ジュネーヴ日本連盟代表から内田外相、一九三二年一一月二四日着、外務省編『日本外交文書 満州事変』第三巻、八三―八六頁も参照。

（81）*League of Nations Official Journal*, 13th year, no. 12 (part 1), December 1932, pp. 1901‐1909. 引用は抄訳。駐ジュネーヴ日本連盟代表から内田外相、一九三二年一一月二六日着、外務省編『日本外交文書 満州事変』第三巻、九〇―九四頁、松岡洋右『動く満蒙』先進社、一九三一年、三五―三六頁も参照。

（82）The Chinese delegation to the Chinese Ministry of Foreign Affairs, November 23, 1932,「日相田中対満蒙政策之奏章」外交部档案、亜東太平洋司、档号 011/2, 原編档号 351/131, 中華民国外交部档案庫所蔵。

（83）The Chinese Ministry of Foreign Affairs to the Chinese delegation, November 25, 1932, 同上。

（84）The Chinese Ministry of Foreign Affairs to the Chinese delegation, November 24, 1932, 同上。

（85）The Chinese Ministry of Foreign Affairs to the Chinese delegation, November 25, 1932, 同上。

(86) 顧維鈞から張学良、一九三二年一一月二三日、Koo Papers, Box 6.

(87) 張学良から顧維鈞、一九三二年一一月二五日、Koo Papers, Box 6.

(88) 内田から沢田、一九三二年一一月二八日、外務省編『日本外交文書　満州事変』第三巻、一〇九一一〇頁。

(89) *New York Times*, November 24, 25, 1932; *Washington Post*, November 24, 1932, January 4, 1934, December 8, 1935, February 20, 1938, September 14, 1940.

(90) 顧維鈞／中国社会科学院近代史研究所訳『顧維鈞回憶録』第二巻、北京：中華書局、一九八三年、一〇五、一四七、三二〇、四三一、五六七、六七五、六七七頁、第四巻、三一六、三一九頁、第五巻、五三頁。

(91) 中国国民党中央宣伝委員会「国聯開会期中宣伝工作綱要」一九三二年一一月二四日、卅4/16, 中国国民党文化伝播委員会党史館所蔵。宣伝工作全般については、「中国国民党第四届中央執行委員会第三次全体会議　中央宣伝委員会工作報告」一九三二年一二月、4.2/17, 中国国民党文化伝播委員会党史館所蔵、がある。

(92) 中国国民党中央宣伝委員会から各省各特別市党部、一九三二年一一月二一日、卅4/17, 中国国民党文化伝播委員会党史館所蔵。

(93) 『中央日報』一九三二年一一月二六日。和訳に際して会話形式に再構成した。

(94) 外務省亜細亜局第一課「日支事件ニ関スル交渉経過（聯盟及対米関係）第十一巻上（昭和七年十一月廿一日ヨリ同八年一月二十四日迄ノ分）」、「日支事件ニ関スル交渉経過（聯盟及対米関係）」第一一巻上、A.1.1.0.21-12-1-5, 外務省外交史料館所蔵。

(95) *China Weekly Chronicle*, vol. 1, no. 5, December 4, 1932, p. 8. Japanese Delegation to the League of Nations, *The Manchurian Question: Japan's Case in the Sino-Japanese Dispute as Presented before the League of Nations*, Geneva, 1933, in Peter O'Connor, ed., *Japanese Propaganda: Selected Readings*, Tokyo: Edition Synapse, 2005, ser. 2, vol. 6, p.154, も参照。

(96) *China Weekly Chronicle*, vol. 1, no. 10, January 8, 1933, p. 18.

（97）　培楲「『田中密奏』真偽攷証大要」『外交』第二巻第二号、一九三三年、一―八頁、同「田中内閣時代之『満蒙積極政策秘密上奏文』考証」『外交』第二巻第三号、一九三三年、一―八頁。前者は、培楲「『田中密奏』考証」中国国民党中央委員会党史史料編纂委員会編『革命文献』第三二輯、四四四―四五二頁に転載された。なお『外交』は後に『外交月報』と改称された。

（98）　王大楨（王芃生）から顔恵慶、顧維鈞、郭泰祺代表、年月日不明、Koo Papers, Box 25;「東北外交研究委員会組織大綱」、外交部档案、目録統一編号 172－1, 案巻編号 1069－(2), 国史館所蔵、「東北外交研究委員会工作綱要」同上、「東北外交研究委員会工作計画」同上、東北外交研究委員会から外交部、一九三二年三月一五日、外交部档案、目録統一編号 172－1, 案巻編号 1069－(5), 国史館所蔵、沈雲龍主編『近代中国史料叢刊　第九八輯　王芃生先生紀念集』台北：文海出版社、一九七三年、二六、四一―四二、四九、八二―八三頁、陳爾靖編『王芃生与台湾抗日志士』（台北：海峡学術出版社、二〇〇五年）一八、三五、一五〇、一五三、一九九―二〇〇、二五〇―二五一頁。王芃生については、朱伝誉主編『王芃生伝記資料』全二巻、台北：天一出版社、一九八五年、国史館審編処編『国民政府対日情報及意見史料』上巻、新店：国史館、二〇〇二年、三八九―三九二頁、下巻、一五九―一六四頁も参照。なお、筒井潔「いわゆる『田中上奏文』（その五）」『霞関会会報』第三〇三号、一九七一年五月、一四頁によれば、余日章もジュネーブで反日宣伝工作に従事したという。

（99）　高殿芳「王家楨簡歴」高殿芳主編『愛国人士王家楨―田中奏摺的歴史見証人』北京：団結出版社、一九九七年、八頁。なお、王家楨は「金谷範三国防論」という「秘密文書」についても言及している。王家楨「日本両機密文件中訳本的来歴」『文史資料選輯』第一一輯、一九六〇年、一二七―一三一頁を参照。

（100）　Fourth meeting of the Commission of Inquiry with Marshal Chang Hsueh-Liang, April 15, 1932, Koo Papers, Box 5.

（101）　*Japan's Aggressive Policy: Carried on in the Name of the Mikado by the Military Party*, published by the North-Eastern Affairs Research Institute, August 1932, Pastuhov Papers, Box 39.

（102）　T. O'Conroy, *The Menace of Japan*, London: Hurst & Blackett, 1933, pp. 77, 193－198, 256;　松平から永井松三駐独大使、

一九三三年一二月三〇日、「排日書籍及著者関係雑件（特定事件ニ入ラザリシ一般書籍及著者ヲ含ム）」A.3.5.0.15, 外務省外交史料館所蔵。

(103) 『東京朝日新聞』一九三三年一〇月二一日夕刊、Charles Kingsley Webster, "Japan and China," *Contemporary Review*, no. 822 (1934): pp. 650-656; 松平から広田、一九三四年六月八日、「日支外交関係雑纂 与論並新聞論調」第一巻、A.1.1.0.9-8, 外務省外交史料館所蔵。長谷川了「日本を糾弾する怪書—オ・コンロイの『日本の脅威』」『文藝春秋』一九三四年一月号、二三六—二五八頁も参照。

(104) 森田佐一郎駐バタヴィア総領事から広田外相、一九三四年一月一六日、「外国ニ於ケル排日関係雑件 蘭国ノ部」J.1.1.0.J/X1-N1, 外務省外交史料館所蔵。

(105) "Japanese Imperialism in All Its Insolent Nakedness: Concerning the Tanaka Memorandum" *Communist International*, vol. 8. no. 22 (1931), pp. 731-748; Leonid Nikolaevich Kutakov, *Istoriya sovetsko-yaponskikh diplomaticheskikh otnosheniy*, Moscow: Izdatel'stvo Instituta mezhdunarodnykh otnosheniy, 1962, p. 79.

(106) 日本共産党中央委員会『赤旗パンフレット 第二五輯 一切の暴慢をさらけ出した赤裸の日本帝国主義』日本共産党中央委員会一九三二年六月。松本清張「昭和史発掘『満州某重大事件』②『田中メモランダム』」『週刊文春』一九六五年五月一七日、五六頁も参照。

(107) 富井から広田、一九三五年三月一一日、「共産党宣伝関係雑件 対日宣伝関係 労働新聞及雑誌太平洋労働者」第二巻、A.3.4.0.2-4-2, 外務省外交史料館所蔵。

(108) 日本国際問題研究所中国部会編『中国共産党史資料集』第七巻、勁草書房、一九七三年、五二一—五二六頁、本庄比佐子編『王明選集』第四巻、汲古書院、一九七四年、二二頁、王明／高田爾郎・浅野雄三訳『王明回想録』経済往来社、一九七六年、四二頁、中共中央党史研究室『中国共産党歴史』上巻、北京：人民出版社、一九九一年、四〇〇—四〇一頁、安井三吉『盧溝橋事件』研文出版、一九九三年、七七—八一頁。

(109) 陸軍省調査班「支那と宣伝」一九三二年三月三一日。

(110) 情報部長就任以前の天羽については、拙著『東アジア国際環境の変動と日本外交 一九一八―一九三一』有斐閣、二〇〇一年、九四、一二九、一五四頁で論じたことがある。

(111) 天羽英二／天羽英二日記・資料集刊行会編『天羽英二日記・資料集』第三巻、天羽英二日記・資料集刊行会刊行会、一九九〇年、六四―八三頁。なお、「宣伝省設置問題ニ関スル意見」の日付は明記されていない。

(112) 須磨から広田、一九三四年六月二九日、粟谷憲太郎・茶谷誠一編『日中戦争対中国情報戦資料』第一巻、現代史料出版、二〇〇〇年、三七四―三七九頁、陸軍省新聞班「日支問題ニ関スル宣伝実施ニ関スル件」一九三六年九月三〇日、同上、一二七―一二九頁。

(113) 拙稿「盧溝橋事件における国民政府外交部と冀察政務委員会―外交部档案『盧溝橋事件―本部與冀察当局商洽情形』を中心に」『人文研紀要』第五一号、二〇〇四年、三頁。

(114) Chengting T. Wang, "Jingoism versus National Self-Determination," broadcast over the Columbia Network, August 23, 1937, Sterling Memorial Library, Yale University.

(115) Chengting T. Wang, "Some Questions Answered on the Chinese-Japanese Situation," interview granted by the Chinese ambassador to Mr. Wallace Werble, representative of the Transradio Press Service, August 25, 1937, Sterling Memorial Library, Yale University.

(116) Selected statements and addresses of Chengting T. Wang concerning the Sino-Japanese conflict, May 1, 1938, Sterling Memorial Library, Yale University.

(117) 三澤真美恵「南京政府期国民党の映画統制―宣伝部・宣伝委員会による映画宣伝事業を中心に」『東アジア近代史』第七号、二〇〇四年、七四―七五頁。

(118) 筆者不明「支那に於ける無電網―支那無電事業の現状と、無電を繞る列国の角逐」『宣撫月報』第二巻第八号、一九三七年、七六―八九頁、伊佐秀雄「日支宣伝戦」『宣撫月報』第三巻第九号、一九三八年、八七―九六頁。『宣撫月報』については、不二出版から二〇〇六年に復刻されているものを用いた。拙編『満州事変と重光駐華公使報告書』一七一頁も参照。

(119)　内閣情報部「宋美齢の対米放送」一九三七年一〇月二五日、荻野富士夫編・解題『情報局関係極秘資料』第六巻、不二出版、二〇〇三年、一一〇―一一二頁。

(120)　国難資料編輯社編『国難資料叢刊之一　日本大陸政策的真面目』上海：生活書店、一九三七年。同書は、吉林省図書館偽満洲国史料編委会編『偽満洲国史料』第二四巻、北京：全国図書館文献縮微複製中心、二〇〇二年、四一―一七四頁に影印版で復刻された。山口一郎「文献解題『田中上奏文』その他」『中国』第六二号、一九六九年、三八―四九頁も参照。

(121)　*Japanese Aggression and the Nine Power Conference at Brussels*, published by the Press Bureau of the Chinese Delegation, 1937, Sterling Memorial Library, Yale University.

(122)　Hirosi Saito, *The Conflict in the Far East: Reprinted from "World Affairs," December 1937*, Washington, D. C. : American Peace Society, 1937, Sterling Memorial Library, Yale University.

(123)　Hornbeck to William H. King, December 14, 1937, Hornbeck Papers, Box 406.

(124)　*New York Times*, January 1, 1938.

(125)　*Chicago Daily Tribune*, January 14, 1938.

(126)　*New York Times*, May 14, 1939.

(127)　*New York Times*, June 21, 27, 30, 1939.

(128)　中国文化大学中華学術院先総統蒋公全集編纂委員会編『先総統蒋公全集』第一巻、台北：中国文化大学出版部、一九八四年、一二〇八頁、第二巻、二〇一五、二〇一六頁。Chinese Ministry of Information, ed., *The Collected Wartime Messages of Generalissimo Chiang Kai-shek, 1937–1945*, New York: John Day Company, 1946, vol. 1, pp 142, 358, vo. 2, 486, 515, 618, も参照。

(129)　*New York Times*, April 23, May 3, 1940; Robert Aura Smith, *Our Future in Asia*, New York: Viking Press, 1940, p. 248. ス

ミスは『ニューヨーク・タイムス』紙の記者であった。

(130) Ralph Townsend, *America Has No Enemies in Asia!: Popular Rumors from Asia Are Very Alarming, Analyzed and Compared Facts Are Not*, San Francisco, 1938, pp. 36–38; idem, *Seeking Foreign Trouble*, San Francisco,1940, p. 46. それぞれの和訳については、ラルフ・タウンゼント／田中秀雄・先田賢紀智訳『アメリカはアジアに介入するな』芙蓉書房出版、二〇〇五年、一一五—一一七頁、ラルフ・タウンゼント／日本経済聯盟会対外事務局訳『米禍』日本経済聯盟会対外事務局、一九四一年、一一二—一一四頁を参照。外務省情報部がタウンゼントらを利用して宣伝工作を行っていたことについては、外務省情報部「昭和十二年度執務報告」一九三七年一二月、一一二—一一四頁、外務省情報部「昭和十三年度執務報告」一九三八年一二月、一六六—一六九頁も参考になり、いずれも『外務省執務報告 情報部 昭和十一年～十三年』（クレス出版、一九九五年）として復刻されている。タウンゼントについては、高橋勝浩氏から教示を得た。根道広吉駐バンクーバー領事から有田外相、一九三九年三月二〇日、「満洲事変 輿論並新聞論調 外国ノ部」第一巻、A.1.1.0.21-4-1、外務省外交史料館所蔵）も参照。なお、タウンゼントは一九四二年一月に親日プロパガンダによって起訴され有罪となっている（*New York Times*, January 29, June 13, 1942）。

(131) Memorandum by Joseph Hansen, May 1, 1940, Joseph Hansen Papers, Box 69, Hoover Institution, Stanford University.

(132) *Japanese Imperialism Stripped: The Secret Memorandum of Tanaka, Premier of Japan*, originally published in *the Communist International*, Hansen Papers, Box 101; *the Tanaka Memorial*, reprinted from *the Far Eastern Magazine*, vol. 1, no. 7, May 1938, published by the Chinese Student Patriotic Association of America, Hansen Papers, Box 101.

(133) Leon Trotsky Papers, T 4815, 4843, Houghton Library, Harvard University. これについては、Naomi Allen and George Breitman, eds., *Writings of Leon Trotsky, 1939–1940*, New York: Pathfinder Press, 1973, pp. 168–180, 392; 薬師寺亘訳『トロツキー著作集 一九三九—一九四〇』下巻、柘植書房、一九七一年、一四八—一六五頁が参考になるものの誤訳もみられる。

(134) Leon Trotsky, "The 'Tanaka Memorial'," *Fourth International*, June 1941, p. 131, Hornbeck Papers, Box 406.

(135) Pierre van Paassen, *That Day Alone*, New York: Dial Press, 1941, pp. 473–478; *New York Sun*, June 26, 1941, Hornbeck Papers, Box 406; Chicago Daily Tribune, February 15, 1942; *Los Angeles Times*, October 23, 1942.

(136) *Los Angeles Times*, September 15, 1940.

(137) *Washington Post*, April 10, 1941.

(138) *Chicago Daily Tribune*, July 29, 1941. なお孔祥熙は、すでに一九三八年七月三日の漢口ＵＰ新聞電報放送でも、「田中上奏文」を用いて日本を非難していた（内閣情報部「蔣政権下の抗日デマ放送（第四輯）」一九三八年一一月一〇日、荻野富士夫編・解題『情報局関係極秘資料』第七巻、二三一頁）。趙玉明『中国現代広播簡史』天津：中国広播電視出版社、一九八七年、四一―四五頁、貴志俊彦「日中戦争期、東アジア地域のラジオ・メディア空間をめぐる政権の争覇」宇野重昭・増田祐司編『北東アジア世界の形成と展開』日本評論社、二〇〇二年、一六三―一六八頁、陳雁『抗日戦争時期中国外交制度研究』上海：復旦大学出版社、二〇〇二年、二六九―二七四頁も参照。

(139) Vitaliy Pavlov, *Operatsiya “Sneg”: Polveka vo vneshney razvedke KGB*, Moscow: Geya, 1996, pp. 30, 38. パブロフについては、下斗米伸夫「ソ連の対日関係」五百旗頭真・北岡伸一編『開戦と終戦―太平洋戦争の国際関係』情報文化研究所、一九九八年、三四―三六頁、須藤眞志『ハル・ノートを書いた男―日米開戦外交と「雪」作戦』文春新書、一九九八年、一二九―一五一、一五九―一六五頁、Boris N. Slavinsky, *SSSR i Yaponiya—na puti k voyne: diplomaticheskaya istoriya, 1937–1945* gg., Moscow: ZAO, 1999, pp. 16–17, 163, 278-282, 289, 440, 476, 514; ボリス・スラヴィンスキー／加藤幸廣訳『日ソ戦争への道―ノモンハンから千島占領まで』共同通信社、一九九九年、二〇―二一、一六二、二八〇―二八五、二九二、四五〇、四八七頁も参照。

(140) *Los Angeles Times*, December 9, 1941.

(141) Carl Crow, ed., *Japan’s Dream of World Empire: The Tanaka Memorial*, New York: Harper & Brothers, 1942; *Washington Post*, December 12, 1941, January 10, February 28, March 22, May 20, 1942; *New York Times*, December 14, 1941, February 4, 8, 11, 22, March 1, 10, November 1, 1942, January 24, May 16, September 19, 1943, April 18, 1945; *Los Angeles Times*,

January 26, February 15, 28, April 18, 1942, January 18, 1945; *Chicago Daily Tribune*, February 11, 28, 1942, March 5, 1943; *Wall Street Journal*, February 14, 1942; *Times*, July 7, 1943.

（142）*Washington Post*, July 11, 1943. ラティモアの役職は director of Pacific Operations of the OWI であった。Owen Lattimore, compiled by Fujiko Isono, *China Memoirs: Chiang Kai-shek and the War against Japan*, Tokyo: University of Tokyo Press, 1990, pp. 165－173 も参照。

（143）C. B. Fahs to Carl F. Remer, January 5, 1942, Hornbeck Papers, Box 406; Fahs to Remer, January 14, 1942, Hornbeck Papers, Box 406; Remer to Hornbeck, January 22, 1942, Hornbeck Papers, Box 406; Hornbeck to Remer, February 14, 1942, Hornbeck Papers, Box 406; Hornbeck to Sumner Welles, March 13, 1942, Hornbeck Papers, Box 406.

（144）Sumner Welles, *The Time for Decision*, New York: Harper & Brothers, 1944, p. 276.

（145）*Why We Fight: Prelude to War*, directed by Frank Capra, 1943; Frank Capra, *The Name above the Title*, New York: Macmillan Company, 1971, pp.325－367. John W. Dower, *War without Mercy: Race and Power in the Pacific War*, New York: Pantheon Books, 1986, pp. 15－23, も参照。

（146）*Why We Fight: The Battle of China*, directed by Frank Capra, produced by the War Department Signal Corps Army Service Forces, music by the Army Force Orchestra, 1944. 日本では、フランク・キャプラ監督『日中戦争』大陸書房、一九九一年、として刊行されている。

（147）*Know Your Enemy-Japan*, directed by Frank Capra and Joris Ivens, produced by the War Department, Information and Education Division, Army Service Forces, 1945.

（148）*Blood on the Sun*, directed by Frank Lloyd, 1945; *Los Angeles Times*, November 12, 1944, June 9, 23, 1945; *Wall Street Journal*, June 29, 1945.

（149）*Washington Post*, April 13, 1945.

（150）江藤淳監修／栗原健・波多野澄雄編『終戦工作の記録』上巻、講談社文庫、一九八六年、三四四頁。このころの日ソ関係を概観したものとして、竹内桂編・解題『戦時日ソ交渉史』下巻、ゆまに書房、二〇〇六年、がある。

(151) 外務省政務局「世界情勢ノ動向（第二巻第四十六報）」一九四四年一一月二四日、外務省調書類、政務局、九七、外務省外交史料館所蔵。

(152) 駐ソ中国大使館から外交部、一九四五年五月三一日、中華民国外交部編『外交部档案叢書―界務類 第一冊 東北巻』台北：中華民国外交部、二〇〇一年、二三六頁、駐ソ中国大使館から外交部、八月一四日、同上、二三八頁。

(153) 北山節郎編『太平洋戦争メディア資料 Ⅱ 終戦と対外報道』緑蔭書房、一九九七年、五二二―五二三頁。

第六章　一九三五年中国幣制改革の政治史的意義

樋口秀実

はじめに

一九三五年一一月三日、中国国民政府（以下、南京国民政府ともいう）は全六条からなる幣制緊急令を発布し、いわゆる幣制改革を断行する旨を明らかにした。その条文中、とくに重要であると思われるのは、次の三つである。(1)

①中央・中国・交通三銀行発行の銀行券を法幣と定め、公私一切の支払いをこの法幣で行ない、現銀の使用を禁止すること。
②公私の機関、または個人を問わず、銀類を所有するすべてのものは新設の発行準備管理委員会、もしくは指定銀行にそれを提出し、法幣と引き換えるべきこと。
③法幣の対外為替相場を安定させるため、中央・中国・交通三銀行は無制限に為替の売買を行なうこと。

この幣制改革に中国の経済・金融危機を克服する狙いがあったことは、周知のとおりである。当時の中国では、米国の銀購買政策の影響から銀の価格が急騰して国外に流出し、南京国民政府はこの状況に対して何らかの措置を講じざるをえなかった。筆者もまた、改革のそうした経済史的意義に異論を唱えるつもりはない。

しかし、幣制改革の政治史的意義をいかに評価するかに関しては、筆者は別の立場をとる。従来の研究は、その意義を次のように評価する。幣制改革断行後、日本は華北分離工作を実施するなど改革に対して妨害を試みた。にもかかわらず、改革は順調に進展し、南京国民政府の財政的基礎が確立され、かつ政治的統制力も強化された。さらに銀本位国だった中国は管理通貨制度に移行し、英国のスターリング・ブロックに組み込まれ、英米両国との経済的連繫が強まった。一方、改革によって日本との対立は決定的に深まり、日中戦争勃発への道程が用意された、と。(2) 筆者が疑問とするのは、このような評価である。

では、そうした疑問を筆者に抱かせる理由はどこにあるのか。まずは次の史料をみてもらおう。それは、幣制改革実施後の一九三五年一一月二四日に駐華英国大使カダガン（Sir Alexander Cadogan）が外相ホーア（Sir Samuel Hoare）に送付した報告の一節である。(3)

（一九三五年六月のいわゆる梅津・何応欽協定締結後、華北問題をめぐる―カッコ内は引用者註、以下同）中国政府当局者の誠意ある対応は明らかに日本軍部を満足させるものであり、日中間の緊張状態は緩和しつつあった。一一月四日から新たな管理通貨制度を実施するという中央（国民）政府の措置は、まさにそうした時期に突然、真新しい危機を引き起こすものであった。……中央政府が当初意図したとおりに（銀の国有化令によって）華北から上海に現銀が移送されたならば、日本の華北開発計画は大きな打撃をうけたであろう。しかし、いずれにせよ、中国側があえて日本の同意を得ることなしに上記の措置を実施したこと、それよりもいっそう悪いことに、フレデリック・リース＝ロス（Sir Frederick W. Leith-Ross）が改革の首謀者であると日本側が誤って信じたことのために、この措置は非難するに足るものとなった。その結果、日本の銀行は、管理通貨制度に協力しないと発表しただけでなく、中国の銀行に対し、華北から上海への現銀輸送を黙認できないとの姿勢を示したのである。

この史料からわかるように、幣制改革をめぐる英中関係は、過去の研究が強調するほど緊密ではない。つまり、カダガンによれば、英国は、中国の通貨制度を変革することの必要性は認めていたものの、実施時期や手順など改革を進めるうえで南京国民政府がとった政治的手法には不満を示した。また、一九三五―三六年に日中両国を訪問し、中国滞在中は財政・金融問題に関する助言を与え、改革の成功に対して大きく貢献したとされるリース＝ロスについても、その貢献度は限定的だとする。実際、リース＝ロス自身も「南京政府は自分の助言の多くを採用したものの、改革にむけての準備は不足し、実施時の効率性も欠如している」(4)と述べている。リース＝ロスがこのような発言を行なったのも、彼に対する事前の相談なしに中国側のイニシアティブで改革が突如実施されたことに起因する。(5)さらにリース＝ロスは改革実施後、このままでは改革が成功するかどうかわからないから、日本を再訪して改革への協力をとりつけるよう努力するとの意向を示した。(6)要するに、満州事変以来の東アジアの国際政治危機のなかで、英国は幣制改革を通して中国を全面的に支持することを明らかにし、その結果、後日の枢軸国対連合国の構図につながるような国際陣営の色分けがなされた、と断定するのは早計にすぎるといえるのである。

以上のように、幣制改革をめぐる英中提携・日中対立が過大に評価されてきた背景には、これまでの近代日中関係史研究や近代中国史研究がとってきた方法上の問題がある。筆者が思うに、従来の研究の多くは、日中戦争に至るまでの道程を解明し、その開戦原因を特定する立場に立脚している。これを中国側からみれば、日本の侵略に対して中国民衆がいかに団結し、抵抗したのかという道筋を解明する立場となる。そのため、日中両国の近代史上で起こった事象の多くは一九三七年七月七日の日中開戦、あるいは一九四五年八月一五日の太平洋戦争終結を起点とし、そこから遡及的に照射して解釈が下されがちである。したがって、幣制改革の評価に関しても、日本の敗戦や中国の勝利にどのように結びつくのかという点が強調されてきた。しかし、幣制改革がその当時の東アジア国際政治にいかなる影響を与えたのかという点を全面的に把握するためには、同時代の価値基準にたち、開戦原因を追求する立場から離れて分析を進めることも必要だろう。そうでなければ、前記のように、枢軸国対連合国という二極分化の点だけが強調されてしまう。本章の第一の課題は、こうした研究状況を踏まえ、同時代史的視点に重きをおきながら、中国幣制改革の国際政治史的意義を再検討することにある。

一方、中国の幣制改革にかぎらず、あらゆる国家の幣制問題は外交上の課題というようより、内政上の課題としての側面が色濃い。ところが、従来の研究はその点にあまり注目せず、中国幣制改革を外交史上の問題として取り扱いがちである。逆にいえば、辛亥革命後、北京政府を含めた中国中央政府が多年の重大懸案として取り組んできた幣制統一事業のなかで、この改革がいかなる意味をもつのかという点は軽視されてきた。(7) また、南京国民政府内部で改革を推進したのはどのような政治勢力であるのか、さらには改革の前後で南京政府内部の権力構造がいかに変化し、それがまた当時の中国政治や東アジア国際政治にどんな影響を与えたのかという点も十分に検討が進められていない。これにくわえ、周知のように、この時期の南京政府はいわゆる安内攘外政策をとっていた。だとすれば、幣制改革を実施するにあたって南京政府は「攘外」という外交面より「安内」という内政面の考慮を優先させたのではないか、と考えられる。以上にかんがみ、本章の第二の課題は、今まで外交史上の意義に焦点があてられがちだった中国幣制改革を、その内政上の意義にも考慮を払いながら分析することにある。これらの点を総括すると、本章の最終的意図は、中国幣制改革をめぐる中国政治と国際政治との相関関係を明らかにし、改革の政治史的意義を内政・外交の両面から再検討しようというものである。

以上の課題を検討するにあたり、本章では、とくに次の二点に留意したい。

第一に、過去の研究が論ずるように、幣制改革後、法幣は本当に中国地方社会に浸透し、南京国民政府の支配力も強化されたのかという点である。なぜなら、筆者のみるかぎり、従来は、この問題があまりに楽観視されてきたからである。そうした楽観論の背景にあるのは、日本の侵略に対して中国ナショナリズムが高揚するなか、中国地方社会は抗日の実行や民族の団結という目的から法幣を喜んで受けいれたはずだ、との先入観である。しかし、黒田明伸氏が指摘するように(8)、政府が通貨を発行することとそれが交換媒体として社会で通用することとは別問題である。ましてや改革前の中国では、基軸通貨としての銀と補助通貨としての銅という銀銅二本位制がとられていただけでなく、地方官銀号などが各省・各地方・各業種だけで通用する独自の貨幣を発行する、雑種幣制の状態だった。また、家近亮子氏が述べるとおり(9)、幣制改革の最大の推進者といわれる蔣介石とその義兄・義弟である孔祥煕・宋子文の南京政府内での権力は圧倒的ではない。さらに南京政府の存在自体も、中国大陸で絶対的権威を有する清朝や中華人民共和国政府と異なり、中国にある複数の政治勢力のなかの最大のものにすぎない(10)。こうした状況のなかで法幣を浸透させることは過去の研究がいうほどに簡単ではなかろう。実際、改革の一環として銀の国有化令が発表されると、華北地方では銅の対銀相場が急騰し、北京・天津両市政府は急遽、銅元券を増発せざるをえなくなった(11)。このため、南京政府も、華北問題をめぐって悪化した日中関係を収拾するために北上する軍政部長何応欽に対し、現銀を一ヵ所に集中させる必要はなく、重要地域に分庫を設けて各地の紙幣発行の準備としてもよいとの指示を与えた(12)。

第二に、幣制改革前後における南京国民政府内部の権力構造の変化とそれが国際関係に与えた影響を分析するにあたり、蔣介石・汪兆銘・胡漢民の三者間関係に注目することである。なぜなら、一九二六年一二月から一九三三年一二月まで駐華英国公使を務めたランプソン（Sir Miles W. Lampson）がいうとおり、「孫文死後の中国国民党の歴史はこの三人の権力闘争の歴史であり、それは相当程度において中国自体の歴史でもある」(13)と考えられるからである。従来、右の権力構造を分析するさいに注目されてきたのは、満州事変から西安事件までの南京政府を蔣汪合作政権と別称するごとく、この両者の関係だった。しかし、第一の留意点でとりあげた法幣の地方浸透を考察するのであれば、両者に胡を加えた三角関係に注目する必要がある。元来「党国元老」[14]の一人として蔣・汪と同等の影響力を有する胡は、満州事変発生後に南京・広東両国民政府が合流した後も、新たに成立した西南政務委員会（以下、西南政権）の事実上の最高指導者として香港にとどまった。これは、中央集権化を模索する南京政府にとって大きな障害となるものであった。[15]したがって、幣制改革実施後、西南政権がどのような反応を示すかは、改革の成否を左右する鍵になったと思われる。そこで、本章でも、中国政治の権力構造を考察するうえで、蔣・汪の二人だけでなく、胡も考察の対象に加える。

他方、今まで蔣・汪両者の関係を考察するさいに多用されてきたのは、「親欧米派」対「親日派」という分析視角である。[16]すなわち、南京国民政府内部には、蔣・孔・宋を中心とする「親欧米派」と汪を中心とする「親日派」という二つの派閥があり、満州事変勃発後、対日宥和外交が進められるなかで、後者が優勢に立った。しかし、日本の侵略が深まるにつれて宥和路線は行き詰まり、前者がこれにかわって指導権を掌握したというのである。

しかし、筆者のみるところでは、この分析視角を重用するあまり、かえって看過された点もある。本章の検討課題である幣制改革に関していえば、汪は「親日派」の指導者とされるが、行政院長兼外交部長の職にあった彼が対外政策と密接に関連する幣制問題に関して何の発言もしなかったとは考えにくい。ましてや彼は、南京国民政府の経済建設計画を決定する全国経済委員会の常務委員を蔣や宋とともに務めていた。[17]一方、宋も満州事変前、日中関税協定締結にむけて日本側と積極的に交渉した。[18]そのさい、駐華臨時代理公使重光葵ら日本側外交当局者は、いわゆる革命外交を唱えて対日強硬方針をとる外交部長王正廷ではなく、「穏健的実際派」といわれる蔣・宋を相手に交渉を進めた。[19]要するに、蔣にせよ、汪にせよ、彼らは時期や問題といった歴史的条件に応じて宥和か、強硬かという路線選択をしていたといえる。それゆえ、南京政府の権力構造を解明するにあたっても、上記の派閥対立に拘泥することなく、彼らの政策構想を明らかにしたうえで、その政策を推進するさいに彼らの間で展開された提携や対抗の関係を分析することが必要となろう。

一　幣制改革前の中国政治の権力構造と幣制問題

満州事変と南京国民政府の構造的変容

前記のように、本章の課題は、幣制改革をめぐる中国政治と国際政治との相関関係を解明することにある。そのさいにまず必要となるのは、改革前の中国政治、とくに南京国民政府内部の権力構造を明らかにすることである。ただし、中華民国時代の中国で起こった政治的変動は、同国の内在的契機によって起こるよりも、日本の侵略をはじめとする対外的契機を通じて起こる場合が多い。本章が考察対象とする満州事変から日中戦争勃発に至るまでの時期に関しても、日本の対中政策の影響を受けて中国政治は大きく変化した。そこで、まず本節でも、柳条湖事件後に起こった南京政府内部の権力構造の変容からみていきたい。

満州事変勃発後、中国で起こった最大の政治的変動は、南京国民政府と一九三一年五月に成立した広東国民政府との合同だろう。これに関して注目されるのは、南京政府が広東政府・日本軍・中国共産党の三者に包囲されるという状況のもとで、南京・広東間の妥協交渉が広東側に有利に終わったことである。

つまり、一九三一年一〇月二七日から一一月七日まで上海で開かれた統一会議の結果、蒋介石の独裁体制確立を阻止しようとする広東政府側の主張により、政治・財政・軍事の各方面から彼の権力に制限が加えられた。まず政治面に関しては、蒋が任じられていた国民政府主席の地位が二年の任期制になるとともに、実質的権限をもたない、象徴上の地位となった。これと対照的に、行政院は責任内閣制となり、同院長の権限が拡大した。また財政面では、財政政策決定の透明化という目的から、政府の代表者以外に民間経済団体の代表者を含めた全国財政委員会が設置されることになり、財政部長である宋の権力も後退した。さらに軍事支出に関しても、国防及び剿共に関する費目以外は財政委員会の同意を得ることが必要となり、内乱に対処する目的での支出は不可能となった。このほか、蔣の職務の一つである陸海空軍総司令の制度が、特定の個人に軍権が集中しないようにとの配慮から廃止された[20]。その後、一九三二年一月二九日の中央政治会議において軍事委員会の設立が決められ、軍事問題の決定も合議で行なわれることになった[21]。

統一会議後、蔣介石は、彼が下野しなければ統一に応じないとする広東政府の圧力を受け、国民政府主席の地位を退いた。これにかわって南京国民政府の要職を独占したのが、旧広東政府に属する政治家たちのグループ（以下、広東派）である[22]。とくに行政院長に就任した孫科を中心とする広東派中の「太子派」（以下、カッコを略）は、南京政府内で勢力を増長させた[23]。ただし、広東派のなかでも胡、蕭仏成、鄒魯らの「元老派」[24]は、「均権共治」論を唱え、広東省の地方実力者である陳済棠や広西省の地方実力者である李宗仁・白崇禧らとともに一九三一年一二月に西南政権を組織した。ちなみに、この「均権共治」論は、中央・地方両政府が同等の権限を有し、国家的性質を有する事務を前者が、各地の特殊性を考慮すべき事務を後者が処理するとし、過度の中央集権化に反対する主張であった[25]。

一方、蔣介石は一九三二年三月、軍事委員会委員長に就任した。とはいえ、同委員会委員には李宗仁や陳済棠だけでなく、中原大戦で蔣と対立した馮玉祥と閻錫山も名を連ね、蔣の行動を掣肘した。内乱に関する軍事支出を禁止するとの先述の決定と照らしあわせれば、蔣は統一会議後、これらの地方実力者を軍事的に打倒することは不可能となった。蔣はこれに対し、駐鄂綏靖公署主任何成濬など華中地方の各省軍政長官とともに「九省連合」を結成し、将来の再起にむけて華中での地盤確保をはかった[26]。しかし、この連合は北京政府時代の地方督軍団に類似する軍事同盟にすぎず、蔣はこの状況をみて、中国はかつての地方割拠時代に回帰したと慨嘆した[27]。また、北伐完成後、幣制問題や中央・地方間の税収配分問題を討議するため各省財政長官や財政専門家を集めて全国財政会議を開くなど、財政面での中央集権化を模索してきた宋子文の試みも[28]、財政委員会の成立によって一頓挫をきたした。かくして、北伐完成以来、南京国民政府を中心とする集権体制確立をめざした蔣・宋両者の努力は、満州事変発生のために水泡に帰したのであった[29]。

そのような状況のなか、蔣介石が権力の回復・維持・拡大のために行なったのが、剿共戦の積極的展開と対汪合作との二つである。

前者に関しては、上記のとおり、蔣が財政面での拘束なしに軍事委員長としての任務を全うできるのは、国防に関わる対外作戦か、剿共戦を展開する場合だけである。しかし、周知のごとく、満州事変発生後の主たる対外戦争である対日抗戦に関し、蔣は、中原大戦以来の提携相手である張学良とともに不抵抗策をとった。それは、日本軍が華北に侵攻して同地に駐留する旧東北軍を壊滅させた場合、華北における閻錫山や馮玉祥の立場が強まるばかりか、南京国民政府内でも対日政策の失敗を理由に蔣を糾弾する意見が高まると予想されたからである[30]。そのため、蔣は、剿共戦を通じて権力拡大をめざす一方、剿共戦の便宜上、日本に対しては宥和的姿勢をとり、両国間の懸案解決は外交交渉を通じて行おうとした。たとえば、蔣は一九三二年七月、贛湘鄂三省清郷督辦に唐生智を任命し、剿共戦を行なううえで足並みの乱れがちだった何成濬、湖北省政府主席夏斗寅、湖南省政府主席何鍵ら三省の軍政長官を統一的指揮下に置こうとした[31]。さらに、日英両国の外交記録のなかには、蔣が剿共戦を利用しながら南京国民政府の支配区域を拡大し、権力を地方に浸透させようとする模様が散見される。江西省から四川省にかけて剿共戦を展開中の蔣の動きについて在漢口日本総領事清水八百一が一九三四年一一月二一日に報告したところによれば、「蔣介石ハ四川ニ向テ移動ヲ開始セル江西紅軍主力ヲ一挙ニ殲滅スルヨリモ寧ロ之ニ或ル程度ノ損傷ヲ加フルニ止メテ其ノ四川ニ遁竄ヲ許シタル上江西及河南方面ニ於ケル蔣直系部隊ヲ四川ニ送リ四川ノ武力統一」をめざしている、というのであった。[32]

ついで、後者の対汪合作に関していえば、蔣介石が合作を求めた最大の理由は、南京国民政府の最高意思決定機関である中央政治会議[33]や国民党中央執行委員会の構成上の問題があるからである。すなわち、中央政治会議を例にとれば、上海での統一会議後に中央政治会議委員に選出された三六名のうち、汪兆銘派に属するといわれるものが一三名でもっとも多く、つぎに蔣介石派が一一名であった。その他の委員としては胡・閻・馮らがおり、彼らは反蔣派、もしくは中間派と考えられていた。また、委員のなかに軍人は一人もいなかった。したがって、蔣としては、広東派が張学良を「スケープゴート」として満州事変勃発後の蔣の対日政策を批判するなかで、汪の支持を得なければ中央政治会議や中央執行委員会で過半数を制することができず、政局運営が難しかったのである。[34]

一方、汪兆銘もこれに対し、胡漢民ではなく、蔣介石との合作を欲した。汪は、広東国民政府に参加したものの、中原大戦前のいわゆる北方拡大会議が失敗に終わった経験から広東政府内で「民主集権主義」を唱え、「均権共治」論を提唱する胡と対立した。[35] 満州事変前の一九三一年八月一四日には、汪は広東を離れて香港に向かっている。[36] これにさきだち、宋子文が重光に対して「南京政府ニ於テ……広東側全体トシテハ交渉シ難キモ或ル一派トハ交渉シ居リ茲数箇月間中ニハ或ハ妥協シ得ルヤニモ考へ居レリ」[37]と述べた点からみると、汪は統一会議開催前から南京国民政府との間に妥協工作を進めていたようである。汪はまた、蔣の下野や西南政権の創設にも反対した。[38] すなわち、蔣は、軍人として大衆的支持を得にくいという彼の欠点を補うために汪を利用し、汪は逆に、民主化の達成という理想の実現が軍事力をもたないがゆえに難しく、閻・馮などの地方実力者の支援にも依存できないという問題を解消するため

に蔣を利用したのであった。(39)

一九三二年一月三一日、孫科は行政院長を離職した。蔣介石を後援し、南京国民政府の財政政策に大きな影響力を与える上海の銀行団が孫を支持せず、財政運営に行き詰ったためである。(40)他方、これよりさきの同年一月一七日及び二一日の両日、蔣と汪兆銘が杭州で会談し、両者が合作することで合意した。(41)その後、両者はそろって南京入りし、同月二三日には宋子文邸で孫科を交えて対日外交方針を討議した。(42)その席上、孫科政権の外交部長陳友仁が提出した「対日絶交方針」が否決された。さらに汪は一月二八日の中央政治会議において行政院長に選任されたが、(43)翌日の会議では、前述のように軍事委員会の設置が決定された。ちなみに、三月一一日に制定された「国民政府軍事委員会暫行組織大綱」(44)によれば、軍事委員会委員長及び委員は中央政治会議が選定し、行政院長も委員会に出席することができた。

かくして、この時期の中華民国では、行政院長（一九三三年八月からは外交部長も兼任）である汪兆銘が南京国民政府において中央政務及び外交を担当し、軍事委員長として「剿匪(共)第一主義」(45)の立場をとる蔣介石が南昌などの軍事委員長行営を拠点に剿共活動に専念する体制ができあがった。そして、この体制のもとでは、蔣の意向が南京政府内で反対にあうことが多かったため、重要な政策決定は南京を離れて行なわれがちとなった。(46)一九三三年九月、蔣・汪・宋・孫科らの南京政府首脳がいわゆる廬山会議を開き、満州国を承認する以外は日本との対立を極力回避するとの対日外交方針を決定したことは、(47)その好例といえる。その結果、「軍事委員会は行政院を超越する機関」であると観察されるような、南京政府と軍事委員長行営との二元的統治体制ができあがった。

軍事委員長行営と中国農民銀行

この二元的統治体制を象徴する存在が、一九三三年六月に設置された軍事委員長南昌行営である。蔣介石の行営自体は、すでに満州事変以前から中華民国陸海空軍総司令南昌行営として設けられていたが[48]、同月二四日に公布された「軍事委員会委員長南昌行営組織大綱」[49]によって行営の組織・権限が正式に定められた。全一二条からなる「大綱」のなかでもっとも注目されるのが、軍事委員長は河南・湖北・湖南・福建・広東各省剿共地区内の軍事、ならびに「党政事務」を指揮・監督するとした第一条である。つまり、蔣が「剿匪須七部政治、三部軍事」[50]と述べたように、行営は剿共に関わる軍事のみならず、剿共地区の政務を南京国民政府の指示を得ないまま処理できる、事実上のもう一つの政府だった。行営からは蔣配下の軍人が行政督察専員[51]や農村興復人員訓練班[52]として剿共地区内の農村部に派遣され、党務工作・保甲制度の整備・農民の軍事訓練などにあたった。その結果、蔣の影響力は剿共地区の末端にまで浸透することとなった[53]。

このような党政工作のなかで蔣が最重要視したのが、農村の経済復興である[54]。剿共地区の農村部は、中国共産党の支配下にあったときに経済的に大きく萎縮したところが多かった。とくに金融面での混乱は著しく、農村部から都市部への農産物の出回りが極端に不良化した。これは、共産党支配下の各地において農工銀行券などの不換紙幣が乱発されたこと、農産物の流通経路を掌握する各地の富農・豪商が迫害を受けて都市部に避難し、それとともに銀も都市部の銀行に流出したこと、南京国民政府との戦いのなかで経済封鎖が行なわれたことなどが原因であった[55]。蔣はこれらの事態を改善することにより、南京政府の権威を農村部で確立しようとした。

一九三三年三月に設立された農民銀行は、こうした農村金融の正常化を目的に設立されたものである。元来、農民銀行は、豫鄂皖三省剿匪総司令部が一九三二年一〇月に設立した農村金融救済処を出発点とする[56]。同処の任務は、農民銀行の設立にさきだち、総司令部が発行した百万元の公債を元手に農村合作社（または農村合作予備社）を通じて農民に資金を緊急貸与することだった。さらに一九三三年三月、金融救済処の廃止と同時に「豫鄂皖贛四省農民銀行条例」[57]が同総司令部から公布され、農民銀行が正式に発足した。本条例の第一―二条によると、国庫及び河南・湖北・安徽・江西各省政府などが提供する一千万元の資本金をもとに設立される農民銀行は、農民に資金を提供し、農村経済を復興させ、農業生産の改良・進歩をはかることを目的とした。そして、一九三五年四月には中国農民銀行と改称し、全国に業務を拡大した[58]。

中国農民銀行の最大の特徴は、国庫銀行である中央・中国・交通三銀行とは別に独自の発券業務を行なったことである。つまり、一九三三年三月の設立と同時に一角・二角・五角の小額紙幣（以下、農行券）を発行し、農民への資金貸付などに使用した[59]。恐らく、銅（または銅元券）が銀にかわって地方の小口取引に使われていたという清代以来の商習慣を踏まえ、農民による生活必需品購入や農産物の売買などに便宜を提供できるよう、一元未満の小額紙幣を発行したと思われる。また、農民銀行は農村復興の目的から農村合作社に対する低利資金の融通を重視した[60]。これには、資金の投与を通じて農村合作事業を発展させ、剿共地区の農村部における南京国民政府の統制力を強化しようとの狙いがあったようである[61]。このほか、蔣介石は、四川・貴州・雲南・陝西各省など中国西方における剿共戦の遂行と農村部での失業対策とを両立させるべく、中国大陸の東西を横断する自動車道路の建設を積極的に推進し[62]、その建設現場に農村部の失業者を投入した[63]。こうした建設事業にかかる費用も、農行券をもってまかなわれたと推測される。

かくして、中国農民銀行は剿共戦の展開に伴って業務を全国規模に拡大した。しかし、農民銀行のそうした性格のゆえに、同行は農村救済のための金融機関を標榜する一方、蔣介石の必要とする軍費を調達するための「私設金融機関」としての一面も持っていた[64]。実際、農行券の発行額は著しく伸張し、一九三五年一月に六二四万元だった発行額が、一九三七年八月には約三三・五倍の一億九六三万元に拡大した。これに対し、同じ期間の中央銀行券の発行額は、八九〇五万元から約四・五倍の三億九五三七万元に拡大しただけである。[65] しかも農行券が五角以下の小額紙幣である点を考慮すれば、その発行額の拡大は異常ともいえる。すなわち、中国農民銀行は「全然財政部ノ支配力ノ及バザル圏外ニアリテ……格別待遇ヲ受ケ居ルモノ」[66]であったが、その反面、剿共戦の展開次第では農行券が軍票化し、中国の金融・財政を悪化させるおそれを有していた。

では、汪兆銘や宋子文をはじめとする他の南京国民政府首脳は、蔣介石が剿共戦を利用して権力を拡大することをどのように考えていたのか。

まず汪は、農村復興を重視する蔣の姿勢に同調した。行政院は一九三三年五月、農民銀行と並んで農村金融を担当する中国農業銀行を設立するよう決定した。同行の設立を行政院会議に提案した実業部の説明によると、農業銀行は農民銀行が未設立の地域で後者の業務を代行した。[67] また行政院は同月、南京国民政府内に農村復興委員会を設置した。[68] 行政院長及び同副院長、内政・財政・実業・交通・鉄道各部長などを構成員とする本委員会は、農村復興計画の立案、復興資金の収集、復興事業の補助などを実施する組織であった。

一方、宋子文は蔣の姿勢に反発した。財政部長である宋は、財政の健全化をめざす立場から軍費の拡大に反対したのである。宋はこれよりさき、上海事件の終結によって対日抗戦が一段落した一九三二年七月、剿共戦に使用する軍費の額をめぐって軍政部長何応欽と折衝し、毎月千五〇〇万元を供給することで合意を成立させた。[69] それは、何が最低限度の必要経費として主張する千八〇〇万元余よりも少ない額であった。[70] しかし、農民銀行成立後は農行券による支出が増大し、宋はこれに不満を感じていた。[71]

ところが、一九三三年五月に宋自身が渡米して締結した米中棉麦借款が、南京国民政府内での宋の立場を弱くした。

いわゆる世界恐慌後、各国が金本位制を離脱して管理通貨制に移行すると、国際的に銀価は高騰した。その結果、銀本位制を維持する中国では、銀高の影響を受けて銀の海外流出が進むと同時に農産物など物資の輸入量が急増した。これは、前出の共産党の経済政策とあいまって、農村部から都市部への農産物の出回りを不良化させるものであった(72)。棉麦借款は、そうした状況があるにもかかわらず、資金提供の見返りに米国産の綿花や小麦などの輸入を南京政府に義務付けていた。このため、中国産綿花・小麦の出回りはますます悪化し、中国の農村をいっそう疲弊させた(73)。

かくして、剿共戦とそれを通じての農村復興問題をめぐって蔣介石と宋子文との間に意見衝突が生じた。一九三三年一〇月、宋は行政院副院長兼財政部長を辞職する(74)。その後任となったのは、孔祥熙である。リース＝ロスの回想によると、「生来の財政家」である宋に比べ、孔は「色々なことに関与」し、「政治的才能」を持ちあわせていた(75)。こうした孔の性格のゆえに、蔣が必要とする軍費に関し、孔は宋よりも寛容であった。その後、南京国民政府の財政政策は、宋が主導する健全路線から孔が主導する積極路線に転換していくことになる。

華北問題をめぐる蔣汪合作

剿共と並ぶ南京国民政府のもう一つの最重要課題は、対日政策の決定である。これについても、蔣介石と汪兆銘は、華北問題をめぐって対日宥和外交を進めるという点で意見が一致した。ただし、蔣が剿共戦の遂行上、より強く対日宥和を求めたのに対し、汪は、宥和と並行して華北地方の中央化を進めようとした(76)。その点で、両者の思惑はやや異なる。

一九三三年三月、張学良は、日本による華北侵に抵抗できなかったことを理由に軍事委員会北平分会代理委員長の職を辞し、下野した。その結果、華北地方は「軍閥による統治」を脱し、南京国民政府はその成立以来、はじめて華北を直接統治できるようになった(77)。同年五月に成立した行政院駐北平政務整理委員会（以下、政整会）は、南京政府の命令を華北に浸透させるとともに、満州・華北問題をめぐって対日宥和外交を推進する目的からつくられた組織である。汪は、以上の情勢を踏まえ、同月の塘沽停戦協定締結以降も華北の中央化をいっそう推進しつつ、剿共戦を利用した蔣の権力拡大と並行して、南京政府の勢力を華北に拡大しようとした(78)。いいかえると、汪は日本の侵略という外圧を巧みに利用しながら、張学良とその配下の旧東北軍を華北から駆逐しようとしたのである。

汪兆銘のこうした方針に同調したのが、政整会委員長に就任した黄郛である。張学良下野後の華北地方は、黄と軍事委員会北平分会代理委員長に就任した何応欽、さらには張にかわって旧東北軍の大半を指揮するようになった河北省主席兼第五一軍軍長于学忠(79)の「三頭政治」となった(80)。ただし、この三者のなかで軍政部長を兼務する何が華北に常駐することは難しく、事実上、同地の政情安定のためには「黄于合作」が必要であった。しかし、軍人でも、国民党員でもない黄は「最初ヨリ何等頼ルベキ実力無ク」、勢力挽回を策する旧東北軍と対立しがちとなった(81)。そこで、黄が政整会の権威確立のため蔣介石の後援と並んで依頼したのが、「日本ノ精神的援助」である(82)。つまり、黄は、華北における反満抗日運動の原動力は于など旧東北軍であると認識する日本を利用することで(83)、旧東北軍の勢力を縮小しようとした(84)。たとえば、塘沽協定善後交渉中の重要課題である「戦区」接収問題に関して黄が対日譲歩に努めたのは、接収後の戦区に対して河北省政府の影響力を浸透させようとする于らの動きを制限するためである(85)。また、南京国民政府と政整会は、河北省政府公署の天津から保定への移転や直轄市である北平市政府の管轄区域拡大などの措置を通じて、于の勢力削減と華北の中央化を進めようとした。国際都市である天津から内陸部の保定に河北省政府公署が移動すれば、黄の対日交渉に于が干渉することは難しくなるし、一方、北京市の領域が拡大すれば、河北省政府の管轄区域は逆に縮小せざるをえなくなるのであった(86)。

以上の経緯を顧みれば、一九三五年五月末に梅津・何応欽協定の下敷きとなる要求が日本側から提出されたとき、その要求中のいくつかの事項は、南京国民政府や黄郛にとっても利益になるものだったと思われる。たとえば、河北省政府の移転[87]、于の同省主席罷免、第五一軍の河北省外への撤退は、上記のように、南京政府や黄が要求提出前から画策していたものである[88]。このほか、商震の河北省政府主席新任、天津市政府首脳部の更迭[89]、河北省内国民党部の同省外への撤退も黄の以前からの主張だった[90]。さらに南京政府は日本の要求を利用し、天津市を行政院直轄の特別市に改めるよう六月四日の行政院会議で決定した[91]。逆にいうと、日本側は南京政府や黄の意向を正確に察知し、要求のなかに以上の諸事項を巧みに盛り込んだのであった。

かくして、梅津・何応欽協定締結後、華北の中央化はそれ以前に比べて進行した。たしかに南京国民政府は日本の要求に応じ、河北省を「実質的自治省」としたうえ、新任の省主席をして省内の全責任を負わせると約束した[92]。さらに一九三五年九月二七日の行政院会議では、「河北外交はすべて同省政府が処理する」[93]とも決定された。しかし、日本側がこの当時、いわゆる華北自治政府の創設問題に関し、「河北省カ未タ其形態スラ是正ヲ完成セサルニ当リ過早ニ……北支ノ結束ヲナサシメントスルカ如キハ恐ラク其ノ目的ヲ達セサルノミナラス却テ将来我立場ヲ暗カラシムル」[94]と考えていたことにかんがみれば、南京政府・政整会と日本との間で妥協点を見出すことは、さほど困難ではなかったと思われる。

一方、中央集権化を追求する南京国民政府と中国侵略を推進する日本とに挟撃されるかたちとなったのが、宋哲元・閻錫山・韓復榘など華北地方の実力者たちである。こうしたなか、内外の危機に応じて自衛するための手段として彼らの間で浮上したのが、華北各省の連合構想である[95]。なかでも宋哲元は、そうした動きの中心となった[96]。宋はいわゆる土肥原・秦徳純協定締結の原因となった張北事件発生後、南京政府によってチャハル省政府主席を罷免された。

これは、事件発生後の日本側の要求中になかった事項である。恐らく、南京政府は、日本の圧力を利用して宋の権力を削減しようとしたと考えられる。[97]宋はこれを不満とし、華北自治政府結成を勧誘する日本の工作を受け、閻に対して自治政府の首領となるよう要請した。[98]閻はこの要請に応じなかったものの、南京政府に対し、宋を日本側に接近させないよう彼を懐柔する必要があると訴えた。[99]宋のこのような動きは、日本の華北分離工作の乗ずるところとなったであろう。

一九三五年一一月に南京国民政府が幣制改革を断行したときの内外情勢は、以上のとおりである。改革前、蔣介石・汪兆銘を中心とする南京政府は、剿共戦及び対日宥和外交の積極的展開を通じ、満州事変発生によって挫折しかけた中央集権体制の確立を再び進めつつあった。しかし、それは、西南政権や華北の地方実力者の反発、あるいは農行券の乱発による中国財政の悪化という危険性を内包するものであった。

では、幣制改革の実行により、南京国民政府はそうした危機を克服できたのか。

次節では、この点を検討することにしたい。

二　幣制改革後の中国政治の構造的変容

幣制改革をめぐる南京国民政府の内訌

南京国民政府が多年の宿願である幣制改革に具体的かつ本格的に着手しはじめたのは、一九三四年六月に米国で銀購買法が成立してからである。これ以降、中国からの銀流出は激しさを増し、同国内では、南京政府が現銀集中や不兌換紙幣発行を行なうのではないかとの憶測が飛び交って、金融市場が大混乱に陥った。こうしたなか、南京政府にあっては、汪兆銘と蔣介石が、新紙幣発行などの措置をとるつもりはなく、米国は中国の苦境を理解してほしいとする談話を相次いで発表し、事態の沈静化をはからざるをえなかった[100]。

しかし、南京政府内では、幣制改革の実施にあたって誰が責任者となり、いかなる具体策をとるのかという点に関して必ずしも明確になっていなかった。とくに財政政策の決定に関して最大の発言力を有する財政部長孔祥熙と宋子文（一九三五年四月に中国銀行董事長に就任）との間には、改革構想をめぐって意見の相違があった。

孔祥熙が重視したのは、幣制改革を進めるうえで地方の通貨をいかに回収するかという点だった。それは、一九三四年一一月一〇日に財政部内に設置された幣制研究委員会が「主として補助貨整理問題、紙幣整理問題等に関する対策の研究に従事[101]」したことから推測できる。一方、宋子文の改革構想は、中国の通貨制度を銀本位制から「外国為替本位」制に改めるものだった[102]。地方通貨の種類や流通量が非常に多い中国にあって、それらを完全に回収することは難しく、むしろ中央・中国・交通三銀行券と特定の外貨との連繫を強化することにより、三銀行券の価値及び流通量を拡大すべきであるとの主張である。

この両者のうち、改革実施以前に優勢だったのは、宋子文の構想である。それは、英国政府が一九三五年三月に中国の通貨危機の克服にむけて日米英中四カ国の共同会議開催を提案して以来、英米両国の経済使節団が訪中するなど中国幣制問題をめぐって英米と中国との意見交換が頻繁になったからである[103]。宋もこれに対し、一九三五年春、元上海中孚銀行副経理顧翊群を全国経済委員会特派国際連盟代表として欧米諸国に派遣し、以前から宋と懇意である国際連盟事務局保健部長ライヒマン（Ludwik Rajchman）の協力を得ながら、欧米各国の通貨制度の視察・研究を進めさせた[104]。そして、宋は同年九月に訪中したリース＝ロスに対し、中国は銀本位制を放棄して管理通貨制に移行したいこと、英国ポンドとの連繫を強化することで通貨の価値を維持したいこと、以上の改正にあたって英国からの財政支援があれば望ましいことを主張した[105]。一方、リース＝ロスもこれを受けて、英国が中国の幣制改革を支援することができれば英国の威光を高めることになるだろうとの意見を英国大蔵次官フィッシャー（Sir Warren Fisher）に打電した[106]。

一九三五年一一月一日付孔祥熙発駐米中国大使施肇基宛電報[107]によると、以上の経緯を経て、次のような改革案が同日までに作成された。そして、可能であれば「週末」にも行動を開始し（一一月一日は金曜日）、改革を速やかに実現させたいというのであった。

(i) 中国中央銀行を中央準備銀行に改組して「銀行の中の銀行」にするとともに、南京国民政府からの独立性を高める。
(ii) 英国から一〇〇〇万ポンドの借款を獲得し、為替安定基金とする。その他の外貨については、銀の売却によってこれを得る。ただし、その売却時期は、外債による為替安定の能否をみて決定する。
(iii) 一八ヵ月以内に収支の均衡をはかるよう努力する。

しかし、本案が実現の運びに至るまでには、いくつかの障害を克服する必要があった。

なかでも最大の障害となったのは、為替本位制に対する蔣介石の反対である。蔣は、中国農民銀行の発券活動が中央銀行や財政部、または諸外国政府の拘束を受けることを嫌った。とくに中国元と外貨との連繫を強化しようとすれば、為替安定や外債の受入条件に配慮する必要から、農行券の発行を制限し、中国経済に対する外国の信頼を維持しなければならない。これは、蔣による剿共活動とそれを通じての農村復興活動の桎梏となるものであった[108]。

このほか、行政院農村復興委員会は、銀流出及び輸入超過問題を解決するためには貿易統制を実施して自給自足に努めなければならないとの立場から、国際金融市場との連繫強化につながる為替本位制に反対した。これは棉麦借款が中国農村部に与えた影響を考慮に入れての主張であると思われる[109]。またリース＝ロスも、幣制改革の実施に先んじて中央銀行の改編を行わなければ改革の成功はおぼつかなく、かつ借款の供給も難しいとの慎重論を示した。この姿勢は、改革の即時実施を要求する宋の意見と対立するものだった[110]。

その結果、英中両国の借款交渉は進捗せず、中国があくまでも幣制改革の即時実行を追求するのであれば、それを独力で行なわなければならなくなった[111]。そうしたなかで起こったのが、一九三五年一一月一日の汪兆銘暗殺未遂事件である。この事件は、南京国民政府をして改革の即時実施を決断させる役割を果たした[112]。事件の影響で南京政府及び中国経済の将来に不安感が生じ、翌二日の早朝から中央・中国・交通三大銀行をはじめとする各地の銀行に民衆が殺到し、預金引出と紙幣兌換を求めて全国的取付状態となったからである。幸い、同日が土曜日だったため銀行の破綻までには至らなかったが、週明けの月曜日（一一月四日）には一層の混乱が予想された。これをみた南京政府は、その前日の一一月三日に幣制緊急令を急遽発布したのであった。なお、駐中大使館付海軍武官佐藤脩の報告[113]によると、宋子文は幣制改革を十分に準備したうえで実行する意向であったが、「汪兆銘ノ兇変ニ伴フ恐慌襲来ノ空気ニ拠リ孔祥熙及銀行業者ノ即行意見」が強まり、宋もこれに追従したという。

こうして突如実施された幣制改革は、本章の冒頭であげた①～③と前掲の(i)～(iii)を比べればわかるように、当初の立案とは相当に異なる内容となった。まず英国からの借款が獲得できないまま改革を断行した結果[114]、法幣発行のための準備金が不足し、改革の成否は、中国民衆が法幣を自発的に受けいれるかどうかという「心理的反応」で決まることになった[115]。したがって、緊急令発布から一カ月以上を経過した時点でも、孫科のごとく、「通貨が維持されるかどうか疑わしい」と述べるものさえいた[116]。それでも、この当時は、日本の侵略によって民衆の間に愛国心が喚起されていたこと、銀の大量流出のおかげで紙幣を使用する習慣が民間に醸成されていたこと、前述のように銀が都市部の銀行に集中していたことなど、法幣が流通する環境が整っていた[117]。このため、改革後も大きな混乱は起きなかった。

また南京国民政府は、借款を得られなかったかわりに、国有化令によって中央に集中させた銀を外貨獲得のため早急に売却する必要に迫られた。その相手先となったのが、銀購買政策をとる米国である。すでに幣制緊急令発布前の一九三五年一〇月末から米国に向かって銀買取りを求めていた孔祥熙は[118]、さらに一一月六日、南京政府は銀の売却益をもって為替安定基金としての外貨を充実させるつもりであるが、この点は人心安定のため非常に重要であるから、米国が中国の希望を受けいれるよう努力してほしい、と駐米大使施に打電した[119]。ただし、孔は、銀購入の見返りとして米国ドルと中国元との連繫を強化したいとする米国政府の要求を拒否した。孔によると、幣制緊急令の発布に驚愕した日本が幣制改革の背後に英国の存在があるのではないかと疑い、改革に反対している、それゆえ、改革の成功のためにも米国の要求を退ける必要がある、というのであった[120]。孔や宋子文は、日本との間に軍事的衝突が起これば軍費の支出が莫大となり、せっかくの改革が水泡に帰しかねないとおそれていたのである[121]。

かくして、一九三六年五月五日、米国が中国から銀を購入し、その代金をもって為替安定基金を充実させるとの米中銀協定が成立すると、中国幣制問題をめぐる改革路線は大きく修正された。宋子文が改革前に意図していた為替本位制ではなく、孔が五月一七日に発表した「幣制改革の補足的方策」のなかで述べたように、「何れの国の貨幣単位にも連携されざる独立の通貨制度」がとられたのである。また孔は同日、銀準備を紙幣発行額の二五％とし、その他は金や外国為替で準備すると述べた[122]。従来、中央・中国・交通三銀行の銀準備高が紙幣発行額の六〇％であった点と比較すれば、これは紙幣の大幅な増刷を見越して発表されたものと思われる。要するに、米中銀協定成立後、中国幣制は、いずれの国からも自立した、歳出重視の性格を有するようになった。これは、蔣介石の意向を踏まえた孔が、宋の健全財政路線をおさえて積極財政路線を採用した結果によるものである[123]。

一方、こうした積極財政路線を支えるもう一つの柱が、中国農民銀行だった。つまり、幣制改革を厳密に実行し、中央・中国・交通三銀行券だけを法幣と認めるのであれば、農行券の回収は必須事項である。しかし、これには蒋が反対した(124)。そのため、財政部は一九三六年一月二〇日に発布した「中国農民銀行発行辦法」のなかで、農行券は「一億元を限度に法幣と同様に行使しうる」と許可した(125)。ただし、一九三六年九月の時点で農行券の発行額が一億元を超えているところからみて、この限度額は守られず、農行券は増発を続けた(126)。また「辦法」発布後、農民銀行は従来の一～五角の補助紙幣に加え、五元・一〇元紙幣の発行も開始し、銀行業務の拡充をはかった(127)。さらに農民銀行は、法幣との交換で回収される河南農工銀行・湖北省銀行・浙江地方銀行・陝西省銀行券以外の地方省銀行券を接収した(128)。これは、法幣の流通領域が実は限定的であり、幣制改革後の通貨統一が「名ヲ戦時金融統制力ノ充実ニ藉リ」(129)ながら、剿共戦の進展とともに農行券の普及を通じて進められたことを示唆している。

以上のように、中国幣制改革は、蒋介石の進める剿共活動を経済的に支えるものだった。南京国民政府が改革を通じて従来の安内攘外路線を修正し、対日抗戦の準備を進める方向に政策転換を行なったわけではないのである。むしろ中国農民銀行の発券活動を維持するため英米両国との経済提携にも制限を加えた点をみれば、改革によって枢軸国対連合国の構図が準備されたのではなく、中国の経済的自立を達成しようとの意図が強調されたといえる。しかし、その結果、改革を通じて財政の健全化をはかろうという宋子文の路線はまたしても後退し、蒋や孔祥熙の主張する積極財政路線が強化された。これは、逆にいうと、幣制改革後の中国経済が、農行券の軍票化という危機をはらんだ、戦時金融体制ともいうべき状態をさらに強めたことを意味している。

では、この幣制改革により中国の権力構造はどのように変化し、それはまた、当時の東アジア国際政治にいかなる影響を与えたのか。

つぎに、この点を解明していこう。

華南地方における幣制統一

幣制緊急令発布後の一九三五年一一月一五日、孔祥熙がリース＝ロスに対して述べたところによると、幣制改革の成功を左右する最大の鍵は、日本の動向であった。しかしながら、日本は改革に反対し、これを口実として華北分離工作を進めつつある。前述のように、もしここで日本との衝突が起これば、軍費は増大し、改革が水泡に帰するおそれがある。それゆえ、衝突が起こるくらいであれば、日本が計画していると伝えられる、華北地方での「自主幣制」(separate currency) の実施も許容する、というのである。[130]

したがって、幣制改革が成功するかどうか、いいかえれば、法幣が地方にきちんと浸透するかどうかを実際に左右したのは、幣制改革に対する西南政権の反応となった。[131] とくに英国は、華南地方に法幣が浸透すれば華中と華南との経済的連結が強化されて同国に利益をもたらすとし、緊急令発布後の西南政権の動向を注視した。[132] しかし、広東・広西両省政府は緊急令中の銀国有化令を利用して銀を集めながら、これを南京に送付しなかった。さらに両省政府は省内における法幣の流通を禁止しただけでなく、両省内の銀行が発行する紙幣を増発し、なおかつ紙幣の価値を維持するため外国為替取引の統制を行なった。かくして、改革実施後、南京国民政府と西南政権との対立はますます強まった。[133]

そうしたなか、英国は、南京政府を支持する動きをみせた。英国にあっては、まず一九三五年一一月九日、香港政庁が銀本位制を放棄して管理通貨制を採用し、新たな紙幣を発行すると決定した。[134] 中国大陸との経済的関係が密接である香港にとって、幣制改革は、香港と中国との間の為替相場を大きく変動させ、大量の銀流出をもたらすおそれがあるものだった。このため、香港政庁は、そうした事態を未然に防止すべく、銀本位制からの離脱に踏み切った。その結果、大きな打撃を被ったのが、香港との結び付きが強い華南地方である。たとえば、新紙幣の発行により香港ドルの価値が四〇～五〇％も急落し、輸入物価は高騰して、華南地方の市民生活を圧迫した。また、香港上海銀行やチヤータード銀行など英国系銀行が発行する紙幣の価値が新紙幣発行後に低下し、これらを所有する華南地方の商人や民衆に損害をもたらした。[135] にもかかわらず、西南政権は、経済的混乱に対処するための有効な対策を打ち出せなかった。そのため、華南地方において大きな経済的麻痺が起こったばかりか、政権首脳部に対する信用も失われた。[136]

さらに英国は、華中・華南の連繫を強化したいとの思惑から、南京国民政府をして粤漢鉄道の全線開通、ならびに粤漢鉄道と広九（広東—香港間）鉄道との連結を行なわせようとした。そもそも英中両国は一九三四年五月、奥漢鉄道完成に要する資金を補充するため北清事変の賠償金を担保として一五〇万ポンドの公債を発効する契約に合意していた。[137] またリース＝ロスも幣制改革実施前、「鉄道が中国経済の発展と信用のため非常に大きな重要性をもつ」とし、南京政府に対して鉄道経営の改善を求めた。[138] そして、改革が中国の独断で行なわれたにもかかわらず、リース＝ロスは、中国にしばらく残って「鉄道の債務不履行」を解決したいとの意向を示した。[139] 一方、南京政府としても、英国の忠告を無視して幣制改革を行なったため、鉄道問題で同国に譲歩する必要に迫られた。[140] その結果、一九三六年二月二一日から四日間にわたってリース＝ロス自身が華南を訪問し、法幣の受入れによる幣制統一を含めた南京・西南間の和解の斡旋、ならびに南京政府の勢力浸透を促すとして粤漢・広九両鉄道の完成・連結に反対する西南政権の説得に努めた。[141] その間、リース＝ロスは二月二二日に胡漢民とも会談している。[142] その後、同年三月中旬にも鉄道部長張嘉璈が華南を訪れ、鉄道建設に関して西南政権首脳部と会談した。[143] しかし、幣制・鉄道両問題のどちらをめぐっても南京・西南間の妥協は成立しなかった。[144]

南京政府にとって幸運だったのは、西南政権との対立が激化するさなかの一九三六年五月一二日、胡漢民が突然死去したことである。[145] 胡の死は、両者の対立のなかで「非常に大きな意味」を持った。というのも、胡は、元老派を中心とする文人派の最高指導者として、西南政権内部のもう一つの派閥である陳済棠・李宗仁・白崇禧らの軍人派との調整役を果たしていた。しかし、彼が死去したことで、政権内における前者の勢力が後退し、後者が優勢となったからである。[146]このため、翌六月には、陳・李・白の三者によって反蔣運動である両広事変が起こされた。[147]南京政府が即時抗日を行なわないことを理由に、同政府を強く非難したのである。しかし、陳はそもそも胡の生前から彼に対して好感を抱いていなかった。辛亥革命直後に広東都督に任命されるなど党政方面を中心に同省で大きな発言力を有する胡は、陳が勢力を拡大するうえでの障害となっていたからである。それゆえ、陳は事変前から李・白に比べて蔣介石に妥協的だった。[148]そして、蔣による分断工作を受けると、陳は事変勃発から一カ月余りの時点で広州を離れて香港に逃避した。結局、両広事変は、大きな軍事的衝突も起こらないまま、南京側の勝利に終わった。

両広事変解決後、南京国民政府は、華南地方において幣制統一事業と鉄道建設を進めた。

前者に関しては、発行準備委員会の分会を広東・広西両省に設立し、公債を発行して両省で発行される紙幣の価格を安定させたうえ、法定比率に従って徐々に法幣との交換による回収を進めた。[149]一九三七年六月二〇日には、孔祥熙が広東幣制の改革を発表し、翌三八年から一律に法幣を使用するとした。[150]

一方、後者の鉄道建設に関しては、一九三六年九月一日に粤漢鉄道が全線開通した。[151]さらに南京国民政府は、一九〇七年に英清両国間で結ばれながら支払いが滞っていた広九鉄道借款の整理、黄埔港の築港、広州―梅県間の鉄道建設などを推進し、華中―華南―香港間の連結を強化しようとした。[152]鉄道部長張はこれに関し、日本による華北の分離は避けられず、そこでの経済発展は難しい、それゆえ、英国資本を導入して鉄道建設を進め、華中・華南での経済開発を行ないたいと語っている。[153]日英両国の観察によると、以上のように南京政府によって西南政権の中央化が進められた結果、同政府の対内統制力が強化され、今後は政府の所信通りに「対日協調政策」を進められるというのであった。[154]実際、蔣介石は帰国直前のリース＝ロスに対し、「私は日本との戦争は絶対に避けられないと考えている。しかし、私の軍隊は現時点で日本軍に対抗することはできず、私は全力を尽くして、今まで行なってきたように、できるかぎり戦争を回避する」(155)と述べている。

華北地方における対日宥和外交

他方、華南地方の統一とは対照的に、華北地方では対日宥和外交が進められ、南京国民政府により華北の幣制統一が進められることはなかった。そればかりか、華北地方では、日本の後援を受けた冀察政務委員会が「自主幣制」の確立を進め、華北を経済・金融的に華中・華南から切り離そうとした。

前述のように、宋哲元は、日本が幣制改革に反発して華北分離工作に着手する以前から、南京国民政府に対して不満を持っていた。とくに宋の部下である秦徳純（第二九軍副軍長）や蕭振瀛（同総参議）は、日本と南京政府との間に妥協が成立して宋の指揮する第二九軍が南方に移駐させられることを懸念し、華北での地盤確保のため奉天特務機関長土肥原賢二や支那駐屯軍参謀長酒井隆に接近した(156)。

したがって、華北分離工作が開始されると、宋哲元は、日本の要求する南京国民政府からの自治宣言こそ行なわなかったものの、工作を利用してできるかぎり自己の権限、とくに経済的権益の拡大をはかった(157)。南京政府は一九三五年一一月二六日、華北問題収拾のため何応欽を行政院駐北平辦事長官に任じて華北に特派するとともに、宋を懐柔する目的から彼を冀察綏靖公署主任に任命した。南京政府としては、宋と日本軍との間の現地交渉を打ち切らせるとともに、中央の指導のもとで日本との外交的妥協を模索したのである(158)。しかし、南京政府のこうした対応に宋は反発した。彼は病気と称して何と面会しなかったばかりか、秦と蕭をして黄郛が政整会委員長在職中に有していたのとの同等の華北五省及び北平・天津など三市を管轄する権限を要求させた。このため、何は蕭を同道して南京に帰り、蔣介石の指示を仰がざるをえなくなった。その結果、宋はあらためて冀察政務委員会委員長兼河北省政府主席に任命された。[159] 宋はこれによって河北・チャハル両省及び北平・天津両特別市を管轄する権限を獲得した。

一九三五年一二月一八日の冀察政務委員会（以下、冀察政権）の成立は、日本の希望通りに華北自治政府が誕生しなかった点で日本を完全に満足させるものではなった。しかし、華北分離工作前まで着実に進みつつあった華北地方の中央化が頓挫した点で、南京国民政府にとっても外交的勝利に値するものではなかった。[160] その成立によって南京政府は外交・司法・財政をめぐる権限の一部を冀察政権に委譲せざるをえなくなった。とくに両者の間で最大の争点となったのが、財政のどの部分を冀察政権が管理するかという問題である。両者の対立は激しく、政権成立の正式発表がそのために遅れた。協議の結果、塩税・関税・鉄道収入への課税を従来通りに南京政府が管理し、酒税・煙税・各種の地方税を冀察政権が管理することになった。[161] それでも、河北・チャハル両省において各種の税収を管理する諸機関に宋配下の人物が南京政府の官僚にかわって配置されたことで、冀察政権は自治的性格を次第に強めていった。[162]

さらに冀察政権は、法幣とは異なる独自の通貨を発行し、南京国民政府からの経済的独立性を高めようとした。[163] 一九三六年五月二三日、冀察政権は河北省銀行を発券銀行に指定したうえ、管理通貨制への移行を表明した。[164] 幣制改革以来、華北地方では、銅価の高騰などから各種の紙幣が増刷され、民衆の生活は苦境に陥っている。それゆえ、冀察政権としては、河北省銀行に発券機能を集中させねばならない、というのである。[165] そして、冀察政権による「自主幣制」の実施を支援したのが、日本の関東軍及び支那駐屯軍であった。支那駐屯軍司令部が一九三六年二月二二日に作成した「北支自主幣制施行計画綱領　第二次案」[166] によれば、「自主幣制」をさしあたって河北・チャハル二省で施行し、その後、これを徐々に華北五省に拡大して華北地方の幣制統一をはかり、それによって五省間に経済的不可分関係を構築して連省自治の基礎を強固にする、というのであった。

ただし、ここで注意しなければならないのは、関東軍や支那駐屯軍が、三菱銀行上海支店長吉田政治ら上海に駐在する日本側金融関係者と異なり、幣制改革は成功する可能性が高いとみていた点である[167]。満州国財政部総務司長星野直樹が関東軍司令官南次郎を通じて外相広田弘毅に送付した意見は、次のように述べている[168]。南京国民政府による今回の改革では、法幣発行後も中国経済に大きな混乱は起こらず、為替相場も安定し、技術的には成功をおさめつつある。これは、現在まで改革に否定的見解を寄せてきた日本にとって、中国問題めぐる国際政治上の発言力を低下させるものである。一方、そうした技術的成功の反面、華北・華南両地方の分離・独立傾向が強まった点からみれば、改革は政治的には大きな危機を招来している。この状況を踏まえ、日本は今後、従前の消極的態度をすて、局面打開のため積極的方策を提示する必要がある。その具体的手段としては、何よりも改革を崩壊に導くことである。しかし、これは日英関係を悪化させるおそれがあるので、採用すべきではない。それゆえ、次善の策として、華北地方に中心的発券銀行を設立して同地の紙幣を統一しつつ、中国の中央銀行との為替相互売買を認めることにより、紙幣の全国的維持を支援すべきである。中国のような広大な地域で一個の発券銀行だけが金融統制にあたるのは実情を無視しており、各地方に発券銀行を設けるほうが紙幣の価値安定や管理通貨の運用からも望ましい、と。かくして、冀察政権は日本側と協議のすえ、河北省銀行が発行する新紙幣の準備金を法幣で用意することになった[169]。要するに、華北地方では、日本側が南京政府による幣制改革の成功を見越して宥和的態度をとったことから、法幣こそ浸透しなかったものの、華北分離工作以前に比べて通貨の統一がかえって進行したのであった。

さらに、日本の工作が以上のように政治面よりも経済面で先行した結果、冀察政権内部では日本への対応をめぐって対立が生じた。いわゆる日中経済提携問題に関して対日交渉を担当する冀察政務委員会交通委員会主席陳覚生、同外交委員会主席陳中孚、同政務処長潘毓桂らの文官が政権内で発言力を伸ばし、これに対して秦徳純（当時、北平市長）、石敬亭（冀察綏靖主任公署総参議）、門致中（元河北剿匪総指揮、冀察政務委員会建設委員会主席）、馮治安（第三七師長、一九三六年一一月に河北省政府主席に就任）らの軍人が不満を示したのである。[170]ちなみに、この三人の文官のうち、陳覚生は広東省出身、陳中孚も広西省出身であり、彼らは華北に政治・軍事的地盤をもたない専門官僚であった。それだけに彼らは日本に接近することで、自己の権限を拡大しようとしたと思われる。[171]

一方、潘毓桂は、北京政府時代に蒙蔵院副総裁などを歴任した、いわゆる安徽派に属する人物である。日本による経済工作の進展は、潘のような冀察政権内部の旧北京政府官僚、とくに旧安徽派の勢力を拡大した。そもそも宋哲元は対日接近をはかるにあたり、幣制改革前から王揖唐（安福倶楽部の創始者で、元北京政府内務部総長、冀察政務委員会委員）などの旧安徽派系政治家を利用していた。[172]そして、冀察政権が成立すると、日本との間で経済提携を進めるため王克敏・曹汝霖・李思浩といった、いずれも北京政府の財政部総長の経歴を有する人物を冀察政務委員会委員に招き入れた。[173]これは、銀行や鉱工業など華北における経済事業の多くがこれらの旧北京政府官僚に握られており、彼らの協力なしでは経済開発を進められなかったからである。[174]たとえば、経済提携事業の一環として開発が進められたチャハル省の龍烟鉄鉱は、李思浩や陸宗輿（元駐日公使、幣制局総裁）が北京政府時代に西原借款を流用して設立した半官半民の龍烟鉄鉱公司によって採掘が開始されたものであり、冀察政権成立当時も陸が経営権を掌握していた。[175]

これとは逆に、華北地方での日中経済提携が進むなかで、第二九軍をはじめとする冀察政権内部の軍人勢力は政治的地位を低下させた。その結果、彼らの対日感情は次第に悪化する。[176]実際、同軍のなかで親日派とみられていた蕭振瀛でさえ、冀察政権成立後に就任した天津市長兼冀察政務委員会経済委員会主席の地位を日本の圧力から離職せざるをえなくなり、後者の職務には王克敏が就任することになった。[177]さらに、王がかつて黄郛の退任後に政整会委員長に就任したこと、あるいは王が同委員長時代に上海の銀行団より華北再建のための資金を得ようとしたことなどから、王の経済委員会主席就任には、「冀察政権ノ中央化」を進めようとする南京国民政府の意向がはたらいているのではないか、と疑われた[178]。実際、王は経済委員会主席として北平に向かうにさきだち、南京において駐華日本大使川越茂及び孔祥熙と会談しており、冀察政権内部にあって、日本と南京政府との関係を調整するよう同政府から期待されていたと考えられる[179]。そのため、第二九軍では、日本と南京政府との間に妥協が成立して冀察政権自体が失われるのではないか、と危惧するところがあった[180]。

その一方で、第二九軍は、宋哲元の権力が冀察政権成立後に拡大したことで、軍隊としての規模及び装備が進歩した。同軍は一九三七年一月現在で五一八〇〇名の兵士を抱えていたが、これは一九三五年九月当時と比べて九八〇〇名の増加であった。その結果、同軍は日本の軍事的脅威を恐れなくなり、一九三六年一一月に綏遠事件が発生したときにも綏遠省政府主席傅作儀に対して援軍を送っている。他方、支那駐屯軍も一九三六年五月に兵力を増強し、兵員数を従来の約二〇〇〇名から五〇〇〇名に拡大した。このため、第二九軍と支那駐屯軍との対立は激化し、両者間に軍事的衝突が発生する危険性は高まった。一九三七年四月、駐華米国大使ジョンソン（Nelson T. Johnson）は米国国務長官ハル（Cordell Hull）に対し、両軍が対峙する状況を観察して次のように報じている。「河北省において軍事的衝突が今にも起こりそうなわけではない。しかし、その可能性は存在する。河北省での重大事件が一大戦争に発展する可能性は高まっているように思われる。そのような事件は恐らく、華北における日中間の経済的かつ政治的提携、もしくはその片方が進捗しないことを不満とする日本軍か、自分たちの勇敢さに自信をもちはじめた中国軍のどちらかによって引き起こされるだろう[181]」。

おわりに

以上のように、中国幣制改革は、抗日戦争発動にむけての準備の一環として行なわれたものではない。むしろ、それは、南京国民政府が改革前から提唱していた安内攘外路線にそって、剿共活動を通じて国内統一を強化しようという意図のもとに実施された。筆者のみるかぎり、幣制改革をどのように評価するかについては、リース＝ロスの次のような回想が最も正鵠を射ているように思われる。

幣制改革は私が希望するほど完全に行なわれたわけでないけれども、戦争による中断があるまで、中国の経済的立場を急速に変革するのには十分であった。米国の銀購買政策が中国をして管理通貨制の採用に踏み切らせ、しかもそれは戦争を見越して行なわれたわけではないものの、それがなければ、実際に戦争が発生したとき、中国が現実に行ないえたように、戦争を遂行することはできなかった。銀貨を紙幣のように製造することは不可能なのである。(182)

したがって、幣制改革の意義を中国内政に注目して評価すれば、改革によって南京国民政府内部の「親日派」の勢力が後退し、「親欧米派」のそれが優勢となったとはいえない。従来の研究のなかで「親欧米派」とされてきたなかでも、孔祥熙と宋子文とでは改革構想に違いがある。前者が剿共戦を進める蔣介石の意向を重んじて歳入よりも歳出を重視する積極財政路線をとったのに対し、後者は収支の均衡を重視する健全財政路線をとった。そして、改革に対して英国の全面的協力を得られなかったこと、あるいは蔣介石が中国農民銀行の発券活動の障害になるとして外貨との連繫に反対したことから、改革は前者の路線を推し進めるものとなった。

では、いったい幣制改革は、南京国民政府の意図したとおりに、金融面から国内統一を促進したのか。たしかに、南京政府は幣制緊急令の発布から両広事変の解決へと至る過程のなかで、同政府にとって中国共産党と並ぶ大きな政敵である西南政務委員会を解散に追い込み、法幣を華南地方に浸透させることに成功した。この点に着目すれば、幣制改革によって地方独自の通貨の回収が進む一方、南京政府が発行する通貨の流通区域は拡大し、幣制改革は成功したと評価できる。ただし、幣制統一は、法幣だけをもって行なわれたわけでない。むしろ統一を達成するにあたって最も大きな役割を果たしたのは、幣制改革前から剿共活動を通じて地方の農村部に浸透しつつあった中国農民銀行券である。逆にいうと、幣制改革は、銀の大量流出によって生じた為替相場の混乱を安定に導くことには成功したものの、中国農民銀行の業務を妨げないよう改革が行なわれたため、法幣自体の地方への浸透度は十分ではなかった。その結果、幣制改革が中国統一に果たした役割は限定的であるとともに、農民銀行券の乱発によって中国の金融が戦時体制ともいえる状況になったことで、中国財政の安定化に対する貢献度もまた限定的といわざるをえないのである。

他方、幣制改革の意義を外交面から評価すれば、改革によって英中提携・日中対立が決定的となり、後日の連合国対枢軸国という二大陣営の形成が準備されたわけではない。むしろ、蔣介石が剿共活動を自由に進められるよう中国金融の自立化を促進する狙いがあった点からみると、英米両国との関係も決して密接ではなかった。他方、南京国民政府は改革実施後、法幣の価値安定と地方、とくに華南への浸透とを促すため、華北問題をめぐって対日宥和外交を展開した。日中間に軍事的衝突が発生すれば軍費が増大して財政に大きな負担を強いるし、西南政務委員会に法幣を受容させるためには、後背地である華北地方において静謐を維持する必要があったからである。いいかえると、満州事変発生以来、南京政府がとってきた対日宥和外交は幣制改革後も一貫して継続され、改革を通じて外交方針が転換したわけではなかった。

しかし、南京国民政府が一方で国内統一事業を進めつつ、他方で対日宥和外交を展開したことは、張学良や宋哲元など華北の地方実力者の不満を生んだ。南京政府が日本に妥協することで日本の勢力が華北に浸透して彼らの政治・経済的地盤が浸食される場合もあれば、同政府が日本への対抗を理由に華北の中央化を進める場合もあったからである。したがって、幣制改革が実施されると、宋哲元は、華北分離工作に着手した日本と改革の成功にむけて対日宥和をはかろうとする南京政府との間に立ち、双方から譲歩を引き出すことで、自己の政治・経済的地盤を維持・拡充しようとした。その成果が、冀察政務委員会の創設である。だが、日本との政治・経済的提携が進むにつれて、委員会内部では、旧安徽派を中心とする文官勢力と第二九軍を中心とする軍人勢力との間に対立が生じた。提携によって大きな利益を獲得したのは、日本語に堪能で、華北経済の実権を握り、政治的事務能力もある前者であった。その結果、後者の対日感情は悪化し、盧溝橋事件発生の背景がつくられることになった。

一九三七年七月七日の盧溝橋事件発生後、冀察政務委員会内部では、事件をどのように処理するかをめぐり、強硬論をとる第二九軍第三七師、慎重論をとる同第三八師（師長＝張自忠）、文官らが対立した。このため、委員会全体として効果的な処理方策をみつけられず、宋哲元の失脚をもたらした(183)。また宋自身も、南京国民政府が事件を利用して宋を華北地方から追放するのではないかと疑い、みずから処理にあたることに躊躇した。一方、南京政府は、七月一一日に支那駐屯軍と第二九軍との間で結ばれた現地停戦協定に関し、それが、かつての塘沽停戦協定や梅津・何応欽協定のように、日本の華北分離工作の口実として使われることをおそれた。それゆえ、南京政府の認可がないかぎり現地協定は無効であるとし、みずからも事件の収拾にむけて外交的努力を開始した。しかし、冀察政務委員会との間に十分な意思疎通を行なえかった南京政府は、現地の事態を正確に把握できず、日本側をいらだたせた(184)。英米両国の外交記録によるかぎり、盧溝橋事件が日中全面戦争に拡大する過程を中国内政の権力構造に注目して略述すると、以上のとおりとなる。しかし、日中戦争の発生及び拡大と中国の権力構造との関連性については、日中両国の文書をはじめ、さらに多くの史料を渉猟して解明を行なうべきだろう。次稿以降の課題としたい。

(1) 一九三五年一一月三日「財政部関於施行法幣布告」、中国第二歴史档案館編『中華民国史档案資料匯編　第五輯第一編　財政経済(四)』南京：江蘇古籍出版社、一九九一年、三二四―三二五頁。以下、本書所収文書については、これを「『匯編』五―一―財政経済(四)、三二四―三二五頁」のように略記する。

(2) 原朗「中国幣制改革問題」、外務省外交史料館日本外交史辞典編纂委員会編『新版　日本外交史辞典』東京：山川出版社、一九九二年、五八二―五八三頁。このほか、一九三五年の中国幣制改革の政治史的意義については、以下の諸研究も参照。波多野澄雄「リース・ロスの極東訪問と日本」『国際政治』第五八号、一九七七年。野沢豊編『中国の幣制改革と国際関係』東京：東京大学出版会、一九八一年。岩武照彦『近代中国通貨統一史　上巻』東京：みすず書房、一九九〇年、五一―一六〇頁。多田井喜生「資料解説」、多田井喜生編『続・現代史資料(11)　占領地通貨工作』東京：みすず書房、一九八三年。久保亨『戦間期中国〈自立への模索〉―関税通貨政策と経済発展』東京：東京大学出版会、一九九九年、一九六―二二五頁。松浦正孝「再考・日中戦争前夜―中国幣制改革と児玉訪中団をめぐって」『国際政治』第一二二号、一九九九年。寺田浩治「中国幣制改革と英米関係―米中銀協定の締結過程に照らして」『経済科学』第四七巻第一号、一九九九年。大石恵「アメリカ銀政策と中国の幣制改革」『京都大学経済論集』第一四号、一九九九年。なお、南京国民政府が幣制改革の実施にあたって国際通貨システムとどのような関係を構築したのかという視点から改革の経済史的意義を再検討した最近の研究に、城山智子「一九三〇年代の中国と国際通貨システム―一九三五年幣制改革の対外的・国内的意義と影響に関する一考察」『国際政治』第一四六号、二〇〇六年、がある。

(3) Cadogan to Hoare, November 24, 1935, F34, FO405/275, Public Record Office, UK.

(4) Leith-Ross to Hoare, November 8, 1935, F6962, FO405/274.

（5）　The Ambassador to China（Johnson）to the Secretary of State（Hull）, December 20, 1935, *The Records of the US Department of State Relating to Internal Affairs of China 1930–1939*（以下、*China 30–39*と略記）, roll 22, National Archives Microfilm Publications, Decimal File 893.

（6）註（4）に同じ。

（7）北京政府による幣制統一事業については、別稿を準備している。なお、北洋軍閥の研究を進展させるうえで北京政府の幣制統一事業に注目する必要があるとの指摘を行なった論稿として、貴志俊彦「最近の袁世凱政権研究の動向」『広島大学東洋史研究室報告』第八号、一九八六年、がある。

（8）黒田明伸『中華帝国の構造と世界経済』名古屋：名古屋大学出版会、一九九四年。

（9）家近亮子『蔣介石と南京国民政府』東京：慶應義塾大学出版会、二〇〇二年、九一―一六二頁。

（10）顧維鈞述、中国社会科学院近代史研究所訳『顧維鈞回憶録』第二分冊、北京：中華書局、一九八五年、二〇一頁。

（11）Consul General at Tianjing（Caldwell）to Johnson, December 7, 1935, *China 30–39*, roll 40. Caldwell to Johnson, January 14, 1936, *ibid.*.

（12）内田尚孝「華北分離工作の展開と国民政府の対応」『中国研究月報』第五八巻第三号、二〇〇四年。

（13）*Sir M. Lampson's Review of Events in China, 1926–1933*（以下、*Lampson's Review*と略記）, August 24, 1933, *Documents on British Foreign Policy 1919–1939*, Second Series（以下、*DBFP 2nd*と略記）, *vol. XI*, pp. 558–597.

（14）李宗仁述、唐徳剛編『李宗仁回憶録』下巻、上海：華東師範大学出版社、一九九五年、四八五頁。

（15）Lampson to Simon（the Secretary of State for Foreign Affairs）, January 16,1932, *DBFP 2nd*,*vol. IX*, pp. 136–146.

（16）註（2）であげた研究以外に、この時期の中国の対日外交政策の展開を「親日派」対「親欧米派」という分析視角からとらえた代表的研究として、井上寿一『危機のなかの協調外交』東京：山川出版社、一九九四年、がある。

（17）一九三四年二月二一日「全国経済委員会成立紀要」『匯編』五―一―財政経済㈠、八八―九〇頁。

（18）小池聖一『満州事変と対中国政策』東京：吉川弘文館、二〇〇三年、一一五―一四二頁。服部龍二『東アジア国際環境の変動と日本外交　一九一八―一九三一』東京：有斐閣、二〇〇一年、二六三―二七八頁。
(19) 拙著『日本海軍から見た日中関係史研究』東京：芙蓉書房出版、二〇〇二年、一〇四―一〇五頁。
(20) 一九三一年一〇月二七日―一一月七日「上海〝和平統一〟会議記録」『匯編』五―一―政治㈠、七九四―八一一頁。一九三二年一月「財政部為設立財政委員会併擬定組織大綱与各方来往文件」『匯編』五―一―財政経済㈠、二三一―二三三頁。
(21) 郭廷以編『中華民国史事日誌』第三冊（以下、『日誌』と略記）一九三二年一月二九日条、台北：中央研究院近代史研究所、一九七九年。このほか、統一会議後に設置された軍事委員会が、一九二八年二月に成立した旧軍事委員会と比べても権限が縮小されたことについては、段瑞聰『蒋介石と新生活運動』東京：慶應義塾大学出版会、二〇〇六年、一三四―一三六頁、を参照。
(22) American Consul General at Nanjing (Peck) to the Secretary of State (Stimson), January 12, 1932, *China 30–39*, roll 35.
(23) Peck to Stimson, February 17, 1932, *ibid.*.
(24) 広東派内部の派閥対立については、一九三一年七月一五日、外務省資料課「広東政権ノ現状ト将来」、外務省外交史料館蔵外務省記録「支那地方政況関係雑纂　南支政況」（以下、「南支政況」と略記）第二巻、を参照。
(25) 「胡漢民年譜」存萃学社編『胡漢民事跡資料彙報』第一冊、香港：大東図書公司、一九八〇年、五四三―五五二頁。
(26) 一九三二年一月九日、在広東総領事代理須磨弥吉郎発外相芳沢謙吉宛第二五号、「南支政況」第三巻。Lampson to Simon, January 7, 1932, *DBFP* 2nd, *vol. IX*, pp. 88–89.
(27) 沈雲龍編『黄膺白先生年譜長編』下冊、台北：聯経出版事業公司、一九七六年、四七四頁。
(28) 一九二八年四月二八日「国府秘書処奉准由財政部召集全国財政会議併抄送原提議函稿」『匯編』五―一―財政経済㈠、四二一―四二三頁。一九二八年八月二一日「国府秘書処函送宋子文統一財政建議書」、同右、一九三―一九九頁。なお、満州事変前の南京国民政府の財政政策については、金子肇「中国統一化と財政問題―『国地財政劃分』問題を中心に」『史学研究』第一七九号、一九八八年、金子肇「国民政府予算策定機構の形成過程」『史学研究』第一八五号、一九八九年、を参照。

（29）註（15）に同じ。

（30）Ingram (Beijing) to Simon, August 8, 1932, *DBFP 2nd, vol. X*, pp. 664–665.

（31）一九三二年二月一四日、在漢口総領事坂根準三発芳沢宛第一一七号、外務省記録「支那各地共匪関係雑纂」（以下、「共匪関係」と略記）第一一巻。

（32）一九三四年一一月二一日、清水発広田宛第二九三号、同右。このほか、カダガンも次のように述べている。「蒋介石が中国西方の山間部を通って巧みに逃走中の紅軍を追跡するなかで、いつも通りの精力と決断力を示しているのは明らかである。蒋の直面する任務がきわめて困難であることは確かであるものの、それと同時に、今までの作戦が成功裡に進んでいることも認めるべきである。これが将来的にどのように展開するかは、蒋が国民政府の軍事的権威を中国西方に確立し、地元の指導者を彼の指揮下に置くことができるかどうかにかかっている。この点からみて、ある程度の進歩は見られるものの、国民政府軍が現在展開中の貴州・四川二省は、広東・広西・雲南各省と同じように、軍事的な意味で地元の将領に完全に支配されており、彼らは現在の地位に恋々としているがゆえに、紅軍の侵入にもうまく対処している。それゆえ、蒋による剿共が成功し、共産党勢力の排除と国民政府の権威確立という一石二鳥の成果を収めた福建・江西両省の例に照らしあわせると、剿共活動を実施中の中国西方も、同政府の統治区域の拡大及び中国の統一という観点からみて、重要な意味をもってくるだろう。」(Cadogan to Simon, March 30, 1935, F3126, FO405/274)

（33）孔慶泰他編『国民党政府政治制度史詞典』合肥：安徽教育出版社、二〇〇〇年、三四頁。

（34）註（15）に同じ。

（35）前掲「広東政権ノ現状ト将来」。前掲「胡漢民年譜」五四〇―五四一頁。

（36）American Consul General at Guangdong (Ballantine) to Johnson, September 10, 1931, *China 30–39*, roll 24.

（37）一九三一年六月一三日、重光発外相幣原喜重郎宛第五二七号、外務省編『日本外交文書』昭和期Ⅰ第一部第五巻、第八五八文書。以下、『日本外交文書』所収文書については、これを「『外文』SⅠ―一―五―八五八」のように略記する。

(38) 一九三二年一月七日、在香港総領事代理吉田丹一郎発外相犬養毅宛第三号、「南支政況」第三巻。蔡徳金・王昇編『汪精衛生平紀事』北京：中国文史出版社、一九九三年、一五六頁。
(39) 註(23)に同じ。
(40) 註(23)に同じ。
(41) 前掲『汪精衛生平紀事』一六五頁。
(42) 同右、一六六頁。
(43) 同右、一六六頁。
(44) 『匪編』五―一―軍事㈠、三―四頁。
(45) 一九三三年四月二八日、外相内田康哉発駐米大使出渕勝次・駐英大使松平恒雄宛合第八六八号、「共匪関係」第九巻。
(46) *Memorandum by the Counselor (Peck) in China*, June 6,1935, *Foreign Relations of the United States*（以下、*FRUS*と略記）,*1935, vol. III*, pp. 207－213.
(47) 『日誌』一九三三年九月六日条。
(48) 前掲『国民党政府政治制度史詞典』四二八頁。
(49) 『匪編』五―一―軍事㈠、二六―二八頁。
(50) 『日誌』一九三二年六月二二日条。
(51) 行政督察専員制度は、豫鄂皖三省剿匪総司令部が一九三二年八月六日に公布した「剿匪区内各省行政督察専員公署組織条例」により定められたものである。それによると、各省剿共地区の面積や地形などに応じて督察専員公署が設けられ、剿匪総司令部に直隷する督察専員が各省政府の指揮・監督を受けながら、県（または市）レベルの剿共・清郷活動を処理した（前掲『国民党政府政治制度史詞典』四三〇―四四〇頁）。
(52) 農村興復人員訓練班は、豫鄂皖三省剿匪総司令部が一九三三年九月一〇日、保甲制度実施に関する知識を養成し、かつ農村復興工作に従事する人員を指導するため、剿共地区内各県に開設したものである。訓練班は、当該各県を管轄する行政督察専員公署及び県政府によって主宰され、剿匪総司令部の指揮・監督を受けながら、人員の養成にあたった（一九三三年九月一二日、清水発内田宛普通第五七〇号、「共匪関係」第九巻）。

（53）Cadogan to Simon, May 7, 1935, F3797, FO405/274.

（54）Cadogan to Simon, December 31, 1934, F883, *ibid.*.

（55）一九三〇年九月、在南京日本領事館「支那共産党及共匪ニ関スル研究資料㈤」、「共匪関係」第一五巻。一九三〇年一一月五日、桑島主計・好冨正臣「中南支地方共産党及共産匪行動状況ニ関スル調査復命書」、外務省記録「中南支地方共産党及共産匪行動状況実地調査関係」。一九三四年一一月二九日、大蔵省「最近ニ於ケル支那ノ銀流出問題ト南京政府ノ対策トニ関スル資料」、外務省記録「中国ニ於ケル貨幣関係雑件」第四巻。宮下忠雄・豊田隆明『中国革命と通貨政策』東京：所書店、一九七八年、五六―一〇〇頁。

（56）一九三二年一〇月「三省〝剿総〟関於設立農村金融救済処訓令」、財政部財政科学研究所・中国第二歴史档案館編『国民政府財政金融税収档案史料　1927－1937年』北京：中国財政経済出版社、一九九六年、五六二頁。

（57）同右、五六三―五六六頁。

（58）一九四五年六月「中国農民銀行簡述」、同右、五六一頁。

（59）一九三三年四月一〇日、清水発内田宛普通第二五六号、外務省記録「中国銀行関係雑件」第四巻。一九三三年四月「軍委会特許四省農行発行流通券布告」、前掲『国民政府財政金融税収档案史料』五七一頁。

（60）一九三三年一一月二三日「南昌行営飭四省農行対合作社尽量貸款訓令」、前掲『国民政府財政金融税収档案史料』、五七六―五七七頁。

（61）国民政府による農村合作事業の展開については、弁納才一「南京国民政府の合作社政策―農業政策の一環として」『東洋学報』第七一巻第一・二号、一九八九年、を参照。

（62）一九三四年五月一〇日、邵力士・楊虎城宛蔣介石書翰、丁秋潔・宋平編（鈴木博訳）『蔣介石書簡集』中、東京：みすず書房、二〇〇〇年、七一四頁。一九三五年二月五日、薛岳宛蔣書翰、同『蔣介石書簡集』下、東京：みすず書房、二〇〇一年、七一八頁。一九三五年八月一二日、楊永泰宛蔣書翰、同右、七六〇―七六一頁。

(63) 註(53)に同じ。

(64) 一九三四年三月一四日、駐華公使有吉明発広田宛第一六四号、「中国銀行関係雑件」第四巻。一九三六年二月八日、駐華臨時代理大使若杉要発広田宛第九一号、同右。

(65) 一九三七年、中国中央銀行「中中交農法幣発行額統計表」、前掲『国民政府財政金融税収档案史料』四四一頁。

(66) 一九三六年一二月一七日、在上海大使館商務書記官岩井光次郎「中国農民銀行ノ紙幣発行準備ノ検査内容不発表ト紙幣濫発疑惑ノ件」、「中国銀行関係雑件」第四巻。

(67) 一九三三年五月二〇日「行政院関於設立中央農業銀行拯救農村破産案函」『匯編』五―一―財政経済(七)、七六―七七頁。

(68) 一九三三年五月二〇日「行政院抄発修正農村復興委員会章程的訓令」、同右、七七―七九頁。

(69) 『日誌』一九三二年七月二日条。

(70) 一九三一年一一月一五日「財政委員会第一次会議紀要」『匯編』五―一―財政経済(一)、四八―五一頁。

(71) 註(64)に同じ。

(72) 前掲「最近ニ於ケル支那ノ銀流出問題ト南京政府ノ対策トニ関スル資料」。

(73) 一九三三年九月三〇日、上海駐在商務参事官横竹平太郎発広田宛商機密第二四二号、『外文』SⅡ―一―二―三九四。

(74) 『日誌』一九三三年一〇月二九日条。Peck to Hull, November 7, 1933, *China 30 - 39*, roll 35.

(75) Sir Frederick Leith-Ross, *Money Talks : Fifty Years of International Finance*, London : Hutchinson, 1968, pp. 203 - 204.

(76) 前掲『黄膺白先生年譜長編』下冊、八二三頁。

(77) *Lampson's Review*, p. 589. Johnson to Hull , March 29, 1933, *China 30 - 39*, roll 21.

(78) 一九三二年九月一三日付在済南総領事西田畊一発内田宛機密第四〇四号〔外務省記録「支那地方政況関係雑纂　北支政況」（以下、「北支政況」）第四巻〕は、華北地方の反蔣的将領である石友三の談話として次のように報じている。

「汪精衛ハ蔣、張トノ関係密接ナル以上華北方面ニ中央汪派ノ勢力ヲ入レ難キ為……張学良カ東北失地ノ責任者トシテ下野スヘキヲ仄カシタルモ学良之ニ応スルノ気配ナキコト察知セラレタル矢先長江一帯ノ共産党ハ急ニ片付カス蔣介石ハ中央軍ヲ率ヒテ主力共産軍ヲ包囲攻撃セル際トテ華北方面ニ仮令事変アリトテ張学良援助ノ余裕ナキ状態ニアリ一面華北問題ハ日本トノ熱河問題ニテ緊張シ張学良ヨリ巨額軍費ノ要求ヲナセルニ乗シ捨身的ニ汪精衛自カラ下野ヲ表明スルト共ニ学良ノ辞職ヲ強要セル次第ニテ蔣介石トシテハ張学良トノ関係ヲ断ツコト不本意ナルモ共匪討伐中ニテ多額ノ軍費ヲ要シ又直ニ中央軍ヲ華北方面ニ分遣スルノ不可能ナル状態ナルト且張学良ニ対スル国民ノ反感輿論ヲモ考ヘ之ヲ現実ニ『バック』スルコト至難ナル事情ニアル」。

(79)　一九三三年四月二七日、有吉発内田宛第二二七号、「北支政況」第五巻。

(80)　一九三三年六月二一日、在天津総領事桑島主計発内田宛第三二八号、『外文』SⅡ—一—二—二六二。

(81)　一九三三年一二月一四日、桑島発広田宛第五六一号、『外文』SⅡ—一—二—五五。

(82)　一九三三年九月二六日、有吉発広田宛第五六四号、『外文』SⅡ—一—二—三〇一。

(83)　一九三五年六月一二日、海軍軍令部「北支に於ける反満抗日策動に基づく日支軍の交渉　其の一」、島田俊彦・稲葉正夫編『現代史資料⑻日中戦争㈠』東京：みすず書房、一九六四年、六〇—六四頁。

(84)　Consul General at Tianjing (Lockhart) to Hull, October 6, 1934, *China 30–39*, roll 40.

(85)　駐華公使館一等書記官中山詳一発広田宛第五八号、『外文』SⅡ—一—三—一九一。American Charge d' Affaires ad Interim (Gauss) to Hull, October 23, 1934, *China 30–39*, roll 21.

(86)　Gauss to Hull, November 21, 1934, *China 30–39*, roll 21. Gauss to Hull , January 3, 1935, *ibid.*, roll 40.

(87)　河北省政府の保定移転は一九三四年一二月四日の行政院会議で決定していたが、張学良などの反対により、実際の移転は梅津・何応欽協定締結直前の一九三五年五月二二日にずれ込んだ（『日誌』一九三四年一二月四日、一九三五年五月二二日条。一九三五年六月一〇日、在南京陸軍武官雨宮巽発参謀次長杉山元宛電報、前掲『現代史資料⑻』八八頁）。

(88)　黄郛は政整会委員長就任後の一九三三年八月、「河北ノ人心安定ノ為ニハ旧東北軍ノ整理実行」が望ましいとの理由から同軍の西北地方への移駐を蔣介石に進言している（一九三三年八月二一日、有吉発内田宛第四七九号、『外文』SⅡ―一―二―三一〈別電〉。張友坤・銭進編『張学良年譜』上冊、北京：社会科学文献出版社、一九九六年、六五頁）。

(89)　これによって天津市長は張廷諤から王克敏に交代し、さらに王が政整会委員長に就任したのに伴い、程克が一九三五年七月一日に新市長に就任した。

(90)　一九三四年三月二九日、中山発内田宛第一三一号「北支政権改組案」、『外文』SⅡ―一―三―一九四〈別電二〉。なお、満州事変後の国民党部は宣伝の主たる対象を「独裁打破運動」から「暴日抵抗運動」に移行しつつあった（一九三二年一月九日、須磨発外相犬養毅宛第二五号、「南支政況」第二巻）。それゆえ、前出の廬山会議の席上では、華北地方の国民党部の活動をめぐって黄が「蔣ニ対シ日本側トノ関係上華北ニ於ケル党部ノ越軌行動取締ノ必要ヲ力説」する一方、蔣も「華北ノ治安維持ノ為ニハ国民党的色彩濃厚ナラサル団体ヲ中心トシテ之カ調整ニ当タラシム」と返答した（一九三三年八月二五日宛有吉発内田宛第四八七号、『外文』SⅡ―一―二―三二）。また、黄の対日政策に対しては国民政府内に反対者が多く、「殊ニ黄郛ハ国民党員ニ非サルヲ以テ党部中蔣介石ト黄郛トノ関係ヲ離間セント策動シツツアル者尠カラズ」という状況だった（一九三五年五月一五日、若杉発広田宛第一三一号、「北支政況」第七巻）。

(91)　一九三五年七月日、海軍軍令部「北支に於ける反満抗日策動に基づく日支両軍の交渉 其の二」、前掲『現代史資料(8)』六八―七二頁。

(92)　一九三五年六月六日、雨宮発杉山宛電報、同右、八八頁。

(93)　『日誌』一九三五年九月二四日条。

(94)　一九三五年六月一八日、板垣征四郎宛磯谷廉介書翰、防衛省防衛研究所図書館蔵「磯谷資料 其二」。

(95)　徐永昌『徐永昌日記』第三冊、一九三五年一〇月二日条、台北：中央研究院近代史研究所、一九九一年。

(96)　Lockhart to Hull, September 27, 1935, *China 30–39*, roll 21.

(97)　Caldwell to Johnson, August 10, 1935, *ibid.*, roll 40.

(98) 閻伯川先生紀念会編『民国閻伯川先生錫山年譜 長編初稿』第五冊、台北：台湾商務印書館、一九八八年、一八五六頁。

(99) 同右、一八七七頁。

(100) 中華民国史事紀要編輯委員会編『中華民国史事紀要 中華民国二三年七至一二月』一九三四年一二月二一日、一二月二六日条、新店：国史舘、一九八八年。

(101) 一九三八年一〇月、日本銀行調査局「国民政府幣制改革の沿革及び関係法規」、前掲『続・現代史資料⑾』一二頁。

(102) 宮下忠雄『支那貨幣制度論』大阪：大阪宝文館、一九三八年、三四七―三五〇頁。Cadogan to Simon, March 16, 1935, F1834, FO405/274.

(103) 大石前掲論文。寺田前掲論文。

(104) 一九三五年四月一九日、顧翊群「赴欧考察各国幣制金融問題経過」『匯編』五―一―財政経済㈣、三一〇―三一二頁。

(105) Leith-Ross, *Interview with T. V. Soong on September 22nd, 1935*, T188/118, National Archives, UK. Cadogan to Hoare, September 27, 1935, F6160, FO405/274. Leith-Ross, *op.cit.*, pp. 203–204.

(106) Consul General at Shanghai to Hoare, October 25, 1935, F6740, FO405/274.

(107) 中国人民銀行総行参事室編『中華民国貨幣史資料』第二輯、上海：上海人民出版社、一九九一年、一六八頁、二四二―二四三頁。

(108) 一九三五年二月二八日、一九三六年二月八日付若杉発広田宛第九一号。前掲「中国農民銀行ノ紙幣発行準備ノ検査内容不発表ト紙幣濫発疑惑ノ件」。Leith-Ross, *op.cit.*, pp. 209–210.

(109) 前掲「農村復興委員会関於応付白銀及入超等問題説帖」『匯編』五―一―財政経済㈣、一七七―一八七頁。

(110) Leith-Ross, *op.cit.*,p. 204.

(111) *Ibid.*.

(112) 飯島幡司『支那幣制研究』神戸：田中印刷出版、一九三六年、三一二―三一三頁。

（113）一九三五年一一月一三日、佐藤発海軍次官長谷川清宛電報写、外務省記録「中国ニ於ケル貨幣及幣制関係雑件　幣制改革問題」（以下、「幣制改革問題」と略記）第二巻。
（114）*From China*, November 13, 1935, T175/91.
（115）Leith-Ross, *op.cit.*, p. 205.
（116）*Note of a Conversation with Dr. Sun Fo on December* 29th*, 1935*, T188/118.
（117）宋子文「支那経済界の現状」、姫野徳一編『対華経済資料　第一輯』東京：日支問題研究所、一九三六年。張嘉璈（公権）「中国貨幣与銀行的朝向現代化」、秦孝儀編『革命文献　第四七輯　抗戦前国家建設史料―貨幣金融』台北：中国国民党中央委員会党史委員会、一九七八年。
（118）一九三五年一〇月二八日、孔発施宛電報、前掲『中華民国貨幣史資料』第二輯、二四一頁。
（119）一九三五年一一月六日、孔発施宛電報、同右、二四四頁。
（120）一九三五年一一月六日、施発孔宛電報、同右、二四四―五頁。一九三五年一一月八日、孔発施宛電報、同右、二四六頁。
（121）*Note of Interview with Dr. Kung and T. V. Soong on November* 15th*, 1935*, T188/118.
（122）一九三六年五月一七日「孔部長対増厚法幣保障之宣言」、前掲『国民政府財政金融税収档案史料』四二九頁
（123）宮下前掲書、三四七―三五〇頁。飯島前掲書、三五四―三六一頁。
（124）一九三六年二月八日、若杉発広田宛第九一号、「中国銀行関係雑件」第四巻。
（125）前掲『国民政府財政金融税収档案史料』五七一頁。
（126）前掲「中中交農法幣発行数額統計表」。
（127）一九三六年二月八日、若杉発広田宛第九〇号、「幣制改革問題」第四巻。
（128）一九三六年二月一〇日「中国農行接収各省行発行部分辦法」、前掲『国民政府財政金融税収档案史料』四二八頁。
（129）一九三六年五月一一日、若杉発外相有田八郎宛電報写、「幣制改革問題」第五巻。

(130) 註(121)と同じ。

(131) 一九三六年二月二一日、在香港総領事水沢孝策発広田宛第一六号、「幣制改革問題」第四巻。

(132) *Note of Interview with Dr. Kung and T. V. Soong on November 11th*, 1935, T188/118. Leith-Ross, *op.cit.*, pp. 216–217.

(133) 一九三五年一二月二四日、台湾総督府来信第二五六六九号、「幣制改革問題」第三巻。一九三六年二月一〇日、外務次官重光葵発大蔵次官津島寿一宛通一普通第一〇六号「広東省ノ外国貿易管理計画及同為替管理計画ニ関スル件」、同右、第四巻。

(134) 一九三五年一一月、徐鑑遠編「中央銀行月報」第四巻第一一期、前掲『革命文献 第四七輯』四七―四八頁。

(135) 一九三五年一一月二〇日、在広東陸軍武官臼田寛三発杉山宛電報写、「幣制改革問題」第二巻。

(136) Howe (the Deputy Ambassador to China) to Eden (the Secretary of State for Foreign Affairs), July 31, 1936, F5612, FO405/275.

(137) 一九三四年五月二八日、須磨発広田宛普通第三五六号、外務省記録「粤漢、川漢両鉄道関係一件」第一〇巻。Johnson to Hull, June 25, 1934, *China 30–39*, roll 21.

(138) The Letter from William Henry Donald to Sung Mei-ling, T188/118.

(139) 註(4)に同じ。

(140) 一九三六年四月一五日、在長沙領事代理高井末彦発有田宛電報写、「幣制改革問題」第五巻。

(141) 一九三六年二月二五日、臼田発杉山宛電報写、同右、第四巻。American Consul General at Guangdong (Spiker) to Johnson, March 10, 1936, *China 30–39*, roll 25.

(142) 『日誌』一九三六年二月二二日条。

(143) 『日誌』一九三六年三月一三日条。姚崧齢『張公権先生年譜初稿』上冊、台北：伝記文学出版社、一九八二年、一五二頁。Spiker to Johnson, April 7, 1936, *China 30–39*, roll 25.

(144) Spiker to Johnson, May 11,1936, *ibid.*.

（145）　前掲「胡漢民年譜」五六一頁。
（146）　Spiker to Johnson, June 13, 1936, *China 30–39*, roll 25. Howe to Eden, July 31, 1936（前掲）.
（147）　両広事変については、次の研究を参照。李静之「『両広事変』的性質初探」『歴史档案』一九八五年第二期。夏湖「試論『両広事変』」『近代史研究』一九八六年第三期。郭緒印編『国民党派系斗争史』上海：上海人民出版社、一九九二年、三五〇―三五四頁。
（148）　前掲『李宗仁回顧録』四八五―四八九頁。Peck to Johnson, April 9, 1934, *China 30–39*, roll 35.
（149）　一九三七年「整理粤省毫券状況」、前掲『国民政府財政金融税収档案史料』六四三頁。一九三七年七月六日「粤省毫券折合国幣比率実施辦法」、同右、六四三―六四四頁。一九三七年一一月二日「整理桂鈔辦法」、同右、六四四頁。
（150）　『日誌』一九三七年六月二〇日条。
（151）　同右、一九三六年九月一日条。
（152）　前掲『張公権先生年譜初稿』一五五―一六二頁。
（153）　*Conversation between Minister of Railways and Commercial Counselor on September 20th, 1936*, F6177, FO405/275.
（154）　一九三六年七月二九日、佐藤発長谷川・軍令部次長嶋田繁太郎宛電報写、外務省記録「帝国ノ対支政策関係一件」第六巻。Howe to Eden, July 31, 1936（前掲）
（155）　Leith-Ross, *op.cit.*, p. 205.
（156）　劉家鸞「日寇侵略華北与冀察政権的形成」、中央档案館・中国第二歴史档案館・吉林省社会科学院合編『日本帝国主義侵華档案資料選編　華北事変』北京：中華書局、二〇〇〇年、五四五―五五四頁。
（157）　華北分離工作前後の宋哲元の動きについては、とくに註記する以外に、陳世松編『宋哲元伝』長春：吉林文史出版社、一九九二年、一八六―二六二頁、を参照。
（158）　註（3）に同じ。
（159）　前掲「日寇侵略華北与冀察政権的形成」。

（160）The Second Secretary of Embassy in China (Atcheson) to Hull, December 12, 1935, *FRUS, 1935, vol.II*, p. 485.

（161）Johnson to Hull, December 13, 1935, *ibid.*, pp. 486－487.

（162）Johnson to Hull, January 15, 1936, *FRUS, 1936, vol. IV*, pp. 10－11.

（163）Cadogan to Eden, December 9, 1935, F7757, FO405/274.

（164）一九三六年六月三〇日、大蔵省理財局国庫課「北支金融工作ニ関スル件」、前掲『日誌』一九三六年五月二三日条。『続・現代史資料⑾』二二三―二二四頁。

（165）一九三六年五月二五日、中央銀行天津分行経理李達発同行業務局長席徳懋宛電報、『匯編』五―一―財政経済㈣、二八八―二八九頁。一九三六年七月四日、冀察政務委員会秘書長戈定遠発孔祥熙宛電報、同右、二九五頁。

（166）前掲『続・現代史資料⑾』一一二頁。

（167）一九三五年一二月一〇日、支那駐屯軍参謀長永見俊徳発杉山宛電報、前掲『続・現代史資料⑾』八三頁。一九三六年三月、在天津領事萩原徹「支那一般幣制問題及北支幣制対策」、「幣制改革問題」第五巻。

（168）一九三五年一二月一一日、南発広田宛公機密第一三二三号「支那幣制改革ト我国策ノ確立ニ関スル件」、前掲『続・現代史資料⑾』八九―九二頁。

（169）一九三六年五月七日、支那駐屯軍司令部発天参調第四四号「冀察幣制ニ関スル打合」、同右、一一五―一一九頁。

（170）「冀察政務委員会的成立和宋哲元的対日態度」、前掲『日本帝国主義侵華档案資料選編　華北事変』五五四―五五九頁。Johnson to Hull, January 9, 1936, *FRUS, 1936, vol. IV*, pp. 3－4. Johnson to Hull, May 25, 1936, *ibid.*, pp. 167－168. Johnson to Hull, June 4, 1936, *ibid.*, p. 192. Johnson to Hull, June 20, 1936, *ibid.*, pp. 213－214.

（171）Johnson to Hull, December 20, 1935, *China 30－39*, roll 22.

（172）前掲「日寇侵略華北与冀察政権的形成」。

（173）Johnson to Hull, August 12, 1936, *China 30－39*, roll 22.

（174）American Consul at Tianjing (Berger) to Johnson, October 14, 1936, *China 30－39*, roll 40.

（175）Berger to Johnson, November 14, 1936, *China 30–39*, roll 40. Howe to Eden, December 3, 1936, F7495, FO405/275. このほか、龍烟鉄鉱については、中村隆英『戦時日本の華北経済支配』東京：山川出版社、一九八三年、五四―五五頁、六三―六五頁、も参照。

（176）註（170）に同じ。

（177）鮑毓麟「蕭振瀛的一生」、蕭振瀛先生紀念文集編輯委員会編『蕭振瀛先生紀念文集』上海：世界書局、一九九〇年、四〇―四五頁。

（178）一九三六年九月一日、永見発杉山宛電報写、「幣制改革問題」第六巻。American Consul at Tianjing (Atcheson) to Hull, September 7, 1934, *China 30–39*, roll 39.

（179）Johnson to Hull, August 12, 1936（前掲）. Berger to Johnson, October 14, 1936（前掲）.

（180）一九三六年七月二八日、駐平外交特派員程伯昂発外交部情報司長李迪俊宛電報、秦孝儀編『中華民国重要史料初編　対日抗戦時期　第六編　傀儡組織』第二冊、台北：中国国民党中央委員会党史委員会、一九八一年、一五八―一五九頁。ただし、王克敏の主席就任は、華北の独立性確保の見地から彼と南京国民政府との結び付きの強化を懸念した支那駐屯軍によって反対され、かわって李思浩が一〇月に主席に就任した（一九三六年九月五日、法唯知発李宛電報、同右、一六二―一六三頁。Beger to Johnson, November 14, 1936〈前掲〉）。

（181）Johnson to Hull, April 22, 1937, *FRUS, 1937, vol. III*, pp. 71–73.

（182）Leith-Ross, *op.cit.*, p. 225.

（183）Johnson to Hull, September 22, 1937, *China 30–39*, roll 22.

（184）Knatchbull-Hugessen (the Ambassador to China) to Foreign Office, August 5, 1937, *DBFP 2nd, vol. XXI*, pp. 211–226.

第七章　国際平和運動と日中戦争

――「世界平和連合」（RUP／IPC）とその中国支援運動――

土田哲夫

はじめに

本章は、日中戦争期にヨーロッパを中心に国際的平和運動を展開した民間団体である「世界平和連合」（Rassemblement Universel pour la paix, International Peace Campaign）の創立、組織とその中国援助活動について検討するものである。

日中戦争開始後、中国政府は対内的には広大な国土を利用し、抗戦を継続する一方、対外的には英米ソ諸列強及び国際連盟に日本の侵略の不当を訴え、国際的な中国支援、日本制裁をもたらそうとした。しかし、開戦後数年間、中国に援助を提供したのはソ連にとどまり、米英仏等西側列強及び国際連盟は、中国が要求したような援華制日（中国支援・対日制裁）の政策をとらなかった。だが、この間世界の世論は圧倒的に日本の侵略を非難し、中国に同情を寄せており、各国の労働団体や国際団体、親中国団体は盛んに中国支援の活動を展開した。当時、「世界で最も重要な国際平和世論団体」[1]とよばれた世界平和連合は、傘下の諸社会団体、国際団体を動員し、国際連盟及び各国政府に対し、日貨ボイコット、対日軍需品禁輸、中国援助を訴え、またさまざまな具体的提案や医療支援等を行うなど積極的に活動を行ったのである。このような国際平和運動の活動は、孤立して困難な対日抗戦を続けていた中国にとって、世界世論による中国抗戦の後援を示し、抗戦の意志を強めることを可能にするのであり、きわめて貴重なものであった。

「世界平和連合」に関する先行研究は、日本では皆無であり、英語圏でも国際連盟史・イギリス平和運動史の文脈で付帯的に言及するものもあるが、本格的な研究は存在しない。(2) 唯一、先行論文といえるのはフランスのマズュ（Rachel Mazuy）の論文だが、わずか五頁の短篇であり、検討対象は同連合のフランス組織に限られる。(3) このほか、ジャンセン（Sabine Jansen）による同連合事務局長ドリヴェ（Louis Dolivet）の伝記的研究も参考になるが、(4) その組織全体、各国委員会、日中戦争への対応などについての研究は見あたらない。中国では沈慶林の中国抗戦時期の国際的支援に関する概論が中文資料を用いて簡単に記述するが、まだ深く検討した専論は存在しない。(5)

このように先行研究がほとんどなく、また関係の文書資料の収集も不十分であるため、本章はなお初歩的な検討にとどまらざるをえないことをはじめに断っておく。

以下、最初にヨーロッパにおける国際平和運動、反ファシズム運動の流れから、世界平和連合が成立する過程とその主要な指導者、その最初の世界的活動であったブリュッセル世界平和大会の情況について検討し、第二に、抗戦前の中国抗日救国運動と世界平和連合との関係について論じ、第三に日中戦争開始後、世界平和連合が中国支援、日本制裁のために行った活動を三点に分けて論述する。

一　「世界平和連合」（RUP／IPC）の成立とその初期の活動

「世界平和連合」の成立

「世界平和連合」創立の背景は、一九三〇年代における日本、イタリア、ドイツの対外侵略、ファシズムの拡大、スペイン内戦という世界的な戦争の脅威の高まりと、第一次大戦後の世界平和保障の機構とされた国際連盟の力の衰退であり、そしてそのような情勢を克服しようとする平和主義者の情熱、使命感と国際的連帯であった。

本組織の設立を主導したのは、ピエール・コット（Pierre Cot）、ルイ・ドリヴェらフランスの社会主義者・平和運動家であった。彼らは一九三五年夏頃から新たな国際平和団体の組織化をめざして活動を展開し、ロバート・セシル（Viscount Cecil of Chelwood, Lord Robert Cecil）、ノエル・ベーカー（Philip Noel-Baker）、ノーマン・エンジェル（Norman Angell）らイギリスの平和活動家にも連絡、協議を行った。その結果、一九三六年三月、ロンドンのセシル邸で会議が開かれ、新たな国際平和団体として、Rassemblement Universel pour la paix（世界平和連合）を設立することが正式に決められた[6]。この組織名称は、直訳すると、「平和のための普遍的結集」であり、左右の信条や国籍を問わず、平和のためにあまねく結集する人々の組織を意味した[7]。本組織の英語名は、International Peace Campaign とされた。新たな国際平和団体は少数の例外を除き個人会員をもたず、以下の四つの基本原則を支持するさまざまな社会団体、国際団体の代表により構成するものとされ、国際委員会をジュネーブに置き、できるだけ多くの国々に各国委員会を設けることが決定した。四つの基本原則とは、下記の通りである。

一、条約による義務の尊厳の承認。
二、国際協定による軍備の縮小と制限、また武器の製造と販売による利潤の禁止。
三、戦争の防止と阻止をめざして、集団的安全保障と相互扶助の組織化により国際連盟を強化すること。
四、国際連盟の枠内に、戦争を引き起す恐れのある国際事態を解決するための実効的な機構を創立すること。(8)

本組織の名称は、四つの平和基本原則を受入れればいかなる国の、いかなる政治的傾向の団体でも参加し得る連合組織であることを示していた。(9)いわば、国際的な平和統一戦線のこころみといってよい。

世界平和連合の会長には、セシルと、コットの二人が就任することとなった。セシルは、イギリス貴族出身、保守党の政治家で、国際連盟規約の起草者の一人でもあり、当時はイギリス国際連盟協会の会長として、連盟を支持し国際平和を求める運動を組織していた。(10)一九三五年には同協会は英国民に平和投票をよびかけ、一一〇〇万人の参加を得、イギリス世論の平和主義を内外に表明した。(11)コットは、法律家出身、急進社会党員の政治家で、明確な反戦・反ファシズムの立場に立っており、一九三六年六月にフランス人民戦線内閣が成立すると、その航空大臣に就任した。セシルとは軍縮会議での活動を通じて知り合いであった。(12)

二人の会長は、この組織がイギリスを中心とする穏健な国際連盟擁護を掲げる平和主義運動と、フランスを中心とするより急進的な人民戦線型の反戦・反ファシズム運動の二つの流れを受けつぐものであることを反映していた。

一九三六年六月二一日、世界平和連合は国際執行委員会を開催し、パリではこれを祝う平和デモが行われ、二万人余りの参加者を得た。六月二五―二六日には、プラハで中欧平和大会が開かれた。そして、世界平和連合はその最初の大規模な活動として、九月初めに世界大会を開催し、世界の平和勢力を結集することを決し、各国関係団体に招請状を送った。中国にはおそらく七月頃に、会長としてセシルとコット、執行委員としてフランス元首相エリオ（Edouard Herriot）、チェコスロバキア大統領ベネシュ（Edvard Beneš）、スペイン共和国大統領アサーニャ（Manuel Azaña）、ノエル・ベーカーらが署名した招請状が届き、世界平和連合の趣旨と四原則を説明し、中国人民の本大会参加と支部設置を要望した。(13)

ブリュッセル大会

一九三六年九月三―六日、ブリュッセルにおいて、(14)世界三五カ国の代表及び四〇の国際団体の代表、計四〇〇〇名余りを集めて世界平和大会が開催され、平和を願う国際世論の意志を結集した。参加者の内訳は、フランス一〇〇〇人、イギリス五〇〇人、チェコスロバキア三七〇人、アメリカ六五人などであり、日本とドイツからの参加はなかった。会長セシルは開会の辞において、「参加代表が表す何億の人々の名において」、恐れることなく侵略者を懲罰できるように再建された国際連盟の基盤に立った平和を展望した。またもう一人の会長コットは、ヨーロッパ五大国空軍機団の恐ろしい破壊力を強調し、人種・宗教・国籍にかかわらずすべての人々が平和のための動員を行うこと、教会・平和・労働・退役兵の諸団体の力と意志を結集すれば、平和を打ち破られないものにするのに十分であると論じた。

このほか、大会に参加した著名人には、エリオ、フランス労働総同盟書記長ジュオー（Leon Jouhaux）、ベルギー閣僚・第二インター指導者のヴァンデルヴェルデ（Émile Vandervelde）、全ソ労働組合中央評議会議長シヴェルニク（Николай Михайлович Шверник）、スペイン共産党指導者イバルリ（Dolores Ibárruri）などがいた。また、各国の労働、政治、宗教、文化団体のほか、世界退役軍人連合、国際連盟協会連合、世界婦女連合会、国際合作社協会、世界キリスト教青年会などの国際団体も代表を送った(15)。

大会では第二日以後、二〇の委員会にわかれて平和を確保する具体的方法について検討を行い、その結果を連盟に提議することとなった(16)。

九月六日、閉幕式が行われ、フランス共産党のマルセル・カシャン（Marcel Cachin）、イギリスのリットン（2nd Earl of Lytton）、ソ連のシヴェルニク、インドのクリシュナ・メノン（V. K. Krishna Menon）、中国の王礼錫等が演説を行い、またロマン・ロラン（Romain Rolland）からの電報によるメッセージ「敵に立ち向かおう」が紹介された。ついで、大会委員会は今後の活動に関し以下を提案し、一致承認を得た。

(一)「平和小募金」基金計五万ポンドを創立し、反戦活動の用にあてる……。

(二)各国で毎年同日に「世界平和デー(17)」を行う。

(三)平和運動の恒常的機構を設立する。

最後に、ブリュッセル世界平和大会は、大会宣言を発して閉幕した(18)。

一〇月一日には世界平和連合の主要メンバーはジュネーブに赴き、国際連盟総会に集まった各国代表に対し、その平和の主張を訴えた。国際連盟は彼らのために特別会を用意してこれを迎え、正式の議事ではないながらも、各国代表の中ではフランス外相デルボス（Ybon Delbos）、ソ連外務人民委員リトヴィノフ（Максим Максимович Литвинов）、カナダ首相マッケンジー・キング（W. L. Mackenzie King）、中国駐仏大使顧維鈞や諸小国の代表等がこれに出席した。セシルは、「しばしば世論は連盟の生命の源泉であるといわれるが、それは正しい。世論なくしては何ごとをもなしえないが、それがあれば何ごとをもなしえる。もし世論が教育され、組織され、明瞭に表現されたならば、連盟の平和のための任務をこの上もなく強化することにならないか。われわれは少なくともそう信じている」と演説した[19]。国際平和を求める理想主義から生まれつつも、現実の各国の権力政治の持続と軍事侵略の拡大によって権威を失墜していた国際連盟に、平和を求める組織された世界の人民の力を結合し、再生させようという最後の努力であったということができよう。

世界平和連合の組織と初期の活動

世界平和連合の本部（国際委員会）はジュネーブにおかれ、セシル、コットの両会長の下、理事会と執行委員会、事務局を設けることとなった。ルイ・ドリヴェが事務局長として実際の会務を取りしきり、この他二名が事務局幹事としてこれを支えた[20]。

世界平和連合の各国組織では、とりわけフランス、イギリス、スウェーデンの活動が活発であった。いずれも、労働組合の力が強く、その活動を担っていた。フランスでは世界平和連合は共産党、社会党、急進社会党などの政治勢力、著名な政治家を包括し、数百万のメンバーを要する労働組合総連合から、各種平和団体、退役軍人団体、宗教団体などに至る諸社会団体をメンバーとし、もっとも活発に活動を展開し、フランス国内組織だけでなく、実質的に国際委員会の活動をも担っていた。創立期には特に共産党の影響力が強かったようだが、組織には国際連盟支持者や純粋平和主義者も含まれていた。だが、一九三九年八月の独ソ不可侵条約締結後、共産党系組織及びメンバーはソ連の対独同盟方針に従い、活動から離れることとなった[21]。

イギリスでは、世界平和連合の支部が設立され、各地の労働組合や協同組合等が参加したほか、伝統ある強力な国際連盟協会（The League of Nations Union）も会長セシルの働きかけにより、加入した。だが、国際連盟協会はそれ自身多様な人々を包括する組織であり、内部では組織的性格の重複、共産主義の影響への警戒などから世界平和連合への加入、協力への反対意見も強く、紛糾が続いた。元外交官ニコルソン（Harold Nicolson）も反対派の一人であった。(22) 確かに、世界平和連合加入後、国際連盟協会では従来の穏健姿勢が変化し、しばしば政府の妥協的姿勢を批判し、侵略者への断固たる対応を要求する動きが起こり、チェンバレン（Neville Chamberlain 一九三七―一九四〇年首相）など政府首脳を怒らせ、セシルはその釈明に追われることとなった。(23) このほか、世界平和連合の幹部にはノエル・ベーカー、ノーマン・エンジェルなど労働党員が参加していたが、それは個人としての参加にとどまり、労働党の組織としての対応は消極的であったようである。(24)

アメリカでは、アメリカ平和会議（American Peace Conference）会長のセイヤー（John Sayre）とアメリカ国際連盟協会（American League of Nations Committee）会長のアイケルバーガー（Clark Eichelberger）がブリュッセル世界平和大会に参加し、若干の議論を経て四原則を受入れ、世界平和連合への組織加入を決めた。(25) 一九三九年二月、アイケルバーガーは新たにアメリカの平和団体の連合組織としてアメリカ平和促進総会（The American Union for Concerted Peace Efforts）を組織し、ついで世界平和連合アメリカ分会に加入し、分会会長の提議で共同して活動することとなり、実質的にアメリカ分会を兼ねることとなった。(26)

次に、創立初期の世界平和連合と中国の関係について論じる。

二　世界平和連合と中国抗日救国運動（一九三六―一九三七）

創立から一年半ほどの間、世界平和連合と中国との関係は抗日救国運動に関わっていた左翼系人物によって担われた。

一九三六年九月のブリュッセル世界平和大会に参加した中国代表は一四名で、国内からは全国各界救国連合会代表陶行知、銭俊瑞、第十九路軍領袖・中華民族革命同盟代表陳銘枢、胡秋原、葉沛泉の五名、またヨーロッパからはロンドン華僑抗日救国会代表王礼錫ら四名、在仏の参戦華工総会代表王慶元ら二名、旅徳（在独―筆者注）中華救亡会代表江半庵、アムステルダム華僑代表格春満ら二名の計九名であった。陶行知が中国代表団主席、王礼錫が秘書となった。また、大会選出の国際委員会理事には陳銘枢が中国代表として参加することになった。(27)

本大会参加者の事情はさまざまである。著名な教育者の陶行知は世界新教育会参加のため来欧し、全救聯の委託を受けて世界平和大会にも参加することとなった。(28)王礼錫は一九三三年渡欧以来、英仏の左翼文化人、国際政治活動家と交際があり、各地流亡中の陳銘枢、胡秋原が訪欧後、かれらを引きつれてブリュッセル大会に参加した。(29)以上三人はいずれも福建事変の関係者であり、陳銘枢は大会でも反蔣を明確にした演説を行っていた。(30)銭俊瑞は中国共産党員で、宋慶齢の代表として同年九月一〇日にパリで開催の国際反ファシズム委員会会議に出席するため訪欧し、あわせて上海文化会救国会代表の名義で世界平和大会にも参加したものである。(31)

また、八月三一日―九月六日、ジュネーブでは国際連盟協会の主催により世界青年平和大会が開催され、中国からは陸璀が全国学生救国連合会代表として参加した。陸は一九三五年の一二・九反日運動で中国のジャンヌ・ダルクとよばれた女闘士で、世界青年平和大会と日程が重なり、ブリュッセル大会には参加できなかったが、大会の中国代表団とはパリで合流し、活動を共にした。(32)

このように、ブリュッセル世界平和大会に参加した中国代表は、いずれも急進的な抗日救国運動の活動家であり、この訪欧によって、第一に国際的な反ファシズム・平和運動と連繋し、中国抗日救国運動への理解と支援を求めること、第二に国外、特にヨーロッパの中国救国運動との連繫を図ることをその任務とした。

前者に関し、王礼錫は九月三日「世界平和大会での挨拶」において、「中国全国人民が共産党も含めて」要求しているのは「真の光栄ある平和である（屈辱的な平和であってはならない）」、「人民戦線は西洋では主に民主を保障するためだが、中国の全民戦線は主として民族独立を保障するためである」、と抗日救亡闘争の立場を明らかにした。また、陶行知の起草により、中国代表団は大会で「中国と平和の友に与える書函」（"To Friends of China and of Peace"）を英文で配布し、「大会に参加した平和愛好者にわが国人民の抗日救国闘争を支援するように呼びかけ」、参加者五〇〇人余りから賛同署名を得た。(33) また、中国代表団は、「国際平和会議全体会議」がすみやかに代表を中国に派遣し、中国全国委員会との間の連絡を促進するよう要請した。(34)

後者に関しては、彼らはヨーロッパ滞在中、在欧華僑への抗日宣伝と組織化に努め、九月二〇日には全欧華僑救国連合会を成立させた。(35)

ブリュッセル大会後、本大会の中国代表を中心に世界平和連合の中国分会が成立した。陶行知が一九三七年三月に発表した文章によれば、世界平和連合理事会には孫科と陳銘枢、執行委員には陶行知が入り、駐欧辦事処（事務所）主任は王礼錫、秘書林咸譲であり、また章乃器、沈鈞儒、鄒韜奮らはみな世界平和連合中国分会会員であるという。(36) 分会の国内役員を記さず、また救国会系の主要人物がみな会員であるとすることから、おそらく本分会はもっぱら世界平和連合国際委員会との連絡を行う外向けのものであり、全国各界救国連合会が中国分会の名で活動しており、国内的には組織的実態はなかったと思われる。また、一九三八年二月に拡大改組される以前、分会の国内での活動について記すものはない。

一九三六年一一月に章乃器らいわゆる抗日七君子が逮捕された後、一二月二一日、世界平和連合理事会はイギリス国会議員ノエル・ベーカーを代表とし、南京政府に抗議電を送った。電報は、章乃器及びその他の「平和運動家」の逮捕に深い遺憾の意を表わし、「私たちは世界平和を保障する誠意から彼らの釈放を願っています」と伝えた(37)。世界平和連合中国分会が事実上、全救聯の対外宣伝・連絡組織として利用されていたことを示すものである。

三　世界平和連合の中国抗戦支援

日中戦争初期

世界平和連合はヨーロッパの平和運動の流れから生まれた団体であり、一般的な平和宣伝のほか、主としてヨーロッパにおける重大な戦争と平和の問題に重点を置いて取り組んだのは当然であった。たとえばイタリアのエチオピア侵略、スペイン内戦と難民救済、独伊のスペイン干渉反対、ドイツのチェコスロバキア侵略及び対独宥和反対などである(38)。

一九三七年七月、日中全面戦争開始後、世界平和連合は日本の侵略を非難し、積極的に中国を支援する運動を展開した。当時、西側列強及び国際連盟が日本の侵略拡大に対して警戒あるいは嫌悪しつつも、なお微温的な対応に終始し、中国政府が要求していたような中国支援・対日制裁の具体的な対応を取らなかった中にあって、このような国際平和運動の動きは、中国にとってきわめて貴重で、戦意を高揚させるものであった。

同年九月一三―一四日、世界平和連合は国際連盟の理事会開催期間にジュネーブにおいて第六回理事会を開催した。四三の各国組織、四〇の国際団体が代表を派遣し、中国分会駐欧辦事処もロンドンから林咸讓、パリから王海鏡等計四名を参加させた。九月一四日、中国代表団総代表林咸讓は演説を行い、「日寇の中国侵略、世界平和破壊の種々の罪行」を批判し、世界平和を守る人々が日本に強力な制裁を加え、「平和のために闘う中国人民に切実な援助を与える」よう呼びかけた。大会の反応は熱烈であり、特にフランス共産党のカシャン、インド代表メノンの発言がもっとも熱烈、懇切であったという。

その結果、本理事会の決議では、一般的な平和維持、エチオピア、スペイン問題などに関する決議のほか、中国に関して以下のことが宣言された。

㈣　中国政府の要求に実効をもたせるべく、国際連盟規約第十七条に基づき日本に連盟規約の各種規定を遵守するよう要求すべきこと。中国に財政的その他の援助を与え、侵略への抵抗に資せしむべきこと。すべての必要な協調を取り、不可欠な集団的行動を動員して侵略を消滅させるべきこと。(39)

同じ九月一三日、ジュネーブでは国際連盟協会世界連合の臨時理事会が中国国際連盟同志会の再三にわたる訴えに基づき開かれ、極東の情勢を討議し、国際連盟が日本に最後の警告を行い、従わなければ参加各国は日本に協力して経済制裁を行う旨の宣言を出すべきだ、という決議を一致採択した。(40)

この間、欧米各国の労働団体、左翼団体の活動はきわめて積極的であり、反日援華の集会や宣伝活動をくりひろげたほか、英仏及びオーストラリアでは労働者による日貨ボイコット、日本船への船荷積載・積卸し拒否の実際行動が行われた。(41)これらの労働団体や左翼団体は、世界平和連合と参加ないし提携関係をもっており、後者の援華制日の実施の決定を促したであろう。

世界平和連合の各国組織では、一〇月二三―二四日、イギリス分会は中国支援に関する最初の全国会議を開催し、七八三人の代表が出席した。同会は宋慶齢を招待したが、蔣介石の妨害で出席できなかったという。(42)そして、一一月一七日にはイギリス分会、一一月二四日にはフランス分会が日貨ボイコット・デモの実施を決め、また各国分会にもこれに倣うようよびかけた。世界平和連合本部は、以下のような日本製品不買運動の標語を提起し、各国分会が使うように求めた。

日本製品を買わず、日本の侵略を助けないようにしましょう。お母さんたち、あなた方が日本製おもちゃを買って払うお金は、日本が砲弾を製造して中国の子供を虐殺するのに使われるのではないですか。(43)

一一月一八日、世界平和連合会長セシルはノーベル平和賞を受賞したが、インタビューにおいて、ブリュッセル九カ国会議は「強制的経済行動の予備として」日本に戦争停止の最後の警告を発すべきだ、日本は経済封鎖を受けても西側列強に戦争を挑むことはない、また英帝国、米国、ソ連等少数の国によって効果的な対日経済制裁を行い、日本の戦争経済を維持できなくすることができる、と論じた。(44)

ロンドン大会と対日制裁の呼びかけ

こうして、一二月一五日、世界平和連合はロンドンで執行委員会特別会議を開き、一五カ国代表の参加の下、以下を全会一致で決議した。日貨ボイコット、中国援助のための動員を行い、各国政府が対日経済制裁を行うよう要求し、一九三八年一月一日より四三カ国の分会、四億の会員が日貨ボイコットを行うこと。また、そのための特別の組織委員会を作り、世界的な宣伝活動を行うこと。中国に使節団を派遣して非戦闘員の被災情況を調査し、またより効果的な中国支援のための提案を行わせること等である。(45)

一九三八年二月一二―一三日、世界平和連合はロンドンにおいて「反日援華特別会議」(World Conference for the Boycott of Japan and Aid to China)を開催し、二一カ国、一二五国際団体を代表する八〇〇名余りの代表が参加した。中国代表は計一四名で、李石曾(首席代表)、郭泰祺(駐英大使)、顧維鈞(駐仏大使)等が参加したが、宋慶齢と宋子文は事情により出席できなかった。大会会場には、「中国を救い、平和を救おう(Save China, Save Peace)」、「人民は戦争を阻止できる(The Peoples Can Stop the War)」の標語が貼られ、会長セシル、国際連盟協会世界連合会長ローラン(Henri Rolin)、フランス労働総連合のジュオー、アメリカの国際法学者ポーター(P. Porter)等の演説のほか、中国分会会長宋子文、アメリカ前国務長官スティムソン(Henry L. Stimson)の電報メッセージの代読があった。(46)

世界平和連合事務局は本会議のために長文の「対日ボイコットに関する覚書」(中文「対於抵制日本之説帖」)を準備し、日本の中国侵略と中国の抵抗、世界的な反日運動を詳論し、ついで「日本の実業とその武器製造工業は大部分、外国から輸入する原料に依存しており、もし経済的制裁によりその原料供給を阻止できれば、重大な結果をもたらすだろう」と、日本の戦争経済の対外的依存性を強調し、対日経済制裁の有効性を主張した。そして、国際経済制裁実施後、「日本が戦争を行う上で必須の供給と財政的来源を剥奪し」、日本の侵略を制止できる、と提起した。その後、大会は労働組合、消費者、技術、中国援助、宣伝等の八委員会に分かれて援華制日の具体的方策を提案した。たとえば、技術委員会の報告はこう結論づけた。

本[技術]委員会は……、大英帝国、アメリカ、オランダ領東インド、フランス、ソ連が経済的ボイコットの方法で日本の侵略の成功を阻止できるというのは、まことに議論の余地のない事実であると考える。われわれは、もし上記の諸国が一致して、軍需品の対日輸出を拒み、日本に財政上の便を与えず、日本製品を購入しなかったら、必ず日本を圧迫し、屈服させることができる、そして諸国自体には別に重大な危険はないと確信する。(47)

最後に、大会は以下のような宣言を採択した。

われわれは日本が中国に対して行った残酷な攻撃を深く憂慮し、……この侵略はただまさにその古代文明の復興に努めている中国の平和を破壊するのみならず、さらに各民族の安全と幸福にも危険をもたらすものであると宣言する。……日本軍閥の発動した攻撃は、ただわれわれ各国がなお供給している軍需品及び購買力によってのみ続けることができるものであり、従ってわれわれはこのような侵略に対し、自ら願うと否とを問わず、直接の責任を有するものであると考える。……われわれはこの罪悪の従犯となることを拒絶する。……従って、われわれはわれらの団体に対し、日本が最終的にその侵略をやめ、その軍隊を撤退するに至るまで、持てる限りの力をもって中国を援助し、また日本への供給を止めるよう、謹んで促すものである。とりわけ、われわれはわれわれの政府が日本との協力を断ち、その軍需品供給を停止し、財政上の便を与えず、その対外的購買力を弱めるよう要求する。(48)

ロンドン大会は、一九三六年のブリュッセル大会と比べると西側メディアの扱いもはるかに小さく、また著名人の参加も少なく、欧米一般社会の「極東問題」への関心の低さを反映していた。(49) しかし、中国抗戦支援のためにわざわざ国際会議が開かれ、また具体的な国際的な対日経済制裁が提案され、各国政府に呼びかけられたということは、中国の抗戦にとって貴重な支援となるものであった。したがって、中国では政府要人も民間でも、本大会に高い期待を抱き、電報、放送などによりメッセージを送付した。また武漢その他では人々を動員してロンドン大会支持の集会を開き、中国抗戦への国際的支持を宣伝したほか、本大会内容を紹介する小冊子を二冊編訳、刊行した。(50) 中国組織の関係者は、ロンドン大会が、「日貨ボイコット運動を発動した結果、日本の若干の国に対する輸出は大いに減少し、すでに日本政府に危機感を与えている」と評価した。(51)

パリ大会・無防備都市爆撃反対運動

この間、日本による上海、武漢、広州などの中国都市爆撃は、イタリアによるエチオピア、独伊によるスペイン都市爆撃とともに、世界的に大きな反響をまきおこした。

これを受けて、一九三八年七月二三—二四日、世界平和連合はパリで「無防備都市爆撃反対・平和回復世界大会」(The World Conference for Action on the Bombardment of Open Towns and the Restoration of Peace) を開催し、三〇カ国からの代表一一〇〇人を集めた。著名な参加者には、イギリスのアシュトン司教 (Bishop G. Ashton)、フランス外相ボネ (Georges Bonnet)、カシャン、アメリカのジャーナリストW・リップマン (Walter Lippman) 等がいた。本会議の開会式で、会長のセシルとコットは、エチオピア、スペイン、中国の無防備都市への残酷な爆撃に憤激の意を表明し、「無防備な一般市民殺戮」を強く非難した。[52]

この間、広州市長曾養甫の訴えに応えて、欧米及びインドの百名余りの市長が日本の中国無防備都市爆撃に抗議し、アメリカではニューヨーク市長ラガーディア (Fiorello H. LaGuardia) 等六〇の市長が抗議声明を発表し、パリ会議に提出した。[53]

注目すべきことは、会議後、世界平和連合の一部関係者の間では、単に日本の中国都市爆撃に抗議の声を上げるだけでなく、国際空軍を創設し、実際の力によって中国を守ろうという計画も討議されたことである。国際空軍により侵略者を制止するという考えは、ブリュッセル平和大会の際にも航空委員会によって提議されていたが、[54]もともと会長コットの持論である。彼はフランス航空大臣として（一九三三年一月—一九三四年二月、一九三六年六月—一九三八年一月在任）、仏・ソ・英連合による強力な国際空軍を創設し、ドイツの侵略に対抗することを構想していた。[55]また、彼は開戦前に来訪した孔祥熙と面談した際にも、中国の空軍建設を支援したいと熱意をもって語っていた。[56]

本会議に参加したイギリス国会議員、新コモンウェルス協会会長デービス（David Davis, chairman of the New Commonwealth Society）は、この計画に情熱をもって取り組み、アメリカに渡り、航空飛行士の支持と資金集めを図った。この案は民間主導の国際空軍というその非現実性と、その後のヨーロッパ情勢の激動により欧米では極東問題への関心が激減したことにより、結局実現しなかったが、世界平和連合の運動が、戦争に反対するという意味の平和維持に限らず、強制力による平和という集団安全保障の考え方を包括していたことの反映であり、興味深い。[57]

このほか、世界平和連合は、一九三八年二月にはイギリスのバーレット（Vernon Barlett）、四月にはフランスのシズ（Piere Scize）、六月にはアメリカのモウラー（Edgar Mowrer）と三人の新聞記者を中国に派遣、中国の情況を視察させた。彼らの中国抗戦報道及び報告は、各国の世論を中国支援に向ける上で役だったという。[58]

また、このような人員派遣は、世界平和連合が抗戦中国の実際の必要を探り、有効な援助を提供する上でも有用であった。一九三八年五月七日、世界平和連合執行委員会は第十回会議を開き、その「中国に関する決議案」で、特に「本委員会は中国人民に食物及び医薬援助を提供するすべての行動を熱烈に賛助し、関連各団体がすべて協力して切迫した必要に応えることを提起した」[59]。この提案はパリ大会の決議でも確認され、一九三九年には山西省南部に国際平和病院の設置をもたらすことになった。院長は、有名なカナダの医師ノーマン・ベチューン（Henry Norman Bethune）である。[60]

おわりに

世界平和連合は第一次世界大戦後の理想主義的平和主義の流れを受け継ぐとともに、一九三〇年代のファシズムと戦争の危機に対する人民戦線型の反戦・反ファシズム運動の流れをも受け継いでいた。ジュネーブの同本部秘書長ドリヴェは、世界平和連合の「すべての組織と措置は、国際法がまだ消滅せず、公理はなお人々の心に存在していることを表明している」と自認した(61)。当時それは、「世界で最も重要な国際平和世論団体(62)」と称され、ヨーロッパの戦争及び戦争の脅威の問題のみならず、極東の戦争にも多大の関心を寄せ、中国抗戦支援に尽力し、国際世論に相当の影響を与えた。連合会長コットは中国分会への祝辞でこう記している。

貴国はすでに全世界の最も著名な人士の同情を得ています。世界の重要都市、たとえばロンドン、ニューヨーク、リオン……の市長及び何万何千というこれに次ぐ大都市の市政人員は、いずれも日本が中国に対して行った野蛮な爆撃行為を厳しく非難しました。貴国人士はロンドン援華制日大会及び世界の数えきれないほどのデモ運動から、世界世論が貴国の日本の侵略に抵抗する神聖な戦いに深い同情を寄せ、また切実な援助を与えていることを知ったでしょう。……私たちは集団的安全保障制度が極東において実現できるようにまさに努力しているところです。私たちはいま持てるすべての力をもって、中国政府と人民が本来獲得すべき援助を得られるように努めています(63)。

抗戦初期、ソ連を除き、西側列強が日本との対決を避け、中国に対する援助供与に消極的であった中、このような国際平和運動の中国抗戦支援は中国にとって非常に貴重なものであった。また、中国政府側は、単に反日親華の国際世論を促進するという精神的な援助だけではなく、実際の国際的な中国援助、対日制裁を実現するためにこれを利用しようとしていた。すなわち、中国駐国際連盟代表団団員兼世界平和連合中国分会駐欧代表部員の呉秀峯はこういっている。日中戦争勃発にあたって、欧米で「すべてを顧みず奔走呼号し、中国支援・日本制裁を要求したのは、ただ共産党と社会党分子だけであった」。だが、世界平和連合は構成団体でいうと共産党、社会党から保守党、労働組合総連合、合作社協会から軍人団体まで包括し、指導者でいうとイギリス開明右派のセシル、フランス閣僚のコットを主席とし、欧米「左右進歩開明人士の結集体」である。したがって、わが国、とりわけ国民党はこれとの連絡を強化し、「もって公式外交の不足を補い」、「われわれの最終目的」、すなわち「英米仏蘭等国際連盟及び九ヵ国条約諸国をして（ソ連はすでに実行した）、㈠実力による我国の抗戦援助、㈡日本への経済制裁を実行させるべきである」[64]。

中国国民政府側の国際平和運動に対する高い評価と対外戦略上の利用の態度はここに明らかである。かくして、最初は救国会系の民間団体として設立された世界平和連合中国分会は、一九三八年一月には、国民党宣伝部管轄下の準官製組織に改組・拡充され（会長は当初、邵力子、ついで宋子文）、名称も「国際反侵略運動大会中国分会」と改称された。国際反侵略運動大会中国分会は、中国国民党の指導下、世界平和連合の本部とも連繫して、対外宣伝と対内動員、宣伝工作を盛んに展開することとなった[65]。その詳細については、稿を改めて検討することとしたい。

（1）"League Apathetic to Peace Appeal", *The New York Times*（以下NYT), October 1, 1936. 以下、日付は36. 10. 2のように略記する（中国語新聞・雑誌も同様）。

（2）F. P. Walters, *A History of the League of Nations*. London : Oxford University Press, 1952, pp. 702, 706–708; Martin Ceadel, "The Peace Movement between the Wars: Problem of Definition", in Richard Taylor and Nigel Young (ed.), *Campaigns for Peace : British Peace Movements in the Twentieth Century*, Manchester and New York: Manchester University Press, 1987. 前者の著者ウォルターズは、世界平和連合は、国際連盟の最も沈滞した時期に生まれた「国際連盟規約を支持する最初の大規模な国際運動」であり、「最終的には政府の政策に決定的な影響を与えることには成功しなかったが、少なくとも多くの様々な国の多数の人々を獲得した」、それは「純粋で熱烈で知的な運動」であった、と評価している（Walters, *op. cit.* pp. 706f.）。著者は元国際連盟事務局幹部。

（３）Rachel Mazuy, "Le Rassemblement Universel pour la Paix (1935–1939): une organisation de masse?" *Materiaux pour l'histoire de notre temps*, vol. 30, no. 30, 1993, pp. 40–44.

（４）Sabine Jansen, "Louis Dolivet, kominternien", *Communisme*, no. 40–41, juin 1995, pp. 117–129.

（５）沈慶林『中国抗戦時期的国際援助』上海：上海人民出版社、二〇〇〇年。

（６）Pierre Cot, Translated by Sybille and Milton Crane, *Triumph of Treason*, Chicago and New York: Ziff-Davis, 1944, pp. 36–37; Viscount Cecil (Lord Robert Cecil), *A Great Experiment : an Autobiography*, New York: Oxford University Press, 1941, pp. 284–5; Mazuy, *op.cit.*, Michel Dreyfus, "Le PCF et la lutte pour la paix du Front populaire à la Seconde Guerre mondiale", *Communisme*, no. 18–19, 1988, pp. 98–106.

（７）この名称は、明らかに人民連合（Rassemblement populaire）という語――当時、人民戦線（Front populaires）と同じように使われていた――をふまえたものであろう。ジュリアン・ジャクスン（向井喜典他訳）『フランス人民戦線史――民主主義の擁護、一九三四～三八年』昭和堂、一九九二年、序章、参照。

（８）Cecil, *op. cit.*, pp. 284–285.

（９）Mazuy, op. cit.; Cecil, *op. cit.*, pp. 284–286.

（10）セシルの伝記としては、前掲の自伝の他、下記を参照した。E. T. Williams and Helen M. Palmer (ed.), *The Dictionary of National Biography 1951–1960*, London: Oxford University Press, 1971, pp. 199–201 (by Philip Noel-Baker).

（11）Martin Ceadel, "The First British Referendum: The Peace Ballot, 1934–5," *English Historical Review*, no. 95, 1980.

（12）Jean Maitron (ed.), *Dictionnaire biographique du mouvement ouvrier français.*, Paris: Editions Ouvrieres, 1964, tome 23, pp. 233–236; Cot, *op. cit.*

（13）銭俊瑞「和平的呼籲」『現世界』第一巻第一期、三六・八・一、四―五頁。

（14）大会は当初ジュネーブでの開催を予定していたが、「スイス当局の干渉（実際にはヒトラーの指図を受けたもの）のため、ブリュッセルに移って行うこととなった」という。［銭俊］瑞「世界和平運動的近況」『現世界』第一巻第十一

期、三七・一・一六、六一八頁。Walters, *op. cit.*, p. 708; "Swiss Business Irked by Peace Rally Shift", NYT, 36. 8. 1.

（15）"Peace Groups Open a World Congress", NYT, 36. 9. 4;『救国時報』（パリ）三六・九・五「世界平和大会在比京開幕」。

（16）"Peace Parley Asks a World Air Force", NYT, 36. 9. 5.

（17）『救国時報』三六・九・一〇、『ロマン・ロラン全集』みすず書房、一九八三年、一九巻、五八—六二頁。

（18）銭俊瑞「世界和平大会給了我們什麽(巴黎通訊)」、『世界知識』第五巻第四号、三六・一一・一、二〇〇—二〇一頁。また、コミンテルン機関誌にも掲載され、下記に邦訳が収録されている。村田陽一編訳『コミンテルン資料集』第六巻、大月書店、一九八三年、五一九—五二〇頁。

（19）"League Apathetic to Peace Appeal", NYT, 36. 10. 2.

（20）ドリヴェは、ルーマニア出身のユダヤ人、本名 Ludwig Brecher。仏グルノーブル大学で法律を学び、ついでジュネーブで研究。この間、スイスで共産党に入党、またコミンテルン要員のミュンツェンベルク（Willi Münzenberg）と知り、その協力者となる。一九三三年頃フランスに移住し、以後、反戦・反ファシズムの国際的運動に積極的に参加した。フランスの対独敗戦後、アメリカに脱出し、仏国内レジスタンスの支援、*Free World* 誌の編集などを行い、ついで国際連合創立後はその宣伝・出版関係の活動を行った。一九五〇年代に帰国し、アメリカ映画会社のフランス代表になった。Cf. Maitron, *op. cit.*, tome 25, pp. 235–236 ; Jansen, *op.cit.* ミュンツェンベルクは、ドイツ出身、青年共産主義インターナショナルの創立者の一人。類い稀な宣伝能力と広い人脈を持ち、コミンテルンの西欧における各種フロント組織（宣伝・救済・反戦運動）を指揮し、「赤い富豪」とよばれた。参照：Jorgen Schleimann, "The Life and Works of Willi Münzenberg", *Survey*, 1965 no. 4.

（21）Mazuy, *op. cit.*

（22）Derek Drinkwater, *Sir Harold Nicolson and International Relations: The Practitioner as Theorist*, Oxford: Oxford University Press, 2005, pp. 141–142.

（23）Ernest Bramsted, "Apostles of Collective Security: The L.N.U. and its Functions", *The Australian Journal of Politics and*

History, vol. 13, no. 3, Dec. 1967.

(24)　Archives of the British Labour Party, microfiches, pt. 1. National Executive Committee minutes, Brighton : Harvester Press, 1974－, passim.

(25)　NYT, 36. 9. 4; 9. 5.

(26)　呉秀峯「関於国際反侵略運動大会第七届代表大会政治報告」、中国第二歴史檔案館（南京）、国民政府外交部檔案、案巻号一三九〇所収。『国際反侵略運動通訊』（ジュネーブ）第五八号、三九・三・一九、四―五頁。

(27)　『救国時報』三六・九・二五。

(28)　『救国時報』三六・八・二五。

(29)　陳銘枢『陳銘枢回憶録』北京：中国文史出版社、一九九七年、一二九・一四六頁。陳銘枢は自分が中国代表団主席と称するが、記憶違いだろう。

(30)　『救国時報』三六・九・一八。

(31)　銭俊瑞「痛悼偉大的国際主義戦士宋慶齢同志」、『宋慶齢紀念集』北京：人民出版社、一九八二年、一二一―一二五頁。

(32)　『救国時報』三六・九・五、陸璀「一二・九運動走向了世界」『中流』一九九五年一二月、四―一〇頁。

(33)　『救国時報』三六・九・一八。

(34)　"To President of International Peace Conference" (36 .9 .7)、『陶行知全集』成都：四川教育出版社、一九九一―九八年、第六巻、四五四―四五五頁。

(35)　『救国時報』三六・一〇・五。また、陶行知と陸璀はその後訪米し、在米華僑の間でも抗日宣伝を行った。陶行知「新華僑的出現―在美国所見」『陶行知全集』第四巻、二二三―二二八頁、及び陸璀前掲文参照。

(36)　『陶行知全集』第四巻、二〇六―二〇七頁。

（37）同上。
（38）"Urges Inquiry in Spain", NYT, 37. 3. 16; "Fund for Basques Sought", NYT, 1937. 6. 26; " 'No Concessions,' Londoners Shout", NYT, 38. 9. 19。
（39）『救国時報』三七・一〇・五「世界和平大会第六次理事会議紀略」。
（40）『中央日報』三七・九・一五「世界国聯同志会決議向日本警告／準備対日作集体制裁」。
（41）『中央日報』、『救国時報』に詳細な報道が掲載されている。イギリスにおける中国支援運動については、下記の回想が詳しい。Arthur Clegg, *Aid China 1937–1939, A Memoir of a Forgotten Campaign*, Beijing: Foreign Languages Press, 2003.
（42）松村高夫「見果てぬ夢―労働組合の日英関係（一九三〇―一九三九年）」、細谷千博・イアン・ニッシュ（Ian Nish）監修『日英交流史 1600–2000』五巻、東京大学出版会、二〇〇一年、一九二頁。
（43）『救国時報』三七・一二・二五「世界和平総会決議　明年一月一日起総動員抵制日貨」。
（44）"Novel Peace Prize Awarded", NYT, 37. 11. 19。
（45）『救国時報』三七・一二・二五「世界和平総会決議　明年一月一日起総動員抵制日貨」；"Peace Group Begins Boycott of Japanese", NYT, 38. 1. 2.
（46）国際反侵略運動大会中国分会編訳『国際反侵略運動大会倫敦大会各国代表講演實録』漢口：同会、一九三八年、一一二頁。
（47）包華国等訳『国際反侵略運動大会　対日本経済制裁方案』漢口：国際反侵略運動大会中国分会、一九三八年。
（48）前掲『国際反侵略運動大会倫敦大会各国代表講演實録』、「制止日本的侵略　国際反侵略運動倫敦大会宣言」。
（49）"Pacifists Condemn Japan", NYT, 38. 2. 14。
（50）前掲『国際反侵略運動大会倫敦大会各国代表講演實録』に詳しい。
（51）駐欧代表団呉秀峰報告、国際反侵略運動大会中国分会執行部編『第二次常年大会特刊』重慶：同会、一九三九年、三〇頁。

(52) "Bombing Parley Opened in France", NYT, 38. 7. 24.

(53) 『国際反侵略運動大会通訊』第二八号、三八・九・一二、"Mayor Voices Horror Over Bombings in China", NYT, 38. 7. 19.

(54) "Peace Parley Asks a World Air Force", NYT, 36. 9. 5.

(55) Cot, *op. cit.*, p. 29; 山極潔「ピエル・コットの連合空軍論」『歴史の研究』（山形歴史学会）第一〇号、一九六三年一〇月、一一八―一三三頁。

(56) 顧維鈞（中国社会科学院近代史研究所訳）『顧維鈞回憶録』北京：中華書局、一九八三年、第二巻、五一五頁。

(57) Gwyn Jenkins, "Lord Davies, Howard Hughes and 'The Quinine Proposition': the Plan to Set Up an International Air Force to Defend Chinese Cities from Japanese Air Raids, 1938", *National Library of Wales Journal*, Vol. 21, No. 4, Winter 1980. デービッド・ロング、ピーター・ウィルソン編（宮本盛太郎・関静雄監訳）『危機の二〇年と思想家たち―戦間期理想主義の再評価』京都：ミネルヴァ書房、二〇〇二年、六五―八六頁。

(58) 鄭彦棻「半年来的中国分会」『反侵略週刊』第一巻第一期、三八・九・一、前掲包華国等訳『国際反侵略運動大会 対日本経済制裁方案』挿図説明。

(59) 国際反侵略運動大会中国分会編『国際反侵略運動大会中国分会常務理事会会議録彙編第一輯』重慶：同会、一九三九年、二三―二四頁。

(60) 『国際反侵略運動大会通訊』第五八号、三九・三・一九、二一―三頁。

(61) 張閔仁『国際反侵略運動大会簡史』重慶：国際反侵略運動大会中国分会、一九三九年、序、八頁。

(62) 前掲注（1）。

(63) 『第二次常年大会特刊』八―九頁。

(64) 駐欧代表団呉秀峯報告、『第二次常年大会特刊』二七―三四頁。

(65) 前掲鄭彦棻「半年来的中国分会」。

第八章　ホーンベック国務省政治顧問の対日強硬化とアメリカの日中戦争観　一九三七―一九三八年

高光佳絵

はじめに

一九三七年七月に始まった日中戦争は、結果として、日本をアメリカとの戦争へと導く重要な要因となった。しかし、アメリカは、元来、中国の領土保全のために日本と戦争をする意思はなかった。(1) したがって、日中戦争期におけるアメリカの東アジア政策も、日本の中国に対する軍事力行使の実体にかかわらず、本来、日本との戦争回避を前提としていたはずであった。それにもかかわらず、実際にはアメリカの東アジア政策は徐々に対日強硬化していった。一九二八年に国務省極東部長に就任し、一九三七年八月に国務長官の政治問題顧問に昇進したホーンベック（Stanley K. Hornbeck）は、反日的な考えの持ち主であったにもかかわらず、長らく対日宥和的政策を主導してきた。(2) しかし、そのホーンベックも一九三八年七月、日米通商航海条約廃棄を提言し、アメリカは実際に一九三九年一月には廃棄通告に至る。アメリカの対日戦争回避の姿勢に変化がなかったにもかかわらず、その政策が対日強硬化したことの背景には何があったのであろうか。[3]

そもそも、日中戦争の発端となった盧溝橋事件の直前、アメリカはヨーロッパ情勢への憂慮を深め、極東情勢は相対的に希望が持てると見なしていた。[4]一九三三年五月の塘沽停戦協定以降、アメリカ国務省極東部は、日本を刺激する対中協力を避け、対日協調による日本の排他的中国政策の打破を模索してきた。[5]アメリカ外交当局が対日協調政策を選んだ背景には、中国には自力で日本と戦う能力も意思もないというような対中国認識があった。しかし、アメリカ国務省は、一九三五年六月頃から深刻化した日本現地軍による華北分離工作の観察を通じて、その対中国認識を大きく変容させた。ジョンソン（Nelson T. Johnson）駐中米国大使は蔣介石に日本との対決姿勢を認める一方で、中国が長期的な視野に立って当面は対日戦を回避するであろうと考えるようになった。その結果、一九三六年五月には中国の強化と日本の自制による均衡を得て、日中全面戦争は当面回避できると認識されたのである。[6]そして、一九三七年二月、この対中国認識の改善を背景として、アメリカ国務省極東部はそれまでの東アジア政策を転換した。この転換により対日宥和的傾向が払拭されたわけではないが、極東部は、日本を刺激するリスクを多少とっても治外法権撤廃問題等で対中協力の姿勢を示すことを決意し、日中双方との協調の中で東アジア市場に「自由貿易」秩序を確立しようとしたのである。[7]

本章は、盧溝橋事件の拡大による日中全面戦争化がアメリカにとって想定外の事態であったことに留意して、日中戦争初期のアメリカ東アジア政策の変容過程を分析することにより、その対日強硬化の要因を再検討することを目的とする。そのため、まず、盧溝橋事件前後、一九三七年一〇月から南京陥落直後、一九三八年初めから一九三八年五月、のそれぞれの時期において一般に「対日強硬」派と位置づけられるホーンベックを中心に、国務省極東部の国際情勢認識を明らかにする。次いで、その国際情勢認識との関連で同時期の政策立案過程を再検討する。そして、最後に日中戦争勃発によるローズヴェルト（Franklin D. Roosevelt）政権内での東アジア政策の重要性の変化の中で、ホーンベックが対日強硬化したことの位置づけを明らかにしたい。

一　盧溝橋事件前後のアメリカの対中国認識

華北分離工作

盧溝橋事件に先立つ日本の華北分離工作は、アメリカの中国認識を大きく変化させる結果をもたらした。華北分離工作が深刻化し始めた一九三五年六月頃、アメリカは、中国の対日不抵抗政策を主権国家としての尊厳を欠く政策であると考えつつも、中国の実力を鑑みればやむを得ない政策であるとして支持していた。そのため、第二次華北分離工作開始から一カ月ほどの一九三五年一一月末から一二月にかけて、日中戦争勃発の危機を意識したアメリカ国務省極東部は、日本ではなく、中国の武力行使を抑制しようとした。極東部は、中国の対日抗戦能力を非常に低く評価する一方、日本側が侵略行動を抑制する可能性に対しても悲観的であったため、華北問題が日中全面戦争にエスカレートすることを恐れたのである。当時の極東部にとって重要な課題は、対日戦争回避は当然として、その上で中国市場壊滅を防ぐために日中全面戦争を回避することであった。

しかし、アメリカ国務省極東部の日中戦争勃発への危機感は一九三五年末をピークに減退する。日ソ関係の緊迫化による第二次華北分離工作の行き詰まり、中国幣制改革の成功、胡漢民の死去に伴う蔣介石の内政基盤強化などが報告された結果、アメリカ国務省は、一九三六年五月、華北における武力衝突が全面戦争化することはない、との認識に転じた。一九三六年九月末の第二次豊台事件以降、日中関係は再び緊張し、中国政府が軍事的抵抗へと傾斜する姿勢も顕著となったが、アメリカの情勢判断は変わらなかった。華北問題を端緒として日中間に軍事紛争が勃発するにしてもそれが中国全土に及ぶ可能性は低い、とアメリカが判断を下したのは、中国政府は合理的な選択を行える内政基盤を得ており、当面は対日妥協政策の継続が可能である、と考えたからであった。[8]

アメリカ国務省極東部は、日本が軍事的な侵攻を諦め、経済提携を模索するものと予想し、日中戦争勃発の危機を脱したと認識する一方、逆に日中提携によってアメリカが不利な立場に立たされる可能性を恐れるようになった。[9] 華北分離工作の推移の中で、アメリカ国務省極東部の東アジア情勢認識は大きく変容し、その結果、一九三七年二月の東アジア政策転換をもたらしたのである。ホーンベックは、中国に日本を含む国際共同借款を受け入れさせることを断念し、治外法権撤廃と引き換えに米中互恵通商協定の締結をめざすことにした。これは、塘沽停戦協定後の相対的安定期において日本との協調の中で中国における日本の排他的政策の打破をめざした政策から、日中双方との協調によるアメリカ通商利益の確保への転換であった。[10]

このように盧溝橋事件の直前期は、同時代的には、アメリカから東アジア国際秩序再確立の好機と見なされ、ローズヴェルト政権の国際情勢への対応が積極化する中で、極東部も東アジア政策の積極化への一歩を踏み出したところであった。それだけに、一九三七年七月の盧溝橋事件が日中全面戦争化したことは日中両国のみならず、アメリカにとってもきわめて意外な事態であったのである。中国への評価改善を背景に極東部の東アジア政策は積極化されつつあったとは言え、それはあくまでも日中全面戦争の可能性が低下したという情勢判断の上に立ったものであった。日中全面戦争を与件とした上で、対日強硬政策へと舵を切るには、中国はまだ力不足であると認識されていたのである。転換されたばかりのアメリカの東アジア政策は盧溝橋事件によって早くも危機にさらされることになった。アメリカには日中間の軍事的対決に軍事力によって介入する意思は全くなかったため、当面はこの想定外の全面戦争に中国がどの程度自力で抵抗できるかを見極める必要があったのである。

盧溝橋事件勃発直後

一九三八年二月、盧溝橋事件勃発後の展開を回顧した報告書において、ジョンソン駐中米国大使は、盧溝橋事件自体は容易に局地化が可能であったが、日本軍部が事件を河北省、察哈爾省での政治・経済・戦略上の目的獲得のために利用しようと決意したために局地化に失敗した、と分析している。一九三八年初めには、河北省の軍事勢力における強力かつ広範な反日感情を甘く見た日本側が華北五省を制圧しようとしたのが日本の最初の間違いであった、と考えるに至っていたのである。(11)しかし、盧溝橋事件直後、中国勤務のアメリカ陸軍および海軍駐在武官は、蔣介石は日本と戦わず、最終的に日本の要求を受け入れるであろうと見ていた。(12)日中情勢に関してアメリカ国務省極東部が最初の山を越えたと考えたのは日中間に本格的な軍事衝突の構えが見えた七月二六日頃であったが、(13)当時は、中国の敗北を当然視していたのである。(14)

しかし、戦火が上海へと飛び火し、揚子江流域へと拡大する中で全面戦争が不可避となる一方で、九月頃までには、逆に、アメリカは中国が即座に日本に降伏することはないと考えるようになっていった。(15)その一つのきっかけとして上海戦が挙げられる。上海が戦場となることは当然アメリカにとっても重大な問題と見なされ、回避に向け、イギリスに協力して一定の努力がなされたが、上海を戦場とすることを決定したのが日本ではなく中国であったことをアメリカは当時から知っていた。そして、アメリカ国務省は、上海に大きな関心を持つ第三国の介入への期待、上海での戦闘が広報効果を持つという計算から、華北ではなく上海を戦争の主舞台にしようとしたのであろう、と中国政府の意図を分析していたのである。しかし、そのことは日本への同情にはつながらなかった。上海への戦火拡大の責任が中国にあるにしても、満州事変以来の日本の中国侵略の一環の中で考えれば、たいした問題とは見なされなかったからである。[16] この一件は、むしろ、この戦争が日本の計画通りに進行する戦争ではないというアメリカ側の印象を強めたと言える。ジョンソンは、前述の一九三八年二月の報告書において、日本が当初は上海における戦闘を望んでいなかったにもかかわらず、このような中国側の誘導に引き入れられたことについて、さらなる領土や主権の侵略に対して無抵抗では屈服しないという国民政府の決意を日本が甘く見た結果であるとまとめている。[17]

一方、イギリスにおいては日中戦争解決をめぐって、大蔵省を中心とする中国を抑制しようとする姿勢と、外務省を中心とする対中支援に積極的な姿勢が並立していた。[18] しかし、アメリカは、九月から一〇月にかけての国際連盟を舞台にしたイギリスの外交を通じて、イギリスは中国を抑制しようとしているものと観察した。一九三七年九月九日、カダガン（Sir Alexander Cadogan）英外務次官は、ジョンソン（Herschel Johnson）駐英米国大使に、中国が国際連盟規約第一七条に基づく提訴を考えていると伝えた。そして、カダガンは、駐英中国大使に対して彼個人としては提訴に強く反対すると表明した、とジョンソンに語った。アメリカ国務省欧州部が連盟による制裁問題についてまとめた報告書は、イーデン（Anthony Eden）英外相、デルボス（Yvon Delbos）仏外相、アヴノール（Joseph Avenol）連盟事務総長が協力して、第一七条適用回避、対日制裁要求回避の方向で顧維鈞連盟中国代表を説得した、と記している。[19] ショータン（G. Camille Chautemps）仏首相は、一〇月二一日、「極東においてはアメリカのみが大国の中で唯一、物心両面で影響力を発揮し得る立場にある」とブリット（William C. Bullitt）駐仏大使に伝えてアメリカの動静に注目していたが、[20] アメリカもまた諸外国、特にイギリスの姿勢を注意深く観察していたのである。

二　アメリカ国務省の「建設的」和平構想の起源

「建設的」和平構想の浮上

このような状況において国務省内で浮上してきたのが、「建設的（constructive）」[21]和平構想であった。

ホーンベックは、一〇月六日付メモにおいて、日本の勢力拡大の背景には多種多様な文化的かつ経済的要因があるのであるから、諸国がアジアにおける平和と安定の回復を望むなら、日本に政治上ならびに経済上の安全が保障されているという感覚を与えなければならないと論じた。そして、列強は日本が武力に訴えることに反対する意思を積極的に示さなければならないが、その前提として、他国が日本に対して武力行使をしないこと、日本が必要とする原材料の入手が可能であること、を日本に確約しなければならないとしたのである[22]。このメモに示されたホーンベックの考え方は、諸国の協調が可能なら日本の同意を得るためには制裁的措置も辞さないという点では強硬であり[23]、アメリカの積極的な介入につながるという懸念を招いた。しかし、依然としてある程度宥和的な姿勢で日本を東アジア国際秩序に組み入れようとするものである点では、盧溝橋事件前との連続性を持っていたと言える。「建設的」和平構想は、これまでこの一〇月六日付ホーンベック・メモを起点とすると考えられてきたが[24]、むしろ、一九三七年二月の新政策の延長線上にあると位置づけられる。アメリカ国務省は日中全面戦争によっても中国がすぐには降伏しないことを確認した上で、一九三七年二月の新政策を撤回する必要はないと判断したのであった。

ローズヴェルト大統領がワシントンに戻り、シカゴにおける「隔離演説」（一〇月五日）は日本に対する制裁を意図したものではなく、むしろ「建設的な」政策を意図しているという位置づけが伝えられると、国務省においてホーンベック・メモを基礎とした構想が立案されることになった。[25]　ハミルトン（Maxwell L. Hamilton）極東部長は、ホーンベック提案から積極的な介入につながりかねない部分を取り除き、日本に対する経済的譲歩により中長期的に東アジアの経済的政治的緊張を緩和することをめざした長文覚書を一二日付で起草した。[26]　ハミルトンは短期的に日中戦争を終結させる可能性には期待しておらず、これは三～六カ月後の情勢変化を想定した構想であった。日本に対する経済的譲歩、日本の撤兵、その他同構想の内容については先行研究で論じられているので、[27]　ここでは㈠この構想の盧溝橋事件前の政策との連続性、㈡背景となっている国際情勢判断、の二点に絞って論じることとしたい。

盧溝橋事件前の政策との連続性

前述のように、一九三七年二月の国務省極東部の政策転換における柱の一つは、日中両国との互恵通商協定の締結によるアメリカの輸出拡大であった。これは日本が中国を排他的な市場とすることを阻止しようとする試みであるだけでなく、中国政府の経済統制を回避しようとする試みでもあった。[28]　ハミルトンは、一九三七年一〇月の構想の中で中国を含む極東市場において日本に資源へのアクセスを保証し、より大きな貿易シェアを与えることを提言しているが、これは、盧溝橋事件勃発以前に模索されていた互恵通商協定政策の日中両国への適用を指していると見ることができる。ハミルトンは「日本にとって特に重要な品目の輸出入関税を低減すること」によって、しかしながら「日本に有利な特恵関税の設定」という手段にはよらずに、日本により大きな貿易シェアを与えることが可能であると述べている。[29]　つまり、日本だけが関税低減の恩恵を受けることのないような方法で、日本の貿易シェアの拡大を図ろうとしていたのである。互恵通商協定は、二国間交渉によって合意した関税低減が当事国以外の互恵通商協定締結国にも自動的に適用される仕組みとなっており、[30]　日本にとって重要な品目の関税低減に中国が同意した場合、それは日本だけではなく、すべての互恵通商協定締結国が享受できるものとなる。ハミルトンは、この仕組みを利用することで、東アジア市場に自由貿易的基礎を築きつつ、日本への若干の譲歩を行うことを意図していたと思われる。互恵通商協定政策とは、一九三四年成立の互恵通商協定法（The Reciprocal Trade Agreement Act of 1934）を基礎として、自由貿易秩序の確立をめざし諸外国の関税引き下げおよび非関税障壁の除去を実現しようとするハル国務長官の対外政策の柱であった。(31)ハルがこの政策を構想したのは、経済的不満がナショナリズムと結びついて戦争を引き起こすと考えていたためである。彼は、経済的不満は資源へのアクセスが確保されなかったり、貿易障壁のために輸出が妨げられて貿易均衡を維持できない場合に生じると考えていた。そこで、自由貿易秩序を確立することでそのような経済的不満を解消し、平和を維持しようとしたのである。(32)実際にはハルの構想は、アメリカ国内においてすら支持を得ることが容易ではなく、一九三四年の互恵通商協定法成立以来、アメリカの輸出市場の拡大と両立させることが互恵通商協定の締結条件となっていた。しかし、一九三七年初め、ローズヴェルト政権は互恵通商協定政策をヨーロッパにおける経済的宥和の一部に取り入れて、ヨーロッパの緊張緩和に取り組む姿勢を示し始めた。そして、ハルはその極東への適用も考えていたのである。(33)このような発想は、盧溝橋事件勃発後にも引き継がれたと言える。

ノーマン・デーヴィス（Norman Davis）元国務次官(34)は、ホーンベックとモファット（J. Pierrepont Moffat）国務省欧州部長を伴い、一〇月二〇日にブリュッセル会議に向け旅立つことになるが、それまでの間に、デーヴィス、ハル、国務省幹部の間に話し合いが持たれ、一〇月一二日付ハミルトン覚書をたたき台におおよその合意が形成された。日本は九ヵ国条約第一条に規定された中国の領土保全と門戸開放を侵害しないことに同意し、中国領土から二段階に分けて撤兵すべきであり、当面、中国における日本の兵力は盧溝橋事件前の数に戻し、最終的には列国とともにすべての兵力を撤退するものとされた。中国は㈠すべての国に対して平等な資源の管理・開発・輸出に関する取り扱いをし、日本を差別しない、㈡日中貿易の増進と最恵国待遇の相互供与を目的とする日中通商協定交渉を開始する、㈢反日ボイコットを停止する、ことによる経済的な貢献が求められた。そして、このような和平条件に日中両国が応じるインセンティヴとして、英米仏をはじめとする列国は、日本に対して原則として通商・金融において平等な扱いを保証し、特別な場合にのみ相互の了解の上で決定することとし、特に原料輸出に関して差別的な扱いをしないこと、また中国から㈠定められた期限までに撤兵し、㈡(上海は特別な地位においた上で)治外法権の放棄を検討し、㈢中国が復興のための長期借款を獲得するのを妨害しないこと、とされた。[35]

この「建設的」和平構想に関する最終合意は、一九三七年二月の国務省極東部の新政策そのものであった。前述のように、その柱は、日中両国との互恵通商協定締結による東アジア市場の建て直しであったが、それは中国を自国の排他的市場にしようとする日本、国家建設のために経済統制を行おうとする中国、の双方を抑制して、アメリカの通商利益を増進する「自由貿易」秩序を確立することであった。互恵通商協定を介して「自由貿易」秩序に引き入れられる代償として、中国に対しては治外法権撤廃を与え、[36]日本に対しては日本が切望するアメリカとの二国間条約締結に相当するものとして互恵通商協定を位置づけようとしたのである。[37]一方、アメリカはこの新政策への転換にあたり、塘沽停戦協定以降ホーンベックが追求してきた日本を含む国際共同借款による中国開発という政策を中国に受け入れさせることを断念した。「㈢中国が復興のための長期借款を獲得するのを妨害しないこと」、とはそのような意味があったのである。

ところで、アメリカの主張する「自由貿易」の自由度や「中国の領土保全」の範囲にはグレーゾーンが想定されていた。「自由貿易」秩序の自由度の曖昧さは英米仏に求められる貢献の中に現れている。互恵通商協定プログラムにイギリスを引き入れることは、英帝国特恵関税ブロックの浸食を意味し、それ故に日本外務省がかねてから期待した方向性であった[38]。ここにはイギリスの譲歩を前提とした東アジア版経済的宥和の発想が見られる。しかし、一方で、「特別な場合」には例外的措置が認められるとされており、綿布輸入規制などの対日通商差別が完全に撤廃されるわけではないことが暗示されていると見るべきであろう。

同時に、中国の領土保全についても、建前として尊重する一方で、微妙な決着を想定していた。ハミルトン覚書では「政治的には、シベリアとの国境線、内蒙古との国境線の緊張緩和が必要で、一九三三年の国際連盟報告書の勧告の線で行われるであろう。中国の主権は承認されるが、その地域は中ソ両国のバッファーにふさわしい管理がされることになる」とされていた。一九三七年一〇月一四日、ハル国務長官は、王正廷駐米大使との会談においてこの問題の解決を模索した。ハルと王正廷の会談には、蔣介石の使節として到着したばかりの胡適も同席した。ここでハルは、中国は領土保全と主権を日本が侵害することがないような平和を望んでいる、と王正廷が語ったことに対して、それは盧溝橋事件以前の状態に復帰するという意味か、と尋ねている。これは「建設的」和平構想が中国に受け入れられるかどうかを探ったものと言えるが、満州、内蒙古についての微妙な決着を含意していた。アメリカは「満州国」を承認する意思はなかったが、「盧溝橋事件以前の状態」とはすなわち「満州国」の黙認状態であった。王正廷大使は、肯定的な回答をしている。

ヤーネル（Harry E. Yarnell）アジア艦隊司令官は、さらに一歩踏み込んで満州国承認を含む個人的な和平案を考えていた。ヤーネルは、極東の和平には中国に安定的な政府が存在することが不可欠であり、日本との和平条件は現政権が打倒されないものでなくてはならないため、中国の領土保全が尊重されるべきであると主張した。しかし、満州はこの領土保全の原則から除外されるべきで、中国による承認後、外国政府にも承認されるべきであるとしていた[39]。中国側にもこれに呼応する姿勢はかいま見られた。蔣廷黻駐ソ大使はジョセフ・デーヴィス（Joseph E. Davies）駐ソ米国大使に日中関係解決の可能性について尋ねられ、日本は多くのことを要求してくるであろうからほとんど不可能であろうが、彼の個人的見解として、もし、列国が日本が中国から完全に撤兵する条件で仲介するならば、中国の最大限の譲歩は妥協としての「満州国」承認であろう、と述べたのである。(40)

さらに、前述の王正廷大使との会談においてハルは、極秘として、ソ連の外蒙古に対する態度について中国の領土保全全般との関連を尋ねた。中国の領土保全の主張の一方で、内蒙古の問題でどの程度の実際的な妥協が引き出せるかを探ろうとしたものであろう。王正廷は明確な見解を表明しようとせず、ソ連の外蒙古に対する影響力は最小化すべきであり、外蒙古自身は中国の一部であるとして中国の主権を主張しているとのみ述べた。(41)

アメリカ国務省の国際情勢判断

次に、この構想の背景にあった情勢判断であるが、ハミルトンは前述の一〇月一二日付覚書で、「中国側は団結と決意を見せ、日本側を驚かせた」として中国側の健闘を認め、「日本側は思い描いていたような短期の決定的勝利を得られずにいる」と判断している。(42) 日本陸軍内部にも石原莞爾のような「不拡大」派は存在したが、大勢は「拡大」派であった。しかも、この「拡大」派は「拡大」を主張しながら、中国ナショナリズムとその抗戦力に対する極端なまでの軽侮感情と対ソ楽観論により、全面戦争への展望を欠いていた。(43) 前述のように、アメリカの中国認識も一九三五年末までは、日本陸軍「拡大」派と大差ないものであったが、華北分離工作の分析を通じて大きく変容していた。そして、日中全面戦争を与件としても、一九三七年九月頃までには中国の抗戦意欲に一定の評価を与えるに至っていたのである。

さらに、重要なことは、日本側の全面戦争への展望を欠く「拡大」派とは対照的に、アメリカ国務省極東部においては、この時点で日中戦争が持久戦となることが既に予想されていることである。ハミルトンは一〇月一二日付覚書で「……日本は戦況にかかわらず、広大な空間と膨大な人口を統治する必要に迫られ、非常な困難に見舞われるであろう。積極的な抵抗が続けば日本の資源流出は甚大となるであろう」と予想しているが、この判断は「日本の対中軍事作戦遂行に関する財政的能力」と題された九月二〇日付のバランタイン（Joseph W. Ballantine）国務省極東部日本担当官のメモに遡ることができる。バランタインは、「日本は三〇万の兵力を中国に、一〇万を満州に配置していると推定され、また合計五〇万まで増派しようとしていると言われている。満州占領は六万の兵力ですんだが、中国の抵抗がほとんどなかったからであり、それでも一〇億円の債務増につながったと言われている。中国本土では少なくとも五倍の軍事作戦が必要であり、強力な中国の抵抗がよりコストを押し上げざるを得ない」と記している。[44]

さらに、バランタインは「現在入手できる経済的データでは日本が特に不利な立場にはないが、これを基礎としてこの問題に結論を出すのは適当ではない」として、日本が持久戦に向かない経済構造を持つために、時間を経るほどに財政的な困難に陥ると論じている。すなわち、現在の「日本の軍事的勝利は主に機械化の優位と設備の充実のためである」が、「日本は経済的に自給自足ではなく、多くの必需品（綿花、羊毛、鉄鉱、石油製品、車両設備など）を海外に頼っているので、備蓄を使い果たすと一層輸入に依存することになり」、いずれ決済に問題を生じることになる、というのである。なぜなら、日本製品は諸外国で輸入規制に直面しており、日本が輸出を伸ばすのは困難な状況である上に、中国市場を失い、日本の輸出下落は必然と見られたからであった。このような認識はハミルトンにも共有され、一〇月一二日付覚書においても、根本的に未発達な中国経済に比べて、より組織化された経済システムを持つ日本にとってこそ、この紛争はコストの大きいものになっている、との見解を導いた。このように日中全面戦争が日本にとって財政的にそれほど容易な戦争ではないことは、戦争初期からアメリカ国務省によって予想されていたのである。

但し、日本の財政的困難が直ちに日中戦争を終結に導くとは考えられなかった。バランタインは「軍事作戦の強化が日本にとって負担増となったとしても、日本がそのために中国における軍事的冒険を諦めると仮定する根拠にはならない」とメモランダムに記している。この判断はハミルトンにも共有されており、「今のところ、日本はこのような提案を考慮しようとはしないであろうが、今後の日中戦争の展開の中で中国への侵略・占領支配の拡大はコストがかかりすぎて利益にはならず日本の国益に反すると気づくときまで、この提案を維持しておくべきである」とされたのである。しかも、「連盟やアメリカ政府の声明はすぐには抑止効果を生まず、むしろ短期に中国をたたきのめすという日本の決意を固めさせるきらいがある」と思われた。

一方で、アメリカ国務省は、この段階では、中国の長期的な持久可能性について、まだ判断がつきかねていた。ハミルトンは、「中国がさらなる本質的な敗北を被ると、それがどう士気に影響するかは予測しがたい。これは心理的な要因であり、ここ数年、中国では民族的自覚が発達してきている。日本の侵略の結果への憤りや苦々しさのためにそれが促進され、紛争を継続する強固な決意につながっているが、妥協を良しとする古い慣習が復活するであろうか？」と記している。さらに、「私の考えでは、状況がもっと進めば抑止は効くかもしれない…（中略）…しかし、まだ日本の冒険は日本を深刻に弱らせる段階まで達していない」との記述は、日本経済に深刻な打撃を与えるに至るまで中国が持久できるかどうかが日中戦争の帰趨を分けると考えていたことをうかがわせる。結局のところ、ここ三〜六カ月で日本が短期決戦による決定的勝利を得られるか、中国が持久戦に持ち込めるか、がアメリカの東アジア政策を決定する上で注目すべき点であった。つまり、表裏一体の関係とも言える日本の短期決戦能力の有無と中国の持久可能性が焦点なのである。一〇月一二日、大統領と会談した胡適に、大統領は中国は対日戦においてこの冬を持ちこたえることができるかどうか、と尋ねている。(45)

ローズヴェルト大統領は、日本の勢力拡大によってアメリカとの戦争が不可避にならないうちに日本を阻止すべきであると考えており、当初、一〇月六日付ホーンベック・メモを「実にすばらしい」と高く評価していた。[46]「建設的」和平構想を実現するために、経済制裁のような手段を使用することにも前向きであった。[47]しかし、ローズヴェルトは経済制裁への支持をすぐに後退させた。大統領が自らドラスティックな政策を主導する意思がないのであれば、アメリカ国務省極東部としては、半年ほど中国が持ちこたえ、その間に日本が消耗することにより、盧溝橋事件勃発以前に思い描いていた東アジア国際秩序の線で停戦が実現するということが当面、望ましいシナリオであり、それがすなわち「建設的」和平構想であったのである。[48]

三　アメリカ国務省の「建設的」和平構想の挫折

ソ連の対中支援

実際には、中国が半年を越えて持ちこたえ、日本の人的財政的負担が拡大の一途を辿っても、極東に平和が回復されることはなかった。そして、国務省の「建設的」和平構想路線は、一九三七年末～一九三八年初め、日本が南京陥落を圧力とした和平に失敗したことで、完全に破綻した。[49]日本の短期決戦能力の欠如が明白となったと同時に、中国側に日本の提示する条件での和平受け入れの可能性がないことが明らかになったからである。一九三八年一月二一日、ウェルズ（Sumner Welles）次官とホーンベックは、日中関係への仲介を求める松方幸次郎日ソ石油社長と会談したが、トラウトマン工作の日本側条件が中国にとって受け入れ不可能とされた状況において、アメリカが日中和平を斡旋する余地はないものと考えると回答した。[50]

表裏一体の関係にある中国の持久可能性と日本の短期決戦能力を分析するため、一九三七年一一月頃から、アメリカは中ソ関係の進展に注目していた。蔣介石の「安内攘外」政策についてはよく知られているが、それにもかかわらず、中国側は盧溝橋事件勃発前においても、しばしば英米両国に対して対日武力抵抗の可能性を示唆していた。(51) これは当初、ソ連向けのジェスチャーであったと思われる。蔣介石は一九三五年末頃からソ連への積極的アプローチを開始しており、中ソ同盟の進展のためには中国が日本と妥協するのではないかというソ連側の疑念を払拭しなければならなかったからである。中国は、当初、一方で、日本を刺激しないようにも配慮し、日本に対しては対決姿勢を示さないようにしていたが、次第にふくらんだソ連参戦への期待が日本に対してさえも強硬姿勢を示す背景となっていった。実際にはソ連は中国の期待に応える意思がなく、中国は誤った想定に基づいて自信を得ていたと考えられるが、中国国内では蔣介石を含めソ連参戦の可能性を高く見積もる人々が大勢であった。(52) 一方、アメリカはその中国の見通しに懐疑的であった。前節で分析したハミルトン覚書においても「ソ連は内政とヨーロッパ情勢でそれどころではない」として、ソ連参戦は全く予想されていなかった。蔣廷黻駐ソ大使は、中国側の関係者で唯一対ソ関係の進展に悲観的であったが、彼はソ連政府は現状では中国と直接的な軍事協定に関与する気は全くない、と認識していた。(53) アメリカは、蔣廷黻の認識を基本的に支持し、中国はソ連の参戦の確約を得ようとしているが、きわめて困難であろうと見ていたのである。(54)

但し、ソ連が中国に物資援助を行っていることは、一九三七年一一月半ばには確認されていた。蔣廷黻駐ソ中国大使は、ジョセフ・デーヴィス駐ソ大使に、ソ連は八月に一億元のクレディットを武器購入のために提供し、ソ連からの物資到着は既にその額を上回っていると話した。爆撃機四〇〇機もすでに出荷され、航空機に四〇名の指導員が随行するという。(55) イギリスからの情報では、ソ連は二五〇機の航空機を中国の政治的譲歩と引き換えに無償供与する意思があったが、明らかに蔣介石が承諾できない条件であったため、蔣介石はこれを売るようソ連を説得し、一九三七年一一月末、一〇〇機が中国に到着したということであった。乗ってきたパイロットの一部が残留し、ソ連国籍を離脱して中国に雇用されたとも伝えられている。イギリス外務省は、計二五〇機が売却されたと推定しているが、さらなる中ソ交渉があるのかどうかは不明としていた。[56]このようにソ連からの援助により中国が当面対日抗戦を継続できるであろうことは確認されていたが、この援助が長期的に継続されるのか、増強が期待できるのか、という点については一九三八年一月下旬に至っても、アメリカとしては不透明感が拭えなかった。[57]かなりの量の軍需物資がソ連から蘭州・西安公路を通って運び込まれているという報告がある一方、[58]孫科の訪ソに関して、モスクワのヘンダーソン（Loy W. Henderson）駐ソ米国臨時代理大使は、スターリン（Joseph Stalin）は孫科に面会せざるを得なかったが、援助を増大する気がないので困惑気味であると伝えている。[59]また、中国は軍事物資輸送で深刻な困難を抱えていた。フランスが対独戦に備えてソ連の極東への直接関与に反対しており、仏領インドシナ経由の物資輸送に非協力的であったからである。[60]

日本の短期決戦能力への懐疑

一方で、アメリカは日本の短期決戦能力にも懐疑的であった。ロックハルト（Frank P. Lockhart）北平大使館参事官は「日本の指導者は上海戦における決定的勝利が日中戦争全体の状況を変え、華北における軍事行動が不必要になることを期待して華北における行動を遅らせている。一〇月中、華北の日本軍部は地方中国人官吏を利用することで日中戦争が終結することを明らかに期待していた。中国人の中にはこれを日本の脆弱性の兆候と見る向きもある」[61]と報告し、日本側が短期決戦による勝利をめざしながら思うに任せない様子を描写している。日本は日中戦争に手いっぱいで、対ソ攻撃をする余裕はないと見られた。[62]このように当初日本陸軍「拡大」派がめざした短期決戦による勝利のシナリオが崩れる中で、デーヴィス駐ソ大使は、重光葵駐ソ大使との会談において、日本は上海地区で勝利を収めて軍部の面目を立てた上で何らかの外交的アプローチを開始するのではないかという印象を得た。重光は、ローズヴェルト大統領の「隔離演説」を非常に懸念し、ブリュッセル会議において経済制裁が日本に適用され、ソ連が参戦すれば、日本には最後の一人となるまで戦い抜くしか道がなくなると述べた。デーヴィスはこれを日本の窮状を示していると解釈し、面目が保てるのであれば日本は現状打開のための解決策を歓迎するであろうと考えた。[63]

以上のようにアメリカは、一九三七年一一月から同年末にかけてソ連要因に注目し、中国はソ連の物資援助により当面の継戦が可能であるが、ソ連に対日参戦の意思はなく、日本側からの対ソ攻撃も考えにくい状況であると結論づけた。この時期の日中情勢はきわめて判断のつきにくい状況にあった。ジョンソンが、自分もその判断に同意するとして、本国に伝えた陸軍駐在武官の報告は以下の通りである。

……中国当局は（軍事―筆者注）情勢について明確な発言をすることに躊躇しているか、彼ら自身情勢に無知なのか、どちらかであろう。後者の可能性が高い。外国人軍事顧問団は観察に基づく所見を得る機会を与えられていない。ドイツ軍事顧問団でさえよくわかっていないだろう。……中国軍は航空機、銃器、戦車、トラックにおいて深刻な損失を被っており、航空隊および砲兵隊の備品についての需要を満たせない状況である。人的損害も大きいが、予備兵力は膨大であるので数の点では問題ない。しかし、南京の守備兵力は分裂しており……司令官同士の協力体制が全くできていない。……（中国―筆者注）軍事指導者は西に退却すること以外に軍事計画を持っているとは思えず、国の広さと、日本の拡大のし過ぎ、ソ連の介入、日本の内紛、赤軍による日本の交通遮断などの様々な可能性に賭けているにすぎない。[64]したがって、中国側からの攻撃は問題外であり、これ以上の抵抗ができる軍勢を組織できるかどうかはきわめて懐疑的である。

ジョンソンは、中国の継戦に不安定要素が多すぎることを懸念していた。このような状況で、上海戦への勝利によって局面を打開しようとする日本の姿勢が注目されることになった。

上海・南京戦への注目

日本軍は上海戦への勝利に乗じて南京をめざし、一九三七年一二月一三日、中国の首都南京が陥落した。しかし、アメリカは上海、南京における日本の軍事的勝利を日中戦争における決定的な要素であるとする判断には傾かなかった。「中国は停戦を望んでいる」とする日本の強気な姿勢はアメリカ国務省にも伝えられていたが、アメリカ側の判断は日本とは異なっていた。アメリカ国務省においては「日本政府が一二月一一日に南京陥落後も戦争を継続することを決定したのは、中国の抵抗が終わりそうにないことを明確に示している」という見方がされていたのである。[65] 一九三八年一月一一日、ジョンソンが、中国はトラウトマン工作における日本側条件を拒絶する決定をしたと本国に伝えた。[66] これによって、南京陥落の圧力によって和平を迫る日本の構想が破綻したことが明らかになった。ジョンソンは五月二三日付、「最近の中国情勢概観」と題した報告書で、日本は中国に受け入れがたい日中提携条件を突きつけることで、日中関係の平和的解決の道を閉ざし、破滅的な長期戦を不可避なものとした、と結論づけた。[67] 日本側の戦死者の遺灰が日本に戻ったことが日本国民を刺激し、南京陥落以前には受け入れ可能だった和平条件も受け入れられなくなっているとグルー（Joseph C. Grew）駐日米国大使が伝えたように、[68] このような決定力を欠いた日本の軍事的勝利の累積は状況を一層困難にしていた。前述のようにウェルズ次官と会談した松方は、万一、アメリカが斡旋をする場合は九ヵ国条約と矛盾しない条件でなくてはならないとするウェルズに「アメリカ政府が九ヵ国条約の適用に固執するなら、問題全体がきわめて困難になる」と不同意を表明した。[69] 松方の発言は日本政府の公式見解ではないが、日中全面戦争化を経て、日本側に建前の上でも九ヵ国条約遵守の姿勢が失われつつあったことが読みとれる。アメリカ国務省の「建設的」和平構想は、南京陥落を経て完全に破綻したのである。

四　中国の持久可能性の確認と国務省の対日強硬化

「建設的」和平構想に代わるアメリカの東アジア政策の策定が求められる中、一九三八年三月頃には、英米両国とも中国の持久力を認めるようになった。ソ連の対中支援に関して、少なくとも物資援助は長期的に継続されると予想し、当面、中国の戦争継続は可能であろうと判断したのである。この状況はアメリカの対中支援に積極的な勢力を従来のモーゲンソー（Henry Morgenthau, Jr.）財務長官率いる財務省だけでなく、国務省内にも広げることとなった。中国が日中全面戦争化によっても日本に屈服することがないことが確認され、ソ連が主にそれを支えていると国際的に認識される状況において、ホーンベックはようやくアメリカが対中支援を行うことに積極的になったのである。「建設的」和平構想による日中戦争終結の見込みが全く立たない状況において、アメリカにとって次に望ましいのは中国が戦い続けることであった。

南京陥落の圧力によっても日本が中国を屈服させられなかったということは、アメリカ当局者にも強い印象を与えた。現地のメイヤー（William Mayer）陸軍少佐は、中国軍は秩序を保って退却しており、装備に大規模な喪失がないこと、中国軍の士気は多少の動揺はあるものの崩壊の兆候は見せていないこと、を伝えてきた。中国側の士気が旺盛であることは、スティルウェル（Joseph W. Stilwell）陸軍駐在武官からも報告されていた。一九三八年一月、湖南省、江西省方面の視察旅行から戻ったスティルウェルは、どこでも和平の話は聞かず、軍需物資の入手に問題はあるが、三年は抵抗できると指導者たちが言っているのを聞いた、と報告した。逆に、日本に関しては、明らかに短期決戦を望んでいたのであり、中国が講和を求めなかったことでそのシナリオが崩れたことは決定的な打撃に違いない、と考えた[70]。南京陥落という軍事的には明白な日本の勝利は、それが中国の降伏に結びつかなかったという事実によって、政治的な重要性を失ったのである。ロックハルトは、「一九三七年における政治・軍事・経済・金融上の重要な展開」と題する一九三八年二月七日付報告書で、蔣介石が「日本との戦争は中国領土の広範な破壊とかなりの部分の放棄を意味する」ことを認識しつつ、「日本の政策を黙認することは、中国の分裂、おそらくは内戦、さらに現政府の崩壊を意味し、自身の政治生命の終わりと中国の長期にわたる隷属化」につながることが明白なために、「ディレンマの中でより小さい害悪として」、「最終的には強い中国の復活の可能性」に賭けて抵抗を決意した、とまとめている。中国にとっての抵抗の目的の重要性は日本の戦争目的の重要性とは比較にならない、という認識があり、そのことが日中戦争の戦況への評価にも影響していたと考えられる。そのため、日本の軍事的勝利は日本の思っているほどにはアメリカには評価されなかったのである。

さらに、ジョンソンは、一九三八年三月、「中国が勝つ可能性もないわけではない」と記した[71]。スティルウェルも「赤軍はゲリラ戦の広範な展開と大衆動員という明確なプランを持って」おり、「宗教心を欠き、愛国心が未発達」な中国人がゲリラ戦をコントロールすることは非常に難しいと思われるが、可能性はないわけではない、と分析していた。彼は、ゲリラ戦は「決定的要因になる望みはないが、嫌がらせとしての価値はかなり期待できる」[72]と考え、逆に、「東経一一〇度以東の中国を占領」しても日本が中国を降伏させることは困難であると見なしていた[73]。

アメリカ国務省は、日本軍の山東省・河北省・山西省における情勢は、主要な交通網のみを支配する、典型的な「点と線の」占領となっていると見なしていた。また、占領地域の経済的復興と開発はあまり進展していないと見ていた。経済開発の方向性や大規模開発に必要な資金の入手困難に関する日本の内部での意見対立で見通しが立ちそうになかったからである。[74] 日本は、そもそも中国の産業と貿易を破壊することにより、協力を得るべき人々の基盤そのものを破壊したのであり、このロスを取り戻すには二〇～三〇年はかかると思われた。ジョンソンは状況を「日本は占領地こそ増やしたものの、ここ数年、そこからの見返りは期待できない」と分析した。[75]

このような情勢において、三月末から四月初めにかけて、山東省台児荘で日本軍が敗北したことは、日本の士気を低下させる出来事としてアメリカ陸軍情報部の報告において注目された。[76] この日本の局地的敗北に端を発して、日本軍は徐州作戦を展開し占領地を拡大し、日本においては戦勝気分が広まったが、[77] アメリカ側の見方は異なっていた。アメリカ側は、さらに、四月二九日に、日本側の死傷者数が日露戦争のそれを上回ったことに注目している。[78] 相手国の首都の陥落という圧倒的な軍事的勝利によっても終結の見込みの立たない戦争において、たとえ局地的なものであれ戦闘による敗北や日本側死傷者の増大は日本国民の厭戦気分を誘発するものと認識されていたのである。ハミルトン国務省極東部長もこの中国側の局地的勝利を「中国は三カ月前には想像もできなかった善戦をした」と高く評価した。[79]

山東省台児荘の中国軍の局地的勝利に先立ち、一九三八年三月、ソ連の対中援助が顕著に増大しているという情報がフランス外務省からアメリカ当局に寄せられていた。[80] また、イギリス外務省からも中国の持久力を認める発言が聞かれた。オルド（Charles Orde）英外務省極東部長は、「中国はよく持ちこたえており、崩壊の兆候は見えない」とする一方、「日本は足踏みしているようで、やりすぎてしまったのではないかと戸惑いを感じ始めているであろう」とアメリカの駐英大使館関係者に語った。[81] 孫科立法院長も、少なくとも向こう一年間の継戦への確固たる自信を示した。ソ連は中国に現在までに一億五〇〇〇万元分の武器を提供し、新疆を通る道は陸軍によって除雪され冬季も交通可能となっていると語った。[82]

また、日本の苦戦が伝えられる中で、ソ連の対日参戦をめぐる情勢認識も微妙に変化していた。デーヴィス駐ソ大使は、依然として、ソ連はフランス、イギリスの支援保証がなければ何もしないと予想され、対日参戦の可能性はないと報告していたが[83]、アシュトン＝ガトキン英外務省参事官は、ソ連は日本が崩壊しはじめれば日中戦争に介入するという個人的見解をアメリカの駐英大使館関係者に表明していた。彼の見解では、現在進行中の山東省での戦闘が分水嶺となるかもしれず、日本軍が敗北すれば日本陸軍部内に危機が生じる可能性がある。また、日本が満州を手薄にしても中国に増派する誘惑に駆られれば、ソ連の対日攻撃の誘因となるというのである[84]。アメリカ陸軍にも日本がさらに漢口まで攻撃せざるをえなくなれば、長期戦は避けられず、ソ連は中国への援助を増大するだけでなく、日本が手を広げすぎたのに乗じて直接行動にでる可能性も視野に入る、と予想されていた[85]。

しかし、ソ連が中国を支配下に置いた場合の自国の中国権益への懸念から日ソ戦を回避したいイギリスとは異なり、アメリカにとって、ソ連の対日参戦はそれほど望ましくない展開とは考えられなかった。ジョンソンは、日中戦争開始後、中国政府を支えたのはソ連からの軍事物資であったことを率直に認め、そのことに懸念を示すことはなかった[86]。アメリカは、ソ連が対日参戦する可能性はきわめて小さいと考えていたし、ソ連を支援するつもりも全くなかったが、基本的にはソ連の対中支援を歓迎していたのである。

さらに、アメリカ国務省は意外な観点からもソ連参戦の可能性を考えていた。日本の対ソ攻撃の結果、ソ連が参戦を余儀なくされるという可能性である。この可能性についても、ドゥーマン（Eugene H. Dooman）日本大使館参事官は考えにくいとしていた。しかし、バランタイン国務省極東部日本担当官は、「大使館が言及していない別の可能性がある。……（中略）……逆説的ではあるが、中国が強く抵抗すればするほど、その可能性は大きくなる。……（中略）……現在の行き詰まった状況が続けば、ソ連の対中援助（および、あるいはイギリスの対中援助）を非難する傾向が生じ」、日本の対ソ攻撃の可能性が高まると考えたのである。[87] これを受けて、ハミルトンも「これから数ヶ月のうちに日本が目的の達成に失敗すれば、一流の軍事国家としての日本のプレステージにきわめて深刻なダメージを与え」、バランス感覚を失した日本が「対ソ戦あるいは対英戦にさえ突入する」可能性も考えられないことはないと述べたのである。[88]

一方、英米両国とも、この時点で日本が南進する可能性を真剣に検討していた形跡はない。蘭領東インドへの脅威について尋ねられたアシュトン＝ガトキンは、それは海軍の領域であり、日本の支配的勢力である陸軍は南進より北進、すなわち対ソ攻撃を選択するであろうと思う、と述べた。[89]

南京陥落を経た一九三八年三月〜五月、アメリカ国務省は日中戦争における中国の持久力を認める判断を下した。さらに、日本の北進シナリオの維持、ソ連の対日参戦可能性のわずかな増大、はいずれもアメリカにとって望ましい展開とみなされ、ホーンベックが日中全面戦争を与件とした対中支援に舵を切ることを決断する背景となったのであった。

おわりに

日中全面戦争化により、ローズヴェルト大統領の東アジア政策への関心が高まり、ハル国務長官よりも大統領と個人的に親しい関係にあるモーゲンソー財務長官の見解に大統領が耳を傾ける機会も増えていった。モーゲンソーは、早くから対中支援に積極的であり、綿麦借款（一九三四年）、中国幣制改革をめぐる銀購入（一九三五年〜）などアメリカ単独の対中支援を推進し、日本を刺激することを恐れて反対するホーンベックとは見解を異にしていた。モーゲンソーには経済力を戦略的に利用することへのためらいがなく、日本が日中戦争の泥沼に足を踏み入れる以前から経済的圧力に反発した日本がアメリカに軍事的な報復をするという発想を持たなかった。盧溝橋事件前に対日強硬政策を唱えていたのはモーゲンソー率いる財務省であり、ホーンベックは日本に好意的な見解を持っていなかったにせよ、対日強硬政策を主張することはなかった。モーゲンソーはナチス・ドイツによるヨーロッパ席捲を憂い、極東では是非とも日本の支配を阻止しなくてはならないと考えていた。彼にとってそのための安価な手段が対中国支援であった。(90)

これまで政策においては慎重だったホーンベックも、一九三八年七月、対日強硬化に舵を切り始めた。ホーンベックはハルに、一九一一年の日米通商条約を廃棄することによって、日本に経済的圧力を加える準備をすべきであると勧告したのである。(91) ホーンベックは、「日本をこれ以上強大化させるリスクを取るよりは、日本がアメリカを攻撃するリスクを多少負っても、中国に対日戦を続けさせる方がよい」(92)と考えていた。ここで重要なことは日本がアメリカを攻撃するリスクがそれほど大きいとは考えられていないことである。ホーンベックがこれまでの慎重な政策を転換したのは、補給さえあれば中国は単独で日本と戦い続けると見なすようになったからであり、それによってアメリカが戦争に巻き込まれるリスクが受容可能な程度に小さくなったと認識したからであった。ホーンベックは、日本の武力行使という事実より、中国が屈服しなかったという事実を重視して、政策を転換したのである。中国との戦争に忙殺される日本に第三国を攻撃する余力があるとは思えないが、まず攻撃するとすれば第一に主要な対中支援の担い手であるソ連であり、次いでイギリスであると彼は考えた。対中支援の姿勢をすでに明確にしているソ連とイギリスの存在ゆえに、アメリカが単独で標的になることはなく、さらに、この三国を中国に加えて一度に攻撃するほどには日本軍部も非合理的ではないであろうと判断したのである。(93)

この時期のホーンベックの判断の鍵を握ったのは、中国の持久力に対する評価であった。前節で検討したように、一九三八年五月頃、英米両国はソ連の物質的援助により中国の中長期の継戦が可能であると判断した。この判断に基づき、両国はソ連に次ぐ支援者として対中援助を行う方向に舵を切ったが、あくまでも中国が単独で日本と戦うことを想定しているのであって、自らが日本と戦う気はなかった。ソ連による中国権益奪取を恐れるイギリスにとって、最善のシナリオは、日本が中国と戦いつつ北進シナリオを捨てずにソ連と対峙し続け、なおかつ、日ソ戦には至らないというものであった。そのため、一九三九年八月の独ソ不可侵協定はイギリスにとって大きな誤算であった。イギリスはこれを契機に対日妥協を真剣に模索し、中国もイギリスの対日妥協を恐れてアメリカにイギリスとフランスを説得するよう、必死で訴えた。しかし、ジョンソン駐中米国大使は、イギリスが日本と妥協するのはオーストラリアやカナダの反対もあって容易ではないと考えた。その上、イギリスはアメリカが対日妥協を嫌うと認識しており、ヨーロッパ情勢における対米依存を考えれば、避けようとするはずであるとして、平静であった。(94) ホーンベックもアメリカが対中支援を行えば、イギリスは必ずこれを支持するとして、英米協調の重要性を強調した。(95)

ローズヴェルト大統領がモーゲンソー財務長官の対日強硬政策の提言に耳を傾け、東アジア政策における国務省の影響力が相対的に低下する一方で、国務省内ではハル国務長官が東アジア政策への関与を深め、国務省におけるホーンベックの影響力は相対的に低下していた。(96) その結果、ホーンベックの対日強硬化にもかかわらず、当面、国務省の政策が極端に対日強硬化することはなく、むしろモーゲンソーのような国務省以外の要因でローズヴェルト政権の対日強硬化は推進された。しかし、前述のように、一九三八年五月には中国の持久力と表裏一体の関係にある日本の短期決戦能力の不足が国務省内で広く認識されていた。対日経済制裁が日本の軍部に力を与え、日本を対米戦争に追いやると考えるハミルトン極東部長やセイヤー（Francis B. Sayre）国務次官補も、日本の力不足自体は認識していたのであり、もはや南京陥落以前に追求していた「建設的」和平構想が実現できるとは考えていなかったであろう。次第に議論は経済制裁が日本にどんな影響を与えるか、という点に絞られていった。

歴史として振り返ったとき、一九三一年九月の満州事変、一九三五年六月の華北分離工作、一九三七年七月の日中戦争、といった日本の中国における武力行使は日本の侵略的傾向を深化させていく指標としてわかりやすいものである。これらは同時代的にも重要な出来事であったことは確かであるが、実際のアメリカの政策決定にあたっては、日本の武力行使の度合いに応じて対日強硬政策が決定されたわけでは必ずしもなかった。日本の政策そのもの、およびその政策を軍事力の行使によって実現しようとする姿勢へのアメリカの強い反発と対日強硬政策の実施はストレートには結びついていなかったのである。むしろ、中国が持ちこたえられるかどうか、についてのアメリカの判断がその政策を左右したと言える。アトリーはアメリカ側に「イギリスがインドでしたことを日本は中国でできるはずがない」という人種偏見があったことの影響を指摘している。(97) しかし、その種の偏見の存在も否定できないとはいえ、華北分離工作、日中戦争に際してアメリカの判断基準となったのは中国の対日抗戦能力であった。

（1）　Warren Cohen, *America's Response to China*, Columbia UP, 1990［1971］, p. 106, pp. 116－117. 入江昭『太平洋戦争の起源』東京大学出版会、一九九一年、四〇―四二頁。Jonathan G. Utley, *Going to War with Japan 1937－1941*, Fordham University Press: New York, 2005［1985］, p. 5. ウォーレン・コーエンは、「日米関係における中国要因」細谷千博、本間長世、入江昭、波多野澄雄編『太平洋戦争』東京大学出版会、一九九三年において研究史の整理を示し、主たる日米開戦事由はアメリカが中国の独立解放を主張したことにあったと論じて一世を風靡した Paul W. Schroeder, *The Axis Alliance and Japanese-American Relations, 1941*, Cornell UP, 1958 は現在では多くの論者に否定されているとしている。

（2）　Shizhang Hu, *Stanley K. Hornbeck and the Open Door Policy, 1919－1937*, Westport: Greenwood Press, 1995.

（3）　太平洋戦争の直前期である一九四〇年代以降を扱った研究の数の多さに比較して、日中戦争期のアメリカの東アジア政策に関する研究はそれほど多くない。日中戦争期に関しては、Jonathan G. Utley, *Going to War with Japan 1937–1941* が最も詳細な検討を行っている。アトリーは新しいハル国務長官像を提供し、ハルは国務省内においてはホーンベックの対日強硬政策の提言を抑え、ローズヴェルト政権内では対日強硬派のモーゲンソー財務長官を抑えたと論じた。しかし、全体としてハルがモーゲンソーの対日強硬政策を阻止した点は認めるにしても、ローズヴェルト大統領はモーゲンソー提案にしばしば心を動かされ、時には実行した。また、それまで対日宥和的色彩の強い政策提言を行ってきたホーンベックが何故、この時期に対日強硬化していくかという点にアトリーは関心を払っていない。アトリーは、日中戦争勃発以降を研究対象としており、ホーンベックの対日宥和的側面についてはほとんど触れていないのである。K. Marlin Friedrich, *In Search of a Far Eastern Policy: Joseph Grew, Stanley K. Hornbeck and American-Japanese Relations, 1937–1941*, Ph. D. thesis, Washington State University, 1974 もこの点同様である。一方、ホーンベックの対日宥和的側面を強調する Shizhang Hu, *Stanley K. Hornbeck and the Open Door Policy, 1919–1937* は、日中戦争勃発以降を対象としておらず、「一九三七年から四二年に、極東政策についての彼の見解を徐々に変え、日本を対決しなければならない救いようのない法破壊者だと見なすようになった」と述べるにとどまっている。Hu, pp. 214–231. また、Dorothy Borg, *The United States and the Far Eastern Crisis of 1933–1938*, Cambridge: Harvard UP, 1964. は、重要であるにもかかわらず注目されてこなかった時期として、一九三三―三八年を分析対象とした包括的研究であるが、一九三八年一月までを主たる対象としており、ホーンベックの対日強硬化には触れていない。Kenneth G. McCarty, Jr., *Stanley K. Hornbeck and the Far East, 1931–1941*, Ph. D. thesis, Duke University, 1970 は、一九三八年を通じてアメリカの世論が孤立主義から離れつつあると認識したことがホーンベックの対日強硬化の背景であるとする。しかし、フー(Hu)も指摘するように、ホーンベックは世論の影響力を十分に認識していたものの、世論に従って政策を形成すべきであるとは考えていなかった。また、一九三八年を通じてホーンベックは世論を啓蒙しようとしたのであって、彼自身の対日強硬化には別の説明が必要である。また、Youli Sun, *China and the Origins of the Pacific War, 1931–1941*, New York : St. Martin's Press, 1993 は、日中戦争を太平洋戦争へと結びつけるための中国側の努力を詳細に論じている。アメリカ側の反応にも目配りがされているが、本章の目的は国務省極東部に注目してアメリカ側の認識に重点を置いて論じることにより、過渡期にあるアメリカの東アジア政策の変容過程を明らかにすることにある。
(4) Borg, *op.cit.*, p. 276.
(5) 拙稿「アメリカの東アジア政策の文脈　一九三三―三七年」奥田晴樹編『日本近代史概説』弘文堂、二〇〇三年一二月、一三八―一四一頁。
(6) 拙稿「華北分離工作をめぐる国際関係―米国国務省極東部の政策転換」『国際政治』第一四八号、二〇〇七年三月、二九―四二頁。
(7) 拙稿「アメリカ外交における中国治外法権撤廃問題と互恵通商協定」『史学雑誌』第一一〇編第九号、二〇〇一年九月、一―二〇頁。
(8) 拙稿「華北分離工作をめぐる国際関係」三〇―三八頁。
(9) Shangtung Cotton Production, Japanese Partcipation and American Cotton Trade (1936/10/30), 611. 9331/227, RG59, National Archives II, College Park, U.S.A.（以下 NA と省略）。
(10) ホーンベックは、塘沽停戦協定後の相対的安定期においては、日本との協調の中で中国における日本の排他的政策の打破をめざしていた。その具体的手段として注目したのが中国に対する国際金融支援と互恵通商政策であった。しかし、日本を含む国際金融支援は、日中双方の拒絶に合い、日本との互恵通商協定締結は繊維摩擦問題のためにめどが立たなかった。一九三七年二月の政策転換は、繊維摩擦問題が解決する一方で、中国の経済統制の影響が無視できなくなった状況への対応として、互恵通商協定による東アジアにおけるアメリカ通商利益の確保をねらいとしていた。拙稿「アメリカ外交における中国治外法権撤廃問題と互恵通商協定」一三―二〇頁。ホーンベックは、九ヵ国条約に中国における門戸開放を規定するものとして重要な意味を与えており、天羽声明を機に「ワシントン体制」を事実上終結したものとみなし、互恵通商協定に九ヵ国条約を補強する役割を担わせようとしたのであった。彼にとってワシントン会議で締結された諸条約は一体のものであり、日本が九カ国条約を遵守しないのであれば、アメリカが海軍軍縮条約を廃棄するのは当然のことであると考えていた。拙稿「アメリカの東アジア政策の文脈」一四四―一五〇頁。

（11） Significant Political, Military, Economic, and Financial Developments during 1937, Lockhart to Secretary, 893.00/14217 (1938/2/7), NA.

（12） Sun, *op.cit.*, p. 133.

（13） Conversation between Mr. Yakichiro Suma and Hornbeck, 783.94/9309 (1937/7/27), NA. Memorandum by Hornbeck, 793.94/9080 (1937/7/27); 9071 (1937/7/26); 9072 (1937/7/26); *Foreign Relations of the United States*（以下 *FRUS* と省略）, 1937–III, p. 279, p. 265, p.263. Borg, *op.cit.*, p. 293.

（14） Utley, *op.cit.*, p. 7.

（15） From Naval Communications for Information of the State Department, 793.94/10044 (1937/9/13); Conversation between Secretary and Chinese Ambassador, 10329 (1937/9/23), NA.

（16） Gauss to Secretary, 793.94/10936 (1937/09/30), NA.

（17） Significant Political, Military, Economic, and Financial Developments during 1937, Lockhart to Secretary, 893.00/14217 (1938/2/7), NA.

（18） Antony Best, *Britain Japan and Pearl Harbor*, 1995, pp. 42–44.

（19） Memorandum by Division of European Affairs, 793.94/11909 (1937/11/18), NA. アメリカは、イギリスの中の大蔵省路線をイギリスの政策と見て、イギリス外務省の対中支援に積極的な姿勢は、この時点では、あまり認識していなかったようである。

（20） 立川京一『第二次世界大戦とフランス領インドシナ』彩流社、二〇〇〇年、三一頁。

（21） 直接の基礎となった一〇月六日付ホーンベック・メモにおいては、ブリュッセル会議において列国はまず第一に日本の侵略的な方向性を放棄させるような「制裁的措置 restrictive measures」の採用を議論すべきで、しかる後に「建設的措置 constructive measures」について検討すべきであるとされている。Memorandum by Hornbeck (1937/10/6), box 457,

Hornbeck Papers, Hoover Institution Archives, Stanford University, U.S.A.（以下、HIAと省略）Borg, *op.cit.*, p. 400. Friedlich, *op.cit.*, p. 81.

(22) Utley, *op.cit.*, p. 18.

(23) ホーンベックはブリュッセル会議中の一一月二日、ノーマン・デーヴィスに対して、リーダーシップをとらずにこの会議において何かしら建設的なことを成し遂げることは不可能であり、後方から働きかける形でリーダーシップをとって諸国を経済制裁へ導くべきであるとアドヴァイスした。McCarty, *op.cit.*, pp. 132－133.

(24) Borg, *op.cit.*, p. 400.

(25) Borg, *ibid.* ボーグはこの動きを「きわめて興味深い」極東における建設的平和への動きであると評している。

(26) The Sino-Japanese situation, memorandum by Hamilton, 793.94/10706 (1937/10/12), *FRUS*, 1937－Ⅲ, p. 596.

(27) Borg, *op. cit.*, p. 402. McCarty, *op. cit.*, pp. 124－126. Utley, *op. cit.*, p. 18.

(28) 拙稿「アメリカ外交における中国治外法権撤廃問題と互恵通商協定」一一一─一二〇頁。

(29) The Sino-Japanese situation, memorandum by Hamilton, 793.94/10706 (1937/10/12), NA.

(30) 当時、日本の低価格製品は諸外国から脅威と見られており、互恵通商協定法成立当初は、「日本以外のいかなる国との交渉においても、かつて日本との厳しい競争があった品目、またはそれが予期される品目は計画から排除されるべきである」という国務省通商協定部の方針が示されていた。611.9417/27 (1934/4/2), NA.　拙稿「一九三〇年代・安定への模索におけるアメリカ外交」二一〇頁。

(31) 拙稿「アメリカ外交における中国治外法権撤廃問題と互恵通商協定」一一三頁。

(32) Cordell Hull, *The Memoirs of Cordell Hull*, vol. 1, 1948, p. 84.

(33) 600.0031 World Program/32 (1936/9/3), NA.　拙稿「アメリカ外交における中国治外法権撤廃問題と互恵通商協定」一一六頁。ハルは、一九三七年一一月二二日の王正廷中国大使との会談において経済的回復と同時に平和の回復の手段としての英米互恵通商協定締結の可能性について議論している。793.94/11243 (1937/11/22), NA.　また、リンゼイ（Sir

Ronald Lindsay）駐米英国大使との会談で、ヨーロッパ情勢の変化が極東情勢に重要な影響を与えることを強調し、経済的宥和（economic appeasement）を含む手段でヨーロッパ諸国を互恵通商協定プログラムに関心を持たせるよう要請した。793.94/12211（1938/01/20), NA.

（34）ノーマン・デーヴィスはウィルソン政権の国務次官、一九三二年のジュネーブ軍縮会議および一九三五年ロンドン海軍会議の代表を務めた外交のベテランであった。

（35）Chaina-Japan Situation : Reflections IX, 1937/10/10, *Hornbeck Peapers*, box, 457, HIA. Memorandum by Norman Davis, 1937/10/20, *Norman Davis Papers*, Container 4, Library of Congress, U.S.A. Borg, *op.cit.*, pp. 403－404.

（36）このような考え方は、国務省だけではなくアメリカ海軍にも通じるものがあった。ヤーネル・アジア艦隊司令官にとって、九ヵ国条約に規定された通商機会の自由が保障されることが重要であった。それを実現できるような安定的な中国の政権に対して、和平合意一年後に、すべての国が治外法権を放棄し、北平、天津、上海から外国軍隊を撤退し、上海の国際租界は現在のイギリス天津租界と同様の方式で統治されるべきである、とした。Johnson to Secretary, 793.94/10967（1937/11/3), *FRUS*, 1937－Ⅲ, p. 655.

（37）日本外務省の互恵通商協定プログラムへの期待については、加藤陽子『模索する一九三〇年代』山川出版社、一九九三年、三二一―四六頁を参照のこと。

（38）加藤、前掲、四三頁。

（39）793.94/10967（1937/11/3)*FRUS*, 1937－Ⅲ, p. 655.

（40）Joseph E. Davies to Secretary, 793.94/11398（1937/11/11), NA.

（41）Memorandum of Conversation between Secretary Hull and the Chinese Ambassador, Dr. Chengting T. Wang, 793.94/10791（1937/10/14), NA.

（42）The Sino-Japanese situation, memorandum by Hamilton, 793.94/10706（1937/10/12), *FRUS*, 1937－Ⅲ, p. 596. 以下、特に断らなければハミルトンについてはこの覚え書きを引用している。

（43）秦郁彦『盧溝橋事件の研究』東京大学出版会、一九九六年、三三二頁。

（44）Observations upon Japan's Financial Ability to Carry on Military Operations in China, 793.94/10672（1937/9/20）, NA. 以下、特に断らなければバランタインについてはこの覚え書きを引用している。日本は、九月末までには、一五個師団相当の兵力を中国大陸へ送っていた。日本国際政治学会編『太平洋戦争への道』第四巻、朝日新聞社、一九六三年、二四頁。

（45）これに対して、胡適は即座に肯定したが、上海陥落を経て、再び国務省に蔣介石からの伝言を大統領、国務長官に伝えるよう依頼した。「我軍は最後まで戦わなければならないし、敵に降伏することはない。たとえ首都が陥落しようとも、我々は冬を越えなおかつその後も長期にわたって戦わなければならない。どうぞアメリカ政府にこの決意をお伝えください」Hull to McIntyre（Secretary to the President）, 1937/11/24, Official File, box. 150, *Franklin D. Roosevelt Papers*, Franklin D. Roosevelt Library, Hyde Park, U.S.A（以下、FDRLと省略）。

（46）Utley, *op.cit.*, p. 18.

（47）ローズヴェルトは経済制裁を魅力的な手段と考えていたようで、再三検討させているが、何度となくその姿勢を後退させた。モーゲンソーによれば、パネー号事件直後、ローズヴェルトは「我々は経済制裁とは呼ばず、隔離と呼んでいるが、それが戦争を導かないような技術を開発したいと思っている」と語った。John Morton Blum, *Roosevelt and Morgenthau*, Houghton Miffin, 1972, p. 228.

（48）アトリーは、一〇月六日付メモにおいてホーンベックが宗旨替えをしたのではなく、制裁発動をめざした確信犯だったと解釈しているが、このような解釈はホーンベックの政策が強硬化した後のイメージに引きずられたものであると言える。Utley, *op.cit.*, p. 18.

（49）Grew to Secretary, 793.94/11754（1937/12/21）, NA.

（50）Situation in the Far East and Suggestion by Mr. Matsukata that the United States Offer Good Offices, 793.94/12370（1938/1/21）, NA. 松方は、衆議院議員でもあったが、民間人として面会を求めたようで、アメリカ側の会談録には「日ソ石油

社長」の肩書きのみが記されている。同席したホーンベックは、松方の提案を日本政府からの提案であるとは受け取っていない。

（51） FE to Secretary, The North China Situation, 793.94/7429 1/2 (1935/11/25), FE's memo, 793.94/7865 (1936/4/8), NA.

（52） Sun, *op.cit.*, p. 85, pp.112 – 115.

（53） Joseph E. Davies to Secretary, 793.94/11400 (1937/11/11), NA.

（54） Henderson to Secretary, 793.94/11763 (1938/12/21), Bullit to Secretary, 793.94/11975 (1938/1/5); 11983 (1938/1/6); 12082 (1938/1/13), NA.

（55） Davies to Secretary, 793.94/11398 (1937/11/11), NA.

（56） Herschel V. Johnson to Secretary, 793.94/12473 (1938/1/25), NA.

（57） 蔣廷黻は、現在、中国軍は六カ月間の戦闘に必要な軍需物資を得ていると言った。Davies to Secretary, 793.94/11398 (1937/11/11), NA. また、ハルの中国は自力でどのくらい持ちこたえられるのか、との問いに王正廷駐米大使は六カ月と答えている。Memorandum of Conversation between Secretary and Chinese Ambassador, 793.94/11984 (1938/1/3), NA. ロックハルトは、国民政府がソ連とそのイデオロギーへと傾斜する過程にあると報告しつつ、その一因となっているソ連からの物資援助は恐らくまだ商業ベースであろうと推測している。Significant Political, Military, Economic, and Financial Developments during 1937, Lockhart to Secretary, 893.00/14217 (1938/2/7), NA.

（58） Johnson to Secretary, 793.94/12173 (1938/1/22), NA.

（59） Special Mission of Dr. Sun Fo in Moscow, Henderson to Secretary, 793.94/12350 (1938/1/21), NA.

（60） Davies to Secretary, 793.94/11400 (1937/11/11), NA.

（61） Review of Military and Political Activities in North China during October, 1937, Lockhart to Secretary, 793.94/11341 (1937/11/8), NA.

（62） Position of Outer Mongolia in Regard to the Sino-Japanese Conflict, Lockhart to Secretary, 793.94/11333 (1937/11/6),

NA.「日本の関東軍指導者は、ソ連の軍事力を十分に認識しており、もはや甘く見てはいないので、ソ連の行動を恐れている」とアメリカ海軍駐在武官も報告している。793.94/11690（1937/12/8), NA.

（63）Joseph E. Davies to Secretary, 793.94/11399（1937/11/11), NA.

（64）Johnson to Secretary, 793.94/11888（1937/12/29), NA.

（65）Johnson to Secretary, 793.94/11866（1937/12/28); Mayer to Intelligence Branch, Summary of Events in Sino-Japanese Situation, December 4–11, 1937, 793.94/11817（1937/12/11), NA.

（66）Johnson to Secretary, 793.94/12049（1938/1/11), NA.

（67）ジョンソンは「この日中関係の困難な時期を通じて、中国には日本との平和的解決に達することに関心を持つ和平派が存在した。日中提携という考えは経済にしろそうでないにせよ、中国に対して一定の魅力を持った。中国には特に陸軍関係に日本で教育を受けた人物が多く、蔣介石、張群、汪兆銘、などがこの和平派にあげられる。また、孔祥煕や何応欽もこのグループであろう。これらの人物は皆中国政府内で影響力があり、もし日本が別のやり方を選択していれば、彼らとの協力を利用してより有利な結果を得ることも可能であったであろう」と記している。それは「蔣介石は常に中国の弱さと統一の欠如を深く認識していた」からであったが、その機会を日本が破壊したという見解であった。Johnson to Secretary, 893.00/14242（1938. 5. 23）このジョンソンによる報告書は、ホーンベック、ウェルズ、国務長官宛に「賞賛に値する分析」とするメモをつけて回覧された。

（68）Grew to Secretary, 793.94/11754（1937/12/21), NA.

（69）Situation in the Far East and Suggestion by Mr. Matsukata that the United States Offer Good Offices, 793.94/12370（1938/1/21), Memorandum by Hornbeck, 793.94/12370 付属（1938/1/22), NA.

（70）Memorandum for the Chief, Intelligence Branch by Mayer, 793.94/11817（1937/12/11), Johnson to Secretary, 793.94/12027（1938/1/10), NA. スティルウェルは以下のように状況を分析した。中国は、正面攻撃（stand up fight）では日本に勝てない、ということを自らも認識しているため、第三国、特にソ連の介入を切望し、一方、日本は戦線が危険なまでに伸びきっているのを認識しているため、中国が和平を乞うことを望んでいる。

（71）Johnson to Secretary, 793.94/12583（1938/3/4）　ジョンソンは「日本が撤退できず、中国が戦闘を止めないのであれば、持久戦に突入するであろう」と結論づけた。

（72）Johnson to Secretary, 793.94/12068（1938/1/11）; 793.94/12146（1938/1/19）, NA.

（73）Johnson to Secretary, 793.94/12583（1938/3/4）, NA.

（74）Johnson to Secretary, 793.94/12146（1938/1/19）, NA.

（75）Johnson to Secretary, 793.94/12301（1938/2/3）, NA.

（76）G－2 Digest of Information Sino-Japanese Situation April 2－13, 1938, 793.94/12884（1938/4/16）, Memorandum by Captain Dorn, 13101（1938/4/22）, NA..

（77）秦郁彦「日中戦争の軍事的展開」『太平洋戦争への道』第四巻、四四―四六頁。

（78）Memorandum for the Chief of Staff, 793.94/13296（1938/4/29）, NA.

（79）Memorandum by Far Eastern Division, Possibilities in the Far Eastern Situation, 793.94/13081 1/2（1938/5/4）, NA.

（80）Wilson to Secretary, 793.94/12565（1938/3/2）, NA.

（81）Situation in the Far East, Herschel V. Johnson to Secretary, 793.94/12756（1938/3/22）; Situation in China, 13376（1938/6/23）, NA.

（82）Bullitt to Secretary, 793.94/12985（1938/5/9）, NA.

（83）Davies to Secretary, 793.94/12578（1938/3/4）, NA.　リトヴィノフとの会談での印象。

（84）Far Eastern Development, Herschel V. Johnson to Secretary, 793.94/12959（1938/4/27）, NA.　イギリスは早くからソ連の中国への関与に懸念を抱いており、一九三七年八月に中ソ不可侵条約締結を妨げようとして失敗している。Best, *op. cit.*, p. 63.　このようなイギリスのソ連への懸念は中国も知るところとなっていた。孫科はブリット駐仏米国大使に、「イギリスは日本が中国を圧倒するのは望んでいないが、日本が打ち負かされるのも望んでいない。日本の敗北はソ連による中国支配を意味することを彼らが恐れているからである。しかし、中国共産党の指導者は今や蔣介石に忠誠を誓って協力しており、中国共産主義者は第一に中国愛国者であり、共産主義者であるのは第二である。よって、中国に共産主義の危険は存在しない」と語った。Bullitt to Secretary, 793.94/12985（1938/5/9）, NA.

（85） Summary of Events in Sino-Japanese Situation, December 4－11, 1937, Mayer to Intelligence Branch , 793.94/11817（1937/12/11）, Johnson to Secretary, 793.94/12027（1938/1/10）, NA.

（86） Johnson to Secretary, 893.00/14242（1938/5/23）, NA.

（87） Japanese-Soviet Relations, Grew to Secretary, 793.94/12769（1938/3/18）, NA.

（88） Memorandum by Far Eastern Division, Possibilities in the Far Eastern Situation, 793.94/13081 1/2（1938/5/4）, NA.　イギリスの対中支援について具体的には触れられていないが、ビルマ・ロードの建設支援を指すと思われる。孫科は、一七万五〇〇〇人の苦力がビルマロードで働いており、そのうち航空機や重砲の輸送も可能になるとブリットに語っている。Bullitt to Secretary, 793.94/12985（1938/5/9）, NA.

（89） Far Eastern Development, Herschel V. Johnson to Secretary, 793.94/12959（1938/4/27）, NA.

（90） Sun, *op. cit.*, pp. 134－135.

（91） ノーマン・A・グレイブナー「大統領と対日政策」細谷千博、斎藤真、今井清一、蠟山道雄編『日米関係史　一』東京大学出版会、一九七一年。*FRUS*, 1938－Ⅲ, pp. 425－427.

（92） MaCarty, *op .cit.*, pp. 170－171, Sun, *op. cit.*, p. 136, Hornbeck's Memo on the tung oil project, *President's Secretary's File*, box. 26, FDRL.

（93） 実際の日本軍部はホーンベックの想定よりも非合理的であり、真珠湾攻撃に至った。ホーンベックは、日本の軍国主義者は軍事力によってしか動かせないと考えていた。しかし、日本軍部は必ずしも軍事的合理性によって動いていたわけではなく、むしろホーンベックの方がより軍事的合理性を重んじていたのである。

（94） Johnson to Secretary, 793.94/15332（1939/8/30）, NA.

(95) Memorandum by Hornbeck, 793.94/15339 (1939/9/16), NA.

(96) Jonathan G. Utley, "Cordell Hull and the Diplomacy of Inflexibility", Hilary Conroy and Harry Wray ed., *Pearl Harbor Reexamined*, University of Hawaii Press, 1990, p. 75.

(97) Utley, *op. cit.*, p. 72.

第三部　日中全面戦争

第九章　日中開戦後の日本の対米宣伝政策

——「正義日本」の宣明から文化事業へ——

高橋勝浩

はじめに

松方幸次郎が渡米に先立つて話しに来た。私が樺山《愛輔》、副島《道正》その他に、いわゆる親善使節を米国に送ることはやめた方がいゝといつているにもかゝわらず、続々出かけて行く。米国へは松方、芦田《均》、高石《真五郎》、鈴木文史郎《朗》、英仏両国へは石井子爵《菊次郎》、ドイツへは伍堂《卓雄》提督、イタリイへ大倉男爵《喜七郎》等々である。米国へ行つたつて何にもなりはしない。彼らの基本的主題は日本が自衛上中国と戦つているというのだが、どんな風に表わそうと、こんな馬鹿なことに耳をかす米国人は一人もいはしない。米国人は先天的に中国に同情的であつたし、現在とて同情的であるばかりか、ほとんど通常的に弱者に同情する。日本は中国の土地で戦つているのではないか。それ以上に何をいう必要があるか。もし私がひどくまちがえていないものなら、かゝる使節は、ひどいショックを受けることだろう。

だが松方は自分は親善使節として渡米するのでなく、単に商業上の契約を結び、また石油、屑鉄、トラックなどの必要品を買いに行くのだといつた。私は彼に米国の世論は、現在の衝突は中国に責任があるという日本の申立てに無愛想であることを見出すだろう、また日本は善隣政策の継続を困難にさせるようなことを色々やつた。それから米国政府はその政策と行動を決定するのに当つて、国内世論に傾聴せねばならぬのだ、ということを話した。松方は米国の影響力は現在の日本で最高のものなので、戦争を中止させることに顕著な働きをするだろうといつた。

これは、駐日米国大使を務めたグルー（Joseph C. Grew）の著書『滞日十年』の中の「親善使節」と題する一九三七年一〇月五日の記事である。(1) 彼はこれより前にも日本政府から米国に特派大使を送ることは、大統領ローズヴェルト（Franklin D. Roosevelt）の好まないところで、日中戦争に距離を置いている大統領の立場をきわめて困難にするという理由から、これを中止するよう満鉄総裁松岡洋右に内話している。(2) このグルーの意見は松岡や樺山愛輔によって宮内省宗秩寮総裁木戸幸一や元老西園寺公望私設秘書原田熊雄といった宮中関係者に伝えられた。(3) これを知った外相広田弘毅は、特派大使はかえって有害であると判断し、「特派大使は米国へはやらないつもりだ。人を出すにしても個人の資格で出す」(4)と語っている。

ここで重要なことが二つある。一つは米国側で最も親日的にして、日本の「穏健派」に期待していたグルーですら、対米特使の派遣については冷淡であった点である。そしてもう一つは、そのグルーによる中止勧告にもかかわらず、日本側が個人の資格とはいえ、敢えて特使の派遣を強行した点である。その理由とは一体何であろうか。

グルーが記した日本による親善使節（特使）の米国派遣は、実をいうと、この時が初めてではない。満州事変の勃発によって日本外交が危機的状況に陥った時、その再建手段の一つとして構想されたのが対米特使の派遣であり、実際に鶴見祐輔、石井菊次郎など少なからぬ人物が渡米したのであった。(5) そして一九三七年、盧溝橋事件を契機に日中両国が全面戦争に突入し、日本に対して国際的非難が高まると、再び特使派遣構想が再燃、ここに日本政府は相当数の非公式使節を欧米各国に派遣し、その立場を代弁せしめたのである。当時、日本国内ではこの非公式使節を「国民使節」と呼んだ（「**国民使節一覧表**」三九六―三九七頁参照）。

この国民使節の派遣を契機に、日本政府はプレス・アタッシェ（press attaché）という情報啓発担当官を駐英・駐仏両大使館と在ニューヨーク総領事館に置き、ついで樺山が理事長を務める財団法人国際文化振興会（一九三四年設立）を通じてニューヨークに日本文化会館（Japan Institute, Inc.）を開設するなど、とりわけ米国に対する宣伝政策を積極的に推進していったが、こうした日中戦争をめぐる日本の対外宣伝政策に視点を当てた研究は、けっして多くない(6)。その背景には、宣伝またはプロパガンダを副次的な外交政策と捉えて捨象する傾向や、史料的制約による政策効果についての検証の難しさなどがあると思われる。

そこで本章では、これまで等閑視されてきた、日中開戦後の日本の海外宣伝のうち、米国を対象とした政策に焦点を絞り、その一面を考察したい。具体的には国民使節、プレス・アタッシェ、ニューヨーク日本文化会館の活動を分析し、そこから日本の対米外交上の思考様式や、関係改善のための論理の発掘を試みようと考えている。

一　特使派遣構想の生起

一九三七年七月下旬の廊坊と広安門における両事件によって、日中間の武力紛争が拡大長期化の様相を呈し始めると、日本国内では、中国側の積極的な反日プロパガンダ等によって国際世論が悪化してゆくことが危惧された。事実、中国政府は開戦直後から蔣介石指示の下に対外宣伝工作を開始し、九月には胡適・張忠紱・銭端升といった北京大学の三教授を米国に派遣していたのである(7)。ここに日本国内でも、第三国に対して特使を派遣し、「日本が現にやつて居ること、やらうとすることを率直に明瞭に量々と宣示披瀝して、日本の行動が正義人道に反するものでないことを、世界各国に充分認識せしめるやう、懸命の努力を要望する」[8]との意見が本格的に表明されるようになった。その一人が、日露戦争中に米国にあって世論工作に従事した経験を持つ枢密顧問官金子堅太郎である。八月二七日、金子は木戸に対して特使派遣の必要を提唱している。当日の『木戸幸一日記』には次のようにある。

七時半、葉山に金子伯を訪ふ。伯は真に時局を憂られ、今日迄の政府の措置を見るに、対内策は至れり尽せりの観あるも、対外策については殆ど見るべきものなきを嘆ぜられ、是非速に英米独仏に特使を派遣し、我国の立場を明にするの要を痛論せらる。尚、戦局の前途についても、由来《ママ》の軍人に其見透なきは通例なれば、近衛公は確乎たる見透をつけて、時局を収拾するの要あるべしと切論せらる。首相、内大臣に伝達を約して、九時半辞去す。

この金子の提言は木戸から首相近衛文麿と内大臣湯浅倉平に伝えられたのであった[9]。

ついで九月六日には、衆議院第二回予算委員会において政友会代議士岡田忠彦が質問に立ち、米国産業別労働組合会議（Congress of Industrial Organizations）所属の船荷積込従業員組合の対日ボイコット是認決議が全米に波及すれば、中立法発動以上に峻厳な結果をもたらす恐れがあるとし、米国は民間団体の勢力が相当に強いため、公館等を通じた労組等の趨向の注視だけでなく、さらに進んで日本の立場を説明する遣外使節の速やかなる派遣と、為替相場安定のための政府による外国クレジットの必要を訴えた。

クレジットについての蔵相賀屋興宣の答弁は、外国の協力に期待して計画すべきではないため、民間においてできれば良いとの趣旨に止まったものの、外相広田は使節の派遣について積極的姿勢を示した。広田は日中戦争に対する日本の態度を諸外国の政府と国民に徹底させることは「最モ重要」であるとし、「事態ガ重大ニナルニ連レマシテ、支那側等ノ有ユル悪宣伝モアルコトデアリマスカラ、十分ソレ等ノ点ヲ諒解サセル為ニ一層ノ努力ヲ必要トスルト思ヒマス、其為ニハ政府所属ノ外交官ノミヲ以テシテハ、却テ国民全般ノ意向ヲ十分ニ伝ヘルノニ足リナイト存ズル点モアリマスノデ、諸外国ト色々ノ関係ニ於テ密接ナル連絡ノアル人ニ御願致シマシテ、日本ノ真意ヲ諒解セシメルヤウニ努力シテ参リタイ」[10]と表明した。こうして使節の派遣が決定し、広田はグルーの意向を打診したのである。

二　国民使節の派遣

人　選

管見の限り人選の経緯を詳述した史料はないが、最初の国民使節は一〇月に日本を出発しているため、広田の議会答弁通り「諸外国ト色々ノ関係ニ於テ密接ナル連絡ノアル人」を九月中に選定、打診と交渉が試みられたようである。ここでは、選定の経緯が明確になっている人物を中心に取り上げ、そのプロセスを追ってみよう。

例えば米国への国民使節に選ばれた松方商会代表・衆議院議員松方幸次郎の場合は、そもそもは昭和研究会の主宰者後藤隆之助によって提議された松方・蔣和平会談の構想が、原田熊雄の反対などもあって頓挫したことに端を発している[11]。当初、首相近衛は学習院長野村吉三郎の米国派遣を希望していた。このため近衛は野村の説得について海相米内光政と懇談し、また宮中府中の峻別という立場から野村の派遣に反対していた宮相松平恒雄の説得を原田を通じて西園寺に依頼している[12]。野村の米国派遣については湯浅も賛成していたが[13]、結局「米国に対する野村大将は学習院長たる宮内官吏として政治使命を受けしむるは面白からずとの宮内省の注意ありたるため、松方幸次郎に交渉し彼の内諾を得た」[14]のであった。

また近衛はゴルフ仲間の高石真五郎にも直接渡米を依頼している。高石は大阪毎日新聞社・東京日日新聞社取締役兼主筆であったため、近衛が報道関係の国民使節に選んだのである。出発前日の一〇月七日、高石は近衛を往訪、[15]近衛は高石の渡米に際して一〇万円を提供している。その後、米国には政友会代議士芦田均、太平洋問題調査会常務理事・日本YMCA同盟総主事齊藤惣一（戦後、厚生省引揚援護院長官）が派遣されることとなった。

一方、ヨーロッパに対しては元外相で枢密顧問官の石井菊次郎の英国派遣が検討された。九月六日、外務次官堀内謙介が石井を訪れ、広田が首陸海三相の熱心な賛同の上に、石井に対して英国を主目的にヨーロッパへの出馬を懇請していると説明した。堀内の打診を石井は原則的に受諾したが、自らの老齢、懇意の英国政治家の相継ぐ死去、日英親善回復の可能性の低さを理由に他の適任者を物色するよう再考を促した。但し石井は、米国ならば知己も多少あり、四年前にはローズヴェルトとも親しく意見を交換したため「此方なれば多少の抱負なきにもあらず。而して今回日支事変に於ても英国の態度は主として米国を先導に立てて其背後に次《ママ》かんとするの有様なれば、我国としては外交工作の主要標は米国たらざるべからず。余を欧洲に派せんとする政府は米国に派遣すべき候補者を定められたるにや」と米国行きに意欲を示した。これに対して堀内は、米国に対しては学習院長野村の内諾を得たと聞いているとし、「欧洲特に英国に派すべき者は色々考へたるも若き外交官にては吉田大使に対し微妙の感を抱かしむべく、吉田大使を抑ふる必要なかるべきも、時に同大使を差措き独立行動を執り得る大株の者たるを要するところ斯る条件をも併せて具備するもの他には見付かり得ず」と述べた。さらに堀内は、石井の観測とは裏腹に、日本の多少の譲歩によって中国をめぐる英国との協調は可能であると説明している。[16]結局、堀内から再考の余地なしとの回答に接したため、九月一六日、石井は「余の外遊を漠然と欧洲と公表し重心点を露はさざる」ことを条件に渡英を正式に受諾した。[17]

ヨーロッパに対してはその後、元商工相で貴族院議員の伍堂卓雄のドイツ行きが、[18]また日伊学会長大倉喜七郎のイタリア行きがそれぞれ決定した。伍堂は前々年の訪独を、大倉は一九二八年の会津白虎隊建碑事業によってできた首相ムッソリーニ（Benito Mussolini）との個人的パイプを見込まれての選出であったと考えられる[19]。なお、フランスに対しては日本政府よりの旅費援助を条件に日仏同志会から貴族院議員曾我祐邦と予備役陸軍砲兵大佐小林順一郎を派遣する計画があったが、曾我の健康問題により最終的に東京朝日新聞外報部長町田梓楼の派遣となったようである[20]。

国民使節はまず高石が一〇月八日に米国に出発して先陣を切り、ついで同月一四日に伍堂、大倉、芦田、松方、齊藤が竜田丸で日本を出発した[21]。また同じ日、元駐ポーランド公使伊藤述史が中国に、翌々一六日には町田がフランスにそれぞれ出発している。米国に赴く人物の多さは、日本の対米重視の表れと見てよいであろう。

その後も候補者への打診は繰り返され、一一月九日、後備役海軍大将竹下勇が陸軍当局から「日本ノ正シキ立場ヲ了解セシムル為、米国行ノ諾否ヲ内々承ハリタシ」と打診されている[22]。竹下はこれに内諾を与えなかったが、一一月二六日には、敬虔なカトリック信者にして長らく昭和天皇の側近に奉仕した海軍少将山本信次郎が、元在ロサンゼルス副領事芝崎路可を随えて欧米諸国の漫遊に出発している。山本によれば、これは「外務省より熱誠なる依嘱と、陸軍側の切なる慫慂とに応じ、主として在外友人間と、カトリック教会方面に、日中事変に関する正しい認識を深めさせるため」の外遊であった[23]。山本の外遊は外務省情報部のイニシアチヴにかかるカトリック教徒工作であったが、ヴァチカン市国をはじめカトリック諸国やキリスト教各教会との連携は、ソ連への対抗や防共上の政策の一環として外務省内でも革新派官僚を中心にかねてから構想されていたことから[24]、彼の外遊実現にはこうした方面からの強い要請も働いていたのかもしれない。彼は欧米一六カ国を歴訪、防共的立場から日本を支持していた法王ピウス一一世（Pius XI Ambrogio Ratti）にヴァチカン市国において謁見、翌年二月にはローマから全世界三億三千万人のカトリック教徒に対して「正義日本の認識」を呼びかけている[25]。

こうして陸続と国民使節が訪問国に向けて出発していったが、この中でも民政党代議士鶴見祐輔の訪米は日本政府

一　覧　表

出発日	帰朝日	帰朝談・関連記事等
昭和12年10月14日	昭和13年2月12日	『欧米見たまゝ』『列強の動向を視る』「欧米を行脚して 世界の情勢を語る」（『国政一新論叢』）
昭和12年10月30日	昭和13年4月23日	『欧洲事情視察談』「ロンドンに反映した日支事変の雲行き」（『外交回想断片』）
昭和12年10月14日	昭和13年3月4日	『伊太利と私の関係』
昭和12年10月14日	昭和13年6月4日	『独逸に使して』『独逸より帰りて』『独逸の勤労奉仕運動』『伸びゆく独逸』
昭和12年10月14日	昭和12年12月18日	「最近の米国の印象」（『海の外へ使して』）
昭和12年10月8日	昭和13年3月4日	『事変と米国』『正義日本』（*JAPAN SPEAKS OUT*）
昭和12年12月18日	昭和13年3月18日	「最近の米国に於ける排日感情と極東政策」「支那事変と米国の動向」
昭和12年11月1日	昭和13年3月4日	『独伊より帰りて日本国民に訴ふ』
昭和12年7月19日	昭和13年2月1日	『外遊日記　世界の顔』
昭和12年10月16日	昭和13年3月18日	『欧洲殊に仏蘭西の東亜時局認識』『第二次世界大戦と日本』
昭和12年10月14日	昭和13年3月18日	『支那事変と我が財政』
昭和12年11月26日	昭和13年11月29日	『欧米に使して』
昭和12年10月14日	昭和13年3月14日	
昭和12年4月28日	昭和12年10月29日	『事変をめぐる列国の対日感情』『平々凡々九十年』
昭和12年夏	昭和13年1月	『文史朗随筆』

掲載した。なお、鈴木のデータの詳細については未だ管見を得ていない。

国　民　使　節

人　　名	肩　　書	依頼者	訪問国
芦田　均	衆議院議員、ジャパン・タイムズ社長、日本文化中央聯盟評議員	政友会推薦	米国、英国、仏国、白国、独国、羅国、洪国、墺国、チェコスロバキア、波国、伊国、エジプト、イラク、インド
石井菊次郎	枢密顧問官、元外務大臣	広田弘毅	英国、仏国、伊国
大倉喜七郎	日伊学会会長、帝国ホテル会長		伊国、米国
伍堂　卓雄	貴族院議員、元商工大臣		独国、英国、米国、伊国
齊藤　惣一	太平洋問題調査会常務理事、日本ＹＭＣＡ同盟総主事		米国、カナダ
高石真五郎	大阪毎日新聞社・東京日日新聞社取締役兼主筆、東亜調査会副会長、同盟通信社理事、内閣情報部参与、日本文化中央聯盟評議員	近衛文麿	米国
鶴見　祐輔	衆議院議員	自薦	米国
中野　正剛	衆議院議員	自薦	独国、伊国
鳩山　一郎	衆議院議員	自薦・外務省	独国、仏国、墺国、洪国、スイス、英国、伊国、米国
町田　梓楼	東京朝日新聞外報部長		仏国、米国
松方幸次郎	衆議院議員、松方商会代表、元川崎造船社長	外務省・近衛文麿	米国
山本信次郎	海軍少将、元宮内省御用掛	外務省・陸軍省	パレスチナ、エジプト、伊国、ローマ法王庁、仏国、洪国、白国、蘭国、ルクセンブルク、西国、英国、アイルランド、葡国、伯国、米国、カナダ
伊藤　述史	元駐ポーランド大使	外務省	中国
門野重九郎	東京商工会議所会頭		米国、英国、独国
鈴木文史朗	大阪朝日新聞社重役待遇		豪州、ニュージーランド、ジャワ、シンガポール

注）　伊藤と門野は国民使節ではないが、派遣使命に宣伝活動が含まれているため、本表に

からの依頼ではなく、自薦という点で特色あるものとして評価できよう。鶴見はすでに七月二八日、同郷の貴族院議員池田長康に対して渡米の用意があり、米国の啓発上自分を利用するよう近衛に伝えてほしいと依頼した(26)。彼の渡米には反対論もあるが、満鉄総裁松岡が強くこれを支持し、また近衛も鶴見の訪米を望んでいるとの情報がもたらされた(27)。このため鶴見は民政党総裁町田忠治に政府の全面的な支持を依頼、これに対して町田も近衛に協力を依頼すると言明した上、「大にして八国のため、小にして八党の為め是非御引受け乞ふ」と鶴見に渡米を慫慂したのであった(28)。

後述するように、この時、鶴見は日本情報図書館（The Japanese Library of Information）という日本紹介のための常設機関の設立計画を有していた。単に一時的訪問による啓発活動に終わらないという点で、鶴見の存在は国民使節の中でも異彩を放っていたといえよう。その鶴見は一二月一八日に日本を出発した。

宣伝方針の作成

国民使節のメンバー選定と併行して宣伝方針が外務省を中心に立案された。日付は判然としないが、石井菊次郎に与えられた「国民使節ヨリ各国関係方面ニ対シ説明スヘキ一般事項」と題する文書が、政府方針と見て間違いないであろう。ここではまず、日本国民が対中和平を焦慮のあまり第三国の斡旋を求めているかの如き感触を与えないよう留意しつつ、「事変ニ対スル正鵠ナル認識ヲ与ヘ能フ限リ各国側ヲシテ我方ニ有利ニ誘導スル」ことを求めていた。この目的のため、第一に説明徹底を期すべきは、戦争の勃発と拡大の責任がすべて中国側にあり、日本は正義であるという点であった。曰く、

今次事変勃発ノ直接原因ハ合法的ニ北支ニ駐在セル帝国軍隊ニ対スル支那側ノ不法射撃ニ在ルモ、之カ遠因ハ支那側カ永年抗日

反日ヲ以テ国策トシ、一般民衆ノ侮日感情ヲ極度ニ激化シタルニ在リ。而シテ我方ハ作戦上ノ不利ヲ忍ヒテ迄極力事態ノ不拡大、局地解決ニ努メタルカ、支那側ハ却テ大軍ヲ集結シテ全面的ニ敵対行為ニ出テタルカ為、我方モ巳ムヲ得スシテ之ニ応シタルモノニシテ、固ヨリ領土的企図ニ出テシモノニ非ス。従テ今次事変勃発及拡大ノ全責任ハ支那側ニ在リ。我対支行動ハ何等現存条約ニ反スルモノニ非ス（一二、一〇、九、外務省声明参照）。

すなわち政府方針によれば、日本国民は中国との提携協力によって両国の共栄と東アジアの恒久平和を希望しているにもかかわらず、中国側はこれを無視して以夷制夷と排日で臨んだため、遂に今次戦争に至った、ここに日本国民は東洋平和のため挙国一致、万難を排して抗日分子の徹底的膺懲に立ち上がったのであって、もとより領土的野心はない、だから日本は中国の一般民衆その他非戦闘員に不測の被害が及ばないよう最善を期するとともに、第三国の在中権益も可能な限り尊重している、しかるに中国側は日本国旗の濫用、毒ガス、ダムダム弾の使用といった不信・非人道的行為に出ているのみならず、無責任な虚報を宣伝して日本を誹謗している。要するに日本は正義、中国は悪という構図である。

第二に日本側が訴えようとしたのは、列国との防共的提携である。ソ連との提携による中国の共産化は、現在の抗日運動を全面的な排外運動に転化させる恐れがあるから、これが事態を阻止するためにも、第三国側においては「此ノ際速カニ時局収拾セラレ、日支提携ノ実現ヲ見ルヲ得策トスヘク、従テ対支兵器其他ノ供給ニ依ル援助ヲ差控へ、寧ロ日本側ヲ支持スルノ態度ニ出ツルコト可然」。以上二点を訴えるよう日本政府は国民使節に指示したのである。(29)

この政府方針とは別に陸海軍からも希望事項が提出されている。まず海軍では海軍省臨時調査課を中心に松方幸次郎の渡米に際する要望事項が起草され(30)、九月二〇日「遣米特使ニ対スル希望事項」が外務省に提出された。海軍の認識の中で注目すべきは、「今次事変ニ対スル列国ノ動向中米国ハ目下公明正大ナル態度ヲ持シツツアルハ御承知ノ通ナル処、支、英等ハ必死トナリテ同国ノ引入ニ熱中シツツアリ。従テ我国ニトリテ米国ノ動行ハ此ノ際極メテ重要ニシテ、今後モ従来通公正ナル態度ヲ持続セシメ、英、支等ニ引入レラルルコトナカラシムル如クスル必要」(31)を外交関係の第一の目的に設定した点であった。この目的達成のため、海軍も政府方針とほぼ同じ事項を「輿論ノ国」たる米国の各界に了解させるよう望んでいたが、より興味深いのは、日米経済関係は今後ますます緊密の度を加えつつあるから、戦争の終結が速やかなほど両国にとっては好都合であり、また日本の中国からの後退は「英蘇ノ経済的支那植民地化ヲ意味スルモノニシテ米国トシテモ通商上警戒ヲ要スル所ナルベシ」とした点であろう。

しかしこの両国経済関係緊密化の強調は海軍の懸念の表れでもあった。とりわけ海軍側が米国との政治経済関係上憂慮したのは、中立法が発動された場合に起こるべき事態であり、このため「(イ)中立法発動セラレタル場合、直ニ第二期発動（材料品ノ禁止）ニ迄及ブヤ否ヤノ見透、(ロ)中立法第二期発動セラレタル場合、我必需品タル屑鉄及石油等ヲ直接又ハ第三国人ノ名義ニ依リ購買スルノ可能性、(ハ)中立法発動後ニ於ケル米国輸出禁止品以外ノ日米貿易関係、(ニ)英国ガ対日経済封鎖ノ挙ニ出デ倫敦ニ於ケル金融不能トナリタル場合、紐育ニ於テ右ヲ補フコトノ能否（輸出手形ノ振出、輸入資金ノ調達等）」などの諸点について、米国要人と経済界の動静を探るよう希望していたのである。(32)

一方、陸軍側の要望は鶴見祐輔が所持していた「欧米派遣ノ使節ニ対スル要望抜萃」と題する文書に見ることができる。(33)戦争をめぐる中国の責任と日本の正義、ソ連との提携による中国の赤化と排外運動の恐怖を説明要領として挙げている点は政府や海軍とほぼ同じであるが、この文書の中で特に注目すべきは、外国政府と民間の対日態度善導上の施策の一つとして「経済的工作」が提唱された点であり、具体的には「米独両国ニ於テ『クレヂット』ノ設定、列国ニ対スル借款等為シ得レハ経済問題ニ関シ帝国ノ為メ有利ナル展開ヲ図ル」ことであった。そこで陸軍は「米国ノ対支平和的経済進出ニハ日本ハ歓迎シ」ていること、「満洲国ニ於ケル投資ノ可能性アル旨強調ス」ること、「対日借

款『クレヂット』ノ問題ニツキ話合フ」こと等を基本として、米国に臨むよう鶴見に要望したのであった。(34)

国民使節は以上の日本政府の方針と陸海軍の要望を受け、各訪問国において「正義日本」と防共的提携を訴えただけでなく、経済的工作をも模索してゆくのである。

国民使節の滞米中の活動

次に国民使節の滞米中の活動を見てゆこう。まず一〇月八日先陣を切って出発した高石真五郎は四カ月をかけて全米主要都市を歴訪、陸海外三省提供の資料に基づいて日中紛争をめぐる日本の立場を講演会、座談会、新聞、ラジオなどを通じて説明し、米国民の理解の深化と認識の是正に努めた。ついで彼はハワード（Roy W. Howard）やハースト（William R. Hearst）といった新聞王、UP通信社長ベーリー（Hugh Baillie）、政治評論家リップマン（Walter Lippman）ら言論界のリーダーとも会談した。高石の主張は、「要するにわが日本国民はあたかも貴国が前世紀米国大陸でなしたと同じ方法をもつて、極東において発展せんことを希求してゐるのである。欧洲が米国の発達によつて利益を受けたように、極東がさらに一層の安定と繁栄を見た暁には米国もまた極東において得るところあるを余は確信する」から、この点を米国民が現実主義の立場から理解するよう希望してやまない、というにあった。(35)しかし米国政府当局、新聞界の指導者、一般国民の多くは、日本の満州における経済的発展は正当化してもよいが、中国本土に南下して構築した既成事実を既得権と主張することは極東の秩序を保つためにも黙認できないと反駁したという。(36)

こうした米国側の反応が象徴的に現れたのが、一一月一三日ニューヨークのホテルアスターにおける米国外交政策協会午餐会での胡適と高石との立会演説であろう。中国側の遣米使節であった胡は、現下の戦争が日本帝国主義のアジアに対する野心と中国ナショナリズムとの衝突であり、中国は止まるところを知らない日本の侵略に対して自衛のための闘争を展開していると述べたが、同時に、この戦争は日本軍国主義と新世界秩序の道義的要求との衝突でもあるから、日本は世界諸国民第一の敵であると非難した。これに対して高石は、第一に戦争の原因と責任を中国の積年にわたる排日運動と先制攻撃に求めた上、日本の目的は領土ではなく、中国との親善関係と東アジアの平和の確立にあると反論した。第二に高石は、中国は統一国家ではなく、国際的に開放された植民地であり、政治的に共和国とはいっても憲法停止状態にあり、南京政府の排日運動の指導者と軍閥が支配する「超異常国家」である、だから南京政府の排日政策放棄によって戦争は終結可能であると力説した。高石は第三に、コミンテルンと中国共産党の華北に対する影響力の浸透は日本の国防上看過できないと指摘した上、華北における日本の既得権益の保護と防共に関する特殊協定の締結が和平条件の一つであり、両国が第三国の仲介なしに直接和平交渉を行ってこれを実現すれば、東洋の永久平和は確保できると断言したのであった。(37)

しかし胡の告発が拍手喝采を受けたのに対し、高石に対する聴衆の反応はきわめて冷淡であった。高石は質問の集中砲火を浴び、その主張は非難の声に掻き消され、ホテルの外でも日本の侵略の代弁者に対する抗議と日貨排斥要求のビラが配布されたという。翌日の『ニューヨーク・タイムズ』(*New York Times*)紙が「中国、公開討論会にて勝利の祝杯／当地の外交政策立会演説会に千人が参加、日本の代弁者にブーイング／〃戦争〃の争点が明らかに」(38)と報じているのを見ても、胡との論争は明らかに高石の完敗であった。

高石と同じく米国に赴いた芦田均も各地において演説し、中国の領土保全、通商上の門戸開放・機会均等の実現によって東洋平和の確立を目指す日本の立場を説明したが、(39)駐米大使館外交顧問モアー(Frederick Moore)はその回想録の中で、国民使節の主張は「人によっていろいろと変ったが、全体の方向ではみな同じものだった」と的確に分析評価している。モアーの見るところ、彼らは戦争勃発と拡大の全責任は中国側にあると主張する反面で日本の正義を宣明し、日本の対中要求は排日政策の放棄、赤化の防止、両国の経済提携の三点につきると強調することによって、米国の蔣政権に対する道義的・財政的支援を阻止しようとしていたのである。(40)

国民使節が米国側に訴えたもう一つの論点は経済提携であり、より具体的には華北占領地の経済工作を推進する上で米国資本と提携することであった。このため松方幸次郎は米国財界に接触していたし(41)、イタリア訪問を終えて米国滞在中の大倉喜七郎も一九三八年一月三〇日の『ニューヨーク・タイムズ』紙に投稿し、「若し余の意見が本国政府の容れる所となつたら、日本は日支事変終了の暁、支那開発のため重工業用機械並道路建設用材通信用具等を米国より多額に購入することとならう。更に支那の資源開発のためにも米国の技術的援助を大いに必要とすることとならう。但現在の所米国にクレデイツトを求めてゐるやうなことはない」(42)と述べた。確かに日本側から正式な借款の申し入れはなかったが、日銀総裁結城豊太郎は米国から綿花に関するクレジットを取り付けるよう鶴見祐輔に指示は出しており、この計画には蔵相賀屋興宣も同意していた。(43)同年一月三日ニューヨークに到着した鶴見は、現地駐在の大使館商務書記官兼領事井上豊次や三菱・三井関係者と協議し、交渉に関する「大体ノ方針」を決定した。だが、日本海軍によるパナイ号爆撃事件等により対日世論が悪化していたため、「交渉ヲ開始スルコトハ却テ将来ノ成功ヲ妨グル結果トナル惧アリ、今少シク時機ヲ待チテ、一方ハ政治的ニ他方ハ事務的ニ話ヲ始ムル方得策ナラント決定」(44)、結局「棉花ノ件ハ事件ノ興奮鎮静ヲ竢テ開始スルヲ可ト信ズ」(45)と鶴見は結城に伝えざるを得なかった。なお、鶴見はその際、賀屋の承認を得た三保幹太郎や久保久治といった「アウトサイダー」がニューヨークの銀行等に接触したことで障害が生ずる恐れがあるとし、「スベテカカル第三者ノ抜駆ノ活働ハ事態ヲ悪化セシムル危険アルニツキ、棉花ニ限ラズ、クレヂット等ノ件ニ関シ今後日本ヨリ軽々シク人ヲ出サレザルヤウ閣下ヨリ当局ニ御懇談アリタシ」と結城の注意を喚起している。(46)

ついで二月一六日にはニューヨークから結城に電話をかけているが、その時のメモによると、鶴見は「対日感情頗る悪化、Panay — Allison —南京の暴行—海軍問題—到底此の儘にてハ credit 処に非ず、寧ろ日本を妨害の形勢」と米国の現状を報告している。ここに彼はその「転換策」として「政治家に approach するよりも businessmen に approach する方有望、即ち日支間の和平交渉の下地を彼等をして作らす事」を考え、国際商業会議所会頭ワトソン（Thomas J. Watson）と会見した。ワトソンは大統領ローズヴェルトに選挙資金を提供しているだけでなく、ナチス・ドイツ総統ヒトラー（Adolf Hitler）とも親交関係にあり、また国際商議会頭としても世界に勢力を有し、「World Peace through world trade の slogan にて行動」していたのである。鶴見が日本の真意を説明し、戦争の早期終結の希望を伝えると、ワトソンは「日支間平和交渉の下地を作り世界平和の基礎を固むる為めなら悦んで協力すべし。それにハ政治家が之を為すよりも businessmen が極秘裏に日本の要求を聴き、之に対して、各国の意見を纏め、支那が之を受諾し得る如き空気を作るべし」と応答した。その具体案としてワトソンは、日本から東京商工会議所会頭門野重九郎が至急渡米するならば、国際商議中でも有力な欧米八カ国の委員を極秘裡に招集する用意があると申し出た。なお、ワトソンはこの計画は絶対秘密であり、和平案が「出来上がるまでハ各国の政治家は何等責任を取る要なし。責任は Watson が Int. Chamber of Commerce の議長として取る」と付け加えた。かくして鶴見は駐米大使斎藤博と協議の結果、「失敗しても何の害もない事ですから是非やらして見たいと思ひます。これハ総裁の腹芸で門野氏とお話の上御返事を願ひます」(47)と結城に緊急の決断を促したのである。

結城は直ちに近衛・広田と協議した結果、翌々一八日「ワトソンノ好意ニ対シテ深ク感謝、門野氏病気渡米難キモ、同氏以上ノ人物ヲ送ル故、可然取計ハレ度ニ就テハ、場所、日時打合セ確定次第電報相成度、一人ニテ宜敷哉、数人ヲ送ルベキカ、其他当方準備ニ付キ、御気付キノ点モ御通知有之度」(48)と極秘電報を発した。これに対して翌日鶴見は

「一、英語ニ堪能ナルコト、二、外国人ニ好マルル人ナルコト、三、支那ノ実情ヲ知悉セルコト、従ツテ一人ニテ右要件ヲ充タサヾル場合ニハ二人ニテ可ナリ、尚小生ハ三月上旬帰朝ヲ延期シ、御手伝シテモ可ナリ、先電御問合ノ三点ハワトソンノ返事アリ次第御返事ス」[49]と返電した。鶴見の意見を受けて日本側では、病気の門野に替わって東京海上火災保険会長・貴族院議員各務謙吉を派遣する予定であったという[50]。

だが、ワトソンを介した日中和平交渉という鶴見の発案は外務省の反対によって、一月二一日に突然中止される。その経緯は判然としないが、鶴見の手記には「何故外ム省より反対し来りしか、陸軍の反対か、外ム省内の小役人の反対か、調べてこれを緩和方奔走を頼む（田中《（新一）》大佐、海軍次官《（山本五十六）》、結城総裁、外ムの芦野《（弘）》。鮎川《（義介）》ハ別のこと）」[51]とあることから、外務省内に外交一元化の立場から鶴見の構想に反対が起こったのかもしれない。そもそも鶴見の渡米自体に反対勢力があったというが、それは外務官僚であった可能性もある。結局、同月二六日に鶴見のもとに「帰朝ノ都合有之バ大使ト会見御打合セノ上、ワ氏ノ好意ヲ十分ニ謝スルト共ニ、他日適当ノ時機ニ同様ノ友誼的尽力ヲ希望スル旨後事可然御依頼置相成度」[52]という極秘電報が届くに至って、この計画は最終的にその中止が確定した。傷心の鶴見はもう一つの計画である日本情報図書館の設立を実現すべく、三月一八日、同じ国民使節の松方とともに帰朝した。

対米イメージの形成

一九三八年、国民使節は相継いで訪問国から帰朝した。ここで注目したいのは、帰朝した彼らが、演説や著作を通じて政財界はもちろんのこと、広く一般国民に各訪問国のイメージを植え付けたことである。七月一二日、日比谷公会堂における財団法人日本文化中央聯盟主催の「時局と国際関係」大講演会は、その代表的なイベントであろう。大聴衆が押し寄せたこの講演会では、伍堂卓雄、高石真五郎、芦田均が熱弁を振るった[53]。

まずドイツから帰国した伍堂の講演では、「ナチスの将来は最早微動だもせず、益々興隆の一途を辿る」[54]ことが強調された。彼はヒトラーの高潔な人格を賞賛の上、両国の経済協力をヒトラーが熱望していると紹介した。ヒトラーの対日提携姿勢は、二月のドイツ議会における満州国承認演説からも明らかなように思われた。また伍堂の見るところ、ドイツ経済界の一部にあった対日協力への消極的姿勢も積極的なものへと変化する兆しがあった。彼はこうした情勢に鑑み、「日本と致しましては、何処迄も三国防共に忠実でなければならぬと思ひますと同時に、単り東洋の安定勢力を以て任ずるに留まらず、この三国枢軸に依つて、進んで世界永遠の平和を築く為の一大役割を勤めなければならない」と聴衆に訴えた。[55]このほかにも伍堂は、日本経済聯盟会・日本工業倶楽部・東京商工会議所共催の歓迎午餐会や新日本同盟等の各種団体の会合で同趣旨の講演を行った。[56]

また自ら「国民使節」と称して独伊両国に赴いた東方会総裁中野正剛や政友会代議士鳩山一郎も、帰朝後の報告演説会や著書を通じて、日独伊三国の提携強化による世界秩序再建の必要を強調した。[57]彼らのこうした主張も手伝って、日本国民の一部にあった三国枢軸提携熱は増幅され、その裾野をさらに広げていったと思われる。

一方、米国に派遣された高石は、戦争の長期化はソ英仏三国の援蔣行為と反日行動にその原因があるので、「第三国の中で最も重大な国」である米国の今後の動向がこの時局に最も重大な影響を及ぼすだろうと予測した。[58]その上で彼は、米国一般の日本に対する動かし難い感情的「不人気」を指摘し、それは①「弱者」または「アンダードッグ」たる中国への盲目的且つ感情的な同情、②在中米国人宣教師や九国条約によって伝統的に培われた「道徳的に支那の後見であるかの如き気持」、以上二点によって米国民一般が親中化した結果であると主張している。

では、この国民感情にしたがって米国政府が日中戦争に介入してくるかといえば、感情と現実問題は別である、と高石はいう。元来、米国は孤立主義・超然主義が国民の外交通念となっており、それは本来利害関係のないヨーロッパ大戦への参加によって生じた多大な人的犠牲、多額の未回収債権、現在の国際不安という苦い経験によって増幅されている、だから日中開戦後の今日も、米国民の常識は断然孤立主義であるというのであった。

もう一つ高石が米国の日中戦争不介入の強い理由として挙げたのが、米国民が日米戦争を勝敗の面からではなく、経済的コストが余りにも大きいとして非常に懼れている点であった。すなわち、米国政府は、経済制裁等によって日本の行動を牽制すれば、日本も必ず報復し、日米戦争の憂いが十分にあると認識している、だから時々報道される甚だ不愉快な米国政府の声明や発言は、要するに軟弱外交はやらないという国内向けの発言であって、日本に対するものではない、と高石は推測したのである。

さらに第三には、そもそも米国は中国に貿易上の利益は持っていても、英仏両国のように保護すべき実利害はほとんどないといっても過言ではないから、孤立主義を遵守しても何ら損害を受けない、と彼は主張した。高石の結論は要するに、

平たく申せば日本に対する米国の人気は断然悪いのであります。これは何人が見てもい、とは言へないのであります。併しながら米国の国家の態度としては、即ち国策としては私は支那事変に絶対に米国は干渉をしない、言ひ換へれば米国は積極的の牽制を日本の行動に向つて加へるとか、若くは積極的の行動を以て日本軍の行動に妨害を加へるといふことは絶対にないと思ふのであります。

というにあった。かくして「米国に関する限り日本は心配は要らない、随つて支那に於て日本は絶対に自由行動をとつても差支ない」(59)と彼は断言して憚らなかった。「伸びるといふことが東洋の永遠の平和のためであるし、又世界の文明の繁栄に貢献するものである。その使命をもつてアジア大陸に伸びるものである。斯う率直に言ふことは無礼でも

なんでもない」」。米国人はこれに対して「喝采」「共鳴」するという。だから「米国人に対して歯に衣着せる必要はない、日本は伸びるのである、生存の権利を持つて居るのである、とアメリカ人には率直に言へばよく解るのであります。而して支那事変も当然尤もだといふことが解ると思ふのであります」と開き直りともとれる言葉を残してその講演を終えている。(60) なお、高石はこれ以外にも各地の報告演説会や、渡米中の英語演説集『正義日本』(*Japan Speaks Out.*, Hokuseido Press., 1938.) の出版を通じて自らの主張を日本国民に訴えた。

次に芦田の講演では英仏ソ三国の動向にその重点が置かれたが、彼も高石と同じく日本の人気は世界の中で相当に悪いと指摘した。その理由として芦田は、①弱者中国への同情があること、②各国とも日本の大勝利が極東と自国にもたらす影響を計算していること、③中国の巧妙な宣伝によって英米両国の大衆がイデオロギーの上から日中戦争を日本の独裁主義と中国の民主主義との闘争であると誤解していること、④日中両国間に宣伝の巧拙があること、以上四点を挙げ、その対策として「吾々日本国民は将来もつと日本そのもの、純な貴い気持を外国に知らしめることに努力せねばならぬ」(61)と提唱した。芦田の講演で注目に値するのは、日本による在中権益強奪への恐怖に日夜苛まれる英国が、米国を自国陣営に引き入れるべく腐心した結果、海軍大拡張案が連邦議会を通過するなど、「パネー号其の他の事件に依つてアメリカ人の感情が熱して来てどうやらイギリスの思ふ壺に進みつゝある」と警鐘を鳴らした点であろう。(62)

だが、かくいう芦田も、第一の中国への同情は戦局が収まれば自ずから解消し、第二の利害関係は実際問題よりも前途に対する不安に由来しているので、将来日本の対中政策が世界の神経を著しく刺激しない限り妥協可能であり、第三のイデオロギーの問題は、先方の誤解に基づいているため、日本国民の気持ちが十分徹底すれば解消する、と楽観的結論を述べるに止まった。なお、芦田はこれより前、『欧米見たまゝ』と題する見聞記も出版し、その中でも前記の講演内容を先取りする形でより詳細に論じている。「非常時国民必読の名著」として六月一五日に出版されたこの本は、三日後の一八日には第五版、さらに三日後の二一日には第一〇版が刊行されており、その売り上げ状況から見ても相当の影響力があったと考えられる(63)。

その他の国民使節も著書や講演を通じて自らの見聞を国民に訴えた。齊藤惣一は「私は山東問題や、満洲事変後にも、米国に参りましたが、今回ほどに対日感情のよくなかつた時はなかつた」と明言したが、その理由は中国側の一方的且つ効果的な宣伝に基因すると述べた。彼はこの反省に立って、「夫々の団体、社会の各層に適する様、日本の正しい姿を示さなくてはならない」と対米宣伝の促進を提唱、日米両国の親善関係継続の要諦は相互理解にあるから、米国の日本文化研究熱に応え得る十分な材料の提供や相互交流等が必要であると訴えた(64)。鶴見祐輔も二月二〇日の銀行倶楽部における演説の中で、パナイ号事件の影響もあって過去二七年間二〇回の渡米中で経験したことのない対日世論の悪化に直面したと語っている。彼によれば、米国の世論が反日となった主な原因は、メディアの偏向報道に基づく中国への同情と条約尊重論にあった。しかし知米派として著名な鶴見ですら、米国は孤立主義と経済的負担の大きい日米戦争を回避する立場から日中戦争への積極的な介入はしてこないだろうと予言していた(65)。さらに山本信次郎は、反日論者として著名な新聞王ハーストが防共の立場から日本に対して非常に好意を示すようになってきたと紹介し、米国との防共的提携が不可能ではないことを示唆している(66)。

これを要するに、米国の日本に対する世論や感情は史上最悪であり、中国に対して同情はしているが、日中戦争に積極的に干渉することはない、しかし中国の巧妙な反日宣伝への対抗上、日本としても米国に対して「正義日本」の宣伝を促進せねばならない、以上が米国に派遣された国民使節のメンバーのほぼ一致した見解であったといえよう(67)。

外交政策立案への影響

国民使節のメンバーは日本政府に対しても報告を行ったようであるが、いずれの人物の報告書も未だ管見を得ていない。非公式使節ということもあって、正式の報告書は作成されなかったかもしれず、ここに外交政策上の問題点も指摘できるが、断片的に彼らの報告内容を垣間見ることはできる。例えば、高石は前記講演の中で「日本はアジア大陸に於て安定勢力である、又日本はアジア大陸に伸びなければならぬと言ふことを率直に言へばアメリカ人に分る」と政府当局にも進言したと語っているし、(68)鶴見も帰朝後の演説の中で、親日世論醸成のため、引退した米国人名士を招待して日本とその植民地や中国を視察させる必要を日本政府に上申したと証言している。(69)

また米国財界の態度も鶴見や松方を通じて日本政府に伝えられたようである。例えば、一九三八年二月、外務省内に設置された事変企画委員会では、書記局長米澤菊二が幹事・通商局第二課長新納克巳に対し、特に華北経済開発のための米国資本導入案について諮問した（同月二二日）。これに対する新納の答申に、「事変後ノ資金難ニ鑑ミ各方面ニ於テ米国資本ヲ流入セントスル要望アル処、(イ)政府トシテ工作スルハ米国ノ対日感情悪化シ居ル折柄成功ノ見込乏シク、却ツテ事態ヲ紛糾セシムル惧アルモ、(ロ)民間ノモノハ条件ニ依リテハ其ノ成立ヲ希望シ、必要ニ応シ援助ヲ吝マサル方針ナリ。但シ民間業者カ区々ニ聯絡無ク運動スルハ弊害多キニ付、相互ニ協調セシメ目的達成ニ遺憾無キ様指導シツツアリ」(70)とあるのは、鶴見からの情報を主たる根拠にしていると思われる。また翌月に書記局において作成された「北支経済開発ニ関スル外資利用問題　秘」でも「民間親善使節松方幸次郎ニ於テ客年十二月頃米国財界トノ接触ニ依リ得タル印象ニ依レハ、銀行家方面ニ於テハ満洲乃至北支ニ投資ノ意向ナキ模様ナルモ、事業家方面（石油精製、自動車製造等）ニ於テハ、必ズシモ投資ノ希望ナキニシモ非サルヤノ印象ヲ受ケタル趣ナリ」(71)と記されている。

その結果、同委員会は三月一二日、政民一致協力の下に英米をはじめとする第三国の対中投資をできる限り誘導し、開発計画の円満迅速な遂行と国際関係の改善を図ってゆくことを決定した。[72]

以上のように、国民使節は、米国は日中戦争に介入してこないと日本国民に訴え、クレジット等の米国資本の導入についても、民間においては条件如何によって成立の見込みがあると日本政府に報告することで、日本の朝野に楽観的な対米イメージを扶植していった。しかし、すでに米国政府は対日借款を差し控えるように民間業者に対して道義的勧告を与えていたし、同年七月には航空機物資の対日モラル・エンバーゴを実施、一二月にはこれをさらに強化する措置を執ったのである。

日本人名士が米国人の表面的な社交のみから彼らの主張に米国が納得したと誤解し、これを以て日米関係改善の望みはあると帰朝後にたびたび述べることによって、「余程日本をミスリードするやうなことがありはしないか」という懸念は、当時から関係者の間にも存在したが[73]、駐米大使館参事官や在ニューヨーク総領事として現地の宣伝政策の一端を担った森島守人は、終戦後、国民使節の役割を次のように批判している。

満洲事変以来、しばしば海外に派遣された国民使節なるものは、帰国後自分の活動を大袈裟に吹聴し、彼らの遊説などの結果対外関係が急転直下改善されたような印象を国民に与えることに努めていたが、実際のところ日米関係は、彼らのゆえに改善されたところは、少しもなかった。アメリカの対日輿論の悪化したのは、日本の対満、対華政策それ自体に因由していたのであって、源を清めずして下流の清きをのみ望む考えは、本末を顚倒し、木によって魚を求むるの類であった。[74]

三　プレス・アタッシェの派遣

実をいえば、盧溝橋事件直後から米国各地では現地日本公館の内面指導下に在米日本商工会議所や各種邦人団体を中心として時局対策委員会が結成され、外務省の情報啓発費と通商振興費を使ってパンフレット、講演、ラジオ放送等による宣伝活動を開始していた。

同委員会の委員長は在米日本人会長であったが、事務長は米国人ジャーナリストのウィリアムズ（Frederick V. Williams）が務めた。彼は日満中三国を視察後、太平洋沿岸や西部諸州において一年六〇回に及ぶ講演を試みるとともに、『中国のニュースの裏』(*Behind the News in China*., New York, 1938.) 等の著書において、事実を歪曲する中国側のプロパガンダや共産党勢力の真相を告発し、対日ボイコットの愚を戒めた。また日本政府は中国在勤経験を持つ元米国外交官タウンゼント（Ralph Townsend）を雇用し、対米宣伝活動の一端を担わせている。タウンゼントもサンフランシスコ付近の講演会において日本の立場の宣明に努めた。彼はまた『外患を求めて』(*Seeking Foreign Trouble*., San Francisco, 1940.) というブックレットを刊行し、米国を対外紛争に巻き込もうとする組織的な宣伝が外国と国内の対外干渉派によって行われていると警告を発した(75)。委員会ではこれを約二万部購入し、広く各方面に頒布した。その他、委員会は米国人協力者ライダー（David W. Ryder）をして月刊誌『極東事情』(*Far Eastern Affairs*) を刊行せしめ、毎月一万部から四万部を新聞社をはじめ各種団体に配付した(76)。

しかし戦争の長期化に伴う米国の対日世論悪化を阻止するため、外交当局では対米宣伝のさらなる促進を主張する意見が表明されるに至った。廊坊事件と広安門事件によって戦争の現地収拾が困難となった頃と思われるが、亜米利加局第一課事務官福島慎太郎は対米外交についての意見書を上申している。この中で福島は、在米の外交官・財務官・生糸調査事務所等による各個撃破的なセクショナリズム外交を批判し、従来不足していた宣伝政策の促進上、先進国で採用しているプレス・アタッシェという情報啓発担当官を設置するよう唱えていた。彼の意見は情報部長河相達夫の目に留まった。独創的発案で知られる河相は、日本外交に欠如しているのは宣伝と自認していたのである。ここに外務省は戦時予算を利用してプレス・アタッシェの設置を決定、情報部第一課長佐藤敏人と一等書記官筒井潔をロンドンとパリへ、ニューヨークへは福島を派遣した。(77) 一九三七年八月から一〇月のことである。

福島は副領事兼大使館三等書記官という身分ながら、機密費一〇〇万円の自由裁量権を付与されていた。当時の外務省全体の年間機密費は七五〇万円（二五万ドル相当）であったというから、その約一三%ということになる。「どんなにたくさん日本人が金を使おうと、どんなに少く支那人が金を出そうと、結果は同じことだろう。アメリカ国民の同情は、やはり向うへ集まったままだろう」というモアーの忠告にもかかわらず、(78) 外務省がかかる高額な予算を支出したのは、対米宣伝重視の結果にほかならない。

こうして福島は総領事館とは別に事務所を設け、外交官補近藤晋一（戦後、駐カナダ大使）や留学生板橋並治（戦後、日米会話学院長）を助手として独立活動を開始した。注目すべきは、彼らの活動の根本方針が、日中戦争に関する日本弁護よりも日本関係の記事や写真を新聞・ラジオに継続的に提供する点に置かれたことである。そこで福島は広告会社コルトン（Wendel P. Colton Co.）に広報アイディアの発案を依頼する一方で、ニューヨークの有力者に接触、彼らの提案に基づき、APやUPなどの通信社に連絡をとって同盟通信社が提供するニュースの配信を促進するよう努めた。

しかし新聞や通信社に対する工作は、当初遅々として進まなかった。それは日本製写真の技術の低さにも一因があるが、そのサイズが米国新聞の規格外だったからである。日本製の映画フィルムも同様の理由から容易には利用されなかった。こうした技術的問題は逐次改善されてはいったものの、やはりそれが定着してゆくには時間的猶予が必要であった。

そこで福島が着目したのが、日系人ジョージ・山岡を通じて文芸評論誌『リビング・エイジ』（*Living Age*）、週刊誌『サタデー・リヴュー・オブ・リタラチャー』（*Saturday Review of Literature*）、季刊誌『ノース・アメリカン・リヴュー』（*North American Review*）といった雑誌社の株式を買収し、親日的な人物を編集者に据える方法であった。例えば、『ノース・アメリカン・リヴュー』誌の場合、第二四六巻第二号（Winter 1938–39）から編集スタッフが一新されている。同号に掲載された論文の一つは、具体的な統計数字を挙げて米国の中国における利害の僅少さを示すことにより、中国市場に対する米国の普遍的な信条なるものが単なる神話に過ぎないと強調していた[79]。

同種の買収工作はさらに映画会社に対しても試みられ、高額のため実現はしなかったが、リパブリック（Republic Co.）、ファースト・エデュケーショナル・ピクチャー（First Educational Picture Co.）各社の株式買収が講じられたのであった。

ついで一九三九年から翌年にかけては、サンフランシスコにおいて金門橋完成を記念して「平和と自由」をテーマにした、いわゆる金門万国博覧会が、またニューヨークでもワシントン（George Washington）大統領就任一五〇周年を記念して、「明日の世界と建設」万国博覧会が相継いで開催された。日本政府は合計三〇〇万円の予算を計上、日米関係改善の視点から両博覧会に参加した[80]。折柄、毎日新聞社企画の国産双発飛行機ニッポン号による世界一周親善飛行の実施を受けて、ニューヨークでは日米芸術親善使節として渡米中であった水の江瀧子らがガイドホステスとなり、ニッポン号の歓迎行事が催された[81]。またテレビが初公開された記念すべき万博という点から、日本館の宣伝事業の一環として水の江はＮＢＣの実験放送にも出演した[82]。

このほか、外務省音楽親善使節として滞米中であった古賀政男のＮＢＣラジオ出演（一九三九年八月三一日）[83]の斡旋、

ＪＴＢや生糸等に関する広告の掲載、『ライフ』（*Life*）誌カメラマンへの日本撮影旅行費の提供といった活動も行われた。またニューヨークやワシントン等の大新聞に独自の立場から日本弁護の論文を投稿していた富桝周太郎には、資金援助を申し出ている。(84)このように福島は、在米公館や日本文化会館と協力して多方面から日本を米国に紹介していったのである。その一方で、『ファー・イースタン・サーヴェイ』（*Far Eastern Survey*）誌を中心に展開された、ラティモア（Owen Lattimore）、スノー（Edgar Snow）、松井ハル子（石垣綾子）などの親中家や中国による反日宣伝への監視と対抗も試みられた。

こうした一連の活動は官製のものとはいえ、米国におけるジャパノロジスト誕生の一つの契機となった点で形式的には効果があったと福島は自画自賛している。だが、株式買収等の半ば強引な彼の手法はかえって内外の注目を浴び、米国のメディア界では福島を「日本のエースプロパガンデスト」(85)と揶揄していたという。これについて森島は「ワシントンや、ニュー・ヨークやサンフランシスコあたりには、外務省情報部の出店を設けて、内密に雑誌を買収したり、パンフレットをだしたりしていたが、これらの仕事に携わっていたアメリカ人は、要するに金のために働く連中にすぎず、一般アメリカ人の信頼を博することにならなかったのみならず、非米活動調査委員会の関係上、かえって日本に累をおよぼす危険すら予想されないでもなかった」(86)と批判している。事実、サンフランシスコの時局対策委員会は非米活動取締が厳格となった結果、一九四〇年九月、表面的ではあるにせよ、その解散を余儀なくされた。(87)また多額の外務省機密費を自由自在に使っている福島にも他の在米外交官の批判が噴出したようであり、それも一因となって福島は一九三九年五月、在ロサンゼルス領事に転任した。プレス・アタッシェの任務はその後に井口貞夫（駐米大使館一等書記官兼領事）、平澤和重（在ニューヨーク総領事館領事）へと引き継がれたが、日米戦争の危険性が増大した結果、事実上終了するのである。

四　ニューヨーク日本文化会館の開設

設立過程

ニューヨーク日本文化会館の設立経緯と活動概況については、すでに岡村敬二氏、芝崎厚士氏によって紹介や分析がなされている[88]。そこで、ここでは両氏の研究蓄積を踏まえつつ、対米宣伝の文脈から同館の設立と活動の歴史的意義を再検討したい。

すでに述べたように、国民使節の鶴見祐輔は渡米前からニューヨークに日本情報図書館を設立する構想を有していた。これは英国が一九年前に設立した英国情報図書館（British Library of Information）の先例に則ったものであったが、仏独伊ソの各国が競って同様の機関をニューヨークに開設していた状況にも触発されたようである[89]。但し鶴見は当初、官制や規則を定めるよりも、融通性を基礎として事業を開始し、これを育成してゆこうと考えていた[90]。

渡米の決定前後、鶴見は宇垣一成、松岡洋右、石井菊次郎をはじめ、外務省文化事業部第三課長市河彦太郎、町田忠治・桜内幸雄の両民政党幹部、陸軍省軍務局軍事課長田中新一などと相継いで会談し、自身の渡米と図書館設立計画について打ち明けた[91]。彼らはいずれも賛意を表したが、とりわけ対米宣伝に積極的であった松岡は鶴見に共鳴し、彼の計画を首相近衛と外相広田に採用させると約束した[92]。意を強くした鶴見は一九三七年一〇月二八日広田を訪問し、日本情報図書館の計画を打ち明けている。鶴見の予想に反し、広田は最大限の理解を示し、計画の実行に同意した。但し広田は「(1)樺山伯も同様の案ある故、相談せられたし、(2)資金ハ目下外ム省の機密費にてハ不足故、伯と相談して作られたし、自分も乗出して援助せん、(3)明年度より外ム省予算に入るる事ハ省内にて相談し置くべし」とし、生糸輸出組合が二〇〇万円の提供を申し出ていることなどを語った。[93]広田が鶴見に樺山愛輔と協議するよう要望した背景には、外務省では一九三二年以来ニューヨークに日本図書館を設立する計画があり、すでにこの時には対米文化工作の一環として樺山が理事長を務める国際文化振興会を通じて計画の実現を企図していたからにほかならない。このため翌日鶴見は樺山と会見して資金調達面での協力を取り付け、また蔵相賀屋にも図書館設立案について説明してその同意を獲得した。[94]ついで鶴見は一一月二日には首相近衛を私邸に訪問して渡米計画を打ち明け、その実行につき同意を得ている。[95]こうして出発前には五相が賛同、当面の入費は郷誠之助・池田成彬の尽力によって民間出資の見込みがつき、将来政府の予算とすることについても賀屋の内諾を取り付けた。とりわけこの計画に全幅の賛意を表した海軍は十分な支援を申し出ており、海軍省軍務局長井上成美は駐米大使館附海軍武官小林謙五に対して極秘親展電報を送り、「貴官ヨリ大使ニ取次ギノ上、賛同並ニ充分ナル支援ヲ大使館ヨリ与ヘラレル様尽力相成度」[96]と指示している。

こうして鶴見は二三千部の書物を携えて渡米し、[97]一九三八年一月、駐米大使斎藤の賛成を得て図書館計画の「具体案研究」[98]に着手した。作成された彼の計画では、[99]図書館は「事実即チ『ファクツ』ノ頒布提供ヲ主トシ、決シテ意見ノ提供即チ『プロパカンダ』ヲナサザルコト」を事業の根本方針としていた。これは「英国ガ十数年来米国ニテ成功シタルハ『ファクツ』提供ノ原則ヲ厳守シタル為ニシテ、独逸ガ欧洲戦争中、失敗シタルハ『プロパカンダ』ヲ試ミタルタメナリ。米国人ハ『プロパカンダ』ナル文字ヲ極端ニ嫌悪ス。此ノ事情ヲ充分念頭ニ置クコト必要ナリ」との教訓に基づいていた。次に図書館のスタッフについては、「館長ニハ大使級ノ人物ヲ駐在セシメ、米国人ノ尊敬ヲ集ムルニ足ル社会的位置ヲ与」え、その下に事務長一名、訳者二名、米国人の英文添削員一名、タイピスト二名を置き、それ以外に経済学者または政治外交関係の学者（一・二名）をして日本の政治・法律・経済及び太平洋諸国間の条約等の質問に回答せしめ、また米国の政治、新聞、経済情勢に通暁する有力な米国人顧問（一名）を雇い、館長の相談に応じ、根本方針に関して意見を呈出し得るようにするとしていた。なお、経費は人件費・物件費・予備費の経常費に臨時費を加え、最終的な試算では合計一一万三千五〇〇ドルと見積もられたようである。(100)

成案を得た鶴見は同月二二日に日本大使館を訪問、大使斎藤、一等書記官阪本瑞男、二等書記官北沢直吉、プレス・アタッシェ福島にこの計画案を披露した。しかし大使館側では鶴見が陸軍の依頼と臨時軍事費の援助を受けているとして図書館の設立に難色を示し、特に福島は図書館事業の効果に対する疑念と本来外務省の任務であるとの立場から反対した。福島は、政府の設置した図書館で下手な宣伝事業を行うよりも、ロックフェラー財団のような米国人日本研究者への資金援助や便宜供与、または日本人米国研究者への援助の方が、時間はかかるかもしれないが、長い目で見れば効果的であると主張したのである。(101)

そこで鶴見は陸軍武官も含めた大使館スタッフと協議の結果、原案に修正を施した。修正案では図書館は「一方ニハ日本ニ関スル学術的研究ノ輔助奨励、他方ニハ日本ノ現状ニ関スル正確ナル知識ノ普及ヲ図ル」学術的・人道的機関と位置付けられた。そしてカーネギー財団やロックフェラー財団の如き威信を米国人間に与え、また「宣伝ノ誤解ヲ避ケ且ツ恒久性ヲ確保スル」目的から、米国の識者に日米関係への最大の貢献者として最も敬愛されている、亡き渋澤栄一の名を冠した「渋澤記念財団」を日本に設立し、その事務所と研究室をニューヨークに設置することとした。なお、政府より最初に二〇〇万円の予算を支出、以後は毎年二〇万円を補助するものとした。鶴見は直ちに「目下米国ニ於ケル対日感情ノ悪化ニ鑑ミ、右案成立スルヤウ特ニ御配慮ヲ乞フ」と近衛と賀屋に発電した。(102)

三月に帰朝した鶴見は改めて外務省に対して図書館の設立を訴えたが、諒解を得られなかった。それというのも、図書館設立計画がすでに国際文化振興会の事業となっていたからである。(103) 外務省も図書館の開設自体は「米国特殊ノ国情ニ鑑ミ有効適切ナル宣伝啓発工作ト認メ」(104)てはいたが、そのために渋澤記念財団のような新たな団体を組織するよりも、既設の国際文化振興会の事業とする方がより現実に即していると判断したのだろう。このため渋澤記念財団の創設は軍部や松岡から支持を得ながらも見送られ、図書館計画も鶴見が「一切手ヲ引」[105]く形で国際文化振興会の事業に吸収されたのである。

こうして樺山が世話人となり、国際文化振興会によって一一月一日、ニューヨークのロックフェラー・センターの一角にあるインターナショナル・ビルディング二六階に「日本文化会館」という新たな名称を付した機関が開設された[106]。奇しくも館長には鶴見と同じ新渡戸稲造門下の東京朝日新聞社論説委員前田多門が就任し、彼の下に東京市政調査会参事田辺定義らが助手や嘱託として採用された。その機構については必ずしも判然としない点もあるが、会館は国際文化振興会の下部組織ではなく、あくまでも独立機関とされた。また会館の予算は国際文化振興会が交付の窓口となり、初年度は外務省の機密費から、次年度以降は文化事業部から別立てで支出された[107]。

活動方針と内容

米国人の日本研究の便宜を計るため、会館内には日本文化関係の和漢洋書二万冊を所蔵する図書室をはじめ、研究用の個室や茶室が設けられた。開館直後、会館は全米の学校、新聞社、地方有識者等に案内書を送り、その利用を促した。内容も見られないまま返送される案内書も相当数に上ったが、好き嫌いを度外視し、日本を極東の一安定勢力と認めて研究しようという傾向も多分にあり、「その成績は思つたほど悪いものではなかつた[108]」という。

ここで改めて強調しなければならないのは、日本文化会館の活動方針であろう。そこでは鶴見の計画を踏襲する形で、「所謂宣伝ではなく、真に日本を研究したいといふ人を相手に、粉飾のない、客観的資料を提供する事業を起さう、併せて、西洋人の最も諒解に苦しむ日本文化を紹介しよう[109]」という目的が確認された。前田によれば、すでに米国は日中戦争の正邪論について討論終結という態度をとっており、またその非常に悪化した対日空気は容易には好転しないだろう、したがって日本としては対策の筆法を換え、米国人に東亜新秩序という事態をより現実的視点から考えさせることが必要なのであった。換言すれば、「今更抽象的な正義論を上下しても得る所は少ない。むしろ彼等を実証的検討に導いて、既成の事実を正しく認識せしめ、問題は如何に事態を収拾するかを客観的に研究せしめる外はない」(110)、というのが彼の持論であった。「文化の交流によってなんとか直面している危機を切り抜けられるのではないか」、前田は、協力者の米国議会図書館東洋部主任坂西志保に対し、そう漏らしていたという(111)。

こうして前田は日本弁護の議論を封印し、「虚心坦懐」且つ「気長に」客観的な資料の提供に努めた(112)。それは部外者から見ても確かに「地道な方法」(113)ではあったが、しかしそれが故に、会館の活動はかなりの反響を呼び、日本関係の論文や記事を執筆しようという学者や新聞社、あるいは『ライフ』や『タイム』(*Time*)といった、反日的ではあるが最大手の大衆誌からの照会や材料の提供依頼も増えていった。また、コロンビア大学・ハーヴァード大学・ロックフェラー財団との協力関係の構築にも成功したのである。

開館の翌年には、姉妹団体として移動文化図書館（Japan Reference Library）がニューヨークに創設され、自動車に日本関係図書を積んで各地の会合に赴いている(114)。ついで一九四〇年には毎月二回の割合で日本文化に関する講演会を開催したが、二〇〇人収容の小会場とはいえ、入場を制限せねばならないほどの盛況であったという(115)。また歌舞伎、茶の湯、華道等も外国人に斡旋した。このほか不定期ではあるが、パンフレット等の印刷物を配布、さらにニューオリンズに小泉八雲文庫を創設するなど日本文化の紹介に努めた(116)。

以上のように、日本文化会館は、日本とその文化の普及・紹介から一般の調査も引き受け、さらに進んでラジオ・新聞・雑誌等による積極的な宣伝、出版物、映画、幻灯板、写真など文化資料の配布、米国内文化団体との提携など、多種多様また多方面にわたる活動を展開した[117]。それは日本の国益擁護という範囲内であったとはいえ、東洋の異国日本を客観的に紹介する「日本学」(Japanology)にほかならなかった[118]。

しかし、駐米大使館参事官森島は、こうした手法に飽き足らない思いを抱いていた。彼によれば、ニューヨークではプレス・アタッシェや日本文化会館のほかに、大使館商務官指導下の日本人商業会議所、鉄道省と観光局の事務所、農林省生糸調査事務所、台湾総督府からの樟脳関係派遣員などが個々の立場から日本事情の紹介や外客誘致等の宣伝・啓発事務に当たっていたが、経費と労力の重複によって、その効果を減殺する虞さえあった。一九三九年これら諸機関のインターナショナル・ビルディングへの集中移転は実現したものの[119]、これが機構上・制度上の統一は長年その必要が痛感されていながら、日本の官僚の通弊である行き掛かり、因縁、割拠主義のため実現していなかった。森島は外地における情報・啓発機関の統合が緊要と考え、翌年一二月内閣情報局の新設によって国内情報機関が統合された機会に、これが統一を断行しなければ、その機会は絶対に再来しないとし、日米関係改善のため献身的努力を続けていた大阪朝日新聞特派員鈴木文史朗か、あるいは前田を無任所大使か公使に任命の上、駐米大使統率下に啓発・文化関係の任務を一元化するよう日本政府に建言したが、実現を見なかったという[120]。

一九四一年になると、日米関係の悪化に影響されてか、会館の閉鎖が帝国議会において議論されることも想定された[121]。七月、外相松岡洋右は会館の「従来退嬰的高踏的ニ過キタ」活動をより積極的にする目的からその改組を検討したが、抜き差しならない日米関係や米国政府の宣伝啓発機関に対する取締状況から見て、その実行は現実的ではないと判断された[122]。さらに一〇月、会館は米国政府によって発動された在米日本資産凍結の煽りを受けて「資金枯渇」状態に陥った[123]。ここに外務省では会館の経費問題の解決は「絶望」と判断、また「日米関係最近ノ情勢ニ於テハソノ機能ヲ発揮シ得サルノミナラズ、事態最悪ノ場合、同館ノ如キ大規模ノ組織ハ到底急速閉鎖スルコト至難ナルベキヲ以テ、諸般ノ関係上ヨリスルモ思ヒ切ツテ此ノ際閉鎖ノ上、第二回特別配給ヲ利用シテ館員ヲ全部引揚シムルコト機宜ノ措置ト認メラル」(124)と国際文化振興会に通達した。

結局、御前会議で対米開戦が正式決定された一二月一日、外相東郷茂徳は「文化会館ハ一応閉鎖ノ上館員全員竜田丸ニテ帰朝セシメラレ度シ」(125)と森島に訓令した。会館の閉鎖後、その蔵書はコロンビア大学東アジア図書館に、茶室はブルックリン博物館にそれぞれ寄贈された。前田らは日米開戦により一時米国に抑留された後、翌一九四二年八月の交換船で帰朝した。

おわりに

最後に、日中開戦後の日本の対米宣伝政策を再度整理してみたい。大規模な国民使節派遣の背景には、戦争の長期化に伴う国際世論悪化と国際的孤立への危機感があった。国民使節はその意味で、提携国模索過程の日本が打ち上げた観測気球といえるかもしれない。この特使派遣という外交スタイルは、国際世論の操作を目的に末松謙澄や金子堅太郎を欧米に派遣した日露戦争外交の遺産ともいえるわけで、日本外交の思考様式や特徴を典型的・象徴的に表現している。すなわち、日本の正当な立場を海外に説明または説得することにより、相手国の理解を促そうという方式である。本稿で見たように、国民使節は「正義日本」の宣明、中国に対する防共的提携、華北占領地や満州国への米資導入などの経済的協力、以上三つの論理を米国側に訴えることによって日米関係を改善し、米国の戦争介入防止と対日支援を引き出し、さらには日中和平調停の役割を演じさせようとしたのである。

一方、ニューヨークに派遣・設置されたプレス・アタッシェは先進国で採用している方式を外務省が採り入れたものであり、またニューヨーク日本文化会館は英国情報図書館をモデルに、現在の国際交流基金の前身である国際文化振興会の対外文化事業の一環として開設された。その意味で日本文化会館は、諸外国との相互理解増進という国際交流基金の理念を先取りした情報啓発機関であったということができる。プレス・アタッシェと日本文化会館では、国民使節が宣明した「正義日本」という一方的主張やプロパガンダよりも、日本と日本文化に関する客観的資料や情報の継続的提供が重視された。とりわけ、地道な文化交流に力点を置いた日本文化会館の活動は、日中戦争の責任を中国に転嫁して非難の集中砲火を浴びた高石の主張とは、きわめて対照的なものであった。無論、「正義日本」の宣明がなくなったわけではないが、プレス・アタッシェの出現と日本文化会館の開設は、日本外交の宣伝形態や思考様式の多様化を意味するものであった。こうした文脈からは、戦後日本の広報文化外交の萌芽を看取することもできよう。

　だが一方で、日本の対米宣伝政策の一端を担った須磨弥吉郎や森島守人といった在米外交官は、国民使節やプレス・アタッシェ、さらには政策自体のセクショナリズム的手法に批判を加えている。確かに、「当時数多き国民使節なるもの渡米し“Apologis《(Apologist)》”（弁明者―引用者注）として心ある米国人より白眼視せられつつ演説をなし相当米人の対日感情悪化に油を注ぎたる傾向ありし」[126]という須磨の指摘は事実であったろうし、また森島が批判したように、国民使節のメンバーが自らの遊説等の成果を吹聴し、対米関係が著しく改善されたかのような印象を日本国民に与え、それがひいては日本をミスリードしていった側面も否めないであろう。その意味で国民使節とは、外務省東亜局長石射猪太郎の言葉通り「気やすめのための国費消費としか思えぬ」[127]ものであった。しかしだからこそ、その成果がなかったとはいえなかったであろうし、改善困難な対米関係をことさらに強調し過ぎて、国民精神総動員運動の渦中にあった日本の朝野に対し、戦争の前途に対する不安を不必要に与えるのも得策ではなかったろう。事実、米国の対日世論は悪化・小康・改善というサイクルを絶えず繰り返していたし、また米国人の発言中にも、米国は日本と戦争するほどアジアに重要な権益を持っていないなど、日本人に期待や誤解を与える内容が一部あった[128]。そしてそれを裏書きするかのように、米国政府も相当期間にわたって日中戦争に対して静観的姿勢を保っていたのである。こうした米国内の状況が、彼らに楽観的な対米認識と情勢判断への誤解や混乱を与えたであろうことは推測に難くない。

加えてプレス・アタッシェの福島による雑誌社の株式買収といった強引な手法は、かえって米国民の心証を害することになったようであり、日本への米国人協力者も連邦議会下院に設けられた非米活動調査委員会（Un-American Activities Committee）の注視する存在となっていったのである。

さらに、日本文化会館は日本と日本文化に関する客観的情報や資料の提供を通じて米国の対日理解の促進を目的としていた点において、確かに画期的な情報啓発機関とはいえたが、その活動の効果にしても平時の安定した両国関係の中でさえ長い目で見なければならないものであった[129]。況わんや、中国戦線の拡大に伴う日米関係の緊張という劣悪な外交環境や、その中で積極的に繰り広げられた中国側の対米宣伝活動[130]に直面しては、文化や国民性といった抽象的な日本像を米国側に提供しても、活動の即効性は期待すべくもなかった。そして、この間に構想された在米情報啓発機関の統合一元化が実現しなかったことや、松岡人事によって在米日本公館のスタッフが少なからず更迭されたことなども、宣伝活動の効果を減殺する要因となったであろう。

かくして、日本の対米宣伝政策は退嬰的、対処療法的なものに止まらざるを得ず、日米関係の破局に至ってその終止符を打つことになったのである。

（1）ジョセフ・C・グルー著／石川欣一訳『滞日十年』上巻、毎日新聞社、一九四八年、二九一頁。
（2）原田熊雄述『西園寺公と政局』（以下、『原田日記』と略す）第六巻、岩波書店、一九五一年、八八頁。「原田熊雄メモ」一九三七年九月一一日条、同書別巻、一九五六年、二七八頁を参照。
（3）『原田日記』第六巻、九〇頁。木戸日記研究会校訂『木戸幸一日記』上巻（東京大学出版会、一九九〇年、五八九頁）、一九三七年九月一〇日条を参照。
（4）『原田日記』第六巻、九一頁。「原田メモ」一九三七年九月一一日条。
（5）拙稿「外交再建策としての対米特使派遣構想—満州事変期を中心に」『國學院大學日本文化研究所紀要』第九一輯、二〇〇三年三月、一七九—二二三頁を参照。
（6）管見の限り、熱田見子「日中戦争初期における対外宣伝活動」『法學政治學論究—法律・政治・社会』第四二号、一九九九年、一三三—一五六頁が外務省情報部と在米公館の諸活動を、松村正義『新版 国際交流史—近現代日本の広報文化外交と民間交流』地人館、二〇〇二年、三〇九—三一三頁が日中両国間の宣伝政策の一面を、また岡村敬二『遺された蔵書—満鉄図書館・海外日本図書館の歴史』阿吽社、一九九四年、二二五—二三〇頁と芝崎厚士『近代日本と国際文化交流—国際文化振興会の創設と展開』有信堂高文社、一九九九年、一三九—一四四頁が国際文化交流の視点からニューヨーク日本文化会館の創設と活動の概要をそれぞれ論じているに過ぎない。
（7）土田哲夫「中国抗日戦略と対米『国民外交工作』」、石島紀之・久保亨編『重慶国民政府史の研究』東京大学出版会、二〇〇四年、一二七—一四六頁を参照。
（8）松方幸次郎「支那事変と我が財政」、栗原俊穂編『国家中心主義の人 前日ソ石油会長 松方幸次郎氏（附）支那事変と我が財政』日本教育資料刊行会、一九三八年、三二頁。
（9）『木戸日記』上巻、一九三七年八月二九日、九月一日、九月二日条。なお、一九三七年九月二日付木戸宛金子書翰、木戸日記研究会編『木戸幸一関係文書』東京大学出版会、一九六六年、五三五頁を参照。
（10）「第七十二回帝国議会衆議院予算委員会議録（速記）第二回」、『帝国議会衆議院委員会議録—昭和篇83 第七二回議会昭和一二年』東京大学出版会、一九九五年、二五頁。
(11)『原田日記』第六巻、五六―五七頁。「原田メモ」一九三七年八月三日条を参照。松方が折に触れて特使の候補者と目されながらも反対が多かったのは、事業の失敗者というレッテルを貼られたことと、「相当な毒舌家でもあり、大いに敵もつくり誤解もされた」こと、「途方もない金持で名画を片つ端から買つているといつた評判」にもよっていると思われる(松方三郎「松方幸次郎―蒐集家としての松方幸次郎」『藝術新潮』第一巻第一〇号、一九五〇年一〇月、九一―九五頁)。
(12)『原田日記』第六巻、八八頁。「原田メモ」一九三七年九月一一日条。なお、『木戸日記』上巻、一九三七年九月六日条も参照。
(13)『原田日記』第六巻、八九頁。
(14)枢密顧問官石井菊次郎に対する外務次官堀内謙介談話、久保田貫一郎編「石井子爵日記　昭和十二年九月五日―二十二日」一九三七年九月一六日条、『国際問題』第七三号、一九六六年四月、六二頁。
(15)「稲原事務官担当　近衛日誌(一)」一九三七年一〇月七日条、「近衛文麿公関係資料」マイクロフィルム、国立国会図書館憲政資料室所蔵。
(16)「石井日記」一九三七年九月六日条。なお、同日の『東京朝日新聞』によれば、石井とともに特使の候補に挙がったのは、元日銀総裁で貴族院議員の深井英五であった。
(17)同右、一九三七年九月一六日条。
(18)同右。伍堂も高石と同様に九月二七日に近衛を往訪していることから、その派遣は近衛の依頼によるものかもしれない(「近衛日誌(一)」一九三七年九月二七日条)。
(19)伍堂卓雄「独逸の勤労奉仕運動」『国民自覚運動パンフレット(第十二輯)―時局と国民自覚大講演集』日本文化中央聯盟、一九三八年、及び早川修三編輯兼発行/大倉喜七郎述『伊太利と私の関係』一九四〇年を参照。
(20)「石井日記」一九三七年九月一六日条。

(21)伊藤隆・劉傑編『石射猪太郎日記』(中央公論社、一九九三年、二〇六頁)、一九三七年一〇月一四日条。

(22)「竹下勇日記」一九三七年一一月九日条、「竹下勇関係文書」書類の部416、憲政資料室所蔵。なお、「昭和十二年竹下勇手帳」一九三七年一一月九日条、「竹下文書」書類の部801も参照。

(23)山本正『父・山本信次郎伝』サンパウロ、一九九三年、一九五―一九六頁。外務省情報部『昭和十二年度執務報告』機密、一九三七年一二月、六七頁、外務省調書 情274、外務省外交史料館所蔵。

(24)拙稿「外務省革新派の思想と行動―栗原正を中心に」『書陵部紀要』第五五号、二〇〇四年、三五―五五頁、及び熱田前掲論文を参照。なお、山本はブラジルも訪問しているが、これは駐ブラジル大使澤田節蔵が首唱した日伯関係緊密化のための文化工作の一環でもあった(澤田壽夫編『澤田節蔵回想録―一外交官の生涯』有斐閣出版サービス、一九八五年、一九三―一九四、二二三頁)。

(25)『読売新聞』一九三八年二月二二日朝刊第六面。

(26)「鶴見祐輔英文日記」一九三七年七月二八日条、「鶴見祐輔関係文書」書類の部3778、憲政資料室所蔵。

(27)同右、一九三七年一〇月一三日条。

(28)同右、一九三七年一〇月一四日条。

(29)前掲「石井子爵日記 昭和十三年二月二十五日―三月十八日:付属文書」『国際問題』第七七号、一九六六年八月、六六―六七頁。

(30)「松方幸次郎氏渡米ニ際シ海軍トシテノ要望事項」極秘、年月日不明、土井章監修/大久保達正ほか編『昭和社会経済史料集成―海軍省資料(四)』第四巻、大東文化大学東洋研究所、一九八二年、一九五―一九七頁参照。

(31)一九三七年九月二〇日付海軍次官山本五十六発外務次官堀内謙介宛官房機密第三八一〇号「遣米特使ニ対スル希望事項ノ件通知」写、極秘、同右、一三三―一三六頁。なお、同様の考えは同年九月一五日の枢密院本会議における外相広田弘毅の外交報告にも見ることができる(「石井日記」一九三七年九月一五日条参照)。

(32)前掲『昭和社会経済史料集成』第四巻、一三三―一三六頁。

(33) 「欧米派遣ノ使節ニ対スル要望抜萃」、「鶴見文書」書類の部1592。

(34) 鶴見によれば、「日本は此日支事変と云ふ大問題に乗出したからは、亜米利加とは十分な諒解を以て進みたい。出来るならば経済上亜米利加と提携したい」との空気は陸軍のみならず、昭和一二年一〇月から一二月における日本国内のほとんど一致した意見であった（鶴見祐輔「昭和十三年十二月二十日 最近の米国に於ける排日感情と極東政策 於銀行倶楽部」、「鶴見文書」書類の部1873）。

(35) 高石真五郎「米国民への訣別の辞」、高石真五郎伝記刊行会編集・発行『高石さん』一九六九年、七七―七八頁。前掲外務省情報部『昭和十二年度執務報告』、一〇五、一一六―一一七頁、同『昭和十三年度執務報告』機密、一九三八年一二月、一七四頁、外務省調書 情275、外交史料館所蔵。

(36) 正富笑入「国民使節随行記」、同右、二三八―二四〇頁。

(37) "Why Is Japan Hitting China on the Head?", Shingoro Takaishi., *Japan Speaks Out.*, Tokyo., 1938., pp. 58–68. 前掲『高石さん』、三四二―三四三頁参照。

(38) *New York Times*, November 14, 1937., L+37.

(39) 芦田均『欧米見たまゝ』明治図書、一九三八年、一六頁。前掲外務省情報部『昭和十二年度執務報告』、一〇五頁。

(40) F・モアー著／寺田喜治郎・南井慶二訳『日米外交秘史―日本の指導者と共に』法政大学出版局、一九五一年、四四―六〇頁を参照。

(41) 「鶴見英文日記」一九三八年一月一五日条、「鶴見文書」書類の部3779。なお、松方は一九三八年一月二一日には国務次官サムナー・ウェルズ（Sumner Welles）と会談し、米国が日中和平調停に主体的役割を果たすよう依頼するが、ウェルズから拒絶されている（Memorandum of Conversaiton., January 21, 1938., *Records of the State Department Relating to Political Affairs between Japan and China 1930–44* (SCJ–1). 憲政資料室所蔵。なお、この文書は高光佳絵氏から提供を受けた。この場を借りて御礼を申し上げる）。

(42) 「内閣情報部一・三一 情報第四号 支那開発資材は米国に求めん―同盟来電 不発表」、本館–2A–039–06・情00033100

「内閣・各種情報資料・内閣情報部情報綴」、国立公文書館所蔵。

(43)「鶴見英文日記」一九三七年一〇月二九日条。

(44)一九三八年一月一〇日付鶴見祐輔発日銀総裁結城豊太郎宛電文草稿、「鶴見文書」書類の部1590。なお、「鶴見英文日記」一九三八年一月三日条を参照。

(45)「ニューヨーク及びワシントンの情勢に関する報告電文草稿」、「鶴見文書」書類の部1580。

(46)前掲一九三八年一月一〇日付鶴見発結城宛電文草稿。なお、「鶴見英文日記」一九三八年一月一五日条を参照。

(47)「メモ　結城豊太郎氏ニ電話」、「鶴見文書」書類の部1595。

(48)昭和十三年二月十八日着電写、「鶴見文書」書類の部1584。

(49)昭和十三年二月十九日発電写、「鶴見文書」書類の部1585。

(50)『木戸日記』下巻（東京大学出版会、一九九〇年、六五〇頁）、一九三八年六月八日条。

(51)前掲「メモ　結城豊太郎氏ニ電話」。ここで鶴見が鮎川に依頼した「別のこと」とは、日米経済提携に関することであったのかもしれない。というのも、鮎川が総裁を務める満州重工業開発株式会社は、五千万ドルの工場設備購入借款をワトソンに申し込んだ形跡があるためである（Haruo Iguchi, *Unfinished Business: Ayukawa Yoshisuke and U.S.-Japan Relations, 1937–1953*, Cambridge (Massachusetts) & London, 2003., pp. 61-64. を参照）。なお、鮎川とワトソンの関係については服部龍二氏から御教示を得た。記して謝意を表する。

(52)昭和十三年二月二十六日着電写、「鶴見文書」書類の部1587。

(53)講演会を主催した財団法人日本文化中央聯盟常務理事松本学は同日の日記に、「晩は公会堂で高石、芦田、伍堂の三君の講演あり、時局と国際関係講演会と云ふ。五時過から聴衆がつめかけて、長蛇のやうな列をなして入場した。満場立錐の地なきまでになった。而も真面目に聴いておる。国民が如何に国際関係を心配しておるかがよくわかる」と記している（伊藤隆・広瀬順晧編『近代日本史料選書11　松本学日記』山川出版社、一九九五年、二八四頁）。

(54)前掲伍堂「独逸の勤労奉仕運動」、三二一頁。

(55) 同右、三四頁。

(56) 中川二郎編／伍堂卓雄述『独逸に使して』日本経済聯盟会、一九三八年。伍堂『独逸より帰りて』新日本同盟、一九三八年。

(57) 中野正剛『独伊より帰りて日本国民に訴ふ』銀座書房、一九三八年、八―九頁。鳩山一郎『外遊日記―世界の顔』中央公論社、一九三八年、三四三―三五〇頁。

(58) 高石真五郎「事変と米国」『国民自覚運動パンフレット（第十輯）―時局と国民自覚大講演集』日本文化中央聯盟、一九三八年、三―四頁。

(59) 同右、五―六頁。

(60) 同右、三二―三三頁。

(61) 芦田均「列強の動向を視る―英・ソ聯・仏の用意」『国民自覚運動パンフレット（第十一輯）―時局と国民自覚大講演集』日本文化中央聯盟、一九三八年、一六頁。

(62) 同右、二八頁。

(63) 前掲芦田『欧米見たまゝ』、奥付参照。

(64) 齊藤惣一「最近の米国の印象（昭和十三年一月二十六日J・O・A・Kより）」、同『海の外に使して』日本基督教青年会同盟、一九三八年、一五七―一六六頁。

(65) 前掲鶴見「最近の米国に於ける排日感情と極東政策」。

(66) 山本信次郎「欧米に使して―昭和十二《〔三〕》年十二月十二日、学士会館に於けるカトリック国民使節帰朝歓迎晩餐会席上の講演速記全文」、山本前掲書、二二二―二二三頁。なお、前掲外務省情報部『昭和十三年度執務報告』、一七八頁を参照。

(67) 国民使節ではないが、実業使節団長としてドイツの国際商業会議所総会に出席した東京商工会議所会頭門野重九郎も、欧米巡遊後の一九三七年一二月一日、全国経済調査機関聯合会第九〇回東京支部会における講演で同様の見解を述べている（門野重九郎「事変をめぐる列国の対日感情」『全国経済調査機関聯合会彙報別冊』第一〇六号、一九三七年一二月、一一―一六頁参照）。
(68) 前掲高石「事変と米国」、三一―三二頁。
(69) 前掲鶴見「最近の米国に於ける排日感情と極東政策」。
(70) 新納発米澤宛答申、年月日不明、極秘、外務省記録 M.1.2.0.9-1「官制ニ依ラザル各種委員会関係雑件―外務省事変企画委員会関係」、外交史料館所蔵。
(71) 「北支経済開発ニ関スル外資利用問題 秘」、同右。
(72) 「支那経済開発ニ関シ第三国資本導入要綱（案）」極秘、一九三八年三月一二日委員会決定、同右。
(73) 前田多門『アメリカ人の日本把握』育生社、一九四〇年、四四―四六頁。
(74) 森島守人『真珠湾・リスボン・東京―続一外交官の回想』岩波新書、一九九一年、四七頁。
(75) ちなみに、このブックレットは一九四一年に『米禍―アメリカ外交政策の過誤』と題する翻訳本が日本経済聯盟会対外事務局から発行され、その他の著作についても、田中秀雄・先田賢紀智両氏の共訳により芙蓉書房から『暗黒大陸中国の真実』（二〇〇四年）、『アメリカはアジアに介入するな！』（二〇〇五年）と題する本が出版されている。なお、タウンゼントの活動と主張については、前掲外務省情報部『昭和十二年度執務報告』、一〇九、一一二―一一四頁、同『昭和十三年度執務報告』、一六六、一六八―一六九頁、及び本書第二部第五章をも参照されたい。
(76) 時局対策委員会の活動については熱田前掲論文、及び当時の在サンフランシスコ総領事佐藤敏人の回想録『三つ組盃―佐藤家の人々』非売品、一九七六年、二二五―二三〇頁、前掲外務省情報部『昭和十二年度執務報告』、一〇六―一〇七、一一二―一二一頁、同『昭和十三年度執務報告』、一五四頁を参照。
(77) 『内政史研究資料第二二二～二二七集 福島慎太郎氏談話速記録』内政史研究会、一九八四年、四二―四三、五七、六六―六七、一一七頁。佐藤前掲書、二一六頁。前掲外務省情報部『昭和十三年度執務報告』、二四三―二四五頁。
(78) モアー前掲書、六八頁。

（79）Walker Matheson, "Our Stake in the Orient," *North American Review*, Vol. 246, No. 2, Winter 1938-39., pp. 241-258. 前掲外務省情報部『昭和十三年度執務報告』、一五七―一五八頁も参照。

（80）佐藤前掲書、二二四―二二五頁。モアー前掲書、七一頁。なお、日本の金門博覧会参加を日本政府と在米日本人の対米宣伝の一環として位置づけた研究に、深見麻「金門博覧会と在米日系社会―1930年代の日系社会の対米宣伝活動の一例として」『文化資源學』第三号、二〇〇五年、一〇九―一一五頁がある。

（81）水の江瀧子『ひまわり婆っちゃま』婦人画報社、一九八八年、九〇頁。

（82）『福島慎太郎氏談話速記録』、七一頁。

（83）古賀政男『新装増補　自伝 わが心の歌』展望社、二〇〇一年、一八一、二八六頁。

（84）『福島慎太郎氏談話速記録』、四二―四六、五五、六七―六九頁。富桝の活動については鈴木文史朗『米欧変転紀』全国書房、一九四四年、一七〇―一七三頁を参照。

（85）『福島慎太郎氏談話速記録』、四六頁。

（86）森島前掲書、四七―四八頁。

（87）佐藤前掲書、二二八―二二九頁。モアー前掲書、七二頁。

（88）岡村前掲書、二二五―二三〇頁。芝崎前掲書、一三九―一四四頁。

（89）黒田清「滞米雑感」『国際文化』第三号、一九三九年三月、二九―三三頁。黒田は国際文化振興会常務理事として日本文化会館の設立に深く関与した。

（90）「鶴見英文日記」一九三七年一〇月三〇日条。

（91）同右、一九三七年一〇月一四日、一〇月一八日、一〇月二五日、一一月一日、一一月四日、一一月五日条。

（92）松岡は一九三七年一〇月八日、ＡＰ通信社を通じて「日本のために弁ず」と題する米国民向け英文メッセージを発表していた（松岡洋右伝記刊行会編『松岡洋右―その人と生涯』講談社、一九七四年、六八八―六九二頁）。

（93）「鶴見英文日記」一九三七年一〇月二八日条。

(94) 同右、一九三七年一〇月二九日条。
(95) 同右、一九三七年一一月二日条。『読売新聞』一九三七年一一月三日夕刊第一面。
(96) 一九三七年一二月一一日付井上発小林宛極秘親展電報写、「鶴見文書」書類の部1573。
(97) 一九三八年九月八日付木戸宛鶴見書翰、『木戸文書』、五四九頁。
(98) 前掲「ニューヨーク及びワシントンの情勢に関する報告電文草稿」。なお、「鶴見英文日記」一九三八年一月三日条参照。
(99) 「米国紐育ニ日本情報図書館設立ニ関スル件」、「鶴見文書」書類の部1569。
(100) 「日本情報図書館関係メモ」、「鶴見文書」書類の部1570。
(101) 『福島慎太郎氏談話速記録』、六三―六五頁。
(102) 「日本情報図書館に関する件報告電文草稿」、「鶴見文書」書類の部1571。この修正案の決定について鶴見は「一に斎藤の尽力の結果」とその日記に記している。この日鶴見と斎藤は深更まで「日米問題解決の為め両人にて努力せんことなど」を語り合った（「鶴見英文日記」一九三八年一月二一日条）。
(103) 「鶴見英文日記」一九三八年五月五日条参照。
(104) 一九三八年八月一〇日付外相宇垣一成発駐英大使吉田茂宛電報第二九四号、館長符号扱、外務省記録I.1.6.1.1「本邦図書館関係雑件」。
(105) 一九三八年五月六日付鶴見祐輔発駐米大使斎藤博宛電文控、「鶴見文書」書類の部1589。
(106) 財団法人日本文化中央聯盟編輯・発行『昭和十四年度　日本文化団体年鑑』一九三九年、七九六頁。『ＫＢＳ30年のあゆみ』財団法人国際文化振興会、一九六四年、二〇頁。前掲外務省情報部『昭和十三年度執務報告』、一一三頁。外務省文化事業部『昭和十三年度執務報告』機密、一九三八年一二月一日、一六一、一六四頁、外務省調書　文化53、外交史料館所蔵。
(107) 芝崎前掲書、一三九頁。一九四一年一一月八日付外相東郷茂徳発在ニューヨーク総領事森島守人宛電報第一三二号写、外機密、極秘、外務省記録 I.1.10.0.1－4「各国ニ於ケル協会及文化団体関係雑件―米国ノ部」第二巻。外務省文化事業部第二課『昭和十四年度執務報告』機密、一九三九年一二月一日、四頁、外務省調書 文化39、外交史料館所蔵。

(108) 前掲『アメリカ人の日本把握』、一六頁。

(109) 前田多門『山荘静思』羽田書店、一九四七年、二〇三頁。

(110) 前掲『アメリカ人の日本把握』、七頁。

(111) 坂西志保「前田さんの思い出」、堀切善次郎編『前田多門 その人・その文』刊行世話人、一九六三年、一六九頁。

(112) 前掲『アメリカ人の日本把握』、一八―一九頁。前掲『山荘静思』、二〇四頁。

(113) 鈴木前掲書、一五九頁。

(114) 岡村前掲書、二三〇頁。またワシントンの米国議会図書館内に故斎藤大使記念日本室を建設することも計画され、一九四〇年には樺山や駐米大使館が議会図書館長マクリーシュ（Archibald MacLeish）と協議を重ね、建築家との仮契約も交わされたが、日米関係の悪化により実現しなかった（一九四〇年九月一三日付堀内発松岡宛電報第一四五八号、外務省記録 I.1.7.0.3－1「本邦記念物関係雑件―在外ノ部」第二巻。なお、坂西志保「翁の最後の渡米」、財団法人グルー基金ほか編『樺山愛輔翁』財団法人国際文化会館、一九五五年、一二四―一二七頁を参照）。

(115) 前掲『アメリカ人の日本把握』、一七頁。

(116) 前掲『山荘静思』、二〇七頁。『福島慎太郎氏談話速記録』、六四―六五頁。

(117) 『KBS30年のあゆみ』、二〇―二一頁。

(118) 芝崎前掲書、一四四頁。岡村前掲書、二二八頁。

(119) 『福島慎太郎氏談話速記録』、六二―六三頁。

(120) 森島前掲書、四六―四七頁。

(121) 外務省調査部第五課「昭和十六年 擬問擬答集案（第七十六議会）」、外務省記録 A.5.2.0.1－3「帝国議会関係雑件―説明資料関係」第二三巻。

(122)　一九四一年七月八日付森島発松岡宛電報第二七九号（部外秘）、外機密、外務省記録 I.1.0.0.7「各国会館関係雑件」。

(123)　一九四一年一〇月二九日付森島発東郷宛電信第四九〇号写、外機密、前掲外務省記録 I.1.10.0.1－4 第二巻。

(124)　一九四一年一二月一日付外務省調査部第五課長朝海浩一郎発国際文化振興会常務理事黒田清宛秘第一一三七号添付同年一一月二七日付森島発東郷宛電報写、同右。

(125)　一九四一年一二月一日付東郷発森島宛電報第二六〇号、大至急、外機密、同右。

(126)　須磨弥吉郎「支那事変と米国―事実の検討（昭和十四年八月二日稿、於華府《ワシントン》）」、須磨未千秋編『須磨弥吉郎外交秘録』創元社、一九八八年、一五三―一五四頁。

(127)　石射猪太郎『外交官の一生』、中央公論社、一九八六年、三一九頁。

(128)　モアー前掲書、五六―五七、七三頁。

(129)　日本文化会館創設時の駐米大使堀内謙介も、戦後の外務省外務官吏研修所における講義の中で、長期的視野に立った啓発機関という観点から、同館の活動の効果を評価している（堀内謙介『堀内謙介回顧録―日本外交50年の裏面史』サンケイ新聞社、一九七九年、一四二―一四三頁）。

(130)　土田前掲論文、及び中田崇「中国国民党中央宣伝部と外国人顧問―一九三七―四一」『軍事史学』第一六三号、二〇〇五年、二三―三九頁を参照。

〔付記〕　本稿執筆に先立つ史料調査の段階で内藤和寿、柴田紳一、西藤要子の各氏に御教示やお手伝いをいただいた。末筆ながら記して感謝いたします。

第一〇章　興亜院設置問題の再検討

――その予備的考察――

加藤陽子

はじめに

一九三八年（昭和一三年）一二月一六日、ほぼ一年にわたる長い討議を経て、興亜院が発足した。興亜院は、前年七月から中国との全面戦争にふみきっていた日本が、中国に対する政治・経済・文化に関する事務、対中政策に関する事務管掌のため、内閣総理大臣の下に設置した中央機関であった。興亜院官制（勅令七五八号）の主要部分を以下に示しておく。(1)

第一条　支那事変中内閣総理大臣ノ管理ノ下ニ興亜院ヲ置キ左ノ事務ヲ掌ラシム但シ外交ニ関スルモノハ之ヲ除ク

一　支那事変ニ当リ支那ニ於テ処理ヲ要スル政治、経済及文化ニ関スル事務

二　前号ニ掲グル事項ニ関スル諸政策ノ樹立ニ関スル事務

三　支那ニ於テ事業ヲ為スヲ目的トシテ特別ノ法律ニ依リ設立セラレタル会社ノ業務ノ監督及支那ニ於テ事業ヲ為ス者ノ支

那ニ於ケル業務ノ統制ニ関スル事務

四　各庁ノ支那ニ関係スル行政事務ノ統一保持ニ関スル事務

興亜院の設置経緯については、外務省記録に依拠して詳細に分析した馬場明氏の研究[2]がある。氏の論考は、外務省以外の主体である企画院・法制局・陸海軍・内閣参議などが推進する興亜院構想[3]に対し、外務省がいかに抵抗し、対中外交の権限を守るのに努力したかという問題意識で書かれている。このような観点は、興亜院設置に反対し、最終的にはそれを理由として、一九三八年九月三〇日、外相を辞職した宇垣一成の辞職理由の立場[4]に通ずる。宇垣の辞職理由は以下の三点。第一に、「対支中央機関」＝興亜院の設置は、外務省から外交の一番重要な部分、すなわち対中外交の権限を奪うものなので賛成できない。第二に、外務省が妥協して用意した修正案は、興亜院が対象とする地域を日本軍による占領地域に限っている、これならば名分も立ち筋も通る。しかし、進められている興亜院案は、占領地域以外の中国をも対象としているので、自分の信念とは異なり日本のためにもならない。第三に、今年中にも中国に新しい政権が誕生し平和が回復されるはずである。そのような大切な時期にこのような機関ができるのは賛成できない。

対中外交をめぐる外務と陸軍の攻防、対象を中国全土とするか既占領地とするかという対立からみる視角は、確かにわかりやすい。しかし、外交権をめぐる軍部と外務の対立から興亜院を捉えるだけでは事態の複雑さを見誤る。事実、公布された官制第一条の職掌からは、宇垣が最も懸念していた「外交ニ関スルモノ」は除かれていた。官制からもわかるように、興亜院が担うべき重要な役割の一つには、第一条三項に規定された「支那ニ於テ事業ヲ為スヲ目的トシテ特別ノ法律ニ依リ設立セラレタル会社」の業務の監督があった。本規定中の会社とは、興亜院に先んじて一九三八年一一月に設立された、中国占領地「経営」のための国策会社、北支那開発株式会社と中支那振興株式会社の二つをいう。北支那開発株式会社を例にとれば、この会社は政府、満鉄、財閥各本社、日本製鉄、財閥系鉱山会社、有力配電会社を主たる大株主として設立されたものである。両会社設立に際しては、それまで関東局総長を務めていた内務官僚の武部六蔵が、内閣参議の池田成彬と郷誠之助など財界トップの全面的な協力を得てあたっていた(5)。

日本軍が一九三八年一〇月下旬、広東と武漢三鎮を占領しながらも、戦線は膠着し、日中戦争が持久戦の様相を呈するようになると、総力戦の時代にふさわしく、中国に対する経済提携・経済開発という名の収奪を、全官庁組織を挙げて組織的に行うための中央機関が必要となってくるのは想像に難くない。それが興亜院であったことをまずは念頭に置く必要があるだろう。興亜院官制の最終段階の作成にかかわった内閣官房総務課長稲田周一が遺した史料(6)には、興亜院各部課の人員採用方針をうかがわせる記録がある。政務部第一課のところには、課長の欄に「海」、調査官の欄に「陸、海、〇」、事務官の欄に「外、大」と書かれている。〇の意味は「〇ノ分ハ内二名ヲ官界（拓務其ノ他）ヨリ、一ヲ民間ヨリ」との註記から判明する。陸は陸軍省、海は海軍省、外は外務省、大は大蔵省からの出向者を意味するのだろう。さらに、政務部第一課だけではなく、すべての部署についても、課長就任予定者などが綿密にすりあわされていた。政務部第一課（海）、第二課（陸）、第三課（外）、経済部第一課（大）、第二課（商）、第三課（逓）、第四課（大）、などのように表記されていた。商は商工省、逓は逓信省を意味しており、各省からの出向者が見事なまでに均衡している(7)。実際に発令された辞令で確認しても、この方針が貫徹されていたことがわかる。

興亜院開設にあたって近衛文麿首相が読み上げた訓辞には、以下のような一節(8)があった。

（「今次事変の終局目的」を達成するためには――引用者註）優越なる武力に訴へて抗日容共の政権を覆滅せしむると共に其の成果

を援用し、支那民衆をして真に日支提携の合理性と正義性とを自覚せしめ、政治、経済、文化の各般に亘りて互助連環の実を挙げて参らねばならないのであります（傍点は引用者、以下同じ）。

訓辞を準備したのは興亜院設置を準備してきた官僚・軍人であったと考えられるので、彼らの頭の中で興亜院が、日本との「提携」が合理的な選択であり正義にもかなう道であると中国民衆に「自覚」させるために設置された機関だと捉えられていたことがわかる。このように興亜院は、少なくとも、日本側当事者の認識においては、日中提携の「合理性と正義性とを」中国側に認識させるため、全府省庁を挙げて組織した対中政策調整機関であったといえるだろう。この点に注目して、その設立経緯を歴史的に考える必要がある。そのような問題意識をもった新しい研究として特筆すべきなのは、本庄比佐子・内山雅生・久保亨らの諸氏による共同研究であろう。[9][10]

本庄氏らの研究のねらいは、柴田善雅氏の巻頭論文が明らかにしているように、①興亜院が所管した占領地行政にかかわる政策形成とその内容を解明する、②そのために、まずは行政機構としての興亜院の役割を解明する、その際、中国占領地域政策の調整を担当した内閣第三委員会との連続を考慮する、③また、興亜院作成の中国実態調査記録の目的や内容を精査することから興亜院の意義を逆照射する、などの諸点に置かれている。本庄氏らの研究は継続中であり、現在のところ②と③を中心に研究が進められているが、興亜院が作成した調査記録からその性格を逆に確定してゆこうとしている点に特徴がある。

本庄氏らの研究にみられるような、興亜院の中国調査記録に何が書かれているのかという点、いわば終点から興亜院の意義を逆に確定してゆく姿勢は重要だが、それに劣らず、一九三八年一月という時点でなぜ、対華中央機関の設置が提議されたのかという点、いわば始点から興亜院を内在的に捉えようとする視角も重要だと筆者は考える。柴田氏が正しく指摘するように、対華中央機関設置の必要性が初めて表明されたのは、同年一月一九日の内閣第三委員会・幹事会の席上においてであった。第三委員会とは、一九三七年一〇月二六日の閣議決定に基づいて、同年一一月六日、内閣総理大臣の下に極秘に設置された一連のナンバー委員会の一つで[11]、「支那事変に関連し支那に於ける経済に関する重要諸事項を審議[12]」するための委員会として発足したものである。その幹事会には、外務書記官（東亜局第一課長）上村伸一、陸軍大佐（軍務局軍務課長）柴山兼四郎、海軍大佐（軍務局第一課長）岡敬純のほか、対満事務局事務官（庶務課長）、大蔵書記官（理財局外事課長）、企画院書記官二名、同事務官一名、陸海軍からそれぞれ一名、のメンバーが参加していた。上記のメンバーによる第三委員会・幹事会の席上、対華中央機関案として発案された最初の案となった「東亜事務局」案が非公式に提議されたのである。上記の人員で構成されていた第三委員会が、なぜ、興亜院設置問題にかかわってくるのか。軍事作戦が一段落し、経済「開発」に移行する間際、いかなる問題が軍や政府によって自覚されており、そうした問題を処理することを期待された興亜院は、いかなる性格を帯びることになっていったのか。始点から内在的に考えるとは、こうした問いを考察することにほかならない。

ここで、始点から内在的に興亜院を考えようとする際、是非とも考慮すべき、時代状況の特質について述べておきたい。まず、日中戦争が、宣戦布告をともなう正規の戦争ではなく、特殊な戦争の形態で行われていたという事実が大状況としてあったということである。当時の日本陸軍などは、アメリカ中立法の適用を避けるため、宣戦布告・海上封鎖を行わずに、現地において中国側を表に立てた治安維持会を組織させる方向を採ることで、作戦を限定しようと考えていた[13]。宣戦布告の可否は、企画院次長・大蔵次官・陸軍次官・海軍次官・商工次官をその構成メンバーとする内閣第四委員会で審議され[14]、アメリカ中立法を避けるために宣戦布告しないとの陸軍の方針は、国家の方針としても追認されてゆく[15]。そして、アメリカ中立法の適用を避けるため宣戦布告なしの戦争を遂行していったことで[16]、実のところ、日本自身も変容を迫られることになった。このような大状況の下で二つの変化が起こっていた。

第一の変化は、日本の当局者に抱かれるようになった独特の日中戦争観であろう。中国という一国に対して戦争を行っているとの意識が希薄になったことが史料からうかがえる。近衛首相の下で、対華中央機関設置に動いていた内閣書記官長・風見章、あるいは昭和研究会によって書かれたと推測される「現時局に於ける基本事実とその対策　一三、六、七」(17)が近衛史料の中にある。一九三八年六月七日に作成された文書なのだろう。そこには「現在に於ける支那事変の本質」について、次のように書かれていた。

領土侵略、政治、経済的権益を目標とするものに非ず、日支国交快復を阻害しつゝある残存支配勢力の排除を目的とする一種の討匪戦なり。

また、中支那派遣軍司令部は、一九三九年一月二三日、「極秘　揚子江開放ニ関スル意見」(18)を作成していたが、そこで「事変」は「今次事変ハ戦争ニ非ズシテ報償ナリ。報償ノ為ノ軍事行動ハ国際慣例ノ認ムル所」と定義されていた。中国との実質的な戦争を、討匪戦あるいは報償と捉える感覚が、日本側に芽生えるようになっていたことが読みとれる。二つの史料とも、公表を意図して書かれたものではない内部向けの史料であるだけに、討匪戦あるいは報償という感覚が、実際に抱かれていたとわかる。

第二の変化は、宣戦布告しないとなると、正規の戦争の場合に（海戦法規・陸戦法規などの国際法規によって）認められていた諸方策が、実行できなくなっていたという事実である。たとえば、以下のような方策は実行不可能と了解されていた。(19)第三国の船舶をも対象とした完璧な海上封鎖の実施、第三国から中国への兵器弾薬その他軍需品の供給禁絶、要地砲撃にあたっての第三国人立ち退き要求、占領地域を日本の管轄下に置き占領地行政を施行すること、賠償請求、などである。

中国との戦争を討匪戦あるいは報償と捉えていた日本側が、海上封鎖を実施できず、占領地行政＝軍政[20]をも実行できず、賠償も請求できない、といった条件を負った時、日本側はいかなる対華中央機関を必要とするようになるのか。これが本章のテーマとなる。考察の対象とする期間については、日中戦争の拡大が避けられなくなった一九三七年八月から、北支那方面軍特務部を通じた華北支配が限界に達する翌年一月から三月までの時期で区切る。その理由は、この時期までに、対華中央機関の設置が必要とされる内在的理由がひとまず出そろうからである。設置を前提として、それぞれの政治主体が調整に乗りだす三月から興亜院設立の一二月までの経緯については、別稿に譲りたい。

一　停戦交渉案と華北支配プラン

八月一五日までの停戦交渉案

まず、盧溝橋事件勃発直後から華中にまで戦火が拡大し、全面戦争化が避けられなくなった一九三七年八月一五日までの日本側の対応をみておく。ここで区切る理由は、八月一三日に日中両国の軍隊が上海で本格的な戦闘に突入し、一五日、日本政府もまた「支那軍ノ暴戻ヲ膺懲シ以テ南京政府ノ反省ヲ促ス為」断固とした処置をとる旨を声明したからである。八月一三日、日本軍の上海特別陸戦隊と、中国軍の中央直轄第八七・第八八師からなる精鋭部隊との間に始まった市街戦は、国民政府のドイツ人顧問が「ベルダン以来もっとも流血が多かった」と評するほどの激戦となった。[21]

この時期までにとられた停戦工作の最終的なかたちが船津（辰一郎・在華日本紡績同業会総務理事）工作となり、本工作が外務省東亜局長石射猪太郎を中心に、参謀本部第一部長石原莞爾、同戦争指導課長河辺虎四郎、陸軍省軍務課長柴山兼四郎、海軍省軍務局一課長保科善四郎などの「外交交渉派」によって推進されていた点については、劉傑氏の研究によって明らかにされている。[22]劉氏は、日本の政治勢力なかの、戦争推進派（拡大派）も、対華工作推進派（不拡大派）も、国民政府を欧米依存主義から脱却させ、東亜の安定勢力としての日本を中国側に認めさせようとした点、すなわち国民政府の対日政策の転換を求めた点では、共通の政治目的を持っていたことに注目し、[23]その上で、戦争の手段によって対日政策を転換させようとする勢力を武力行使派とし、和平の手段によってそれを実現しようとする勢力を外交交渉派とし、それぞれの日中戦後構想の内実に注目した。

日中戦争の初期段階を分析するには、[24]劉氏によって設定された枠組みが極めて有効であろう。しかし、停戦条件の文言を分析するだけではなく、それに加えて、停戦条件と同時に策定がすすめられていた華北支配プランの文言をも同時にみていく必要があるのではないか。政治と軍事の動きを共にみることで、古典的通史『太平洋戦争への道』が「日中戦争の軍事的展開」と「日中戦争の政治的展開」を別々の編に分けて記述したことからくる限界も克服できると考える。[25]

さて、船津を通じた工作のための停戦案は、陸軍省・海軍省・外務省三省間の合意となり、[26]八月七日、陸・海・外三相合意による停戦条件「日華停戦条件」[27]が決定された。その一方で、華北支配プランもまた準備された。すなわち、陸軍省の「北支政務指導要綱」[28]がそれであり、この要綱は八月一二日に決定された。「日華停戦条件」が同月七日に陸海外三相間で合意されてから、わずか五日後のことであった。一方で停戦、一方で華北支配プランという、相反する方策が同時に準備されていたわけだが、まずは停戦に向けた八月七日までの動きを確認しておこう。

七月一一日の臨時閣議は、不拡大方針の維持と、その必要がなくなれば中止することを条件に、内地三個師団と関東軍・朝鮮軍の一部動員を決定した。[29]一方、皮肉な展開ながら、この同じ日の午後八時、現地においては松井太久郎北平特務機関長と第二九軍代表張自忠の間に停戦協定が成立した[30]。今後は、内地師団の派遣の可否についての政府方針の決定がなされるはずであったから、そこに向けた陸海外三省の動きがみられた。陸軍省は、七月・八日の五相会議に提案するための陸軍案の眼目を、日中関係の「明朗化」におき、国民政府と交渉すべき項目を次のように設定した。①平津地方中国側の駐兵禁止。②華北特殊化の実現（塘沽協定[31]、梅津・何応欽協定[32]、土肥原・秦徳純協定の実行[33]）。③一九三五年一〇月四日の「対支実行策」の遂行[34]。③の「対支実行策」とは、排日取締まり、満州国の黙認、共同防共を内容とする広田三原則のことである。陸軍は、事変の圧力を利用して国民政府の対日政策を転換し、華北分離工作の再活性化と広田三原則の実行を要求していた。この条件提示に続く文章で、陸軍は率直にも次のように述べている[35]。

尚今次派兵の効果、平津地方の軍隊の存在、北平、天津の占拠は右交渉の後楯として活用すべきものなり。

陸軍側は、派兵軍隊による北京・天津の占拠を想定し、その軍事的圧力によって華北の特殊化と広田三原則の国民政府による承認を期待していた。ただここで注意すべきは、陸軍側が想定している派兵の範囲が、平津地方に限定された狭いものであったことである。またこの時点では、華北に傀儡政権を樹立する案は書かれなかった。

この陸軍案に対応すべく海軍省の保科一課長が起案した海軍案[36]は、以下のような内容だった。①一一日決定の現地協定の項目につき、中国側が実行しやすいような細部案を定める（例えば、第二九軍代表の謝罪は軍長・宋哲元ではなく、副軍長で北京市長の秦徳純にすることで実現しやすくする）。②現地協定が実行され、中国側の中央軍が原駐地に復したら、日本からの増援部隊も撤退させる。③広田弘毅外相自ら南京に出向き、蔣介石を相手として、「北支問題を始め一般支那問題の解決を図る」。基本的には、派兵された日本軍を早期に撤退させるように留意し、後は広田外相と国民政府の直接協議に待つ姿勢をとっていた。当時、海軍省臨時調査課課員兼軍務局員であった高木惣吉が、七月一七日の条に次のように記していることからも、海軍案のポイントが陸軍牽制にあったとわかる。(37)

軍務一課長〔保科善四郎〕ヨリ調査課及軍務一課F〔神〔重徳〕〕局員ニ時局問題ニ関スル対策作製ノ注文アリ、午前ヨリ午後ニカケ此ノ問題ニ没頭ス〔中略〕海軍トシテハ最善ヲ尽シテ陸軍ノ無軌道ヲ是正スルト共ニ最悪ノ場合ニ備ヘテ遺憾ナカラシムルヲ要ス。

最後に外務省案をみておこう。同じ七月一七日、外務省東亜局第一課は「北支事変に関する日支交渉要綱」(38)を起案した。外務省案では、南京の国民政府に要求すべき撤退条件の骨子として、①排日取締りの徹底、②「北支」の特殊性を認めること、そのために北支五省を治めるため特別の政治組織、例えば「特政会」のようなものを創設すること、③一般的赤化防止を目的とする協定を日本と締結すること、④満州国の正式承認、などの項目が挙げられていた。この外務案の内容は、広田三原則のうち、満州国の承認部分を、これまで日本側が主張してきた事実上の承認から、正式承認に格上げした点では、より厳しさが増しているといえる。ただ、②の部分で、特政会方式を選択していることは、注目される。

特政会方式とは、南京総領事であった須磨弥吉郎が一九三六年にあみだした方式で、同年一〇月二日に開かれた四相会議（首相、外相、陸相、海相）決定で確認されたものである。一九三五年六月一〇日の梅津・何応欽協定と、同二三日の土肥原・秦徳純協定によって進められた華北分離工作を中止させるため、華北を対象とした防共協定を日中間に締結し、国民政府の認める特政会という機関を天津におき、財政・産業・交通に関する一切の権限を同会に与えることにしたものであった。[39] 日本側の傀儡であった冀東政権はこれによって解消されるはずになっていた。よく知られているように、一九三六年一〇月二日の四相会議決定は、翌年四月一六日の四相会議決定につながる穏健なものであった。後者の四相会議決定については、林銑十郎内閣の佐藤尚武外相が主導していた。外務省が最初に策定した案に、この特政会方式が含まれていたことの意義は大きい。その目的は、陸軍案がともすれば「北平、天津の占拠」をもって、対中「交渉の後楯」とするのを防止する点にあった。

さて、近衛内閣は一九三七年七月二〇日、三個師団の動員を閣議決定した。[40] もっとも、これは直ちに動員下令に結びつくものではなく、実際の動員下令は廊坊事件、広安門事件[41]が起こった後の同二七日のことであった。中国側の姿勢が断固としたものであったこと、また現地に派遣されていた陸軍省の柴山課長から、「現地は実に冷静、条件は次第に実行されつゝあり、増兵なんか要求して居らず[42]」との情報も入ったことから、再び、陸海外三省の間で、停戦交渉案の折衝がなされるようになる。

これ以降、劉氏の命名するところの「外交交渉派[43]」が活発な動きをみせ、上述の八月七日「日華停戦条件」決定（外陸海三相合意）に結びついていく。そのさなかの七月三〇日、外務省東亜局は「北支時局収拾ニ関スル外務省ノ意見[44]」をまとめる。その趣旨は、以下の三点からなっていた。①地方政権の樹立は絶対に不可。鵺的な中間政権が不可なのは冀東・冀察の前例から明らかである。②北支時局の収拾は蔣介石の中央政権との直接取引により解決する。③中央政権と直接取引をするには、「城下の盟」すなわち日本の希望を中央政権がそのまま認めるまでに武力で打倒するか、あるいは日本軍によって中央軍を撃破した後、蔣介石の中央政権の内部崩壊を起こさせ、新しい中央政権ができるのを待ち、その新中央政権と直接取引をするか、の二通りある。

「北支時局収拾ニ関スル外務省ノ意見」は、東亜局長であった石射の執筆と推定されるが、①で、華北における地方政権樹立に強く反対しているのは注目される。というのは、陸海外三省中で最も強硬な停戦交渉案であった七月一七日陸軍案でさえ、華北の特殊化には言及していても政権樹立については触れていなかったからである。石射は何を警戒していたのだろうか。石射の七月三〇日案は、当然のことながら、この時点に至るまでの華北分離工作の歴史的経緯や、関東軍の抱いていた対ソ戦に際しての対華北占領構想を詳知した上で作成されていたと思われる。さらに石射は、実際に、関東軍の直近の情勢判断を知り得る立場にいた。

関東軍の情勢判断は、在満州国日本大使館で参事官を務めていた沢田廉三によって、八月三日付で石射に宛てて報じられている。[45]沢田は関東軍が七月一九日に作成した、①「対時局処理要綱」、②「北支処理要領」を同封し、日華停戦条件作成にあたっていた石射の参考に供した。関東軍によって作成された①では「現下ノ時局ニ対シテハ左ノ要綱ニ基キ勉メテ迅速ニ之ヲ処理シ持久ニ陥ラザルノ考慮ヲ必要トス」とし、第一段は「北支明朗化ヲ標榜シ河北、山東ノ両省ヨリ二十九軍及税警団ヲ撃攘シ別紙北支処理要領ノ如ク施策ス」と決定されていた。よって次に別紙「北支処理要領」に記された内容もみておこう。

方針

北支政権ヲ南京政府ヨリ分離セル一地方政権ト為シ、多分ニ自主独立性ヲ與ヘ日満両国ハ右政権ト軍事的、政治的ニ鞏固ナル結合ヲ為シ特ニ其経済開発ヲ促進シ日、満、北支経済「ブロック」ノ基礎ヲ確立ス

要領

一、地域ハ差当リ、山東、河北ノ二省トシ、将来山西ニ推進ス

二、今次事変ヲ契機トシ、右地域内ニ盤居スル兵匪ヲ掃蕩シ、之ヲ支援スル中央軍ニ決定的打撃ヲ與ヘ、以テ独立政権樹立ノ気運ヲ醸成ス

関東軍は七月一九日の時点で、山東省・河北省・山西省を支配領域とする、南京から独立した地方政権を華北に樹立し、その政権を相手に、日満北支の経済ブロックを形成しようとしていたのである。沢田は石射に宛てて、次のような注意も書き送っていた。関東軍は本情勢判断を陸軍中央に意見具申するため今村均関東軍参謀副長を上京させたほか、「関東軍としては天津軍（支那駐屯軍のこと、引用者註）及南（次郎）朝鮮総督には特使を派して其賛認を求めたる趣に有之、今後大体此方針に基く主張及処理をなし行くものと存せられ候」[46]。関東軍は陸軍中央に意見具申するとともに、自らの事変処理案を、出先軍である支那駐屯軍・朝鮮軍に根回ししていた。関東軍の働きかけは、近衛首相にも及んでいた。七月二九日、近衛は、元老・西園寺公望の秘書・原田熊雄に対して「実は最近南朝鮮総督と植田関東軍司令官の両方から、北支に新たな政権を樹立する運動の建白書が出た」[47]と述べている。

以上のような、関東軍による強硬な「北支政権」樹立案をも視野に入れた石射のもとで東亜局が打ち出した「北支時局収拾ニ関スル外務省ノ意見」は、上記のように陸軍の七月一七日案が想定していた華北の特殊化をあくまで避けつつ、蔣介石との直接交渉を目指していたものであった。しかし、外務省が、国民政府との交渉に至る過程では、武力戦による「城下の盟」を強いる必要もある、としていた点は改めて注目される。想定される武力戦の規模という点では、平津地方の戦闘を想定する陸軍案よりも、「城下の盟」を強いる外務省案の方が大規模になる可能性があった。国民政府を確実に交渉の場に引き出すことを考えれば、華北だけに作戦を限る方策はかえってマイナスとなる。拡大派と不拡大派の二項対立で日中戦争初期の事態を語ることが難しい理由がわかる。小規模の作戦と戦力、それを補完するための華北特殊化[48]を主張する陸軍側と、華北に地方政権が樹立されるのをあくまで避け、直接対話を国民政府側に強いることのできる規模の作戦と戦力を主張する外務側との対抗軸がみてとれる。

「北支時局収拾ニ関スル外務省ノ意見」の外務省記録にはペン書きの加筆がなされているが、そこには次のように書かれていた。日本側が面目を保ちつつ時局を収拾する途は、前述した「北支時局収拾ニ関スル外務省ノ意見」の③によるほかはないが、途中で停戦しなければならない場合には、中国側の二九軍と中央軍を膺懲する目的を達成したと声明して兵を引くべきであると書いて、次のように続く(49)。

撤兵ニ関スル面目ヲ糊塗センカ為北支ニ地方政権ヲ樹立スルカ如キコトアランカ、爾餘ノ支那全体ハ激烈ナル排日抗日トナリ、商権ノ失墜ハ勿論、膨湃タル排日ノ気勢再ヒ北支政権ヲ席捲シ、第二第三ノ北支事変トナルコト必定ナリ。

東亜局の石射らは、いったん出した兵隊を撤退させる面子を立てるため、陸軍などは華北への地方政権樹立を画策するだろうが、そのようなことは断じていけないと強く主張していた。この文書が記されたのは七月三〇日のことであり、その時点で外務省東亜局案は、徹頭徹尾、南京の国民政府との交渉を目指すものだった。こうして、本案をたたき台として陸海外三相決定となった八月七日「日華停戦条件」(50)は、二つの内容からなっていた。①停戦の提議を中国側から持ち出させるよう、日本の外務省から裏面工作をすること。②時局収拾の条件は、非武装地帯の設定、事変前の駐屯軍の兵数へ自発的に縮小、塘沽停戦協定・土肥原秦徳純協定・梅津何応欽協定の解消、冀察・冀東両政権の解消、当該地域に日本と中国を仲介できるような適切な有力者の指導下に南京政府の行政をしくこと、とされていた。七月一七日の陸軍省案にあった、華北分離工作の再活性化につながる項目がすべて落とされていた点に注目したい。

八月七日決定による船津工作は、折から同九日勃発した大山海軍中尉射殺事件により中断を余儀なくされるが、杉山元陸相がこの「日華停戦条件」のラインに同意を与えていたことは、先に述べた関東軍の情勢判断、関東軍が現地軍に行っていた根回しなどを考慮する時、やはり特筆にあたいする。

八月一五日前後の華北支配プラン

一方、華北支配プランについてはどうであったのか。八月一二日決定の「北支政務指導要綱」(51)は、事変勃発以来、陸軍省が初めて現地の支那駐屯軍に示した方針であった。一つの「方針」と、五つの「要領」からなっている。「方針」においては、作戦地後方地域（冀東を含む）における政務事項を統合指導して、該地域を「日満支提携共栄実現の基礎」とすべきだ、と述べる。「要領」においては、①政務指導の処理は「敵国占領の精神」を脱却して、地方固有の社会組織・習俗を存置すること、②作戦地後方地域の政治機関は住民の自主的発生によること、③経済開発は冀東政権を内面指導して行う、開発実施には興中公司をあてること、④現地の明朗化を妨碍する不良分子、「浮浪人排日及共産分子等」は国籍を問わず「徹底的整理」の手段を講ずること、⑤住民の保健医療施設の普及に努めること、の五つを定めていた。

八月七日「日華停戦条件」（陸海外三相合意）で冀東政権の廃止が謳われていたことを思い返せば、この「北支政務指導要綱」で、冀東政権を内面指導して経済開発を行わせようとした案が、早くも一二日に用意されているのは注目される。「北支政務指導要綱」において陸軍省が冀東政権に言及せざるをえなかったのは、宣戦布告などがなされていない段階、あるいは小紛争のままで日中交渉が妥結するかもわからない段階においては、行政・立法・司法にわたる最高権限を発揮すべき軍政施行が不可能であったために、冀東政権を通じた経済的・政治的な内面指導を行おうとしたのであろう。

しかし、日中交渉が成功するのか失敗するのかが判然としない時期において、華北を「日満支提携共栄実現の基礎」と位置づけ、経済開発について、表向きは冀東政権に実態は興中公司に受け負わせる、とのプランを早くも作成していた陸軍省の考え方には、華北を「経済開発ヲ促進シ日、満、北支経済『ブロック』ノ基礎」として位置づけると謳っていた、関東軍七月一九日作成の「北支処理要領」の精神に通ずるものがあったことは否めない。

次いで、陸軍中央がいかなる具体的指示を出先に与えていたのか、また、出先は陸軍中央にいかなる請訓をしていたのか、それを確認しておこう。「北支政務指導要綱」が決定される前の、八月一日、支那駐屯軍参謀長橋本群は、陸軍次官梅津美治郎と参謀次長今井清宛てに、天津海関と塩務機関を接収管理してよろしいかとの伺いをたてた。(52)同海関は天津フランス租界に位置し、国民政府が掌握する機関だった。そのため駐屯軍は、海関が武器弾薬供給の拠点となっているとの疑いを持っており、塩務機関も精製塩を、国民政府の勢力基盤である華中・華南に送っているとの疑いがあると考えていた。海関・塩務機関の収入中、第三国、すなわち列強に関係する外債担保分について、日本側が責任をもって支払えば問題はないとの認識を駐屯軍は抱いていた。

しかし、梅津次官は、軍が両機関を直接管理するのは対外関係上問題があるとして許可を与えなかった。梅津は「天津海関竝塩務機関ヲ軍ニ於テ直接管理スルハ対外関係上種々複雑ナル事情ヲ生ずる虞アリテ適当ト認メ難シ」(53)と暗号電報で橋本に指示したが、この指示は、参謀本部の同意を得た上でなされていた。宣戦布告もせず、また駐屯軍と中国軍との間の現地交渉、あるいは国民政府との直接交渉で収拾されるかも知れない紛争において、海関接収という、交戦国がなしうる軍政施行の権利の一つを行使するのは問題であるとの認識であろう。現地軍が軍政を事実上開始しようとしていたのに対して、陸軍省は陸戦法規に則った占領地統治を認めなかった。現地軍と陸軍中央で争われていたのは、こうした点であった。

現地側はこの指示に納得しない。八月二二日、橋本参謀長は、海関機能が失墜したため密輸出入がなされようとしているので、中国側の治安維持会を表に立て、実質は日本の管理下に入れたいと、再び参謀次長・陸軍次官宛てに伺いをたてた。本問題については堀内干城天津総領事とも協議済であり、税関長以下の外国人職員はそのまま勤務させ、関税率も変更せず、関税収入中外債負担分は各国に送金し、国民政府送付分は事変終了後まで天津の横浜正金銀行支店に供託しておく、との内容ならば問題がないはずであると、陸軍中央の決断を迫った(54)。

さらなる橋本参謀長の要請に対して、八月二四日、梅津は許可を与えている。「天津海関ノ実質的管理ノ件異存ナシ(55)」と。電報文案で最終的には抹消されている部分に「政務指導ニ関シ当方ハ決シテ作戦ヲ拘束スルノ意ニアラズシテ（中略）軍カ表面ニ立ツコトナク内面指導ニヨリテ目的ヲ達セラレ度キ意向ナリ」とあるのは興味ぶかい。中央は出先の作戦を拘束するつもりなのか、との予想される抗議への弁明が述べられており、最終的に電文から抹消されたのも無理はない。梅津電の主旨は、治安維持会を表に立て、駐屯軍が直接表に立たなければ問題はないという点にあった。

この時点における陸軍中央の対応をまとめると、華北にかねてからある冀東政権や治安維持会を利用して政治・経済工作を進めるのは許可するが、支那駐屯軍が表に立って政治経済工作を行ってはならない、ということである。天津の海関と塩務機関を国民政府から事実上切り離す決定を許可しつつも、「対外関係上種々複雑ナル事情ヲ生ずる虞」があるから、支那駐屯軍による軍政施行は許さない、との認識であった。陸軍中央が、アメリカ中立法、九カ国条約などを根拠に干渉してくるはずのアメリカ、イギリスなどの抗議を予想し、駐屯軍が推進したがっていた経済・政治工作について、それを冀東政権などの既存の傀儡地方政権に担わせようとしていたことがうかがわれる。

八月二四日、橋本参謀長は、次官と次長に宛て、占領地域の治安維持の必要上、「軍司令官布告」を発する許可を求めた。軍の作戦地域内において、治安と秩序を乱す行為、人心を煽動する行為、間諜行為を行った者はその自由を保証しないとの布告案であった(56)。これに対し、梅津は「帝国カ領土的野心ヲ有セサルコト、並列国ノ権益ヲ尊重保護スルコトハ事変以来屢々之ヲ声明セシ所ニシテ、之ニ関シ疑義ヲ生セシムルカ如キ行為ハ軍ノ立場上多少ノ不便アルモ之ヲ忍フヘキ方針ヲ堅持シ来レリ」と述べて、軍司令官布告を避け、あくまで中国側の治安維持会を表に立てて処理すべきであると指示した。[57] 梅津の電報に対する橋本参謀長の反応は、かなり激しい反発を顕わにしたものであった。[58] 中国側の治安維持会隷下の警務機関は、治外法権を有する第三国人に対して全く無力であるので、日本側の憲兵が手を下すしかない現状にある、これについては、八月一二日策定の「北支政務指導要綱」中の「要領」第四項の趣旨に合致するはずである。もし、これを認めないのであれば、「現地ニ対スル認識ノ不足ヲ嘆セサルヲ得ス」として、陸軍中央の再考を促していた。「要領」第四項とは、現地の明朗化を妨碍する不良分子に対しては、何国人かを問わず「徹底的整理」の手段を講じてよいと陸軍省自身が書いた部分であった。

二　陸軍中央と現地軍の齟齬

八月三一日北支那方面軍編制

現地軍からの抵抗に苦慮した陸軍中央は、迅速な措置をとった。八月三一日、支那駐屯軍を北支那方面軍の下に編入したのである。これによって、支那駐屯軍は北支那方面軍隷下の第一軍となり、北支那方面軍司令官には寺内寿一、同参謀長には岡部直三郎が就任した。寺内に与えられた任務は、「敵ノ戦争意志ヲ挫折セシメ、戦局終結ノ動機ヲ獲得スル目的ヲ以テ速ニ中部河北省ノ敵ヲ撃滅スヘシ」[59]というものであった。陸軍の歴史上、方面軍の編成は初めてであり、編成当初から八個師団を基幹とする大兵団となった。[60]

それでは、駐屯軍の上に方面軍の機構を置くこの措置は、いかなる意味を持っていたのだろうか。それを考えてみたい。方面軍参謀長に就任した岡部には、この当時の職務内容を記した詳細な日記がある。[61] 日記からは、駐屯軍から方面軍に改編した時点における、陸軍中央の方針をみることができる。岡部は東京を離れるにあたって、八月二〇日、多田駿参謀次長を訪れる[62]。多田は今井清の後任として、同月一四日から参謀次長となっていた。ここで岡部は多田から、占領地政務指導機関長を喜多誠一とすること、喜多に対してはすでに陸軍省と参謀本部から、それぞれ指示を与えてある旨を聞かされている。そのおり岡部は、北方の作戦が限定されている状況、陸軍中央に兵力増強の意志がない状況のなかで、陸軍中央は、中国の政局に対して依然として「統一主義を助成するか、少なくとも一時的にでも、群雄割拠の状態に移すも可」と考えているのか、いったいどちらなのかを尋ねた。多田参謀次長の返答は「予て陸軍に於ては、対支処理要綱を確立すべく、政府に交渉しあるも成立するに至らず。是非速やかに実現するよう陸軍省に進言しあり[63]」というものであった。

ここで多田参謀次長が答えている事態は正確なものだった。参謀本部作成の八月二六日付「事変処理要綱経緯」によれば、実際に以下のような経緯で要綱作成は停滞していたのである。この頃、参謀本部部員であり、陸軍省軍務局員も兼務していた高嶋辰彦が実質的に執筆し、八月一〇日参謀本部決定となった「北支事変処理要綱・同附属書[64]」は、同じ日正式に陸軍省に移された。その際、陸軍省においては参謀本部案に大体同意の意志表示をした後であったので、とくに陸軍省案を作ることはせずに参謀本部案に微修正を行った後、閣議請議案について参謀本部と協定を遂げていた。しかしながら、陸海外務の事務当局によるすりあわせ段階で外務省側からの反対があり、また陸軍省内もまとまらなかった。よって、八月三〇日の段階で、中国に対する日本政府の態度は未決定のままである、と観察されていた[65]。

八月三〇日、岡部は杉山陸相にも会見している。陸相の話した要点は二つ。①占領地における指導に対しては、占領地行政や軍政を行ってはならないこと、②対中政策の原則は、抗日侮日気分の除去、反共気分の醸成、経済的提携、の達成におかれること。翌三一日には梅津次官とも会見した。梅津は「政務指導等に関しては十分本省と連絡せられ度く、例えば、声明を発する場合には、一応打合わせを望む」と伝えていた。[66] 梅津の念頭には、軍司令官の布告問題をめぐり、橋本参謀長と激しく電報で応酬した一幕があったはずである。さらに岡部の質問に関して梅津の与えた回答は以下のようなものであった。①企業については日本人の商権拡張のため支援すべきであるが、無統制は不可であり、興中公司を主体とするのがよい、②現地における対外問題の処理は総領事を介して行うべきである、政務指導のためには、所要の外務省官吏や国際法学者を兼務・嘱託してあるはずである、というものであった。

以上、方面軍参謀長に新任された岡部に対して陸軍中央は、占領地指導機関を置き、喜多をその長とすべきこと、軍政をやらないことを、現地に伝えていた。当時、閣議決定のレベルで不拡大方針放棄が決定されていたが、岡部が東京を離れる時点の陸軍中央の方策としては、いまだ八月一二日「北支政務指導要綱」があるだけであった。ようやく、岡部が東京を出立するまさに同じ頃、北支那方面軍司令部編制が完了する。それまでの支那駐屯軍においては、軍事行動以外の政務を行う機関としては、北平（国民政府の首都が南京とされて以降、北京は北平と称されていた）、天津、通州の三か所に特務機関が置かれており、特務機関は支那駐屯軍参謀長の統轄下に置かれていたのである。それに対して、新設の北支那方面軍の編制では、参謀部とは別個に特務部が新設され、喜多特務部長の下に、総務課（課長は根本博大佐、政策担当）、第一課（課長は佐伯文郎大佐、交通・通信・郵政・建設担当）、第二課（課長は井戸垣駿主計中佐、経済担当）、第三課（課長は石本五男中佐、産業担当、一九三八年一月設置）が置かれた。

これまで支那駐屯軍時代において、参謀長が行ってきた政務指導についての陸軍中央との連絡は特務部長が行うようにされた。その場合、北支那方面軍参謀長と特務部長との関係が問題となろう。本問題を律したものは、九月六日に方面軍参謀長から出された「喜多少将ニ与フル指示」[67] であり、そこには「中央部ニ対スル請訓、意見具申其ノ他重要ナル業務ノ報告ハ軍参謀長ノ承認ヲ受クルモノトス」とあった。つまり、陸軍中央と直接交渉するのは方面軍参謀

長ではなく特務部長となったのである。もちろん、その行動については岡部参謀長からの承認が必要であったが。(68)

喜多に対しては、方面軍参謀長からの「喜多少将ニ与フル指示」のほかに、方面軍軍司令官からは、九月四日「喜多少将ニ与フル訓令」が出されている。喜多に与えられた任務は、軍作戦地後方地域に対して、政務事項に関し中国側機関を統制指導して、該地域を「日満支提携共栄実現の基礎」とするような工作を行えということで、八月一二日陸軍省決定「北支政務指導要綱」に準拠すべきことが説かれていた。(69)

以上のことから、方面軍の新設の重要な要因の一つが、方面軍特務部を現地軍の参謀部から切り離し、陸軍中央とより密接な関係に置く改編にあったことがわかる。筆者の推定は、「陸軍が平時においてどのように軍と方面軍との違いを捉えていたのか、及び戦時において実際に編成された北支那方面軍とは当事者からどのように認識されていたのか」を岡部直三郎史料や統帥綱領から論じた岡部直晃氏の研究の明らかにしたところを補強するだろう。(70)岡部氏は、方面軍統帥と軍統帥の差異を「方面軍統帥は軍統帥に比し、政略上の考慮を加味せらる、こと多く、その作戦指導は外交、内政、経済とくに戦争資源と密接なる関係を有す」との統帥綱領から導いている。(71)また、一九四〇年三月の回想の中で、長勇が、方面軍統帥の特色として、特務部における諸工作を挙げている点をも同論文では指摘していて貴重である。(72)

陸軍中央は北支那方面軍を編成し、特務部を通じた政務指導を行おうとした。しかしこれは容易ならざる道であった。さきに外務省の石射に宛てた満州国大使館参事官沢田の書翰を引用したなかに、関東軍はその主張を通すため朝鮮総督や天津駐屯軍との間で意思疎通を図っているとの分析があったが、(73)方面軍参謀長に新任された岡部は、九月四日天津に到着するまでに通過する京城、旅順で、それぞれ、南次郎朝鮮総督、小磯国昭朝鮮軍司令官、松岡洋右満鉄総裁などの饗応を受け、種々の意見を聞かされている。(74)南は「かくの如き事情に於ては、方面軍が現地における判断により中央部を動かす外、局面打開の道なし」と述べて、岡部を煽っていた。陸軍中央の期待する方面軍であったが、同時に方面軍は、朝鮮軍・関東軍と境を接しており、常に強い影響力を受けざるをえない立場にあった。

まして、満州の経済統制政策をめぐっては、政府、関東軍、満鉄との間で満鉄改組をめぐる紛糾の歴史があった。原朗氏の研究が明らかにするように、満州国に対して内面指導権を掌握した関東軍にとっては、「満鉄という巨大な植民地会社による粉飾された形の支配の形態はもはや不要となり、逆に自己の意思を貫いて『満州』に対する全面的な直接支配を実行する際の障害としてさえ現われて」(75)きた満鉄が重荷となり、それは、在満機構改革問題とも結びついて、一九三五年決着していた。同年五月、林陸相は満鉄総裁に就任した松岡に対して、①満鉄は満州においては鉄道・港湾などの交通事業のみの経営を行うこと、②その代わり、将来、満鉄は華北に進出すべきことを、述べている。(76)満鉄は、満州国が主導する経済「開発」からは手を引き、その代わり、満鉄改組の代償として華北への進出が認められたと考えたであろう。天津に赴任途上の岡部を松岡が接待したのには理由があったのである。

事実、松岡は「昭和十二年八月　北支善後処理要綱並意見書」(77)を作成している。その内容は、華北に北支連省自治政府を作り、同「政府ハ中華民国ノ宗主権ノ下ニ在ルモ、北支五省ヨリナル防共親日ノ新政権ニシテ地区内ニ於ケル最広義ノ自治権ヲ有シ、殊ニ経済関係ニ就テハ独立ノ外交権ヲ有セシム」というものであった。日中経済「提携」の相手方となるべき政権樹立を図ろうというものであった。

八月一二日陸軍省決定「北支政務指導要綱」や、杉山陸相・梅津次官が、赴任する岡部に与えた指示をみるかぎり、八月三一日の北支那方面軍編制の時点で陸軍省として、「日満支提携共栄実現の基礎」の確立のため、冀東政権を表に立てた経済工作を進める以上の考え、具体的には、新政権樹立の考えなどがあったとは史料上は認められない。

北支那方面軍特務部の業務

九月七日、それまで北平にいた喜多特務部長は、天津に置かれた北支那方面軍司令部に出向いた。その場で喜多は、政務指導について早速、岡部に報告をしている。[78] ①北平と天津の治安維持会を合同させて人を出し、連合治安維持会として両者を統一する。②占領地域の通貨問題を解決する必要があるため、差し当たり河北省銀行を中心として法幣を流通させる。③王克敏・殷同をそれぞれ上海・青島から招致するように手配をした、云々。喜多が最初に取り組んだ問題は、地域の治安維持会を連合してより大きな連合治安維持会にしてゆくプランと、華北で日本軍が使用する通貨問題であった。

通貨については、事変勃発直後から問題となっていた。関東軍参謀長東条英機は七月一七日、梅津次官に意見具申電[79]を送り、朝鮮銀行券を華北で使用するとの政府方針を批判していた。東条のいうところは、朝鮮銀行券を使えば、日本通貨を中国側に入手させ為替操作の具に供せられる恐れがあるのみならず、日本側通貨の膨張を来たし信用上不利となるので軍人軍属に対する給与の如き特殊費用を除くほかは、横浜正金銀行の天津証票を使用すべきである、との論であった。作戦が進捗し河北省銀行の管理が可能となれば、河北省銀行券を軍の支払いに使用すべきであるとも述べている。東条は梅津次官への電報のなかで、こうした処置方針はかねてから極秘裡に専門家を集めて研究した結論だとし、関東軍の意見は大使館、関東局も全く同意見で、大使館からは外務大臣へ、関東局からは対満事務局次長に意見を送付してあるはずだと述べている。

関東軍の説明をみると、特務部長としての喜多が選択した路線、すなわち河北省銀行を利用する方針は、満州国を挙げて出された結論の線に沿ったものだったということがわかる。九月一三日、北支那方面軍は、通貨問題について「北支通貨問題処理要綱」を決定した。[80] 本要綱は、対満事務局次長青木一男、総領事堀内干城、井戸垣駿特務部第二課長ほか方面軍特務部員が参集した会議で決定された方針であった。内容は、河北省銀行を主体とし、その発券を以て通貨とする、地方財力本位に経営する、朝鮮銀行券は漸次回収する、などの方針が決定された。同一九日、喜多は岡部を訪れて、河北金融問題解決の実行手段として、河北銀行管理委員会を設立する必要があるが、この工作を阪谷希一満鉄理事に担任させるにあたって多少経費を要する旨を報告し、了承を得ていた(81)。地域の中国人に信用のない軍票ではなく、河北銀行券を使用することにしたのが効を奏したものか、河北治安維持会連合が特務部の指導により、九月二二日、成立をみている。

このような占領地の経済方策が迅速に進められた背景として、同軍司令部では支那駐屯軍時代から、対ソ戦に付随して華北を占領する場合の「昭和十一年度北支那占領地統治計画」を作成し、資金流出の防止、中央銀行の配置などの経済項目について詳細な分析を遂げていたことがあげられる(82)。

就任以来短時日のうちに、通貨問題と治安維持会合同を果たした喜多に対して梅津次官は、陸軍中央と方面軍特務部が一体となった工作を行うべく、喜多の上京を促した。上京前の九月二九日、喜多は岡部と特務関係事項の打ち合わせを行っている。その折に喜多が携行した特務部作成書類には、以下のようなものがあった。「北支処理要綱に就いて」、「北支政権の樹立に就いて」、「北支政権樹立に関する一案」、「察蒙処理に関する件」、「天津海関の処理に就いて」、「殷汝耕の処理に関する件」、「電々問題」、「満鉄問題」、「文化事業(学校)問題」。特務部が扱っていた業務の広さがわかる。この中の「北支政権樹立に関する一案」については、史料が残っている(83)。九月二五日付の本史料が注目されるのは、方面軍特務部が防共親日満を政綱とする政権を、華北に樹立しようとの計画を打ちだしたことだろう。山西、山東を抱擁するために巨頭を利用する場合がある旨をことわっている。九月二二日に治安維持会連合会の成立をみていたことが、政権樹立への自信をつけさせたものとみられる。

上京の際に喜多が梅津と話し合ったのも、まさにこの「北支政権」の樹立問題であったが、梅津がこの時点で、いかなる指示あるいは許可を喜多に与えたのかは判然としない。中央との打合後、方面軍特務部は九月八日作成の「北支作戦軍後方地域ノ行政指導要領」[84]を改定し、一〇月一八日「北支作戦軍後方ノ行政指導要領」[85]を決定した。二つの文書は大部分が同一の文章からなっていた。三項目の「方針」と、「要領」からなる。「方針」は、①作戦軍後方地域の行政は軍特務部の内面指導の下に中国側行政機関に施行させる、②中国側行政機関については、敵性あるものを排除するほかは努めて在来の機構を踏襲し、治安の回復を図る、③後方地域においては非武装地帯を設定する目的の下に、警察力のほかは武装部隊を編成しない、となっている。

ここまでの動きをまとめると、九月八日付「指導要領」の策定、通貨問題処理、治安維持会の樹立などが、まずは方面軍特務部の喜多によって進められたこと、その後一〇月初旬に上京した喜多が陸軍中央との折衝を経て、一〇月一八日付「指導要領」をまとめたことが確認できる。

一〇月一日「支那事変対処要綱」

これまでの記述では、華北支配プランをみてきた。一方、事変の拡大を防ごうとする停戦交渉に向けた措置としては、いかなる政策が立案されていたのだろうか。八月七日の外務・陸・海三大臣決定「日華停戦条件」は、一〇月一日、総理・外務・陸軍・海軍四大臣による「支那事変対処要綱」[86]に引き継がれた。書類の「備考」部分によれば、この対処要綱は同日付で近衛首相によって天皇に内奏されている。また、「備考」は、本要綱は、国民政府が中央政府としての機能を備え、日本側に和平を提言してきた場合を想定しており、それ以外については別途定めるとしていた。

中国側から和平を提言してきた場合の要綱なので、本文書の文章は落ち着いた書きぶりになっている。総則の「一般方針」には「今次事変ハ、軍事行動ノ成果ト、外交措置ノ機宜ト、両々相俟チ、成ルヘク速ヤカニ、之ヲ終結セシメ、支那ヲシテ抗日政策及容共政策ヲ解消セシメ、真ニ明澄且ツ恒久的ナル国交ヲ、日支間ニ樹立シ、以テ、日満支ノ融和共栄ノ実現ヲ期スルヲ、本旨トス」と、戦争の意義づけをまとめていた。「準則」以下に述べられている内容も検討しておこう。

「支那事変対処要綱」を八月七日「日華停戦条件」と比較すると、第一に、陸上兵力行使の主要地域を冀察と上海としており、上海方面が新たに加えられたことがあげられる。また、所要地域に対して海上作戦・航空作戦を行うことが明記された。第二に、国際情勢の悪化に応ずるため、総動員の実施、戦時法令の制定、「耐久的挙国一致の具現」を図る方針であると述べられている。第三に、華北への方針は「中央政府ノ下ニ、真ニ北支ヲ明朗ナラシムルヲ以テ本旨トス」とあって、八月七日の「日華停戦条件」段階と変化していない。国民政府との和平交渉用の文章であるから、華北を国民政府の支配から分離する発想はとられていないのは当然のことだろう。しかし、陸軍省の原本にはなく、外務省記録を原資料とする刊本にだけある註には、「行政ハ中央政府ニ於テ之ヲ行フモ、右地域ノ行政首脳者ハ、日支融和ノ具現ニ適当ナル有力者タルヘク」との項目や、華北における非武装地帯設定にも言及されていた。

基本的に、この一〇月一日付「支那事変対処要綱」のラインによる和平工作が失敗した結果、一九三八年一月一一日御前会議決定の「支那事変処理根本方針」につながっていく。問題は、国民政府が中央政府としての機能を備えていないと日本側が判断し、あるいは、国民政府が和平を提議せず、また和平に応じない場合、別途定めるとされた方針がいかなるものになるのか、ということである。このように、停戦・和平交渉の裏面において、方面軍特務部を通じた華北支配プランの作成が不断に進行していた。

政権樹立へ

新方針決定後に上京した喜多の動きを方面軍参謀長岡部の日記から補っておこう。一〇月一五日の記事に「喜多少将来訪。1．税関接収決意の件。2．華北政府樹立をぼつぼつ始むる件、三段に考う。イ．華北政府、ロ．連省自治政府、ハ．中央的色彩政府」(87)とある。一方、東京で喜多と会った陸軍省軍務局軍事課長田中新一は、一〇月一八日の業務日誌に、「北支特務部との連絡」との題名の下に、特務部長喜多と特務部総務課長根本の話を書いている。政権樹立については「適任者選定に隘路がある」(88)との感想を田中は記している。政府機構として委員制はやらず、総理の下に各部長をおくことにする、別に顧問をおき、顧問は総理、各部（秘書、交通、内務、財政、外交、教育、刑法など）で、主席顧問には内地から有力者を物色するつもりである、顧問以外の日系人は行政各課には入れない、との希望が述べられている。予算を扱う責任者である軍務課長の田中がこのように書いているということは、方面軍特務部による政権樹立工作それ自体に対しては、陸軍省としてのゴーサインが出されたとみなせるだろう。

岡部日記の一〇月一九日の記事には、河北銀行と中国交通銀行を合わせ、今後二カ月で連合銀行を準備するつもりであることが記されている。この銀行は資本金二千万円、半分を治安維持会が残りの半分を各銀行が出資し、発券権を与えて在奉天中国銀行支店長によってこれを主宰させる計画であった。この打ち合わせのために、田中恭金融司長、毛利英於菟事務官を東京に派遣する予定であると伝えられていた(89)(90)。この打ち合わせのため、田中と毛利は一〇月二一日、飛行機で上京している。

ここに名前の出てくる毛利こそは、満州国の主計処特別会計科長などを歴任した人物で、遅くとも一九三五年一〇月から支那駐屯軍の経済部門の嘱託（甲嘱託班第四班）として、幣制・産業・財政などについての要綱の作成にかかわっていた。たとえば、毛利が執筆した「昭和十年十月　極秘　答申第三　北支産業部門別新方策要綱案」(91)には、農業の方針として「南京政府ノ植民地的搾取ノ重圧下ニ窮乏化ノ一路ヲ辿リツツアル北支経済ヲ独自ノ立場ニ立タシメ、日満両国トノ密接ナル経済的連繫ノ下ニ有無相通スル共存共栄ノ日、満、北支ノ一体的経済域ヲ樹立セムカ為ニハ農ヲ以テ根幹トシ」との認識がみえる。華北の窮乏化の要因を、国民政府の華北統治による「植民地的搾取」故と捉えた上で、日本・満州国・華北という広域的な経済圏を形成すれば、生産性を上げられるのだとの立場であろう。このような考えをもつ、典型的な革新官僚であった毛利が、華北占領地の財政方針の樹立にかかわっていたのである。

さて、岡部日記の一〇月一五日の記事にある、税関接収決意とは何だろうか。これは事変勃発直後から問題となっていた天津海関問題が、新たな局面を迎えたものであった。これまでの方針では、①中国人による治安維持会を表に立て、税関長以下の外国人職員はそのまま勤務させる、②関税率も変更せず、関税収入中外債負担分は各国に送金し、国民政府送付分は事変終了後まで天津の横浜正金銀行支店に供託しておく、との方針が立てられていた。しかし、このような条件では満足しない空気が現地に生じてくる。新しい政権を樹立するとなると、歳費を捻出する必要が出てくる。喜多は次官・次長宛ての一〇月二五日付電報で、海関収入を地方委員費に流用し得るようにしたいこと、また「排日」関税の即時撤廃などを断行したいと請訓している[92]。田中軍事課長は、「北支関税問題の処理に関しては軍特務部と総領事側との意見合わず難行の状なり。英大使の外務側に対する策動もありたるものの如く、現地における外務側の態度は、海関の接収は可なるもその時期は上海戦の終わるまで待つべき旨主張す」と一〇月一八日付の記事に記している[93]。

これに対する陸軍中央の決定は、現地側をなだめつつ、外務省の主張ともすりあわせたものであった。一〇月三〇日の決定[94]は以下の通り。天津と秦皇島海関の接収は、①海関側が日本側要求をすべて応諾していること、②九カ国条約会議開催直前であること、を考慮し、直接・間接を問わず接収しない。当面は、税収の政費流用、税率の低減、邦人海関吏の増員で対応してほしい、と現地側に要請していた。しかしながら同時に陸軍中央は、南京の国民政府を相手として事変の収拾がつかないのであれば、中国側の「北支政権」を使って「其ノ勢力範囲内ニ在ル各機関ヲ接収セシムルコトヲ考慮ス（此ノ場合帝国ハ右ニ何等干与セストノ建前ヲ執ル）」こともある、との態度を初めて表明した。つまり、これまでは、現地軍によっても中国側機関によっても海関接収を許さなかったが、海関の税収を華北の新政権樹立に必要な政費へ流用してもよいとしたこと、日本に不利であった関税率を低減してしまってよいとしたこと、この二点についての陸軍中央の決定は、大きな変化を意味していただろう。

華北政府樹立をぼつぼつ始めるとの喜多の言葉通り、一〇月二二日、特務部総務課長根本の許に、喜多、根本、今井武夫中佐らが集まり、政権樹立についての具体策をつめた(95)。この時の速記録が「北支那作戦史要」中に「北支政権ニ関スル研究」として残されている。今井はこの時、駐華日本大使館付武官補佐官として北平に駐在しており、このすぐ後の一九三七年一〇月の異動で参謀本部支那班長に就任する人物である。会合の主旨は、国民政府が日本側に屈服しない場合を想定し、それに対応するため華北に政権を樹立するケースへの対応を協議しようとするものだった。まさに、一〇月一日「支那事変対処要綱」の想定以外の場合についての考察が、方面軍特務部によってなされようとしていた。

その上で、華北五省の連省政府とするか、それとも華北の新政権を正統的な中国政府（「真乎ノ政権」）と認め、南京政府と断絶させることにするか、どちらをとるかという問題がまずは話し合われた。結論は、全員一致で、華北に樹立すべき政権を「真乎ノ政権」とする、というものであった。次いで、新政権の政体をどうするか。これは議論が分かれた。今井は、将来は君主政体を可とするが現在は民主制しかないといい、喜多は朝鮮軍司令官小磯の名前に言及し、小磯のように満州国皇帝を復辟させる考えもある、と発言し、ある部員は、日満支を一体とする東亜連邦の思想の下に少数の国務大臣制をとるべきだと述べている。最後に根本がまとめて、独創的な思想では国民はついてこない、また満州国が建設中であることも考えると復辟は無理である、として、現在は民主制で進むのが妥当と結論を出している。

三番目に、民主制をとるとして大総統制とするか委員制を可とするか。これについては、大総統制が確立するまでは、一時、委員制をとることにした。四番目に、政権の形態について話しあわれたが、議論は、兵権をどこが掌握するかという問題、すなわち、大総統の下に置くか、国務院の下に置くか、という問題に流れて、結論は得られないままに終わっている。五番目に、政権の指導精神について。これについて今井は、防共一本やりでは難しいといい、ある部員は国民党の三民主義、共産党の共産主義より一段高いイデオロギーが必要であると論じ、根本は、何其鞏、湯爾和、武田南陽などに研究させた結果として、王道に道教を加味した思想、新民主義で進めたい、と述べている。根本はここで、「如何ニシテモ国民党ニ対抗スル思想団体ヲ必要」とする旨を強調していた。さらに根本の意見で注目されるのは、根本が何其鞏の唱える郷村中心主義を、日本側にとって利用価値のあるスローガンとみていたことである。農業ではなく商工業面の「開発」を目立たせると、日本側に搾取されている実態が中国側に見えやすいからだという。

陸軍中央による北支那方面軍特務部直轄化構想

ここで陸軍中央の考え方として、田中軍事課長の残した手記をみておこう。一〇月一日の「支那事変対処要綱」は中国側から和平を提議してきた場合の方策ではあったが、その方策においてさえ、日本側は、国際関係の最悪化に備えるため「耐久的挙国一致の具現」を掲げざるをえなくなっていた。まして、国民政府との和平がならなかった場合には、長期戦争が予想された。予算をあずかる軍事課長の立場としては、方面軍を簡素なものに整理し、経費節減を考慮する必要が生じてくる。一〇月五日、田中は「事変処理に関する諸問題」として自らの考えをまとめていたが、その中で、中国側の長期抵抗を予期して日本側も長期戦指導体制に移る必要があるとし、戦略要点の確保、経済開発への重点移行の必要を説いていた(96)。そのためには、①北支方面軍を全般的に整理し、簡素軽快にすること、②出動部隊を中心とする軍事体制の維持強化を図るとともに、諜報の画期的強化、宣伝活動の活発化、対華謀略の効果的推進を図る必要を挙げている。

田中を悩ましていたのは予算上の問題のみならず、派兵した軍隊の駐留問題であった。一〇月一三日の記録。「当面の諸問題」と題して、「支那における駐兵に伴う善後措置の件（九国条約違反の論拠もあり、駐兵合法化の根拠を明確にすること）」を挙げている。これまで宣戦布告をしないままに軍事作戦や実質的な占領地行政を行ってきた日本であるが、このままでは華北への駐兵の根拠が早晩問題とされると田中は危惧していた。アメリカの中立法やブリュッセルの九カ国会議の出方が懸念されていた時期であった。

さらに田中は、この頃、方面軍特務部の推進する政権樹立工作について詳しく知るところとなった。一〇月一八日、特務部と連絡をとった田中は、「特務部の強化問題」を聞き取っている。「日支間の関係が政治戦争に転化しつつある現状にかんがみ、特務部の強化拡充を必要とする」のが喜多部長の強い意見であると書いている。軍事課長である田中としては、日本軍の軍紀の頽廃から帰結される華北の治安悪化を最も憂慮し、その有効な対抗策として地方政権樹立を考察していた。元来、陸軍のなかでは、地方政権樹立は、兵数の「敗残兵充満し、共匪の策動あり。糧食の欠乏と相まって治安上の困難性は大なり」とし、「自治政権の性格如何は治安問題に重大にして決定的な影響をもつ」と考えられた。来年の春までは何とかして華北の治安を維持できるかも知れないがその後が問題であると考え、そのためにも政権樹立を急ぐ必要があった。八月段階での地方政権の位置づけは、日本軍が政治・経済工作を行う隠れ蓑としての意味を期待されていたが、一〇月段階では田中にみられるように、士気の低下した軍隊の治安維持を図る主体として注目されるようになっていたのである。田中の不安をより高めていたのは、治安戦にあたるべき方面軍の士気の問題であった。田中は一〇月一八日の記事で軍紀粛正を問題とし、以下のように書いている。

軍紀頽廃の根源は召集兵に在る。高年次召集者にある。召集の憲兵下士官などに唾棄すべき智能犯的軍紀破壊行為がある。現地依存の給養上の措置が誤って軍紀破壊の第一歩ともなる。

このような危機感を田中が抱いていた時、田中の目に映じた方面軍の姿は不十分なものであった。一〇月二二日の記事中の所見として、「政治工作に対する方面軍の関心少く、指導不徹底なり」。「第一線は特務部の政治工作を厄介物視する傾向あり。特務部の派遣要員増加を要す」と書いている。陸軍中央と方面軍特務部の関係は悪くないが、方面軍の意識の中での特務部の位置づけが低い、といった不満であろう。

田中が上記のようなことを考えていた時、現地側ではどのような動きをみせていたのであろうか。方面軍司令部は陸軍中央と対決姿勢をとるようになる。対立した要因は、むろん、特務についての考え方の相違からくる。その背景には、方面軍司令部と陸軍中央の、日中戦争全般に対する考え方の相違がまずはあった。軍司令官の寺内は、宣戦布告なき戦争に反対であった。一〇月一四日の岡部日記に寺内の考え方が読み取れる。「軍司令官より陸軍大臣私信の内容に就いて相談あり。司令官の原稿内容は宣戦布告をなし、徹底的に戦果を収むべしとの意見具申にして、相当激越なる文句あり」(97)。こうした寺内の考え方は司令官に就任した直後からあったもので、九月三日の岡部日記には「軍司令官の対事変意見は、速やかに宣戦して、南京を攻略し、徹底的に膺懲する考え」[98]であるとある。岡部のみるところ、寺内の意見は朝鮮総督南、同軍司令官小磯、関東軍司令官植田など、朝鮮半島や満州に基盤を置く帝国の前線、すなわち現地軍首脳部に共通したものであった。[99]

これを陸軍中央の側からみるとどうなるか。一〇月一八日の田中の記事は、方面軍参謀部の状態を「事変の帰趨的確を欠き宣戦布告もなき現状における作戦指導に付困惑し、特に精神的不安が少なからぬ」と分析していた。たしかに、田中の一〇月二二日の記事も、宣戦布告を行わない不利を「占領地行政実行上の不便」と明確に見抜いていた。中央においても、海関接収、郵政・金融上の処理など、軍事行動と密接に関連させた占領地統治が実行できない点について、現地軍と同様、その不利は自覚していたのである。しかし、現地からの批判は続々に寄せられる。一〇月二四日の記事には、寺内司令官の意見として次の点が引用されている。宣戦布告については「姑息の手段でこの事態を乗り切れると思うのは誤りなり。必要に応じて断乎宣戦布告によつて帝国の大義名分を明らかにする決意」が必要である、と。

宣戦布告問題のほか、政権樹立問題もあった。「政権樹立は必要なるも結局は占領地域における治安行政の執行機関としてこれを認むべく、これに過大なる政治的企図を託することは無意味」と寺内は考えていたのである。先に述べたように、一〇月二二日には、寺内のお膝元の方面軍特務部で、政権樹立に関する会議が喜多や根本の主導の下に開かれていた。まさに彼らは、寺内らが揶揄したような「過大なる政治的企図」をもって政権樹立を図ろうとしていた。政治工作に対する方面軍の認識は低いと、陸軍中央の田中がみていたことは先に述べたが、新政権樹立の意義についても、特務部と軍司令官の捉え方は異なっていたといえるだろう。特務部と密接な関係に立って、経済工作と治安維持を図らんとしていた陸軍中央にとっては、このような事態は望ましいものではない。

宣戦布告問題は、内閣第四委員会で審議された。企画院次長の下に外務次官、大蔵次官、陸軍次官、海軍次官、商工次官が列した同会議で、一一月初旬、宣戦布告は行わないことに決した(100)。宣戦布告する場合の不利として、①アメリカ中立法の発動により、貿易・金融・海運・保険に及ぼす影響が甚大であること、②中国に有する治外法権・租界・団匪賠償金その他条約上の権利を喪失する、点を恐れたためであった。また、不戦条約、九カ国条約違反と名指しされることも避けたかった。

宣戦布告をなしえない事情を理解しようとしないだけではなく、政権樹立工作など特務部の行う政治工作を理解しようとしない現地軍に対し、陸軍中央は対応を迫られた。一つの可能な選択肢は、特務部を中央直轄化してしまうことであった。一一月一四日の田中の記録は、事変処理に関する私見として次のように記されている。「特務部は政治指導の中枢として強化拡充し中央直轄とする。右の措置と共に方面軍司令部は之を撤退せしむ(101)」。

田中の考えは、現地側にも伝えられた。方面軍参謀長の岡部は、一一月二六日、根本課長を通じて、参謀本部への連絡事項として「特務部を方面軍司令部より切り離すことには、絶対反対なり」と言わせている(102)。方面軍司令部の作成した一一月二八日「特務部ノ帰属問題(103)」と題された文書によれば、軍特務部を方面軍から離し、陸相の直轄とする議論があるが、それは反対であるとして、次の理由を掲げている。①直轄の理由として、特務部が政務指導を行うにあたって、方面軍の威力が邪魔になるというものだと思うがそれは違っている。軍隊の威力なくして特務部の活動はできない。②特務部と軍隊あるいは方面軍参謀部との摩擦を説くものがあるが、それは違う。「特務部設置の目的が作戦軍の後方に於ける煩累を軽減せんとするに在る」ことからもわかるように、軍隊と特務部は一体となって働くものだからである。以上のように、司令部は特務部を方面軍参謀部から分離させることに反対していた。ただ、司令部の反対理由からは、特務部設置の目的を作戦軍後方の煩累を軽減するもの、との顕著な理解がうかがえ、特務部が経済・政治工作、政権樹立工作にあたる部署である、との認識はうかがえない。いずれにせよ「特務部を方面軍より分離し或は中央の区処」下に置く中央の案は絶対反対であると述べる。「区処」とは、本来は隷属関係にない者に対する命令を意味する言葉である。

特務部の区処問題は、その後いかなる展開をみせたのだろうか。北支那方面軍から陸軍中央への連絡のため、一二月上旬上京した北支那方面軍参謀の種村佐孝の帰任報告で「特務部は方面軍参謀長の区処を受くるものとす」[104]と報告がなされていることがわかるので、この時点においては、未だ方面軍の意向が貫徹されていたことになる。岡部自らも出京し、一二月一〇日、参謀本部第二部長本間雅晴と面談している。岡部は「特務部を軍司令部より離すことは、絶対反対」であることをここでも述べた[105]。現地側の激しい反対にあったためか、特務部の中央直轄化は、この時点では断念された。

三　中央による統制の動き

近衛周辺の華北政治指導論

日中戦争の拡大にともなって、作戦が終了した地域をどうするかについて、軍関係者以外の政治家からもぼつぼつ意見がでるようになってくる。日露開戦前、対露強硬論をとった貴族院議長近衛篤磨らとともに、東亜同文会、国民同盟会、対露同志会の活動を行なった小川平吉は、昭和戦前期にあっては政友会の重鎮の一人であり、篤磨の子息である文麿に、親しく対中政策を語れる立場にあった。一九三七年一〇月、小川は霞山会館に中国問題研究のための有志連合＝木曜会を立ち上げている。一〇月二五日、小川は近衛を訪問し「支那問題に関し研究会組織の顛末」[106]を報告した。一一月一一日の会合においては、木曜会会員・佐藤安之助が提案した「大本営に政務部を置くの件、次に大本営を設けざる場合、戦時政務部を置き中央にて北支等の政治経済を総轄指揮する件」に、研究会一同の賛成が得られ、「彼の地の軍人（特務機関）より政治の権を奪ふこと衆人熱心一致」(107)し、小川を通じて近衛に進言することになった。小川は翌一二日、首相官邸に近衛を訪問して、上記の案を伝えている。

日露戦後、満鉄創設時に後藤新平満鉄総裁に対中施策を献策していた頃からの「支那通」陸軍軍人であった佐藤が、華北の政治経済を総轄指揮するためには、大本営内に政務部を置くか、「戦時政務部」のようなものを中央に設置すべきだと提言していたというのは、注目される。一〇月一五日の内閣参議制の発足と、一一月一八日の大本営設置の内在的関係とその歴史的意義について、筆者はかつて分析を加えたことがあるのでここでは繰り返さないが(108)、大本営の中に政務部のようなものを置き、作戦の終了した華北などの地域の政治・経済工作を中央から指揮するような、そのような機関を設けるべきであるとの考え方が、小川周辺に生まれていることを確認しておきたい。また、近衛に対する進言内容の核が、特務機関より政治の権を奪うこと、と表現されていたことに注意したい。一一月一二日、近衛首相に面会した小川に対して近衛は、大本営政務部は駄目だろうが、「統帥部と内閣との協議会を作るの案あり」「協議会設置には、進退を賭するの決心」(109)であると述べている。これを聞いた小川は、「北支案も其上の事ならんか」と受けている。後の大本営政府連絡会議ができた上で、華北に対する政治・経済工作を、政府が直接指導するとの進言内容も議論されるはずだ、と考えていたことがわかる。同一八日にも近衛に面会した小川は、その日に発令された大本営令について、最終案が首相に相談もなく決定されてしまったことへの近衛の不満を聞き取っていた(110)。

小川は華北に対する政治・経済工作を中央で統制する案についての理解者を増やすため、多くの人物と面会したり、木曜会に招待したりした。一一月一九日内閣参議前田米蔵、同二〇日内閣参議秋田清、同二四日荒木貞夫、同二六日坂西利八郎、同二九日川村竹治、同三〇日三土忠造、一二月三日町野武馬、などが確認できる[111]。しかしながら、小川の運動もすぐには奏功しなかった。その一つの要因はトラウトマン工作がこの時、極秘裏に進められており、華北を中央の統制下におくことへの関心が低下したことにあった。一二月二日、蔣介石はドイツを仲介とした和平交渉受諾を決意し、同七日、ディルクセン（Herbert von Dirksen）駐日ドイツ大使は広田外相に対して中国側の和平方針を伝えている。ドイツの調停とその過程については、先行研究に譲る[112]。近衛が「対支中央機関設置」を再び重要な問題として認識するのは、一九三八年一月になってからのことであった。

華北経済「開発」方針をめぐる対立

北支那方面軍主導の華北経済「開発」方針に対しては、陸軍中央や近衛周辺の動きだけではなく、政府全体としても抑えにかかってくるようになった[113]。一九三七年一一月六日、内閣総理大臣のもとに第三委員会が設置された[114]。同委員会の構成は、「はじめに」で触れたとおりである。本委員会の下に置かれた幹事会が実質的に仕事をしたが、そのメンバーとしては、外務省から東亜局第一課長の上村、陸軍省から軍務課長の柴山、海軍省から軍務局第一課長の岡などが参加していたことも、既に述べた。

一一月一〇日、陸軍次官は、方面軍参謀長と特務部長に宛て、内閣に第三委員会が設けられ、中国経済については同委員会で審議立案を急いでいるので、華北における産業指導に関しては指示のあるまで、これまでの経緯にかかわらず中央に訓令を仰いで欲しいと連絡をしていた[115]。「北支経済開発方針[116]」が第三委員会で決定をみるのは、一二月一六日であった。一二月二二日の岡部の日記に「陸軍次官より、北支開発経済機構に関し、第三委員会の決定案を送附し来る。これによれば、交通関係を、国策会社に統合し、且つ満州とは、全然独立したるものとする考えなり。これに対し、軍は反対」[117]とある。当時、方面軍参謀部と政府は、華北の鉄道経営問題をめぐって対立していた。岡部などは、朝鮮・満州・華北を一体のものとして、満鉄の機構を拡充した上で一会社に経営を行わせることこそが、来るべき対ソ戦時にも有利であるとして、満鉄の華北進出意欲に応じた交通政策を是としていた。しかし、政府、陸軍中央、第三委員会は、満鉄や興中公司を表面に立てるのではなく、内地の大企業を総動員しようとする株式会社案を構想していた。このような交通問題をめぐる、方面軍と政府側の意見の相違については、中村隆英氏の論考[118]に譲る。後に設立された北支那開発株式会社において、鉄道経営が重要な部分を占めていたことを考えれば、鉄道問題をめぐる方面軍と政府の対立は、決定的な意味をもっていたと推察される。

華北の鉄道経営をめぐる現地と中央の対立にあって、方面軍特務部の位置は微妙なものがあった。なぜなら、特務部が作成していた「北支那経済開発基本要綱(案)」[119]や「北支那開発国策要綱案」は、実のところ、内地の大企業を総動員する発想で書かれていたからである[120]。第三委員会にとって反対すべきなのは、方面軍参謀部の推進する経済開発方針なのであって、特務部によって策定された経済方針は、そのまま中央に吸収可能なものであった。

さて、政府が北支那方面軍に対して中央統制を図らねばならないと考えた最大の契機は、一二月一四日、方面軍が、地方政権ではなく中央政府の含みをもった「真乎ノ支那政権」を樹立させるべく、陸軍中央にも断りなく、「中華民国」という冠称を付した新政権「中華民国臨時政府」を華北に誕生させてしまったことにあった。この方面軍の措置に対して、陸軍中央は直ちに抗議した。一二月一五日、岡部の日記[121]から。岡部は「陸軍次官より、臨時政府が中華民国なる冠称を有するは、予て注意せし『中央政府的臭味を与えざること』の趣旨に反する旨の詰問あり」と書き、喜多が引責する覚悟でいることに対して、喜多の引責は必要なく「寧ろ陸軍中央部の考えが、現地の事情に即せざるもの」との傲岸な態度をみせていた。

陸軍中央が予算を承認し、樹立を促していたのは、梅津次官が一九三七年八月の段階から一貫して要求していたもの、すなわち、軍が表に立って軍政を行わないですむような、隠れ蓑としての地方政権であった。あるいはそれは、田中軍事課長が考えていたような、日本軍の軍紀頽廃からくる治安の悪化を効率よく防止できるような現地政権であった。しかしながら、あろうことか北支那方面軍は、中央政権の体裁をとってこそ国民政府崩壊を促せると考え、「中央政府的臭味」のある「中華民国臨時政府」を誕生させてしまった。これは、ディルクセン駐日ドイツ大使との間でトラウトマン工作が佳境に入っていた時期の政府にとって、打撃であったろう。

このように、方面軍と政府・陸軍中央との対立は決定的なものとなった。鉄道経営問題と政権樹立問題は、政府による統制の必要を痛切に感じさせたはずである。軍政が実施できない戦争にあって陸軍中央は、支那駐屯軍参謀部が経済・政治工作などを行っているとの内外の批判を避けるため、北支那方面軍を編成して方面軍特務部にすべての政務関係の業務を集中した。特務部は経済工作については、中央ともよく連絡をとり、意思疎通をも図ったが、方面軍参謀部の指示のもとに動かざるをえなかった。そこで陸軍中央は、特務部を中央直轄化し、方面軍から分離する案も一時は考慮した。しかし、方面軍の強い反対によって、その試みは挫折する。その後、特務部は、陸軍中央の望まない、国民政府に代替しうる中央政府を目指した政権樹立を主導することとなった。経済工作の点では協調可能とみられた特務部も、政権樹立構想に関しては、陸軍中央と鋭く対立したのである。中央統制へと向かう政府の動きは明確なものになっただろう。こうした傾向に、中国占領地との経済「提携」に意欲を燃やす財界が呼応し、そこにさらに「彼の地の軍人（特務機関）より政治の権を奪ふ」必要を感じていた近衛首相周辺が呼応し、全省府局を挙げて組織された対華中央機関が、政府の下に設置をみることになってゆく。

第一次近衛声明（一九三八年一月一六日）段階

帝国政府声明は、「帝国政府ハ爾後国民政府ヲ対手トセス」とし、「帝国ト真ニ提携スルニ足ル新興支那政権ノ成立発展ヲ期待」するとした声明である。この声明が出される少し前、一九三八年一月六日付で、陸軍省軍務課は「政務指導に関し陸軍次官の北支那方面軍との連絡事項」[122]を作成した。この書類は、方面軍の第一線と司令部を訪問した梅津次官と柴山軍務課長が、国民政府否認後の対華北実行策を決定する準備として、方面軍との意見交換のための資料として作成したもので、前年一一月の方面軍作成の「支那事変及北支対策要綱」[123]に対する反対意見を述べたものである。

内容の第一点は、一二月に成立した中華民国臨時政府を、中央政府としようとする動きを急いではならない、とした点である。華中華南に今後成立するはずの政権との関係も考慮すべきであり、国際関係上の準備もあるというのがその理由である。陸軍の中においても、中支那方面軍司令官の松井石根などは、華北の政権を中央政府とする動きに反対していた。「中華民国臨時政府が支那全体の中央政権として旗上げしたるに対し、中支の松井最高指揮官は絶対反対、別に政権を作ると頑張つて居るとの噂あり」[124]と武部六蔵も日記に記している。華北においては上海・南京戦に比べれば激戦といったものはなかった。上海で八月一三日に開始された戦闘は、三カ月の陣地戦となり、中国側は一一月八日、各軍に向けて退却命令を発した。中国側は上海戦の終盤、「ドイツ顧問によって訓練及び装備された近代的戦闘部隊が完全消耗」[125]するという痛恨の事態にみまわれることとなった。しかし、日本側の損耗もまた激しく、一一月八日までの死傷者の合計は四万を超えていた。このような犠牲を強いられた松井としては、華北の中央化はとても認められないものであったろう。第二に、鉄道・通信・航空・主要産業開発については、すべて日中合弁の国策会社による運営方針をとることが通知された。

最も注目すべきは「帝国の恒久的対北支（対支）政務指導機関に就て」と題された項目であった。

帝国の対北支（対支）政務指導機関は作戦実施期間は北支那方面軍之に当るべきも事実的の作戦一段落後適当の内面的政務指導機関を設置するの要あり。右政務指導機関は帝国政府直轄の文官制の機関とし茲に政務と軍事とを劃然分離するを至当とせずやとも考へあり。

中国に対する政務指導機関を、政府直轄の文官制の機関として、政務と軍事を明確に分離してはどうか、と述べていたのである。これは方面軍にとっては重大な提案だろう。

さて、柴山は、一九三七年一一月以来、第三委員会の陸軍側幹事をも務めていた。柴山の下で、軍務課支那班長の職にあったのが川本芳太郎である。この川本が、興亜院設置に向けた陸軍側草案を執筆するめぐりあわせになってゆく。中国占領地に対する政務指導機関は、政府直轄の文官制の機関とすべきであり、政務と軍事を明確に分離すべきだとした軍務課の方針を次官と共に方面軍に伝えた人物が柴山であったのだから、その柴山が第三委員会幹事会で論じられた、東亜事務局案の提出に無関係であったとは考えにくい。一月一九日、第三委員会幹事会席上で、非公式に「対満支関係機関ノ調整ニ関スル件」(126)が論じられた。この時点での案の骨子は、以下のようなものであった。名称を東亜事務局（仮称）とする機関を新設し、そこに、中国に対する経済事務、対満事務局所掌の事務、外務省所管の対華文化事業に関する事務を移管する。東亜事務局総裁は親任官とし、無任所大臣を以って兼務させる。これに相応する現地機関として、北京と上海に、外、蔵、陸、海（必要であれば農、商、逓、鉄、拓を臨時委員として加える）からなる委員会を組織する、としていた。この案は、中国現地における連絡の緊密化を図るとともに、複雑に肥大化した対中国支配機構を整備しようとの発想で書かれていた。

企画院ではこの問題をどう捉えていたのであろうか。企画院総務部が一月二〇日に作成した「非常時国策遂行上緊急新設又ハ拡充スベキ機関(案)」[127]によれば、この時期新設・拡充すべき行政機関について、すべて仮称であるが、臨時物資調整局、宣伝省(院)の新設、総動員地方機関の拡充、南洋庁の革新強化とともに、臨時対支事務局の新設が掲げられていた。企画院では、一月一一日、御前会議決定「支那事変処理根本方針」策定後の体制、すなわち、長期持久戦を覚悟した時期の行政機構改革案の一貫として、東亜事務局を捉えていた。

一月一九日「対満支関係機関ノ調整ニ関スル件」に最も敏速に反応したのは外務省であった。石射東亜局長は、その一月二五日の日記に「企画院にて立案の東亜事務局案について、夜局課長の会合を催す。朝に一城夕に一塞の外務省を守るべしとの気持一致し外務大臣に詰寄る」[128]。こうして作成されたのが、一月二五日付で東亜一課が作成した「東亜事務局設立問題」[129]であった。外務省の対案の骨子と意義については、先行研究に譲る[130]。行論上必要な範囲で述べれば、外務省は、東亜事務局を外務省の外局とすべきだとしたが、その理由は「対支経済開発問題ハ当然対支外交ヲ主管スル外務省内」[131]に置かれるべきだというものであった。

東亜局は同日「対支経済開発事務局ヲ外務省ノ外局トスルノ主張ヲ貫徹スルノ必要」[132]という文書も作成している。こちらはより率直に、内閣や陸軍の動向を睨んだ上で、なぜ、新機構を外務省外局に置かなければならないのか、他省を説得する論理を展開していたが、さらに外務省は、新設されるべき東亜事務局の管掌事項が増大する傾向にも注意を払っていた。それは、次のような理由によっていた。

尚進ンテハ現ニ軍特務部ノ管掌スル支那政権指導ノ政治的方面ヲモ受継ギ管掌セシムル為、東亜事務局ノ権限ヲ拡大シ政治問題迄モ管掌セシムルコトトナル虞レアリ。既に二十四日ノ議会ニ於テ近衛首相ハ質問ニ答ヘ、支那ニ於ケル政権ノ政治指導ノ為ニ必要ニ応ジ何等カノ機関ヲ設置スルコトヲモ考慮シ居ル旨答ヘ居リ。

石射の文章は、外務省の警戒すべき相手が誰であったのか、正直に語っている。それは第一に、引用部分の前段に書かれた陸軍であり、第二に近衛首相であった。政務指導のための機関設置を近衛首相が、小川平吉などから献策されていたことについては、すでに三で述べた。陸軍と首相周辺が、本問題を動かす核として結びついてゆく。引用部分は、新設されるべき事務局の権限の拡大部分が、実のところ外務省の対中外交の権限を奪った結果としての陸軍の獲得分ではなく、むしろ「軍特務部ノ管掌スル支那政権指導ノ政治的方面」、すなわち、陸軍の放出分にほかならないこと、それを外務省が自覚していたことを正直に語っている。東亜事務局の権限拡大を外務省が恐れたのは、権限が政治面まで拡大されると、「支経済開発問題ハ当然対支外交ヲ主管スル外務省内」との論理が崩れる危険性があったからである。

二月三日の第三委員会幹事会では、外務省提出の外局案討議がなされたが、外務省外局案は陸軍、企画院、大蔵省からの反対にあった[133]。同四日、外局案実現を図るための話し合いが外務省内で行われ、同日付東亜一課「外務省外局案支持の理由(二)[134]」がまとめられた。他省を説得する論理として、「日支事変収拾ノ根本問題ハ第三国関係ノ調整」にあること、また経済開発のみを考えても、外資やクレジットの導入は必至となるので第三国とも外交が重要である、との理由を書いていた。同八日、石射は広田外相に外局案を極力主張して欲しい旨説得に赴くが、広田はこの外局案に対し次のように述べた。戦闘によって蔣介石を打倒することができないのであれば、今後政府としては「支那経済開発に全力をそそぐ為めの独立省を設置する事に突進むかも知れぬ」のだから、そのような場合外局案などは「小なる問題」になるかも知れない[135]、と述べたという。石射の日記からは石射が広田の対応に強い不満を持ったことが伝わるが、歴史的には、その当時に要請されていた新機関がいかなる性格を持つべきであったのかに対する広田の評価は妥当なものといえるだろう。

法制局による対案作成段階

外務省による外局案をうけて、企画院に代わって対案の作成にかかったのは内閣法制局であった。二月二八日、外務省調査部長米沢菊二は、この案の作成にあたっていた法制局第二部長樋貝詮三に面会している。[136] 樋貝の説明の要旨は、①外務省の要員では無理なこと、②国運を左右する問題なのでこの際縄張り争いは問題であること、③総理の直轄下に中央機関を設置し、政治・外交・経済・通商・文化など、総合的立場から国策を樹立する必要があること、④中国は独立国とはいえ他の外国との関係とは異なること、⑤今後は、満州はもちろん外地をも日中関係の連鎖の内に入れていくべきであり、拓務省の解散、外務省東亜局と対華文化事業部の統合、対満事務局の統合が図られるだろう、というものであった。[137]

予算案や法律案採決が立て込む帝国議会の会期末（三月二六日まで）にあたっていたため、また、北支那開発・中支那振興の二つの会社についての法案を先行させて通過させねばならなかったこともあり、法制局も外務省も必死であった。三月二日、石射は法制局長官船田中と議会内で会談している。船田の印象を石射は「氏のアイデヤは占領イデオロギーであるのだ。我等と根本的に違ふのだ。如此謬見を打破せねば日支は永遠に仇敵状態を続ける事になる。論争一時間余」[138]と書き留めている。船田の発言の要旨は、外務省記録によれば、①内閣には多くの機関があるので内閣の一局では不十分である、②「陸軍ニ引摺ラルル虞アルヲ以テ独立ノ一省トシテ東亜省ヲ設ケ時局ノ処理ニ当ラシムル」、③政務・産業・文化の三局のほか、外局として対満事務局を置き、④「支那ニ関スル政治指導ノ方面全部ヲ移管」、するとの内容であった[139]。

ここからは、この時点での法制局の考え方が、外務省の外局などにしてはかえって陸軍に引き摺られるので東亜省として一省とし、中国に対する政治指導を全部移管する気構えでゆく、といった抜本的な案であったことがわかる。一月一九日の「東亜事務局案」に比べて徹底したものであった。一省を設ける覚悟で準備された法制局案は、三月九日には成案が得られていた模様である。日付が付され、法制局作成と明示的に記された書類は今のところ見つかっていないが、外務省記録「対支中央機関設置問題一件（興亜院設置）」[140]中の史料がそれに該当すると思われる。それは、「対支省案要項」と外務省用箋にタイプ印字されたもので、表紙の右肩に「法制局的」と墨書されている[141]。

一　支那問題ヲ中心トシ之ニ関スル行政ヲ綜合的有機的ニ処理セシムル為、臨時ニ一省ヲ設置シ「対支省」ト称ス

続いて、「対支省」の管掌事項としては、対中国諸政策の樹立に関する事務、中国新政権に対する政治的経済的協力に関する事務、中国に対する政治、経済、文化に関する調査・計画・実施に関する事務、中国における事業を目的として特別法律により設立せられたる会社の業務の監督、中国における会社事業の統制に関する事務、対中国行政事務の調整に関する事務、などが挙げられていた。

本史料には、「対支省案参考事項」との項目が付せられており、一省を設置する以上は「対支純外交ノ分ト雖モ之ヲ外務省ニ残シ置クコトナク、対支省ヲシテ直接之ヲ処理セシメ支那ニ対シテノ外交ヲ完全ニ統一スルコト」と謳っている。中国に対する外交を完全に新設されるべき一省で握るといった徹底した案であったことがわかる。法制局案の骨子は、①中国に対する日本の経済・政治（外交も含む）・文化政策を統一的に行なう対支省あるいは対支院（局）

を内閣の下に新設する、②この対支省あるいは対支院(局)には、対支審議会・対支政策連絡会議を附置する点にあった。

ここでにわかにクローズアップされてくるのが、近衛首相周辺の動きである。一九三八年三月一一日付、『東京朝日新聞』朝刊はこの間の経緯を、次のように報じた。陸海軍省は華北・華中の経済開発を統制する「対支経済局」の新設を主張し、外務省は外務省東亜局を拡大強化して外局とする案を主張して対立していたが、最近、「近衛首相の意図として側近者から政治経済文化を含めて大東亜省案も提唱され、一方、法制局でも首相の見解を推察し関係閣僚を以て組織する最高機関としての対支審議会を作り其下に政治経済文化の日支関係を統制する対支局を設置せんとの意向を主張している」(142)。翌日付『東京朝日新聞』朝刊は対支審議会の内容を、「首相を会長とし陸、海、外、大蔵、商工、拓務等の関係閣僚の外、内閣参議をも委員に加ふ」と報道していた(143)。近衛周辺などが大東亜省案というべき案を、またその意を汲んだ法制局もまた、対中政策の最高決定を下すべき対支審議会とその下に置かれるべき対支局案を、それぞれ構想し始めていたことが察せられる。

法制局案で対支省(院・局)に附置されるべきだとされていた対支審議会は、首相周辺とのすりあわせの過程で、対中政策の最高決定機関たるべく構想され始めたことが確認できる。三月九日の『同盟旬報』は、船田法制局長官が瀧企画院総裁、風見内閣書記官長に示した法制局原案の対支会議に関する部分を「内閣総理大臣の諮問機関として内閣に対支会議を置く。〔中略〕対支会議は内閣総理大臣の諮問に応じ、対支根本政策の審議をなす」と報じている(144)。

対華中央機関設置への抜本的な案であった法制局案の登場によって、陸海外のすりあわせは混迷を深めた。しかし、華北経済開発を担う北支那開発株式会社と、華中経済開発を担う中支那振興株式会社の設立要綱を議会の会期中に決定しなければならないとの現実の要請は容赦なく迫ってきていた。よって、三月一一日近衛首相と船田長官との会合が持たれ、同一四日には風見書記官長、青木企画院次長、樋貝法制局第二部長、船田、石射が議会内で妥協案を採り、結局、二つの新会社を監督するためだけの機構を当面新設してしまうことで落ち着いた。

根本問題は後まわしとして、両会社を監督するためだけの「対支経済事務局」と、その上部機構である「対支経済審議会」の新設を三月一五日の閣議で決定した。外務省の石射の立場からいえば「対支機構問題本日の閣議に上る。首相だけの監督、監督だけの事務局といふ事に落付く」[145]という満足すべき決着であったが、近衛の周辺にあって、占領地統治に陸軍が関ることに反対していた小川はその日記に「姑息の至りなり」[146]と慨嘆の言葉を記した。しかし、対華中央機関設置をめぐる政治主体間の根本的なすりあわせはこの後本格化し、「対支経済事務局」設置で本問題を打ち切りたいと考えていた外務省の望みは絶たれてゆくことになった。

おわりに

一九三八年一二月一六日に発足した興亜院は、三月の時点での仮の姿「対支経済事務局」とはその相貌を根本的に異にする大規模な組織となった。首相を総裁とし、外務・大蔵・陸軍・海軍の四大臣を副総裁とし、その下に総務長官を置いている。興亜院本院の設立当初の定員は一三〇名であったが、柴田善雅氏の研究によれば、一九三九年七月の時点で一四八名を数えるまでになっており、これを外務省東亜局職員の四一名に比べれば、多彩な職域をカバーする陣容が整えられたと判断できるという[147]。三月から一二月の間になされた政治主体間の本格的なすりあわせについては別稿に譲る。

ここで、本章で明らかにしたことを簡単にふりかえっておきたい。日中戦争は、宣戦布告なしの戦争として戦われたので、支那駐屯軍は軍政・占領地行政を公然と行うことができなかった。その隘路をいかに対処するかをめぐって、現地軍は陸軍中央と構造的に対立せざるをえない位置に置かれていたといえるだろう。治安維持会や既存の地方政権を占領地行政の隠れ蓑として用いる方式を陸軍中央は求めた。それに反発する現地軍に対して、陸軍は北支那方面軍を編成することで、これまで方面軍参謀部が各地の特務機関を通じて主導していた政務・経済関係の事項を、方面軍特務部に一括して担わせることとし、中央による統制を試みる。方面軍特務部を陸軍省との密接な関係に置く方式は、作戦終了地の経済「開発」を、内地の大企業を総動員して行おうとしていた、当時の政府や財界の利害と一致するものであった。

さらに陸軍中央が憂慮していたのは、召集兵の割合の多いことからくる現地軍兵士の士気の圧倒的な低下であった。士気の低下した軍隊が作戦終了地域に長く駐留することからくる治安の悪化を陸軍中央は恐れた。その点を補うためには、治安維持を担うための地方政権への政務指導が必要だったが、伝統的な作戦観にたつ寺内寿一司令官に率いられた方面軍には、特務部をそのような方面に活用する意欲がなかった。それを不満とした陸軍中央では、特務部を直轄化する動きをみせたが、方面軍の強い反対にあっていったんは挫折する。しかし、一九三七年一〇月、軍需物資の供給獲得・国際収支均衡維持への対応、英米による経済制裁への対応、アメリカ中立法の適用問題への対応を、全省的に緊急に諮るため内閣の下にナンバー委員会（第一―第四まで）が設置されたのを契機に、事態は動きだす。

中国の経済に関する重要諸事項を審議するための第三委員会幹事会に陸軍から出席していたのは軍務課長であった柴山兼四郎であったが、この柴山を中心として、特務部による政務・経済指導方式をやめ、政務と軍事の分離、政府直轄の文官制機関設置へと舵が切られることとなってゆく。政治と統帥を軍が混淆した際に起るであろう批判は無視できないものとなっていたのであろう。事実、北支那開発株式会社法案の貴族院委員会の審議中、三月二四日、第一次加藤高明内閣時に法制局長官を務めた塚本清治が核心を衝く質問をした(148)。ちなみに、陸軍側の政府委員として本法案の委員会に出席していたのもまた柴山であった。

北支、中支開発に付て、軍司令官、軍司令官が直接、間接に干与せられ、其の経済開発に色々のことを行はれて、即ち一種の政治を行はれる（中略）軍司令官は申す迄もなく統帥権の作用の輔弼、又は奉行の機関でありまして（中略）一体さう云ふやうな行為を、政府はどう云ふ風に御説明になるのでありませうか。憲法に依って何と御説明になりませうか（片仮名は平仮名に改め、読点を付した、以下同じ）。

法制局長官として、いわゆる統帥権と編制権問題についての政府解釈をまとめたその人からの質問であれば、この質問は陸軍としては正面から答えられないものであったろう。塚本の指摘は、まったく正当な批判であったからである。商工大臣の吉野信次が苦しい答弁を返している。しかも正面からは答えていない(149)。

軍政ではございませぬが、一種の占領地の行政に於ける軍司令官と云ふものの権限もあります、処で又一方臨時政府と云ふ支那の政権もある訳であります、それでありますから、国際法的に中上げますと、どう説明しますのか、非常に変態ぢゃないかと、是は私だけの考でございますけれども、従来にない、まあむつかしい法理上の関係があるのであります。

陸軍にとって、対華中央機関設置を必要とした第一の要因は、宣戦布告なしの戦争を長期に続けるのに伴い不可避的に生じてくる問題、すなわち、政治と統帥の混淆という内外からの批判をいかに避けるか、といった、陸軍内部の事情に深く負っていた。吉野信次が洩らしたことばでいえば、陸軍は、国際法的にみれば「変態」の状態で、占領地行政を行わざるをえない立場に置かれていたのである。むろん、それはすべて自らが選択して行った行為の結果なのであったが。

北支那開発株式会社法案を審議する衆議院本会議の席上、三月二〇日、政友会の松村謙三は「昔から馬上天下を治めることの出来ないことは歴史上の確かなる鉄則でございます」との象徴的なことばで、政治と統帥の分離を求めていた。[150] その際、「中央に統一強化せる一大機関、（中略）責任の所在の明かなる、そして軍部も外務も総ての方面をそれに依って綜合したる一大責任の機関を作りまして、之に依って総ての力を合せて対支経営に邁進」すべきだと述べて、対支経済事務局の設置で済まそうとしているかにみえた政府を批判していた。その質問に対して、杉山陸相が行った答弁は注目される。杉山は「将来作戦及び治安維持が出来上りましたならば、軍は之を正当な機関に実施せらるゝことを寧ろ考へて居るのであります」と述べ、松村の示唆したような機関設置に意欲をみせていた。

以上、新しい戦争の時代における、興亜院設置問題の初発段階に陸軍に抱かれていたジレンマについて述べてきた。それでは、統帥と政治の混淆は、興亜院設置によって解決されたのだろか。一九三八年一〇月一日決定の閣議了解事項では、対華中央機関の設置とともに現地機関を設置すること、その現地機関は、政治・経済・文化の全部の事務を行う、よって「軍特務部其他ノ機関ハ右現地機関ノ設置ト共ニ此等事務ヲ一括シテ之ニ移譲スルモノトス」との決定をみている。[151] 興亜院の華北、華中、蒙彊、廈門の各連絡部が設置された地域に関しては、確かに特務部は廃止された。しかし、省政府以下の地方の政務指導に関して、依然として軍が当たっていたのも事実であった。さらに、久保亨氏が正しく指摘するように、[152] 一一月一八日、「軍事及警備ニ関シ支那側関係機関ニ対シテ為ス指導ハ、陸海軍最高指揮官其ノ任務及協定ニ基キテ之ヲ為スモノトス、興亜院ノ指導ハ右ノ範囲外ニ於ケル政務ニ関スルモノトス」トの閣議了解事項が付され、興亜院の役割が制限されたことも事実であった。政治と統帥の皮膜の間から興亜院の意義を確定するには、別稿を用意し、さらに、一九三八年三月から一二月までの分析、設立以降の具体的な事例の分析が必要となるだろう。

（1）「公文類聚 第六十二編 昭和十三年 第五巻 官職三 官制三（内閣二）」（2A－012－00、国立公文書館所蔵）。興亜院は、一九四二年一一月、大東亜省の設置にともない廃止された。

（2）馬場明「興亜院設置問題」同『日中関係と外政機構の研究』原書房、一九八三年。

（3）官制公布の一カ月ほど前まで、興亜院の名称は未確定であった。議論の過程では対支院などと称されることが多かった。

（4）角田順校訂『宇垣一成日記』第二巻、みすず書房、一九七〇年、一二六二―一二六三頁。

（5）田浦雅徳・古川隆久・武部健一編『武部六蔵日記』芙蓉書房、一九九九年、解題を参照のこと。両会社の設立委員の顔ぶれは、財界の大御所といわれた郷誠之助を委員長とし、各省次官・両議院議員各五〇名のほか、五〇名余の財界代表者を網羅していた。中村隆英『戦時日本の華北経済支配』山川出版社、一九八三年、一六四頁。

（6）「昭和十三年三月以降　対支局設置ニ関スル件　稲田」（2A－40－資－356、国立公文書館所蔵）

（7）「興亜院各課当初職員採用大略方針」、同右所収。

（8）同右所収。

（9）興亜院設置を、松井石根との関係から説明したものに、松浦正孝「日中戦争はなぜ南下したのか㈠」『北大法学論集』第五七巻第一号、二〇〇六年がある。もっとも、本論文の主題は「政治経済史の側面から『大東亜戦争』をもたらした要因を見ていくと浮き上がってくる、汎アジア主義という現象を、政治過程分析の文脈に落とし込む」ことで見えてくる日中戦争の拡大過程の分析にある。

（10）本庄比佐子・内山雅生・久保亨編『興亜院と戦時中国調査』岩波書店、二〇〇二年。

（11）第一委員会は、事変関係の軍需物資の供給獲得並びに国際収支均衡維持のための委員会、第二委員会は、事変に関連して外国が日本に対してとると思われる経済圧迫策に対抗するための委員会、第四委員会は、宣戦布告の可否を論ずるための委員会であった。

（12）「秘 第三委員会規則 昭和十二年十月二十六日 閣議決定、昭和十二年十一月六日設置」、「昭和十三年 公文別録 内閣七 第三委員会審議経過報告」（レファレンスコード A03023586100、アジア歴史資料センター、以下、レファレンスコードはRC、アジア歴史資料センターはJCARと略す）。

（13）こうした陸軍中央の考え方がわかる史料としては、「宣戦布告ノ可否ニ関スル意見 昭和一二・一一・八 陸軍省」、『木戸幸一関係文書』東京大学出版会、一九六六年所収。

（14）第四委員会の審議内容は、同右書、二九六―三一五頁所収。

（15）中立法以外の理由としては、宣戦布告すると、中国に日本側が有する治外法権・租界その他の条約上の権利の喪失が挙げられる。

（16）太平洋戦争開始とともに、こうした状態は終わった。一九四一年一二月八日、日本が英米に宣戦布告するのに応じて、一二月九日、国民政府は日独伊に対する宣戦布告を行った。

（17）「近衛史料11／支那事変／十二分冊の三」（防衛庁防衛研究所戦史部図書館所蔵）所収。

（18）外務省記録「支那事変関係一件」第一九巻所収（RC B02030305576, JCAR）。

（19）「宣戦布告ノ可否ニ関スル意見 昭和一二・一一・八 陸軍省」、前掲『木戸幸一関係文書』所収。

（20）第二次世界大戦時において、米軍が作成していた軍政マニュアルによる、「軍政」の定義は「敵領土の、あるいは、敵の占領または敵とみなされた反乱者から取り戻した連合国または自国領土の、土地、財産および住民に対して、軍が行使する最高権力」となる。その際、「占領という原因によって主権が委譲されるのではなく、国際法および国際慣習によってのみ制約される占領軍に支配権が引き渡されるのである。戦域司令官は軍政の全責任を負う」とされる。米国陸海軍、竹前栄治・尾崎毅訳『軍政／民事マニュアル』みすず書房、一九九八年、一頁。

(21) 戦闘の激しさについては、ベルント・マルティン／進藤裕之訳「日中戦争期の中国におけるドイツ軍事顧問」『戦史研究年報』第四号、二〇〇一年。国民政府とドイツ国防軍との関係については、田嶋信雄「日独・独中関係の展開」、五百旗頭真・北岡伸一編『開戦と終戦』、星雲社、一九九八年。

(22) 劉傑『日中戦争下の外交』吉川弘文館、一九九五年、六七頁。

(23) 同右書、二頁。

(24) 戦争初期、外交部と冀察政務委員会との往復電報を分析した研究に、服部龍二「盧溝橋事件における国民政府外交部と冀察政務委員会」『人文研紀要』第五一号、二〇〇四年。

(25) 日本国際政治学会・太平洋戦争原因研究部編『太平洋戦争への道』第四巻（新装版）朝日新聞社、一九八七年では、第一編を「日中戦争の軍事的展開（一九三七年—一九四一年）」とし、第二編を「日中戦争の政治的展開（一九三七年—一九四一年）」として、別々に記述している。

(26) 日中戦争初期の和平交渉について参照すべき研究としては、劉傑前掲書のほか、臼井勝美「日中戦争の政治的展開（一九三七年—一九四一年）」、『太平洋戦争への道』第四巻所収がある。本論文は後に、臼井勝美『日中外交史研究』吉川弘文館、一九九八年に収録された。

(27) 「日華停戦条件」、『日本外交年表竝主要文書 一八四〇—一九四五』下巻、原書房、一九六六年、三六八—三六九頁。原史料は、外務省記録「支那事変関係一件」第四巻（RC B02030522900, JCAR）

(28) 『現代史資料9 日中戦争2』みすず書房、一九六四年、二六頁。

(29) 閣議決定の内容については、その全文が、当時、台湾軍司令官であった畑俊六の日記に書かれている。「即ち軍は今や予め関東軍及朝鮮軍に於て準備しある部隊（混成約三旅団其他所要の部隊）を以て急遽支那駐屯軍を増援すると共に、内地より所要の部隊を動員して之を北支に急派するの要あり。而して東亜の平和維持は帝国の常に念願する所なるを以て、今後共局面不拡大、現地解決の方針を堅持して平和的交渉の望を捨てず、又前記支那側の謝罪及保障をなさしむる目的を達したる時は速に派兵中止の取計をなすこと勿論なり」。『続 現代史資料 4 陸軍』みすず書房、一九八三年、一〇四頁、一九三七年七月一四日条。

(30) 島田俊彦「「船津工作」など」、日本国際政治学会編『季刊 国際政治 日中戦争と国際的対応』有斐閣、一九七二年、一〇五頁。

(31) 一九三三年五月三一日、河北省塘沽で日中両軍間に確認された「協定」。この「協定」により、長城以南に中立地帯が設定された。中国軍は延慶・昌平・順義・通州・林亭口・蘆台の線以西及び以南に撤退、以後同線を越えて前進しないこと、日本軍は長城の線に復帰すること、撤兵地帯の治安維持には中国側警察が担当することとなった。

(32) 一九三五年六月一〇日。この「協定」により中国側は、中央軍、憲兵第三団、政治訓練所、国民党部、藍衣社など排日団体と目されていた機関、于学忠の第五一軍の河北省外への撤退を余儀なくされた。

(33) 一九三五年六月二三日。この「協定」により中国側は、宋哲元軍の察哈爾省東部及び北部地区からの撤退、国民党部、藍衣社など排日団体と目されていた機関の解散を余儀なくされた。

(34) 前掲、島田「「船津工作」など」一〇六、一〇七頁によれば、海軍は陸軍案を「盗視」したらしい。

(35) 同右、一〇七頁。

(36) 同右、一〇六頁。

(37) 伊藤隆編『高木惣吉 日記と情報』上巻、みすず書房、二〇〇〇年、二一一頁。

(38) 前掲、島田「「船津工作」など」一〇七―一〇八頁。

(39) 『現代史資料 8 日中戦争1』みすず書房、一九六四年、二三二―二四五頁、二九七頁。

(40) 伊藤隆・劉傑編『石射猪太郎日記』中央公論社、一九九三年、一六九頁、七月二〇日の条。

(41) 廊坊事件は、七月二五日夜、廊坊駅付近で日本軍が中国軍と衝突した事件、広安門事件は、二六日、北平入城中の日本軍が中国側により機銃掃射を受けた事件。参照、前掲『太平洋戦争への道 4』一五頁。

(42) 『石射猪太郎日記』一七〇頁、七月二一日条。

(43)「外交交渉派」とは、「派兵・一撃」を主張する「武力行動派」に対抗的に結集したグループを指す。「武力行動派」には、杉山元陸相、陸軍省軍事課長田中新一、参謀本部作戦課長武藤章、同支那課長永津佐比重を中核とする集団であった。「外交交渉派」には、参謀本部第一部長石原莞爾の年来の主張に賛成する戦争指導課長河辺虎四郎、陸軍省軍務課長柴山兼四郎、海軍省軍務局一課長保科善四郎、外務省東亜局の課員などがいた。前掲、劉『日中戦争下の外交』六七頁。

(44) 外務省記録「支那事変関係一件」第二巻（RC B02030512500, JCAR）

(45) 外務省記録「支那事変関係一件」第三〇巻（RC B02030573200, JCAR）

(46) 同右。

(47) 原田熊雄述『西園寺公と政局』第六巻、岩波書店、一九五一年、五四頁。

(48) 陸軍や関東軍が華北に抱いていた観念を、「対ソ戦争の際に必要となる『国防用資源』を獲得するために、また日本軍が後背部を気にせずに安心して対ソ作戦を実施できるようにするために、まず華北をおさえなければならないという発想」とまとめたのは、永井和「日本陸軍の華北占領地統治計画について」、『人文学報』第六四号、一九八九年、一一七頁。

(49)「北支時局収拾ニ関スル外務省ノ意見」の構成は、一、地方政権ノ樹立ハ絶対不可ナリ、二、北支時局ノ収拾ハ中央政権トノ直接取引ニ依リ解決スルヲ要ス、三、北支時局収拾ノ目途、四、南京政権トノ直接取引ニ依ル北支時局収拾案、五、日支全面的国交調整問題、の五項目からなっており、書き込みは、三と四の間に書かれている。

(50) 外務省記録「支那事変関係一件」第四巻（RC B02030522900, JCAR）

(51) 前掲『現代史資料９日中戦争２』二六頁。

(52)「支参四電第三一号（無題）」、「陸軍省／陸支密　大日記／Ｓ１２―１」（防衛庁防衛研究所戦史部図書館所蔵）所収。

(53)「支密第三七四号　天津海関並塩務機関ニ関スル件」、同右所収。

(54)「支参三電第三九九号（無題）」、同右所収。

(55)「支密第三七四号　海関接収ニ関スル件」、同右所収。
(56)「支参二電第四七五号(無題)」、同右所収。
(57)「陸支密第一一二四号　軍司令官ノ布告ニ関スル件」、同右所収。
(58)「支参二第五〇二号(無題)」、「陸軍省／陸支密　大日記／S12─3」所収。
(59)「臨参命第八十八号」、前掲『現代史資料　9　日中戦争2』三六頁。
(60)岡部直晃「支那事変初期の方面軍に関する考察」『軍事史学』通巻第一四九号、二〇〇二年。
(61)『岡部直三郎大将の日記』芙蓉書房、一九八二年。
(62)同右、六八頁。
(63)同右、六八頁。
(64)「高嶋辰彦少将日記」(中央／作戦指導／日記／502、防衛庁防衛研究所戦史部図書館所蔵)。参謀本部の八月八日付「北支事変処理要綱」は、『太平洋戦争への道』別巻(新装版)朝日新聞社、一九八八年、二五七─二五九頁。
(65)『太平洋戦争への道』別巻、二五八─二五九頁。
(66)『岡部直三郎大将の日記』、七〇頁。
(67)「支参訓第十号」、前掲『現代史資料　9　日中戦争2』四一─四二頁。
(68)「支那／支那事変／北支／3　北支那作戦史要」三三四頁(防衛庁防衛研究所戦史部図書館所蔵)。
(69)同右、三三三頁。
(70)前掲、岡部「支那事変初期の方面軍に関する考察」、一九─三三頁。
(71)同右、二一頁。
(72)同右、二三頁。
(73)外務省記録「支那事変関係一件」第三〇巻(RC B02030573200, JCAR)
(74)『岡部直三郎大将の日記』七一─七二頁。

(75) 原朗「『満州』における経済統制政策の展開」、安藤良雄編『日本経済政策史論』下巻、東京大学出版会、一九七六年、二一〇頁。
(76) 「林陸軍大臣より松岡満鉄新総裁に対する懇談要旨 陸軍省軍務局」、『現代史資料 8 日中戦争1』みすず書房、一九六四年、七八五―七八七頁。
(77) 日本近代史料研究会『日満財政経済研究会資料 泉山三六氏旧蔵』第二巻、一九七〇年、二三一―三〇頁。
(78) 『岡部直三郎大将の日記』七四―七五頁。
(79) 「関参満第二六五号」、「陸軍省／陸支密 大日記／S12―1」所収。
(80) 『岡部直三郎大将の日記』七九頁。
(81) 同右、八四頁。
(82) 前掲、永井論文のほか、依田憙家「日本帝国主義の『華北経済工作』と『華北開発計画』」『社会科学討究』第一九巻第二号、一九七四年、小林英夫「華北占領政策の展開過程」『駒沢大学経済論集』第九巻第三号、一九七七年。
(83) 「支那／支那事変／北支／3 北支那作戦史要」三三五頁。
(84) 「方軍特務密第一号 作戦軍後方地域行政指導要領ノ件通牒」、「陸軍省／陸支密 大日記／S12―2」所収。
(85) 「方軍特務密第二号 北支作戦軍後方地域ノ行政指導要領改訂ノ件」、「陸軍省／陸支密 大日記／S12―3」所収。
(86) 「支那事変対処要綱」、前掲『日本外交年表竝主要文書 一八四〇―一九四五』下巻、三七〇―三七二頁。
(87) 『岡部直三郎大将の日記』一〇二頁。
(88) 田中新一「支那事変記録 其三」（防衛庁防衛研究所戦史部図書館所蔵）。
(89) 毛利の伝記的な記述としては、伊藤隆「毛利英於菟覚書」、『昭和期の政治 続』山川出版社、一九九三年を参照のこと。
(90) 『岡部直三郎大将の日記』一〇五頁。
(91) 「北支産業部門別新方策要綱案」、「毛利英於菟文書」三一番（国立国会図書館憲政資料室所蔵）。

(92)「方特電第一二九号（無題）」、「陸軍省／陸支密　大日記／S12―3」所収。
(93)前掲、田中「支那事変記録　其三」。
(94)「支密第三三七三号　天津海関処理ニ関スル件」、「陸軍省／陸支密　大日記／S12―3」所収。
(95)「支那／支那事変／北支／3　北支那作戦史要」三三七―三四二頁。
(96)「支那事変記録　其三」。以下、特に断らない場合は、本史料からの引用。
(97)『岡部直三郎大将の日記』一〇二頁。
(98)同右、七二頁。
(99)加藤陽子『模索する一九三〇年代』山川出版社、一九九三年、七四頁。
(100)同右、七〇頁。
(101)「支那事変記録　其四」。
(102)『岡部直三郎大将の日記』一二四頁。
(103)「支那／支那事変／北支／3　北支那作戦史要」三六五―三六六頁。
(104)同右、一七四頁。
(105)『岡部直三郎大将の日記』一三四頁。
(106)『小川平吉関係文書』第一巻、三四一頁。
(107)同右、三四六頁。
(108)前掲、加藤『模索する一九三〇年代』第六章「権力一元化構想の展開」を参照。
(109)『小川平吉関係文書』第一巻、三四七頁。
(110)同右、三四八―三四九頁。
(111)同右、三五〇―三五二頁。
(112)田嶋信雄『ナチズム極東戦略』講談社、一九九七年。

(113) 本問題の重要性を初めて指摘し、実証的な分析を加えた先駆的な研究として、中村『戦時日本の華北経済支配』。

(114) 註12を参照のこと。

(115) 「陸支密受第四三四五号　北支産業指導ニ関スル件」、「陸支密大日記」(RC C04120091200, JCAR)

(116) 「内閣第三委員会決定　極秘　北支経済開発方針」、前掲「昭和十三年　公文別録　内閣七　第三委員会審議経過報告」(RC A03023586100, JCAR)。

(117) 『岡部直三郎大将の日記』一四一頁。

(118) 前掲、中村『戦時日本の華北経済支配』第二章。

(119) 「特務部第二課　北支那経済開発基本要綱(案)一一月三〇日」、「支那／支那事変／北支／3　北支那作戦史要」三六九頁。

(120) 『岡部直三郎大将の日記』、一一五頁。

(121) 同右、一三七頁。

(122) 『現代史資料　9　日中戦争2』九九―一〇一頁。

(123) 「北支那方面軍司令部　支那事変及北支対策要綱」、「支那／支那事変／北支／3　北支那作戦史要」三五六―三五八頁。本要綱は、「一般方針」としては「南京政権ニ代ルヘキ新政権ノ樹立」を謳い、「対外関係」としては「今次事変カ其ノ発生ノ性質ヨリ九ヶ国条約ノ適用範囲外」であるとみなすべきだと述べている点などが注目される。南京政府の分裂を促進し、政府外に出た政治家を吸収しながら、華北に樹立すべき新政権を将来的に中央政府とする方針を主張していた。

(124) 『武部六蔵日記』二六二頁。一九三八年一月七日の条。

(125) 前掲、ベルント・マルティン／進藤裕之訳「日中戦争期の中国におけるドイツ軍事顧問」一一四頁。

(126) 「対満支関係機関ノ調整ニ関スル件(閣議決定案)一三、一、一九、三、委、幹」、「15対支院(興亜院)設置関係4」(RC B02030686600, JCAR)。

（127）『昭和社会経済史料集成』第五巻、大東文化大学東洋研究所、一九八三年、三二一―三三頁。
（128）前掲『石射猪太郎日記』）二四七頁、一月二五日の条。
（129）「15対支院（興亜院）設置関係４」（RC B02030686600, JCAR）。
（130）前掲、馬場「興亜院設置問題」、同『日中関係と外政機構の研究』第九章。
（131）「15対支院（興亜院）設置関係４」（RC B02030686600, JCAR）。
（132）同右、0426－0428コマ。
（133）『石射猪太郎日記』二五〇頁。二月三日の条。また、外務省調査部「昭和十三年十月　対支中央機関問題経過」、「３対支院（興亜院）設置関係３」（RC B02030685300, JCAR）0130コマ。
（134）「15対支院（興亜院）設置関係４」（RC B02030686600, JCAR）。0434－0437コマ。
（135）『石射猪太郎日記』二五二頁。二月八日の条。
（136）「３対支院（興亜院）設置関係３」（RC B02030685300, JCAR）0130コマ。
（137）「３対支院（興亜院）設置関係３」（RC B02030685300, JCAR）0131コマ。
（138）『石射猪太郎日記』二五九頁。三月二日の条。
（139）「３対支院（興亜院）設置関係３」（RC B02030685300, JCAR）0131コマ。
（140）外務省記録『対支中央機関設置問題一件（興亜院設置）』（A.1.1.0.31, 外務省外交史料館所蔵）。簿冊の日付は、昭和一三年三月から一二月となっており、表紙には後筆で「27. 4. 7 ATIS, GHQより返還」と書かれている。
（141）「１対支院（興亜院）設置関係１」（RC B02030685100, JCAR）0061－0064コマ。
（142）『東京朝日新聞』朝刊、一九三八年三月一一日。
（143）『東京朝日新聞』朝刊、一九三八年三月一二日。
（144）『同盟旬報』一九三八年三月九日、「支那／支那事変　全般／２０５／興亜院・大東亜省設立関係資料」（防衛庁防衛研究所戦史部図書館所蔵）。

(145)『石射猪太郎日記』二六三頁。三月一五日の条。
(146)『小川平吉関係文書』第一巻、三七〇頁。九月一七日の条。
(147)柴田善雅「中国占領地行政機構としての興亜院」、前掲『興亜院と戦時中国調査』所収、二八頁。
(148)『帝国議会貴族院委員会速記録 昭和篇 74』東京大学出版会、一九九六年、三〇五頁。
(149)同右。
(150)『帝国議会誌』第一期第三三巻、東洋文化社、一九七八年、四三八―四三九頁。
(151)加藤陽子「総力戦下の政-軍関係」、吉田裕ほか編『岩波講座 アジア・太平洋戦争』第二巻、二〇〇五年、一九頁。
(152)久保亨「はじめに」の二部分、前掲『興亜院と戦時中国調査』、八頁。

第一一章　有田八郎外相と「東亜新秩序」

服部　聡

はじめに

一九三〇年代の日本外交において、最も長く外相を務めたのは広田弘毅であり、斎藤実、岡田啓介、第一次近衛文麿の三内閣で約三一カ月の間外相を務めた。その次に長く外相を務めたのが有田八郎であり、有田は、広田弘毅、第一次近衛文麿、平沼騏一郎の三内閣で約二〇カ月の間外相を務め、その後、米内光政内閣で六カ月間外相を務めることとなった。広田弘毅は、一九三〇年代の約三分の一の間外相を務め、「広田三原則」など一九三〇年代の日本外交に大きな影響を与えることとなったことが知られる。だが、その一方で、有田に関する研究は意外に少ない(1)。

一八八四年に新潟県佐渡に生まれた有田は、東京帝国大学を卒業して外交官となった。有田の外交官としての勤務地は中国、アメリカ、タイ、そしてヨーロッパであり、一九一九年のパリ講和会議と一九二一年のワシントン会議には随員として出席している。また、外務省員としては、アジア局長、外務次官を務めており、有田は、これらのポストを、ほぼ二、三年ごとに転々とし、一九三六年に広田弘毅内閣の外相に就任する。

このように、外交官としてのキャリアを積んで外相に就任した有田は、広田や重光葵とともにアジア派に分類され、幣原喜重郎らの伝統的な英米強調派とは一線を画した現状打破的な外交路線を追求した。だが、その一方で、有田は、白鳥敏夫のような革新派とも一線を画し、独伊と連携して米英と対決するというような外交路線には反対した(2)。そのため、有田は、第一次近衛内閣期に行われた防共協定強化交渉においては、独伊との軍事同盟締結に反対し、また米内内閣期に発生した南進論に対しては、慎重論をもって対応して、米英との対立を回避しようとした。そうした点で、有田の外交思想は簡単には捉えがたい。

有田は、一九三〇年代に進んだ世界経済のブロック化を日本経済の危機と捉え、これに対する対応策を講じる必要を主張していた。また、その一方で、「満州国」建国後の日本は、陸軍が中心となって、華北分離工作等の大陸政策を推し進め、その結果、米英との間の摩擦を徐々に強めていた。日中戦争は、そうした中で勃発することになり、その拡大・長期化の過程において、日本が指導する経済自給圏として「東亜新秩序」というプランが登場する。本章は、世界経済のブロック化という潮流、中国そして欧米との外交関係において、有田が、「東亜新秩序」をどう位置づけようとしていたのかを探り、一九三〇年代の日本外交おける有田外交の意味を考察する。

一　世界経済のブロック化と華北分離工作

大恐慌と経済のブロック化

第一次世界大戦後の世界経済を牽引していたのは、アメリカであった。そして、そのアメリカで一九二九年一〇月に恐慌が発生すると、その影響は、世界経済を直撃することとなり、大恐慌へとつながった。第一次世界大戦後の国際社会は、再建金本位制を軸に、自由貿易と軍縮によって国際協調を謳歌していた。しかし、大恐慌が発生すると、それを境にして、国際協調は崩壊局面を迎えることとなった。

まず、アメリカでは、一九三〇年六月に農産物や繊維品を中心に輸入禁止的な高率関税を定めたスムート・ホーレイ関税法が成立した。同法の成立は、関税や輸入割当を手段とした貿易戦争の口火となり、また、英連邦によるオタワ会議を開いたイギリスは、一九三二年夏に、スターリング・ブロックと呼ばれる排他的経済圏を設定した。これは、英連邦内で特恵的関税協定を結び、他国を貿易から排除するものであり、当時の二大経済大国であった米英による自国中心主義政策の展開は、自由貿易体制を否定する機運を作り上げる結果をもたらすこととなった。こうした流れに対しては、一九三三年六月のロンドン世界通貨会議によって、国際協調へと引き戻すことが試みられたのであるが、失敗に終わり、その結果、世界経済は、多角的自由貿易体制からブロック化への傾向を強めてゆくこととなった(3)。

こうした状況に対して、金本位制から離脱して管理通貨制に移行した日本政府は、低為替政策をテコにして輸出促進を図った。その結果、日本からの輸出は飛躍的に増加し、当時の日本の主力輸出品となっていた綿製品は、世界各地の市場で大幅にシェアを拡大させたのであるが(4)、イギリス植民地に流入することで、日本製品はイギリス製品と競合することとなり、貿易摩擦を発生させることとなった。

日本製綿製品の最大の市場はインドであり、そのため、一九三三年九月から翌一九三四年四月まで行われた日印会商によって、綿花＝綿布のバーター制という一応の妥協が成立した。しかし、その一方で、同時期（一九三四年二月から四月）にロンドンで行われていた民間レベルの繊維交渉は決裂に終わり、イギリス政府は、同年五月からイギリス植民地向けの日本製品に対して輸入割当制を導入することとなった。その輸入割当額は、日本製品の輸出が本格化する以前（一九二七年から一九三一年）の輸入量を基準としたものであり、日本製綿製品は、インドを含めて、イギリス植民地という大市場への輸出を大幅に制限されることとなった(5)。

一方、このようにしてイギリス植民地という大市場を狭められた結果、行き場を失った日本製綿製品は、第二の市場となっていた蘭印(オランダ領東インド)に殺到することとなった。宗主国のオランダが、自由貿易と金本位維持の立場を表明していたためである。その結果、イギリスが保護主義を強めつつあった一九三三年以降、日本製綿製品は、低廉な日本海運や現地邦人輸入業者と結びつきながら、「集中豪雨的」と表現されるように、組織的で大量かつ急速に蘭印になだれ込むようになった。そして、その蘭印では、綿製品を軸に、海運、倉庫、貿易、小売と様々な分野で日本資本が進出して、オランダ資本を圧迫するようになっていた。

その結果、蘭印政府も一九三三年九月から保護主義をとらざるをえなくなり、非常時輸入制限令や外国人営業管理令、外国人入国制限令などによって、日本製品や日本資本の流入をくい止めるようになった。そのため、制限の緩和を狙った日本政府の申し入れで、一九三四年五月から、日蘭会商が行われることとなったのであるが、この交渉は、同年一二月に一旦決裂した(6)。

こうした傾向は、アジア内の他の地域でも同様であった。仏印(フランス領インドシナ)では、一九三三年以降、関税引き上げや輸入許可制、輸入割当制などによって、対日貿易に制限を加えられ、一九三五年八月にはフィリピンで日本製綿布の輸入割当制が実施された。また、オーストラリアでは、一九三五年八月の日豪協定によって、羊毛の輸入と綿布の輸出をリンクさせた輸入割当制が実施され、日本は、軒並み海外市場を狭められることとなった(7)。以上のような展開は、日本製品排斥の流れを明確にするものであり、結果的に、日本に残された自由市場は中国大陸のみとなった。このような状況に陥ると、貧弱な国内市場と資源の少ないわずかな植民地という条件の下で、輸出主導で経済成長を進めてきた日本は、大きな打撃を受けることとなった。

一九三六年の二・二六事件は、外交面では満州事変以降の日本の国際的孤立化の中で、そして、経済面では、以上のような世界経済のブロック化という大きな潮流の中で発生することになり、そうした中で、事件後の同三月、広田弘毅内閣が成立することとなった。

有田の基本方針

有田は、広田内閣成立の一カ月後に、広田の要請を受けて外相として同内閣に入閣した。広田内閣の下で、日本の外交政策と経済政策は、軍部追従に向かっていた。経済政策については、広田内閣の成立に先立って、一九三一年一二月に成立した犬養毅内閣以来、斎藤実内閣、岡田啓介内閣と三内閣の下で、高橋是清蔵相による積極財政が、四年あまりにわたって展開されていた。この高橋財政は、公債の日銀引き受け発行を行う一方で、満州事変と呼応した軍事費拡張を行い、これによる重工業化と需要創出をテコにして、恐慌からの脱却を図るというものであった。このスペンディング・ポリシーは相当の成果をもたらしたのであるが、その一方では、通貨を激しく膨張させ、悪性インフレの懸念を生じさせることとなった。そのため、高橋蔵相は、その在任後半期に、財政健全化の観点から公債の漸減と軍事費の抑制を図るのであるが、これは、二・二六事件によって高橋が暗殺されたことで阻止された。そして、二・二六事件を受けて成立した広田内閣の下では、馬場鍈一蔵相によって公債漸減方針の放棄と軍事費の増大が採用されることとなった(8)。

一方、外交政策については、広田内閣の成立に先立って、広田は、斎藤実内閣と岡田啓介内閣の下で、一九三三年九月から一九三六年三月までの約二年半にわたって外相を務めており、この間に展開された広田外交によって、日本は対外的な摩擦を強めていた。一九三四年一二月二九日に五カ国条約（ワシントン海軍軍縮条約）の廃棄がアメリカ政府に通告されており、さらに、一九三六年一月に第二次ロンドン海軍会議から脱退したことで、一九三六年末には五カ国条約とロンドン海軍軍縮条約が失効することになっていた。

また、その一方では、大陸政策をめぐって日中間の摩擦が激化していた。「満州国」建国後の日本陸軍は、「満州国」と中国本部の緩衝地域として、華北における親日地帯の設置を構想しており、こうした構想は、一九三五年六月一〇日の梅津・何応欽協定と同六月二七日の土肥原・秦徳純協定として具体化した(9)。そして、両協定が成立すると、経済のブロック化が進展する中で、満州だけでは経済自給圏を作ることができないと考えた軍部は、華北全体を政治と経済の両面にわたって掌握することを企図し始めた。一九三五年一一月以降、中国が幣制改革によって経済的統一を進めると、これに対抗する形で、一一月二四日には冀東防共自治委員会が設置され、同委員会は、一二月に冀東防共自治政府と改称される。また、それと同時に、同一二月に、華北の経済支配を進める機関として興中公司が設立された。

これに対して、国民政府は、一二月一八日、河北・チャハルの両省を管轄する冀察政務委員会を北平に設置し、日本の進出に対抗した。その結果、日中関係は先鋭化することになり、日本が華北に自治政権を樹立した頃から、多くの紛争が発生することとなった。特に、冀東政府を通じて日本側が行った中国に対する密輸出は、中国経済と国民政府の関税収入に大打撃を与えることとなった。そして、一一月九日には上海において陸戦隊の兵曹が射殺され、翌年になると、反日感情に起因する同様の事件が中国各地で頻発することとなり、華北問題は、満州問題に続く日中間の癌となってゆく。

こうした中で、日本政府は冀察政務委員会の傀儡化を狙うことになった。一九三六年一月一三日、日本政府は、「北支処理要綱」(10)に基づいて、軍部が開始させた華北分離工作を国策へと上昇させ、華北五省の完全自治を最終目標にしながら、当面の目標として、チャハル・華北の二省と北平・天津における自治の完成を目指すとした。その結果、北平に駐屯していた支那駐屯軍の兵力は、一九三五年五月の時点で一七七一人であったものが、約五八〇〇人にまで増強されてゆくことになる。元来、支那駐屯軍は、一九〇〇年の義和団事件の際に日本や欧米八カ国が清朝政府を脅迫した結果、同政府によって駐屯を認められた北京周辺の警備のための兵力であり、日本の割当は一五七〇人であった。日本側が、これを一方的に増強したことで、日中間の摩擦は、さらにエスカレートすることとなった。

有田は、こうした状況の下で、広田の求めに応じて、広田内閣の外相に就任することになった。有田の外相就任に先立って、一カ月間の外相兼任中に、広田首相は「自主積極的外交」という外交方針を明らかにしていたのであるが、有田は、この方針を継承することとなった。そして、有田は、五月六日の議会演説で、自身の外交方針を明らかにしたのであるが(11)、その中で特に注目すべきは、「対支三原則」の継承と世界経済のブロック化への懸念である。このうち、「対支三原則」は、この年の一月に行われた広田外相の演説の中で示されたもので、日中親善への積極的協力、国民政府による満州国承認、そして防共を、対中政策の三本柱に据えたものであった(12)。有田は、これをそのまま継承するとしたのである。

また、広田は、上記演説の中で、世界経済のブロック化について懸念を示していたのであるが、有田は、「国民ノ経済的生存ヲ維持セザルヲ得ザル国ニトリマシテハ、真ニ重大ナルモノガアルノデアリマス」と、広田よりも強い懸念を示した。その上で、有田は、ブロック経済を推し進める国々を批判するとともに、何らかの対策を講じる必要を示したのである。そして、こうした立場は、華北分離工作、さらには、日中戦争勃発後の「東亜新秩序」に対する有田の態度に反映されてゆくことになる。

このように、有田は、広田外交をほぼそのまま継承することとなったといえ、その後、八月七日に、「国策の基準」(13)

と「帝国外交方針」[14]が、それぞれ五相会議と四相会議において決定された。双方とも、中国大陸への進出と南洋への平和的進出を併記したものであるが、南洋への進出は、海軍の政治化を背景にして、陸軍への対抗措置として海軍が盛り込ませたものであり、基本的な関心は、大陸政策とそれと関連した欧米との関係に向けられていた。そして、その核となっていたのが、防共をにらんだ対ソ防衛と、華北の特殊地域化、すなわち華北分離工作の推進であり、これは、前出の「北支処理要綱」に則って展開されることとなった。

日独防共協定と有田の対中政策

前述のように、広田内閣の外相としての有田は、華北分離工作の推進という役割を負うこととなった。そして、その際に有田が留意したのは、華北分離工作によって必然的に発生することになる対中関係と対米英関係、特に対英関係の悪化をくい止めることであった。すなわち、有田の狙いは、華北分離工作の推進と対中対英関係の悪化阻止という相矛盾する政策方針の両立であり、その手段として、有田は、防共協定の利用を図る。

防共と対ソ防衛について、有田は、ベルギー大使時代に、共産主義とソ連の軍事力の増大に大きな脅威を感じるようになったといい、日本の外交的孤立を拭い去るためにも、ソ連をめぐって利害を同じくするドイツと政治的提携を図る必要を認識するようになったという[15]。

そのため、有田は、外相就任後間もない五月八日、武者小路公共駐独大使に対して日独接近について話し合うように命じたのであるが、これに先立って、大島浩陸軍武官が、当時ナチス党外交部長であったリッベントロップ（J. v. Ribbentrop）と日独提携について接触を重ねていた。そのようにして予め日独接近の下地が用意されていたこともあり、この日独交渉は急速に具体化、一〇月二三日までに交渉は妥結し、一一月二五日に日独防共協定が成立した[16]。

しかし、このようにして防共協定を成立させたものの、有田は、決して親独や親ナチスの立場から防共協定を成立させたわけではなかった。有田の狙いは、あくまでもソ連に対する安全保障であり、有田は、ソ連を刺激するようなことは望んでいなかった。そして、その一方で、防共協定が米英との関係を悪化させることを懸念していた。特に、満州事変以来、中国問題をめぐって米英との関係は悪化しており、日本と同様な立場にあったドイツとの提携関係の構築は、そうした状況に拍車をかける可能性があったのである。

そのため、有田は、日独交渉が行われていた七月に、イギリスとの利害調整を図ろうと日英協定案を用意していた。(17) また、ドイツ側の交渉担当者であったリッベントロップが親英反ソの外交路線を追求しようとしていたこともあり、リッベントロップが七月二六日に駐英大使に任命されると、日本側もリッベントロップによる対英工作を見守ることとした。しかし、リッベントロップによる工作は失敗に終わり、一〇月には基隆事件が発生したため、一一月に成立した日独防共協定は、対英関係の悪化を阻止することはできなかった。

一方、有田のもう一つの関心は華北問題であった。有田が引き継いだ「対支三原則」には日中親善が掲げられていたのであるが、当時、日本が国策化していた華北分離工作は、その壁となっていた。有田は、外相就任に先立って駐華大使を一カ月あまり務めたのであるが、その間、張群外交部長との非公式会談を行って、意見交換を図っていた。その結果、問題の解決のためには冀東防共自治政府を解消しなければならないとの感触を得たといい、外相就任後は、冀東政府解消について陸軍の意見のとりまとめを図るその一方で、後任駐華大使の川越茂や須磨弥吉郎総領事を通じて、張外交部長や高宗武アジア司長との折衝を図ったという。(18)

このうち、五月から七月にかけて行われた高宗武との折衝の様子は、日本側の僅かな記録から多少なりもと明らかとなるのであるが、焦点は、支那駐屯軍の増強と、冀東政府成立後、同政府を通じて日本が本格化させていた対中密貿易であった。特に、冀東密貿易と呼ばれる対中密貿易は、国民政府の関税収入をはじめとして、中国経済に様々な影響を与えていた。中国側は、日本側が展開していたそれらの施策を、満州事変に続く侵略政策の延長として認識しており、そのため、問題の解決策をめぐって折衝が続けられたのであるが、ほとんど進展しなかった。[19] 前述の通り、日本政府は華北分離工作を国策化させており、日本がこれを中止するか、中国側がこれに屈するかの二者択一の状況にあったことと照らし合わせれば当然のことであろう。

この点で、有田は、力関係において日本側有利にある状況を背景にして、中国側に譲歩させる形での解決を考えていたようであり[20]、そのため、有田は、六月一日に行われた許世英駐日大使との会談において、米英などの第三国を排除した二国間対話で問題解決を図るべきであるとの考えを示していた。[21] 有田は、九カ国条約の形骸化をさらに進めようとしたと見られ、この後も、多国間枠組みによる問題解決を否定し、二国間交渉による問題解決を図ってゆくことになる。

その後、七月に華北分離工作の推進が盛り込まれた「帝国外交方針」が完成し、八月にこれが「国策の基準」とともにオーソライズされるに及んで、冀東政府の解消による日中親善という方策は、完全に否定されることになった。そして、八月一一日には「第二次北支処理要綱」[22] が決定され、改めて、親日防共地帯の設定と資源確保の目的の下で、華北分離工作を進めてゆくことが確認された。その結果、華北分離工作を合理化しつつ日中親善を追求する手段として、防共を媒介とした日中提携が模索されることとなった。

しかし、華北分離工作にともなう日中関係の悪化は、八月二四日に成都事件[23]を、さらに九月三日に北海事件[24]を発生させることになり、これらの事件の解決も含めて、日中関係を包括的に調整する必要が生じることとなった。こうした中で、川越駐華大使と張群外交部長との会談が九月一五日から行われることとなり、この会談を通じて、日本側は、頻発した事件の解決とともに排日運動の防止、そして防共協定の締結を図ることとなった。

以上のような交渉目標をもって川越・張会談に臨んだ日本側に対して、中国側は、塘沽停戦協定と冀東政府の解消、密貿易の中止など五項目からなる要求を提示した(25)。そして、一〇月八日には、川越と蔣介石の会談が行われたのであるが、蔣は、日中関係の改善や防共での協力などの点で賛意を示したものの、華北問題等については、日本側の提案をそのまま受け入れることは困難であるとした。その後、川越と張の間で折衝が行われたのであるが、中国側は、排日運動の防止には同意したものの、防共協定の締結には難色を示し、また、冀東政府の解消も譲らなかった(26)。

そのため、その後も、川越と張による折衝を通じて話し合いが続けられたのであるが、双方の溝は埋まらなかった。そして、その一方では、日中関係は悪化の一途を辿った。九月一九日に漢口事件(27)、同二三日に上海事件(28)と、事件が立て続けに発生した。さらに一一月に綏遠事件(29)が発生するに及んで、日中関係は決定的に悪化することとなり(30)、その結果、川越と張の会談は、一二月三日の第八回目の会談をもって打ち切られた。そして、その後間もない一二月一二日に発生した西安事件によって、国共合作の気運が出来上がることになり、防共をテコにした日中関係の改善は不可能となった。

そして、綏遠事件における中国側の勝利は、日本に対する軍事的抵抗への自信を中国側に与えることになり、以後、中国側では対日強硬論が発生してゆくことになる。以後、日中は、関係改善の決定的機会を得ることなく、翌年七月の盧溝橋事件を迎えることとなる。広田内閣の外相として有田は、防共を日中関係改善の触媒に据えつつ、力関係における日本優位の状況を利用して、中国側に日本の華北政策を承認させようと図った。しかし、そうした施策は何ら成果を上げることができなかったのである。

二　「東亜新秩序」建設と有田外相

「東亜新秩序」声明

一九三七年一月の第七〇議会での浜田国松議員と寺内寿一陸相の「腹切り問答」の結果、寺内は陸相を辞職した。そして、陸軍が後継陸相の推挙を拒んだため、広田内閣は一九三七年二月に崩壊した。同内閣の崩壊によって外相を辞することになった有田は、浪人生活を送ることとなった。この間、有田は、国際経済への関心を深め、日本、満州そして中国による経済ブロック形成の必要性を認識するようになったという。(31)

前述のように、有田は、外相就任後の国会演説において、世界経済のブロック化に強い懸念を示していたのであるが、その有田は、オーストリア公使を務めていた一九三一年から一九三二年の間に、広域経済圏に関心を寄せるようになったという。その影響を与えたのが、クーデンホーフ（R. N. Coudenhove-Kalergie）による汎ヨーロッパ運動であり、南北アメリカや大英帝国、ソ連などに対する競争力を付けることを狙った汎ヨーロッパ運動に共感した有田は、日本も、日中提携によって、極東において広域経済圏を作るべきであると考えるようになったという。(32)

前述のように、折しも、一九三〇年代後半の世界経済はブロック化への傾向を強めており、その結果、有田は、日本も最小限度の経済自給圏を確立する必要があると考えるようになったという。(33)有田が華北分離工作に反対しなかった理由は、ここに求められるが、そうした有田の思考は、その後発生することになる日中戦争の展開を背景にして、さらに、前進してゆくことになる。

広田内閣崩壊後、林銑十郎内閣が成立し、佐藤尚武外相の下で華北分離工作は一旦中止された。しかし、林内閣が短命に終わると、次の近衛文麿内閣の下で、華北分離工作は再開された。そして、同内閣の下で七月に発生した盧溝橋事件をきっかけにして日中戦争が勃発し、華北問題の根本解決を目標に短期決戦を目論んだ日本側の思惑に反して、戦争は長期化することとなった。日本軍は南京を占領したのであるが、国民政府は重慶に移転して抗戦を続けることになり、その後、日本軍は、中国軍との決戦を求めて華中、華南に戦線を拡大させたものの、いずれも失敗に終わった。その結果、日本は、中国大陸において広大な占領地を確保することとなったのであるが、「点と線の支配」と表現されるように、占領地統治は極めて不安定なものであり、その一方で、日本の軍事的動員能力はほぼ限界点に達していた。

一方、この間、有田は、一九三八年二月に貴族院議員となり、九月には、外務省顧問を引き受けることとなった。そして、その一カ月後、有田は、一九三八年一〇月二九日に、近衛内閣三人目の外相として入閣することとなったのであるが、外相就任直後の有田は、まず、日中戦争における戦争目的の再定義に直面することとなった。

当初、日中戦争の戦争目的は、「暴支膺懲」の名の下に、華北問題の解決に設定されていた。そのため、日本軍および政府は、「対支一撃論」の下に、中国軍に大打撃を与えて国民政府を屈服させるべく、華北および上海において、大規模な軍事作戦を展開した。そして、この間、駐華ドイツ大使トラウトマン（O. P. Trautmann）を通じて国民政府との和平工作が試みられたのであるが、南京占領を受けて、近衛首相はトラウトマン工作を打ち切り、それと同時に、一九三八年一月一六日に、一方的な勝利宣言として「国民政府を対手とせず」との第一次近衛声明[34]を発表した。これにより、講和すべき相手としての国民政府が否定されると同時に、戦争目的も失われることとなった。

その結果、戦争目的を再定義する必要が生じる一方で、戦争の拡大と長期化によって戦争の終結に目途が立たなくなると、やはり国民政府との和平を模索する必要が生じた。そのため、広田外相の後を継いだ宇垣一成外相によって、六月から、国民政府行政院長であった孔祥熙との間で非公式ながら和平交渉が試みられたのであるが、この試みは、双方の条件が折り合わなかったため、九月に入ると同時に決裂した。

また、その一方では、軍事的動員能力の限界に直面していた陸軍は、軍事作戦に代わる戦争手段として政略・謀略を追求することになった。これは、反共親日派で国民党ナンバー・ツーであった汪兆銘を擁立して、親日傀儡政権を樹立するという方向で進められ、宇垣外相と孔祥熙による和平工作の決裂を受けて、一一月以降、急速に具体化してゆくことになった(35)。

そして、この汪兆銘工作と並行する形で、近衛首相は、一一月三日に「東亜新秩序」声明としての第二次近衛声明(36)を発表する。同声明は、日中戦争を通じて、日本が「日満支」からなる新地域秩序を、東アジアにおいて建設することを宣言したものであり、国内的には、国民に対する戦争目的の説明責任を果たすものであった。また、その一方で、対外的には、抗日政策の放棄を条件に、国民政府が「東亜新秩序」建設に参加することを拒まないとするものであり、これにより、国民政府の存在を否定した第一次近衛声明に修正が施された。そして、その後、一一月三〇日に「日支新関係調整方針」(37)が御前会議において決定され、防共共同防衛と資源開発を中心にした経済協力を軸として、「日満支」の結合関係の確立が目指されることとなった。「東亜新秩序」の実体化が進められることとなったのである。

近衛首相は、このようにして日中戦争を再定義したのであるが、これに対する有田の姿勢は、概ね近衛の立場を追認するものであった。有田の外相就任に先立つ一〇月六日、アメリカ政府は、グルー（J. C. Grew）大使を通じて、門戸開放・機会均等の原則と関連させて中国におけるアメリカ権益の不可侵を申し入れており(38)、有田は、これに対する回答という形で、「東亜新秩序」に対する考え方を、第二次近衛声明をはさんだ一一月一一日にグルーに示したのである(39)。それは、日本の占領地域におけるアメリカ権益の尊重と差別待遇を否定する一方で、以下のように、もはや日中戦争以前の状態に戻ることはあり得ないとの立場を示したのである。

帝国ハ正義ニ基ク新秩序ノ建設ニ全力ヲ挙ケテ邁進シツツアル次第ナルカ之カ達成ハ帝国ノ存立ニ欠クヘカラサルモノタルノミナラス東亜永遠ノ安定ノ礎石タルヘキモノニ有之候今ヤ東亜ノ天地ニ於テ新ナル情勢ノ展開シツツアルノ秋ニ当リ事変前ノ事態ニ適用アリタル観念乃至原則ヲ以テ其ノ儘現在及今後ノ事態ヲ律セントスルコトハ何等当面ノ問題ノ解決ヲ斎ス所以ニ非サルノミナラス又東亜恒久平和ノ確立ニ資スルモノニ非サルコトヲ信スル次第ニ有之移

この回答を示すにあたって、有田は、「東亜新秩序」を門戸開放や機会均等といった原則と調整することは、もはや無意味であると考えていた。しかし、その一方で、有田は、門戸開放や機会均等を明確に否定することによって、米英との間で原則的な対立を発生させることは回避したかったといい、その結果、古い「観念乃至原則」が現状に適合していないとの表現を用いたという(40)。有田は、世界的に進行していた世界経済のブロック化と日中戦争によって発生した既成事実を背景にして、年来の関心であった広域経済圏の形成を図ろうと考えたのであろう。広田内閣の下で華北分離工作を進めていた当時の有田は、華北分離工作と対中・対英関係の悪化阻止の両立を図っていた。しかし、この時の有田の関心は、「東亜新秩序」を、いかにして中国と米英に承認させるかということに、前進していたのである。

かくして、日中戦争には「東亜新秩序」建設という新たな目的が与えられることとなったのであるが、経済自給圏であるはずの「東亜新秩序」は、大きな矛盾をはらんでいた。日中戦争勃発当初から、日本政府および軍部にとって、長期戦の可能性とともに大きな懸念となっていたのが、対米関係であった。当時の日本は、工作機械や戦略物資など戦争遂行上必要な軍事物資をアメリカからの輸入に仰いでいた。そして、その一方で、アメリカでは、第一次世界大戦の反省から、一九三五年から一九三七年にかけて三次にわたって中立法が成立しており、交戦国に対する輸出や借款供与の禁止が定められていた。そのため、同法の適用によって戦争遂行に障害が発生することを恐れた日本政府は、盧溝橋事件が日中全面戦争に発展したにもかかわらず、中国に対して宣戦布告を行わなかった。初めは北支事変、次いで支那事変と呼称することで、中立法の適用回避を図っていたのである。(41) こうした事情は中国側も同様であり、その結果、事実上の全面戦争となっていたにもかかわらず、開戦以来、日中双方とも宣戦布告を行わないという奇妙な状態が続いていた。

こうした中で、日中戦争勃発後、内閣には、第一から第三の三つの委員会が設置されている。第一委員会（後に物資動員協議会）は、物資輸入許可をめぐる事務活動の処理を行うために一九三七年一〇月二〇日に、また、第二委員会（後に時局経済対策委員会）は、日中戦争との関連で予想される列国の対日経済圧力に対する対策を検討する目的で同一一月六日に設置された。そして、第三委員会は、中国における経済問題を管理するために設置され、(42) また、一九三八年七月には、民間の対外交渉を指導統制するために第四委員会が大蔵省に設置されている。

その後、一九三八年一〇月二五日に企画院が設置されると、各委員会は名称を変えてこれに移管されるのであるが、各委員会には、外務省から課長レベルの官僚が委員や幹事として参加していた。このうち、青木一男企画院院長を会長とし、傘下に五つの分科会を持つ第二委員会は、一九三七年一一月一九日から一九三八年一〇月二八日まで計六回の会議を開いて、貿易対策を検討した。前述のように、第二委員会の目的と関心は、列国の対日経済圧迫、特に米英の対日経済圧迫が日本経済に及ぼす影響であり、その際に懸念されることとなったのが、日本に対する法的措置であった。そのため、国際連盟の決議に基づいた共同制裁と、アメリカ政府の中立法発動が検討されることとなった。その結果、共同制裁については、これが発動される可能性は少ないとする一方、中立法発動については、中国権益確保の関心からイギリスが対日経済圧力をかけてくる可能性が十分に予想され、その際にアメリカが中立法を発動するならば、日本経済は甚大な影響を被ることになるという判断が下された。

そのため、第二委員会では、引き続いて、そのような事態が発生した場合の対策が検討させることとなったのであるが、一九三八年七月一九日に出された中間報告での検討結果は、悲観的なものであった。それは、イギリスが対日経済圧力をかけ、アメリカが中立法を発動した場合、日本には報復手段も対応策もないというものであり、結論としては、かかる事態の発生を回避するよう努力するほかないというものだったのである。(43)

他方、その間、第二委員会傘下の五つの分科会は、重要物資需要の充足、貿易促進、為替資金補充、海運強化、経済報復の五分野に分かれて経済圧力を受けた場合の具体的な対応策を研究した。そして、その中でも特に重要な意味を持つこととなったのが、第一分科会で研究された重要物資需要の充足であった。

この第一分科会では、米英中（日本が掌握している地域は除く）ソ四国からの輸入が途絶したという想定のもとで、第一委員会の後身である物資動員協議会が決定した各物資の輸入必要量確保が可能かどうかについて、また、それが不可能な場合にはこれを補うためにどのような具体的対策がとれるのかについて、研究が行われた。そして、結論からいえば、この研究で明らかとなったことは、四国からの輸入が途絶した場合、各物資の輸入必要量を確保することは不可能であり、その場合の対策も、民需の節約や備蓄の促進といった粗末なものであった。つまり、米英によって対日経済制裁が発動された場合、日本には有効な対応策はなく、結果として、日本は戦争経済を支えることができなくなるということが明らかとなったのである。

そのため、一九三八年一一月二日に近衛文麿首相に提出された第二委員会の上申書は、国際連盟による経済制裁の発動を阻止する一方で、繰り上げ輸入による備蓄の促進を図るべきであるとする、悲壮感漂うものとなった。つまり、経済制裁発動の危険性を回避するために、米英を刺激することは避けるべきであるということを、この上申書は示していたのである。(44)

しかし、そうした報告にもかかわらず、その翌日、近衛首相は、「東亜新秩序」声明を発表して、ワシントン体制の解体を内外に宣言した。近衛は、上申書の結果と逆行する挙に出たのである。これによって、日本政府は、過度の米英依存という日本経済の脆弱性を認識しつつも、米英と対立状態に入る決意を示したのであり、この脆弱性は、「東亜新秩序」という経済ブロックの形成によって克服されることとなったのであった。(45)「東亜新秩序」の建設は、かかる自己矛盾の認識の上で進められていたのであり、それ故、前出の一九三八年一一月一一日に有田がグルー大使に「東亜新秩序」に対する考え方を示した際、有田は、原則的な対立の発生を回避しようとしたのであった。すなわち、有田は、九カ国条約の解体を意味する「東亜新秩序」の建設を、対米摩擦を極力回避しながら進めようとしたのである。

「東亜新秩序」の蹉跌

しかし、「東亜新秩序」の自己矛盾が解消される見込みは容易に立ち得なかった。「東亜新秩序」が自給的な経済圏として完成する可能性は極めて低く、その一方で、日中戦争の長期化は、日本経済に抜き差しならぬ構造的な矛盾を作り出していたのである。

前述の通り、広田内閣の下で展開された馬場財政によって、軍需特化の形で日本経済の重工業化が推し進められてゆくのであるが、かかる急激な重工業化は、内需の急速な拡大と、これによる輸入の急増を引き起こして、外貨不足を招く可能性があった。特に、世界経済のブロック化は、海外市場の縮小をもたらし、輸出による外貨獲得を困難にさせ始めていた。そのため、一九三七年一月、政府は、輸入為替許可制に踏み切ることとなり、政府による経済統制が開始されることとなった。

そうした中で、この年の七月に勃発した日中戦争の拡大・長期化は、軍需特化による日本経済の矛盾を一層激化させることとなった。第七二回臨時議会では、戦争終了までを一会計年度とする臨時軍事費特別会計が設置され、軍事費は爆発的に増大することとなった。戦争勃発前の一九三六年まで、全政府支出に占める軍事費の割合は、六％未満で推移していた。しかし、戦争が勃発した一九三七年以降、それは三倍近くに膨れあがって一六％を超えるようになり、粗国民支出における軍事費の割合も三割に達するのである。(46)

また、この第七二回臨時議会では、臨時資金調整法、輸出入等臨時措置法、軍需工業動員法の適用に関する法律、いわゆる統制三法が成立しており、これによって、本格的な経済統制の開始が告げられることとなった。軍需工業動員法の適用に関する法律は、一九一八年制定の軍需工業動員法を日中戦争に適用することを定めたもので、軍による鉱工業の管理・収用を可能とするものであった。そして、資金を軍需産業に集中させることを狙った臨時資金調整法はカネの面から、また、貿易関係品目に対する全面的統制を狙った輸出入等臨時措置法はモノの面から、それぞれ経済を統制しようとするものであった。(47)

なかでも、輸出入等臨時措置法は、輸出入品「等」とあるように、実質的には、ほぼ全ての物資に対する政府の統制を可能とするものであった。そして、以後、臨時資金調整法と輸出入等臨時措置法の二法を根拠とした関連規則が制定されてゆくのであるが、こうした法的根拠にもとづいて戦時経済統制を行う中心機関として設置されたのが、一九三八年一〇月に設置された企画院である。

内閣資源局と企画庁を統合して発足した企画院の中心的役割は、物資動員計画、いわゆる物動計画の策定・実施を通じての戦時経済の運営であった。この物動計画は、物資供給の統制を通じて戦時経済の効率的運営を図るもので、いわば「モノの予算」ともいうべきものであった。その物動計画の概要は、まず、物資の供給量を規定することになる外貨獲得能力と海上輸送力を算定して、これから獲得できる物資の量を算出し、その総供給量の枠内で、物資を、軍需と民需に配分調整するものであった。これにより、軍需の増大によって引き起こされる経済運営上の矛盾を緩和・解消されることが期待されたのである。(48)

	輸入力
民需抑制なき場合	四三億八五七六万円
昭和一三年当初	三〇億五六九〇万円
一三年改定	二五億五四三〇万円
一四年一－三月	五億五七七〇万円
一四年度	二三億九五〇〇万円
一五年度	二六億二九〇〇万円
一五年度第三四半期	四億　三五〇万円
一五年度第四四半期	四億六一六〇万円
一六年度第一四半期	四億　　　　円
一六年度（九カ月分）	七億八七六〇万円

中村隆英・原朗編『現代史資料（四三）国家総動員㈠』（みすず書房　一九七〇年）－xi および－xvii 頁より作成。

しかし、当時の日本の輸出力では、獲得できる物資とその供給量は限定されていた。そのため、軍需中心で運営されることとなった物動計画は、民需の圧縮によって、軍需への物資配分を創出することとなった。しかし、かかる民需圧縮は、輸出力の低下を招いて外貨獲得力の低下をもたらし、さらに、一九三七年が世界経済の景気後退にあたったため、輸出は伸び悩んだ。その結果、実際の輸入力は、「昭和一三年度物動計画」で算出された輸入力の数値を下回ることとなり、そのため、第一回目の物動計画である「昭和一三年度物動計画」は、早くも、民需圧縮による改訂を迫られるという結果に陥ることとなったのである。

このように、物動計画は、輸入力のカギとなる民需の圧縮によって軍需の充足を図るという、構造的に矛盾した経済運営を迫られることとなったのであり、物資の総供給量は、絶えず、計画を策定・運営するうえでの障害となった。物動計画は、戦時経済の矛盾を緩和・解消するどころか、むしろ、これを増長させるという結果を招いたのである。その意味で、日中戦争の拡大・長期化は、統制経済の実施を通じて日本経済の軍事化を促進させ、日本の経済運営に構造的な矛盾を作り出したのであった。(49)

そして、その一方で、日中戦争の拡大・長期化は、戦争経済の運営における対米依存の度合いをますます強めさせていた。開戦二年後の一九三九年九月に外務省通商局が作成した文書によれば、対米依存率の高い戦略物資とその依存率は、ヴァナジウム鉱一〇〇％、電気銅九八・七％、原油九二・九％、屑鉄九〇・一％、屑銅八一％という状態であった。(50)これらの物資は「東亜新秩序」内で確保することはできず、経済自給圏の完成を目指した「東亜新秩序」建設は、逆に対外依存度を高めさせるという自己矛盾に陥っていたのである。

そして、その「東亜新秩序」も、その実態を整備することは絶望的な状態であった。自給的経済圏としての「東亜新秩序」に対する日本の狙いは、資源確保と、これと連動した円ブロック化であった。このうち、資源確保については、第二次近衛声明発表後まもない一九三八年一一月七日に、資源開発を目的とした国策会社として、北支那開発会社と中支那振興会社が、それぞれ華北と華中に設置された。しかし、前述のように、「東亜新秩序」内で戦略物資を自給することはできず、対米依存の状態は、深化こそすれ、弱まることはなかった。

また、円ブロック化については、第二次近衛声明発表に先立つ一九三八年三月、日本政府によって中国連合準備銀行が設立され、同銀行発行の連銀券による華北の通貨統一が開始されていた。一方で、一九三五年一一月以降、国民政府はイギリスを中心とした諸外国の金融支援を受けながら中国全土の通貨統一を進めており、その結果として、日中間で熾烈な通貨戦争が発生することとなった。しかし、米英資本、特にイギリス資本をバックにした法幣に対して、金融基盤が弱い連銀券は、通貨としての価値が低かったため、連銀券は通用力が弱く、一九三九年三月の時点で、その回収率はわずか六%という状態であった。[51]

一九三三年末の時点で、中国三銀行の保有現銀は一億九〇二一万六〇〇〇元、イギリス系銀行は一億五五五八万元、アメリカ系銀行は二五六九万一〇〇〇元、フランス系銀行は一七七六万九〇〇〇元を保有しており、各銀行は、国民政府の幣制改革に協力して保有現銀と法幣の兌換に応じていた。[52] このように、イギリス系銀行は幣制改革を大きくバックアップしたのであり、その一方で、これに対抗する日系銀行の保有現銀はわずか二〇二九万元であった。[53]

一方、華中華南では、国民党政府と法幣の支配力は華北以上に強力であった。そのため、日本政府は、通貨統一にはなかなか本腰を入れず、軍票が主要通貨として使用された。しかし、それでも、第二次近衛声明が発表されると、一九三九年五月に中華民国維新政府の中央銀行として華興商業銀行が設立されるのであるが、問題にならなかった。[54]

このように、「東亜新秩序」は、占領地統治が「点と線の支配」に止まっていたのと同様に、資源開発と通貨支配も行き詰まり、その実体化は進展しなかった。中国での物資確保には法幣が必要とされる一方、円系通貨は、日本軍占領地という限られた地域でしか通用しなかったのである。また、当時の日本の対外収支は、中国大陸に対する出超で、その他の地域に対する入超を相殺するという構造になっていたのであるが、「東亜新秩序」の円ブロック化は、こうした収支構造の解体をもたらした。その結果、軍需の増大による輸入増加と、軍事偏重の統制経済による輸出低下と相まって、慢性的な外貨不足を招くこととなった。自給的経済圏としての「東亜新秩序」は、完全に行き詰まることとなったのである。

汪兆銘工作と防共協定強化交渉

自給的経済圏として建設が目指されていた「東亜新秩序」が、実態面において以上のような矛盾を抱えていた一方で、その枠組みを形成することとなった日中戦争は、その解決の模索が続いていた。前述のように、一九三八年一一月三日の第二次近衛声明の発表によって、国民政府を否定した第一次近衛声明には修正が施され、「東亜新秩序」に対する国民政府の参加が呼びかけられた。しかし、その後、一一月三〇日に「日支新関係調整方針」が御前会議決定となり、さらに、「日華協議記録」(55)が一二月一日までに日汪双方の承認を受け、汪が同一八日に重慶からハノイに脱出すると、国民政府に対する日本の方針は再度修正されることになった。

同二二日、近衛首相は第三次声明を発表し(56)、国民政府を軍事的に打倒する方針を強調し、「支那ニオケル同憂具眼ノ士」とともに「東亜新秩序」の建設を目指すと宣言したのである。この「同憂具眼ノ士」が汪兆銘とその一派を指していたことは明白であり、日本政府は、この汪兆銘を首班とする政府を中国の正統な中央政府に仕立て上げ、同政府と日満両政府との提携という形で、「東亜新秩序」を完成させる方針を打ち出すこととなった。

一方、そのような方針転換が図られると、汪兆銘政府の樹立と並行して、いかにして国民政府を屈服させるかが、日中戦争解決の課題となった。そうした中で、日本陸軍は、日中戦争の解決を妨げているのは、第三国による国民政府への物的・経済的援助であるとの認識に帰結することとなり、その矛先は、英仏、特にイギリスに向けられてゆくこととなる。

当時、重慶によって抗戦を続ける国民政府に対しては、仏印やビルマを通じて様々な援助物資が送られており、これが国民政府の抗戦力を支えていた。しかし、日中双方とも、日中戦争は戦争ではないとの立場をとっていたため、日本政府には、英仏に対して国民政府への物資援助を差し止める法的な根拠はなかった。そのため、英仏を政治的に圧迫して国民政府への援助を中止させ、それによって国民政府を屈服させるという方策が模索されることとなった。

当時、ヨーロッパでは、ドイツが、日本と同様に、ベルサイユ体制の解体と自給的経済圏の確立を目指しており、英仏との摩擦を発生させていた。日独は、すでに防共協定を結んでいたのであるが、日独がおかれていた共通の環境は、日独をさらに接近させてゆく背景を形成することとなった。その結果、その接近は、防共協定の強化という形で進むこととなり、この交渉は、ドイツ側からのアプローチを受けて、陸軍のイニシアティブの下で一九三八年七月から開始されていた。そうした中で一〇月に外相に就任することになった有田は、この渦中に投げ込まれることとなった。

ドイツ側からのアプローチを受け、日本側では、七月一九日の五相会議において、防共協定強化という形での日独伊軍事同盟締結に向けて、交渉を開始することが決定されることとなった。日中戦争勃発以来政権を担当していた近衛内閣では、この年の五月に内閣改造があり、外相は宇垣一成、蔵相は池田成彬となり、六月には陸相が板垣征四郎に交代していた。海相は米内光政のままであった。

そして、笠原幸雄少将がリッベントロップからの具体的な提携案を携えて帰国すると、八月二六日の五相会議において、同案に対する回答が検討された。その結果、条件付きながら笠原携行案は承認された。しかし、同案への同調を示す陸軍と、対象国をソ連以外にも拡大していることを理由に同案に難色を示す外務省や海軍の間の対立を反映して、交渉は進展しなかった(57)。

こうした中で、有田は、一〇月に外相に就任することになり、一一月一一日の五相会議では、一旦、英仏がソ連側に立った場合に限定して、英仏も対象国とすることで決着が図られた。しかし、そのような内容ではドイツ側が容認し得ないという大島浩駐独大使の抗議を受けて、板垣征四郎陸相が、改めて、英仏を無条件で対象国とするように主張した。その結果、近衛文麿首相は閣内不一致に苦しめられることとなり、一九三九年の年明け早々に総辞職した。[58]

この防共協定強化問題は、後継の平沼騏一郎内閣で継続協議されることとなったのであるが、有田は、平沼の求めに応じて、この平沼内閣に留任した。この時、有田は、防共協定の強化に際しては対象をソ連に限定し、英仏を対象にすることには断固反対する方針を平沼との間で確認したという。[59]そして、陸相と海相も留任したため、五相会議における構図に変化はなかった。そして、その平沼内閣は、五相会議において、ソ連を主要対象国とし、状況によって第三国を対象国とするなどの内容の妥協案を決定し、ドイツ側への説得を試みたのであるが、失敗に終わった。そのため、その後、数十度にわたって五相会議が繰り返し開かれたものの、対象国を拡大しようとする陸軍と、これをソ連に限定しようとする海軍および外務省の対立を解消するには至らず、小田原評定となった。防共協定強化問題は、平沼内閣となっても結論を得るに至らなかったのである。

こうした経緯から、防共協定の普遍的軍事同盟化は難しいと見たドイツ政府は、とりあえず、イタリアとの個別関係強化を図ることとなり、五月二二日、イタリアと軍事同盟を結ぶことになった。そして、防共協定強化交渉は、その後も続けられたのであるが、[60]四月以降、英仏がソ連との間で対独挟撃態勢の構築を図ろうとし始めたため、これに焦りを抱いたドイツ政府は、六月以降、日伊との防共協定強化交渉と並行する形で、対ソ接近を開始した。その結果、八月二二日にモスクワに赴いたリッベントロップの強引な交渉が奏功し、翌二三日、独ソ不可侵条約が成立することとなった。[61]

独ソ不可侵条約の成立によって防共協定は空文化することになり、その強化問題は自然消滅することとなったのであるが、有田は、対象国を英仏にも拡大することには一貫して反対した。確かに、英仏、特にイギリスによる国民政府支援は、「東亜新秩序」建設を進める上での大きな障害となっていた。しかし、いたずらにドイツの現状打破政策に組みすることで英仏に対する対決姿勢を明確にし、その結果、米英、特にアメリカとの関係の悪化を招くようなことは、日本経済の現実と照らし合わせれば極めて危険であった。そのため、有田としては、「東亜新秩序」建設をめぐる対英関係の調整は、防共協定の軍事同盟化といった危険な強硬策とは別の方法で追求されるべきであると考えられたのであろう。

有田・クレーギー会談

その結果、「東亜新秩序」建設を進める有田にとって、より重要な意味を持つことになったのが、クレーギー（R. L. Craigie）駐日イギリス大使との交渉である。日中戦争の拡大は、緊迫化していた欧州情勢を背景にして、中国に巨大な権益を持っていたイギリスに大きな懸念を与えていた。そのため、イギリス政府は、開戦直後から日中の仲介を図ろうとしていたのであるが、日本側の提示する条件が厳しかったため、実を結ぶことはなかった。(62)

その後、日中戦争の拡大にともなって日英関係は悪化の一途を辿り、そのため、日英関係の包括的調整を図るべく、有田の前任者であった宇垣一成によるクレーギー駐日大使との会談が、戦線が拡大する最中の一九三八年の七月末から九月末にかけて、計四回にわたってもたれていた。しかし、日本軍によって中国におけるイギリスの経済活動が制限されていることに抗議するイギリス側に対して、日本側はイギリスによる国民政府援助に抗議するという形で対立した。そして、この会談は、興亜院設置問題で宇垣が外相を辞任したことで打ち切られることとなり、その後の第二次近衛声明発表によって「東亜新秩序」建設が明らかにされたことで、中国問題をめぐる日英関係は決定的な対立状態にあった。

そうした中で、一九三九年四月七日、天津のイギリス租界において、親日派の中国人海関長程錫庚が抗日活動家によって暗殺された。同租界を抗日運動の拠点と見なしていた日本軍は、早速、イギリス租界当局に容疑者の引き渡しを求めたのであるが、イギリス側は、これに応じようとしなかった。そのため、日本軍は、その報復として、六月一四日から同租界に対する封鎖を行い、人や物資の出入りに対して厳重な検査をするといった嫌がらせを開始して、イギリス側に圧力をかけた。

これに対して、イギリス側は、日本軍の行為に抗議するとともに、重光葵駐英大使とイギリス外務省の間で、事態の収拾について話し合いが行われた。有田は、天津で交渉を行って問題解決を図るべきであると考えていたようであるが、日英関係の悪化を憂慮したクレーギー大使は、対日関係の改善を対中関係に優先すべきとの立場から、東京において交渉を行いたいとの意見を、イギリス外務省と有田に示した。(63) その結果、有田とイギリス側関係者による日英交渉を東京で行い、天津事件によって悪化した日英関係の調整を図るということで、二六日に日英間の合意が成立した。

外務省は、陸軍や興亜院からの意見を集めた上で、七月一二日に、日英交渉での交渉方針となる「天津租界問題ニ関スル日英交渉要領大綱」(64) をまとめ上げ、同大綱は、翌日に閣議決定となった。同大綱は、租界封鎖を圧力材料にして、日中戦争の解決に対するイギリス側の協力をとりつけるというものであり、その関心は、天津問顕の解決よりも、日英関係の包括的な調整に向けられていた。

そのため、一五日から開始された一回目の有田・クレーギー会談において、有田は、天津問題解決の前提条件として、中国問題の包括的調整を持ち出したのであるが、クレーギーは、会談の目的はあくまでも天津問題の解決であるとして反対した。(65) そして、一九日の午前と午後にわたって行われた第二回目の会談において、クレーギーは譲歩し、中国問題をめぐる原則について協議に応じる姿勢を見せた。しかし、有田が、日中戦争を事実上の戦争と認定させ、

それを足がかりにしてイギリス側の対中政策を変更させようとしたことには、クレーギーは反発した。(66)

その後、二一日に第三回目の会談が行われることとなったのであるが、本国政府からの指示を受けた上で会談に臨んだクレーギーは、妥協する姿勢を示した。そして、日本軍の行動にイギリス政府が反対するのは自由であるとの条件を付けることで、中国問題をめぐる原則について譲歩することとなり、(67)その結果、翌二二日、有田とクレーギーの間で以下のような合意が成立することとなった。

英国政府ハ大規模ノ戦闘行為進行中ナル支那ニ於ケル現実ノ事態ヲ完全ニ承認シ又斯カル状態ガ存続スル限リ支那ニ於ケル日本軍ガ自己ノ安全ヲ確保シ且其ノ勢力下ニ在ル地域ニ於ケル治安ヲ維持スルカ如キ一切ノ行為及原因ヲ排除スルノ要アルコトヲ認識ス英国政府ハ日本軍ニ於テ前記目的ヲ達成スルニ当リ之ガ妨害トナルベキ何等ノ行為又ハ措置ヲ是認スルノ意思ヲ有セズ此ノ機会ニ於テ斯カル行為及措置ヲ控制スベキ旨在支英国官憲及英国国民ニ明示シ以テ右政策ヲ確認スベシ(68)

有田・クレーギー協定と呼ばれるこの原則的な合意が成立したことで、その後、日英交渉は、治安問題と経済問題をめぐる具体的な協議に移ることになり、その交渉は、加藤外松中国公使とクレーギーによる事務レベルでの協議に委ねられることとなった。そして、この交渉は、二四日から開始され、このうち、租界封鎖の発端となった治安問題については、八月一日までに合意が成立し、これは、経済問題に関する協議の終了とともに正式決定とされることとなった。

しかし、その後の経済問題をめぐる協議は難航した。そして、その経済問題の核心となっていたのが、天津租界の現銀持ち出し要求であった。七月一五日からの日英交渉の開始に先立って、日本側は、この交渉を通じて、イギリス側に日中戦争を事実上の戦争と認定させて利敵行為を中止させる一方で、天津租界内での法幣の流通禁止と、同租界

内の中国銀行が保有する現銀の持ち出しを認めさせるという方針を固めていた。(69)

前述のように、日本政府は、一九三八年以降、中国における占領地の円ブロック化を進めていたのであるが、欧米資本、特にイギリス資本の強力なバックアップを受けていた法幣を相手にした通貨戦争で、円系通貨は全く歯が立たず、円ブロック化は一向に進展しなかった。その結果、「東亜新秩序」の実体整備を妨げているものは、国民政府に対するイギリスの金融支援であるとの認識が生じることになり、英仏による国民政府への物資支援と合わせて、「東亜新秩序」建設を進めるためには、イギリスに対して何らかの対策を施す必要があるとの認識に帰結していた。そのため、日英会談は、日英関係を調整する絶好の機会となり、天津租界からの現銀持ち出しは、その焦点に据えられたのである。

天津租界内には、国民政府の管理下に置かれていた四五〇〇万元の現銀があった。四五〇〇万元という額は、日系銀行が保有する全現銀の倍以上の額にあたり、国民政府の保有する現銀の約四分の一にあたった。そのため、現銀を租界外に持ち出して日系銀行の資産として接収すれば、法幣と国民政府への打撃となると同時に、円系通貨の通用力上昇へのテコ入れともなった。

だが、それ以上に重要な意味をもっていたのは、現銀の額よりも、持ち出しという行為自体であった。日本による現銀の持ち出しを認めるということは、イギリス政府が国民政府財産の処分を容認したこととなり、これは、イギリス政府による事実上の国民政府否認を意味した。すなわち、有田は、中国に最も多くの権益を抱えるイギリスに天津租界の現銀持ち出しを認めさせることで、事実上の「東亜新秩序」承認を取り付け、それと同時に、「東亜新秩序」の実体化を前進させようと図ったのである。

しかし、当然の事ながら、そうした日本側の思惑を読みとったクレーギーは、現銀持ち出しには強硬に反対した。

そして、クレーギーは、現銀持ち出しの問題は米仏との関係もあるため、両国を協議に加えるべきであるとしたのであるが、九カ国条約の枠組みで問題解決を図るというイギリス側の意図を見透かした日本側は、これを拒否した。その後、交渉の決裂を回避しつつ日本側を宥和しようとしたクレーギーは、日本側との妥協点を模索するのであるが、結局、妥協を図ることができず、八月二〇日には、日英交渉は決裂することとなった(70)。

日米通商航海条約の廃棄通告

有田としては、中国における最大の権益を持ち、「東亜新秩序」建設にとっての最大の障害と見なされていたイギリスから、事実上の「東亜新秩序」承認を取り付け、これを突破口にして、米仏に九カ国条約の修正もしくは解体を迫ろうとしたのであろう。当時、ヨーロッパでは、ドイツのポーランド侵攻が間近に迫っており、情勢は緊迫化していた。そのため、そうした外交戦術には、一定の勝算が見込まれていた。しかし、いかに緊迫した欧州情勢に直面していたとはいえ、イギリスは「東亜新秩序」を承認するまでは追い込まれていなかった。その結果、有田の外交戦術は失敗に終わったのであるが、その一方で、日英交渉は、思わぬ結果をもたらすこととなった。恐れられていたアメリカの対日経済制裁を引き出すこととなったのである。

前述のように、日中戦争開戦直後から、日本政府は、対米通商関係の途絶を恐れていた。そして、もし、アメリカ政府が対日経済制裁を発動したならば、日本には有効な対抗手段がなく、日本経済は大きなダメージを被るということが、一九三八年一一月二日の時点で明らかとなっていた。

そして、その翌日に第二次近衛声明が出されたことで、対米関係はさらに悪化することとなったのであるが、この点について、「日支新関係調整方針」が決定された同三〇日の御前会議において、平沼騏一郎枢密院議長は、「東亜新秩序」に反対する第三国によって経済制裁を受ける可能性を指摘し、これを回避する必要を述べていた(71)。これに対して、有田も、経済制裁を回避するという見地から、第三国との摩擦の発生は回避すると述べており(72)、おそらく、これは、防共協定強化交渉における有田の姿勢に反映されることになったと思われる。すなわち、「東亜新秩序」をめぐる有田の戦略は、米英との関係悪化を回避しつつ、イギリスが欧州において窮地に立たされている状況を利用して、イギリスに「東亜新秩序」を承認させるというものであったということが、改めて明らかとなるのである。そうした点で、有田・クレーギー協定の成立は、有田にとって見れば一定の成果となっていたのであるが、同協定の成立は、アメリカ政府を動かすこととなった。

日中戦争勃発以来、アメリカ政府は、日本の軍事行動や占領政策に対して非難や抗議を繰り返していたのであるが、その一方で、中立法の適用などの実効的な対日制裁措置は発動されず、道義的輸出禁止以上の措置は講じられなかった。中立法は、日本と同時に中国にも適用されることになり、その場合、中国側の方がより深刻なダメージを受けることは明らかであった。また、前述のような日中戦争の拡大長期化の影響により、当時のアメリカの輸出貿易量は、対日貿易が対中貿易をはるかに勝っており（六倍以上）、対中投資についても、アメリカの対中投資額は、日英のそれをはるかに下回っていた（三分の一以下）。そのため、アメリカ政府にとっては、対日輸出によって得られる利益を犠牲にしてまで、中国のために対日強硬策を行使する理由は得られなかったのである(73)。

しかし、一九三八年一一月の第二次近衛声明によって「東亜新秩序」建設が宣言されると、アメリカ政府内では、実効的な対日制裁の手段が本格的に検討され始めた。その結果、対日禁輸の発動を可能にする日米通商航海条約の破棄が検討されることになったのであるが、この時点では、日米戦争を惹起する可能性などから、慎重論がとられ、実際に同条約が破棄されることはなかった。だが、その後、議会において、対日制裁論が高まることになり、そうした状況を背景にして、七月二四日に有田・クレーギー協定の成立が発表されると、その二日後、アメリカ政府は、同条約の廃棄を日本政府に通告した(74)。

天津租界事件に対する報復措置として、日本軍が天津租界の封鎖を開始した六月に、イギリス政府は、この問題への介入をアメリカ政府に求めていた。そして、その一方で、この時期のアメリカ政府は、日独間に軍事同盟締結の動きがあることを把握しており、欧州情勢などと照らし合わせつつ、日本の行動を抑制させる方策を検討していた。その結果、アメリカ政府は、対日戦争の発生を回避しながら日本の動きを牽制する方策として、日米通商航海条約の廃棄通告を行うということに帰結したのである。そして、条約の規定により、日米通商航海条約は、廃棄通告から六カ月後の翌年一月二六日に失効することとなった。

前述のように、戦争遂行に必要な物資を対米輸入に仰いでいるという事情を背景にして、日本政府は、日中戦争勃発以来、アメリカとの政治的摩擦が、対米通商関係に影響が及ぶことを恐れていた。そうした中でもたらされた日米通商航海条約の廃棄通告は、改めて、対米依存経済の下で「東亜新秩序」建設を進めるということの矛盾を意識させることとなった。有田が進めていた米英との関係悪化を回避しつつ「東亜新秩序」をイギリスに承認させるという戦略は、七月二六日の日米通商航海条約の廃棄通告、そして八月二〇日の日英交渉の決裂によって、完全な失敗に終わったのである。

そして、八月二三日には独ソ不可侵条約が成立し、防共協定の軍事同盟化という方策も消滅したことで、「東亜新秩序」建設をめぐる政策は、完全に行き詰まることとなった。その結果、平沼内閣は辞職し、八月三〇日に成立した阿部信行内閣の下で、「東亜新秩序」をめぐる政策は再検討されることとなり、有田は、再び外相を辞任することになった。

三　南進政策と「東亜新秩序」

「自主外交」路線とその動揺

「東亜新秩序」建設は、日米通商航海条約の廃棄通告を受けたことで重大な岐路に立たされることとなった。さらに、この年の五月から続いていたノモンハン事件への対応と、独ソ不可侵条約成立による防共協定の空文化というように、阿部内閣は対ソ・対独政策も見直しを迫られることとなった。また、九月一日にドイツ軍がポーランドに侵攻し、これを受けて、英仏がドイツに対して宣戦布告したことで欧州戦争が勃発することになり、阿部内閣は、この欧州戦争に対する対応も迫られることとなった。

こうした状況の下で、阿部内閣が打ち出した外交政策は、「自主外交」路線というものであった。まず、欧州戦争に対しては中立の立場を表明し、その一方で、ノモンハン事件を日ソ二国間の外交交渉で解決させるというものである。また、「東亜新秩序」建設については、汪兆銘工作などの規定の日中戦争終結策を推進する一方で、対米関係の修復を図ることで新通商条約の締結を目指し、その一方では、西欧諸国の東南アジア植民地との通商関係を強化することで、物資輸入における対米依存体質を是正するというものであった。こうした外交方針は、「対外施策方針要綱」(75)として具体化し、一二月二八日に陸海外の三相決定となった。

アメリカが対日経済制裁の可能性を暗示したことで、矛盾に陥っていた「東亜新秩序」建設は、その是非のレベルから再検討されるべき状態に陥っていた。そのため、場合によっては、その放棄さえ検討される必要があった。にもかかわらず、阿部内閣の下では、そのようなことは、検討さえされなかった。そして、対米関係の修復は、野村吉三郎外相とグルー駐日大使の間の四次にわたる会談によって追求されたのであるが、日本側が用意した案は、揚子江下流域の開放等に止まり、何らの成果を上げることなく終わる。また、その一方では、独伊との提携関係が維持されるなど、親米英路線への転換が期待されて成立したものの、阿部内閣が打ち出した「自主外交」路線は、極めて中途半端で日和見的なものとなった(76)。

阿部内閣は、経済政策の行き詰まりから、わずか四カ月あまりで崩壊し、代わって、一九四〇年一月一六日に米内光政内閣が成立することになった。有田は、ここで再び、外相として同内閣に入閣することになる。有田は、内閣成立当日の記者会見において、「自主外交」路線の継続を表明し(77)、前阿部内閣のそれをそのまま引き継ぐこととなったのであるが、その具体的な内容は、有田が行った二月一日の議会演説によって、改めて明らかにされることとなった(78)。

まず中国問題について、有田は、汪兆銘政府樹立に意欲を示す一方、対米関係については、野村・グルー交渉の失敗の経緯を述べた上で、一月二六日の日米通商航海条約失効後も、日米間の通商関係には変化が生じていないことを指摘した。その上で、有田は、中国において排他的権益を設定する意図のないことと、第三国権益を尊重し歓迎する意向を表明して、中国問題における日本の立場に対して、アメリカの理解を取り付けてゆくという方針を示した。また、対ソ関係については、ノモンハン事件の解決など、大幅な関係改善が図られたことを述べた上で、より一層の関係改善を進めてゆく考えを示し、独伊との関係については、防共方針の堅持と関係の維持を図るという意向が示された。さらに、有田は、この演説の中で、南方地域との経済関係強化と、通商関係の地域的拡大への意欲も表明しており、これらの諸点で、有田の演説は、前内閣の下で決定された「対外施策方針要綱」にほぼ完全に沿った内容であった。

また、この有田演説で注目しておきたいのが、有田の決意表明である。有田は、演説の最後で、国家間の不平等な現状を指摘したうえで、「東亜新秩序」建設に対する強い決意を表明していたのである。こうした考え方は、広田内閣期以来の、有田の思考の継続性を示すものであるが、米英との関係改善を希望する一方で、米英との対立の根本原因である「東亜新秩序」建設の継続を強く主張することで、有田の思考は依然として自己矛盾に陥っていた。その点で、細谷千博の指摘するように、米内内閣の外交方針は、そうした相反する目標の同時追求という矛盾をはらむものであり(79)、このような矛盾をはらんだ「自主外交」の継続・追求は、内包していた矛盾の激化を招くことになる。

有田が引き継いだ「自主外交」は、欧州情勢の劇的展開によって揺さぶられることとなった。ポーランドが約一カ月のうちに降伏した後、欧州戦争には何ら動きが発生しなかった。しかし、年が明けて一九四〇年の四月、ドイツ軍は、北欧侵攻作戦を開始し、約一カ月間のうちにデンマークとノルウェーを占領した。すると、ドイツ軍は、今度は、五月に西方侵攻作戦を開始し、二〇日間足らずのうちにオランダとベルギーを降伏させると、六月一四日にはパリを陥落させた。その結果、六月二二日には独仏休戦条約が調印されることになったのであるが、この間の六月一〇日には、ドイツと軍事同盟を結んでいたイタリアが参戦し、ドイツと同様に、六月二四日には伊仏休戦条約を調印している。これにより、欧州戦争は、ヨーロッパの大部分を勢力圏に収めた独伊と、本土に拠って抗戦を続けるイギリスという構図となり、大英帝国の運命は、風前の灯火という状況となったのであるが、こうした欧州戦争の展開は、日本にも影響を及ぼすこととなった。

阿部内閣成立以来、対米通商無条約状態に備えて、日本政府は、西欧諸国の東南アジア植民地との通商関係の強化を図っていた。これにより、物資輸入における対米依存体質の是正が図られていたのであるが、そうした中で発生した欧州情勢の劇的展開は、日本の対南方政策を変質させることとなった。それまで、東南アジア植民地との通商関係強化は、「東亜新秩序」建設を継続させるための物資獲得が目的となっていた。しかし、欧州情勢の展開を受けて、対南方政策は、西欧諸国植民地との通商関係の強化から、西欧諸国植民地の奪取・接収へと変質することとなったのである。すなわち、対南方政策は、「東亜新秩序」建設を継続させるための施策から、「東亜新秩序」の拡大へと論理が転換したのである。こうした構想は、機会主義的な南進政策としてまとめ上げられてゆくのであるが、その担い手となったのが、陸軍であった。

陸軍は、六月のフランスの降伏と前後して、ドイツ軍が秋頃に英本土上陸作戦を敢行し、欧州戦争が短期間のうちに独伊側勝利によって終結するとの観測の下で、欧州戦争への参戦構想を練り上げてゆく。すなわち、欧州戦争の戦後秩序の形成を見据えた陸軍は、日本を欧州戦争に参戦させて独伊の大英帝国解体に協力させ、その代償として、蘭印（オランダ領東インド）と仏印（フランス領インドシナ）、そして、マレー、シンガポール、ビルマ等のイギリス植民地の処理に対する発言権を得るというものである。そして、こうした構想は、「時局処理要綱」として文書化され、海軍も巻き込んで、その国策化が図られることになってゆく。(80) また、こうした陸軍の動きとは別に、国内世論でも、「バスに乗り遅れるな」のスローガンの下で南進論が沸騰した。

こうした動きに対して、米内内閣は、「自主外交」を堅持する方針で臨んだ。南進政策は、「東亜新秩序」建設をめぐって発生していた米英との摩擦・対立を、「対決」へと前進させることになるためである。その結果、米内内閣は、南進政策の断行を求める陸軍と国内世論の突き上げを受けることになるのであるが、その点で、米内内閣も、決して無策であったわけではなかった。

米内内閣の外交は、有田が一手に引き受けていた。有田は、欧州戦争の影響が日本の進めていた東南アジア植民地との通商関係強化に及び、その結果として「自主外交」路線に動揺が生じることを懸念していた。特に、日本の関心が最も資源豊かであった蘭印に向けられていたため、有田は、蘭印問題に注意を払っており、四月以来、現状維持声明を発表したり、関係各国に現状維持を申し入れるなどして、「自主外交」路線の動揺を防いでいた。(81) しかし、六月以降の展開を受けて、「自主外交」路線の清算と南進政策への転向を求める圧力は一気に高まり、米内内閣と有田が堅持しようとしていた「自主外交」は、次第に追いつめられてゆくことになった。ここにいたって、広田内閣期以来、有田が進めてきた対米関係の決裂阻止と経済自給圏の建設という矛盾した外交政策は、最大の試練を迎えることになったのであるが、そうした中で、アメリカから、話し合いの場が提供されることとなった。

有田・グルー会談

六月以降、欧州戦争における英仏の敗退が明確となり、これを受けて、日本国内で南進論が高まり始めていたのであるが、そうした中の六月一〇日、グルー大使は、有田の友人という形で有田の自宅を訪問した。これはハル国務長官の訓令に基づいた行動で、アメリカ側は、個人的な接触という形で瀬踏みを行いながら、日米会談の開始を試みたのである。

この会談の冒頭、グルーは、従来からの四国条約の原則に立脚したアメリカ政府の態度には変化のないこと、また、グルーの行動はグルー独自の裁量によるもので、なおかつ非公式なものであると前置きした。そのうえで、グルーは、アメリカ政府と国民は対日関係の改善を希望しているが、日本が国策遂行の手段としての武力行使を放棄しない限り、それは望めないとした。そして、グルーは、欧州戦争後の新国際秩序に対する有田の見解と関連させて、自由貿易体制を確立する必要を述べ、武力によって極東政策を達成するよりも、アメリカと政策上の提携を図った方が有益であると具申した。

これに対して、有田は、こうしたグルーの意見に賛意を示した。しかし、その一方で、日本政府には、独伊との提携を望む勢力との間で葛藤があることを述べ、日本政府が置かれている微妙な状態をグルーに伝えた。そして、有田は、アメリカ艦隊のハワイ駐留が日本国内に与える懸念に言及したうえで、日米関係改善の方策を正式にアメリカ政府に照会するようグルーに依頼し、それと同時に、アメリカ政府による日中戦争の仲介を、それとなくグルーにほのめかした(82)。

一方、この会談において、グルーは、有田に書簡を手交している。この書簡は、日本側がアメリカ側に対して表明している中国問題に関する保障について、日本政府が具体的な結果を示すように求める内容であり、日本政府が表明する保障と実際の政策との間の矛盾点を、具体例を挙げて鋭く指摘するものであった。いずれにせよ、この一〇日の会談におけるグルーの態度は、従来からの、中国問題に対するアメリカ政府の原則的立場を改めて強調したもので、その原則に対する同意を具体的な形で示すよう日本側に要求しつつ、日本側に関係改善を促すものであった(83)。

他方、この一〇日の会談の中で、有田は、日米関係改善の方策を照会するようグルーに依頼していたのであるが、これは、二日後の一二日、暫定通商条約の締結など、日米関係改善に関する六項目の具体的問題として、改めてグルーに申し入れられた。そして、この申し入れは、即日ハル国務長官に伝えられた(84)。かくして、有田・グルー会談は、秘密裏に開始されることとなったのである。

はっきりと明示こそされなかったものの、この有田・グルー会談における最大の問題が、廃棄された日米通商航海条約に代わる暫定通商条約の締結であることは明白であった。

しかし、原則面で合意を見た後に暫定条約を考慮しようとするアメリカ政府と、暫定条約を優先させようとする日本政府との間には、見解に大きな隔たりがあった。それゆえ、有田とグルー会談には、そうした両者の見解の違いを調整するという意義が存在していた。

そのため、一九日の二回目の会談は、そうした事情を背景にして行われることとなった。同日、フランスの降伏によって仏印ルート遮断が完成したのを受けて、土橋勇逸参謀本部二部長が在日イギリス大使館付武官に対してビルマルートの閉鎖を要求したのが、会談の直接の契機であり、今回の会談もグルーの申し入れで行われた。

そして、この日の会談でも、グルーは、前回と同様なアメリカ政府の立場を冒頭に示した。そのうえで、一二日の日本側の申し入れに対する回答という形で、アメリカ政府の基本的な立場を示し、日米関係の改善に際しては、具体的な問題に先立って、まず両国が原則問題で一致しておく必要があるとした(85)。そして、グルーは、アメリカ政府の原則的立場を六項目にして示した書簡を、有田に手交した(86)。

このようにして、結局、有田とグルーの会談は、前年の野村・グルー会談と同様な展開に陥ることになり、有田は、アメリカ側の態度に失望するとともに、進展の見込みがないこの会談には関心を失ったようであった。有田としては、具体的問題での進展が見られなければ、この時期国内で高まり始めていた南進論を抑えて対米関係の改善を図ることなど、不可能な状態であった。すでに論じたように、国内朝野における経済上の関心は、対米通商関係の正常化よりも、南進による「東亜新秩序」の補強・拡大に移っていたのであり、また、政権基盤の弱い米内内閣には、そうした世論を抑え込む力はなかったためである。そのため、有田がグルーに対して示した反応は、検討したうえでしかるべき時に回答したいというものに止まった。

一方、その第二回会談から三日後の二二日、第二回会談において示されたアメリカ側の態度表明に対する有田の回答を待たずして、アメリカ政府は、一九日の書簡の件とは別に、三回目の会談を行って公文交換を申し入れるようグルーに命じた。そして、これを受けたグルーは、二四日に有田宅を訪問して会談を行うと、太平洋における欧州戦争交戦国の領土・属地に対する現状維持確認について、日米間で公文交換を行うことを有田に提案した。これに対して、有田は、検討を加えたうえで早急に回答を示したいと述べたのであるが、同時に、日米間の主要問題の解決が図られなければ、公文交換は受け入れられないであろうとの考えも示した。

四回目の会談は、このような経緯を経て、二八日に谷次官の官邸で行われることになり、グルーが手交した一九日の書簡、そして二四日の公文交換の申し入れに対する日本側の回答が示された。席上、有田は、まず、一九日の書簡については、日米間の意見には実質的な相違はないとした。そして、日中戦争の停戦が実現すれば、全てではないにせよ、アメリカ側が不満とする問題は大部分が取り除かれるであろうとの回答を示し、その上で、グルーに書簡を手交した。また、二四日の公文交換の申し入れについても、同様に書簡を手交し、自身の考えとしては、日米両国が交戦国でないことを理由に、公文交換には賛成できない旨の回答を示した。有田は、前日に木戸幸一と面談した際、公文交換には、日本の行動が縛られるだけで何ら利益がなく、九カ国条約の復活のようなものとなることが予想されると語っていた(87)。そのため、有田は、このときすでに、グルーとの会談には関心を失っていたのであり、事実上、この二八日の第四回会談をもって、有田・グルー会談は決裂したといってよかった。

そして、その後、後述する翌二九日の「国際情勢と帝国の立場」という有田のラジオ演説をはさんで、七月一一日に五回目の会談が行われた。この会談は、自身が日本に赴任して以来、最も重要な会談の一つであるというグルーの前置きによって開始された。日米関係は、グルーをしてそう言わしめるまでに危機的な状態に向かっていたのである。しかし、この会談は、双方が従来からの立場を主張し合うに終始し、会談の冒頭にグルーが手交した書簡に対しても、有田が、米内首相と検討のうえ速やかに回答したいと述べたに止まった。

会談の中で、有田が、騒然とした国内情勢の下で米内内閣は政策変更を求める大きな圧力を受けているとグルーに力説しているように、米内内閣には、アメリカ側が押してくる妥協の余地なき原則論を受け入れるような力はなく、また、その意志もなかった。そして、実際、後に論じるように、この時期の米内内閣は、アメリカとの話し合いを断念して、緩やかな枢軸提携によって南進論を緩和するという方策を模索し始めていたのである。

結果的に、日中戦争が太平洋戦争へと拡大してゆく過程において、この有田・グルー会談は、後の日米交渉以上に可能性のあるものであった。しかし、有田は、この機会を積極的に捉えようとはしなかった。結局、有田は、その破綻が明らかになっていたにもかかわらず、「東亜新秩序」建設を放棄することができなかったのである。

南進政策と有田

南進政策の断行によって米英と対決することになるのを回避していた有田であったが、その有田は、助け船となるはずであった有田・グルー会談に早々に見切りを付け、対米関係の本格的な調整を断念した。そして、その一方で、有田は、国内の南進論を宥和するという方策を選んだ。

第一の方策は、蘭印との経済交渉である。前述のように、国内の南進論が主に蘭印に向けられていたためである。蘭印との経済交渉は、前年に、阿部内閣の下で、その実施の合意が日蘭間で成立していたのであるが、その後、様々な事情で、その開催が延ばされていた。そのため、有田は、その開催を急ぎ、七月一二日に、酒匂秀一元ポーランド大使、および三井物産会長であった向井忠晴の蘭印派遣を閣議決定させると、一六日には、谷正之次官を通じてこれをオランダ側に通告した。[88]

また、第二の方策は、独伊との緩やかな提携である。「時局処理要綱」[89]をまとめ上げてゆく軍部とは別に、「自主外交」路線の修正は、外務省においても検討されていた。ドイツが降伏した蘭仏両国の植民地に対する発言権を主張し始めた六月以降、日本政府は、南方地域、とりわけ仏印問題の処理にあたっては、ドイツ政府の意向に一応の留意を払っていた。しかし、ドイツ政府の反応は消極的かつ冷淡なものであったため、ドイツの去就は、「自主外交」と南方問題にとっての懸念材料となっていた。そのため、外務省は、七月八日に行われた佐藤尚武とリッベントロップ外相の会談において、蘭印や仏印に対するドイツ側の態度を探ろうと試みたのであるが、ドイツ側の態度は曖昧であった(90)。

だが、その反面、この佐藤尚武・リッベントロップ会談では、ドイツ側に日独提携の希望があることが判明したため、有田外相の指示で、対独提携問題が研究されることになった。これは、南方地域に対する日本の発言権を確保することを目的に、何らかの形で日独提携を図る方法を研究するもので、その結果として、七月一二日、外務省事務当局は「日独伊提携強化案(91)」なる一案を起案した。

すでに見たように、佐藤尚武・リッベントロップ会談が行われた七月八日の時点で、有田・グルー会談は事実上の決裂状態にあり、有田は、見込みのないアメリカとの妥協には見切りをつけていた。有田としては、ドイツとの提携に、国内の南進論を宥和するための活路を見いだそうとしたのである。そのため、外務省事務当局が起案した「日独伊提携強化案」は、積極的な参戦外交策として陸軍が作成した「時局処理要綱」とは異なり、予防外交的な色彩が強かった。そして、この「日独伊提携強化案」は、一二日に陸海外の事務レベルの協議にかけられると、一六日に二度目の協議にかけられることとなった(92)。だが、その日は、米内内閣最後の日となったため、米内内閣の下での協議は打ち切られた。しかし、この「日独伊提携強化案」をめぐる協議は以後も続けられ、次の第二次近衛内閣の下で、日独伊三国同盟交渉の交渉案となる。

そして、第三の方策は、声明の発表である。有田は、六月二九日に「国際情勢と帝国の立場(93)」と題するラジオ演説を行った。有田は、この演説を通じて、独伊と米英の双方の陣営とは別個に、日本政府独自の立場から、南方地域に対して関心を有する旨を表明し、政府の立場を直接国民に訴えかけることで、国内世論の沈静化を図ったのである。

しかし、演説の性質上、その内容は玉虫色のものとなった。そのため、この演説には南進論を沈静化させるような迫力はなく、結果的に、米内内閣に対する倒閣運動を陸軍に決断させただけに終わった。(94) そして、陸軍は、米内内閣の下では南進政策の断行は不可能であると判断し、畑俊六陸相を辞職させると後継陸相の推薦を拒否して、米内内閣を崩壊させたのである。

こうして七月一六日に米内内閣は崩壊した結果、有田は外相の座を追われることになり、同時に、「自主外交」路線も清算された。そして、代わって成立した第二次近衛内閣の下で、南進政策が追求されることになり、松岡洋右外相による松岡外交の展開となる。その結果、以後、日本を取り巻く対外環境、そして対米関係は、悪化の一途を辿ってゆくことになり、この流れは、日本海軍による真珠湾攻撃に至るまで、逆転することはなかった。

おわりに

有田は、広田内閣の外相としては、前岡田内閣が打ち出した広田外交を、また、第一次近衛・平沼の両内閣の外相としては、近衛が進めようとした「東亜新秩序」建設を、そして、米内内閣の外相としては、前阿部内閣が打ち出した「自主外交」を継承することとなった。以上のように、外相としての有田の施策を時系列的に追ってみると、有田外交の特徴が垣間見られる。すなわち、外相としての有田は、独自の外交方針や原則を生み出してその追求を図ることはなく、その一方で、前任者が打ち出した自己矛盾した政策をそのまま継承し、その矛盾を緩和しつつ、その追求を図ったということである。

広田内閣期の有田は、日中親善と「満州国」承認・華北分離工作という二律背反する課題を、防共を日中共通のテーマに据えることで達成しようとした。また、第一次近衛・平沼の両内閣期の有田は、やはり、「東亜新秩序」建設と米英との関係悪化阻止という課題を、欧州情勢を利用することで追求した。そして、米内内閣期の有田は、「自主外交」路線を堅持することで、南進政策と米英とのさらなる関係悪化の阻止を図った。しかし、有田が追求したいずれの方策も二律背反する目標の追求であり、本質的に実現不可能な課題であった。

有田の外交スタイルは、「満州国」や華北分離工作、そして「東亜新秩序」というように、軍部が作り上げていた既成事実の承認を基本目標に据え、その際に発生することになる摩擦の極小化を図りつつ、その達成を目指すというものとなっていた。有田の外交スタイルは、軍部が大陸において作り上げつつあった既成事実を否定するものでも、逆に、白鳥敏夫らの外務省革新派のように、軍部に同調して米英との対決姿勢をとるというものでもなかった。政治の機能には利益調和という側面があるが、その点で、有田の外交スタイルは、国内政治的に発生する摩擦と、外交的に発生する摩擦の双方を極小化することを狙った利益調和的なものであったといえた。その結果、有田外交は中途半端なものに陥ることになった。

有田が二律背反する政策を追求し続けた理由には、政治的な利益調和という観点のほかに、世界経済のブロック化という状況に対する有田の危機感と、米英との関係悪化によって被ることになる経済的な損害という現実があった。世界経済のブロック化という潮流の中で、有田は、日本も経済自給圏を形成する必要を認識していた。その点で、「東亜新秩序」は、一つの回答となっていたのであるが、その一方で、有田には、その建設を、米英との関係を破綻させてまで進める必要は認めなかった。米英との経済関係が、日本にとって死活的に重要であったためである。

そうした状態によって生じる矛盾は、時間の経過とともに拡大してゆくこととなるのであるが、結局、有田は、経済自給圏としての破綻が明白となっていた「東亜新秩序」建設の放棄を打ち出して、対米関係の根本的な改善に乗り出すことはなかった。一九四〇年夏の有田・グルー会談の顚末は、そうした有田の思考をよく示しており、有田は、最終的に、対米関係の調整ではなく、独伊との緩やかな提携関係を選択することで、「東亜新秩序」建設の放棄を否定することとなった。有田は、日本が作り上げていた既成事実に固執し、対米譲歩に踏み切れなかったのである。これには国内政治上の問題もあり、有田がそのような決断を下すことは許されなかったのであろう。軍部等との関係もあり、結局、有田は、対外関係よりも、国内政治を優先させ続けたと理解するのが妥当なようである。

そして、その後、そうした状況は、第二次近衛内閣の下で展開されることになる松岡外交によって、大転換が図られることになる。第二次近衛内閣の外相となった松岡洋右は、南進政策の展開を通じて、自己完結性の高い「大東亜共栄圏」の確立を目指すことになり、これによって、自己矛盾に陥っていた「東亜新秩序」は清算されることになるのである。

南進政策を展開して「大東亜共栄圏」の確立を図る松岡外交では、日独伊三国同盟の締結等、高いリスクが冒されることになるのであるが、その一方で、松岡外交は、「大東亜共栄圏」の確立と対米関係の悪化阻止を図ることになる。この問題は、稿を改めて論じることにしたいが、「対米瀬戸際外交」と評される松岡外交も、実は、二律背反する政策目標の追求という点で、有田外交の基本的な展開構造を継承することになるのである。このことは、有田が国内政治を優先させ続けたことと合わせて、この時期の日本外交の一つの特徴として捉えることができよう。

（1）　伝記としては、山本悌二郎編『有田八郎の生涯　信念に生きた人』考古堂、一九八八年。その他、防共協定については窪田・ゲイロード「有田八郎　日独防共協定における薄墨色外交の展開」（『国際政治』第五六巻）一九七六年。有田・クレーギー会談については、井上勇一「有田と『広域経済圏』構想と対英交渉」前掲書。など。

（2）塩崎弘明「外務省革新派の現状打破認識と政策」『年報近代日本研究　七　日本外交の危機認識』山川出版社、一九八五年。

（3）山本和人「貿易構造の変化と国際対立の激化」小島恒久編『一九三〇年代の日本』法律文化社、一九八九年、二三五―二三七頁。

（4）前掲書、二五〇―二五五頁。

（5）杉山伸也「日本綿製品のアジア市場進出とイギリス資本の反応（一八九〇～一九四〇年―マンチェスター商工会議所資料を中心として」清水元編『両大戦間期日本・東アジア関係の諸相』アジア経済研究所、一九八六年。杉山伸也「日本の綿製品輸出」と貿易摩擦」杉山伸也・イアン・ブラウン編『戦間期東南アジアの経済摩擦―日本の南進とアジア・欧米』同文舘、一九九〇年。

（6）村山良忠「第一次日蘭会商―日本の宥和的経済進出の転換点」前掲　清水編『両大戦間期日本・東南アジア関係の諸相』前掲　杉山「日本の綿製品輸出と貿易摩擦」。小風秀雅「日蘭海運摩擦と日蘭会商」杉山・ブラウン編『戦間期東南アジアの経済摩擦』。

（7）山本　前掲書、二六二頁。

（8）小島恒久「井上、高橋財政の悲劇と財政の軍事化」小島　前掲書、一八九―一九一頁。

（9）防衛庁防衛研修所戦史室編『戦史叢書　支那事変陸軍作戦〈一〉』朝雲新聞社、一九七五年、一―四三頁。松崎昭一「再考『梅津・何応欽協定』」軍事史学会編『日中戦争の諸相』錦正社、一九九七年。

（10）外務省編『日本外交年表竝主要文書　下巻』原書房、一九六五年、三二一―三二三頁。

（11）「第六十九回帝国議会ニ於ケル有田外務大臣演説」（昭和十一年五月六日）。「外務大臣（其ノ他）ノ演説及声明集」第三巻（A.1.0.0.12）外務省外交史料館所蔵史料。

（12）「第六十八議会に於ける広田外務大臣演説」。前掲『日本外交年表竝主要文書　下巻』三二四―三二九頁。

(13)　前掲『日本外交年表竝主要文書　下巻』三四四―三四五頁。
(14)　前掲書、三四五―三四七頁。
(15)　有田八郎『馬鹿八と人はいう』光和堂、一九五九年、七五頁。
(16)　大畑篤四郎「日独防共協定　同強化問題(一九三五年～一九三九年)」日本国際政治学会太平洋戦争原因研究部編『太平洋戦争への道　第五巻』朝日新聞社、一九八七年、一七―三〇頁。
(17)　「日独間ニ於ケル政治的協定締結問題」(昭和十四年七月二十四日)。「日独防共協定関係一件」(B.1.0.0. J/X2)。
(18)　有田　前掲書、六九―七三頁。
(19)　「須磨総領事高宗武会談要領」(昭和十一年五月二十四日稿)。「帝国ノ対支外交政策関係一件　第六巻」(A.1.1.0.10)
(20)　同上。七〇―七一頁。
(21)　「有田大臣許大使会談要領」。「帝国ノ対支外交政策関係一件　第六巻」。
(22)　前掲『日本外交年表竝主要文書　下巻』三四七―三四八頁。
(23)　一九三六年八月二四日、四川省成都において日本人新聞記者ら四人が中国の民衆に殺傷された事件。
(24)　一九三六年九月三日、広東省北海において在留邦人数名が中国人暴漢によって惨殺された事件。
(25)　「昭和十一年九月二十三日支那側提示ノ五項目」。「成都排日事件ヲ契機トスル支那排日不祥事件及解決交渉一件」(A.1.1.0.29)
(26)　「成都事件其ノ他排日事件ニ関スル対支交渉ニ関スル件(一一、一一、九)」。「成都排日事件ヲ契機トスル支那排日不祥事件及解決交渉一件」。
(27)　湖北省漢口で日本人巡査が殺害された事件。
(28)　上海において、日本水兵が射殺された事件。
(29)　関東軍の支援を受けた内蒙古軍と国民政府側の溥作義軍の戦闘。関東軍の狙いは内蒙古王族・徳王を利用した政権樹立であったが、内蒙古軍が惨敗したため、計画は未遂に終わった。

（30）「綏遠工作の中国に及ぼせる影響に関する川越大使上申」。前掲『日本外交年表竝主要文書　下巻』三五四―三五五頁。
（31）有田　前掲書、一三九頁。
（32）前掲書、一三七―一三七頁。
（33）前掲書、一三九頁。
（34）「『国民政府ヲ相手ニセズ』政府声明」。前掲『日本外交年表竝主要文書　下巻』三八六―三八七頁。
（35）防衛庁防衛研究所戦史部編『戦史叢書　支那事変陸軍作戦〈三〉』朝雲新聞社、一九七五年、一八―二五頁。
（36）「国民政府と雖も拒否せざる旨の政府声明」。前掲『日本外交年表竝主要文書　下巻』　四〇一頁。
（37）前掲『日本外交年表竝主要文書　下巻』四〇五―四〇七頁。
（38）「昭和十三年十月六日ノ支那ニ於ケル門戸開放機会均等主義ノ擁護ニ関連セシメタル在支米国権益確保ノ申入」。「日米外交雑纂『対米外交関係主要資料集』第一巻」（A.1.3.1.1-4）
（39）「昭和十三年十一月十一日ノ十月六日付米国側申入ニ対スル旧来ノ観念乃至原則ヲ以テ新事態ヲ律シ得ストノ回答」。同上。
（40）有田　前掲書、一四一頁。
（41）北博昭『日中開戦―軍法務局文書から見た挙国一致体制への道』中央公論社、一九九四年、四―一〇頁。
（42）『昭和一二年度執務報告』（外務省通商局　昭和一二年一二月）。（外務省外交史料館所蔵史料）。
（43）渡辺昭夫「米英による経済制裁の危機と日本の対応」近代日本研究会編『年報・近代日本研究　日本外交の危機認識』山川出版社、一九八五年、二二七―二三〇頁。
（44）前掲書、二三一―二三三頁。
（45）井上　前掲書。
（46）「六・二八　軍事費予算の推移」安藤良雄編『近代日本経済史要覧　第二版』東京大学出版会、一九九三年、一三一頁。
(47)　福留久大「大恐慌から戦争経済へ」前掲『一九三〇年代の日本』一六一―一六二頁。
(48)　田中申一『日本戦争経済秘史』日本戦争経済秘史刊行会、一九七四年、一九―二一頁。
(49)　中原茂敏『大東亜補給戦』原書房、一九八一年、七三―八二頁。
(50)　調書「日米通商航海条約廃棄ニ関スル対米処理案」(通商局第五課　昭和一四年九月二日)。(外務省外交史料館所蔵史料)。
(51)　小林英夫『日本軍政下のアジア』岩波書店、一九九三年、三四―三五頁。
(52)　前掲書、四四頁。
(53)　前掲書。
(54)　小林英夫『「大東亜共栄圏」の形成と崩壊』お茶の水書房、一九七五年、一一九―一三八頁。
(55)　前掲『日本外交年表竝主要文書 下巻』四〇一―四〇四頁。
(56)　「近衛声明」。前掲書、四〇七頁。
(57)　大畑　前掲書、六〇―八一頁。
(58)　前掲書、八一―九四頁。
(59)　有田　前掲書、九二―九三頁。
(60)　大畑　前掲書、八一―一五五頁。テオ・ゾンマー／金森誠也訳『ナチスドイツと軍国日本』時事通信社、一九六四年、一二八―四三一頁。
(61)　斎藤治子『独ソ不可侵条約―ソ連外交秘史』新樹社、一九九五年。
(62)　佐藤恭三「英国と『東亜新秩序』」三輪公忠編『日本の一九三〇年代』彩流社、一九八一年、二〇〇―二〇三頁。
(63)　「昭和十四年六月二十三日　重光大使発有田外相宛　機第六七七号電」。「昭和十四年六月二十四日　有田外相発重光大使田代総領事宛　暗第一三九三号電」。「支那事変関係一件 天津英仏租界ニ関スル諸問題 第十二巻」(A.1.1.0 30－27)

(64)「天津租界問題ニ関スル日英交渉要領大綱」(昭和十四、七、十二)。「支那事変関係一件　天津英仏租界ニ関スル諸問題　日英会談　第一巻」(A.1.1.0 30－27－1)

(65)「有田大臣『クレーギー』在京英大使第一回会談録(大臣御口述)」「支那事変関係一件　天津英仏租界ニ関スル諸問題　日英会談　第一巻」

(66)「有田大臣『クレーギー』在京英大使第二回会談(七月十九日午前九時)要録(大臣御口述)」。「有田大臣『クレーギー』在京英大使第二回会談(午後ノ部)要録」。同上。

(67)「有田大臣『クレーギー』在京英大使第三次会談要録(大臣御口述)」「支那事変関係一件　天津英仏租界ニ関スル諸問題　日英会談　第二巻」

(68)「支那事変関係一件　天津英仏租界ニ関スル諸問題　第十二巻」。

(69)「昭和十四年七月十四日発　有田外相発　暗合第一六〇二号電」。「支那事変関係一件　天津英仏租界ニ関スル諸問題第十二巻」。

(70) 井上　前掲書、七七―七九頁。

(71)「御前会議ニ於ケル意見陳述ノ内容 平沼枢密院議長」。「支那事変関係一件　第十五巻」。

(72)「日支新関係調整要綱ニ関スル御前会議次第」。同上。

(73) 鈴木晟「アメリカの対応―戦争に至らざる手段の行使」軍事史学会編『日中戦争の諸相』錦正社、一九九七年、三二二―三二四頁。

(74) 前掲書、三二四―三二五頁。

(75) 前掲『日本外交年表竝主要文書　下巻』四二一―四二四頁。

(76) 拙稿「阿部・米内内閣期における自主外交の展開」(『六甲台論集』法学政治学編第四五巻第一号)一九九八年七月。

(77)『東京朝日新聞』四〇年一月一六日朝刊。

(78)「昭和一五年二月一日通商条約失効後ノ日米関係及世界新秩序ノ基本原則ニ言及セル有田大臣ノ議会演説」。外務省

外交史料館所蔵史料「支那事変関係一件　日米関係打開工作」。

(79) 細谷千博「三国同盟と日ソ中立条約」前掲『太平洋戦争への道』第五巻、一七〇頁。

(80) 波多野澄雄「南進への旋回：一九四〇年―『時局処理要綱』と陸軍」(『アジア経済』第二六巻第五号)一九八五年。

(81) 長岡新次郎「南方施策の外交的展開」日本国際政治学会太平洋戦争原因研究部編『太平洋戦争への道　第六巻』朝日新聞社、一九八七年、七四―八一頁。

(82) June 12, 1940 The Ambassador in Japan (Grew) to the Secretary of State, *Foreign Relations of the United States, Japan 1931–1941* Volume II, Washington, United States Government Printing Office, 1943. pp. 67–71.

(83) The American Ambassador in Japan (Grew) to the Japanese Minister for Foreign Affairs (Arita) GENARAL RELATIONS *Ibid*. pp. 75–76.

(84) June 12, 1940 The Ambassador in Japan (Grew) to the Secretary of State *Ibid*. pp. 79–80.

(85) Oral Statement by the American Ambassador in Japan (Grew) to the Japanese Minister for Foreign Affairs (Arita) *Ibid*. pp. 83–85

(86) The Ambassador in Japan (Grew) to the Japanese Minister for Foreign Affairs (Arita) [List of Points Meriting Special Consideration] *Ibid*. pp. 85–86.

(87) 木戸幸一『木戸日記　下巻』東京大学出版会、一九六一年、七九七頁。

(88) 「駐日和蘭公使谷次官来訪に関する情報部長談」(昭和一五年七月一六日)。外務省外交史料館所蔵史料「昭和一〇年以降一五年マデ日蘭交渉関係」(B.1.0.0.J/N2–2)

(89) 前掲『日本外交年表竝主要文書　下巻』四三七―四三八頁。

(90) 大東文化大学東洋研究所編『昭和社会経済史料集成　第一〇巻』お茶の水書房、一九七八年、一六三―一七一頁。

(91) 前掲『日本外交年表竝主要文書　下巻』四三四―四三五頁。

(92) 「日独伊提携強化ニ関スル陸海外協議」(昭十五、七、十二)。外務省外交史料館所蔵史料「日独伊同盟条約一件」

（B.1.0.0.J/X3）。

（93）　前掲『日本外交年表竝主要文書　下巻』四三三―四三四頁。

（94）　波多野澄雄「有田放送（一九四〇年六月）の国内的文脈と国際的文脈」近代外交史研究会編『変動期日本の軍事と外交』原書房、一九八七年。

第一二章　贅沢な用心棒？
——抗戦期在華米国軍人の日常生活——

深町英夫

はじめに

一九四一年一一月一七日、英領ビルマ当局はビルマ北部の都市ラシオから Wei Chee という華人が発送した一通の航空郵便を検閲し、この中国語で書かれた手紙に奇妙な噂が記されていることを発見した。それは、中国を防衛すべくビルマから中国へ続々と移動しつつある米国人義勇軍のために、中国政府が「あらゆる慰安」を得られる場所を特別に準備したというものである。そして、この手紙の次の様な下りが、英国当局の懸念を招いたようだ。

最も興味深いのは、政府が上海や香港で二〇〇～三〇〇人の英語を話す若い女性を集めたということです。これらの若い女性の任務は、米国人の単調な生活を慰めることだと言われています。

この部分を削除した後、手紙は宛先である上海の T. C. Chien へと送られた(1)。

また、同月二六日には雲南省昆明市の M. C. Cheng という女性が、シンガポールの K. H. Yapp に宛てた英文の航空郵便が検閲を受けた。その文面は、以下の通りである。

私は今、空軍第五軍でタイピストをしていますが、時々外国人が来ると通訳をするよう頼まれます。でも私は英語に自信が無いので、最善を尽くすだけです。私が間違いを犯しても、外国人達は許してくれると思います。先月、四人の英国人飛行士がラングーンからここへ来たので、私達の司令官が彼等のために冠生園（昆明市内の広東料理店―引用者注）で宴会を開きました。その夜、私は通訳をしていたのですが、彼等の中の一人が若く魅力的だったので、私は彼とたくさん話をしました。私はフレッドより彼の方が好きです。米国義勇隊が間も無くここへ来るので、彼等と知り合う機会がたくさん有るかもしれません。私はダンスを覚えるつもりです。そうすれば、小さな島から来た少女に見えたりはしないでしょう。ハハ、どうかしていますね。

この手紙は英米空軍の動向に関わる情報の漏洩という理由で、英国当局により廃棄されることになった（それにしても、フレッドとはいったい誰だろう？）[2]。

しかし、この二通の手紙はむしろ軍事機密とは別の点で、今日の我々の関心を引く。それは、日本の侵略から中国を救ったという軍事的意義はさておき、抗日戦争中の米国による対華軍事援助が持った別の側面、即ち生活様式も生活水準も中国人とは全く異なる大量の米国人が、長期にわたって中国社会で日常生活を送り、その中で中国人と様々な関係を持ったという、忘れられがちではあるがごく当たり前の事実を、改めて想起させてくれる点である。

米国による対華軍事援助は、国防最高委員会主席蔣介石の意を受けた宋子文の要請に対する、大統領フランクリン・ローズヴェルト（Franklin Delano Roosevelt）の承認に基づいて、クレア・シェノールト（Claire Lee Chennault）が一九四一年夏に結成した、僅か二百余人の航空部隊である米国義勇隊（American Volunteer Group）に始まる[3]。翌年に同隊はジョーゼフ・スティルウェル（Joseph Warren Stilwell）指揮下の、中国・ビルマ・インド戦域派遣米国正規軍に編入され、やがてアルバート・ウェデマイヤー（Albert Coady Wedemeyer）がスティルウェルの後を受け継ぎ、戦争終結時に中国に駐留していた米国軍人は四万八〇〇〇人、非戦闘人員まで含めれば七万人に上るという。(4) 彼等は一九世紀から中国各地に居住するようになった西洋人、即ち沿岸部や長江流域の都市に多かった記者・学者・実業家や、辺境の農村にまで入り込んで伝道・教育・医療等に従事していた宣教師の様な、いわゆる「中国通（Old China Hands)」とは異なり、その多くは中国と何等の関係も持ったことがなく、中国の言語・文化・歴史・社会に対してほとんど無知な、当時としてはごく普通の米国市民だった。そんな彼等がまさに地球の裏側の中国という、生活様式も生活水準も全く異なる社会で居住することになったのである。

生活様式とは日常生活における身体の維持・管理の方法を主要な内容とし、戦争という互いに身体を損傷し合う大規模な集団的暴力行為の中では、より重要な意味を持つ。そして、これは第二次世界大戦を機に世界各地へ展開することになった米軍が、海外における長期的かつ大規模な後方勤務（logistics）の必要性に直面した、早期の事例の一つであったろう。他方で当時の中国人にとって在華米軍は、救世主と言って良い程に貴重な同盟者であったが、彼等は双方の生活様式や生活水準の差異をどの様に認識し、またそこから生じ得る諸問題にどの様に対処したのだろうか。これは米中両国が共同で戦争を遂行するためには死活的に重要な課題であったはずで、実際に米国義勇隊の人員募集に際して米軍の飛行士達が専ら知りたがったのは、中国における生活の状況、即ち「食事はどうか、空港はどれくらいの大きさか、どれくらい寒く・暑くなるのか、雨はたくさん降るのかどうか、更には給与であるとか、飛行士は週七日働くのかどうか」といった事柄だったという。(5) また、シェノールトは将兵の士気を高める上で必要なのは昇進や勲章だけでなく、「手紙・石鹸・暖かい服・カミソリの刃・タバコ」だと説いている。(6)

しかし、第二次世界大戦中の米中軍事協力に関わる数多くの先行研究の中でも、在華米国軍人の日常生活という問題が十分に注意を払われてきたとは言い難い。(7) 管見の限り唯一の例外はシュルツの著作で、米国義勇隊員達の飲酒・喧嘩・売春・密輸といった、その赫々たる戦績とは裏腹に規律を欠いた日常生活を活写している。(8) そこで、本稿では一歩を進めて、米国軍人の日常生活という問題が米中間でどう認識され、またそれに双方がどう対処したのかを検討してみたい。

一　ジェリーとクレア

励志社

それは二人の男の出会いから始まった。一人は上述の通り第二次世界大戦を中国軍と共に戦ったクレア・シェノールト、今一人はジェリー・ホアン（Jerry Huang）あるいはJ・L・ホアンこと黄仁霖（Huang Jen-lin）である。

黄仁霖は一九〇一年に上海に生まれ、南部米国メソジスト教会（Methodist Episcopal Church, South）が蘇州に開設した、東呉大学（Soochow University）附属中学を経て米国に留学し、同教会が設立したテネシー州ナッシュビルのバンダービルト大学を卒業した後、ニューヨークのコロンビア大学大学院で政治・経済を学び、更にオハイオ州クリーブランドでYMCAの社会奉仕活動の訓練を受けた。帰国後は上海のYMCAに勤務した後、在米中に知遇を得た工商部長孔祥熙の紹介で、蔣介石の組織した励志社の副総幹事に就任し、間も無く総幹事に昇進する。これは、軍人の士気を高めることを目的として黄埔同学会から改組された団体で、日常生活における様々な便宜・娯楽の提供を主な活動内容としたが、そこには黄仁霖が米国で身につけ中国に普及させることを望んだ、生活上の規律・清潔を巡る習慣・観念が反映されているようだ。

例えば、痰を吐くという陋習を改めさせるため、南京の励志社では一つ一つの扉の後にモップを掛けておき、来訪者が痰を吐くとその眼前で幹事達がモップを取って床を拭き、以後は慎むよう忠告したという。また、正面入口には大きな鏡を備えて「衣冠を整えよ」という標語を掲げたほか、簡易シャワー室には五ガロン入り灯油缶にシャワーヘッドを付けて頭の高さに吊るし、結び付けた紐で水を調節するようにした。更に、新聞・雑誌を備えた閲覧室、ビリヤード台・卓球台・将棋卓を置いた娯楽室が設けられ、バレーボール・バスケットボール・フットボール・テニス等の体育活動も組織された。やがて建てられた新本部の三階建て六〇室の宿舎は、各階に入浴設備が有り、閲覧室・会議室・食堂・娯楽室・教室・理髪室、そして一〇〇〇人収容の講堂やテニス場・バスケットボール場・ハンドボール場・陸上競技場・馬場も備えていた。入社費一元と年社費一元を支払えば、宿泊費は二人一部屋で一人一元、食事は一割引、娯楽・運動施設の利用は無料だった。励志社は以後、同様の施設を南昌・北平・成都・蘭州にも設け、また英語・日本語・数学・科学・美術・音楽等の講習会や運動会・映画上映会を、各部隊を対象に催すことになる。

この他、一九二九年一月一日の励志社成立式典の際、社長蔣介石や高級官僚・軍人等の出席者に、黄仁霖は米国で学んだセルフサービス＝カフェテリア方式で食事を提供し、同年三月の中国国民党第三次全国代表大会の際にも、数百人に上る出席者の食事を励志社が同じ方式で準備した。更に、デンマーク王子の来訪に備えた国民政府庁舎の修築や、共産党軍から奪回した江西省瑞金への外国人記者の案内、柳条湖事件調査のため国際連盟から派遣された、ヴィクター・リットン（Victor Bulwer-Lytton）率いる調査団の接待といった任務も、黄仁霖や励志社が担当している。黄仁霖は後に米国陸軍参謀総長ジョージ・マーシャル（George Catlett Marshall）から、「中国随一の供応役（China's number one meeter and greeter）」と称されたが、この様な国民党政権自体の後方勤務とも言うべき業務に彼が適した人物であったことは、一九二九年六月一日に孫文の霊柩を中山陵に奉安する式典の際、頂上で喉の渇きを訴えた宋美齢のために、彼が三六五段の石段を往復してレモネードを運んだという逸話からも窺われよう。なお、蔣介石が一九三四年に日常生活における規律と清潔を唱えて新生活運動を発動し、その推進組織である新生活運動促進総会が一九三六年に南昌から南京へ移転すると、黄仁霖が幹事兼総務組長に選ばれ翌年に総幹事に昇格したが、彼はこの運動を励志社の活動を民間に拡大したものだと考えている。(9)

戦地服務団と米国義勇隊

盧溝橋事件が勃発すると将兵に様々なサービスを提供すべく、励志社と新生活運動促進総会とが合同で戦地服務団を組織することになり、一九三七年八月五日に組織綱領が蔣介石に提出され、七日に国防会議が徹底全面抗戦を決定した翌日、軍事委員会第六組に所属する組織として戦地服務団が正式に成立した。そして、この組織は今一つの任務として、ある米国人の接待を担当することになった。それが米国陸軍航空隊を退役した後、中国空軍の顧問となっていたシェノールトである。八月一三日に勃発した淞滬会戦、即ち第二次上海事変において彼は早速、中立国の国民であるにも拘らず中国空軍の指揮を執り、更には首都の防空をも担当する、言わば「用心棒」となった。シェノールトが南京の戦地服務団招待所や首都飯店を宿舎とし、黄仁霖等による接待が始まったのはこの頃である。また、シェノールトが中国空軍と共に日本と戦う、一二人の外国人飛行士（国籍は米・仏・独・蘭等）を募り、国際義勇隊（International Volunteer Group）を組織すると、その接待がやはり戦地服務団の任務となった。(10)国際義勇隊は数カ月で敗北・消滅したが、中国空軍に協力すべく四百人から成る爆撃機・戦闘機部隊がソ連から派遣され、また大量の援助物資がソ連から中国へ輸送されることになった。これに対応すべく、戦地服務団は一九三八年五月に空軍招待組を、一〇月には公路招待組を設け、南昌・漢口・洛陽・西安・蘭州・武威・張掖・安西等で招待所の経営を開始する。[11]

一九四〇年一〇月、蔣介石に派遣されて帰国したシェノールトは、宋子文と協力して大統領ローズヴェルトの支持を得ることに成功した。それまでは英国・ソ連を対象としていた武器貸与法（Lend Lease Act）が中国にも適用され、その資金により宋子文の設立した中国国防供応公司（China Defense Supplies）が戦闘機百機を購入すると共に、孔祥熙等の所有する中央飛機製造公司（Central Aircraft Manufacturing Company）名義で、米国陸軍・海軍・海兵隊から飛行士を募集し、地上人員と共に米国義勇隊を組織することになったのである。[12]一九四一年八月一日、蔣介石はシェノールトに米国義勇隊の結成を正式に命じ、必要な中国側人員を国民政府軍事委員会航空委員会が提供することを約束する。[13]

彼等の主要な任務は、沿海部を日本軍に占領されていた当時の中国にとって、海外からの物資供給の唯一の通路であった滇緬公路（Burma Road）、即ちラングーンから北上する鉄道の北端ラシオと雲南省の省都昆明とを結ぶ道路を、日本軍の攻撃から防衛することであった。米国義勇隊の飛行士・地上人員は、まずラングーン北方のトングーで訓練を行なったが、一二月八日の日本と英米両国との開戦は、滇緬公路に対する日本軍の攻撃の可能性が高まったことを意味する。一二日に米国義勇隊の第三飛行大隊一五機がラングーンに移動し、英軍と共に滇緬公路南端の防衛を担うことになり、一八日には第一・二飛行大隊が公路北端の昆明に拠点を移し、また大量の米国義勇隊物資が陸路で滇緬公路を昆明に向かって輸送された。

米国義勇隊の接待を蔣介石に命じられた戦地服務団は、彼等の到着に先立って重慶から昆明に本部を移転させており、翌年春には「招待外籍空軍総管理処」を設けた。[14]しかし、シェノールトは恐らく三年間を超える自身の滞在経験から、米国軍人が中国で生活する上での後方勤務の重要性を理解していたのであろう、戦地服務団は「西洋人の私生活上の習慣に関して経験を持たぬ」と考え、その提供を任せ切りにしてはおかなかった。米国義勇隊結成準備のために帰国していた間、「飛行士が要する招待所の部屋の大きさ、シャワーに要する温水の量、各招待所に幾つ簡易便所が必要か、肉食の米国人が毎月消費する牛・豚・卵・鶏の量に至るまで」、彼は詳細な計画を立て黄仁霖にその実行を要求したのである。更には武器・弾薬・飛行服のみならず、クリップ・インク・タイプライター・カーボン紙の様な文房具や、シェービングクリーム・剃刀・薬品といった衛生用品までも準備せねばならず、こういった備品の購入に関して彼は宋子文から、「必要な物を買って、請求書は私に送りなさい」と白紙委任を受けていた。そして、彼が調達したサルファ剤やワクチンにより、やがて多くの米国軍人の命が救われることになったという(15)。

また、昆明駐在の米国義勇隊連絡将校J・M・ウィリアムズは寝具の準備状況を問われ、二二五〇人分の毛布・敷布・枕カバー等が既に入手済みである旨の回答をしている(16)。更に、シェノールトは中国側担当者に以下の様な事務用品が必要である旨を伝え、これを戦地服務団が準備することになった（括弧内は数量）(17)。

机（一五〇脚）・椅子（四五〇脚）・書類棚（一五〇台）・タイプライター机（五五脚）・レターヘッド付き便箋（二〇〇ポンド）・白紙便箋（三〇〇ポンド）・カーボン紙（一〇〇箱）・インク（赤・黒各一五〇パイント）・雑記帳（一〇〇〇冊）・ペンとボールペン（六〇〇本）・鉛筆（一二〇〇本）・消しゴム（三〇〇個）・タイプライター（五〇台）・加算機（一台）・謄写機（四台）・速記帳（一〇〇〇冊）。

これらの要求・提案は、シェノールトが米国義勇隊の結成に際して、戦争を単に前線における戦闘としてではなく、後方勤務をも含めた総合的な組織運営として考えていたことを示すものである。

こうして、図1の様に増加の一途を辿った在華米国軍人の日常生活を巡り、近代西洋的な生活習慣・観念を知悉した「中国随一の供応役」ジェリーと、中国においても米国人の生活・行動様式を固守しようとする「用心棒」クレアとの間で、以後五年間に及ぶ「接待のドラマ」が開始されたのである。[18]

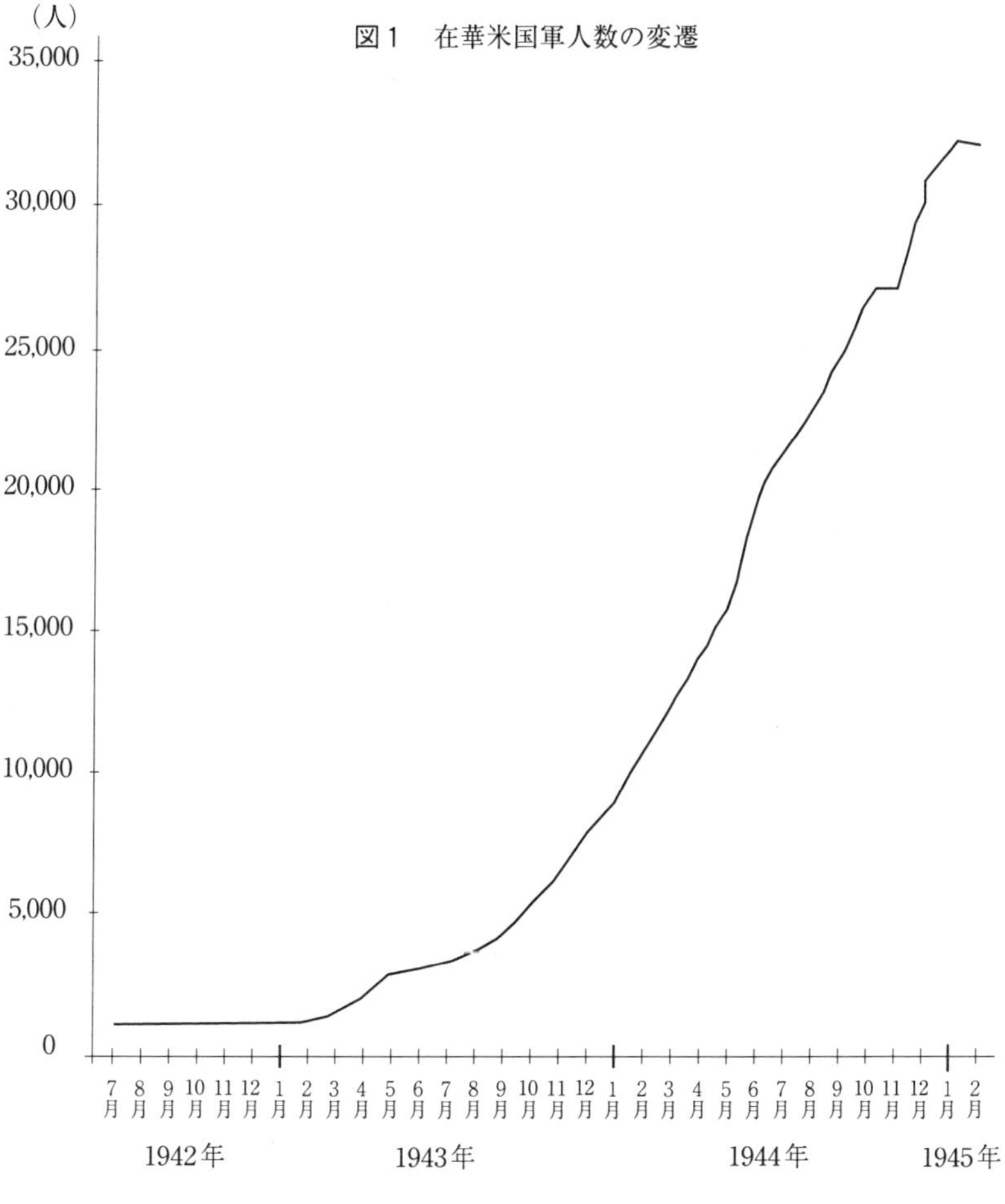

図1　在華米国軍人数の変遷

二　賓至如帰——住居

温かいシャワー、柔らかいベッド

一九四一年末に米国義勇隊が昆明に到着するのに先立って、雲南省主席龍雲の提供した省立農業専科学校の校地全体が、彼等の宿泊する招待所に充てられることになった。(19) しかし、招待所の内装・設備に関してやはり戦地服務団任せにされることはなく、以下の様な詳細な要求がシェノールトから出されており、この際に彼が何を重視したか物語っている。(20)

一〇〇人の飛行士と一七〇人の技術・事務人員に、宿舎・食堂・浴室・便所を提供するに十分な建物。建物や家具の建設と配置を計画するに当たり、以下の諸点を遵守すること。

一、飛行士一人ずつに個室を提供すること。部屋は小さくてもよいが、シングルベッドや机、引き出し式のチェスト、衣服を掛けるクローゼット、洗面器と椅子二脚を置くのに十分な空間を持たせること。

二、技術・事務人員には、二人一室の割合で部屋を提供すること。二人用の部屋には、シングルベッド二台、引き出し式チェスト二台、小型クローゼットかワードローブ二台、机一脚、洗面器台と椅子三脚を置くのに十分な空間を持たせること。緊急の場合は技術・事務人員を長い開放式の集会室や兵舎に宿営させてもよい。その場合には、各ベッドの間に四フィートの間隔を空け、各人にクローゼットまたはワードローブを一台ずつ持たせる。一人に一脚ずつ椅子を備えること。この種の会議室または兵舎一部屋毎に、個別の読み書き用の部屋を提供する。

三、独立した浴室・便所を全員に提供すること。浴室には、それぞれ温水・冷水の両方が出るシャワーと浴槽とを備える。一〇人に一つの割合でシャワーと浴槽を提供すること。五人に一つの割合で便器を提供する。浴室・便所共に優れた衛生状態に保つべく、適切な対策を施すこと。
四、部隊毎に一つの食堂を設けること。隊本部は一つの訓練部隊と食堂を共有する。故に現在の計画では、食堂は三つになる。各食堂は二つの部分から成り、一つは飛行士・参謀将校用、一つは技術・事務人員用とする。一つの厨房が一つの食堂の両方の部分に対応する。故に現在の計画では、三つの厨房と六つの食堂が必要となる。ここで述べている食堂・厨房に加えて、医療部門・病院用の食堂・厨房も設ける。
五、全ての食堂と厨房は遮蔽し、最高の衛生状態に保つべく適切な対策を施すこと。
六、可能な所では、遊戯・娯楽室を五〇人に一部屋の割合で提供すること。これらの部屋には、トランプ等の遊戯や卓球のためのテーブルを備える。

更に、上水道を塩素処理するため、処理不要な水洗便所用の水とは別に、清掃可能な水槽を設置して十分な薬品を供給すること、環境汚染や蚊・蝿の繁殖を防ぐため、厨房・浴室からの排水を適切に処置することも求められた(21)。

これらの諸条件が示唆しているのは、第一に居住空間の独立性、第二に水周りの衛生、第三に余暇を過ごす空間の確保である。但し、第一点はプライバシーのみならず、密集がもたらす不衛生を避けるという意味もあったと考えられ、第二点と合わせて将兵の身体を清潔に保つ必要性が、最も重視されていたことが窺われる。

では、この様な居住環境は当時の中国において、どのような意味を持ったのだろうか。それを知るため、ほぼ同じ時期に中国旅行社が全国各地で経営していた、「招待所」と呼ばれる宿泊施設の設備状況を、上海の中国汽車偕行社（Automobile Club of China）の英文機関誌が、おそらくは在華外国人のために紹介した一覧表を参照してみよう(22)（表1）。やはり浴室・便所といった水周りの設備状況に、外国人旅行者が関心を持っていたこと、またシェノールトの提出した上述の諸条件が、これら宿泊施設と同程度の住環境を求めるものであったことが判る。

この様な要求に対して、「賓至如帰（A home away from home）」を標語に掲げた戦地服務団の招待所は、どうやら十分に応えることができたようだ。一〇月半ばに招待所へ入居したウィリアムズ等は、清潔な食堂で取る食事を有名なラングーンのストランドホテル流であると称え、格別に優れた給仕、豊富に温水の出るシャワーや配管といった招待所の設備・サービスに満足し、これらを手配した黄仁霖の手際を賞賛した。また、附設の各種運動場でバスケットボール・野球・テニス等を楽しむことができ、ウィリアムズは運動用具を洗う革磨き石鹸を送るよう要求している。(23) こうして一〇月末には、昆明第一（二〇〇人収容）・昆明第二（一二〇人収容）・雲南駅（八〇人収

表1　中国旅行者経営宿泊施設一覧

名　称	部屋数	設　備
南京・首都飯店（Metropolitan）	七五	全室内湯・スチーム暖房、空調付き食堂、テニスコート
南昌・洪都招待所（Burlington）	三五	二八室に内湯または共同浴場、温水・冷水の出る水道、各室に卓上電話、夏も冷涼・閑静、集中暖房、あらゆる近代的快適
西安招待所	四六	一〇部屋に内湯
鄭州招待所	一〇	共同浴場、水洗便所
徐州招待所	八	共同浴場
雪竇山招待所	六	共同浴場
黄山招待所	一三	共同浴場
開封招待所	一二	一部屋に内湯、共同浴場二つ、近代的衛生
金華招待所	六	共同浴場
北平招待所	一五	内湯、近代的衛生
済南招待所	二一	内湯、近代的衛生
青島招待所	二二	内湯、近代的衛生、スチーム暖房、屋上庭園
潼関招待所	二〇	共同浴場、水洗便所
奉天招待所	四	共同浴場
九江招待所	七	共同浴場
濰県招待所	一二	共同浴場
華清池招待所	八	温泉

容）・霑益（五〇人収容）の四つの招待所が、雲南省内に相継いで完成した。[24] 一二月上旬には同省宝山でも招待所がほぼ完成し（建物は古い僧院だったらしい）、[25] 同月中旬にはトングーから昆明に移動した米国義勇隊員達が、昆明第一・二招待所に入居を開始した。[26]

飛行士チャールズ・ボンド（Charles R. Bond, Jr.）は、一八日に昆明飛行場に近い第二招待所に到着し、「飛行士一人ずつに割り当てられた塵一つ無い部屋に、快適な寝台と椅子・机や引き出し式チェストが有り、部屋の中央には小さな石炭ストーブが置かれている」こと、そしてベーコンに卵といった米国式の食事や温水シャワー、居心地の良いバー等に満足した。[27] 通信士ロバート・スミス（Robert Moody Smith）は移動の途上、一九四二年一月一日に到着した雲南駅の招待所について、「建物は新しく清潔。食卓には白いクロスと輝く銀の食器、上質の米国風ハム・卵・コーヒー。キャメルの煙草が招待所で買える。浴室にはシャワーと温水」と記している。翌日に昆明へ到着すると、「温水のシャワーと二階には本物のバー」が有る招待所に入居し、「食事は良い。滞在するには素晴らしい所」だと感じた。彼が約四カ月を過ごした霑益招待所でも、「食事はいつも暖かく、効果的に出され、とても美味い。汚れた衣類を床に投げ出しておくと、服務員達が持っていき、きちんときれいにして持ち帰ってきて、しかるべき引き出しにしまってくれる。」[28] 飛行士ジョージ・バーガード（George Burgard）も同様に、「柔らかいベッド、家具やシャワー、素敵な食事、立派なバー、中国人の手による素晴らしい接待」を賞賛している。[29]

しかし、快適な日々は長く続かなかった。

埴生の宿

一九四二年に入ると米国義勇隊の米国正規軍への編入が検討され始め、それに伴って隊本部も雲南省昆明から四川省重慶へ移転することになり、この際にもやはり上述の三条件に注意が払われた。一月三一日付けの移転計画は必要な建物として、事務室・作業場・倉庫・格納庫・防空壕に加えて、三〇床の病院や全員が同時に食事を取れる厨房・食堂（但し飛行士と地上人員とを分ける）、そして屋内の娯楽場や清潔・快適な浴場・便所を挙げている。そして、宿舎では飛行士に個室を与え、それ以外の人員も一室二名以下となることが求められた。[30]

特に水周りの衛生に米側の関心が集中していたことは、二月二一日に提出された建設中の宿舎の調査報告に見て取ることができる。即ち、井戸・給水塔・野外便所・厨房の増設や蛇口・小便器・洗面器の設置が提言され、またシャワーのヘッドと配管を昆明から移設し、水槽・ボイラーは現地で製作することが提言された。また、照明設備や駐車場が無いことや、食堂が飛行士用と地上人員用とに分かれていないことも指摘されている。[31] これらの問題点は黄仁霖等にも通知され、[32] 戦地服務団側は直ちに現場を調査した上で、三月中に工事を完成させることを約束した。[33] しかし、実際には四月に入っても電気・水道等の配管が整備されず、シェノールトは戦地服務団への不満を宋美齢に訴えている。[34]

結局、六月七日にシェノールト等が到着した時には六つの招待所が完成しており、これが参謀将校（第一）・飛行士（第二）・病院及び秘書官（第三）・地上人員及び事務員（第四・五）・中国人職員（第六）に配分され、参謀将校・飛行士は第一招待所、地上人員・事務員等は第四招待所で食事を取ることになった。[35] しかし、この直前にも兵舎のシャワーヘッド・簡易便所や病院の洗濯棟の不足が指摘されている。[36] この他、国民政府主席林森の住宅近辺に本部を設けることが検討されたが、シャワー付き浴室・便所や食堂に適した建物が無く電灯設備も不十分で、また水を全て一・五マイル離れた地点から運ばねばならないため、不適切であると判断された。[37]

ビルマ国境に近い雲南省雷允には、中央飛機製造公司の工場や米国式クラブが有り、七二立方フィートの食糧が米国義勇隊用に貯蔵されていたものの、隊員用の宿泊施設は不十分だったため、兵舎を新たに建設することも検討されたが、結局は飛行士を同社の外国人職員用住宅に、地上人員を基地内の既存宿舎に収容することになった。この際にも衛生面に注意が払われ、既存の食堂に冷蔵設備が無いことや、基地近辺の川の流れが速く蚊が繁殖しにくいことが報告され、また寝具・蚊帳を全員に供給すること、浴室・便所に水道が無いため当面は中国人労働者に水を運ばせること、そして医者・救急車が不足しているので、軍医一人とワゴン車一台を昆明から送ることが提案されている。(38)

一九四二年七月四日に米国義勇隊は米国正規軍に編入され、中国航空機動部隊（China Air Task Force）となり、一九四三年三月一一日には更に第一四航空隊（Fourteenth Air Force）に改編された。米軍の規模と活動範囲の拡大に伴い、更に数多くの招待所が戦地服務団によって開設・経営され、その数は表2の通り、最終的に合計一九四か所（四川三四、雲南二九、貴州二〇、広西二九、陝西四、甘粛三、湖北二、湖南一四、江西一四、広東四、浙江二、福建二、江蘇一九、山東一、河北一六、遼寧一）、総収容人員は八万八八五三人に上った。(39)

この様に、ただでさえ物資の乏しい当時の中国において、戦後に開設されたものを除き大部分の招待所が、交通不便で経済的にも貧しい内陸地域に設けられたのであるから、量の増加は必然的に質の低下を惹起し、戦地服務団は米軍の要求を満たすため苦心することになる。雲南省の羊街招待所は土壁・土瓦の建物に、インドから輸送した窓ガラスをはめ込んで造られ、ベッドには軍用帆布を使っていたが、クラブ・バー・映画館等の娯楽施設は無かった。(40)湖南省の衡陽招待所は、荒れ果てた衡陽第五中学の廃屋を改造した三階建てで、広西省の柳州招待所も、老朽化していた旧ソ連空軍宿舎を補修したものである。その際、「外国人はことのほか清潔にこだわるので」、シャワー・洗面所・理髪・水洗便所・濾過池等の衛生設備を整え、また掛布団・敷布団は使用したか否かを問わず、毎週少なくとも二回洗

表2　戦地服務団経営招待所一覧

名　称	成立日	床数	名　称	成立日	床数	名　称	成立日	床数
昆明第一	41/07/01	740	桂林第九	43/11/12	305	黄平第一	44/12/19	300
昆明第二	41/10/01	340	桂林第十	43/11/17	367	黄平第二	45/02/23	350
昆明第三	41/04/01	1400	桂林第十一	43/11/30	175	鎮遠	45/01/27	100
昆明第四	42/12/01	1020	桂林第十二	43/01/20	235	馬場坪	45/01/18	250
昆明第五	43/05/28	2800	桂林第十四	43/10/14	500	独山	45/02/12	344
昆明第六	43/05/01	2000	桂林第十五	44/02/15	350	遵義	45/04/14	50
昆明第七	43/05/01	600	桂林第十六	44/02/15	420	松坎	45/04/17	50
昆明第八	43/03/01	890	桂林第十七	44/02/15	420	安江	45/05/27	100
昆明第九	43/03/01	1200	桂林第十八	44/03/24	420	来鳳	45/05/09	150
昆明第十	44/02/01	1400	桂林第十九	44/03/30	40	羅新	45/06/06	1000
昆明第十一	44/07/01	800	柳州第一	42/01/28	24	一品場	45/04/17	50
昆明第十二	44/08/16	2500	柳州第二	43/11/30	150	模範	45/06/16	61
昆明第十四	44/11/10	640	柳州第三	44/01/??	330	顧問	41/07/10	30
昆明第十六	45/08/23	930	柳州第四	44/02/17	350	白市駅	42/05/25	1200
昆明第十七	44/11/23	800	柳州第五	44/03/01	430	嘉陵	45/01/02	50
昆明第十九	45/08/16	2207	柳州第六	44/03/01	50	梁山	42/06/01	1200
雲南駅	41/09/01	2480	南寧第一	42/03/25	30	宜賓	45/06/01	60
楚雄	41/12/01	1000	南寧第二	43/04/01	100	恩施	44/01/01	230
霑益	41/09/29	4020	南寧第三	43/04/30	200	嘉峪関	42/09/05	50
呈貢	42/03/01	2230	南寧第四	43/04/30	240	安西	42/09/05	50
羊街	42/12/23	2200	潭竹第一	44/04/27	390	蘭州	42/09/01	50
楊宗海	43/08/15	200	潭竹第二	44/04/27	240	里蘇	43/07/01	50
陸良	44/05/10	3000	衡陽第一	42/01/27	390	南京第一	45/09/01	210
昭通	42/12/01	100	衡陽第二	44/04/01	330	南京第二	45/09/01	114
広南	45/02/05	20	衡陽第三	44/04/01	240	南京第三	45/09/01	25
蒙自	45/02/10	260	零陵第一	42/07/25	310	南京第四	45/10/01	63
宝山	42/07/01	60	零陵第二	44/03/17	300	南京第五	45/10/20	18
雷允	42/11/01	60	零陵第三	44/03/16	350	南京第六	46/01/18	10
羅平	45/05/27	800	零陵第四	44/04/10	240	南京第七	46/01/21	9
成都	42/07/02	300	芷江第一	43/04/16	40	南京第八	46/02/01	10
新津第一	42/06/14	740	芷江第二	44/05/01	560	南京第九	46/02/01	28
新津第二	42/04/15	700	芷江第三	45/03/26	550	南京第十	46/02/23	7
新津第三	44/05/31	500	邵陽第一	43/11/01	30	南京第十一	46/04/01	27
新津第四	44/05/31	400	邵陽第二	44/02/01	300	南京第十二	46/05/01	186
新津第五	44/05/31	500	贛州第一	42/02/12	60	南京第十四	46/05/01	72
新津第六	44/04/16	600	贛州第二	43/05/01	330	杭州	45/10/09	1091
新津第七	42/07/01	260	贛州第三	44/07/20	240	漢口	45/10/09	2620

名　称	成立日	床数	名　称	成立日	床数	名　称	成立日	床数
双流第一	44/04/01	500	遂川第一	43/06/30	400	九江	46/03/15	30
双流第二	44/04/01	500	遂川第二	44/03/03	200	南昌	46/01/01	60
彭家場第一	44/03/30	400	遂川第三	44/05/05	390	青島	46/11/15	1174
彭家場第二	44/03/30	250	遂川第四	44/05/05	390	広州	45/12/23	49
彭山第一	44/04/04	260	吉安第一	42/01/10	200	上海第一	45/11/20	26
彭山第二	44/04/04	250	吉安第二	43/03/01	300	上海第二	45/11/26	60
彭山第三	44/04/04	250	新城第一	43/02/12	60	上海第三	45/12/15	100
広漢第一	44/04/03	450	新城第二	43/02/12	330	上海第四	46/01/17	50
広漢第二	44/04/03	1000	玉山	43/07/01	50	上海第五	46/02/01	150
広漢第三	44/04/03	500	南雄第一	42/06/01	90	上海第六	46/02/01	100
広漢第四	44/04/03	600	南雄第二	44/04/05	150	北平第一	45/10/21	110
鳳凰山第一	44/03/10	300	谷岡	43/10/10	60	北平第二	45/10/21	215
鳳凰山第二	44/04/01	280	建甌	42/07/11	200	北平第三	45/10/21	108
邛崍第一	44/04/01	100	長汀	45/03/26	100	北平第四	45/11/25	134
邛崍第二	44/04/01	250	貴陽第一	45/01/01	650	北平第五	46/01/17	52
邛崍第三	44/05/01	180	貴陽第二	45/03/10	900	北平第六	46/01/17	287
西安	43/08/10	750	貴陽第三	45/04/16	100	北平第七	46/01/17	82
漢中	44/06/01	780	貴陽第四	45/05/01	149	北平第八	46/02/24	136
宝鶏	44/06/01	60	貴陽第五	45/05/12	250	北平第九	46/02/25	101
安康	44/06/01	52	貴陽第六	45/06/03	275	北平西機場	45/10/20	556
桂林第一	41/10/19	248	貴陽第七	45/06/14	140	北平南苑	45/10/21	1654
桂林第二	43/06/30	393	貴陽第八	45/06/04	120	天津第一	45/12/03	2556
桂林第三	43/05/19	211	華芝	45/06/19	250	天津第二	45/12/03	2114
桂林第四	43/06/30	206	清鎮第一	44/11/19	250	天津第三	45/12/03	422
桂林第五	43/11/05	300	清鎮第二	45/02/05	420	秦皇島	46/12/24	58
桂林第六	43/12/08	241	清鎮第三	45/06/17	500	北戴河	46/12/10	34
桂林第七	43/10/06	90	安順	44/12/18	250	葫蘆島	46/03/01	64
桂林第八	43/09/01	64	安南	45/05/29	600	総　計		88853

浄することにした。湖南省の零陵招待所は当初、泥と竹と瓦で造られた陋屋であり、洋食の料理人も着任していなかった。米軍側は厨房・食堂を優先的に完成させることを求め、九カ月あまりの補修・増築を経て、一人に一台ずつの寝台・椅子・戸棚・机や上品なソファを備え、娯楽室には各種楽器・ゲームや中英両語の雑誌を置くまでになった。但し、中には辺鄙な場所に在るため電灯を設置できず、茶油灯を用いざるを得ない招待所も有ったらしい。(41)

広西省桂林西南郊外に開設された第一招待所は、鉄筋コンクリートの高層建築ではなかったが、「窓は明るく机に塵一つ無く」独特の東洋美を表していたという。やがて楠造り平屋の建物が多数増築され、全体は宿舎・食堂・浴室(シャワー付き)・娯楽室(ビリヤード台有り)・閲覧室等から成り、室内には米国製家具や最新の用具・食器を備え、また斬新かつ芸術的な装飾が施された。なお、シェノールトは飛行場近辺にも食堂を含む招待所の開設を望み、やがて第三招待所が開業して食事・服務・衛生面での改善が指摘された。(42)この際、米軍側は戦地服務団に対して、十分な灯火や水汲み労働者を供給するよう求めている。(43)

米軍側の衛生に対する執拗なまでの注意は、決して根拠の無いものではなかった。米国義勇隊は腸チフス・コレラの流行に対処すべく、一九四二年三月六〜七日に全隊員を対象として予防接種を行なった。(44)しかし、四月二八日に第三航空大隊が着任した雲南省芒市では、不衛生な宿泊所がマラリアに汚染された地域に在り、最初の日に地上人員二人が病気にかかっている。(45)その後も赤痢・黄胆・マラリアが流行し、ある時は第一一爆撃大隊の飛行人員がほとんど赤痢に感染し、一週間にわたり活動停止を余儀なくされたという。軍医が不足していたため傷病者の治療・看護は、時として近傍の医療宣教師に依存せねばならなかった。また、招待所の石油ランプは煙がひどく読み書きをするには暗すぎ、燃料用石炭節約のための夜間消灯と蠟燭の使用が目に負担をかけ、高温多湿の気候でベッドは湿気を帯び、靴や備品には一晩で青カビが生えたという。(46)中国航空機動部隊本部では、土の床から舞い上がる埃と不十分な灯火、

そして窓の油布を通して吹き込む隙間風のために、皆が目を赤くし鼻をすすっていた。(47)

戦地服務団の招待所に滞在する米国軍人の間で下痢や赤痢が頻発したのは、適切な衛生対策が欠如しているためだと米軍当局は判断し、継続的な注意と改善の呼びかけが必要だと考えた。(48) 確かに中国の建築物は水周りの設備が必ずしも十分でないことが多く、重慶におけるスティルウェルの住居は、宋子文が建てさせたコンクリート造りの瀟洒な家屋であったが、彼の浴室が地階に住む幕僚の寝室の真上に在り、配管に一〇セント硬貨大の穴が開いていたため、彼が二階でハンドルをひねる度に階下に住む幕僚は、「命がけで飛び上がらなければ」ならなかったという。(49)

将兵の健康を重視する米軍の求める衛生水準を、戦地服務団が満たそうとするならば、その経営する招待所は必然的に外国人向けホテルに類似したものとなる。戦時下の中国（しかも内陸部）において、その様な水準の設備・サービスを数万人規模で提供するのは、言うまでもなく困難を極めたであろう。

三　故郷の味——飲食

雲南で洋食を

異郷においても自分達の食習慣を維持し得るか否かは、米国軍人達にとって一つの関心事だったようだ。米国義勇隊の昆明到着に先立って一九四一年一〇月末に、現地で入手可能な食材の種類等を調査すべく、上述のウィリアムズが食糧担当軍曹として派遣された。(50) そして、二五〇人の三カ月分の缶詰食料・ウィスキーと一カ月半分の煙草が昆明に準備され、更に多くの物資（英国煙草五七〇〇本など）が陸路でビルマから輸送されると共に、戦地服務団により香港で購入されつつあることが報告された。(51)

しかし、この様な懸念は少なくとも当初は、取り越し苦労に終わったようだ。既述の通り、昆明の招待所で戦地服務団が提供した食事は、米国義勇隊員達を満足させるものだったからである。中国人料理人の中には、長江に配備されていた米国軍艦トゥートゥイーラー号（USS Tutuila）に乗務した経験を持つ者がおり、朝食には卵三個で作るオムレツや、ベーコン・ホットケーキ・バター・ジャム・アメリカン＝コーヒーが、昼食・夕食にはスープと四種類の野菜、そして肉とデザートが出された。また、英国式の午後の紅茶にはケーキやサンドイッチが付いており、アイスクリーム・ビール・ウィスキー・チューインガム、そして最新の米国雑誌やジャズのレコードも準備されていた[52]。霑益招待所には相当量のワインが貯えられており、やはり西洋人相手に仕事をした経験を持つ、「中国最高の料理人の一人」が作る朝食は、ハム・卵・トースト・ホットケーキとコーヒーで、夕食は濃い野菜スープ、鶏肉入りミートローフ、ポテトチップ、セロリのクリームソースかけ、アオイマメに似た緑豆、そして本物のメープルシロップをかけた極上の暖かいカスタードに、仕上げのバナナとコーヒーであった[53]。更には、日本軍機による空襲を警戒する防空網を構築する目的で、昆明市郊外の昆陽に置かれた通信拠点にすらも、通訳や護衛と共に優れた料理人がおり、上述の通信士スミスのため朝食に野菜やコンビーフと混ぜたオムレツ、巨大なホットケーキとコーヒー、そして現地のドイツ人宣教師が作った苺ジャムが供された[54]。

食材は米国軍医総監局（United States Surgeon General's Office）の基準に基づいたもので、一人あたり一日に必要な量は肉類（牛・豚・鶏）一八オンス、鶏卵四個、野菜二〇オンス、ジャガイモ一〇オンス、乾燥野菜二オンス、小麦粉一二オンス、ラード二オンス、砂糖六オンス、塩〇・五オンス、果物一一オンス、落花生一オンス、茶〇・四オンス、調味料〇・一オンスと定められていた。米国義勇隊が米国正規軍に編入された一九四二年七月四日から、米軍の大半が中国を離れた一九四五年一二月三一日まで三年半の間、実際に招待所で米国軍人に提供された食糧の総量は、表3の通りである[55]。

表3　戦地服務団提供食糧一覧

単位は鶏卵が個、その他はポンドに換算
括弧内の数値は宿泊者数、下段の数値は調達配給量を宿泊者数で除したもの

食材	1人1日配給量基準	総調達配給量				
		42/07－43/06 (511,379)	43/07－44/06 (3,598,676)	44/07－45/06 (12,113,487)	45/07－45/12 (7,101,162)	総計 (23,324,704)
肉類	1.125	575,301 1.125	4,048,511 1.125	13,436,352 1.109	7,988,072 1.125	26,048,236 1.117
鶏卵	4	2,045,516 4	14,394,704 4	48,417,056 3.997	28,404,648 4	93,261,924 3.998
野菜	1.25	639,224 1.250	4,498,345 1.250	15,130,330 1.250	8,876,453 1.250	29,144,352 1.250
ジャガイモ	0.625	319,612 0.625	2,249,173 0.625	7,384,220 0.610	4,438,226 0.625	14,391,231 0.617
乾燥野菜	0.125	63,922 0.125	449,835 0.125	1,513,033 0.125	887,645 0.125	2,914,435 0.125
小麦粉	0.75	383,534 0.750	2,699,007 0.750	8,806,781 0.727	5,325,873 0.750	17,215,192 0.738
ラード	0.125	63,922 0.125	449,835 0.125	1,513,033 0.125	887,645 0.125	2,914,435 0.125
砂糖	0.375	191,767 0.375	1,349,504 0.375	4,358,154 0.360	266,294 0.0375	6,165,719 0.264
食塩	0.03125	15,981 0.03125	112,459 0.03125	378,258 0.03123	22,191 0.003125	528,889 0.02268
果物	0.6875	351,573 0.6875	2,474,090 0.6875	7,869,319 0.6496	4,882,049 0.6875	15,577,031 0.6678
落花生	0.0625	31,961 0.0625	224,917 0.0625	756,517 0.0625	44,382 0.00625	1,057,771 0.0454
茶葉	0.025	12,784 0.025	89,967 0.025	266,418 0.0220	17,753 0.0025	386,922 0.0166
調味料	0.00625	3,196 0.00625	22,492 0.00625	75,652 0.00625	4,438 0.000625	105,778 0.004535

これを見る限り、戦地服務団が招待所で提供した食事は、ほぼ完璧に米軍の基準値を満たしている。(56) 食材は中国で購入可能な物は戦地服務団が準備し、チーズ・牛乳・バター・コーヒー・膨らし粉・香料等の中国で生産していない物は、米国側により空輸された。(57) 昆明・羊街・霑益・楚雄等の招待所では、パンやコーヒーを含む洋食調理用のカマドを設ける工事が行なわれている。(58)

食堂の営業形態も、米国軍人の利便を最優先していたらしい。雲南駅招待所の兵士用食堂は一日二四時間営業で、午前四～九時・午前一一時～午後二時・午後四～八時・午後一一時～午前二時の間は完全な食事を提供し、それ以外の時間帯も卵・トースト・コーヒー等を備えておくことになっていた。(59)

この様に戦地服務団は、米国軍人達が祖国からは地球の裏側に当たる中国、それも沿岸部の植民地香港や上海・天津の租界ではなく内陸の雲南省で、故郷の味を楽しめるように努めた。ところが、米国軍人達の反応は必ずしも肯定的なものばかりではなかったのである。

牛↓水牛↓ヤク

シェノールトにとって中国側の提供する食事は、とても満足のいくものではなかった。戦地服務団を通じて食糧を現地調達する分だけ、国外から食材の替わりに武器・弾薬を輸送できることを理由に、彼は「戦地服務団の食事は必ずしも食欲をそそるものではなかったが、それで食いつないでいたのだし、攻撃目標である日本軍に降らせる爆弾の雨の量を増やすことができた」と、極めて消極的な評価を下しているのである。(60) フランス系移民を先祖に持ち、食の都ニューオリンズを擁するルイジアナ州で育った彼は、ことのほか美食家であったのかもしれないが、中国の食事への不満がシェノールトだけのものでなかったらしいことは、一九三七年夏の南昌での経験を引き合いに出した、彼の

以下の様な回想からも窺われる。(61)

私が泊まっていた洪都招待所の食事はひどかった。後年、米国空軍の人員が中国の食事に不満をもらすと、私はいつも南昌の食事の恐怖を語って彼等を喜ばせ、今食べている物は全て洪都招待所の食事よりはましだと言って安心させたものだ。

何より在華米軍当局が、「中国軍が兵士達に供給する粗末な食事の量には、はるかに勝っているというものの、戦地服務団の食堂で提供される食事は、しばしば平均的な米国陸軍の食堂で維持されている基準を大きく下回る」と判断しているのである。一九四三年九月三〇日には昆明第五招待所に関して、「人員は不適格、設備は不十分で、食糧の供給、特に野菜と肉が不足」していると指摘され、一九四四年八月にも戦地服務団の食事を改善するために、適切な方法を採るべきことが訴えられた。(62)

これは、何故だろうか。当然のことながら、人によって味覚は異なる。上述のウィリアムズは、雲南の名産であるハムも「満足の行くものではない」として、ベーコンを持ち込むよう提案している。(63)だが、後に昆明地区の軍事基地を視察した米国軍医総監局の副局長が、国立衛生研究所（National Institutes of Health）の規定で、カビを用いて作る中国製ハムは禁止品目であると指摘したため、戦地服務団が使用を停止したところ、各招待所に滞在する米国軍人達から抗議が続出し、これを耳にした副局長自身もやがて雲南ハムを気に入り、使用禁止要求を撤回すると共に、自ら中国土産として米国に持ち帰ったというのである。(64)

とは言え、前節で住環境について述べたのと同様に、戦地服務団の活動範囲が拡大するのに伴い、そのサービスが低下した可能性は高い。増設された全ての招待所に「中国最高の料理人」を配置するのは、言うまでもなく不可能だからである。零陵招待所の洋食料理人は優秀で、彼の作る南瓜パイをロバート・スコット（Robert Scott）大佐が特に気に入ったという逸話は、逆に洋食に不慣れな中国人料理人も少なくなかったことを示すものかもしれない。[65]米国義勇隊結成以前のことと思われるが、ある時シェノールトが中国人料理人に三分間茹でた卵を注文したところ、出された卵はほとんど生だった。そこで、茹で時間を長くするよう言いつけると、次に持ってきた卵は固茹でになっていた。どうやって三分間を計ったのか尋ねるシェノールトに、通訳が伝えた料理人の返答は「太陽で（by the sun）」だった。[66]また、零陵招待所では中国人料理人が桐油で魚を揚げたために、基地中の人員が病気になったこともあるという。[67]

なお、一九四四年八月三一日に作成された統計によると、雲南省内の招待所に配給された一日あたりの食糧は、表4の通りである。[68]

この様に招待所間で食糧配給量が相当に異なるのは、各所に貯蔵されている食材の量がまちまちで、不足している分が配給されたためかもしれないが、提供される食事に差が有った可能性も否定できず、そうだとすると場所によって食事に不満を持つ者がいたとしても、不思議ではない。

より重要な原因として、在華米国軍人が増加の一途を辿ったため、食材の調達が容易ではなくなったことが考えられる。特に、国外からの食糧品の輸送は困難を極めた。一九四二年五月にビルマが日本軍に占領されて滇緬公路が閉ざされ、国外からの物資輸送は英領インドのアッサムから昆明に至る、「瘤」（英語で"Hump"、中国語で「駝峰」）と呼ばれるヒマラヤ山脈越えの、危険な空路に依存せざるを得なくなったのである。その後間も無く成立した中国航空機動部隊の米国軍人達は、物資補給の困難故に現地産の米・モヤシ・豚肉・卵・鶏肉を食べ、コーヒーの替わりに茶を飲んだという。[69]「食物は中国の基準では良いものだったが、いつも変わらぬ脂っこい豚肉やサツマイモ・モヤシ・米といった食事は、米国人にとって食の進まないものだった」というシェノールトの回想も、国外からの食材調達が困

表4　1944年8月31日雲南省内招待所配給食糧一覧

単位は牛肉・豚肉がポンド、鶏肉・バナナが個、その他は市斤
下段は配給量を人数で除した数値

所別	人数	肉類			鶏卵	野菜	果物			小麦粉	砂糖	食塩	ラード
		牛	豚	鶏			ナシ	モモ	バナナ				
昆明 第一	500	251 0.50	603 1.20		4000 8.00	1559 3.12	183 0.37	233 0.47					116 0.23
昆明 第二	315	189 0.60	369 1.17		2448 7.77	808 2.57	90 0.29	116 0.37					48 0.15
昆明 第三	1194	621 0.52		122 0.10									63 0.05
昆明 第四	658	584 0.89	317 0.48		5876 8.93	1460 2.22		392 0.60					75 0.11
昆明 第五	975	471 0.48	526 0.54		5900 6.05	1189 1.22		210 0.22		593 0.61	800 0.82	30 0.03	70 0.07
昆明 第六	1228	703 0.57	100 0.08		5376 4.38	2062 1.68		807 0.66		273 0.22	182 0.15	2 0.00	70 0.06
昆明 第七	615	350 0.57			3668 5.96	1179 1.92				220 0.36	158 0.26	32 0.05	91 0.15
昆明 第八	161	228 1.42			700 4.35	318 1.98	71 0.44			85 0.53		7 0.04	33 0.20
昆明 第九	271	579 2.14			3025 11.16	917 3.38	183 0.68			305 1.13	154 0.57	13 0.05	
昆明 第十	1335				9600 7.19	3705 2.78	833 0.62			1200 0.90	387 0.29	70 0.05	
昆明 第十一	156	98 0.63	120 0.77		1400 8.97								87 0.56
空港 食堂		121			4500	314				122	88	13	60
楊宗海	218	187 0.86	185 0.85		1000 4.59	187 0.86	50 0.23			76 0.35	87 0.40		23 0.11
呈貢	2035	1354 0.67	610 0.30		9379 4.61	3303 1.62	333 0.16	277 0.14		814 0.4	132 0.06	15 0.01	
羊街	1299	469 0.36	869 0.67		5556 4.28	2505 1.93		318 0.24	200 0.15	789 0.61	395 0.30	35 0.03	132 0.10
霑益	608	651 1.07	675 1.11		5400 8.88	1460 2.40		300 0.49		675 1.11	388 0.64	30 0.05	
楚雄	129	43 0.33			70 0.54	17 0.13				3 0.02	23 0.18		
雲南駅	1472	849 0.58	365 0.25		6254 4.25	1457 0.99		225 0.15		887 0.60	360 0.24	36 0.02	114 0.08
陸良	680	1628 2.39	696 1.02		13745 20.21	3735 5.49				1383 2.03	787 1.16	55 0.08	326 0.48
総数	13893	9376 0.67	5435 0.39	122 0.01	87897 6.33	26175 1.88	910 0.07	3711 0.27	200 0.01	7425 0.53	3941 0.28	336 0.02	1421 0.10

難な状況を示すものだろう。(70)

中でも特に、嗜好品は不足しがちだったようだ。ヒマラヤ越えの空輸量割り当てを巡るスティルウェルとシェノールトとの対立は、一義的には前者のビルマを目指す地上作戦と、後者の中国を基地とする航空作戦との優先順位が焦点であった。しかし、スティルウェルの参謀将校達が毎月給与の中から七ドルずつ出し合い、重慶の戦域本部に在る食堂へ米国製の缶詰食品やビール・タバコ等を取り寄せていたため、いつも彼等によって輸送機が徴発されており、中国航空機動部隊は石鹸・かみそりの刃・煙草の供給を、二〜三カ月も受けられないことがあったとシェノールトは不満を述べており、(71)他方でスティルウェルも輸送の困難を理解せぬ非現実的な要求の例として、缶ビールが十分に行き渡らないという不満を挙げている。(72)羊街招待所では各人が一カ月に買えるのは、煙草二〜三カートン、マッチ・チューインガム二〜三ダース、歯磨き粉・石鹸といった程度で、チョコレート等の菓子類はなかなか手に入らなかったという。(73)但し、シェノールト等はブランデー・ウィスキー・ジンといった洋酒や煙草を楽しんでいたようで、(74)桂林に駐留する第一四航空隊のために煙草を調達することもあった。(75)第一四航空隊の成立後、帰国した元隊員のグラント・マホーニー（Grant Mahony）は、カリフォルニア州バレホに住む母に頼んで、ネスカフェ＝コーヒー五缶を集めて発送したが、これも無事に約一カ月で昆明のシェノールトを経て、マホーニーが隊長を務めた衡陽の第七六戦闘機大隊に届けられている。(76)

戦時下の食糧不足に関しては、言うまでも無い。元来決して豊かとは言えない雲南・貴州・四川の西南三省に、無数の避難民と政府各部門・軍隊が集中した上に、数万人の米国軍人が駐留していたのである。そのためもあってか、シェノールトは自ら食材を調達することに努めたようだ。昆明滞在中に狩猟を楽しむことが多かった彼の食卓には、しばしばビルマガチョウ・アヒル・ハト・キジ・カナダヅル等の獲物が上った。ティールダックの照り焼きとブラック＝コーヒーは、「生涯で最も美味な朝食」であったと彼は言う。また、故郷ルイジアナの友人達から毎年送られてくる缶詰のカキを使って、「とびきり上等のハト肉パイ」を調理したこともある。更には、自ら庭で育てたオクラでスープを作ったり、彼の好物であるコショウやチリソースを宋家の三姉妹から送られたりもしている(77)。羊街招待所では肉の供給が追いつかないことが多く、鶏・鴨・バター・チーズ・ジャム等は滅多に食べられず、自家製のパンが足りない時はマントウで代用せざるを得なかった。そこで、第一四航空隊の隊員達はシェノールトと同様に、自ら山や川で狩猟・採集を行ない、ヤギ・イノシシ・ノガモ等を収穫している。また、湖北省老河口では現地住民が自らは粗製の小麦粉や雑穀等を食べて、航空部隊の隊員達には上等の小麦粉や米を食べさせ、更に鶏・卵や新鮮な野菜・果物・魚・エビを集めて廉価で供給したという(78)。

この様な食糧不足に大戦末期のインフレが追い討ちをかけ、戦地服務団は中国政府から供給される運営資金が大幅に不足し、一九四四年一〇月末には昆明地区で四二〇〇万元の赤字が出ていた(79)。そこで戦地服務団は、独自に農場を経営してトマト・ジャガイモ・タマネギ・カリフラワー・トウモロコシ・ニンジン・イチゴ等を生産したほか、消費合作社を組織して共同で物資を調達することにより経費節減に努めた(80)。表5は一九四五年二月二八日の昆明・成都における、食糧・燃料等の戦地服務団合作社価格と市場価格とを対比したものである(81)。

一九四五年二月二〇日に黄仁霖は四川省梁山招待所から、砂糖五〇〇〇斤、小麦粉三〇〇袋、石鹸一〇〇箱を戦地服務団合作社が代理購入するよう依頼を受けた(82)。しかし、合作社を通じた食糧調達も容易ではなかったようで、二二日には合作社の要請を受けて黄仁霖が糧食部民食供応処に対し、①昆明地区②貴陽・黄平③重慶・白市駅には接待すべき米国軍人が、それぞれ二万余人・五〇〇余人・約七〇〇人おり、小麦粉が極めて欠乏しているので、至急四〇〇〇袋・三五〇袋・五〇〇袋を供給するよう要請した。重慶市の小麦粉の生産量には限りがあり、軍隊や各機関への

表5　1945年2月28日昆明・成都食糧燃料等合作社・市場価格対照

単位は国幣

品目	単位	昆明		成都	
		合作社価格	市場価格	合作社価格	市場価格
牛　肉	市斤	350	480	122	150
豚　肉	市斤	485	580	233	250
鶏　肉	市斤	780	850	250	300
鶏　卵	個	36	38	20	23
ラード	市斤	800	850	272	333
トマト	市斤	72	106	／	／
キャベツ	市斤	60	77	38	40
ネ　ギ	市斤	72	75	45	45
セロリ	市斤	50	50	25	45
ホウレンソウ	市斤	57	65	30	40
カリフラワー	市斤	77	85	70	75
ニンジン	市斤	77	120	16	25
カ　ブ	市斤	44	70	20	25
ハクサイ	市斤	43	45	16	18
ジャガイモ	市斤	70	90	／	／
サツマイモ	市斤	55	60	10	22
ミカン	市斤	225	266	45	100
米	市斤	163	163	128	128
豆	市斤	154	170	／	／
一級小麦粉	袋	15,000	18,000	4,500	4,730
三級小麦粉	袋	12,000	16,500	3,650	4,440
一級砂糖	市斤	1,800	2,200	350	380
三級砂糖	市斤	1,330	1,500	／	／
食　塩	市斤	50	52	81	85
醤　油	市斤	80	95	64	80
石　鹸	箱	4,400	6,500	8,000	9,600
コークス	トン	65,000	72,000	48,000	56,000
木　炭	市斤	24.25	33.25	22	25
薪	市斤	12	17	8.50	14

供給にも不足をきたしていたにも拘らず、この要請に同処は応えて三月には小麦粉が配給されたが、重慶・白市駅で更に米国軍人が激増したため、四月には供給量を七〇〇袋に増やすよう合作社が再び求めている。(83)また、合作社が米軍用に毎月必要な紅茶四〇〇斤と緑茶一〇〇斤を購入する際にも、黄仁霖から業者に売却を依頼するよう要請された。(84)この他、湖南省芷江招待所には常時五〇〇余人の宿泊者が有り、毎月必要な七〇〇斤の食塩を調達するのに、やはり財政部塩政局から湖南塩務管理局・芷江分局に売却を指示するよう、黄仁霖が依頼せねばならなかった。(85)

この様な戦地服務団の苦労を知ってか知らずか、シェノールトは次の様に述べている。(86)

米国人の食事を賄うのは、中国人にとってたいへんな仕事だった。平均的な中国人は南方なら米飯を、北方なら麺類を主食としている。これらの主食に味わいを添えるのが若干の野菜で、祝い事の際に少量の肉が加わる。ほとんどの中国人家庭が一年に食べるよりも多くの肉を、米国人は一度の食事で食べていたのだ。結局、第一四航空隊の食事を賄うために屠殺される家畜の枯渇が深刻になった。鶏卵は主要な食品だったが、毎朝二〜三個の卵を平らげる米国人に、中国の鶏が追いつかなかったのである。

昆明一帯だけでも二万人程の米国軍人が駐留しており、毎日八万個の鶏卵（鴨卵では代用不可）と一〇〇頭近くの牛が必要で、食用家畜の不足が深刻になった。(87)そのため、食肉用の牛が足りなくなると水牛の肉を用い、それすらも不足するとヤクの肉が供されたが、絶妙の飼育・調理法によるものか、米国軍人達は違いに気づかなかったという。(88)

中国を守る戦争のためにこそ、将兵にあくまでも一定水準の栄養を供給するよう求める米軍と、戦争の故にこそ食糧不足・インフレに悩む中国において、なんとかそれに応えようとする戦地服務団との間で、相互に不満が生じることは避けられなかった。また、地球の裏側にいても故郷の味を求める米国軍人達には、この機会に世界に冠たる中国料理を賞味しようという発想も無かったらしい。その結果として、ヤク肉料理という珍妙なメニューが考案され、とりあえずは双方が一定の満足を得ることもあったのだ。

四　恥はかき捨て——余暇

健全かつ正当な娯楽

米国軍人達に適切な娯楽を提供する必要は当初から認識されており、招待所には娯楽室を設けて英語の書籍・雑誌を備え、また各種運動場も附設されていたことは、既に述べた通りである。早くも米国義勇隊の昆明到着に先立って、ソフトボール・テニス・バレーボールのチームを作るため、ボール・バット等の用具が集められ[89]、シェノールト自身も狩猟やバドミントン・野球等に興じた[90]。尚、米国正規軍への編入を前に昆明の米国義勇隊本部は、重慶の米国大使館情報部から国内のスポーツ情報等、様々なニュースの提供を受けることになっている[91]。

また、映画上映設備の有無が先遣隊司令官ウィリアムズに問い合わされ、装置は有るものの上映すべきフィルムが無いとの回答に対して、映画フィルムを昆明に空輸することが計画された[92]。その後、『ゾラの生涯』（*The Life of Emile Zola*, 1937）・『風と共に去りぬ』（*Gone with the Wind*, 1939）・『レベッカ』（*Rebecca*, 1940）・『哀愁』（*Waterloo Bridge*, 1940）・『カサブランカ』（*Casablanca*, 1942）・『ラインの監視』（*Watch on the Rhine*, 1943）・『自由への闘い』（*This Land Is Mine*, 1943）・『キューリー夫人』（*Madame Curie*, 1943）・『世紀の女王』（*Bathing Beauty*, 1944）といった近作・新作が空輸され、昆明・重慶等の招待所で上映されたという[93]。

戦地服務団の活動にも、娯楽の提供が含まれていた。例えば、『戦地服務団日記・公報』（*WASC Diary and Bulletin*）と題した、日刊英字新聞を発行して各招待所に配布し、また中国に関する小冊子を出版した。更に、林語堂・朱友漁・梅貽琦といった学者の講演会や、音楽会・中国語教室・美術展覧会を催し、両国の祝日には現地の公共団体が米国軍人を招いて中国式の宴席を設けたり、演劇を鑑賞したりといった懇親活動が行なわれている。(94)

中国当局・市民による度重なる歓待も、米国軍人達にとっては一種の娯楽の機会であった。米国義勇隊は昆明到着後間も無く、一九四一年一二月二〇日に日本の爆撃機一〇機と初めて交戦し、一機を除き撃墜した。一九三八年九月二八日の第一次空襲以来、昆明に爆撃を繰り返してきた日本の航空部隊を初めて撃退したことに対して、現地の人々や中央政府は再三表彰や贈答という形で謝意を表している。(95) 早くも当日夜には中国側により感謝の宴会が開かれ、二三日には戦闘に参加した一四人の飛行士が龍雲の列席の下で勲章を受け、(96) 二四日にも基地で祝賀式典が催されて昆明市長と市民が隊員達に勲章を贈呈した。(97) 二九日には中国側によりクリスマス＝パーティーが開かれ、中国式の乾杯で酔いつぶされる隊員も少なくなかったという。(98)

翌年四月二日には龍雲が米国義勇隊を公邸の中国式夕食会に招待し、(99) 四日の児童節には雲南省婦女連合会児童部が昆明第一招待所を訪問して、縁取りを施した旗と花壺を贈っている。(100) 五日には三民主義青年団雲南支部が華僑難民児童救済のため、米国義勇隊と昆明選抜チームを招いて、昆明市金碧路の海関球場でバスケットボールの試合を催した。(101) その後、隊員達は桂林・衡陽でも当局・市民から歓迎宴に招かれ、(102) 米国義勇隊の解散された七月四日には、国民政府主席林森が重慶の公邸で晩餐会を開き、シェノールト等を招待している。(103)

中国機動部隊に改組された後も、八月に日本の航空部隊を撃退したことを祝う宴会が雲南駅で開かれたり、(104) 一一月に白市駅で感謝祭を祝う活動が行なわれ、戦地服務団からコニャック等が贈られたりした。(105) 一二月一〇日には新生活運動促進総会婦女指導委員会が一七九枚の毛布を、昆明市内の米国空軍病院に寄付している。(106) 第一四航空隊の成立一周年記念日には雲南省民代表が、牝牛一頭・酒一〇〇甕・豚三頭を贈呈し、また米国の祝日や戦闘の後には全国各地に駐屯する分隊が、絹の記念肩章等の贈物を受け、日本軍の侵入が一時的に阻止された桂林では、商人達がトラック何台分もの象牙・絹・玉・漆器等を郊外の基地に送り届けた[107]。

中国軍人との間で、個人的な友情が育まれることもあった。シェノールトは湖南省主席薛岳と特に馬が合い、体格の違いから二人は各々「大虎（Big Tiger）」・「小虎（Little Tiger）」と称され、シェノールトからはケンタッキー＝バーボンや米国煙草を、薛岳からは湖南椎茸を互いに送り合うようになり、薛岳はこの強いコーンウィスキーを弱い中国米酒より好んだという[108]。また、酒豪で知られた薛岳やその参謀達と飲み比べをして勝ち、じゃんけん遊びでも勝ったと自慢する米国軍人もいた[109]。

しかし、首都や省都以外の地方都市に駐屯する米国軍人達には、必ずしも十分な娯楽が提供されていなかったようだ。雲南省霑益に一人で駐在していた米国義勇隊通信士スコットは、『祈禱書』（*The Book of Common Prayer*）・『七破風の家』（*The House of Seven Gables*）・『ロビンソン・クルーソー』（*Robinson Crusoe*）・『共産主義論』（*A Debate on Communism*）から、シェークスピアやトルストイ、果ては中学英語教科書に至るまで、英語で書かれたものなら何でも熟読し、地元の米国留学経験を持つ医師や中英混血の妻を持つ軍人から、英語の書籍・雑誌を借りることを期待せねばならなかった。一九三五年発行の雑誌が三～四カ月前の「新刊」と同様にありがたく、連載物を途中から読み始めるのはともかく、「次号に続く」には閉口させられたという[110]。中国航空機動部隊の隊員達は娯楽に飢えており、映画フィルムは有っても音声装置の無い所では、無声映画の俳優の唇を見て台詞を読み取ろうとした[111]。

上述の通り娯楽施設の無い羊街招待所では、一週間あるいは一〇日に一度の割合で昆明本部から訪れる巡回演出隊が、広場で露天映画会を催すのが主な娯楽で、それも雨や風で中止されることがあった。また、二週間に一度だけ食堂で慰問宴会（中国語で「打牙祭」）が開かれ、その時だけは飲酒に制限が設けられなかった。その他、正午と夕方に赤十字の老婦人がしわがれ声で、虫除け薬を使えとか予防接種を受けろとか、髪を切れとか洗えとかいった衛生上の注意を放送したが、流される音楽は「ラ・マルセイエーズ」（La Marseillaise）と「哀愁」（Waterloo Bridge）だけだったという。[112]

不道徳な、しかし必要な娯楽

米国軍人達は必ずしも上述の様な準備された娯楽に満足し、大人しく日々を過ごしていたわけではない。早くも一九四一年一一月に米国義勇隊の先遣隊員が、昆明に到着して間も無く問題を起こした。中国側の報告は、以下の様に述べる。[113]

> 米国義勇隊の人員には、いつも招待所で酒に酔っている者がおり、しかもそれだけではない。しばしば彼等は街でひどく酔い、ある者は全く正気を失って、料理人の肉切り包丁を手に取り、それである女性を殺そうとしたが、幸いにも他の者に止められて、危害を加えるには至らなかった。無茶苦茶な車の運転をする者もいる。

しかも、四人が招待所の寝室に女性を連れ込んだことにより、先遣隊司令官のウィリアムズから二五ドルの罰金を課された。[114]やがて、第一招待所に限り許可を得た外来者の宿泊が可能になり、その場合は戦地服務団に料金を支払うべきことが定められている。[115]招待所のバー・売店も営業時間は午後四時から九時まで、酒類の販売は午後六時から九時までに限定され、[116]午後一〇時から午前六時までは大声で話したり歌ったりすることを禁じる、「静寂時間（hours of silence）」とされた。[117]

しかし、彼等が招待所の外で余暇を過ごすこと自体は認められていた。昆明第一招待所と飛行場（及び第二招待所）は、いずれも市街地を挟んで郊外に位置していたため、交替人員の到着に片道三〇分を要し勤務効率の低下を招くことを、米国義勇隊の昆明到着前からシェノールト等は懸念していた[118]。しかし、これは隊員達にとって別の問題、即ち勤務終了後に市街地へ遊びに出るのが困難であることも意味する。それ故、一九四二年一月三日から毎日午後三時に、第一招待所から市街地へ向かうバスが運行されることになった[119]。そして、これでは恐らく不便かつ不十分だったのだろう、二二日からは毎晩七時三〇分から一一時三〇分まで一時間おきにバスが第一招待所を出発し、市街地を経て第二招待所に到着すると、同じ経路を辿って第一招待所へと戻ることになった[120]。更に三月一五日には、毎晩五時から一一時まで一時間おきにバスが第二招待所を出発し、第一招待所との間を往復するというスケジュールに変更されている[121]。

一九四二年当時、昆明市内には二軒の西洋食堂が有り、一つは「むさ苦しい所」で、今一つは「まずまずだが値段は法外に高い」とされ、また南屏大戯院・昆明大戯院という二館の映画館は、米国映画を中国語字幕つきで上映していた[122]。一九四二年一月、昆明市内のヨーロッパ＝ホテル（Hotel De L'Europe）やＹＭＣＡへの、米国義勇隊員の立ち入りが禁止されたのは、幾人かの隊員の問題行動によるものらしい[123]。第一四航空隊成立後も、昆明市政府・警察当局から米国領事館に対して、米国軍人が市街地の狭い道路で制限速度（時速一八キロメートル）を遵守せず、歩行者や他の車両に衝突する事故が発生したり、深夜に人気の無い街路を練り歩いたりしている旨が通告された[124]。また、昆明郊外でジープに乗った米国軍人が、若い女性を拉致・強姦した事例も有るという[125]。

やはり最大の問題は、女性と接触する機会の少なさだったようだ。米国義勇隊の解散と米国正規軍への編入に際して書かれた隊史では、戦地服務団が「快適な宿舎や娯楽施設、そして素晴らしい米国式食事」を事実上無料で提供したことに、「全ての隊員が感謝している」と述べながらも、「唯一の難点は異性との交際が無かったことで、隊員達は米国で楽しんでいたダンスや娯楽・休息を懐かしんだ」と率直に記している[126]。米国義勇隊の到着当初から昆明第一招待所には、戦地服務団によって臨時郵便局が設けられており、[127]中国航空機動部隊の時代には天候不順のためヒマラヤ越えの輸送が困難で、三週間も故国からの来信が途絶えると、部隊の士気が著しく低下した。[128]羊街では故郷からの手紙が月に一度届くだけでも運の良い方だったという。[129]米国軍人達が地球の裏側の異郷で、孤独を感じていたことは想像に難くない。

恐らくはそのためであろう、中国女性と親しくなって米国へ連れ帰ろうとする、幾人かの「フレッド」が彼等の中にはいたようだ。米国義勇隊員達が昆明駐在米国領事館に、外国人の市民権取得の可能性を問い合わせたのに対して、領事トロイ・パーキンス（Troy L. Perkins）が以下の様な回答をシェノールトに寄せている。[130]

> 我国の国籍法によれば、外国人の米国市民との結婚は、その外国人に米国市民権を与えるものではない［原文も下線］。外国人が米国市民になるためには、定住目的で（一時滞在者としてではなく）合法的に米国へ入国を認められ、法律の定める方法で帰化せねばならない。（中略）市民権を得るためには、白人・アフリカ系のいずれか、あるいは両方の血が優勢でなければならない。白人・アフリカ系のいずれか、あるいはその両方とは異なる血が半分を越える者は、市民権に不適格な者と見做される。日本人・インド人は自由白人ではないと、最高裁判所は判断を下している。中国人の帰化は、明確に成文法で禁じられている。（中略）以上は貴下自身、及び本件に関心を持つであろう貴下の組織の成員に対して、個人的情報として提供されるものである。しかしながら、本書簡を公に掲示・引用されぬよう希望する。

また、昆明や桂林の娼館に出入りする者もおり、その結果として少なからぬ隊員が性病に感染し、勤務に就くことができなくなった。[131]対策を採ることを余儀なくされたシェノールトは、医療人員をインドに派遣して健康な一二人のインド人娼婦を選び、ヒマラヤ越えで昆明に輸送すると共に、一人の将校に桂林から一三人の娼婦を輸送機で昆明に運ばせ、第一四航空隊の軍医による衛生管理の下で、隊員専用の娼館を開設したのである。彼は、「兵隊たちには、あれはなくちゃならんしね、彼らにしたって汚いよりは清潔なほうがましってもんさ」と述べたという。しかし、これを知ったスティルウェルは一九四二年六月二一日、中国・ビルマ・インド戦域第十空軍司令官のルイス・ブリアトン（Lewis Brereton）に、「中国に婦人をよこすな」と打電し、結局この娼館は閉鎖されることになった(132)。

なお、招待所の中国人職員が米国軍人の意を汲んで、女性を斡旋した例も有る。一九四五年七月四日、四川省広漢第一招待所で米国独立記念日の音楽会が催された際、同招待所の主任が成都で十余人の女性を集め、「音楽会が終了した後、女性一人ずつが六〜七人の米国軍人と共に、田畑の中やテントの中へ入っていき、人間性を失うような多くの事を行なったと、現地の農民や警備の兵士が称した。」八日には広漢第四招待所で舞踏会を名目に数人の女子学生を呼び、「人道や国家の品格を失わせる事」が行なわれたという。そのため、米中両国の記念日に招待所で行なう各種活動は、参加する女性の氏名・年齢・職業・住所と共に当局へ事前に届け出させ、女性の宿泊を禁止すべきことが提言されている(133)。

総じて言えば、米中双方共に当局は在華米国軍人達に様々な「暇つぶし」の機会を与えるよう努めていた。その内容は概して、戦地服務団の標語である「賓至如帰（A home away from home）」の通り、米国軍人達が故郷で享受していた娯楽を、可能な限り異郷で再現しようとするものであった。彼等を「賓客」として歓待し、中国文化を紹介しようとした場合も有るが、その結果として米国軍人の関心を呼び理解を深めた例は、あまり多くないように思われる。むしろ、招待所という擬似米国とも言うべき空間に、彼等を囲い込むことによって、その余暇をも可能な限り当局の監視下に置き、戦闘集団としての規律を維持しようという意図が有ったようだ。

しかし、個人としての在華米国軍人達が、その様な当局の意図に必ずしも従わなかったことは、既に見た通りである。殊に、青年男子の集団である軍隊に、長期にわたり女性との接触を禁じることが、困難であるのは言を俟たない。故に、性病の蔓延による戦闘力の低下を避けるべく、当局側が採り得た現実的な解決方法が、「不道徳な」娯楽をも「健全な」ものにすべく、管理下に置くことだったのである。

五　ホストとゲスト

俺のおごりだ

盧溝橋事件から四年半にわたり単独で日本と戦ってきた中国にとって、米国という盟友を得たことの戦略的意義は計り知れぬほど大きかった。米国義勇隊の運営に要した費用が総額八〇〇万元（人件費三〇〇万元・装備費五〇〇万元）で、当初の予算を超過したことに関して宋子文が、「米国義勇隊は中国が今までに行なった、最も堅実な投資だった」と述べたのは、それを如実に物語っている。[134]そして、中国側は基本的に在華米軍の中国駐留費用を、可能な限り負担しようとしたのである。米国義勇隊員達の宿泊・食事・洗濯等の費用は当初、中国当局が負担する予定であったが、シェノールトの主張により各人が一日一米ドルを支払うことになった。[135]次第に米国正規軍が中国に到着し始めると、彼等も戦地服務団の経営する招待所に収容されたが、黄仁霖は一九四二年三月一四日に、米国義勇隊員が優先的に招待所を利用できるものと定め、利用料も従来通り一人一日一米ドルに据え置き、その他の利用者は許可を得た後に八〇元で食事・宿泊できるとされた。[136]米国義勇隊が正規軍に編入された七月四日以後、この金額は八五元に改定されたが、[137]同年一二月一日からは蔣介石の意向により、戦地服務団の経営する招待所での米国軍人の食事・宿泊は全て無料となった。しかし、在華米軍の規模が拡大したため一九四四年三月一日に、食事・宿泊は中国政府の資金により戦地服務団が提供するものの、招待所の設備・修繕・部品交換は米軍が責任を負うことが合意された[138]。

そして、この様な中国側の態度が米国側を戸惑わせたのである。戦争終結後に行なわれるべき武器貸与法援助の最終決算に際して、中国側がこれらの費用を請求してくるだろうと米軍当局は予測した。しかも、インフレの高進と物価の上昇により、その金額は米国が中国に供与した金額を上回ることも懸念されたのである。これは、戦地服務団の記録が米国側に開示されず、また中国側が常に在華米軍は彼等の「ゲスト」だと言うものの、「米国人はホテルに泊まる場合の様に費用を支払うべきゲストなのか、それともホストを務める個人の住宅に招かれた場合の様に、費用を支払う必要の無いゲストなのか」を明言しなかったことによる[139]。例えば、一九四三年一月一日に戦地服務団は米軍当局に、前年七～一一月分の宿泊・食事費用二六九万七四七五元の請求書を提出したが、実際に支払いが為されると、その受け取りを拒んだのである。その後も米国側は度々、戦後に未払いの負債を残すことを避けるとともに、衛生基準や食事の質・量といった重要事項に対して、米軍当局が関与する根拠を得るため、費用の支払いに関する契約の締結を申し出たが、中国側は「在華米軍は中国のゲストである」という原則に基づき、これを一貫して拒絶し続けた。その結果として上述の通り、戦地服務団は無償で宿泊・食事の提供を続けるが、米軍が招待所の建設や食堂設備の交換、そして衛生設備の検査に要する経費を負担することになったのである[140]。

米国義勇隊が正規軍に編入されてから米軍が帰国するまでの四年間、招待所の利用状況と運営費用は表６の通りである[141]。

この三三八億三四二万五七六八元三角四分は、一米ドル＝二〇元という公定為替比率に従えば、ほぼ一七億六六一九万五〇〇〇米ドルに相当する[142]。だが、この様な中国側の提示する数字に対して、米国側は戦時中から懐疑的だった。財政部長孔祥熙は一九四四年四月一九日に、財務長官ヘンリー・モーゲンソー（Henry Morgenthau, Jr.）に対して、中

表6　戦地服務団招待所利用・費用状況

年／月	月別宿泊人数	1日平均宿泊者数	費　用（国幣）	1人1日当り費用
1942/07	14,037	453	1,498,993.52	106.79
1942/08	24,007	774	2,639,846.89	109.96
1942/09	25,043	834	2,769,629.67	110.59
1942/10	26,734	862	3,060,656.75	114.46
1942/11	29,250	975	3,378,526.85	115.51
1942/12	31,093	1,003	4,007,612.83	128.89
1943/01	34,720	1,120	4,517,107.62	130.10
1943/02	35,812	1,279	5,548,793.04	154.94
1943/03	51,646	1,666	7,219,872.86	139.78
1943/04	67,200	2,240	9,081,043.94	135.13
1943/05	84,537	2,727	11,652,521.06	137.85
1943/06	87,300	2,910	15,717,890.22	180.04
1943/07	98,946	3,194	24,520,766.19	247.82
1943/08	125,423	4,046	29,270,802.07	238.96
1943/09	146,585	4,869	36,594,260.79	249.64
1943/10	196,436	6,339	50,139,015.59	255.24
1943/11	228,462	7,616	63,275,895.85	276.96
1943/12	255,237	8,233	77,731,654.96	304.55
1944/01	295,320	9,526	91,875,565.93	311.11
1944/02	322,527	11,122	114,701,905.13	355.64
1944/03	375,276	12,106	155,435,767.43	414.19
1944/04	403,407	13,446	182,110,616.47	451.43
1944/05	535,432	17,272	252,458,372.01	471.50
1944/06	615,625	20,521	282,161,129.45	459.33
1944/07	690,368	22,270	317,404,449.42	459.76
1944/08	723,674	23,344	345,298,697.40	477.15
1944/09	775,738	25,858	403,434,673.49	520.06
1944/10	861,861	27,802	492,386,425.43	571.31
1944/11	819,511	27,317	535,101,865.86	652.95
1944/12	902,209	29,104	617,436,660.65	684.36
1945/01	1,105,457	35,660	771,959,086.81	698.32

1945/02	955,573	34,128	885,084,997.82	926.23
1945/03	1,153,505	37,210	1,531,983,266.26	1,328.11
1945/04	1,244,238	41,475	1,846,250,490.30	1,883.84
1945/05	1,433,793	46,251	2,700,210,669.43	1,883.27
1945/06	1,447,560	48,252	3,319,645,204.35	2,293.27
1945/07	1,624,292	52,397	3,626,914,961.22	2,232.93
1945/08	1,658,934	53,514	4,234,655,311.65	2,552.63
1945/09	1,971,218	65,707	4,054,171,963.78	2,056.68
1945/10	1,119,449	36,111	2,519,362,210.85	2,250.54
1945/11	494,583	16,484	1,199,704,524.58	2,425.71
1945/12	232,686	7,506	466,882,004.11	2,006.49
1946/01	83,713	2,700	206,080,729.48	2,461.75
1946/02	81,564	2,913	193,134,293.89	2,367.89
1946/03	62,039	2,003	195,134,967.42	3,142.62
1946/04	55,673	1,856	401,200,245.14	7,206.37
1946/05	67,147	2,166	870,046,063.50	12,957.33
1946/06	66,109	2,204	637,873,758.38	9,648.82
総　計	23,741,003		33,803,425,768.34	1,423.84

国政府は既に一〇〇億元以上を在華米軍のために費やしており、その内訳は空港建設費が約八〇億元、兵舎建設費が約四億元、戦地服務団経費が約一五億元、物資輸送費が四億元、米国当局の要求に基づく道路修繕費が約六億元で、上記の公定為替比率に従えば約五億米ドルであると述べた。そして、一九四四年六月三〇日に終了する予算年度に、二〇億元を費やしたと中国側は主張する。しかし、一九四三年八月に黄仁霖が米国上院委員会に報告したところによると、同年七月一日までに要した費用は五八〇〇万元であり、これに基づくならば物価上昇を考慮に入れても、同年七月一日から翌年七月一日までの費用は約一五億元にすぎない。とはいえ、戦地服務団の会計帳簿は蒋介石の許可を得ねば検査ができないので、この数字が正確であるか否かは不明であり、また在華米軍が「ゲスト」である以上、あまり強く会計検査を要求するこ

ともできなかった。そして、この点こそが恐らくは狙いだったのだろう、一九四四年一月二一日にローズヴェルトが、在華米軍の経費を全て米国側が負担することを申し出たのに対して、蔣介石は米軍の駐留費用を肩代わりする見返りに、翌年度の軍事予算の赤字を埋め合わせるべく、一〇億米ドルの借款を米国が供与し、更に宿泊・食事費用も含めて米軍経費に関する、「逆武器貸与（Reverse Lend Lease）」を認めるよう要求した。[143] つまり、在華米軍のための費用負担を誇張することにより、中国側が武器貸与法援助による負債を帳消しにしようとしているのではないかと、米国側は懸念したのである。その当否は明らかでないが、どうやらもう一つの側面が有ったようだ。

俺の顔を立てろ

米国義勇隊の昆明到着に先立って、三五人の通訳人員が準備されており、[144] その後も戦地服務団によって合計二四三六人の通訳が、在華米軍のために養成された。[145] 一九四三年六月五日、第六期幹部訓練班の卒業式典において、黄仁霖は次の様に述べている。[146]

以前に我々の幹部訓練班を卒業した学生で、同盟軍に派遣されて勤務している者の中には、少数ながら自己の立場を弁えず、国家の体面を省みないものがいる。言い換えれば、自己の人格を省みず、国家の品格を省みず、待遇が悪いだの、生活が苦しいだの、食事が悪いだのといったことを外国人員に訴え、相手の同情や援助を得られるかもしれないと思っているのだ。より少数ではあるが、我々に「待遇改善を」要求してくれるよう、外国人員に頼み込む恥知らずな輩もいる。諸君には考えてみてほしい。この様な行ないが、外国人の軽蔑を招かないはずがあろうか。これはなんと悲しいことだろう！

「強く豊かな米国」が「弱く貧しい中国」を支援するという、彼我の国力の格差は否定しようのない厳然たる事実であり、その様な状況下で上は蔣介石から下は運転手や雑役に至るまで、数多くの中国人が米国との関係を利用して「私服を肥やす」のに腐心したことは、既に指摘されている通りである。[147]米軍が中国に持ち込む物資は、度々横領・横流しの対象となった。米国義勇隊の昆明到着に先立って、シェノールトは宋美齢に中国人運転手・技師の給料を上げねば、彼等は生活のために盗みを働かざるを得ないと指摘している。[148]実際に、ビルマから米国義勇隊のトラック隊が運んできた銃の箱は、昆明到着時には空になっていたのである。[149]更に、一九四二年一月九日から三月一一日にかけて昆明で、少なくとも二一回にわたり米国義勇隊の通信用電線が盗まれ、調査の結果として盗難の実行犯五人が銃殺、それを購入した八人が収監された。[150]貧しい彼等にとって在華米軍の存在意義は、軍事的である以前に経済的なものだったのである。

しかし、それと同時に「並肩作戦」という語が頻用されたことが示す通り、米中間の軍事同盟関係の対等性を中国側は強調しようとした。一九四二年一一月一三日に重慶で、戦地服務団が新生活運動促進総会・励志社と聯席会議を開いた際の決議事項に、「本団と米国空軍との関係は以後、卑屈でも傲慢でもない（中国語で「不卑不亢」――引用者注）態度により、互いに理解して感情的にならぬようにすること」という一条が含まれている。[151]一九四四年に新生活運動一〇周年を記念して組織された、新生活運動促進総会盟軍之友社が定めた「盟軍之友須知」にも、この「不卑不亢」の語が現れる。[152]彼等が求めたのは物質的援助のみならず精神的尊敬、即ちホストとしての面子だったのである。黄仁霖は招待所における米軍接待に用いられた物資・経費の統計図表を、戦地服務団美術股に命じて作成させ、スティルウェル、ウェデマイヤー、マーシャルや、大統領特使ウェンデル・ウィルキー（Wendell Lewis Willkie）、駐華大使パトリック・ハーレー（Patrick Jay Hurley）等に示したという。[153]また、本稿で度々引用している、“A Graphic Report of Four Years, Service to the USF Personnel in China by the War Area Service Corps, National Military Council, China,

July 4th 1942 - June 30th 1946," という資料は、一九四七年に黄仁霖がマーシャルに招かれて訪米し、大統領ハリー・トルーマン（Harry S. Truman）に会見した際、戦地服務団の実績を説明するために作成した一五枚の図表から成るものである。[154] この際、自身がホストとして果たした役割を強調することが意図されていたのは、言を俟たない。

これに対しては、米軍側も度重なる中国側の駐留費用受け取り拒否を、彼等が「評判（publicity）」を求めているためであるから、在華米軍が雇い主や「上役（boss）」の様な顔をして、相手の機嫌を損ねるべきではないと、一定の理解を示している。[155] この点でも、いわゆる指揮権問題を巡るスティルウェルの解任と同様、米国は中国の顔を立てねばならなかったのである。[156]

おわりに

親友であった薛岳の率いる中国軍兵士の生活状況を、シェノールトは次の様に描写している。[157]

ほとんどの兵士は農家出身の少年で、裸足に冬は綿入れ、夏は薄手の綿布を身にまとっていた。主に米を食べ、時々は野菜も有るが、ひどい栄養不足で、容易にマラリア・黄疸・壊血病・赤痢・コレラの餌食になる。戦場での台所は、竹竿に吊るした黒い鉄のヤカンである。戦闘に入る時は、長いボローニャ＝ソーセージの様に肩に吊るした小袋の乾飯が、彼等の主要な食糧であった。（中略）軍隊には、全く医療設備が無い。重傷を負った者は、ほとんどが処置を受けられずに死んだ。

これに比べれば在華米国軍人達が、まさに「贅沢な用心棒」であったことは言うまでもない。しかし、これは単なる経済水準の反映ではなかった。ある在華米軍の報告書は、中国兵が「不十分でバランスの悪い食事」のために病気と戦えないことが、中国軍の最大の弱点であり、それが度重なる米国側からの忠告にも拘らず改善されていないと述べる。そして、中国人に一般的に見られる人命の軽視、即ち傷病兵を救うよりも新兵を招集した方が安上がりだという、何世紀にもわたって培われた中国人の観念を、米国人が完全に改めさせることは不可能だと結論づけている。(158)ウェデマイヤーも、「中国では誰も〝腹がへってはいくさはできぬ〟ということを知らないようであった」上に、「多くの場合、負傷した兵士は戦場に遺棄されて、腐って死ぬまでほうっておかれた」と述べ、食糧・医療の面で中国軍に改善を促した。(159)

これと正反対を成すのが、既に見た様に将兵の身体（衛生・栄養）に執拗なまでの注意を払う、米軍の思想であることは明らかだろう。但し、それは単に個人を尊重する人権観念に由来するものではなく、将兵の健康を維持することにより、軍隊としての戦闘能力を最大化させることも意図されている。個人的娯楽までをも監視して管理可能な範囲内に限定し、集団としての規律を維持しようとしたのは、そのためである。この様な日常生活における規律と清潔を重んじる身体観・社会観は、近代西洋諸国において軍隊・病院・監獄・学校といった集団生活を通じて普及が図られ、それにより勤勉かつ健康な国民を一人でも多く養成し、国民国家の経済的・軍事的潜在力を高め、国民総動員による総力戦となる近代戦争に備えることが企図された。(160)在華米軍が中国に持ち込んだのは、米国式の生活様式・習慣のみならず、その背後に在るこの様な思想だったのである。しかし、有り余る人的資源を擁する中国においては、集団のためにこそ個人を尊重するという思想の普及は困難を極め、在華米国軍人は近代的観念の伝道師ではなく、単に「贅沢な用心棒」と見なされるにとどまったようだ。そして、物資調達の困難な状況下にも拘らず、彼等に可能な限りの供応を行なう、「寛大なホスト」としての面子を保つことに、中国側は腐心したのである。

（1）Wei Chee to T. C. Chien, 11/11/41, File 4, Box 7 (hereafter cited as 4–7), Claire Lee Chennault Papers (hereafter cited as CLCP), Hoover Institution, Stanford University.

（2）M. C. Cheng to K. H. Yapp, 11/18/41, 4–7, CLCP.　原文の "Kuan Sen Yuan" を「冠生園」に比定したことに関しては、黄麗生・葛墨盦編『昆明導遊』昆明：中国旅行社、一九四四年、一九一頁を参照。

（3）Chennault の名は日本で従来「シェンノート」と表記されることが多かったが、ここでは原音に近い「シェノールト」と記すことにする。

（4）J. L. Huang, "A Memoir of Modern China," Hoover Institution Archives, Stanford University, chap. 9, p. 11 ; Claire Lee Chennault (1949), *Way of a Fighter : The Memoirs of Claire Lee Chennault*, New York, NY : G. P. Putnam's Sons, p. 238.

（5）Richard Aldworth to Laughlin Currie, 11/18/41, AVG Correspondence & Memos, Nov., '41, Box 2, Laughlin Currie Papers, Hoover Institution, Stanford University.

（6）Chennault, *op.cit.*, p. 201.

（7）主な著作に以下のものがある。Barbara W. Tuchman (1971), *Stilwell and the American Experience in China, 1911–45*, New York, NY : Macmillan,（バーバラ・W・タックマン／杉辺利英訳『失敗したアメリカの中国政策　ビルマ戦線のスティルウェル将軍』東京：朝日新聞社、一九九六年）; Wanda Cornelius & Thayne Short (1980), *Ding Hao : America's Air War in China, 1937–1945*, Gretna, LA : Pelican Publishing ;　武育文・単富良・劉焯『陳納徳将軍伝』瀋陽：瀋陽出版社、一九九三年。

（8）Duane Schultz (1987), *The Maverick War : Chennault and the Flying Tigers*, New York, NY : St. Martin's Press.

（9）Huang, *op. cit.*, chaps. 1–7 ;　侯鳴皋「蔣介石的内廷供奉機構励志社内幕」黄仁霖『我做蔣介石『特勤総管』四十年：黄仁霖回憶録』北京：団結出版社、二〇〇六年、二三九頁。新生活運動に関しては、下記の拙稿を参照。深町英夫「林檎の後味―身体美学・公共意識・新生活運動」『中央大学論集』第二四号、二〇〇三年；同「近代中国の職業観―新生活運動の中の店員と農民」『中央大学経済研究所年報』第三四号、二〇〇四年；同「日常生活の改良／統制―新生活運

動における検閲活動」中央大学人文科学研究所編『民国後期中国国民党政権の研究』中央大学出版部、二〇〇五年。

(10) 但し、彼等は漢口の酒場や娼館に入り浸っていたという。Charles R. Bond, Jr. & Terry Anderson (1984), *A Flying Tiger's Diary*, College Station, TX : Texas A&M University Press, p. 10.

(11) 「軍委会戦地服務団工作報告」中国第二歴史档案館七七九／五六；Chennault, *op. cit.*, chaps. 3–5 ; Huang, *op. cit.*, chap. 9, pp. 1–7. ソ連軍人の具体的な生活状況は殆ど不明だが、シェノールトによるとこれらの招待所には、「十分なウォトカと中国人娼婦が供給されていた」という。Chennault, *op. cit.*, p. 62.

(12) 「美赴華志願空軍成立経過」3–45, T. V. Soong Papers, Hoover Institution, Stanford University ; Chennault, *op. cit.*, chap. 7.

(13) 「蔣介石致陳納徳令」一九四一年八月一日、8–2, CLCP.

(14) 『団訊』昆明、第二期、一九四三年「本団会計組工作概況」二五頁；Huang, *op. cit.*, chap. 9, p. 7.

(15) Chennault, *op. cit.*, p. 98.

(16) B. R. Carney to J. M. Williams, 10/10/41, 16–1, CLCP ; From J. M. Williams, 10/14/41, 16–1, CLCP.

(17) Claire Lee Chennault to S. M. Wang, 10/29/41, 14–1, CLCP ; S. M. Wang to Claire Lee Chennault, 10/30/41, 14–1, CLCP ; Claire Lee Chennault to. S. M. Wang, n.d., 3–4, CLCP. しかし、一二月上旬になってもウィリアムズは事務用品の極端な不足を訴え、黄仁霖から貸与を受けている。From J. M. Williams, 12/06/41, 16–1, CLCP.

(18) "A Graphic Report of Thirty Two Months' Service to the USAF Personnel in China by the War Area Service Corps, National Military Council, China, July 1942–Feb. 1945," in Box 40, T. V. Soong Papers, Hoover Institution Archives, Stanford University.

(19) Huang, *op. cit.*, chap. 9, p. 8.

(20) "Buildings for Housing Personnel," n.d. , 3–4, CLCP.

(21) "Sanitary Problems in Kunming," n.d. , 10–5, CLCP.

(22) *China Highways : Organ of the Automobile Club of China, Shanghai*, Vol. 4, No. 1, 1937, "China Travel Service: Hotels and Guest Houses," pp. 21–2 ; 台湾中国旅行社『中国旅行社簡史』発行地不詳：台湾中国旅行社、一九六三年、一七—

二一〇頁。

(23) J. M. Williams to Claire Lee Chennault, 10/14/41, 3-4, CLCP ; From J. M. Williams, 10/18/41, 16-1, CLCP ; J. M. Williams to Claire Lee Chennault, 10/20/41, 16-1, CLCP ; J. M. Williams to Claire Lee Chennault, 11/24/41, 16-1, CLCP ; From J. M. Williams, 11/29/41, 16-1, CLCP ; From J. M. Williams, 12/01/41, 16-1, CLCP ; J. M. Williams to Claire Lee Chennault, 12/02/41, 16-1, CLCP.

(24) From J. M. Williams, 10/29/41, 16-1, CLCP.

(25) From S. M. Wang, 12/11/41, 14-1, CLCP ; Bond, Jr. & Anderson, *op. cit.*, p. 162.

(26) "Point X," 12/19/41, 8-7, CLCP.

(27) Bond, Jr. & Anderson, *op. cit.*, pp. 58-9.

(28) Robert Moody Smith (1984), *With Chennault in China : A Flying Tiger's Diary*, Blue Ridge Summit, PA : TAN Books, pp. 43-6.

(29) Schultz, *op. cit.*, p. 134.

(30) "General Requirements for Occupation of Szechuen Area," 01/31/42, 4-3, CLCP.

(31) C. B. Adair to Claire Lee Chennault, 02/21/42, 3-4, CLCP ; T. C. Gentry to Claire Lee Chennault, 02/21/42, 3-4, CLCP.

(32) Claire Lee Chennault to J. L. Huang, 02/21/42, 3-4, CLCP ; Claire Lee Chennault to S. M. Wang, n.d. , 3-4, CLCP.

(33) S. M. Wang to Claire Lee Chennault, 03/09/42, 14-1, CLCP.

(34) Claire Lee Chennault to Madame Chiang Kai-shek, 04/06/42, 13-1, CLCP.

(35) "War Diary," 06/07/42, 8-7, CLCP.

(36) C. B. Adair to S. M. Wang, 06/04/42, 3-4, CLCP.

(37) C. B. Adair to Claire Lee Chennault, 07/18/42, 3-4, CLCP.

(38) D. H. Harris to Claire Lee Chennault, 02/22/42, 3-4, CLCP ; D. H. Harris to Claire Lee Chennault, 02/26/42, 3-4, CLCP ;

D. H. Harris to Claire Lee Chennault, 03/07/42, 3－4, CLCP ; D. H. Harris to Claire Lee Chennault, 03/12/42, 3－4, CLCP ; Bond, Jr. & Anderson, *op. cit.*, p. 130.

（39）“A Graphic Report of Four Years' Service to the USF Personnel in China by the War Area Service Corps, National Military Council, China, July 4th 1942－June 30th 1946,” attached to Huang, *op. cit.*, charts 4 & 6. 昆明・桂林・南京には一〇以上の招待所が設けられたが、「第一三」が無いのは、この数を忌む米国人の習慣を考慮したためであろう。

（40）王同星「我参加中美空軍抗戦的経歴」『雲南文史資料選輯』第三三輯、一九八八年、九一―九二頁。

（41）Clinton D. Vincent to Claire Lee Chennault, 07/29/43, 48－8, CLCP ; 欧陽烱「招待盟軍工作在東南」『団訊』第二期、一九四三年、一八～一九頁；Chennault, *op. cit.*, p. 186 ; Bond, Jr. & Anderson, *op. cit.*, p. 199.

（42）Claire Lee Chennault to Clinton D. Vincent, 06/20/43, 48－8, CLCP ; Clinton D. Vincent to Claire Lee Chennault, 06/28/43, 48－8, CLCP ; Claire Lee Chennault to Clinton D. Vincent, 06/30/43, 48－8, CLCP ; Clinton D. Vincent to Claire Lee Chennault, 07/12/43, 48－8, CLCP；欧陽烱　前掲文、一七頁；Bond, Jr. & Anderson, *op. cit.*, p. 187.

（43）「戦地服務団芷江等処準備招待美員食宿人数及成立日期一覧表『軍民笑話集』競選簡則等文電及領款収拠」中国第二歴史档案館七七九／二七六所収「少校勃莱司致戦地服務団函」一九四三年八月八日。

（44）C. E. Smith, Jr. to All Members of the Group, 03/06/42, 1－3, CLCP.

（45）Schultz, *op. cit.*, p. 247.

（46）Chennault, *op. cit.*, p. 187 ; Joseph Warren Stilwell (1948), *The Stilwell Papers*, New York, NY : William Sloane Associates, p. 194（ジョーゼフ・スティルウェル／石堂清倫訳『中国日記』東京：みすず書房、一九六六年、一七六―一七七頁）。米国義勇隊の昆明到着当初から米国軍人は中国人医師に不満な場合、現地のフランス系病院に頼っていた。J. M. Williams to Claire Lee Chennault, 11/24/41, 16－1, CLCP.

（47）Chennault, *op. cit.*, pp. 200－1.

（48）“War Area Service Command,” n.d., p. 2, 11－19, Joseph Warren Stilwell Papers, Hoover Institution Archives, Stanford

University.

（49）Stilwell, *op. cit.*, pp. 111－2, 182（スティルウェル　前掲書、一〇六・一六六─一六七頁）。

（50）Claire Lee Chennault to J. M. Williams, 10/10/41, 16－1, CLCP.

（51）From J. M. Williams, 10/29/41, 16－1, CLCP ; From J. M. Williams, 11/26/41, 16－1, CLCP.

（52）Schultz, *op. cit.*, p. 135.

（53）Smith, *op. cit.*, pp. 65－7, 78.

（54）*Ibid.*, pp. 58－60.

（55）"A Graphic Report of Four Year's Service to the USF Personnel in China by the War Area Service Corps, National Military Council, China, July 4th 1942－June 30th 1946," chart 5.　計算の間違いは引用者が訂正した。

（56）一九四四年後半から一九四五年前半にかけて、一人あたりの供給量がやや減っているのは、米軍の合意した改正基準値に基づくためであると、欄外に注記されている。但し、この資料の後述する様な性格を考慮に入れると、その信憑性には若干の疑問が残る。一九四五年後半の砂糖・食塩・落花生・茶葉・調味料の一人あたり供給量が、基準値のちょうど一〇分の一になっているのは、むしろこれらの数値が「調整された」ものであることを示すのかもしれない。

（57）Huang, *op. cit.*, chap. 9, p. 12.

（58）「戦地服務団及訳員訓練班承攬書」中国第二歴史档案館七七九／一一八所収「軍事委員会戦地服務団承攬書」。

（59）「国民党政府軍委会戦地服務団関於訳員訓練事項」中国第二歴史档案館七七九／一五所収　Arthur H. Leonard to Air Base Headquarters, 12/29/43.

（60）Chennault, *op. cit.*, p. 238.

（61）*Ibid.*, p. 39.　同書の中国語版である陳納徳（陳香梅訳）『陳納徳将軍与中国』台北：伝記文学出版社、一九七八年、四二頁で、"Burlington Hotel" を「粘嶺堂旅館」と訳しているのは誤り。注22を参照。

（62）"War Area Service Command," pp. 2, 8.　故に、表3は信憑性に疑いが残るのである。

(63) From J. M. Williams, 11/18/41, 16－1, CLCP ; From J. M. Williams, 11/28/41, 16－1, CLCP.
(64) 黄仁霖　前掲書、九一―九二頁。
(65) 欧陽炯　前掲文、一九頁。
(66) Chennault, *op. cit.*, p. 76.　この逸話は陳納徳　前掲書、七九頁では省かれている。
(67) *Ibid.*, p. 187.
(68) 「国民党政府戦地服務団関於購領員工招待外賓主副食与服装事項」中国第二歴史档案館七七九／二九所収「軍事委員会戦地服務団第一区所屬各所毎日食糧定量分配彙計表」。
(69) Chennault, *op. cit.*, p. 183.
(70) *Ibid.*, pp. 186－7.
(71) *Ibid.*, pp. 201－2.
(72) Joseph Warren Stilwell to All General Officers of China-Burma-India Command, 09/28/43, 45－8, CLCP.
(73) 王同星　前掲文、九三頁。
(74) Thomas G. Trumble to Claire Lee Chennault, 11/26/42, 10－8, CLCP ; Claire Lee Chennault to Thomas G. Trumble, 12/17/42, 10－8, CLCP.
(75) Clinton D. Vincent to Claire Lee Chennault, 07/12/43, 48－8, CLCP.
(76) H. G. Mahony to Claire Lee Chennault et al., 08/21/43, 42－8, CLCP ; Claire Lee Chennault to H. G. Mahony, 09/28/43, 42－8, CLCP ; Claire Lee Chennault to Commanding Officer, 76th Fighter Squadron, Hengyang, 09/28/43, 42－8, CLCP.
(77) Chennault, *op. cit.*, p. 229.
(78) 王同星　前掲文、九三―九四・一〇五―一〇六頁。
(79) "War Area Service Command," p. 8.
(80) 侯鳴皐　前掲文、二四九・二六七頁。但し、農場の売り上げや購買価格差を利用して、私腹を肥やす者もいたという。

（81）　"A Graphic Report of Thirty Two Months' Service to the USAF Personnel in China by the War Area Service Corps, National Military Council, China, July 1942－Feb. 1945."

（82）　前掲「国民党政府戦地服務団関於購領員工招待外賓主副食与服装事項」所収「厳伝馨致黄仁霖電」一九四五年二月二〇日。

（83）　前掲「国民党政府戦地服務団関於購領員工招待外賓主副食与服装事項」所収「糧食部致戦地服務団函」一九四五年二月、「戦地服務団致糧食部民食供応処函」一九四五年二月二二日、「王競群致黄仁霖函」一九四五年四月二日。

（84）　前掲「国民党政府戦地服務団関於購領員工招待外賓主副食与服装事項」所収「王競群致黄仁霖函」一九四五年四月九日。

（85）　前掲「国民党政府戦地服務団関於購領員工招待外賓主副食与服装事項」所収「馬永梁致黄仁霖電」一九四五年二月一〇日、「財政部塩政局致戦地服務団函」一九四五年二月。

（86）　Chennault, *op. cit.*, p. 238.

（87）　侯鳴皋　前掲文、二四八頁。

（88）　侯鳴皋　前掲文、二五二頁；*The Miami Herald*, Miami, 12/09/80, 4BR.

（89）　J. M. Williams to Claire Lee Chennault, 11/24/41, 16－1, CLCP.

（90）　Chennault, *op. cit.*, p. 229－30.　但し、米国義勇隊では隊員達の狩猟が許可制になっていた。From C. E. Smith, Jr., 01/19/42, 30－2, CLCP ; From C. E. Smith, Jr., 01/31/42, 30－2, CLCP.

（91）　F. McCracken Fisher to Claire Lee Chennault, 04/17/42, 4－7, CLCP ; C. B. Adair to F. McCracken Fisher, 04/28/42, 4－7, CLCP.

（92）　Claire Lee Chennault to J. M. Williams, 11/07/41, 16－1, CLCP ; From J. M. Williams, 11/13/41, 16－1, CLCP ; From J. M. Williams, 11/15/41, 16－1, CLCP ; To J. M. Williams, 11/20/41, 16－1, CLCP.

（93）　侯鳴皋　前掲文、二三五頁。但し、昆明第一招待所の映写機は雑音がひどく、音声が殆ど聞き取れなかったという。Bond,

Jr. & Anderson, *op. cit.*, p. 67.

(94) Huang, *op. cit.*, chap. 11, pp. 11－2.

(95) "Political Report for the Month of December, 1941," p. 1, Box 50, General Records, 1938－1949, Entry 2292, China : Yunnanfu Consulate (Kunming), RG84, National Archives ; US Consulate, Kunming to US Embassy, Chungking, 03/06/42, Box 50, General Records, 1938－1949, Entry 2292, China : Yunnanfu Consulate (Kunming), RG84, National Archives ; "Political Report for the Month of February, 1942," pp. 1, 3, Box 50, General Records, 1938－1949, Entry 2292, China : Yunnanfu Consulate (Kunming), RG84, National Archives.

(96) Bond, Jr. & Anderson, *op. cit.*, pp. 64－5.

(97) "War Diary", 12/24/41, 8－7, CLCP.

(98) Bond, Jr. & Anderson, *op. cit.*, p. 68.

(99) C. E. Smith, Jr. to All Group Personnel, 03/30/42, 1－3, CLCP ; C. E. Smith, Jr. to All Group Personnel, 04/01/42, 1－3, CLCP ; Claire Lee Chennault to Lung Yun, 04/11/42, 4－7, CLCP ; "Political Report for the Month of April, 1942," pp. 2－3, Box 50, General Records, 1938-1949, Entry 2292, China: Consulate (Kunming), RG84, National Archives ; Bond Jr. & Anderson, *op. cit.*, p. 149.

(100) Children's Section, Yunnan Women's Association to Claire Lee Chennault, 04/04/42, 4－7, CLCP ; Claire Lee Chennault to Children's Section, Yunnan Women's Association, 04/07/42, 4－7, CLCP.

(101) 「三民主義青年団雲南支部致美国領事館函」一九四二年四月三日、Box 48, General Records, 1938－1949, Entry 2292, China : Yunnanfu Consulate (Kunming), RG84, National Archives.

(102) Bond, Jr. & Anderson, *op. cit.*, pp. 196－7, 201.

(103) "War Diary," 07/04/42, 8－7, CLCP ; Chennault, *op. cit.*, pp. 173－4.

(104) 馬肇元「中美空軍在雲南的抗戦」『雲南文史資料選輯』第三三輯、一九八八年、八六頁。

(105) Thomas G. Trumble to Jack Young, 11/27/42, 13–7, CLCP.
(106) Jack Young to Thomas G. Trumble, 12/10/42, 13–7, CLCP.
(107) Chennault, *op. cit.*, pp. 240–1, 299.
(108) *Ibid.*, p. 262.
(109) Clinton D. Vincent to Claire Lee Chennault, 07/24/44, 48–8, CLCP.
(110) Smith, *op. cit.*, pp. 67, 74–5, 78, 91. これとは逆に、沙市郊外の村落地帯に住む七人の米国人神父が、三年以上も米国の雑誌を読んでいないので、中国機動部隊員達が白市駅を離れる際、「かなり古いものでも」提供してもらえればありがたい旨、申し込まれた例も有る。Vianney Mcgrath to Thomas G. Trumble, 11/25/42, 10–7, CLCP.
(111) Chennault, *op. cit.*, p. 187.
(112) 王同星　前掲文、九二頁。
(113) Lin Wen Kuei to Claire Lee Chennault, 12/06/41, 15–1, CLCP.
(114) J. M. Williams to Claire Lee Chennault, 11/24/41, 16–1, CLCP.　但し、シェノールトは隊員達が中国の友人に酒を過度に飲まされたためだと弁解している。Claire Lee Chennault to Lin Wen Kuei, 12/12/41, 15–1, CLCP.
(115) From C. E. Smith, Jr., 02/04/42, 30–2, CLCP.
(116) C. B. Adair to All Group Members, 02/27/42, 1–3, CLCP.
(117) From C. E. Smith, Jr., 03/16/42, 30–2, CLCP.
(118) J. M. Williams to Claire Lee Chennault, 10/14/41, 3–4, CLCP ; Claire Lee Chennault to Madame Chiang Kai-shek, 10/31/41, 13–1, CLCP.
(119) J. J. Dean to All Concerned, 01/03/42, 2–3, CLCP.
(120) C. E. Smith, Jr. to All A. V. G. Personnel, 01/22/42, 1–3, CLCP.
(121) J. J. Dean to Personnel of the First Pursuit Squadron, 03/15/42, 2–3, CLCP.

(122) Smith, *op. cit.*, p. 62 ; Bond, Jr. & Anderson, *op. cit.*, p. 72. 一九四四年になると昆明市内の西洋食堂は五軒、映画館も五館に増えていた。黄麗生・葛墨盦前掲書、一九二・二〇一―二〇二頁。

(123) From C. E. Smith, Jr., 01/09/42, 30−2, CLCP ; From C. E. Smith, Jr., 01/13/42, 30−2, CLCP ; "War Diary," 01/09/42, 8−7, CLCP.

(124) 「王占祺致大美駐滇総領事官盧」一九四三年八月一九日、Box 52, General Records, 1938−1949, Entry 2292, China : Yunnanfu Consulate (Kunming), RG84, National Archives ; 「王占祺致大美駐滇総領事官林」一九四三年八月二一日、Box 52, General Records, 1938−1949, Entry 2292, China : Yunnanfu Consulate (Kunming), RG84, National Archives ; Arthur R. Ringwalt to Frank Dorn, 12/24/43, Box 52, General Records, 1938−1949, Entry 2292, China : Yunnanfu Consulate (Kunming), RG84, National Archives. 但し、飛行士ボンドは、「中国人は接近してくる自動車の速度を全く考慮せず、真正面に跳び出してくる」と記している。Bond, Jr. & Anderson, *op. cit.*, p. 148.

(125) 曹覚遅「回憶航特旅第五団在昆明片段」『雲南文史資料選輯』第三二輯、一九八八年、一二八頁。

(126) Thomas G. Trumble, "American Volunteer Group," 07/04/42, 7−7, CLCP.

(127) From C. E. Smith, Jr., 01/09/42, 30−2, CLCP.

(128) Chennault, *op. cit.*, p. 202.

(129) 王同星　前掲書、九二頁。

(130) Troy L. Perkins to Claire Lee Chennault, 03/11/42, 22−2, CLCP.

(131) Bond, Jr. & Anderson, *op. cit.*, pp. 74, 174, 193−5.

(132) Joseph Warren Stilwell to George Catlett Marshall, 06/25/42, in Riley Sunderland & Charles F. Romanus eds. (1976), *Stilwell's Personal File : China, Burma, India, 1942−1944*, Wilmington, DE : Scholarly Resources, vol. 1, p. 734 ; Theodore H. White (1978), *In Search of History*, New York, NY : Harper & Row, pp. 139−40（セオドア・H・ホワイト／堀たお子訳『歴史の探求 個人的冒険の回想』東京：サイマル出版会、一九八一年(上)一八三頁）；Schultz, *op. cit.*, p. 303 ; Stilwell,

op. cit., p. 116（スティルウェル 前掲書、一一〇頁）。尚、一九四二年五月に陥落するラングーンから昆明へ脱出する際、米国義勇隊の牧師ポール・フリルマン（Paul Frillman）は、雑多な物資や大量のウィスキーと共に、隊員達と親しくなっていた約二〇人の欧亜混血女性を連れ出した。Smith, *op. cit.*, p. 88.

（133）「関於広漢第一招待所主任勾結駐華美軍人員俘借跳舞与音楽会機会引誘汚辱良家婦女罪悪行為密報」中国第二歴史档案館七七九／一八。この報告書には、テント内で撮影した裸体で座っている女性の写真が添付されていたという。

（134）Chennault, *op. cit.*, p. 174.

（135）*Ibid.*, p. 238 ; Huang, *op. cit.*, chap. 9, p. 8.

（136）"WASC Hostel Regulations Pertaining to Guests," 03/14/42, 3–4, CLCP ; J. L. Huang to Claire Lee Chennault, 03/17/42, 3–4, CLCP.

（137）このため、中国航空機動部隊に残留した旧米国義勇隊員が、正規軍と同額の宿泊・食事費用を請求されるという混乱が生じた。Thomas G. Trumble to Jack Young, 09/16/42, 13–7, CLCP.

（138）"War Area Service Command," p. 3 ; "A Graphic Report of Four Year's Service to the USF Personnel in China by the War Area Service Corps, National Military Council, China, July 4th 1942–June 30th 1946," chart 15 ;「戦地服務団組科長発呢軍服、招待美軍人数統計、開支報告表等文電及領款収拠」中国第二歴史档案館七七九／一一〇所収「美軍人数及招待費用統計表」。また、四月六日にシェノールトが食糧の追加供給分の費用を支払うことを申し出ると、戦地服務団も翌日にこれを受け入れている。Ernest K. Moy to Claire Lee Chennault, 04/07/44, 23–8, CLCP.

（139）"War Area Service Command," p. 1.

（140）Ibid., pp. 4–7.

（141）"A Graphic Report of Thirty Two Months' Service to the USAF Personnel in China by the War Area Service Corps, National Military Council, China, July 1942–Feb. 1945," ; "A Graphic Report of Four Year's Service to the USF Personnel in China by the War Area Service Corps, National Military Council, China, July 4th 1942–June 30th 1946," chart 7 ; 前掲「美軍人数及招待

費用統計表」。

(142) Huang, *op. cit.*, chap. 9, p. 14.　尚、この金額は米軍が一日八五元（＝四・二五米ドル）を支払った一九四二年七～一二月を含まないという。

(143) "War Area Service Command," pp. 9–10.

(144) Claire Lee Chennault to Poyen Shu, 11/03/41, 3–4, CLCP.

(145) Huang, *op. cit.*, chap. 9, p. 13.

(146) 黄仁霖「黄主任対本団第六期幹部訓練班畢業典礼訓詞」『団訊』第二期、一九四三年、三頁。

(147) 蔣介石に関しては、Stilwell, *op. cit.*（スティルウェル　前掲書）; Tuchman, *op. cit.*（タックマン　前掲書）を参照。

(148) Claire Lee Chennault to Madame Chiank Kai-shek, 10/28/41, 13–1, CLCP.

(149) J. M. Williams to Claire Lee Chennault, 11/24/41, 16–1, CLCP.

(150) Lin Wen Kuei to Claire Lee Chennault, 03/21/42, 15–1, CLCP ; J. M. Williams to Lin Wen Kuei, 03/22/42, 15–1, CLCP.

(151) 「軍委会戦地服務団新生活運動促進会励志社総社三機関聯席会議記録」中国第二歴史档案館七七九／一〇〇。

(152) 「新運総会〝盟軍〟之友社重慶分社基本社友通訊録」中国第二歴史档案館二八四／二／六八。

(153) 侯鳴皋　前掲文、二四九頁。

(154) Huang, *op. cit.*, chap. 9, p. 11.

(155) "War Area Service Command," p. 7.

(156) 加藤公一「「スティルウェル事件」と重慶国民政府」石島紀之・久保亨編『重慶国民政府史の研究』東京：東京大学出版会、二〇〇四年等を参照。

(157) Chennault, *op. cit.*, pp. 262–3.

(158) "Notes on Problems Connected with Our Mission in China," table H, File 24, 7–23, Joseph Warren Stilwell Papers.

(159) Albert Coady Wedemeyer (1958), *Wedemeyer Reports !* New York, NY : Henry Holt & Co., pp. 335–6（アルバート＝C＝

ウェデマイヤー／妹尾作太男訳『第二次大戦に勝者なし：ウェデマイヤー回想録』講談社、一九九七年（下）二一六―二一八頁）。

（160）深町　前掲文（二〇〇三・二〇〇四・二〇〇五）を参照。

あとがき

本書は、共同研究「戦間期の東アジア国際政治」による成果である。脱稿にあたり、論文集の成り立ちを振り返っておきたい。

世界史上の戦間期とは、ヨーロッパを主戦場とする第一次世界大戦が終結してから約二〇年間の時代をいう。第一次大戦の講和会議がパリで開催されたとき、日本は五大国の一員としてこれに臨んだ。もっとも、パリ講和会議に向けて日本が対策を準備していたのは、もっぱら山東問題や南洋諸島など自国に直接かかわる論点についてだけであった。パリ講和会議での日本代表団は、ヨーロッパの主要な争点に関してほとんど発言できず、「サイレント・パートナー」と評された。このとき日本は、二国間関係や個別問題という次元を越えて、ヨーロッパを中心とする世界情勢を総体として把握することの必要性を痛感したはずであった。しかし、その二〇年後に、日本は再びヨーロッパ情勢、とりわけ独ソ関係に翻弄されて破局への道に迷い込んだ。どうやら日本は、世界情勢を巨視的に判断することが不得手であり、グローバルな問題には備えを欠くことも少なくなかったといわねばなるまい。

とはいえ、戦間期の日本外交が失策ばかりであったわけでもない。第一次世界大戦後の日本は、アメリカやイギリスとの協調外交によって、中国やソ連の新動向に対処するつもりでいた。一般に、ワシントン体制と呼ばれる時代である。だが、そのワシントン体制は、わずか一〇年で瓦解した。さらに日本は、いつのまにか中国のみならず、ソ連やイギリス、そしてアメリカとも対峙していき、最終的には国家的自殺行為を意味する太平洋戦争に突入した。それだけに戦間期を研究することは、国際秩序の形成と崩壊、戦争と外交、さらには国家や同盟、国際機構の意味などについて、根本的な問いかけを自らに課すことでもある。そのことは、なにも遠い過去への探究だけを意味するものではない。一つだけ例を挙げるなら、昨今では台頭する中国にいかに対処するかということが外交面での難題と見なされている。だがそのことは、いまに始まったことではなく、すでに戦間期になされていた議論と通底するところもあるのではなかろうか。

経済大国としての地位を築きながらも、関係各国とのあつれきや東アジアにおける秩序形成に苦悩する昨今の日本の姿は、同様な課題を背負ったこの時代と重ね合わせてみるなら、意義深い考察が可能となるのかもしれない。しかも戦間期の国際政治では、アメリカの大国化、日本におけるデモクラシー状況下での協調外交、中国独自の外交様式、ソ連のイデオロギー外交、および朝鮮内外における独立運動など、現代国際政治の起点ともいうべき現象が顕在化し始めていた。そのなかで日本は、三大海軍国として国際秩序の一端を担いながらも、台頭する中国への対応を誤り、大陸での占領地を広げた末に日独伊三国軍事同盟を締結し、南進政策と対米開戦によって帝国の解体を招いたのであった。

戦間期を研究対象とする本書は、そうした過去の経験を柔軟な発想と堅実な手法で掘り起こし、実証研究の立場から新たな地平を求めるような論文で構成されている。論文集の母体となった共同研究「戦間期の東アジア国際政治」は、中央大学政策文化総合研究所から支援を得て進められた。プロジェクトの遂行に際しては、定期的な例会が基礎となった。第一回の研究会が二〇〇四年四月に開催されてから、二〇〇七年三月までの三年間に、三二回の研究会を行ってきた。したがって、ほぼ毎月一回の割合で会合を持ったことになる。研究開始の当初には、あえてテーマを絞り込まずに、自由な参加と討論を促すようにした。研究班として正式に発足するまでの前身を含めるなら、合計で五八回の研究会を開いてきた。本書は、そうした共同研究による成果にほかならない。

もっとも、共同研究が閉ざされた空間であったとするなら、その効果も半減するであろう。プロジェクトの研究会は、対外的にも開放して進められてきた。そのことによって、学界の中堅層を軸としながらも、大学院生から実務家、名誉教授に至るまで、多くの方々の参加が得られたことは幸いであった。のみならず、最新の研究成果を取り入れるために、著者を交えた書評研究会を多用するように心掛けた。第一線に立つ研究者たちを少なからずお招きできたことも、研究会の発展材料となったであろう。

プロジェクトでは、両大戦間だけに焦点を絞るのではなく、近現代の全般を考察の対象とした。このため研究報告の範囲も、日露戦争の前後から戦間期、さらには日本占領や国共内戦、戦後処理を経て現代に至るまで、きわめて多岐に及んだ。このような経緯に示されるように、共同研究とはいえアプローチや地域に限定を付さず、自由にテーマ設定を行いながら研究会は進行した。そのため、研究対象となる地域には、東アジアはもとよりアメリカやヨーロッパ、ときに東南アジアも含まれた。こうして比較的にテーマを緩やかに設定し、共同研究は進められた。研究会が予定時間を大幅に超過して続けられることは、いつの間にか通例となった。プロジェクトが最後の三年目を迎えるころには、その成果を広く社会と共有すべく論文集として刊行してはどうかという声が高まった。このため研究会と並行して、論文集の公表に向けて準備を重ねるようになったのである。

このようにして刊行に至った本書には、共同研究の性格が色濃く反映されている。本書においては、狭義の戦間期だけに分析をとどめることなく、あえて第一次世界大戦期や太平洋戦争期を部分的に含むようにした。また、本書は純粋な論文集であり、全体として見解の統一や系統的な解釈を図ったものではない。だとしても、論文集の輪郭が次第にみえ始めると、そこには一定の傾向があるように思えた。そのことは、本書の特徴と言い換えてもよい。本書の特徴としては、大きく二つが挙げられるであろう。

第一に、史料面での進展である。本書では、従来から利用されている日本やアメリカ、イギリスの史料を再検討しながら、中国や台湾、旧ソ連、ドイツなどで新規に公開された史料も活用している。各論文では、これらの史料を突き合わせることによって、複雑な多国間交渉や内部動向を丹念に読み解こうと試みている。そうした試みからは、孫文の対ドイツ接近工作と独自の「中独ソ三国連合」構想、日中の情報戦と宣伝文書の流通過程、中国幣制改革をめぐる内政と外交の連関、アメリカ国務省の東アジア認識と内部過程、対華中央機関の興亜院設置に至る背景としての現地日本軍と陸軍中央の対立、有田八郎外相の対外観と「東亜新秩序」声明の内実、などといった歴史像が浮かび上がってくる。

第二に、研究領域の広がりを指摘するべきであろう。従来の外交史や国際政治史研究では、ともすれば各国の政治外交のみに対象が絞られがちであったようにも思える。これに対して本書には、研究対象の地平を広げるような論文が少なくない。すなわち、植民地の官制改革と政党政治、対米移民をめぐる日米関係、国際連盟による対中技術協力とイギリスの対応、ヨーロッパを舞台とする民間の国際平和運動、「国民使節」やプレス・アタッシェの新設などによる日本の対米宣伝活動、在華アメリカ軍人の日常生活など、いままでの研究では等閑視されがちであった領域にも分析が加えられた。

このような新しい史料と分析視角を踏まえつつ、本書の執筆は進められた。各論文の試みがどこまで成功したのかについては、専門家による冷静な判断を待つほかはない。それでも、世界史的な意義を持つ戦間期について、新たなる知見やさらなる研究への視角を提供できたとするなら、本書の目的は一応達成されたことになるであろう。ただ心残りなのは、当初から執筆を予定されていながらも、それぞれの事情により御参加いただけなかった方々のことである。内政史の専門家などにおかれては、毎回のように研究会に出席されていながらも、本書の共通テーマとの関係から執筆には至らなかったことも少なくない。これらの点については、将来の課題として他日を期したい。そのためにも、本書をもってプロジェクトはひとまず幕を下ろすが、研究会そのものは継続させたいと考えている。

共同研究に御協力下さった方々の御芳名については、あまりにも多数に及ぶため省略せざるを得ないものの、この場を借りて深謝の意を表したい。末筆ながら、中央大学の政策文化総合研究所、研究所合同事務室、出版部は、プロジェクトの企画段階から研究会の各種手配、さらには本書のとりまとめに至るまで、きめ細かな配慮で温かく共同研究を支え続けて下さった。執筆者を代表して、心より御礼を申し上げたい。

本書によって、戦間期東アジア国際政治研究のさらなる発展にわずかでも資するところがあるとするなら、執筆者一同にとって望外の喜びとなるであろう。

二〇〇七年五月

服部龍二

執筆者紹介（執筆順）

田《た》 嶋《じま》 信《のぶ》 雄《お》　成城大学法学部教授

李《い》 熒《ひょん》 娘《なん》　研究員・中央大学総合政策学部教授

簑《みの》 原《はら》 俊《とし》 洋《ひろ》　客員研究員・神戸大学大学院法学研究科教授

後《ご》 藤《とう》 春《はる》 美《み》　客員研究員・千葉大学国際教育センター准教授

服《はっ》 部《とり》 龍《りゅう》 二《じ》　研究員・中央大学総合政策学部准教授

樋《ひ》 口《ぐち》 秀《ひで》 実《み》　國學院大學文学部准教授

土《つち》 田《だ》 哲《あき》 夫《お》　研究員・中央大学経済学部教授

高《たか》 光《みつ》 佳《よし》 絵《え》　千葉大学大学院人文社会科学研究科助教

高《たか》 橋《はし》 勝《かつ》 浩《ひろ》　宮内庁書陵部編修課主任研究官

加《か》 藤《とう》 陽《よう》 子《こ》　客員研究員・東京大学大学院人文社会系研究科准教授

服《はっ》 部《とり》 聡《さとし》　客員研究員・大阪外国語大学非常勤講師

深《ふか》 町《まち》 英《ひで》 夫《お》　研究員・中央大学経済学部教授

戦間期の東アジア国際政治

中央大学政策文化総合研究所研究叢書 6

2007 年 6 月 28 日　初版第 1 刷発行

編著者　服部龍二
　　　　土田哲夫
　　　　後藤春美

発行者　中央大学出版部
　　代表者　福田孝志

〒192-0393　東京都八王子市東中野 742-1

発行所　中央大学出版部

http://www2.chuo-u.ac.jp/up/

電話 042(674)2351　FAX 042(674)2354

ニシキ印刷／三栄社

ISBN978-4-8057-1405-8